Haslinger

Praxishandbuch Sozialversicherung

Praxishandbuch Sozialversicherung

ASVG, APG, ASGG und Schwerarbeitsverordnung

Mag. Paul Haslinger
Versicherungsanstalt öffentlich Bediensteter,
Eisenbahnen und Bergbau

Linde

Zitiervorschlag: *Haslinger*, Praxishandbuch Sozialversicherung (2025) Seite

Bibliografische Information der Deutschen Nationalbibliothek

Die Deutsche Nationalbibliothek verzeichnet diese Publikation in der Deutschen Nationalbibliografie; detaillierte bibliografische Daten sind im Internet über http://dnb.d-nb.de abrufbar.

Hinweis: Wenn aus Gründen der leichteren Lesbarkeit auf eine geschlechtsspezifische Differenzierung verzichtet wird, gelten entsprechende Begriffe im Sinne der Gleichbehandlung für alle Geschlechter.

ISBN 978-3-7073-5171-2 (Print)
ISBN 978-3-7073-5205-4 (Kombi Print & Digital)

1210 Wien, Scheydgasse 24, Tel.: 01/24 630
office@lindeverlag.at | www.lindeverlag.at

Druck und Bindung: Prime Rate Zrt.,
H-1044 Budapest, Megyeri út 53
1

Vorwort

Das vorliegende Praxishandbuch stellt die Allgemeine Sozialversicherung (ASVG), das Allgemeine Pensionsgesetz (APG), das Sozialgerichtsverfahren (ASGG) und die Schwerarbeitsverordnung systematisch dar.

Vereinbarungsumsetzungsgesetz 2024, Sonderwochengeld, Berufskrankheiten-Modernisierungs-Gesetz und Telearbeitsgesetz sind ebenso berücksichtigt wie die neueste höchstgerichtliche Rechtsprechung. Viele europarechtliche Bezüge runden das Werk ab.

Die Schwerpunkte der Darstellung liegen im Leistungsrecht (Kranken-, Unfall- und Pensionsversicherung) und im Verfahrensrecht. Ein umfangreiches Stichwortverzeichnis ermöglicht das gezielte Nachschlagen und rasche Auffinden.

Für Hinweise und Verbesserungsvorschläge bin ich sehr dankbar.

Mein besonderer Dank gilt *Dr. Patrick Stummer* und *Mag. Astrid Fabian,* beide vom Linde Verlag, für die ausgezeichnete und unkomplizierte Zusammenarbeit.

Das Werk soll Praktikern verlässliche und aktuelle Informationen liefern. Es ist auf dem Stand der Gesetzgebung und Rechtsprechung vom 1. Jänner 2025.

Wien, im Jänner 2025 *Paul Haslinger*

Hinweis: Paragrafenzahlen ohne weitere Angaben beziehen sich auf das ASVG.

Inhaltsübersicht

Inhaltsverzeichnis

Abkürzungsverzeichnis

A	Antrag
ABGB	Allgemeines bürgerliches Gesetzbuch
ABl	Amtsblatt der Europäischen Union
Abs	Absatz
AEUV	Vertrag über die Arbeitsweise der Europäischen Union
aF	alte Fassung
AGH	Auftraggeberhaftung
AHG	Amtshaftungsgesetz
AlV	Arbeitslosenversicherung
AlVG	Arbeitslosenversicherungsgesetz
AMFG	Arbeitsmarktförderungsgesetz
AMPFG	Arbeitsmarktpolitik-Finanzierungsgesetz
AMS	Arbeitsmarktservice
AMSG	Arbeitsmarktservicegesetz
AngG	Angestelltengesetz
Anh	Anhang
Anm	Anmerkung
APG	Allgemeines Pensionsgesetz
ARGE	Arbeitsgemeinschaft
Art	Artikel
ASchG	ArbeitnehmerInnenschutzgesetz
ASG	Arbeits- und Sozialgericht(e)
ASGG	Arbeits- und Sozialgerichtsgesetz
ASVG	Allgemeines Sozialversicherungsgesetz
AÜG	Arbeitskräfteüberlassungsgesetz
AUVA	Allgemeine Unfallversicherungsanstalt
AUVB	Allgemeine Bedingungen für die Unfallversicherung
AVG	Allgemeines Verwaltungsverfahrensgesetz
AVRAG	Arbeitsvertragsrechts-Anpassungsgesetz
avsv	Amtliche Verlautbarungen der Sozialversicherung
AZG	Arbeitszeitgesetz
BAG	Berufsausbildungsgesetz

BAO	Bundesabgabenordnung
BBG	Budgetbegleitgesetz
BEinstG	Behinderteneinstellungsgesetz
BG	Bundesgesetz
BGBl	Bundesgesetzblatt
BGH	Bundesgerichtshof
BGL	Beitragsgrundlage
BKK	Betriebskrankenkasse(n)
B-KUVG	Beamten-Kranken- und Unfallversicherungsgesetz
BlgNR	Beilagen zu den stenographischen Protokollen des Nationalrates
BM	Bundesminister
BMGL	Bemessungsgrundlage
BPGG	Bundespflegegeldgesetz
BSG	Bundessozialgericht
bspw	beispielsweise
BSVG	Bauern-Sozialversicherungsgesetz
BVA	Versicherungsanstalt öffentlich Bediensteter
BVAEB	Versicherungsanstalt öffentlich Bediensteter, Eisenbahnen und Bergbau
BVergG	Bundesvergabegesetz
BVG	Bundesverfassungsgesetz
B-VG	Bundes-Verfassungsgesetz
BVwG	Bundesverwaltungsgericht
bzw	beziehungsweise
ca	circa
DG	Dienstgeber
dh	das heißt
DN	Dienstnehmer
DSGVO	Datenschutz-Grundverordnung
DV	Dachverband der Sozialversicherungsträger
E	Entscheidung
EDV	Elektronische Datenverarbeitung
EG	Europäische Gemeinschaften
EinstV	Einstufungsverordnung zum Bundespflegegeldgesetz
EisbG	Eisenbahngesetz 1957
EKHG	Eisenbahn- und Kraftfahrzeughaftpflichtgesetz

EKO	Erstattungskodex
ELSY	Elektronisches Verwaltungssystem
EMRK	Europäische Menschenrechtskonvention
EO	Exekutionsordnung
ErwGr	Erwägungsgrund
EStG	Einkommensteuergesetz
etc	et cetera
EU	Europäische Union
EUV	Vertrag über die Europäische Union
EuGH	Europäischer Gerichtshof
EWG	Europäische Wirtschaftsgemeinschaft
EWR	Europäischer Wirtschaftsraum
f	und der (die) folgende
FAG	Finanzausgleichsgesetz
FamZeitbG	Familienzeitbonusgesetz
ff	und die folgenden
FLAF	Familienlastenausgleichsfonds
FLAG	Familienlastenausgleichsgesetz
FN	Fußnote
FSVG	Freiberuflichen-Sozialversicherungsgesetz
G	Gesetz
GebAG	Gebührenanspruchsgesetz
ggt	gegenteilig
GKK	Gebietskrankenkasse(n)
GP	Gesetzgebungsperiode
grds	grundsätzlich
GSVG	Gewerbliches Sozialversicherungsgesetz
GuKG	Gesundheits- und Krankenpflegegesetz
GZ	Geschäftszahl
GZ-G	Gesundheits-Zielsteuerungsgesetz
hA	herrschende Ansicht
HEG	Heeresentschädigungsgesetz
hM	herrschende Meinung
HOG	Heimopferrentengesetz
Hrsg	Herausgeber

HStVÜ	Haager Straßenverkehrsübereinkommen
HVG	Heeresversorgungsgesetz
idF	in der Fassung
idgF	in der geltenden Fassung
idR	in der Regel
IESG	Insolvenz-Entgeltsicherungsgesetz
iHv	in Höhe von
insb	insbesondere
IO	Insolvenzordnung
IPRG	Bundesgesetz über das Internationale Privatrecht
iSd	im Sinne des, der
iSv	im Sinne von
IVF	In-vitro-Fertilisation
iVm	in Verbindung mit
iW	im Wesentlichen
iZm	in Zusammenhang mit
JN	Jurisdiktionsnorm
Jud	Judikatur
KA	Krankenanstalt
KAG	Krankenanstaltengesetz
KAKuG	Krankenanstalten- und Kuranstaltengesetz
Kap	Kapitel
KBG	Kinderbetreuungsgeld
KBGG	Kinderbetreuungsgeldgesetz
KFG	Kraftfahrgesetz
Kfz	Kraftfahrzeug
KG	Kommanditgesellschaft
KH	Krankenhaus
KHVG	Kraftfahrzeug-Haftpflichtversicherungsgesetz
KJBG-VO	Verordnung der Bundesministerin für Arbeit, Gesundheit und Soziales, des Bundesministers für wirtschaftliche Angelegenheiten und des Bundesministers für Wissenschaft und Verkehr über Beschäftigungsverbote und -beschränkungen für Jugendliche
Komm	Kommentar
KOVG	Kriegsopferversorgungsgesetz
krit	kritisch

KV	Krankenversicherung
LGF	Landesgesundheitsfonds
LKF	Leistungsorientierte Krankenanstaltenfinanzierung
lit	litera
m	Meter
MdE	Minderung der Erwerbsfähigkeit
ME	Ministerialentwurf
Min	Minuten
MSchG	Mutterschutzgesetz
mwN	mit weiteren Nachweisen
Nr	Nummer
NSchG	Nachtschwerarbeitsgesetz
NVG	Notarversorgungsgesetz
OG	Offene Gesellschaft
OGH	Oberster Gerichtshof
ÖGK	Österreichische Gesundheitskasse
OLG	Oberlandesgericht
ÖSG	Österreichischer Strukturplan Gesundheit
ÖZÄK	Österreichische Zahnärztekammer
ÖZIV	Österreichweite Zukunftsorientierte Interessenvertretung für Menschen mit Behinderungen
PG	Pensionsgesetz
Pkw	Personenkraftwagen
PRIKRAF	Privatkrankenanstalten-Finanzierungsfonds
PrimVG	Primärversorgungsgesetz
PV	Pensionsversicherung
PVA	Pensionsversicherungsanstalt
RAO	Rechtsanwaltsordnung
RATG	Rechtsanwaltstarifgesetz
REV	Rückwirkende Erfassung von Versicherungszeiten
RIS	Rechtsinformationssystem des Bundes
RL	Richtlinie
Rn	Randnummer
RöK	Richtlinien über die Berücksichtigung ökonomischer Grundsätze bei der Krankenbehandlung

Rom II-VO	Verordnung (EG) Nr 864/2007 des Europäischen Parlaments und des Rates vom 11. Juli 2007 über das auf außervertragliche Schuldverhältnisse anzuwendende Recht (Rom II)
RöV	Richtlinien über die ökonomische Verschreibweise von Heilmitteln und Heilbehelfen
RRZ	Richtlinien für die Befreiung von der Rezeptgebühr
Rs	Rechtssache (EuGH)
RS	Rechtssatz im RIS
RSG	Regionaler Strukturplan Gesundheit
Rsp	Rechtsprechung
RV	Regierungsvorlage
Rz	Randziffer
SBBG	Sozialbetrugsbekämpfungsgesetz
SchUG	Schulunterrichtsgesetz
SG	Sozialgericht
SH	Sozialhilfe
SH-GG	Sozialhilfe-Grundsatzgesetz
sog	sogenannte
SRÄG	Sozialrechts-Änderungsgesetz
SSV-NF	Entscheidungen des OGH in Sozialrechtssachen
StGB	Strafgesetzbuch
stRsp	ständige Rechtsprechung
StVO	Straßenverkehrsordnung
sublit	sublitera
SV	Sozialversicherung
SVA	Sozialversicherungsanstalt der gewerblichen Wirtschaft
SVAG	Sozialversicherungs-Anpassungsgesetz
SVÄG	Sozialversicherungs-Änderungsgesetz
SVB	Sozialversicherungsanstalt der Bauern
SV-EG	Sozialversicherungs-Ergänzungsgesetz
SV-OG	Sozialversicherungs-Organisationsgesetz (BGBl I 2018/100)
SVS	Sozialversicherungsanstalt der Selbständigen
SVSG	Selbständigen-Sozialversicherungsgesetz
SV-ZG	Sozialversicherungs-Zuordnungsgesetz (BGBl I 2017/125)
teilw	teilweise
TelearbG	Telearbeitsgesetz

u	und
ua	und andere; unter anderem
udgl	und dergleichen
UGB	Unternehmensgesetzbuch
ÜHG	Überbrückungshilfengesetz
UrlG	Urlaubsgesetz
UStG	Umsatzsteuergesetz
usw	und so weiter
uU	unter Umständen
UV	Unfallversicherung
va	vor allem
VAEB	Versicherungsanstalt für Eisenbahnen und Bergbau
VersVG	Versicherungsvertragsgesetz 1958
VfGH	Verfassungsgerichtshof
VfSlg	Ausgewählte Entscheidungen des Verfassungsgerichtshofes
vgl	vergleiche
VO	Verordnung
VO-EKO	Verfahrensordnung zur Herausgabe des Erstattungskodex
VOG	Verbrechensopfergesetz
VUG 2024	Vereinbarungsumsetzungsgesetz 2024 (BGBl I 2023/191)
VwGH	Verwaltungsgerichtshof
VwGVG	Verwaltungsgerichtsverfahrensgesetz
WGKK	Wiener Gebietskrankenkasse
WK	Wirtschaftskammer
Z	Ziffer, Zahl
zB	zum Beispiel
ZPO	Zivilprozessordnung

Literaturverzeichnis

Auer-Mayer/Pfeil, Österreichisches Sozialrecht[14] (2024)
Brodil/Windisch-Graetz, Sozialrecht in Grundzügen[9] (2021)
Burger/Mair/Wachter, Sozialrecht Basics[7] (2024)
Haslinger, Einführung in das Sozialrecht[2] (2022)
Haslinger, Sozialrecht (2022)
Haslinger, Sozialversicherung und Schadenersatz (2021)
Haslinger/Leitner/Nowak (Hrsg), Handbuch ASGG (2022)
Höllinger/Holzer/Naderhirn/Posch, Casebook Sozialrecht (2024)
Köck/Sonntag (Hrsg), ASGG (2020)
Kodek/Mayr, Zivilprozessrecht[6] (2024)
Kodex Sozialversicherung 2024/25, Band I
Mosler (Hrsg), Ärztliches und nichtärztliches Vertragspartnerrecht (2023)
Mosler/Müller/Pfeil (Hrsg), Der SV-Komm (ab 2013)
Pöltner/Pacic, ASVG
Poperl/Trauner/Weißenböck (Hrsg), ASVG Praxiskommentar
Schwimann/Kodek (Hrsg), ABGB Praxiskommentar Band 11[5] (2022)
Schwimann/Neumayr (Hrsg), ABGB Taschenkommentar[6] (2023)
Sonntag (Hrsg), ASVG[16] (2025)
Tomandl, Sozialrecht[7] (2019)
Tomandl/Felten (Hrsg), System des österreichischen Sozialversicherungsrechts
Zach (Hrsg), Sozialversicherungsrechtliche Entscheidungen (SV-Slg)

1. Grundlagen

1.1. Begriff und Wesen der Sozialversicherung

Die SV ist ein gesetzlich angeordneter Zusammenschluss von Personen zur **Absicherung gegen bestimmte Lebensrisiken** (also va Krankheit und Alter).[1]

Das **Wesen** der SV besteht darin, in einer bestimmten, von anderen Maßnahmen der Sozialpolitik unterschiedenen Form die mannigfachen Gefahren, die die wirtschaftliche Existenz bedrohen, auszuschalten oder doch zu mildern. Der Kompetenzbereich ist damit nicht auf wirtschaftliche Gefahren eingeschränkt, denen bestimmte Schichten der Bevölkerung ausgesetzt sind. Der Grundsatz der **Äquivalenz gilt** für die SV **nicht**. Im Rahmen der SV hat jeder Versicherte einen **Rechtsanspruch auf** die im Gesetz vorgesehenen **Leistungen**. Ob der Versicherte nach seinen persönlichen Verhältnissen der SV bedarf oder ob die „guten Risiken" für diese Leistungen einen höheren Aufwand zu erbringen haben als die „schlechten Risiken", ist demgegenüber bedeutungslos. Der **zwischen** der **Höhe der Beiträge und** der **Höhe der Versicherungsleistung** (Rente) bestehende **funktionelle Zusammenhang** ist ein Grundgedanke der österreichischen SV-Gesetzgebung.[2]

Die SV wird von dem Grundgedanken getragen, dass die Angehörigen eines Berufsstandes eine **Risikengemeinschaft** bilden, in der der Versorgungsgedanke im Vordergrund steht, der den Versicherungsgedanken in der Ausprägung der Vertragsversicherung zurückdrängt. Es ist für die **Pflichtversicherung** ohne Belang, ob der Einzelne der SV bedarf. Über den individuellen Sonderinteressen stehen die **gemeinsamen Interessen** der in der Pflichtversicherung zusammengeschlossenen Personen. Die Risikengemeinschaft ist eine **Solidaritätsgemeinschaft.** Dieser Gemeinschaftsgedanke ist für die SV typisch und wesentlich.[3]

In der gesetzlichen SV ist es dem Gesetzgeber grundsätzlich verwehrt, innerhalb derselben Risikengemeinschaft zwischen „guten" und „schlechten" Risiken wie in der privatrechtlichen Versicherung zu unterscheiden. Es ist vielmehr ein Charakteristikum der gesetzlichen SV, dass in ihr alle Risiken zu einer **Risikengemeinschaft** zusammengefasst und einem **einheitlichen Beitragsrecht** unterstellt werden.[4]

Das Wesen der SV besteht in der Schaffung von **Risikengemeinschaften,** die die gegenseitige Verbundenheit des Einzelnen und der Gemeinschaft und ihr wechselseitiges Eintreten füreinander in den **Notfällen des Lebens** bezwecken, wobei keineswegs jeder Beitragsleistung des Einzelnen eine Gegenleistung der Gesamtheit der Versicherten an diesen gegenüberstehen muss.[5]

---

1 *Burger/Mair/Wachter,* Sozialrecht Basics[7] 4.
2 VfSlg 3670.
3 VfSlg 4714.
4 VfSlg 15.859.
5 VwGH 21.5.1996, 93/08/0144.

Für das SV-Recht gilt im Allgemeinen das **Versicherungsprinzip,** wonach grundsätzlich nur derjenige Anspruch auf **Leistung** hat, der **Beiträge** geleistet hat oder für den Beiträge geleistet wurden.[6]

Dem Gesetzgeber steht ein **Gestaltungsspielraum** verfassungsrechtlich insoweit zu, als er in seinen rechtspolitischen und wirtschaftspolitischen Zielsetzungen frei ist. Gerade im SV-Recht ist eine durchschnittliche Betrachtungsweise erforderlich, die auf den Regelfall abstellt und damit **Härten in Einzelfällen** nicht ausschließen kann.[7]

Die **Finanzierung** der SV erfolgt nach dem **Umlageverfahren,** dh, die laufenden Ausgaben einer Periode (Kalenderjahr) werden durch laufende Einnahmen aus derselben Periode gedeckt.[8]

Die **Privatversicherung** beruht auf einem zwischen dem Versicherungsnehmer und dem Versicherer abgeschlossenen privatrechtlichen Vertrag, der zwischen den beiden Vertragspartnern ein privatrechtliches Versicherungsverhältnis begründet.[9]

Die **SV im engeren Sinn** umfasst die drei Versicherungszweige Krankenversicherung (KV), Unfallversicherung (UV) und Pensionsversicherung (PV). Zur SV **im weiteren Sinn** zählt noch die (hier nicht behandelte) Arbeitslosenversicherung, welche nicht von SV-Trägern, sondern vom AMS durchgeführt wird.

1.2. Verfassungsrecht

Das „Sozialversicherungswesen“ fällt in Gesetzgebung und Vollziehung in die **Kompetenz des Bundes** (Art 10 Abs 1 Z 11 B-VG).

Personen können zur selbständigen Wahrnehmung **öffentlicher Aufgaben,** die in ihrem ausschließlichen oder überwiegenden gemeinsamen Interesse gelegen und geeignet sind, durch sie gemeinsam besorgt zu werden, durch Gesetz zu **Selbstverwaltungskörpern** zusammengefasst werden (Art 120a Abs 1 B-VG).

Die Selbstverwaltungskörper haben das Recht, ihre Aufgaben in eigener Verantwortung **frei von Weisungen** zu besorgen und im Rahmen der Gesetze **Satzungen** zu erlassen. Dem Bund (oder dem Land) kommt ihnen gegenüber nach Maßgabe der gesetzlichen Bestimmungen hinsichtlich der **Rechtmäßigkeit** der Verwaltungsführung ein **Aufsichtsrecht** zu. Darüber hinaus kann sich das Aufsichtsrecht auch auf die **Zweckmäßigkeit** der Verwaltungsführung erstrecken, wenn dies auf

6 9 ObS 32/93.
7 RS0053889.
8 Vgl *Tomandl* in SV-System 0.5.1.
9 *Tomandl,* Sozialrecht[7] Rz 37.

Grund der Aufgaben des Selbstverwaltungskörpers erforderlich ist (Art 120b Abs 1 B-VG).

Den Selbstverwaltungskörpern können Aufgaben staatlicher Verwaltung übertragen werden. Die Gesetze haben derartige Angelegenheiten ausdrücklich als solche des **übertragenen Wirkungsbereiches** zu bezeichnen und eine **Weisungsbindung** gegenüber dem zuständigen obersten Verwaltungsorgan vorzusehen (Art 120b Abs 2 B-VG).

Die **Organe** der Selbstverwaltungskörper sind aus dem Kreis ihrer Mitglieder nach demokratischen Grundsätzen zu bilden (Art 120c Abs 1 B-VG).

Eine sparsame und wirtschaftliche Erfüllung der Aufgaben der Selbstverwaltungskörper ist nach Maßgabe der gesetzlichen Bestimmungen durch **Beiträge** ihrer Mitglieder oder durch sonstige Mittel sicherzustellen (Art 120c Abs 2 B-VG).

Die Selbstverwaltungskörper sind **selbständige Wirtschaftskörper**. Sie können im Rahmen der Gesetze zur Erfüllung ihrer Aufgaben **Vermögen** aller Art erwerben, besitzen und darüber verfügen (Art 120c Abs 3 B-VG).

Im Bereich der **Krankenanstalten** ist nur die Grundsatzgesetzgebung Bundessache, während die Ausführungsgesetzgebung und die Vollziehung Landessache sind (Art 12 Abs 1 Z 1 B-VG).

1.3. Geltungsbereich des ASVG

Das ASVG regelt die Allgemeine SV **im Inland beschäftigter Personen** (Territorialitätsprinzip) einschließlich bestimmter den Dienstnehmern gleichgestellter selbständig Erwerbstätiger und die KV der Pensionisten aus der Allgemeinen SV (§ 1).

Die **Allgemeine SV umfasst** die KV, die UV und die PV mit Ausnahme der Sonderversicherungen (B-KUVG, BSVG, GSVG). Die PV gliedert sich in folgende **Zweige:** PV der Arbeiter, PV der Angestellten, knappschaftliche PV (§ 2 Abs 1).

Auf Personen, die **erstmals nach dem 31.12.2004** in der PV nach dem ASVG oder einem anderen Bundesgesetz **pflichtversichert** sind, ist der Vierte Teil (PV) nur so weit anzuwenden, als das **APG** nichts anderes bestimmt (§ 2a Abs 1).

Auf Personen, die **nach dem 31.12.1954 geboren** sind und bis zum Ablauf des 31.12.2004 mindestens einen Versicherungsmonat nach dem ASVG oder einem anderen Bundesgesetz erworben haben, sind die Bestimmungen des Vierten und Zehnten (Übergangs- und Schlussbestimmungen) Teiles nur so weit anzuwenden, als das **APG** nichts anderes bestimmt (§ 2a Abs 2).

1.4. Sozialversicherungsrechtliches Schuldverhältnis

Die Gesamtheit der zwischen Versicherungsträger und Versicherten, gegebenenfalls auch bestimmten Dritten (zB Dienstgeber) bestehenden sv-rechtlichen Rechte und Pflichten bildet ein eigenständiges, öffentlich-rechtliches Rechtsverhältnis, das **sozialversicherungsrechtliche Schuldverhältnis.**[10]

Es wird in das

- **Versicherungsverhältnis** (Anwartschaft auf Versicherungsleistungen, Beitrags- und Nebenpflichten) und das
- **Leistungsverhältnis** (Rechte und Pflichten iZm der Erbringung von SV-Leistungen)

unterteilt.

1.5. Nebenpflichten des Versicherungsträgers

In Rsp und Lehre sind **allgemeine Verhaltenspflichten des Versicherungsträgers gegenüber den Versicherten** anerkannt, wobei teils auf die allgemeine behördliche Betreuungspflicht, teils auf das Sozialstaatprinzip, auf den Gedanken sozialer Rechtsanwendung, auf den auch im öffentlichen Recht anerkannten Grundsatz von Treu und Glauben und schließlich auf die Lehren vom sozialversicherungsrechtlichen Schuldverhältnis hingewiesen wird. Vor allem aus diesem lassen sich eine Reihe von **Auskunfts-, Aufklärungs-, Informations- und Beratungspflichten** der Versicherungsträger gegenüber den Versicherten begründen, aber auch sonstige Sorgfalts- und Schutzpflichten ableiten. Es darf aber daraus nicht abgeleitet werden, dass die allfällige Verletzung solcher **Nebenpflichten** durch den Träger zu einem sv-rechtlichen **Leistungsanspruch** des Versicherten führen kann: Wo kein eigenes Recht auf Erteilung von Auskunftsbescheiden festgelegt ist, sind die Versicherungsträger selbst an unrichtige Auskünfte an Versicherte nicht gebunden. Denn **Auskünfte** sind bloße Wissenserklärungen und wollen – anders als Bescheide – Rechte weder gestalten noch bindend feststellen. Verletzungen der Auskunftspflicht führen daher ebenso wie Verstöße gegen andere Nebenpflichten möglicherweise zu **Amtshaftungsansprüchen,** sofern dem Versicherten infolge schuldhafter Verletzung der den Träger treffenden Verpflichtungen ein Schaden entstanden ist.[11]

10 Vgl *Gruber-Risak* in SV-System 1.1.
11 RS0111538.

2. Versicherungs-, Melde- und Beitragswesen

2.1. Versicherungswesen

2.1.1. Pflichtversicherung

Die **Pflichtversicherung** tritt nicht als Folge einer darauf abzielenden Willenserklärung ein, sondern kraft Gesetzes (Ex-lege-Versicherung), und zwar mit der Verwirklichung eines bestimmten Tatbestandes (Ipso-iure-Versicherung).[12]

Vollversicherung ist eine Versicherung in sämtlichen Zweigen des jeweiligen Gesetzes, **Teilversicherung** eine Versicherung nur in einzelnen Zweigen.

2.1.1.1. Vollversicherung

Nach dem ASVG sind in der KV, UV und PV iW versichert (vollversichert; § 4):

- Dienstnehmer,
- freie Dienstnehmer und
- Lehrlinge.

Dienstnehmer ist, wer in einem Verhältnis persönlicher und wirtschaftlicher Abhängigkeit gegen Entgelt beschäftigt wird; hiezu gehören auch Personen, bei deren Beschäftigung die Merkmale persönlicher und wirtschaftlicher Abhängigkeit gegenüber den Merkmalen selbständiger Ausübung der Erwerbstätigkeit überwiegen. Als Dienstnehmer gilt jedenfalls auch, wer nach dem EStG 1988 lohnsteuerpflichtig ist (§ 4 Abs 2).

Freie Dienstnehmer sind Personen, die sich auf Grund freier Dienstverträge auf bestimmte oder unbestimmte Zeit zur Erbringung von Dienstleistungen für einen Dienstgeber verpflichten, wenn sie aus dieser Tätigkeit ein Entgelt beziehen, die Dienstleistungen iW persönlich erbringen und über keine wesentlichen eigenen Betriebsmittel verfügen (§ 4 Abs 4).

Der freie Dienstnehmer kann sich durch eine andere geeignete Person vertreten lassen.

Lehrlinge sind Personen, die auf Grund eines Lehrvertrages zur Erlernung eines in der Lehrberufsliste angeführten Lehrberufes bei einem Lehrberechtigten fachlich ausgebildet und im Rahmen dieser Ausbildung tätig werden (§ 1 BAG).

Für Lehrlinge gilt die Geringfügigkeitsgrenze nicht.

Geringfügig Beschäftigte sind von der Vollversicherung **ausgenommen** (§ 5 Abs 1 Z 2). Sie sind nur in der UV teilversichert (§ 7 Z 3 lit a), können sich aber

12 *Tomandl*, Sozialrecht[7] Rz 39.

in der KV und PV sehr günstig freiwillig versichern (§ 19a). Ein Beschäftigungsverhältnis gilt als geringfügig, wenn daraus im Kalendermonat kein höheres Entgelt als 551,10 € (Geringfügigkeitsgrenze; Wert 2025) gebührt (§ 5 Abs 2).

Geringfügig Beschäftigte unterliegen nicht der Arbeitslosenversicherung.

2.1.1.2. Teilversicherung

2.1.1.2.1. In der Krankenversicherung

Teilversichert sind:

- ASVG-Pensionsbezieher
- Bezieher von Übergangsgeld
- Kinderbetreuungsgeldbezieher
- Bezieher von Leistungen nach dem AlVG
- Bezieher von Rehabilitationsgeld

2.1.1.2.2. In der Unfallversicherung

Teilversichert sind:

- Selbständig Erwerbstätige nach GSVG
- Kindergartenkinder (im letzten Kindergartenjahr), Schüler und Studenten
- Geringfügig Beschäftigte

2.1.1.2.3. In der Pensionsversicherung

Teilversichert sind:

- Neue Vertragsbedienstete
- Dienstnehmer der Universitäten
- Dienstnehmer der BVAEB
- Dienstnehmer von Eisenbahnen und Bergbaubetrieben
- Bezieher von Rehabilitationsgeld
- Präsenz- und Zivildiener
- Kindererziehungszeiten
- Wochengeldbezieherinnen
- Krankengeldbezieher

2.1.1.3. Mehrfachversicherung

Wenn eine Person **gleichzeitig mehrere Erwerbstätigkeiten ausübt,** wird sie in der SV nicht einheitlich erfasst. Jede einzelne versicherungspflichtige Tätigkeit begründet vielmehr ein eigenes Versicherungsverhältnis mit jeweils eigener Beitragspflicht bis zur Höchstbeitragsgrundlage.[13]

13 *Tomandl,* Sozialrecht[7] Rz 43.

Übt der Pflichtversicherte gleichzeitig mehrere die Versicherungspflicht begründende Beschäftigungen aus, so ist bei der Bemessung der Beiträge **in jedem einzelnen Beschäftigungsverhältnis** die Höchstbeitragsgrundlage zu berücksichtigen (§ 45 Abs 2).

Ein System, in dem die Versicherungspflicht an eine bestimmte Erwerbstätigkeit anknüpft, sodass bei gleichzeitigem Bestehen zweier oder mehrerer Erwerbstätigkeiten eine sogenannte Doppel- bzw Mehrfachversicherung eintritt, erweckt **keine** verfassungsrechtlichen **Bedenken.** Auch begegnet es keinen verfassungsrechtlichen Bedenken, jedes Erwerbseinkommen gesondert bis zur Höchstbeitragsgrundlage der Beitragsberechnung zugrunde zu legen.[14]

Eine bestehende Pflicht-(sozial-)versicherung schließt eine (mehrere) weitere Versicherungspflicht(-en) nicht aus. Soweit die SV-Gesetze keine Subsidiaritätsverhältnisse anordnen, kommt nämlich das Prinzip der Mehrfachversicherung zum Tragen. Das heißt, dass im Fall der gleichzeitigen Erfüllung mehrerer Pflichtversicherungstatbestände auch **mehrfache Pflichtversicherungen** begründet werden.[15]

Bei mehrfacher **KV** sind die Sachleistungen (die Erstattung von Kosten anstelle von Sachleistungen) für ein und denselben Versicherungsfall nur einmal zu gewähren, und zwar von dem Versicherungsträger, den der Versicherte zuerst in Anspruch nimmt. Die Geldleistungen (Barleistungen) gebühren aus jeder der in Betracht kommenden Versicherungen (§ 128).

2.1.1.4. Beginn der Pflichtversicherung

Die Pflichtversicherung **beginnt** unabhängig von der Erstattung einer Anmeldung mit dem Tag des Beginnes der Beschäftigung bzw des Lehr- oder Ausbildungsverhältnisses (§ 10 Abs 1).

2.1.1.5. Ende der Pflichtversicherung

Die Pflichtversicherung **erlischt** mit dem Ende des Beschäftigungs-, Lehr- oder Ausbildungsverhältnisses. Fällt jedoch der Zeitpunkt, an dem der Anspruch auf Entgelt endet, nicht mit dem Zeitpunkt des Endes des Beschäftigungsverhältnisses zusammen, so erlischt die Pflichtversicherung mit dem **Ende des Entgeltanspruches** (§ 11 Abs 1).

2.1.2. Freiwillige Versicherung

Für die Begründung einer freiwilligen Versicherung ist ein **Antrag** erforderlich (Antragsprinzip).

---

14 VfGH 30.6.2004, B 869/03.
15 VwGH 12.10.2016, Ra 2015/08/0173.

Die freiwillige Versicherung hat den Zweck,

- einen Versicherungsschutz zu begründen (Selbstversicherung),
- aufrechtzuerhalten (Weiterversicherung) oder
- höhere Leistungen zu gewähren (Höherversicherung).

Die Beiträge sind (mit bestimmten Ausnahmen) zur Gänze vom Versicherten zu tragen (§ 77 Abs 5).

2.1.2.1. Selbstversicherung

Personen, die nicht in einer gesetzlichen KV pflichtversichert sind, können sich, solange ihr Wohnsitz im Inland gelegen ist, in der **KV** auf Antrag selbstversichern (§ 16 Abs 1).

Personen, die das 15. Lebensjahr vollendet haben und nicht in einer gesetzlichen PV pflicht- oder weiterversichert sind, können sich, solange ihr Wohnsitz im Inland gelegen ist, in der **PV** selbstversichern (§ 16a Abs 1).

Personen, die ein **behindertes Kind,** für das erhöhte Familienbeihilfe gewährt wird, unter überwiegender Beanspruchung ihrer Arbeitskraft in häuslicher Umgebung **pflegen,** können sich, solange sie während dieses Zeitraumes ihren Wohnsitz im Inland haben, längstens jedoch bis zur Vollendung des 40. Lebensjahres des Kindes, in der **PV** selbstversichern (§ 18a Abs 1).

Personen, die einen **nahen Angehörigen** mit Anspruch auf Pflegegeld zumindest in Höhe der Stufe 3 nach § 5 BPGG unter erheblicher Beanspruchung ihrer Arbeitskraft in häuslicher Umgebung **pflegen,** können sich, solange sie während des Zeitraumes dieser Pflegetätigkeit ihren Wohnsitz im Inland haben, in der **PV** selbstversichern (§ 18b Abs 1).

In der **UV** können der Selbstversicherung selbständig Erwerbstätige mit Sitz ihres Betriebes im Inland, die nicht in der UV pflichtversichert sind, beitreten (§ 19 Abs 1).

Geringfügig Beschäftigte, die weder in der KV noch in der PV pflichtversichert sind, können sich, solange sie ihren Wohnsitz im Inland haben, auf Antrag in der **KV und PV** selbstversichern (§ 19a Abs 1). Bezüglich der Gewährung von Leistungen hat die Selbstversicherung in der KV die gleichen Rechtswirkungen wie eine Pflichtversicherung (§ 19a Abs 6; zB Anspruch auf Kranken- und Wochengeld). Der monatliche Beitrag beträgt 77,81 € (Wert 2025; § 77 Abs 2a).

2.1.2.2. Weiterversicherung

Personen, die

- aus der Pflichtversicherung oder der Selbstversicherung gemäß § 16a ausgeschieden sind oder ausscheiden und die

- in den letzten 24 Monaten vor dem Ausscheiden mindestens zwölf oder in den letzten fünf Jahren vor dem Ausscheiden jährlich mindestens drei Versicherungsmonate in einer oder mehreren gesetzlichen Pensionsversicherungen erworben haben,

können sich in der **PV** weiterversichern, solange sie nicht in einer gesetzlichen PV pflichtversichert sind oder einen bescheidmäßig zuerkannten Anspruch auf eine laufende Leistung aus einer eigenen gesetzlichen PV haben (§ 17 Abs 1).

2.1.2.3. Höherversicherung

Selbständig Erwerbstätige, die in der **UV** teilversichert sind, können sich beim zuständigen Versicherungsträger über die in Betracht kommende Bemessungsgrundlage (§ 181) hinaus höherversichern (§ 20 Abs 1).

Personen, die in einer **PV** pflicht-, weiter- oder selbstversichert sind, können sich beim zuständigen Versicherungsträger über die für sie in der Pflichtversicherung in Betracht kommende Beitragsgrundlage hinaus höherversichern (§ 20 Abs 3).

2.1.3. Formalversicherung

Hat ein Versicherungsträger bei einer **nicht der Pflichtversicherung unterliegenden** Person auf Grund der bei ihm vorbehaltlos erstatteten, nicht vorsätzlich unrichtigen Anmeldung den Bestand der Pflichtversicherung als gegeben angesehen und für den vermeintlich Pflichtversicherten drei Monate ununterbrochen die Beiträge unbeanstandet angenommen, so besteht ab dem Zeitpunkt, für den erstmals die Beiträge entrichtet worden sind, eine Formalversicherung (§ 21 Abs 1).

In der **freiwilligen Versicherung** kann bei einem Antrag eines vermeintlich Versicherungsberechtigten auf Weiter- oder Selbstversicherung ebenfalls eine Formalversicherung entstehen (§ 22 Abs 1).

Die Formalversicherung hat die **gleichen Rechtswirkungen** wie die Pflichtversicherung bzw die entsprechende freiwillige Versicherung.

In der Arbeitslosenversicherung gibt es keine Formalversicherung.

2.2. Meldewesen

2.2.1. Meldepflichten

Die **Dienstgeber haben** jede von ihnen beschäftigte, nach dem ASVG in der KV pflichtversicherte Person (Vollversicherte und Teilversicherte) **vor Arbeitsantritt** beim zuständigen KV-Träger **anzumelden und binnen sieben Tagen nach dem Ende** der Pflichtversicherung **abzumelden.** Die An-(Ab-)meldung durch den Dienstgeber wirkt auch für den Bereich der UV und PV, soweit die beschäftigte Person in diesen Versicherungen pflichtversichert ist (§ 33 Abs 1).

Der Dienstgeber hat die Anmeldeverpflichtung so zu erfüllen, dass er **in zwei Schritten** meldet, und zwar

1. vor Arbeitsantritt die Beitragskontonummer, die Namen und Versicherungsnummern bzw die Geburtsdaten der beschäftigten Personen, den Tag der Beschäftigungsaufnahme sowie das Vorliegen einer Voll- oder Teilversicherung und
2. die noch fehlenden Angaben mit der monatlichen Beitragsgrundlagenmeldung für jenen Beitragszeitraum, in dem die Beschäftigung aufgenommen wurde (§ 33 Abs 1a).

Die Dienstgeber haben während des Bestandes der Pflichtversicherung **jede** für diese Versicherung bedeutsame **Änderung**, die nicht von der Meldung der monatlichen Beitragsgrundlagen (Abs 2) umfasst ist, innerhalb von sieben Tagen dem zuständigen KV-Träger zu melden (§ 34 Abs 1).

Die **Meldung der monatlichen Beitragsgrundlagen** hat nach Ablauf eines jeden Beitragszeitraumes mittels elektronischer Datenfernübertragung zu erfolgen; die Frist für die Vorlage der monatlichen Beitragsgrundlagenmeldung endet mit dem 15. des Folgemonats (§ 34 Abs 2).

Die Meldungen sind mittels **elektronischer** Datenfernübertragung in den vom Dachverband festgelegten einheitlichen Datensätzen zu erstatten (§ 41 Abs 1).

Als **Dienstgeber** gilt derjenige, für dessen Rechnung der Betrieb (die Verwaltung, die Hauswirtschaft, die Tätigkeit) geführt wird, in dem der Dienstnehmer (Lehrling) in einem Beschäftigungs-(Lehr-)verhältnis steht, auch wenn der Dienstgeber den Dienstnehmer durch Mittelspersonen in Dienst genommen hat oder ihn ganz oder teilweise auf Leistungen Dritter an Stelle des Entgeltes verweist (§ 35 Abs 1).

Die Anmeldung durch Unternehmen, die bescheidmäßig als **Scheinunternehmen** nach § 35a festgestellt wurden, ist unzulässig und gilt nicht als Meldung nach § 41. Die davon betroffenen Personen sind zur Auskunftserteilung aufzufordern (§ 33 Abs 1c).

Die KV-Träger sind an die rechtskräftige Feststellung des Vorliegens eines Scheinunternehmens durch die Abgabenbehörden des Bundes nach § 8 des Sozialbetrugsbekämpfungsgesetzes (SBBG) **gebunden** (§ 35a Abs 1).

Die ÖGK hat die Einhaltung aller für das Versicherungsverhältnis maßgebenden Tatsachen zu prüfen **(Sozialversicherungsprüfung)**. Hierzu gehört insb

1. die Prüfung der Einhaltung der Meldeverpflichtungen in allen Versicherungs- und Beitragsangelegenheiten und der Beitragsabrechnung,
2. die Prüfung der Grundlagen von Geldleistungen (Krankengeld, Wochengeld, Arbeitslosengeld usw),
3. die Beratung in Fragen von Melde-, Versicherungs- und Beitragsangelegenheiten.

Für die Sozialversicherungsprüfung gelten die für Außenprüfungen maßgeblichen Vorschriften der Bundesabgabenordnung (§ 41a Abs 1).

Gemeinsam mit der Sozialversicherungsprüfung ist von der ÖGK auch die **Lohnsteuerprüfung** (§ 86 EStG 1988) durchzuführen. Bei der Durchführung der Lohnsteuerprüfung ist das Prüfungsorgan der ÖGK als Organ des Finanzamtes tätig und unterliegt dessen fachlicher **Weisung**. Das für die Erhebung der Lohnsteuer zuständige Finanzamt ist von der Prüfung sowie auf Anfrage vom Stand des Prüfungsverfahrens zu unterrichten; nach Abschluss der Außenprüfung ist es vom Inhalt des Prüfungsberichtes oder der aufgenommenen Niederschrift zu verständigen. Das Finanzamt ist an das Prüfungsergebnis nicht gebunden (§ 41a Abs 2).

2.2.2. Auskunftspflichten

Auf Anfrage des Versicherungsträgers haben die **Dienstgeber** (sonstigen Meldepflichtigen) längstens **binnen 14 Tagen** wahrheitsgemäß **Auskunft** über alle für das Versicherungsverhältnis maßgebenden Umstände zu erteilen. Weiters haben sie den gehörig ausgewiesenen Bediensteten der Versicherungsträger während der Betriebszeit Einsicht in alle Geschäftsbücher und Belege sowie sonstigen Aufzeichnungen zu gewähren, die für das Versicherungsverhältnis von Bedeutung sind. Die Versicherungsträger sind überdies ermächtigt, den Dienstgebern alle Informationen über die bei ihnen beschäftigten oder beschäftigt gewesenen Dienstnehmer zu erteilen, soweit die Dienstgeber diese Informationen für die Erfüllung der Verpflichtungen benötigen, die ihnen in sv- und arbeitsrechtlicher Hinsicht aus dem Beschäftigungsverhältnis der bei ihnen beschäftigten oder beschäftigt gewesenen Dienstnehmer erwachsen (§ 42 Abs 1).

Besteht der begründete Verdacht auf das Vorliegen eines Verhaltens, das **Sozialbetrug** (§ 2 SBBG) darstellt, oder auf das Vorliegen eines **Scheinunternehmens** (§ 8 SBBG), so sind

1. die Bediensteten der Versicherungsträger **berechtigt**,
   a) zur Durchführung ihrer Aufgaben die Betriebsstätten sowie die Aufenthaltsräume der Dienstnehmer zu betreten;
   b) die zur Durchführung ihrer Aufgaben erforderlichen Auskünfte von allen auf der Betriebsstätte anwesenden Personen, die mit Arbeiten an der Betriebsstätte beschäftigt sind, einzuholen;
2. die Dienstnehmer verpflichtet, auf Verlangen der Bediensteten der Versicherungsträger ihre Ausweise oder sonstigen Unterlagen zur Feststellung ihrer Identität vorzuzeigen;
3. die Dienstgeber oder ihre Bevollmächtigten verpflichtet, den Bediensteten der Versicherungsträger die zur Durchführung ihrer Aufgaben erforderlichen Auskünfte zu erteilen (§ 42 Abs 1a).

Die **Versicherten** sowie die Zahlungs-(Leistungs-)empfänger **sind verpflichtet**, den Versicherungsträgern über alle für das Versicherungsverhältnis, für die Beitragspflicht und für die Prüfung oder die Durchsetzung von Schadenersatzansprüchen (§§ 332 ff) maßgebenden Umstände längstens binnen 14 Tagen wahrheitsgemäß Auskunft zu erteilen (§ 43 Abs 1).

Die Versicherten sind verpflichtet, zur Auskunftserteilung über die Beschäftigung bei einem rechtskräftig als **Scheinunternehmen** nach § 35a festgestellten Unternehmen binnen sechs Wochen nach schriftlicher Aufforderung persönlich beim KV-Träger zu erscheinen (§ 43 Abs 4).

Der zuständige **KV-Träger** hat auf Anfrage der Meldepflichtigen schriftlich darüber Auskunft zu geben, ob und inwieweit im einzelnen Fall die Vorschriften über das Melde-, Versicherungs- und Beitragswesen anzuwenden sind (§ 43a Abs 1).

2.2.3. Sanktionen

Den Dienstgebern (sonstigen meldepflichtigen oder auskunftspflichtigen Personen oder Stellen) können nach einer unmittelbaren Betretung **Beitragszuschläge** vorgeschrieben werden, wenn die Anmeldung zur Pflichtversicherung nicht vor Arbeitsantritt erstattet wurde (§ 113 Abs 1).

Der Beitragszuschlag nach einer unmittelbaren Betretung durch eines der Prüforgane setzt sich aus **zwei Teilbeträgen** zusammen, mit denen die Kosten für die gesonderte Bearbeitung und für den Prüfeinsatz pauschal abgegolten werden. Der Teilbetrag für die gesonderte Bearbeitung beläuft sich auf 400 € je nicht vor Arbeitsantritt angemeldeter Person; der Teilbetrag für den Prüfeinsatz beläuft sich auf 600 €. Bei einer Betretung durch andere Organe ist ausschließlich der Teilbetrag für die gesonderte Bearbeitung vorzuschreiben (§ 113 Abs 2).

Bei **erstmaliger verspäteter Anmeldung** mit unbedeutenden Folgen kann der Teilbetrag für die gesonderte Bearbeitung entfallen und der Teilbetrag für den Prüfeinsatz auf bis zu 300 € herabgesetzt werden. In besonders berücksichtigungswürdigen Fällen kann auch der Teilbetrag für den Prüfeinsatz entfallen (§ 113 Abs 3).

Den Dienstgebern (sonstigen meldepflichtigen oder auskunftspflichtigen Personen oder Stellen) werden **Säumniszuschläge** vorgeschrieben, wenn

1. die Anmeldung zur Pflichtversicherung nicht innerhalb von sieben Tagen ab dem Beginn der Pflichtversicherung mittels elektronischer Datenfernübertragung oder anderer Meldungsarten erstattet wurde oder
2. die Meldung der noch fehlenden Daten zur Anmeldung nicht mit jener monatlichen Beitragsgrundlagenmeldung erfolgte, die für den Kalendermonat des Beginnes der Pflichtversicherung zu erstatten war, oder
3. die Abmeldung nicht oder nicht rechtzeitig erfolgte oder

4. die Frist für die Vorlage der monatlichen Beitragsgrundlagenmeldung nicht eingehalten wurde oder
5. die Berichtigung der monatlichen Beitragsgrundlagenmeldung verspätet erfolgte oder
6. für die Pflichtversicherung bedeutsame sonstige Änderungen nicht oder nicht rechtzeitig gemeldet wurden (§ 114 Abs 1).

Der Versicherungsträger kann unter Berücksichtigung der Art des Meldeverstoßes, der wirtschaftlichen Verhältnisse des Beitragsschuldners, des Verspätungszeitraumes und der Erfüllung der bisherigen Meldeverpflichtungen auf den Säumniszuschlag zur Gänze oder zum Teil **verzichten oder** den bereits entrichteten Säumniszuschlag **rückerstatten** (§ 114 Abs 7).

Ordnungswidrig handelt, wer als **Dienstgeber** (sonstige meldepflichtige oder auskunftspflichtige Person oder Stelle)

1. die Anmeldung zur Pflichtversicherung oder Anzeigen nicht oder falsch oder nicht rechtzeitig erstattet oder
2. Meldungsabschriften nicht oder nicht rechtzeitig weitergibt oder
3. Auskünfte nicht oder falsch erteilt oder
4. gehörig ausgewiesene Bedienstete der Versicherungsträger während der Betriebszeiten nicht in Geschäftsbücher, Belege und sonstige Aufzeichnungen, die für das Versicherungsverhältnis bedeutsam sind, einsehen lässt oder
5. gehörig ausgewiesenen Bediensteten der Versicherungsträger einen Ausweis oder eine sonstige Unterlage zur Feststellung der Identität nicht vorzeigt oder
6. gehörig ausgewiesenen Bediensteten der Versicherungsträger die zur Durchführung ihrer Aufgaben erforderlichen Auskünfte nicht erteilt (§ 111 Abs 1).

Die Ordnungswidrigkeit ist von der Bezirksverwaltungsbehörde als **Verwaltungsübertretung** zu bestrafen, und zwar mit Geldstrafe von 730 € bis zu 2.180 € (im Wiederholungsfall von 2.180 € bis zu 5.000 €), bei Uneinbringlichkeit der Geldstrafe mit Freiheitsstrafe bis zu zwei Wochen. Die Bezirksverwaltungsbehörde kann bei erstmaligem ordnungswidrigen Handeln die Geldstrafe bis auf 365 € herabsetzen, wenn das Verschulden geringfügig ist und die Folgen unbedeutend sind (§ 111 Abs 2).

Die **Verjährungsfrist** bei den angeführten Verwaltungsübertretungen beträgt ein Jahr (§ 111 Abs 3).

Die Bestimmungen des § 111 sind auch auf **andere** als die im § 111 bezeichneten **Personen** (zB Versicherte) bei Verstößen gegen die ihnen obliegende Melde-, Anzeige- und Auskunftspflicht anzuwenden (§ 112 Abs 2).

Wer die Auskunfts- oder Einsichtsgewährungspflichten iZm der **Auftraggeberhaftung** (§ 67a Abs 8, 8a oder 9) verletzt, begeht eine Verwaltungsübertretung und ist von der Bezirksverwaltungsbehörde mit Geldstrafe von 1.000 bis 10.000 €, im Wiederholungsfall von 2.000 € bis 20.000 €, zu bestrafen (§ 112a).

2.3. Beitragswesen

Die SV-Beiträge haben ihre Wurzel in Mitgliedschaftsrechten, die Beitragsgrundlage ist der Höhe nach begrenzt, die Höhe der Renten hängt auch von der Höhe der Beiträge ab, die Arbeitgeber zahlen einen Teil der sich aus der Höhe des Arbeitseinkommens der bei ihnen beschäftigten Personen ergebenden Beiträge. Es ist der SV eigentümlich, dass **auch die Dienstgeber zur Beitragsleistung herangezogen** werden.[16]

Der Beitrag errechnet sich als ein bestimmter Prozentsatz **(Beitragssatz)** des der Versicherung unterliegenden Erwerbseinkommens **(Beitragsgrundlage)**.[17]

2.3.1. Beiträge zur Pflichtversicherung

2.3.1.1. Allgemeine Beitragsgrundlage (§ 44)

Grundlage für die Bemessung der allgemeinen Beiträge (allgemeine Beitragsgrundlage) ist für Pflichtversicherte der im Beitragszeitraum gebührende **Arbeitsverdienst** mit Ausnahme der Sonderzahlungen. Als Arbeitsverdienst gilt bei Dienstnehmern und Lehrlingen das Entgelt (§ 44 Abs 1).

Unter **Entgelt** sind die Geld- und Sachbezüge zu verstehen, auf die der pflichtversicherte Dienstnehmer (Lehrling) aus dem Dienst-(Lehr-)verhältnis Anspruch hat oder die er darüber hinaus auf Grund des Dienst-(Lehr-)verhältnisses vom Dienstgeber oder von einem Dritten (zB Trinkgeld) erhält (§ 49 Abs 1).

Bestimmte Entgeltteile sind **beitragsfrei** (taxative Aufzählung in § 49 Abs 3), zB: Auslagenersätze (Fahrtkostenvergütungen, Tages- und Nächtigungsgelder), Abfertigungen, freiwillige soziale Zuwendungen, freie oder verbilligte Mahlzeiten.

Die Höhe geldwerter Vorteile aus **Sachbezügen** (Wohnung, Heizung, Beleuchtung, Kleidung, Kost, Waren, Überlassung von Kfz zur Privatnutzung und sonstige Sachbezüge) wird mit Verordnung des Bundesministers für Finanzen festgelegt (§ 50).[18]

Beitragszeitraum ist der Kalendermonat, der einheitlich mit 30 Tagen anzunehmen ist (§ 44 Abs 2).

2.3.1.2. Höchstbeitragsgrundlage (§ 45)

Die allgemeine Beitragsgrundlage darf die Höchstbeitragsgrundlage (Wert 2025: 6.450 € monatlich) nicht überschreiten (§ 45 Abs 1).

Übt der Pflichtversicherte **gleichzeitig mehrere** die Versicherungspflicht begründende **Beschäftigungen** aus (Mehrfachversicherung), so ist bei der Bemessung der Beiträge in jedem einzelnen Beschäftigungsverhältnis die Höchstbeitragsgrundlage zu berücksichtigen (§ 45 Abs 2).

---

16 VfSlg 3670.

17 *Tomandl*, Sozialrecht[7] Rz 90.

18 Verordnung über die Bewertung bestimmter Sachbezüge (Sachbezugswerteverordnung, BGBl II 2001/416).

2.3.1.3. Allgemeine Beiträge (§ 51)

In den jeweiligen Versicherungszweigen sind folgende **Beitragssätze** vorgesehen (§ 51):

Zweig	Dienstnehmer %	Dienstgeber %	Gesamt %
KV	3,87	3,78	7,65
UV		1,1	1,1
PV	10,25	12,55	22,8

Der Beitrag zur **UV** ist zur Gänze vom Dienstgeber zu zahlen (§ 51 Abs 3).

Für **Angehörige** (§ 123) ist ein **Zusatzbeitrag** im Ausmaß von 3,4 % der für den Versicherten heranzuziehenden Beitragsgrundlage (Pension) zu leisten. Der Zusatzbeitrag entfällt zur Gänze auf den Versicherten (§ 51d Abs 1). Für bestimmte Personen sowie bei Vorliegen einer besonderen sozialen Schutzbedürftigkeit ist kein Zusatzbeitrag einzuheben (§ 51d Abs 3 und 4).

Der Dienstgeber hat für alle bei ihm **geringfügig beschäftigten Personen** einen Beitrag zur UV in der Höhe von 1,1 % der allgemeinen Beitragsgrundlage zu leisten (§ 53a Abs 1).

Für die **KV der Pensionisten** wird ein Beitrag im Ausmaß von 5,1 % der Bruttopension vom jeweiligen PV-Träger einbehalten (§ 73 Abs 1).

2.3.1.4. Sonderbeitragsgrundlage (§ 54)

Von den **Sonderzahlungen** (zB Urlaubs- oder Weihnachtsgeld) sind **Sonderbeiträge** mit dem gleichen Prozentsatz wie für sonstige Bezüge zu entrichten. Höchstmaß für Sonderbeiträge ist das 60-Fache der täglichen Höchstbeitragsgrundlage (für 2025: 12.900 €; § 54 Abs 1).

2.3.1.5. Zuschüsse an die Dienstgeber (§ 53b)

Den Dienstgebern können Zuschüsse aus Mitteln der UV **zur teilweisen Vergütung des Aufwandes für die Entgeltfortzahlung** an bei der AUVA unfallversicherte Dienstnehmer geleistet werden (Abs 1).

Näheres über die Gewährung der Zuschüsse sowie deren Abwicklung ist durch **Verordnung** der Bundesministerin für Gesundheit im Einvernehmen mit dem Bundesminister für Wissenschaft, Forschung und Wirtschaft festzusetzen (Abs 6).[19]

19 Verordnung über Zuschüsse der AUVA an Dienstgeber für Entgeltfortzahlung und Differenzvergütung (Entgeltfortzahlungs-Zuschuss- und Differenzvergütungs-Verordnung, EFZ-DV-VO, BGBl II 2018/146).

2.3.1.6. Fälligkeit und Einzahlung der Beiträge (§ 58)

Die allgemeinen Beiträge sind am letzten Tag des Kalendermonates **fällig**, in den das Ende des Beitragszeitraumes fällt (Abs 1).

Der **Dienstgeber schuldet** die auf den Versicherten und den Dienstgeber entfallenden Beiträge. Er hat diese Beiträge auf seine Gefahr und Kosten zur Gänze einzuzahlen (Abs 2).

Der Beitragsschuldner hat die Beiträge von den jedem Dienstnehmer im Beitragszeitraum gebührenden und darüber hinaus gezahlten Entgelten zu ermitteln und an den zuständigen Träger der KV **unaufgefordert einzuzahlen**, sofern dieser die Beiträge nicht vorschreibt (Abs 4).

2.3.1.7. Verzugszinsen (§ 59)

Werden Beiträge nicht innerhalb von 15 Tagen nach der Fälligkeit eingezahlt, so sind von diesen rückständigen Beiträgen, wenn nicht ein Beitragszuschlag oder ein Säumniszuschlag vorgeschrieben wird, **Verzugszinsen** in einem Prozentsatz der rückständigen Beiträge zu entrichten. Erfolgt die Einzahlung zwar verspätet, aber noch innerhalb von drei Tagen nach Ablauf der 15-Tage-Frist, so bleibt diese Verspätung ohne Rechtsfolgen. Der Prozentsatz berechnet sich jeweils für ein Kalenderjahr aus dem Basiszinssatz zuzüglich vier Prozentpunkten; dabei ist der Basiszinssatz, der am 31.10. eines Kalenderjahres gilt, für das nächste Kalenderjahr maßgebend. Für die Berechnung der Verzugszinsen können die rückständigen Beiträge auf den vollen Eurobetrag abgerundet werden (Abs 1).

Der Verzugszinsensatz beträgt aktuell **6,53 %.**

Der zur Entgegennahme der Zahlung berufene Versicherungsträger kann die Verzugszinsen **herabsetzen oder nachsehen**, wenn durch ihre Einhebung in voller Höhe die wirtschaftlichen Verhältnisse des Beitragsschuldners gefährdet wären. Die Verzugszinsen können überdies nachgesehen werden, wenn es sich um einen kurzfristigen Zahlungsverzug handelt und der Beitragsschuldner ansonsten regelmäßig seine Beitragspflicht erfüllt hat (Abs 2).

2.3.1.8. Abzugsrecht des Dienstgebers (§ 60)

Der **Dienstgeber ist berechtigt,** den auf den Versicherten entfallenden Beitragsteil vom Entgelt in bar **abzuziehen.** Dieses Recht muss bei sonstigem Verlust spätestens bei der auf die Fälligkeit des Beitrages nächstfolgenden Entgeltzahlung ausgeübt werden, es sei denn, dass die nachträgliche Entrichtung der vollen Beiträge oder eines Teiles dieser vom Dienstgeber nicht verschuldet ist. Im Falle der nachträglichen Entrichtung der Beiträge ohne Verschulden des Dienstgebers dürfen dem Versicherten bei einer Entgeltzahlung nicht mehr Beiträge abgezogen werden, als auf zwei Lohnzahlungszeiträume entfallen (Abs 1).

2.3.1.9. Eintreibung der Beiträge (§ 64)

Den Versicherungsträgern ist zur Eintreibung nicht rechtzeitig entrichteter Beiträge die Einbringung im **Verwaltungsweg** gewährt (Abs 1).

Vor Ausstellung eines Rückstandsausweises ist der rückständige Betrag einzumahnen. Die **Mahnung** wird durch Zustellung eines Mahnschreibens (Postauftrages) vollzogen, in dem der Beitragsschuldner unter Hinweis auf die eingetretene Vollstreckbarkeit aufgefordert wird, den Beitragsrückstand **binnen zwei Wochen**, von der Zustellung an gerechnet, zu bezahlen. Ein Nachweis der Zustellung des Mahnschreibens ist nicht erforderlich; bei Postversand wird die Zustellung des Mahnschreibens am dritten Tag nach der Aufgabe zur Post vermutet (Abs 3).

Der Versicherungsträger hat zur Eintreibung nicht rechtzeitig entrichteter Beiträge einen **Rückstandsausweis** auszufertigen. Dieser Ausweis hat den Namen und die Anschrift des Beitragsschuldners, den rückständigen Betrag, die Art des Rückstandes samt Nebengebühren, den Beitragszeitraum, auf den die rückständigen Beiträge entfallen, allenfalls vorgeschriebene Verzugszinsen, Beitragszuschläge und sonstige Nebengebühren sowie den Vermerk des Versicherungsträgers zu enthalten, dass der Rückstandsausweis einem die Vollstreckbarkeit hemmenden Rechtszug nicht unterliegt. Der Rückstandsausweis ist Exekutionstitel iSd § 1 EO (Abs 2).

Rückstandsausweise sind **keine** anfechtbaren **Bescheide**, sondern öffentliche Urkunden über den Stand der offenen Zahlungsverbindlichkeiten eines Beitragsschuldners.[20]

2.3.1.10. Haftung für Beitragsschulden (§ 67)

Wenn **mehrere Dienstgeber** im Einvernehmen **dieselbe Person**, wenn auch gegen gesondertes Entgelt, in einer die Pflichtversicherung begründenden Weise **beschäftigen**, haften sie zur ungeteilten Hand für die Beiträge, denen das Gesamtentgelt zugrunde zu legen ist (Abs 1).

Dienstgeber, die **auf gemeinsame Rechnung einen Betrieb führen**, haften zur ungeteilten Hand für die anlässlich dieser Betriebsführung auflaufenden Beiträge, gleichviel, ob sie die Arbeiten nach einem einheitlichen Plan gemeinsam durchführen (Mitunternehmer) oder ob jeder von ihnen einen bestimmten Teil der gesamten Arbeiten selbständig durchführt (Teilunternehmer; Abs 2).

Fällt einem anderen als dem Dienstgeber die **wirtschaftliche Gefahr** des Betriebes **oder** der erzielte **Gewinn** vorwiegend zu, so haften beide zur ungeteilten Hand für die fällig gewordenen Beiträge (Abs 3).

Wird ein **Betrieb übereignet**, so **haftet der Erwerber** für Beiträge, die sein Vorgänger zu zahlen gehabt hätte, unbeschadet der fortdauernden Haftung des Vor-

20 RS0084049; vgl VwGH 12.2.1987, 86/08/0013.

gängers sowie der Haftung des Betriebsnachfolgers nach § 1409 ABGB unter Bedachtnahme auf § 1409a ABGB und der Haftung des Erwerbers nach § 38 UGB, für die Zeit von **höchstens zwölf Monaten** vom Tag des Erwerbes zurückgerechnet. Im Fall einer Anfrage beim Versicherungsträger haftet er jedoch nur mit dem Betrag, der ihm als Rückstand ausgewiesen worden ist (Abs 4).

Abs 4 gilt nicht bei einem Erwerb im Zuge eines **Vollstreckungsverfahrens**, bei einem Erwerb aus einer **Insolvenzmasse** oder im Wege der Überwachung der Schuldner durch Treuhänder der Gläubiger (Abs 5).

Geht der Betrieb auf

1. einen **Angehörigen** des Betriebsvorgängers (Abs 7),
2. eine **am Betrieb** des Vorgängers **wesentlich beteiligte Person** (Abs 8) oder
3. eine **Person mit wesentlichem Einfluss** auf die Geschäftsführung des Betriebsvorgängers (zB Geschäftsführer, leitender Angestellter, Prokurist)

über, so **haftet** dieser **Betriebsnachfolger** ohne Rücksicht auf das dem Betriebsübergang zugrunde liegende Rechtsgeschäft wie ein Erwerber gemäß Abs 4, solange er nicht nachweist, dass er die Beitragsschulden nicht kannte bzw trotz seiner Stellung im Betrieb des Vorgängers nicht kennen konnte (Abs 6).

Angehörige (Abs 6 Z 1) **sind**:

1. der Ehegatte/die Ehegattin oder der/die eingetragene Partner:in;
2. die Verwandten in gerader Linie und die Verwandten zweiten und dritten Grades in der Seitenlinie;
3. die Verschwägerten in gerader Linie und die Verschwägerten zweiten Grades in der Seitenlinie;
4. die Wahl-(Pflege-)eltern und die Wahl-(Pflege-)kinder;
5. der Lebensgefährte;
6. unbeschadet der Z 2 die im § 32 Abs 2 IO genannten Personen (Abs 7).

Eine Person ist **an einem Betrieb wesentlich beteiligt**, wenn sie zu mehr als einem Viertel Anteil am Betriebskapital hat. Bei der Beurteilung des Anteiles am Betriebskapital ist der wahre wirtschaftliche Gehalt und nicht die äußere Erscheinungsform des Sachverhaltes maßgebend (Abs 8).

Stehen Wirtschaftsgüter, die einem Betrieb dienen, nicht im Eigentum des Betriebsinhabers, sondern im Eigentum einer der im Abs 6 Z 2 bzw 3 genannten Personen, so **haftet der Eigentümer der Wirtschaftsgüter** mit diesen Gütern für die Beiträge, solange er nicht nachweist, dass er die Beitragsschulden nicht kannte bzw trotz seiner Stellung im Betrieb nicht kennen konnte (Abs 9).

Die zur Vertretung juristischer Personen oder Personenhandelsgesellschaften (offene Gesellschaft, Kommanditgesellschaft) berufenen Personen und die gesetzlichen **Vertreter** natürlicher Personen **haften** im Rahmen ihrer Vertretungsmacht **neben** den durch sie vertretenen Beitragsschuldnern für die von diesen zu entrichtenden Beiträge insoweit, als die Beiträge infolge schuldhafter Verletzung der den Vertretern auferlegten Pflichten nicht eingebracht werden können. Vermögensverwalter haften, soweit ihre Verwaltung reicht, entsprechend (Abs 10).

2.3.1.11. Auftraggeberhaftung bei Erbringung von Bauleistungen (§ 67a)

Wird die Erbringung von Bauleistungen (§ 19 Abs 1a UStG) von einem Unternehmen (auftraggebendes Unternehmen) an ein anderes Unternehmen (beauftragtes Unternehmen) ganz oder teilweise weitergegeben, so **haftet das auftraggebende Unternehmen** für alle Beiträge und Umlagen, die das beauftragte Unternehmen an österreichische KV-Träger abzuführen hat oder für die es nach dieser Bestimmung haftet, **bis** zum Höchstausmaß von **20 %** des geleisteten Werklohnes, wenn kein Befreiungsgrund nach Abs 3 vorliegt (Abs 1).

§ 67a wurde mit dem AuftraggeberInnen-Haftungsgesetz, BGBl I 2008/91, geschaffen. **Ziel** der Regelung ist es, Unternehmen, die **Bauleistungen** nicht selbst erbringen, sondern **an Subunternehmen weitergeben**, zu veranlassen auf die Seriosität ihrer Auftragnehmer zu achten (RV 523 BlgNR 23. GP 2). Um die Jahrtausendwende hatte sich nämlich im Bauwesen verstärkt ein System etabliert, in dem sich Auftraggeber diverser kostengünstigerer Subunternehmer bedienten, die ihre Arbeitnehmer zwar korrekt bei der SV anmeldeten, von Beginn an aber die Absicht verfolgten, weder Beiträge zur SV noch Abgaben an die Finanzbehörden zu leisten.[21]

Die **Gesetzesmaterialien**[22] zum AuftraggeberInnen-Haftungsgesetz führen zur Auftraggeberhaftung (AGH) aus:

> Es wird vorgeschlagen, in einem neuen § 67a ein **Sonderhaftungsrecht für Generalunternehmer** bzw Auftraggeber bei Erbringung von Bauleistungen zu schaffen. Bezüglich des Begriffes „Bauleistungen" wird dabei an die Definition des Umsatzsteuergesetzes 1994 (§ 19 Abs 1a UStG 1994) angeknüpft: Danach sind **Bauleistungen** alle Leistungen, die der Herstellung, Instandsetzung, Instandhaltung, Änderung oder Beseitigung von Bauwerken dienen.
>
> Werden derartige Leistungen an ein anderes Unternehmen weitergegeben, so sieht **Abs 1** grundsätzlich eine **Haftung des auftraggebenden Unternehmens für Beitragsrückstände** (inklusive Umlagen) **des beauftragten Unternehmens (Subunternehmens)** bis zur Höhe von **20 %** des geleisteten Werklohnes vor, wenn kein Haftungsbefreiungsgrund vorliegt.
>
> Es handelt sich bei der vorgeschlagenen Auftraggeberhaftung um eine vom konkreten Auftrag losgelöste Haftung für alle Beitragsschulden des beauftragten Unternehmens bei den KV-Trägern. Sie tritt nach **Abs 2** mit dem **Zeitpunkt** der Leistung (eines Teiles) des Werklohnes an das beauftragte Unternehmen ein und soll **alle** (dh nicht nur die aus

21 17 Ob 6/23s mwN.
22 RV 523 BlgNR 23. GP 4 ff.

dem konkreten Auftrag resultierenden) **Beiträge** und Umlagen des beauftragten Unternehmens **umfassen,** die bis spätestens zum Ende des Kalendermonats fällig werden, in dem die (teilweise) Zahlung des Werklohnes erfolgt ist. Die Haftung wird schlagend, wenn der KV-Träger gegen das beauftragte Unternehmen zur Hereinbringung der geschuldeten Beiträge und Umlagen **erfolglos Exekution geführt** hat oder das beauftragte Unternehmen bereits **insolvent** ist.

Die Konstruktion einer vom konkreten Auftrag losgelösten Haftung wurde gewählt, da die bisherigen Erfahrungen in Österreich, aber auch die einschlägigen Erfahrungen mit der Generalunternehmerhaftung in Deutschland, gezeigt haben, dass die SV-Träger häufig vor unlösbaren Situationen stehen, wenn sie eine auf den konkreten Auftrag bezogene Haftung geltend machen sollen.

Auf Grund der sich rasch ändernden rechtlichen Verhältnisse in der Baubranche, der für Außenstehende undurchsichtigen Abläufe und Konstruktionen sowie der Tatsache, dass die KV-Träger auf die Informationen der Betroffenen angewiesen sind, ist eine Zuordnung der Tätigkeit der Dienstnehmer zu einzelnen Baustellen und zu bestimmten Zeiträumen bzw eine Zuordnung der Tätigkeiten zu einzelnen Aufträgen in der Praxis vielfach nur schwer oder gar nicht möglich. Zudem können die Betroffenen durch gezielte Vorgehensweisen die KV-Träger leicht „ins Leere laufen lassen", dh eine Zuordnung gänzlich unmöglich machen. Im Übrigen ist auch eine mit einem fixen Prozentsatz des Werklohnes begrenzte Haftung für die Auftraggeber wesentlich leichter kalkulierbar.

Zur zeitlichen Bezogenheit der Haftung, das heißt der Erfassung aller Beiträge, die bis spätestens zum Ende des Kalendermonats fällig werden, in dem die gänzliche oder teilweise Zahlung des Werklohnes erfolgt, ist festzuhalten, dass eine andere Vorgehensweise, etwa das Abstellen auf den jeweiligen Zeitpunkt der Zahlung, nur dann möglich wäre, wenn die KV-Träger täglich bzw stündlich eine Ermittlung der offenen Forderungen vornehmen würden. Naheliegend ist, dass dies nicht praktikabel wäre. Die Alternative hingegen, auf den letzten Fälligkeitszeitpunkt abzustellen, würde die Möglichkeit eröffnen, die bisherigen Malversationen in eingeschränktem Ausmaß weiter zu betreiben.

Abs 3 sieht bei Erfüllung bestimmter Voraussetzungen eine **Haftungsbefreiung** vor:

Danach werden auftraggebende Unternehmen von der Haftung freigestellt, wenn das beauftragte Unternehmen zum Zeitpunkt der Leistung des Werklohnes in einer von der WGKK (nunmehr ÖGK) als Dienstleistungszentrum zu führenden **Gesamtliste der haftungsfreistellenden Unternehmen (HFU-Gesamtliste)** aufscheint.

Ist dies **nicht** der Fall, so kann eine Haftungsbefreiung dadurch bewirkt werden, dass das auftraggebende Unternehmen **20 % des Werklohnes** vom jeweils zu leistenden Werklohn abzieht und diesen **„Haftungsbetrag"** gleichzeitig mit der Leistung des restlichen Werklohnes bzw Werklohnteiles an das Dienstleistungszentrum überweist.

Für die Zwecke der Haftungsbefreiung gilt der Werklohn als am Kalendertag der entscheidenden Rechtshandlung zur Erfüllung der entsprechenden Schuldigkeit geleistet. Den Nachweis darüber hat das auftraggebende Unternehmen zu erbringen.

Bei EDV-unterstützter Einsichtnahme in die HFU-Gesamtliste ist abweichend davon auf den der Leistung vorangehenden Kalendertag abzustellen, wenn nachweislich die Erteilung des Zahlungsauftrages zur Werklohnerfüllung am selben Tag technisch nicht mehr möglich oder unzumutbar war und eine Manipulation bezüglich des Zahlungszeitpunktes ausgeschlossen ist. Unzumutbar ist es etwa, wenn zeichnungsberechtigte Personen für die Freigabe von Zahlungen über die normalen Bürozeiten hinaus in Unternehmen anwesend sein müssten.

Die **Leistung des Haftungsbetrages** durch das Auftraggebende Unternehmen **wirkt** nach **Abs 4** gegenüber dem beauftragten Unternehmen **schuldbefreiend** und gilt als sogenannte **Drittleistung**, dh sie **unterliegt nicht der Anfechtung im Konkursverfahren** des beauftragten Unternehmens.

Im Zusammenhang mit der Administration der Haftungsbetrags-Leistung ist es erforderlich, dass das auftraggebende Unternehmen bestimmte Daten an das Dienstleistungszentrum meldet. Die entsprechende Überweisung hat die Dienstgebernummer und den Firmennamen des beauftragten Unternehmens, das Datum und die Nummer der einschlägigen Rechnung sowie den Vermerk „AGH" zu enthalten.

Das Dienstleistungszentrum hat nach **Abs 5** die bei ihm eingelangten Haftungsbeträge unverzüglich an die beteiligten KV-Träger weiterzuleiten. Sind mehrere KV-Träger zuständig, so erfolgt die Aufteilung der eingelangten Zahlungen im Verhältnis der bei den KV-Trägern auf die betreffenden Dienstgeberkonten entfallenden versicherten Personen. Näheres dazu soll durch **Richtlinien** des Hauptverbandes (nunmehr Dachverbandes) geregelt werden.

Nach **Abs 6** sind **Guthaben** auf einem Dienstgeberkonto der beauftragten Unternehmen durch die KV-Träger auf schriftlichen Antrag, der beim Dienstleistungszentrum zu stellen ist, grundsätzlich **auszuzahlen**. Zu diesem Zweck wird eine uneingeschränkte Möglichkeit der Dienstgeber zur EDV-unterstützten Einsichtnahme in ihre Beitragskonten geschaffen.

Die **Auszahlung** des Guthabens **hat** va dann **zu unterbleiben**, wenn zum Monatsletzten nach Einlangen des Antrages Beitragskonten (unter Einbeziehung aller KV-Träger) nicht ausgeglichen sind, die Beitragsnachweisungen zumindest bei einem KV-Träger fehlen oder die vorliegenden Beitragsnachweisungen im auffälligen Widerspruch zur Zahl der versicherten Personen (die beim beauftragten Unternehmen beschäftigt sind) stehen. Darüber hinaus ist die beantragte Auszahlung auch dann zu versagen, wenn der Werklohn im auffälligen Widerspruch zur Zahl der versicherten Personen steht und das beauftragte Unternehmen nicht nachweist, dass für die Erbringung der konkreten Bauleistung nur wenige Dienstnehmer erforderlich waren oder dass es sich für die Erfüllung des Auftrages eines weiteren Unternehmens bedient hat, für das es seinerseits nicht haftet.

Nicht ausgezahlte Guthaben können mit offenen Beitrags- bzw Auftraggeberhaftungs-Schuldigkeiten des beauftragten Unternehmens **verrechnet** werden.

Die Auftraggeberhaftung erstreckt sich nach **Abs 10** auch auf jedes weitere beauftragte Unternehmen, wenn die Beauftragung als ein Rechtsgeschäft anzusehen ist, das darauf abzielt, die Haftung zu umgehen (dh ein **Umgehungsgeschäft** vorliegt), und das auftraggebende Unternehmen dies wusste bzw ernstlich für möglich halten musste und sich damit abfand. Ein Umgehungsgeschäft nach Abs 10 kann etwa daran erkannt werden, dass das beauftragte Unternehmen keine eigenen Bauleistungen erbringt, kein technisches oder planerisches bzw kaufmännisches Fachpersonal aufweist, in einem gesellschaftsrechtlichen Abhängigkeitsverhältnis zum auftraggebenden Unternehmen steht, über keine angemessenen Betriebsmittel verfügt oder der Auftrag auf Grund eines deutlich „unterpreislichen" Angebotes erteilt wurde.

Liegen Anhaltspunkte für ein derartiges Rechtsgeschäft vor, so hat das auftraggebende Unternehmen – sofern das beauftragte Unternehmen nicht binnen 14 Tagen Auskunft erteilt hat – alle entsprechenden **Auskünfte** bezüglich dieses Rechtsgeschäftes zu erteilen **(Abs 11)**. Ein **Einsichtsrecht** ergibt sich aus **Abs 9**.

Generell sind die auftraggebenden Unternehmen **zur Auskunft** über die beauftragten Unternehmen und die beauftragten Bauleistungen **verpflichtet**; sie haben den ausgewiesenen Bediensteten der KV-Träger **Einsicht** in die Geschäftsbücher und sonstigen relevanten Unterlagen **zu gewähren (Abs 8 und 9)**. Bei **Verweigerung** der Auskunft gilt das auskunftspflichtige Unternehmen – solange die Auskunft verweigert wird – im Rahmen des konkreten Auftrages der Bauleistungen jedenfalls als auftraggebendes Unternehmen aller nachfolgenden Unternehmen, bei denen erfolglos Exekution geführt wurde bzw die iSd § 1 IESG insolvent sind, soweit diese nicht ihrerseits haftungsbefreit sind.

Die Verletzung der erwähnten Auskunftspflichten ist darüber hinaus als **Verwaltungsübertretung** strafbar (Einfügung eines neuen **§ 112a**), und zwar mit **Geldstrafe** von 1.000 bis 10.000 €, im Wiederholungsfall von 2.000 bis 20.000 €.

Bezüglich der Höhe der Sanktionen ist zu bedenken, dass sie effektiv und angemessen sein soll. In Anbetracht der hohen Beträge, die durch eine Verweigerung der Auskünfte bzw durch die Nichtgewährung der Einsicht im Zusammenhang mit entsprechenden Malversationen lukriert werden können, sind die vorgesehenen Sanktionen jedenfalls gerechtfertigt.

Eine **behördliche Auskunftspflicht** ist in **Abs 12** vorgesehen: Danach haben die Abgabenbehörden des Bundes, die Baupolizei und die Baustellenkoordinatoren Auskünfte über alle ihnen bekannten haftungsrelevanten Umstände zu erteilen; für die Baustellenkoordinatoren besteht darüber hinaus eine Aufzeichnungspflicht bezüglich der auf den Baustellen angetroffenen Unternehmen.

Was das **Verfahren** zur Geltendmachung der Haftung anlangt, wird in **Abs 13** ausdrücklich normiert, dass die Ansprüche aus der Auftraggeberhaftung im Wege des **Zivilrechtes** zu realisieren sind, und zwar bei dem zur Ausübung der **Gerichtsbarkeit in Handelssachen** berufenen Gericht, in dessen Sprengel das auftraggebende Unternehmen seinen Sitz hat.

Der KV-Träger hat die Voraussetzungen der Haftung nach § 67a darzutun. Die Behauptungs- und **Beweislast** umfasst auch das Vorhandensein einer offenen Beitragsschuld in zumindest der Höhe der geltend gemachten Haftung. Dazu genügt der Nachweis, dass das im Inland mit abhängigen Beschäftigten arbeitende (in- oder ausländische) beauftragte Unternehmen keine SV-Beiträge abgeführt hat. Für den anspruchsvernichtenden Einwand, das beauftragte Unternehmen sei in Österreich wegen der Voraussetzungen des Art 12 Abs 1 VO (EG) 883/2004 nicht beitragspflichtig, trifft die Behauptungs- und Beweislast jedoch die beklagte Partei.[23]

2.3.1.12. Verjährung der Beiträge (§ 68)

Das **Recht auf Feststellung** der Verpflichtung zur Zahlung von Beiträgen **verjährt** bei Beitragsschuldnern und Beitragsmithaftenden **binnen drei Jahren** vom Tag der Fälligkeit der Beiträge. Hat der Dienstgeber Angaben über Versicherte bzw über deren Entgelt nicht innerhalb der in Betracht kommenden Meldefristen gemacht, so beginnt die Verjährungsfrist erst mit dem Tag der Meldung zu laufen. Diese Verjährungsfrist der Feststellung **verlängert sich** jedoch **auf fünf Jahre**, wenn der Dienstgeber oder eine sonstige meldepflichtige Person keine oder unrichtige Angaben bzw Änderungsmeldungen über die bei ihm beschäftigten Personen bzw über deren jeweiliges Entgelt (auch Sonderzahlungen) gemacht

23 RS0132339.

hat, die er bei gehöriger Sorgfalt als notwendig oder unrichtig hätte erkennen müssen. Die Verjährung des Feststellungsrechtes wird durch jede zum Zwecke der Feststellung getroffene Maßnahme in dem Zeitpunkt **unterbrochen**, in dem der Zahlungspflichtige hievon in Kenntnis gesetzt wird. Die Verjährung ist **gehemmt**, solange ein Verfahren in Verwaltungssachen bzw vor den Gerichtshöfen des öffentlichen Rechtes über das Bestehen der Pflichtversicherung oder die Feststellung der Verpflichtung zur Zahlung von Beiträgen anhängig ist (Abs 1).

Das **Recht auf Einforderung** festgestellter Beitragsschulden **verjährt binnen zwei Jahren** nach Verständigung des Zahlungspflichtigen vom Ergebnis der Feststellung. Die Verjährung wird durch jede zum Zwecke der Hereinbringung getroffene Maßnahme, wie zB durch Zustellung einer an den Zahlungspflichtigen gerichteten Zahlungsaufforderung (Mahnung) **unterbrochen**; sie wird durch Bewilligung einer Zahlungserleichterung **gehemmt**. Bezüglich der Unterbrechung oder Hemmung der Verjährung im Falle der Eröffnung eines Insolvenzverfahrens über das Vermögen des Beitragsschuldners gelten die einschlägigen Vorschriften der IO (Abs 2).

Sind fällige Beiträge durch eine **grundbücherliche Eintragung** gesichert, so kann innerhalb von **30 Jahren** nach erfolgter Eintragung gegen die Geltendmachung des dadurch erworbenen Pfandrechtes die seither eingetretene Verjährung des Rechtes auf Einforderung der Beiträge nicht geltend gemacht werden (Abs 3).

2.3.1.13. Nachentrichtung verjährter Beiträge zur Pensionsversicherung (§ 68a)

Beiträge zur PV, die nach § 68 bereits verjährt sind, können **auf Antrag** der versicherten Person von dieser **nachentrichtet** werden. Der Antrag ist **bis** längstens **zum Stichtag** beim zuständigen Träger der KV zu stellen, der das Vorliegen der Zeiten der Pflichtversicherung bzw die Höhe der Beitragsgrundlagen festzustellen und die nachzuentrichtenden Beiträge vorzuschreiben hat. Beitragsschuldner ist die versicherte Person (Abs 1).

2.3.1.14. Rückforderung ungebührlich entrichteter Beiträge (§ 69)

Zu Ungebühr (ohne Rechtsgrund) entrichtete Beiträge können zurückgefordert werden. Das **Recht auf Rückforderung verjährt nach** Ablauf von **fünf Jahren** nach deren Zahlung. Der Lauf der Verjährung des Rückforderungsrechtes wird durch Einleitung eines Verwaltungsverfahrens zur Herbeiführung einer Entscheidung, aus der sich die Ungebührlichkeit der Beitragsentrichtung ergibt, bis zu einem Anerkenntnis durch den Versicherungsträger bzw bis zum Eintritt der Rechtskraft der Entscheidung im Verwaltungsverfahren **unterbrochen** (Abs 1).

Die Rückforderung von Beiträgen, durch welche eine **Formalversicherung** begründet wurde, sowie von Beiträgen zu einer Versicherung, aus welcher innerhalb des Zeitraumes, für den Beiträge ungebührlich entrichtet worden sind, eine **Leistung erbracht** wurde, ist für den gesamten Zeitraum ausgeschlossen (Abs 2).

Die Rückforderung ungebührlich entrichteter Beiträge steht dem **Versicherten** zu, soweit er die Beiträge selbst getragen hat, im Übrigen dem **Dienstgeber** (Abs 6).

2.3.1.15. Erstattung von Beiträgen

2.3.1.15.1. In der Pensionsversicherung (§ 70)

Überschreitet in einem Kalenderjahr bei einer die Pflichtversicherung begründenden Beschäftigung oder bei gleichzeitiger Ausübung mehrerer die Pflichtversicherung begründenden Beschäftigungen die Summe aller Beitragsgrundlagen der Pflichtversicherung (einschließlich der Sonderzahlungen) die Summe der monatlichen Höchstbeitragsgrundlagen für die im Kalenderjahr liegenden Beitragsmonate der Pflichtversicherung auf Grund einer Erwerbstätigkeit, wobei sich deckende Beitragsmonate nur einmal zu zählen sind, so **hat** die versicherte Person **Anspruch auf Beitragserstattung** (Abs 1).

Der versicherten Person sind **45 %** der auf den Überschreitungsbetrag entfallenden aufgewerteten Beiträge zu erstatten, und zwar bis zum 30. Juni des Kalenderjahres, das dem Jahr der gänzlichen Entrichtung dieser Beiträge für ein Kalenderjahr folgt, erstmals bis zum 30. Juni 2020 für die im Jahr 2019 gänzlich für ein Kalenderjahr entrichteten Beiträge (Abs 2).

2.3.1.15.2. In der Krankenversicherung (§ 70a)

Überschreitet bei in der KV Pflichtversicherten in einem Kalenderjahr die Summe aller Beitragsgrundlagen der Pflichtversicherung und der beitragspflichtigen Pensionen einschließlich der Sonderzahlungen die Summe der Beträge des 35-Fachen der Höchstbeitragsgrundlage für die im Kalenderjahr liegenden Monate der Pflichtversicherung in der KV, wobei sich deckende Monate der Pflichtversicherung in der KV nur einmal zu zählen sind, so **hat** der leistungszuständige Versicherungsträger der versicherten Person die auf den Überschreitungsbetrag entfallenden Beiträge zur KV in jener Höhe **zu erstatten**, in der diese Beiträge von der versicherten Person zu tragen sind (Abs 1).

2.3.1.15.3. Für den Nachkauf von Schul- und Studienzeiten (§ 70b)

Beiträge, die nach § 227 Abs 3 und 4 entrichtet wurden, damit **Ersatzzeiten** für den Besuch von Schulen oder Hochschulen oder für eine vorgeschriebene Ausbildung nach dem Hochschulstudium (§ 227 Abs 1 Z 1) **anspruchs- oder leistungswirksam** werden, sind dem Versicherten oder den anspruchsberechtigten Hinterbliebenen in dem Umfang vom leistungspflichtigen Versicherungsträger zu erstatten, als die Anspruchs- oder Leistungswirksamkeit dieser Ersatzzeiten nicht eintritt. Die Erstattung hat **von Amts wegen** innerhalb eines Jahres nach Eintritt der Rechtskraft der Entscheidung über die Zuerkennung der Leistung zu erfolgen (Abs 1).

3. Allgemeines Leistungsrecht

3.1. Grundsätzliches

Nach stRsp kann die behauptete **Verletzung von Informations- und Beratungspflichten** durch einen beklagten SV-Träger nicht zu einem sv-rechtlichen Leistungsanspruch des Versicherten führen.[24]

Für Leistungen nach den SV-Gesetzen gebühren **keine Verzugszinsen.**[25] Der Ersatz eines **Verzögerungsschadens** ist nicht Gegenstand der Sozialrechtssachen nach § 65 ASGG. Analoge Anwendung des § 1333 ABGB wird verneint. Weder in der Richtlinie 79/7 EWG des Rates vom 19.12.1978 zur schrittweisen Verwirklichung des Grundsatzes der Gleichbehandlung von Männern und Frauen im Bereich der sozialen Sicherheit noch in der Verordnung (EWG) Nr 1408/71 findet sich eine Norm, wonach bei Säumigkeit mit der Erbringung von Versicherungsleistungen Verzugszinsen geschuldet werden. In den Anwendungsbereich der Richtlinie 2000/35/EG des Europäischen Parlaments und des Rates vom 29.6.2000 zur Bekämpfung von Zahlungsverzug im Geschäftsverkehr, ABl Nr L 200 vom 8.8.2000, fallen nur alle Zahlungen, die als Entgelt im Geschäftsverkehr zu leisten sind (Art 1 und 2 der Richtlinie), wozu sozialrechtliche Versicherungsleistungen zweifelsfrei nicht zählen.[26]

3.2. Leistungsarten

Pflichtleistungen sind Leistungen, auf die ein Rechtsanspruch besteht. **Freiwillige Leistungen** sind Leistungen, die auf Grund gesetzlicher oder satzungsmäßiger Vorschriften gewährt werden können, ohne dass auf sie ein Rechtsanspruch besteht (§ 121 Abs 2).

Bei freiwilligen Leistungen kann in Ansehung dieser Leistungen gegen eine Ermessensentscheidung des Versicherungsträgers beim Arbeits- und Sozialgericht **Klage wegen gesetzwidriger Ermessensübung** erhoben werden.[27] Bei der Überprüfung der Ermessensübung durch den SV-Träger können neben dem Bedarf des Antragstellers nach der begehrten Leistung ua auch die finanzielle Lage des Versicherten, die finanzielle Lage des SV-Trägers sowie die ständige Praxis gegenüber anderen Versicherten sachliche Kriterien sein. Herausragende Bedeutung kommt in diesem Zusammenhang auch dem aus dem Gleichheitsgrundsatz erfließenden **Sachlichkeitsgebot** zu. Der Versicherte hat den Anspruch, dass bei der Entscheidung über seinen Antrag auf Gewährung der Leistung keine unsachlichen Momente eine Rolle spielen.[28]

---

24 10 ObS 40/12y.
25 RS0031997.
26 10 ObS 357/02a.
27 RS0117386.
28 10 ObS 45/08b.

Pflichtaufgaben (zB medizinische Maßnahmen der Rehabilitation in der KV nach § 154a) sind ihrer Rechtsnatur nach freiwillige Leistungen.[29]

3.3. Entstehen der Leistungsansprüche (§ 85)

Die Ansprüche auf die Leistungen aus der KV, UV und PV entstehen in dem Zeitpunkt, in dem die hiefür vorgesehenen gesetzlichen Voraussetzungen erfüllt werden (Abs 1).

Mit dem **Entstehen** des Anspruchs beginnt das Leistungsverhältnis zwischen dem Versicherungsträger und dem Anspruchsberechtigten, ab dem Zeitpunkt des **Anfalls** der Leistung gebührt sie. Das bedeutet aber noch nicht unbedingt, dass sie schon damit **fällig** ist. Leistungen, über deren Gewährung durch Bescheid zu entscheiden ist, werden nicht vor Wirksamkeit des Bescheides und damit nicht vor dessen Zustellung fällig.[30]

Für die Entstehung des Anspruchs auf die Leistungen aus der UV ist die **Antragstellung** auf die Leistung nicht Voraussetzung. Die Antragstellung ist nur in den Fällen, in denen Leistungen nur auf Antrag festgestellt werden (§ 361 Abs 1 Z 1), Voraussetzung für die Leistungspflicht des Versicherungsträgers.[31]

3.4. Anfall der Leistungen (§ 86)

3.4.1. Allgemeines

Leistungsanfall ist der Zeitpunkt, ab dem die Leistung **zusteht.**[32] Soweit nichts anderes bestimmt ist, fallen Leistungen mit dem **Entstehen** des Anspruches an (Abs 1).

Für den Anfall einer **Invaliditätspension** (Berufsunfähigkeitspension) ist die **Aufgabe** oder Karenzierung **der** bisherigen **Tätigkeit** erforderlich (Abs 3 Z 2; untermonatiger Anfall möglich).

Leistungen aus der **UV** fallen, wenn innerhalb von **zwei Jahren** nach Eintritt des Versicherungsfalles weder der Anspruch von Amts wegen festgestellt noch ein Antrag gestellt wurde, mit dem Tag der späteren Antragstellung bzw mit dem Tag der amtswegigen Einleitung des Verfahrens an (Abs 4).

Die **Entstehung** des Anspruchs auf Invaliditätspension zum Stichtag gemäß § 85 – das Leistungsverhältnis – ist die Grundlage für die Gewährung der Leistung. Soweit eine Leistung für einen bestimmten Zeitraum gebührt, wie etwa eine Pension, bedarf es noch der Festlegung, ab welchem Zeitpunkt diese Leistung **zusteht**. Das Gesetz bezeichnet diesen Zeitpunkt als **Anfall** der Leistung (§ 86).

---

29 10 ObS 258/02t.
30 RS0082971.
31 RS0085252.
32 RS0116848.

Soweit nichts anderes bestimmt ist, fallen die sich aus den Leistungsansprüchen ergebenden Leistungen mit dem Entstehen des Anspruchs an (§ 86 Abs 1). Gesetzliche Bestimmungen können daher dazu führen, dass der Leistungsanfall vom Zeitpunkt des Entstehens des Leistungsverhältnisses abweicht.[33]

3.4.2. Hinterbliebenenrenten (Abs 2)

Nach dem Tod des Empfängers einer Versehrtenrente fallen Hinterbliebenenrenten aus der UV mit dem Tag an, der auf den Tod des Rentenempfängers folgt.

3.4.3. Hinterbliebenenpensionen (Abs 3 Z 1)

Hinterbliebenenpensionen fallen mit dem dem Eintritt des Versicherungsfalles folgenden Tag an, wenn der **Antrag binnen sechs Monaten** nach Eintritt des Versicherungsfalles gestellt wird. Wird der Antrag nach Ablauf dieser Frist gestellt, so fällt die Pension erst mit dem Tag der Antragstellung an.

Dass Witwenpensionen und Witwerpensionen, die nach Ablauf der sechsmonatigen Frist des Abs 3 Z 1 beantragt werden, erst mit dem Tag der Antragstellung anfallen, ist verfassungsrechtlich nicht bedenklich.[34]

3.4.4. Eigenpensionen (Abs 3 Z 2)

Eigenpensionen fallen mit Erfüllung der Anspruchsvoraussetzungen an, wenn sie auf einen Monatsersten fällt, sonst mit dem der Erfüllung der Voraussetzungen folgenden Monatsersten, sofern die Pension binnen einem Monat nach Erfüllung der Voraussetzungen beantragt wird. Wird der Antrag auf die Pension erst nach Ablauf dieser Frist gestellt, so fällt die Pension mit dem **Stichtag** an. Für den Anfall einer **Pension aus den Versicherungsfällen der geminderten Arbeitsfähigkeit** ist zusätzlich die **Aufgabe** oder Karenzierung **der Tätigkeit**, auf Grund welcher der Versicherte als invalid (berufsunfähig, dienstunfähig) gilt, erforderlich.

Die **Entstehung** des Anspruchs auf Invaliditätspension (des Leistungsverhältnisses) **und** deren **Anfall** sind **gesondert** zu prüfen. Die Aufgabe der bisherigen Tätigkeit iSd § 86 Abs 3 Z 2 ist lediglich eine Voraussetzung für den Leistungsanfall, nicht aber für das Entstehen des Leistungsanspruchs.[35]

Die Neuregelung des Abs 3 Z 2 durch das Strukturanpassungsgesetz 1996 verfolgt offenbar den **Zweck**, Versicherte vom Leistungsbezug auszuschließen, die zwar objektiv nicht mehr in der Lage sind, ihrer versicherten Tätigkeit nachzugehen, aber auf Kosten ihrer Gesundheit oder aus Entgegenkommen ihres Arbeitgebers ihre bisherige Berufstätigkeit fortsetzen. Die **Aufgabe der bisherigen Berufs-**

33 RS0116848.
34 RS0053931.
35 10 ObS 30/02p.

tätigkeit ist aber nicht als besondere Leistungsvoraussetzung konzipiert. Die Fortsetzung der bisherigen Berufstätigkeit bewirkt lediglich eine Hemmung des Leistungsanfalls. Wird die Berufstätigkeit aufgegeben, fällt die Leistung an. Wird hingegen die Tätigkeit, auf Grund welcher der Versicherte als gemindert arbeitsfähig gilt, nicht aufgegeben, ist bei Erfüllung der Anspruchsvoraussetzungen ein Zuerkennungsbescheid mit der Feststellung zu erlassen, dass die Pension nicht anfällt.[36]

Eine zum Zeitpunkt des Antrags auf **Weitergewährung** der Invaliditätspension mittlerweile aufgenommene Tätigkeit ist nicht unter dem Blickwinkel des Abs 3 Z 2 (Anfallshemmung), sondern nach § 254 Abs 6 **(Teilpension)** zu prüfen.[37]

Erfüllt der auf Gewährung einer Invaliditätspension gegen den ablehnenden Bescheid des PV-Trägers klagende Versicherte die materiellen und formellen Leistungsvoraussetzungen der begehrten Leistung und ist deren Anfall deshalb gehemmt, weil er spätestens im Zeitpunkt des Schlusses der mündlichen Verhandlung die Tätigkeit, auf Grund der er als invalid gilt, noch nicht aufgegeben hat, so ist die Sozialrechtssache mit **Grundurteil** nach § 89 Abs 2 ASGG, nämlich mit der Feststellung des Bestehens des Anspruchs auf Invaliditätspension zum maßgeblichen Stichtag dem Grunde nach unter gleichzeitigem Ausspruch, dass die Leistung erst anfällt, wenn der Kläger diese – konkret zu bezeichnende – Tätigkeit aufgibt, sowie mit dem Auftrag zur Erbringung einer vorläufigen Zahlung, zu erledigen.[38]

3.4.5. Unfallversicherung (Abs 4)

Leistungen aus der UV fallen, wenn **innerhalb von zwei Jahren** nach Eintritt des Versicherungsfalles weder der Anspruch von Amts wegen festgestellt noch ein Antrag auf Feststellung des Anspruches gestellt wurde, mit dem Tag der späteren Antragstellung bzw mit dem Tag der Einleitung des Verfahrens an, das zur Feststellung des Anspruches führt. Wird eine **Unfallmeldung** innerhalb von zwei Jahren nach Eintritt des Versicherungsfalles erstattet, so gilt der Zeitpunkt des Einlangens der Unfallmeldung beim UV-Träger als Tag der Einleitung des Verfahrens, wenn dem Versicherten zum Zeitpunkt der späteren Antragstellung oder Einleitung des Verfahrens noch ein Anspruch auf Rentenleistungen zusteht.

Die Zweijahresfrist des Abs 4 ist eine **materiellrechtliche Frist**, weshalb der Postlauf in die Frist einzurechnen ist.[39]

Wurden innerhalb der zweijährigen Frist nur Verfahren eingeleitet, die nicht zur Anspruchsfeststellung geführt haben (hier: die **Mitteilung**, ein Anspruch bestehe

36 RS0116850.
37 RS0127739.
38 RS0116851.
39 RS0083740.

nicht, blieb unbekämpft, ein Antrag auf bescheidmäßige Erledigung erfolgte nicht), dann fallen die Leistungen der UV erst mit der (späteren) tatsächlichen Antragstellung an.[40]

Auf die Gründe der **späteren Antragstellung** kommt es ganz allgemein nicht an. Die Rechtsfolge einer verspäteten Antragstellung besteht – freilich nur im Fall einer ausreichenden MdE von wenigstens 20 % – nicht im gänzlichen Verlust eines Rentenanspruchs, sondern lediglich im späteren Leistungsbeginn, also im Verlust des Rentenanspruchs für den davor liegenden Zeitraum.[41]

Das Einlangen der **Ambulanzkarte**, in der die Verletzungen der Versicherten angeführt sind, beim Versicherungsträger stellt iZm dem von der Versicherten rückgemittelten Fragebogen eine Unfallanzeige iSd Abs 4 Satz 2 dar.[42]

3.5. Verwirkung des Leistungsanspruches (§ 88)

Ein **Anspruch** auf Geldleistungen aus dem betreffenden Versicherungsfall **steht nicht zu**

1. Versicherten, die den Versicherungsfall durch **Selbstbeschädigung** vorsätzlich herbeigeführt haben,
2. Personen, die den Versicherungsfall durch die Verübung einer mit Vorsatz begangenen gerichtlich **strafbaren Handlung** veranlasst haben, derentwegen sie zu einer mehr als einjährigen Freiheitsstrafe rechtskräftig verurteilt worden sind (Abs 1).

Den im Inland wohnenden **bedürftigen Angehörigen** des Versicherten gebühren, wenn ihr Unterhalt mangels anderweitiger Versorgung vorwiegend von diesem bestritten worden ist und nicht ihre Beteiligung an den im Abs 1 bezeichneten Handlungen festgestellt ist,

a) aus der KV die **Hälfte** des Krankengeldes oder des Rehabilitationsgeldes, das der versicherten Person gebührt hätte,
b) aus der UV und PV bei Zutreffen der übrigen Voraussetzungen die Hinterbliebenenrenten(-pensionen; Abs 2).

3.6. Ruhen

Ruhen liegt vor, wenn wegen eines vorübergehenden Wegfalls des Sicherungsbedürfnisses SV-Leistungen **vorübergehend** zur Gänze oder teilw **nicht zustehen**, obwohl der Leistungsanspruch dem Grunde nach bestehen bleibt. Es reagiert nicht auf ein Fehlverhalten des Leistungsberechtigten, es wird vom Gesetzgeber

40 RS0083737.
41 RS0113170.
42 RS0083732.

vielmehr dann angeordnet, wenn er **funktionsgleiche Mehrfachleistungen vermeiden** will oder annimmt, dass die Sicherungsbedürfnisse vorübergehend weggefallen bzw nicht mehr von der österreichischen Versichertengemeinschaft zu erfüllen sind. Ruhen tritt zum Teil ex lege, zum Teil erst mit Bescheiderlassung (§ 367 Abs 2) ein.[43]

Das Ruhen von Renten- und Pensionsansprüchen wird mit dem Tag des Eintritts des Ruhensgrundes wirksam. Die Renten bzw Pensionen sind von dem Tag an wieder zu gewähren, mit dem der Ruhensgrund weggefallen ist (§ 96).

3.7. Zusammentreffen eines Eigenpensionsanspruches mit einem Anspruch auf Krankengeld (§ 90)

Trifft ein Pensionsanspruch aus eigener PV, ausgenommen ein Anspruch auf Teilpension oder auf Alterspension, mit einem Anspruch auf Krankengeld zusammen, so **ruht der Pensionsanspruch** für die weitere Dauer des Krankengeldanspruches mit dem Betrag des Krankengeldes.

Für das Ruhen der Pension kommt es nicht darauf an, ob der Pensionsbeginn (Wiederaufleben) vor oder nach dem Anfall des Krankengeldes eintritt. Lediglich für Teilpensionen soll eine Ausnahme gelten, dh dass in diesen Fällen das Krankengeld neben der (entsprechend reduzierten) Pension gebühren soll wie ein Erwerbseinkommen. Das Ruhen der Pension ist in solchen Fällen damit zu rechtfertigen, dass es bei gleichzeitigem Bezug eines Krankengeldes zu einer sv-rechtlich **unerwünschten Doppelversorgung** käme. Soll durch die Berufsunfähigkeitspension der Arbeitsverdienst aus der ersten Beschäftigung, durch das Krankengeld hingegen der Arbeitsverdienst aus einer zweiten (Teilzeit-)Beschäftigung ersetzt werden, kommt es damit zu keinem Doppelbezug von Leistungen mit gleicher Zweckbestimmung.[44]

3.8. Zusammentreffen eines Anspruchs auf Versehrtenrente mit einem Anspruch auf Krankengeld (§ 90a)

Trifft der Bezug von Krankengeld mit einem Anspruch auf Versehrtenrente aus der UV zusammen, so **ruht**, wenn die Arbeitsunfähigkeit Folge des Arbeitsunfalles oder der Berufskrankheit ist, die **Versehrtenrente** für die weitere Dauer des Bezuges von Krankengeld mit dem Betrag des Krankengeldes; hiebei sind der Bezug von Versehrtengeld dem Anspruch auf Versehrtenrente und die Zeit, für die nach § 138 Abs 1 Anspruch auf Krankengeld nicht besteht, sowie ein ruhender Anspruch auf Krankengeld dem Bezug des Krankengeldes gleichzuhalten (Abs 1).

Das Ruhen tritt jedoch in dem Ausmaß nicht ein, in dem die Rente unmittelbar vor der Arbeitsunfähigkeit gebührte (Abs 2).

---

43 *Tomandl*, Sozialrecht[7] Rz 124.
44 RS0111712.

Bei Zusammentreffen eines Anspruchs auf Versehrtenrente mit einem Rehabilitationsgeldanspruch und einem Krankengeldanspruch ruht die Versehrtenrente – sofern die Arbeitsunfähigkeit Folge des Arbeitsunfalls oder der Berufskrankheit ist – für die Dauer des Bezugs von Krankengeld. Hiebei ist ein **ruhender Anspruch** auf Krankengeld dem Bezug des Krankengeldes **gleichzuhalten** (§ 90a und § 143a Abs 3 Satz 2). Fällt die Versehrtenrente aber erst nach dem Auslaufen des Krankengeldanspruchs (also nach der 52. Woche) an, tritt ein Ruhen der Versehrtenrente wegen des Rehabilitationsgeldbezugs nicht ein.[45] Danach ist für das Ruhen der Versehrtenrente iSd § 90a Abs 1 eine **zeitliche Überschneidung** zwischen dem Anspruch auf Versehrtenrente und dem (ruhenden) Anspruch auf Krankengeld in der Zeit zwischen der 26. und der 52. Woche des Krankengeldbezugs entscheidend, nicht aber der Zeitpunkt des Anfalls der Versehrtenrente noch vor Beginn oder während des Krankengeldbezugs.[46]

Ein Ruhen der Versehrtenrente nach § 90a Abs 1 zweiter Halbsatz tritt auch dann ein, wenn ein **Anspruch auf Krankengeld** aus welchem Grund auch immer – etwa infolge des Bezugs einer Urlaubsersatzleistung – **ruht.**[47]

3.9. Entziehung von Leistungsansprüchen (§ 99)

3.9.1. Allgemeines

Die Entziehung eines Leistungsanspruches hat in Form eines **Bescheides** zu erfolgen (§ 367 Abs 2).

Den Versicherungsträger trifft die **objektive Beweislast** dafür, dass eine rechtlich relevante **Besserung** des bei Gewährung der Leistung bestandenen Zustandes eingetreten ist. Ist dies erwiesen, so trifft den Leistungswerber die objektive Beweislast dafür, dass ungeachtet der eingetretenen Besserung, etwa bedingt durch zwischenzeitig neu eingetretene Leidenszustände oder aus anderen Gründen (etwa mit Rücksicht auf den Bestand eines im Zuerkennungsverfahren nicht geprüften Berufsschutzes) die Voraussetzungen für den Anspruch nach wie vor bestehen.[48]

Die Frage, ob im Zustand des Versicherten eine Besserung eingetreten ist, die die Entziehung der Leistung rechtfertigt, kann nicht ausgehend vom Ergebnis einzelner medizinischer Fachgutachten beantwortet werden; **maßgeblich** hiefür ist ausschließlich das **zusammenfassende Leistungskalkül.**[49]

§ 183 regelt die Neufeststellung der Versehrtenrente und stellt für diesen Bereich bezüglich der Entziehung eine **Sonderbestimmung** gegenüber § 99 dar.[50]

45 RS0131846.
46 10 ObS 118/19d.
47 10 ObS 135/17a.
48 RS0083813.
49 RS0083824.
50 RS0109336.

3.9.2. Wegfall der Voraussetzungen (Abs 1)

Sind die **Voraussetzungen** des Anspruches auf eine laufende Leistung **nicht mehr vorhanden**, so ist die Leistung zu entziehen, sofern nicht der Anspruch gemäß § 100 Abs 1 ohne weiteres Verfahren erlischt (Abs 1).

Die Leistung kann nach Abs 1 nur entzogen werden, wenn sich die **Verhältnisse wesentlich geändert** haben. Die Änderung kann im Fall einer Pension aus den Versicherungsfällen der geminderten Arbeitsfähigkeit etwa in der Wiederherstellung oder **Besserung** des körperlichen oder geistigen Zustands des Pensionsberechtigten oder in der Wiederherstellung oder Besserung seiner Arbeitsfähigkeit infolge Gewöhnung und Anpassung an die Leiden bestehen.[51]

Für den anzustellenden **Vergleich** sind die Verhältnisse im Zeitpunkt der Leistungszuerkennung mit den Verhältnissen im Zeitpunkt des Leistungsentzuges in Beziehung zu setzen.[52]

Es sind im Verfahren über die Entziehung unabhängig von den im Zuerkennungsverfahren allenfalls getroffenen Feststellungen **neuerlich Feststellungen** über die für die Zuerkennung wesentlichen Tatsachen zu treffen.[53]

In der **Verringerung der Dauer der** zu erwartenden leidensbedingten **Krankenstände** aufgrund einer Besserung des körperlichen oder geistigen Zustands des Versicherten oder einer Gewöhnung und Anpassung an die Leiden kann eine nach § 99 Abs 1, Abs 3 Z 1 lit b sublit aa beachtliche Änderung der Verhältnisse gegenüber dem Zeitpunkt der ursprünglichen Zuerkennung liegen. **Zeitpunkt der ursprünglichen Leistungszuerkennung** ist die Erlassung des Gewährungsbescheids, bei einer gerichtlichen Entscheidung der Schluss der mündlichen Verhandlung oder der Zeitpunkt des Abschlusses eines Vergleichs über die Leistungsgewährung in einem gerichtlichen Verfahren.[54]

Die Frage, ob eine anspruchsvernichtende, also wesentliche (entscheidende) Änderung der Umstände eingetreten ist, ist durch **Vergleich der zur Zeit der Gewährung** – nicht etwa der Weitergewährung – der Leistung **gegebenen mit den nunmehrigen Verhältnissen** festzustellen. Das Abstellen auf den Zeitpunkt des letzten Vergleiches würde nämlich dazu führen, dass eine nur allmählich eintretende Besserung unberücksichtigt bleiben müsste, weil sie in ihren Teilphasen unwesentlich wäre, obwohl sie in ihrer Gesamtheit als wesentlich zu qualifizieren ist.[55]

Haben die **objektiven Grundlagen** für eine Leistungszuerkennung **keine wesentliche Änderung** erfahren, so steht die **Rechtskraft** der Gewährungsentscheidung

51 RS0083884.
52 10 ObS 363/90.
53 10 ObS 389/90.
54 10 ObS 76/21f.
55 RS0083819.

der Entziehung entgegen; an einer solchen Änderung fehlt es regelmäßig dann, wenn bestimmte Leistungsvoraussetzungen nie vorhanden waren. Hier ist Rechtssicherheit vor Rechtmäßigkeit zu reihen.[56]

Die materielle Rechtskraft eines Bescheids des Versicherungsträgers oder eines Urteils über eine Versehrtenrente bezieht sich auf die Sachlage, wie sie **im Zeitpunkt der Entscheidung objektiv vorliegt**, und nicht auf jene, welche - auf einer allfälligen Fehleinschätzung der ärztlichen Sachverständigen beruhend - subjektiv angenommen wurde.[57]

Wird einem Versehrten mit einer MdE von lediglich 5–10 % aufgrund einer **Fehlbeurteilung** eine Dauerrente gewährt, berechtigt auch eine **geringfügige Verbesserung** seines Zustands, die zu einer etwa im Bereich von rund 5 % liegenden Änderung des Maßes der MdE führt, zu einer Entziehung der zu Unrecht gewährten Dauerrente;[58] ebenso in Bezug auf Pflegegeld[59] und Rehabilitationsgeld.[60]

Im Fall eines aufgrund der **irrtümlichen** Annahme des Vorliegens vorübergehender Invalidität iSd § 255b zuerkannten Rehabilitationsgelds ist eine Entziehung des Rehabilitationsgelds gemäß § 99 Abs 1 iVm Abs 3 Z 1 lit b sublit aa dann gerechtfertigt, wenn im Entziehungszeitpunkt vorübergehende Invalidität nicht vorliegt, da eine - wenn auch nur **geringfügige** - **Verbesserung** des körperlichen oder geistigen Zustands der versicherten Person feststellbar ist, die sich **auf ursprünglich** bestehende Beeinträchtigungen, die die (unrichtige) Einschätzung des Vorliegens vorübergehender Invalidität begründet haben, **bezieht**.[61]

Kommt im Rahmen des gerichtlichen Verfahrens zur Weitergewährung der entzogenen Leistung hervor, dass eine iSd § 99 Abs 1 relevante Änderung der Verhältnisse zwar nicht eingetreten ist, aber durch eine dem Versicherten zumutbare ärztliche Behandlung herbeigeführt werden könnte, und ist dem Versicherten die Verweigerung der Behandlung als **Verletzung der Mitwirkungspflicht** vorzuwerfen, so ist die Verletzung der Mitwirkungspflicht ein neuer Umstand, der zu einer Entziehung berechtigt.[62]

Ob eine „wesentliche Änderung der Verhältnisse" vorliegt, ist eine **Rechtsfrage**. Aufgabe des **Sachverständigen** ist es lediglich darzutun, in welcher Hinsicht sich der seinerzeit erhobene Befund geändert hat und ob und in welchem Ausmaß sich daraus eine Änderung der MdE ergibt.[63]

---

56 RS0106704.
57 10 ObS 144/17z.
58 10 ObS 87/16s.
59 10 ObS 78/17v.
60 10 ObS 65/18h; 10 ObS 40/20k; 10 ObS 76/21f.
61 10 ObS 40/20k.
62 RS0120568.
63 10 ObS 57/18g.

3.9.3. Rehabilitationsgeld (Abs 1a)

Das Rehabilitationsgeld ist der anspruchsberechtigten Person zu entziehen, wenn sie sich nach Hinweis auf diese Rechtsfolge **weigert**, an den ihr zumutbaren medizinischen Maßnahmen der Rehabilitation **mitzuwirken** (Abs 1a).

Für die Frage der **Zumutbarkeit** der Mitwirkung des Versicherten an einer medizinischen Maßnahme der Rehabilitation sind die für die Beurteilung der Zumutbarkeit entsprechender Heilbehandlungen in der KV maßgebenden Kriterien heranzuziehen.[64]

Das Rehabilitationsgeld ist bereits mit der **ungerechtfertigten Weigerung** des Versicherten, an einer ihm zumutbaren medizinischen Maßnahme der Rehabilitation **mitzuwirken**, nach Hinweis auf diese Rechtsfolge zu entziehen.[65]

Auch wenn im **Verwaltungsverfahren** in der Begründung jenes angefochtenen Bescheids, mit dem der Klägerin das Rehabilitationsgeld über einen bestimmten Zeitpunkt hinaus entzogen wurde, als Entziehungsgrund allein die Besserung des Gesundheitszustands der Klägerin (§ 99 Abs 3 Z 1 lit a) herangezogen wurde, ist der beklagte SV-Träger **berechtigt, im gerichtlichen Verfahren** einen **zusätzlichen Entziehungsgrund** – hier die Verletzung der Mitwirkungspflicht an medizinischen Maßnahmen der Rehabilitation (§ 99 Abs 1a) – geltend zu machen. Dadurch wird im Gerichtsverfahren nicht über einen anderen Anspruch als im Verwaltungsverfahren – nämlich den Anspruch auf Rehabilitationsgeld über einen bestimmten Zeitpunkt hinaus – entschieden.[66]

3.9.4. Verweigerung einer Nachuntersuchung (Abs 2)

Eine Entziehung („Versagung") gemäß Abs 2 kommt nur in Betracht, wenn der Leistungsberechtigte trotz **ausdrücklichen Hinweises auf die Folgen** seines (Fehl-)Verhaltens Anordnungen des zuständigen Versicherungsträgers nicht befolgt.[67]

3.10. Erlöschen von Leistungsansprüchen (§ 100)

Unter dem Erlöschen versteht das SV-Recht den **ex lege** – also ohne das Erfordernis der Bescheiderlassung – eintretenden Wegfall des Leistungsanspruches.[68]

Wenn der Anspruch auf **Anstaltspflege** gemäß § 100 Abs 1 lit a iVm § 144 Abs 3 ohne weiteres Verfahren erlischt, ist der Versicherungsträger verpflichtet, wenn auch nicht in Form eines Bescheides, so doch in eindeutiger Form dem Versiche-

64 RS0130841.
65 RS0130842.
66 10 ObS 35/21a.
67 RS0083949.
68 *Tomandl*, Sozialrecht[7] Rz 148.

rungsnehmer hievon **Mitteilung** zu machen, damit dieser sein Verhalten (Verlassen der Krankenanstalt) danach einrichten kann; hier: **Asylierungsfall**; eine Mitteilung, dass die Voraussetzungen für die Gewährung der Anstaltspflege nicht (mehr) vorliegen, genügt auch dann, wenn dem Leistungsempfänger abweichende ärztliche Meinungen bekannt sind.[69] Bis zu dieser Mitteilung hat der Versicherungsträger die **Kosten** der Anstaltsunterbringung auch nach Eintritt des Asylierungsfalles zu tragen.[70]

Ein Anspruch auf Gewährung der **Anstaltspflege** ist als Anspruch auf eine **laufende Leistung** iSd § 100 Abs 1 lit a anzusehen, zumal darunter Leistungen zu verstehen sind, die auf bestimmte und unbestimmte Dauer gewährt und in regelmäßig wiederkehrenden Zeiträumen „flüssig gemacht" (erbracht) werden.[71]

Nach § 100 erlöschen Ansprüche auf eine laufende Leistung in der UV und PV mit der **Verheiratung** der rentenberechtigten (pensionsberechtigten) Witwe. Eine **Lebensgemeinschaft** hat diese Wirkung nicht, ebenso wenig eine nur kirchlich geschlossene Ehe, die für den staatlichen Bereich keine Rechtswirkungen erzeugt.[72]

3.11. Rückwirkende Herstellung des gesetzlichen Zustandes (§ 101)

Ergibt sich nachträglich, dass eine **Geldleistung** bescheidmäßig **infolge** eines **wesentlichen Irrtums** über den Sachverhalt **oder** eines **offenkundigen Versehens** zu Unrecht abgelehnt, entzogen, eingestellt, zu niedrig bemessen oder zum Ruhen gebracht wurde, so ist mit Wirkung vom Tag der Auswirkung des Irrtums oder Versehens der gesetzliche Zustand herzustellen.

Eine rückwirkende Herstellung des gesetzlichen Zustandes ist **nur zugunsten des Versicherten** möglich.[73]

Die Entscheidung darüber, **ob** die **Voraussetzungen** für die rückwirkende Herstellung des gesetzlichen Zustandes nach § 101 oder auch für eine Wiederaufnahme eines durch Bescheid abgeschlossenen Verfahrens nach § 69 AVG **vorliegen**, ist keine Leistungssache iSd § 354 und daher auch keine Sozialrechtssache iSd § 65 ASGG, sondern eine **Verwaltungssache** iSd § 355. Gegen einen Bescheid, mit dem eine solche verfahrensrechtliche Maßnahme abgelehnt wird, kann daher keine Klage erhoben werden.[74] Die **Herstellung** des gesetzlichen Zustandes selbst ist hingegen eine Leistungssache und damit eine **Sozialrechtssache**.[75]

69 RS0083982.
70 10 ObS 151/95.
71 RS0084074.
72 RS0083962.
73 VwGH 6.9.1995, AW 95/08/0045.
74 RS0084076.
75 10 ObS 357/02a.

Schon aus dem Gesetzeswortlaut des § 101 ergibt sich, dass es sich bei der Herstellung des gesetzlichen Zustandes um Geldleistungen aus der SV handeln muss, über die bescheidmäßig abgesprochen worden ist. § 101 ist **nur auf Bescheide anwendbar, nicht** auch auf Leistungsfeststellungen, die zuletzt von einem **Gericht** ergangen sind, da mit der Erhebung der Klage beim Gericht der Bescheid des Versicherungsträgers im Umfang des Klagebegehrens außer Kraft tritt und daher insoweit jede Entscheidungsbefugnis des Versicherungsträgers wegfällt.[76]

Ein **Irrtum über den Sachverhalt** liegt nur vor, wenn der SV-Träger Sachverhaltselemente angenommen hat, die mit der Wirklichkeit im Zeitpunkt der Bescheiderlassung nicht übereinstimmten. Einen Tatsachenirrtum in diesem Sinn könnte etwa eine unrichtige Befundaufnahme durch einen **Sachverständigen** – etwa das Übersehen eines konkreten Leidenszustandes – darstellen.[77]

Waren einem österreichischen Versicherungsträger bei Beurteilung der Anspruchsvoraussetzungen für eine Pensionsleistung **ausländische Versicherungszeiten** – aus welchen Gründen immer – **nicht bekannt**, liegt objektiv gesehen ein Irrtum über einen Sachverhalt vor, der Gegenstand eines Antrags gemäß § 101 sein kann.[78]

Es kann wegen des Erfordernisses der **„Offenkundigkeit"** nicht jegliches **Versehen** rechtlicher Art im Wege des § 101 nachträglich erfolgreich geltend gemacht werden. Eine offenkundige Art des Versehens liegt nur dann vor, wenn eine klare und eindeutige gesetzliche Bestimmung unrichtig ausgelegt wurde und dies redlicherweise nicht bestritten werden kann. Davon könne nicht gesprochen werden, wenn der bekämpfte Leistungsbescheid das Ergebnis einer – wenn auch möglicherweise unzutreffenden – komplizierten rechtlichen Beurteilung sei.[79]

3.12. Verfall von Leistungsansprüchen infolge Zeitablaufes (§ 102)

Der Anspruch auf Leistungen aus der **KV**, mit Ausnahme eines Anspruches auf Kostenerstattung (Kostenersatz) oder auf einen Kostenzuschuss, ist vom Anspruchsberechtigten bei sonstigem Verlust **binnen zwei Jahren** nach seinem Entstehen geltend zu machen (Abs 1).

Der Anspruch auf **Kostenerstattung (Kostenersatz)** oder auf einen **Kostenzuschuss** ist vom Anspruchsberechtigten bei sonstigem Verlust **binnen 42 Monaten** nach Inanspruchnahme der Leistung geltend zu machen (Abs 2).

---

76 VwGH 28.3.2012, 2012/08/0047.

77 VwGH 13.9.2017, Ra 2016/08/0174.

78 *Faber/Fellinger* in SV-Komm § 101 ASVG Rz 5 mwN.

79 VwGH 12.9.2012, 2009/08/0090.

Der Anspruch auf bereits fällig gewordene Raten zuerkannter Renten (Pensionen) aus der **UV und PV** verfällt **nach Ablauf eines Jahres** seit der Fälligkeit. Diese Frist wird **gehemmt**, solange dem Anspruchsberechtigten die Inanspruchnahme der Leistungen durch ein unabwendbares Hindernis nicht möglich ist (Abs 3).

Bei den in Abs 1 für die wirksame Geltendmachung von Leistungsansprüchen festgesetzten Fristen handelt es sich um **Ausschlussfristen (Präklusivfristen)** und nicht um Verjährungsfristen. Nach Ablauf der Ausschlussfrist (Präklusivfrist) **erlischt** die Berechtigung, weil das objektive Recht für deren Ausübung von vornherein eine bestimmte Zeitgrenze gesetzt hat. Durch den Ablauf der Ausschlussfrist erlischt der Anspruch als solcher.[80]

Bei laufenden Geldleistungen wird als Entstehen des Leistungsanspruches und somit als **Beginn** der Verfallsfrist der Eintritt des Versicherungsfalles festgesetzt.[81]

Das ASVG enthält in Bezug auf **Einmalleistungsansprüche aus der UV** weder Präklusiv- noch Verjährungsbestimmungen; § 102 ist insoweit unanwendbar.[82]

3.13. Aufrechnung (§ 103)

Die Versicherungsträger dürfen auf die von ihnen zu erbringenden Geldleistungen aufrechnen (Abs 1):

1. vom Anspruchsberechtigten einem Versicherungsträger nach dem ASVG oder einem anderen Bundesgesetz **geschuldete fällige Beiträge,** soweit das Recht auf Einforderung nicht verjährt ist;
2. von Versicherungsträgern zu Unrecht erbrachte, vom Anspruchsberechtigten **rückzuerstattende Leistungen**, soweit das Recht auf Rückforderung nicht verjährt ist;
3. von Versicherungsträgern gewährte **Vorschüsse;**
4. die sich aus der Anwendung des § 92 (Jahresausgleich bei Anspruch auf Teilpension) ergebenden Unterschiedsbeträge;
5. von Versicherungsträgern erbrachte Leistungen, die durch den Rechtsgrund der **neu anfallenden Leistung** für den gleichen Zeitraum zu Unrecht gezahlt wurden.

Die Aufrechnung nach Abs 1 Z 1 und 2 ist **nur bis zur Hälfte** der zu erbringenden Geldleistung zulässig, wobei jedoch der anspruchsberechtigten Person ein Gesamteinkommen in der Höhe von 90 % des jeweils in Betracht kommenden Richtsatzes nach § 293 verbleiben muss. **Gesamteinkommen** ist die zu erbringende Geldleistung zuzüglich eines aus übrigen Einkünften der leistungsberechtigten Person erwachsenden Nettoeinkommens (§ 292) und der nach § 294 zu berücksichtigenden Beträge (Abs 2).

80 RS0084109.
81 RS0084106.
82 10 ObS 179/08h.

Ist im Zeitpunkt des **Todes** des Anspruchsberechtigten eine fällige Geldleistung noch nicht ausgezahlt, ist die Aufrechnung nach Abs 1 Z 1 und 2 **ohne Begrenzung** bis zur vollen Höhe der noch nicht ausgezahlten Geldleistung zulässig (Abs 3).

3.13.1. Allgemeines

Aufrechnung ist die Aufhebung einer Forderung durch eine Gegenforderung. Die Aufrechnung wirkt als Zahlung. Beide Forderungen werden, soweit sie sich decken, getilgt.[83]

Es ist zwischen der **Rückforderung** zu Unrecht erbrachter Leistungen und der Aufrechnung streng zu unterscheiden. Während im § 107 dem Versicherungsträger unter den dort normierten Voraussetzungen das Recht eingeräumt ist, mit dem Rückforderungsbescheid eine Rückzahlungsverpflichtung des Empfängers der zu Unrecht erbrachten Leistung zu schaffen, wird dem Versicherungsträger im § 103 nur die Möglichkeit der **Aufrechnung** auf die von ihm zu erbringende Geldleistung eingeräumt.[84]

Bei der Aufrechnung auf die von den Versicherungsträgern zu erbringenden Geldleistungen handelt es sich um die Feststellung des Bestandes oder des Umfanges eines Anspruches auf eine Versicherungsleistung betreffende Angelegenheiten und damit um Leistungssachen und **Sozialrechtssachen**.[85]

Für das Erfordernis der **Gegenseitigkeit** für die Aufrechnung kommt es allein darauf an, dass der Aufrechnende zugleich Gläubiger und Schuldner des Aufrechnungsgegners sein muss.[86]

3.13.2. Beitragsschulden (Abs 1 Z 1)

Seit dem Inkrafttreten des Steuerreformgesetzes 2000 ist eine Aufrechnung **auch „trägerübergreifend“** (also nicht nur zB PV-Träger und KV-Träger, sondern auch Versicherungsträger nach dem ASVG und dem GSVG, BSVG usw) zulässig.[87] Dadurch wurde für die einzelnen SV-Träger die Möglichkeit geschaffen, ihre Forderungen nicht mehr nur im Wege der Pensionspfändung, sondern direkt im Wege der Aufrechnung über den leistungspflichtigen Versicherungsträger auch ohne die Pfändungsbeschränkungen der Exekutionsordnung einbringlich zu machen.[88]

Vom Arbeits- und Sozialgericht kann über die Aufrechnung von geschuldeten Beiträgen auf die vom Versicherungsträger zu erbringenden Leistungen gemäß § 103 Abs 1 Z 1 ASVG nur dann entschieden werden, wenn die **Beitragsschuld**

83 *Welser/Zöchling-Jud,* Bürgerliches Recht II[14] Rz 474 f.
84 RS0112063.
85 RS0084111.
86 RS0110620.
87 RS0115709.
88 10 ObS 152/01b.

entweder **unbestritten** ist **oder rechtskräftig festgestellt** wurde. Sollte die Voraussetzung für die richterliche Entscheidungsbefugnis, dass die Beitragsschuld unbestritten oder im Verwaltungsverfahren bereits rechtskräftig festgestellt ist, nicht vorliegen, hat das Erstgericht sein Verfahren in analoger Anwendung des § 74 ASGG zur Klärung der Beitragsschuld des Klägers beim SV-Träger zu **unterbrechen.** Die Prüfung der Frage der Beitragsschuld ist daher als **Verwaltungssache** den Gerichten auch im Vorfragenbereich entzogen und es ist hierüber die Entscheidung im Verwaltungsverfahren abzuwarten bzw zu veranlassen und deren Ergebnis dem gerichtlichen Verfahren zugrunde zu legen.[89]

Eine Aufrechnung ist nur gegenüber einem Beitragsschuldner zulässig, der nach sv-rechtlichen Vorschriften zur Beitragszahlung verpflichtet ist, **nicht** aber gegenüber Personen, die sich einem Versicherungsträger **privatrechtlich** (zB als Bürge) zur Zahlung von Beiträgen verpflichtet haben.[90]

3.13.3. Rückforderungsansprüche (Abs 1 Z 2)

Für die Aufrechnung nach Abs 1 Z 2 muss zumindest einer der **Rückforderungstatbestände nach § 107** vorliegen; liegt ein solcher nicht vor, ist die Aufrechnung zu unterlassen. Das Vorliegen eines Rückforderungstatbestandes nach § 107 kann daher vom Versicherten auch bei einer Aufrechnung bestritten werden. In diesem Fall besteht für den Versicherungsträger die Pflicht zur Erlassung eines **Bescheides,** mit dem das Vorliegen eines solchen Rückforderungstatbestandes bekämpfbar festgestellt wird.[91]

3.13.4. Vorschüsse (Abs 1 Z 3)

Von **Vorschüssen** im (sv-)rechtlichen Sinn kann nur dann gesprochen werden, wenn ein noch nicht fälliger oder zumindest **ungewisser Leistungsanspruch** (vorweg) befriedigt wird. Insofern muss der Leistungsempfänger aus der Vorschussgewährung erkennen, dass ihm diese Leistung (je nach dem Lauf der Dinge) möglicherweise nicht gebühren wird. Dies entspricht wertungsmäßig auch der im Arbeitsrecht vertretenen Auffassung, wonach bei Beträgen, die einem Arbeitnehmer unter dem Titel Vorschuss zugeflossen sind, die allfällige Rückzahlung **nicht unter Berufung auf einen gutgläubigen Gebrauch** verweigert werden kann. In diesem Fall darf der Arbeitnehmer, solange er den Vorschuss nicht wirklich ins Verdienen gebracht hat, **nicht darauf vertrauen,** dass ihm der betreffende Betrag endgültig in voller Höhe zusteht. Entsprechend stellt sich auch die Situation des Leistungsempfängers im Sozialrecht dar.[92]

89 RS0121466.
90 10 ObS 10/02x.
91 RS0122832.
92 RS0112064.

Eine Aufrechnung mit den als Vorschuss bezahlten Beträgen ist nur möglich, wenn der Versicherungsträger festgestellt hat, dass die Leistung als Vorschuss gewährt wird. Dies hat gemäß § 367 Abs 2 in Form eines **Bescheides** zu geschehen.[93]

3.13.5. Mehrfachleistungen für denselben Zeitraum (Abs 1 Z 5)

Die PV-Träger haben den KV-Trägern und den Krankenfürsorgeeinrichtungen die Kosten für das **Rehabilitationsgeld** nach § 143c zu ersetzen. Durch eine gesonderte Aufrechnungsbestimmung soll für jene Fälle vorgesorgt werden, in denen die pensionswerbende Person den abschlägigen Bescheid bekämpft und bei Obsiegen die **Pensionsleistung** rückwirkend (auch für Zeiträume, in denen bereits Rehabilitationsgeld bezogen wurde) anfällt. Das bereits geleistete Rehabilitationsgeld kann vom PV-Träger mit den für dieselben Zeiträume rückwirkend gewährten Pensionsleistungen aufgerechnet werden.[94]

3.13.6. Aufrechnungsbeschränkung (Abs 2)

Die Pfändungsbeschränkungen der Exekutionsordnung stehen einer Aufrechnung bis zur Hälfte der vom Versicherungsträger zu erbringenden Geldleistung iSd Abs 2 nicht entgegen.[95] Eine Verfassungswidrigkeit im Sinne einer gleichheitswidrigen Bevorzugung der Gläubigergruppe der SV-Träger ist darin nicht zu erkennen.[96]

Abs 2 ist eine dem eigentlichen Exekutionsrecht **vorrangige speziellere Norm**. Eine Aufrechnung in den pfändungsfreien Teil ist rechtlich zulässig; es bleibt dem alleinigen **Ermessen** des SV-Trägers überlassen, die Höhe der Abzugsrate auf relativ niedrigem Niveau festzulegen.[97]

Die in Abs 2 gewählte Wendung „der zu erbringenden Geldleistung" ist iSd **Nettopensionsbetrages** zu verstehen, bis zu dessen Hälfte die Aufrechnung zulässig sein soll.[98]

3.13.7. Insolvenz

Die Aufrechnung im Konkurs kann nur gegenüber dem Masseverwalter stattfinden. Für die Aufrechnungserklärung besteht keine Formvorschrift. Der Konkursgläubiger kann die Aufrechnung während des Verfahrens **ohne zeitliche Beschränkung** durch gerichtliche oder außergerichtliche Erklärung gegenüber dem Masseverwalter vornehmen.[99]

---

93 RS0083612.
94 RV 321 BlgNR 25. GP 4.
95 RS0013254.
96 10 ObS 152/01b.
97 RS0110621.
98 RS0110623.
99 RS0064293.

Dem SV-Träger steht – trägerübergreifend – eine Aufrechnungsmöglichkeit sowohl in das – zur Konkursmasse gehörige – pfändbare Einkommen als auch in das – nicht zur Konkursmasse gehörige – unpfändbare Einkommen des Beitragsschuldners zu. Die Aufrechnung in das **pfändbare** Einkommen setzt – da insoweit die konkursrechtlichen Bestimmungen zu beachten sind – insb voraus, dass sich die Forderungen zum Zeitpunkt der Konkurseröffnung bereits aufrechenbar gegenüberstanden, wobei hier ausreicht, dass die Forderung bereits entstanden war; mangelnde Fälligkeit oder eine noch nicht eingetretene (aufschiebende) Bedingung hindern die Aufrechenbarkeit nicht. Die Aufrechnung in das **unpfändbare** Einkommen setzt hingegen – da insoweit die konkursrechtlichen Bestimmungen nicht anwendbar sind – die Fälligkeit der Forderung voraus.[100]

Für die Aufrechnung der Forderung gegen den **unpfändbaren** Teil der Pensionsbezüge gilt die Beschränkung des § 12a Abs 2 KO nicht. Eine Verrechnung kann daher über den Zeitraum von zwei Jahren hinaus vorgenommen werden. Die Aufrechnung gegen den **pfändbaren** (und daher konkursunterworfenen) Teil der Pensionsbezüge des Schuldners unterliegt im Konkurs des Beitragsschuldners der Beschränkung des § 12a Abs 2 KO.[101]

Soweit die Aufrechnung nach § 103 nur den **unpfändbaren** Teil des Pensionsbezugs betrifft, führt die nach Beendigung des Abschöpfungsverfahrens erteilte **Restschuldbefreiung** nicht zum Erlöschen der für die Aufrechnung herangezogenen Forderung an rückständigen SV-Beiträgen.[102]

3.14. Rückforderung zu Unrecht erbrachter Leistungen (§ 107)

Der Versicherungsträger **hat zu Unrecht erbrachte Geldleistungen** sowie Aufwendungen für Heilbehelfe und Anstaltspflege und an Stelle von Sachleistungen erbrachte Kostenersätze bzw bare Leistungen (§§ 131, 131a, 132 und 150) **zurückzufordern,** wenn der Zahlungsempfänger bzw der Leistungsempfänger den Bezug durch

- **bewusst unwahre Angaben,**
- **bewusste Verschweigung maßgebender Tatsachen** oder
- **Verletzung der Meldevorschriften** (§ 40)

herbeigeführt hat oder wenn er

- **erkennen musste,** dass die Leistung nicht oder nicht in dieser Höhe gebührte.
- Geldleistungen sind ferner zurückzufordern, wenn und soweit sich wegen eines **nachträglich festgestellten Anspruches auf Weiterleistung** der Geld- und Sachbezüge herausstellt, dass sie zu Unrecht erbracht wurden (Abs 1).

---

100 VwGH 11.7.2012, 2009/08/0102.
101 10 ObS 233/02s.
102 10 ObS 128/17x.

Das **Recht auf Rückforderung**

a) **besteht nicht,** wenn der Versicherungsträger zum Zeitpunkt, in dem er erkennen musste, dass die Leistung zu Unrecht erbracht worden ist, die für eine bescheidmäßige Feststellung erforderlichen Maßnahmen innerhalb einer angemessenen Frist unterlassen hat;
b) **verjährt binnen drei Jahren** nach dem Zeitpunkt, in dem dem Versicherungsträger bekannt geworden ist, dass die Leistung zu Unrecht erbracht worden ist (Abs 2).

Der Versicherungsträger kann bei Vorliegen berücksichtigungswürdiger Umstände, insb in Berücksichtigung der Familien-, Einkommens- und Vermögensverhältnisse des Empfängers,

1. auf die Rückforderung **verzichten;**
2. die Erstattung des zu Unrecht gezahlten Betrages in **Teilbeträgen** zulassen (Abs 3).

Zur Eintreibung der Forderungen der Versicherungsträger auf Grund der Rückforderungsbescheide ist den Versicherungsträgern die Einbringung im **Verwaltungsweg** gewährt (§ 3 Abs 3 des Verwaltungsvollstreckungsgesetzes 1991; Abs 4).

Das Recht auf Rückforderung besteht im Fall des **Todes** des Anspruchsberechtigten gegenüber allen Personen, die zum Bezug der noch nicht erbrachten Leistungen berechtigt sind, soweit sie eine der im § 107a Abs 1 bezeichneten Leistungen bezogen haben (Abs 5).

Die Wörter **„zu Unrecht"** in Abs 1 sind im materiellen Sinn auszulegen, dh es kommt für die Rückforderung darauf an, ob die Erbringung der Leistung den gesetzlichen Vorschriften entsprach.[103]

§ 31 KBGG ist im Verhältnis zu § 107 ASVG nicht nur lex posterior, sondern auch lex specialis.[104]

3.14.1. Rückforderungstatbestände (Abs 1)

Ob der Kläger den Bezug des Krankengeldes durch bewusst unwahre Angaben, bewusste Verschweigung maßgebender Tatsachen oder Verletzung der Meldevorschriften herbeigeführt hat oder er jedenfalls erkennen musste, dass die Leistung nicht oder nicht in dieser Höhe gebührte, kann nur nach den **besonderen Umständen des Einzelfalles** beantwortet werden.[105]

Während die in Abs 1 erster Satz genannten Tatbestände der bewusst unwahren Angaben und der bewussten Verschweigung maßgebender Tatsachen zumindest

103 RS0084340.
104 RS0125687.
105 10 ObS 369/01i.

bedingten **Vorsatz** (dolus eventualis) voraussetzen, genügt zur Anwendung der beiden weiteren Rückforderungstatbestände bereits **Fahrlässigkeit.**[106]

Die ersten beiden in § 107 Abs 1 Satz 1 genannten zwei Tatbestände der bewusst unwahren Angaben (1. Fall) und des bewussten Verschweigens maßgebender Tatsachen (2. Fall) setzen zumindest bedingten Vorsatz (dolus eventualis) voraus. Auch der VwGH leitet - zur Parallelbestimmung in § 25 Abs 1 AlVG - aus den Begriffen „unwahr" (und nicht bloß „unrichtig") bzw „Verschweigen" das Erfordernis einer **subjektiven** Komponente ab, mit der Konsequenz, dass von demjenigen das Arbeitslosengeld nicht zurückgefordert werden kann, der zwar objektiv falsche Angaben, jedoch in unverschuldeter Unkenntnis vom wahren Sachverhalt gemacht hat.[107]

Hat ein Zahlungsempfänger einen im Gesetz vorgesehenen Rückforderungstatbestand verwirklicht, kann er sich **nicht** mehr **auf Gutgläubigkeit berufen.**[108]

3.14.1.1. Bewusst unwahre Angaben (Abs 1 erster Fall)

Der Rückforderungstatbestand der unwahren Angaben liegt jedenfalls dann vor, wenn die Behörde in einem Antragsformular eine rechtserhebliche Frage stellt und diese **Frage unrichtig oder unvollständig beantwortet** wird. Da die Angaben zur Geltendmachung eines Leistungsanspruchs im Antragsformular die Behörde in die Lage versetzen sollen, ihrerseits zu beurteilen, ob ein Anspruch besteht, ist das Risiko eines Rechtsirrtums, aus dem ein Antragsteller meint, die darin gestellten Fragen nicht vollständig oder richtig zu beantworten zu müssen, von ihm zu tragen.[109]

3.14.1.2. Bewusste Verschweigung maßgebender Tatsachen (Abs 1 zweiter Fall)

Anders als beim Rückforderungstatbestand des Abs 1 erster Fall begründet hier eine **Unterlassung**, nämlich die unterlassene Bekanntgabe für Grund oder Höhe der Leistung maßgebender Tatsachen die Rückerstattungspflicht; auch hier muss der Empfänger (zumindest) bedingt vorsätzlich gehandelt haben.[110]

3.14.1.3. Verletzung der Meldevorschriften (Abs 1 dritter Fall)

Der Rückforderungsanspruch des SV-Trägers besteht schon bei **leicht fahrlässiger** Verletzung der Meldevorschrift des § 40.[111]

---

106 10 ObS 161/02b.
107 10 ObS 149/09y mwN.
108 RS0114485.
109 RS0129452.
110 *Atria* in *Sonntag*, ASVG[14] § 107 Rz 20.
111 RS0083641.

Grundsätzlich kann sich der Meldepflichtige **nicht darauf berufen**, der zu meldende Sachverhalt sei ihm unbekannt gewesen. Vielmehr ist er, da die Meldepflicht sein persönliches Tätigwerden voraussetzt, unter Zugrundelegung der bei einem Leistungsempfänger vorauszusetzenden gewöhnlichen Fähigkeiten und Kenntnisse **verpflichtet**, entsprechende **Nachforschungen anzustellen**, wenn nach den Umständen des Falles für das mögliche Vorliegen meldepflichtiger Tatsachen gewisse Anhaltspunkte gegeben sind.[112]

3.14.1.4. Erkennenmüssen (Abs 1 vierter Fall)

Dieser Rückforderungstatbestand setzt kein dem Empfänger konkret vorwerfbares Verhalten voraus; zu prüfen ist allein, ob der Leistungsempfänger den nicht bzw nicht in dieser Höhe gebührenden Leistungsbezug „erkennen musste“, dh ob dem Empfänger – unter Voraussetzung **gewöhnlicher (durchschnittlicher) geistiger Fähigkeiten** – bei einer ihm nach den Umständen des Einzelfalls zumutbaren Aufmerksamkeit auffallen musste, dass die Leistung nicht oder nicht in dieser Höhe gebührte.[113]

Im Fall des „Erkennenmüssens“ handelt es sich definitionsgemäß um Sachverhalte, bei denen in der Regel nicht der Leistungsempfänger, sondern die **Behörde selbst** den **Überbezug** einer Leistung **verursacht** hat. Da die Leistungen aus der Arbeitslosenversicherung dem Unterhalt des Leistungsempfängers zu dienen bestimmt sind und daher mit ihrem laufenden Verbrauch gerechnet werden muss, stellt die Rückforderung einer solchen Leistung in der Regel eine erhebliche Belastung für den Leistungsempfänger dar. Soweit daher der **Leistungsempfänger** am Entstehen eines Überbezuges **nicht mitgewirkt** hat, ist es sachlich nicht angebracht, vermeidbare Behördenfehler durch überstrenge Anforderungen an den vom Leistungsempfänger zu beobachtenden Sorgfaltsmaßstab zu kompensieren. **Schlechtgläubig** iSd hier anzuwendenden Rückforderungstatbestandes ist daher nur ein Leistungsbezieher, der nach den konkret zu beurteilenden Umständen des Einzelfalles ohne weiteres den Überbezug hätte erkennen müssen. Dem Leistungsbezieher muss der Umstand, dass er den Überbezug tatsächlich nicht erkannt hat – ohne dass ihn zunächst besondere Erkundigungspflichten träfen – nach seinen diesbezüglichen Lebens- und Rechtsverhältnissen **vorwerfbar** sein.[114]

Der VwGH hat in seiner bisherigen Rsp zum dritten Rückforderungstatbestand des § 25 Abs 1 AlVG der Sache nach darauf abgestellt, ob der Leistungsbezieher (erkannt hat oder doch) unter Heranziehung eines ihm nach seinen konkreten Lebensumständen zumutbaren Alltagswissens hätte erkennen müssen, dass ihm die Leistung aus der Arbeitslosenversicherung nicht (oder nicht in dieser Höhe)

112 RS0083688.
113 10 ObS 149/09y.
114 VwGH 7.4.2016, Ra 2016/08/0037 (zu § 25 Abs 1 AlVG).

gebührte. Dabei muss man aber einen Unterschied machen, ob es bloß darum geht, eine Fehlberechnung in der Höhe der Geldleistung zu erkennen oder ob es um das Wissen geht, dass **nicht zwei Einkommensersatzleistungen nebeneinander bezogen werden können**. Die Jud zur Meldepflichtverletzung nach § 50 AlVG geht davon aus, dass ein Antragsteller weiß oder wissen muss, dass man neben Einkommen aus einer Beschäftigung nicht ohne Weiteres Leistungen aus der Arbeitslosenversicherung beziehen kann. Nichts anderes kann grundsätzlich für den Fall des **Doppelbezuges von Geldleistungen aus der Arbeitslosenversicherung und Pensionsleistungen** gelten. Bei der Frage, wann in dieser Konstellation dieses „Wissenmüssen" eintritt, ist zunächst zu bedenken, dass kaum jemals zwei Leistungen zeitgleich und parallel ausgezahlt werden, sondern dass der **häufigste Fall** der ist, dass eine Leistung in einem Zeitraum bereits laufend empfangen wurde, wenn die **zweite Leistung später zuerkannt** und für denselben Zeitraum nachgezahlt wird. Steht jemand im Bezug der anderen Leistung und bezieht im Nachhinein Arbeitslosengeld, so kann es wohl als Alltagswissen vorausgesetzt werden, dass er beim Zugang des Arbeitslosengeldes (also beim Erhalt der Nachzahlung für denselben Zeitraum) **erkennen musste**, dass ihm Arbeitslosengeld nicht gebührt. Bei zwei miteinander unvereinbaren Leistungen, von denen die Geldleistung aus der Arbeitslosenversicherung nur subsidiär gebührt, kann es aber zur Vermeidung verfassungsrechtlich bedenklicher Ungleichbehandlungen nicht darauf ankommen, welche Leistung zuerst gewährt und welche später erst nachgezahlt wurde. Wenn man bei zwei Leistungen voraussetzen kann, dass der Arbeitslose weiß, jedenfalls aber bei gehöriger Sorgfalt wissen muss, dass sie nicht nebeneinander gebühren können, dann muss er dies auch schon dann wissen, wenn er die Geldleistung aus der Arbeitslosenversicherung bereits empfängt, während er das andere Verfahren zur Erlangung der zweiten Leistung noch betreibt, die zweite Leistung daher noch nicht erhalten hat, sie aber für Zeiträume des Bezuges von Geldleistungen nach dem AlVG anstrebt.[115]

3.14.1.5. Nachträglich festgestellter Anspruch auf Weiterleistung der Bezüge (Abs 1 fünfter Fall)

Durch Abs 1 letzter Satz wurde für Fälle, in denen sich wegen eines **nachträglich festgestellten Bezuges aus einem Arbeitsverhältnis** ergibt, dass ein sv-rechtlicher Anspruch zu Unrecht erbracht wurde, eine nachträgliche Korrektur der SV-Leistung ermöglicht; für diese Fälle wurde ein von subjektiven Momenten unabhängiger Rückforderungstatbestand geschaffen.[116]

Dasselbe gilt, wenn sich im Nachhinein herausstellt, dass die sich von ihrer Funktion her deckenden SV-Leistungen aus **demselben Zweig** der SV stammen.[117]

115 VwGH 15.9.2010, 2007/08/0300 (zu § 25 Abs 1 AlVG).

116 RS0084379.

117 10 ObS 238/03b.

3.14.2. Rückforderungsausschluss (Abs 2 lit a)

Ignoriert der Versicherungsträger eine ihm, sei es durch eine Meldung des Leistungsempfängers, eine Mitteilung des Dachverbandes der SV-Träger oder auf andere Art zugekommene **Information**, aus der er erkennen musste, dass eine Leistung zu Unrecht erbracht worden ist, und erbringt er diese Leistung weiter, dann besteht das Recht auf Rückforderung der zu Unrecht weiter erbrachten Leistung nicht.[118]

Es handelt sich um ein im Interesse des Zahlungsempfängers bzw Leistungsempfängers gegenüber § 1432 letzter Fall ABGB (wissentliche Zahlung einer Nichtschuld) **verschärftes Rückforderungsverbot**, das schon dann besteht, wenn der Versicherungsträger erkennen musste, dass er Geldleistungen zu Unrecht erbracht hat; er ist ab dem Zeitpunkt, in dem er erkennen musste, dass eine Leistung zu Unrecht erbracht worden ist, verpflichtet, innerhalb angemessener Frist die für eine bescheidmäßige Feststellung dieser Leistung erforderlichen Maßnahmen zu ergreifen, um weitere Überbezüge zu verhindern.[119]

3.14.3. Verjährung (Abs 2 lit b)

Die Verjährungsbestimmung des Abs 2 lit b **betrifft nur die Bescheiderlassungspflicht** des Versicherungsträgers. Dieser hat also innerhalb von drei Jahren ab Kenntnis der zu Unrecht erbrachten Leistung einen Bescheid iSd Abs 1 zu erlassen und mit diesem die zu Unrecht erbrachten Geldleistungen zurückzufordern. Eine vom Versicherten zur Bekämpfung des Rückforderungsbescheides eingebrachte **Klage** kann keinerlei Verjährungsfrist in Gang setzen, sodass eine solche auch nicht – etwa wegen nicht gehöriger Fortsetzung des Verfahrens – unterbrochen werden kann.[120]

Nach dem klaren Wortlaut dieser Gesetzesstelle verjähren nicht die einzelnen monatlich erbrachten Pensionsleistungen, sondern das **Rückforderungsrecht in seiner Gesamtheit**.[121]

Es besteht **keine Verpflichtung** des Versicherungsträgers, dafür Sorge zu tragen, dass ein für eine Rückforderung maßgebender Umstand, der in einem eine **andere Person betreffenden Verfahren** entsteht oder dort bekannt wird, auch in dem den Rückforderungsanspruch betreffenden Akt aktenkundig gemacht wird.[122]

Trotz Zugehörigkeit überwiegend zum öffentlichen Recht ist hinsichtlich der Verjährung des Rechtes des Versicherungsträgers auf Rückforderung zu Unrecht erbrachter Leistungen auch auf die privatrechtlichen Verjährungsvorschriften

118 RS0084301.
119 RS0084420.
120 RS0089204.
121 RS0084432.
122 RS0084419.

des ABGB zurückzugreifen. Gemäß § 1501 ABGB ist hierauf „ohne Einwendung der Parteien **von Amts wegen kein Bedacht** zu nehmen".[123]

Die **Einrede** des Versicherten, der Anspruch des SV-Trägers auf Rückforderung zu Unrecht erbrachter Leistungen sei verjährt, muss **bis zum Schluss der mündlichen Verhandlung erster Instanz** erhoben werden. Wird die Einrede erstmals im Rechtsmittelverfahren erhoben, so verstößt sie gegen das auch in Sozialrechtssachen geltende Neuerungsverbot.[124]

3.14.4. Verzicht und Ratengewährung (Abs 3)

Bei Rückforderung zu Unrecht erbrachter Leistungen kann auch die Entscheidung des SV-Trägers über die Ratengewährung selbständig mit **Klage** bekämpft werden, weil es sich hiebei um einen Streit über die Konditionen der Rückersatzleistung und damit (im weiteren Sinn) um eine Streitigkeit über die Pflicht zum Rückersatz gemäß § 65 Abs 1 Z 2 ASGG handelt. Ein **Rechtsmittel** steht den Parteien in derartigen Streitigkeiten allerdings im Hinblick auf die Bestimmung des § 90 Z 1 ASGG **nicht** offen.[125]

Abs 3 wendet sich nur an den SV-Träger. Die Parallelbestimmung für das Sozialgericht findet sich in § 89 Abs 4 ASGG.[126]

3.14.5. Tod des Anspruchsberechtigten (Abs 5)

Nach § 107 Abs 5 ASVG idgF besteht das Recht des SV-Trägers auf Rückforderung zu Unrecht erbrachter Geldleistungen im Falle des Todes des Anspruchsberechtigten gegenüber „allen Personen", die zum Bezug noch nicht erbrachter Leistungen berechtigt sind, soweit sie eine der im § 107a Abs 1 bezeichneten Leistungen bezogen haben, wobei dort ausdrücklich auch „die Verlassenschaft nach dem Versicherten bzw dessen Erben" genannt wird. Der OGH hat deshalb bereits zu 10 ObS 163/87 darauf hingewiesen, dass § 107 Abs 5 ASVG idgF **keine abschließenden erbrechtlichen Sonderregelungen** enthält, sondern der Rückforderungsanspruch des SV-Trägers gegen den Versicherten in den Nachlass fällt. Dementsprechend verpflichtete der OGH am 29.7.2021 zu 10 ObS 86/21a eine **Erbin** zur **Rückzahlung der** vom Verstorbenen zu Unrecht bezogenen **Witwerpension**. Die Entscheidung des Berufungsgerichts, mit welcher die Klägerin als Gesamtrechtsnachfolgerin ihres verstorbenen Ehemanns zum Rückersatz der zu Unrecht vereinnahmten Pensionsleistungen verpflichtet wurde, ist daher von der bisherigen höchstgerichtlichen Rsp gedeckt.[127]

123 RS0104943.
124 10 ObS 50/04g.
125 RS0114691.
126 10 ObS 100/01f.
127 10 ObS 7/22k.

3.14.6. Verfahren

Kommt der SV-Träger nach Erbringung der Leistung zur Auffassung, dass er die Leistung zu Unrecht erbracht hat, kann er die Leistung unter den Voraussetzungen des § 107 zurückfordern. Dazu bedarf es gemäß § 367 Abs 2 iVm § 354 Z 2 der Erlassung eines **Bescheides in Leistungssachen**, gegen den gemäß § 65 Abs 1 Z 2 ASGG **Klage** beim Sozialgericht eingebracht werden kann.[128]

In Rechtsstreitigkeiten über die Pflicht zum Rückersatz einer zu Unrecht empfangenen Versicherungsleistung hat das **Klagebegehren auf Feststellung** zu lauten.[129]

Obwohl der Rückzahlungspflichtige im Prozess vor dem Sozialgericht formell als Kläger aufzutreten und ein negatives Feststellungsbegehren zu stellen hat, dass die von der beklagten Partei behauptete Rückersatzpflicht nicht zu Recht bestehe, kommt in einem solchen Verfahren die **materielle Klägerrolle** dem **beklagten Versicherungsträger** zu, der bereits erbrachte Versicherungsleistungen zurückfordert. Wird dieses Rückforderungsbegehren ausdrücklich auf einen **bestimmten Rechtsgrund** gestützt, so ist das **Gericht** daran **gebunden** und darf dem Begehren nicht aus einem anderen Rechtsgrund stattgeben.[130]

Für den Rückforderungsanspruch muss der SV-Träger nur **beweisen**, dass eine Verletzung der Meldevorschrift des § 40 vorliegt. Sache des Versicherten ist es, nachzuweisen, dass ihn kein Verschulden an der Verletzung der Meldevorschrift trifft.[131]

Nicht jede Person, die eine Leistung eines SV-Trägers in Empfang genommen hat, wird automatisch der Regelung des § 107 unterstellt. Ersatzpflichtig ist vielmehr außer dem Anspruchsberechtigten (Versicherten) selbst nur ein „sonstiger Leistungsempfänger im sv-rechtlichen Sinn, auf den gewisse Individualisierungsmerkmale zutreffen", auf den die **Leistung** also in irgendeiner Form **individualisierend zugeschnitten** war. Andere Fälle rechtsgrundloser Leistungsgewährung, zB bei bloßer **Namensverwechslung** (irrtümliche Anweisung an einen falschen Adressaten; „abgeirrte" Leistungsgewährung), sind vom SV-Träger nicht nach den Rückforderungsnormen der SV-Gesetze, sondern nach den **zivilrechtlichen Bereicherungsnormen** und damit im ordentlichen Rechtsweg vor den **allgemeinen Zivilgerichten** abzuwickeln.[132]

3.15. Bezugsberechtigung im Falle des Todes des Anspruchsberechtigten (§ 107a)

Ist im Zeitpunkt des Todes des Anspruchsberechtigten eine **fällige Geldleistung** (Erstattung von Kosten an Stelle von Sachleistungen) **noch nicht ausgezahlt**, so

128 Vgl VwGH 13.8.2003, 2002/11/0222.
129 RS0084315.
130 RS0086067.
131 RS0083641.
132 RS0109549.

sind **nacheinander** der Ehegatte/die Ehegattin oder der/die eingetragene PartnerIn, die leiblichen Kinder, die Wahlkinder, die Stiefkinder, die Eltern, die Geschwister bezugsberechtigt, alle diese Personen jedoch **nur, wenn** sie mit dem Anspruchsberechtigten zur Zeit seines Todes **in häuslicher Gemeinschaft gelebt** haben. Steht der Anspruch mehreren Kindern, den Eltern oder mehreren Geschwistern des Verstorbenen zu, so sind sie zu gleichen Teilen bezugsberechtigt. **Letztlich** sind die **Verlassenschaft** nach dem Versicherten bzw dessen **Erben** bezugsberechtigt (Abs 1).

Der Anspruch auf **Kostenersatz** (§ 131 Abs 1 und 3) sowie auf Pflegekostenzuschuss (§ 150) steht nach dem Tod eines Versicherten den im Abs 1 genannten Personen bzw denjenigen Personen zu, die die Kosten an Stelle des Versicherten getragen haben (Abs 2).

4. Krankenversicherung

4.1. Aufgaben (§ 116)

Die KV trifft Vorsorge (Abs 1)

- für die evidenzbasierte Früherkennung von und Frühintervention bei Krankheiten und die Erhaltung der Volksgesundheit;
- für die **Versicherungsfälle** der **Krankheit,** der **Arbeitsunfähigkeit infolge Krankheit** und der **Mutterschaft**;
- für den Versicherungsfall der **Wiedereingliederung** nach langem Krankenstand;
- für **Zahnbehandlung und Zahnersatz** sowie für die **Hilfe bei körperlichen Gebrechen**;
- für **medizinische** Maßnahmen der **Rehabilitation**;
- für zielgerichtete, wirkungsorientierte Gesundheitsförderung (Salutogenese) und Prävention.

Überdies **können** aus Mitteln der KV

- Maßnahmen zur Festigung der Gesundheit (§ 155) und
- Maßnahmen zur Krankheitsverhütung (§ 156) gewährt werden (Abs 2).

Beim **Tod** des Versicherten, des sonst Anspruchsberechtigten (§ 122) oder eines Angehörigen (§ 123) kann durch die **Satzung** nach Maßgabe der finanziellen Leistungsfähigkeit des Versicherungsträgers ein **Zuschuss zu den Bestattungskosten** gewährt werden. Dieser Zuschuss kann unter Bedachtnahme auf die wirtschaftlichen Verhältnisse desjenigen, der die Kosten der Bestattung getragen hat, bis zur Höhe von 436,04 € gezahlt werden (Abs 5).

4.2. Leistungen (§ 117)

Als Leistungen der KV werden gewährt:

- Zur **Früherkennung** von Krankheiten: Jugendlichenuntersuchungen und Vorsorge-(Gesunden-)untersuchungen (§§ 132a und 132b);
- aus dem Versicherungsfall der **Krankheit**: Krankenbehandlung einschließlich jener im Rahmen der Hospiz- und Palliativversorgung (§§ 133 bis 137), erforderlichenfalls medizinische Hauskrankenpflege (§ 151) oder Anstaltspflege (§§ 144 bis 150);
- aus dem Versicherungsfall der **Arbeitsunfähigkeit infolge Krankheit** oder der **geminderten Arbeitsfähigkeit**: Krankengeld (§§ 138 bis 143) oder Rehabilitationsgeld (§ 143a);
- aus dem Versicherungsfall der **Wiedereingliederung** nach langem Krankenstand: Wiedereingliederungsgeld (§ 143d);

aus dem Versicherungsfall der **Mutterschaft**:

a) ärztlicher Beistand, Hebammenbeistand sowie Beistand durch diplomierte Kinderkranken- und Säuglingsschwestern (§ 159);
b) Heilmittel und Heilbehelfe (§ 160);
c) Pflege in einer Krankenanstalt (§ 161);
d) Wochengeld (§ 162).

Die Leistungen der KV werden **auch gewährt,** wenn es sich um die Folgen eines **Arbeitsunfalles** (§§ 175 und 176) oder um eine Berufskrankheit (§ 177) handelt (§ 119).

Die Leistungen der KV werden gewährt als (§ 121 Abs 1):

1. Pflichtleistungen, und zwar als gesetzliche Mindestleistungen oder als satzungsmäßige Mehrleistungen;
2. freiwillige Leistungen.

Pflichtleistungen sind Leistungen, auf die ein **Rechtsanspruch** besteht. **Freiwillige Leistungen** sind Leistungen, die auf Grund gesetzlicher oder satzungsmäßiger Vorschriften gewährt werden können, **ohne** dass auf sie ein **Rechtsanspruch** besteht (§ 121 Abs 2). Siehe oben 3.2.

Der Versicherungsträger kann unter Bedachtnahme auf seine finanzielle Leistungsfähigkeit und das wirtschaftliche Bedürfnis der Versicherten **über die gesetzlichen Mindestleistungen hinausgehende** Mehrleistungen in der **Satzung** vorsehen **(satzungsmäßige Mehrleistungen)**. Durch die Satzung kann der Anspruch auf Mehrleistungen von der Erfüllung einer **Wartezeit** von sechs Monaten innerhalb der letzten zwölf Monate vor Eintritt des Versicherungsfalles abhängig gemacht werden (§ 121 Abs 3).

4.3. Anspruchsberechtigung (§ 122)

Der **Versicherte hat Anspruch** auf die Leistungen der KV **für sich und seine Angehörigen** (§ 123), wenn der Versicherungsfall

a) während der Versicherung oder
b) vor dem auf das Ende der Versicherung nächstfolgenden Arbeitstag

eingetreten ist (§ 120). Die Leistungen aus dem Versicherungsfall der **Krankheit** werden auch gewährt, wenn die Krankheit im Zeitpunkt des Beginnes der Versicherung bereits bestanden hat. Die Leistungen sind in allen diesen Fällen auch über das Ende der Versicherung hinaus weiterzugewähren, solange die Voraussetzungen für den Anspruch gegeben sind (Abs 1).

Für Versicherungsfälle, die **nach dem Ende der Versicherung** oder nach Ablauf des im Abs 1 lit b bezeichneten Zeitraumes eintreten, sind Leistungen, und zwar auch für Familienangehörige, nach Maßgabe der folgenden Bestimmungen zu gewähren:

1. an Personen, die Anspruch aus dem Versicherungsfall der Krankheit, der Arbeitsunfähigkeit infolge Krankheit oder der Mutterschaft haben, sofern dieser Anspruch nicht gemäß Abs 3 entstanden ist, und zwar
   a) während der ersten drei Tage der Arbeitsunfähigkeit infolge Krankheit, für die gemäß § 138 Abs 1 Anspruch auf Krankengeld nicht besteht,
   b) während des Anspruches auf Kranken- oder Wochen- oder Wiedereingliederungsgeld, auch wenn dieser Anspruch ruht,
   c) während der Gewährung der Anstaltspflege oder der Unterbringung in einem Kurheim oder in einer Sonderkrankenanstalt auf Rechnung eines Versicherungsträgers oder
   d) während des Anspruches auf Ersatz der Verpflegskosten (§ 131) oder auf Pflegekostenzuschuss (§ 150) gegenüber einem Versicherungsträger;
2. an Personen, die innerhalb der letzten zwölf Monate vor dem Ausscheiden aus der durch eine Beschäftigung (ein Lehr- oder Ausbildungsverhältnis) begründeten Pflichtversicherung mindestens 26 Wochen oder unmittelbar vorher mindestens sechs Wochen versichert waren und sogleich nach dem Ausscheiden aus der Pflichtversicherung **erwerbslos** geworden sind, wenn der Versicherungsfall während der Erwerbslosigkeit und **binnen sechs Wochen** nach dem Ausscheiden aus der Pflichtversicherung eintritt. War der Versicherte im Zeitpunkt des Ausscheidens aus der Pflichtversicherung infolge Krankheit arbeitsunfähig oder bestand zu diesem Zeitpunkt Anspruch auf Wochengeld, so beginnt die Frist von sechs Wochen erst ab dem Erlöschen des Anspruches auf Krankengeld (Anstaltspflege) bzw Wochengeld zu laufen (Abs 2).

Wurde die Beschäftigung (oder die Arbeitslosengeldleistung) noch vor der Entbindung beendet, gilt: Die werdende Mutter muss im Fall des beendeten Pflichtversicherungsverhältnisses in der **32. Woche vor der Entbindung** (noch) pflichtversichert gewesen sein (Abs 3).[133]

4.4. Angehörige (§ 123)

Anspruch auf die Leistungen der KV **besteht für Angehörige,**

1. wenn sie ihren gewöhnlichen Aufenthalt im Inland haben und
2. wenn sie weder nach dem ASVG noch nach anderer gesetzlicher Vorschrift krankenversichert sind und auch für sie seitens einer Krankenfürsorgeeinrichtung eines öffentlich-rechtlichen Dienstgebers Krankenfürsorge nicht vorgesehen ist (Abs 1).

---

133 *Burger/Mair/Wachter*, Sozialrecht Basics[7] 124.

Als Angehörige gelten:

- der **Ehegatte** oder eingetragene Partner;
- die **Kinder** und die **Wahlkinder**;
- die **Stiefkinder** und **Enkel**, wenn sie mit dem Versicherten **ständig in Hausgemeinschaft leben**;
- die **Pflegekinder**, wenn sie vom Versicherten unentgeltlich verpflegt werden oder das Pflegeverhältnis auf einer behördlichen Bewilligung beruht (Abs 2).

Kinder und Enkel gelten als Angehörige **bis zur Vollendung des 18. Lebensjahres. Nach** diesem Zeitpunkt gelten sie als Angehörige, wenn und solange sie

1. sich in einer **Schul- oder Berufsausbildung** befinden, die ihre **Arbeitskraft überwiegend beansprucht**, längstens **bis zur Vollendung des 27. Lebensjahres**; die Angehörigeneigenschaft von Kindern, die eine im § 3 des Studienförderungsgesetzes 1992 genannte Einrichtung besuchen, verlängert sich nur dann, wenn für sie
   a) entweder **Familienbeihilfe** nach dem Familienlastenausgleichsgesetz 1967 bezogen wird oder
   b) zwar keine Familienbeihilfe bezogen wird, sie jedoch ein **ordentliches Studium ernsthaft und zielstrebig** iSd § 2 Abs 1 lit b des Familienlastenausgleichsgesetzes 1967 idF des Bundesgesetzes BGBl 1992/311 betreiben;
2. seit der Vollendung des 18. Lebensjahres oder seit dem Ablauf des in Z 1 genannten Zeitraumes
   a) infolge Krankheit oder Gebrechen **erwerbsunfähig** sind oder
   b) **erwerbslos** sind;
3. an einem Programm der EU zur Förderung der Mobilität junger Menschen teilnehmen, längstens bis zur Vollendung des 27. Lebensjahres.

Die Angehörigeneigenschaft bleibt bei Erwerbslosigkeit längstens für die Dauer von **24 Monaten** ab den in Z 2 genannten Zeitpunkten gewahrt (Abs 4).

Kinder und Enkel gelten im Rahmen der Altersgrenzen des Abs 4 Z 1 auch dann als Angehörige, wenn sie sich **im Ausland in einer Schul- oder Berufsausbildung** befinden; dies gilt auch bei nur vorübergehendem Aufenthalt im Inland (Abs 5).

Als Angehöriger gilt jeweils auch eine Person aus dem Kreis der Eltern, Wahl-, Stief- und Pflegeeltern, der Kinder, Wahl-, Stief- und Pflegekinder, der Enkel oder der Geschwister des Versicherten, die **seit mindestens zehn Monaten** mit ihm **in Hausgemeinschaft lebt und** ihm seit dieser Zeit **unentgeltlich den Haushalt führt**, wenn ein im gemeinsamen Haushalt lebender arbeitsfähiger Ehegatte oder eingetragener Partner nicht vorhanden ist. Die Angehörigeneigenschaft bleibt auch dann gewahrt, wenn die als Angehöriger geltende Person nicht mehr in der Lage ist, den Haushalt zu führen. Angehöriger aus diesem Grund kann nur eine einzige Person sein (Abs 7).

Als Angehöriger gilt auch eine mit dem Versicherten **nicht verwandte Person**, die seit mindestens zehn Monaten mit ihm in Hausgemeinschaft lebt und ihm seit dieser Zeit unentgeltlich den Haushalt führt, wenn ein im gemeinsamen Haushalt lebender arbeitsfähiger Ehegatte oder eingetragener Partner nicht vorhanden ist. Die Angehörigeneigenschaft bleibt auch dann gewahrt, wenn die als Angehöriger geltende Person nicht mehr in der Lage ist, den Haushalt zu führen. Angehöriger aus diesem Grund (Abs 7 und 7a) kann nur eine einzige Person sein (Abs 7a).

Als Angehörige gelten auch Personen, die einen **Versicherten** mit Anspruch auf Pflegegeld zumindest in Höhe der Stufe 3 nach § 5 BPGG unter ganz überwiegender Beanspruchung ihrer Arbeitskraft nicht erwerbsmäßig in häuslicher Umgebung **pflegen**. Als Angehörige gelten der Ehegatte, eingetragene Partner und Personen, die mit der pflegebedürftigen Person in gerader Linie oder bis zum vierten Grad der Seitenlinie verwandt oder verschwägert sind, ferner Wahl-, Stief- und Pflegekinder, Wahl-, Stief- und Pflegeeltern sowie Angehörige nach Abs 7a (Abs 7b).

4.5. Leistungen bei mehrfacher Versicherung (§ 128)

Bei mehrfacher KV nach dem ASVG oder eines anderen Bundesgesetzes sind die **Sachleistungen** (die **Erstattung von Kosten** anstelle von Sachleistungen) für ein und denselben Versicherungsfall **nur einmal** zu gewähren, und zwar von dem Versicherungsträger, den der Versicherte zuerst in Anspruch nimmt. Die **Geldleistungen** gebühren **aus jeder** der in Betracht kommenden Versicherungen.

4.6. Erkrankung im Ausland (§ 130)

Hält sich eine in der KV pflichtversicherte Person **im dienstlichen Auftrag im Ausland** auf, so **erhält** sie für die Dauer des Auslandsaufenthaltes die ihr beim zuständigen Versicherungsträger zustehenden **Leistungen vom Dienstgeber**. Dies gilt auch für ihre sich ebenfalls iZm dem dienstlichen Auftrag im Ausland aufhaltenden **Angehörigen**. Solange der Dienstgeber das Entgelt weiter gewährt, beschränkt sich die vorstehende Verpflichtung des Dienstgebers auf die Sachleistungen (Abs 1).

Der Dienstgeber hat **binnen einem Monat** den Eintritt des Versicherungsfalles dem Versicherungsträger **mitzuteilen**; dieser kann die Leistungen auch selbst erbringen (Abs 2).

Der **Versicherungsträger erstattet dem Dienstgeber die Kosten**. Als Ersatz der Kosten für Heilmittel ist **höchstens** ein Dreißigstel, für ärztliche Hilfe höchstens ein Zwanzigstel der Höchstbeitragsgrundlage für jeden Kalendertag der Behandlungszeit zu bezahlen. Für Heilbehelfe sind höchstens jene Kosten zu ersetzen, die dem Versicherungsträger bei Inanspruchnahme der Leistung im Inland erwachsen wären. Für die Unterbringung in einer Krankenanstalt leistet der Versicherungsträger einen Pflegekostenzuschuss gemäß § 150 Abs 2 (Abs 3).

Neben zwischenstaatlichen Abkommen sieht va die **VO 883/2004** eine Sachleistungsaushilfe bei Krankenbehandlungen im Ausland vor. In diesen Fällen besteht keine Notwendigkeit für eine Kostenübernahme durch den Arbeitgeber. Das heißt, dass § 130 nur dann zur Anwendung kommt, wenn der Arbeitnehmer in einem Staat erkrankt, zu dem kein zwischenstaatliches Übereinkommen besteht oder der nicht der VO 883/2004 unterliegt.[134]

§ 130 **gilt insoweit nicht**, als durch zwischenstaatliche Abkommen über soziale Sicherheit besondere Regelungen für den Fall der Erkrankung eines Versicherten im Ausland, das ist im anderen Vertragsstaat, getroffen wurden. Die **Verordnungen** (EWG) Nr 1408/71 und 574/72 enthalten keine dem § 130 Abs 3 vergleichbare Norm, wonach ein Dienstgeber Leistungen, die er in Erfüllung seiner arbeitsvertraglichen Pflicht seinem Dienstnehmer erbracht hat, vom SV-Träger zurückverlangen kann.[135]

Bei Abs 1 handelt es sich eigentlich um eine **arbeitsrechtliche** Norm, weil der Versicherte die Leistungen der KV vom Dienstgeber im Rahmen einer arbeitsvertraglichen Pflicht erhält. Abs 3 stellt eine das Verhältnis zwischen Dienstgeber und Versicherungsträger betreffende Kostenerstattungsregel dar, die keine Aussage über die Höhe der vom Dienstgeber dem Versicherten zu erbringenden Sachleistungen (bzw über die Kostenerstattung hierfür) enthält.[136]

Für Rechtsstreitigkeiten eines Dienstgebers des Versicherten gegen den Versicherungsträger nach Abs 3 ist der **Rechtsweg** zulässig.[137]

4.7. Erstattung von Kosten der Krankenbehandlung (§ 131)

4.7.1. Grundsätze (Abs 1)

Nimmt der Anspruchsberechtigte nicht die Vertragspartner, die eigenen Einrichtungen oder Vertragseinrichtungen des Versicherungsträgers zur Erbringung der Sachleistungen der Krankenbehandlung (ärztliche Hilfe, Heilmittel, Heilbehelfe) **in Anspruch**, so **gebührt** ihm der **Ersatz** der Kosten dieser Krankenbehandlung **im Ausmaß von 80 % des Betrages**, der bei Inanspruchnahme der entsprechenden **Vertragspartner** des Versicherungsträgers von diesem aufzuwenden gewesen wäre.

Abweichend davon ist zur Gewährleistung einer bundesweit einheitlichen Kostenerstattung bei **ärztlicher Hilfe** in der **Satzung** die Höhe der Kostenerstattung unter

134 *Felten* in SV-System 2.2.3.2.1.C.
135 RS0114689.
136 10 ObS 100/00d.
137 RS0115366.

Bedachtnahme auf die in den Honorarordnungen festgelegten Grundvergütungen und Zuschläge festzusetzen. Wird die Vergütung für die Tätigkeit des entsprechenden Vertragspartners nicht nach den erbrachten **Einzelleistungen** oder nicht nach **Fallpauschalen**, wenn diese einer erbrachten Einzelleistung gleichkommen, bestimmt, so hat die Satzung des Versicherungsträgers **Pauschbeträge** für die Kostenerstattung festzusetzen (Abs 1).

Gegen § 131 Abs 1 (und Abs 6) hegt der VfGH **keine Bedenken** der Verfassungswidrigkeit.[138]

Kostenzuschüsse für Leistungen, hinsichtlich derer ein **Tarif** mangels Zustandekommens entsprechender vertraglicher Vereinbarungen **nicht vorgesehen** ist, haben sich an den für **vergleichbare** Pflichtleistungen festgelegten Tarifen zu orientieren (VfGH 17.10.1998, V 81/97). Es gibt **keinen Kostenersatz nach „Marktpreisen"** in der gesetzlichen KV. Welche tariflich erfasste Pflichtleistung nun mit der im konkreten Fall erfolgten Behandlung oder Untersuchung vergleichbar ist, kann nur nach den Umständen des Einzelfalls beurteilt werden und stellt in erster Linie eine **Tatfrage** dar. Dabei kann es einerseits auf die Art der Leistungen an sich, also auf ihre Methode und ihren Zweck, andererseits aber auch auf den im Einzelfall erforderlichen Sach- und Personalaufwand ankommen.[139]

Beim Kostenersatz verschafft sich der Versicherte die Heilbehandlung selbst und liquidiert nachher die satzungsgemäßen Geldleistungen.[140]

Bei der Kostenerstattung bzw beim Kostenzuschuss hat der Versicherte die gewünschte Leistung selbst am Markt zu besorgen; die SV leistet dabei grundsätzlich keine Hilfestellung. Ihre Aufgabe beschränkt sich darauf, die vom Versicherten für die Inanspruchnahme von Gesundheitsgütern aufgewendeten Kosten **im Nachhinein** bis zu einem gewissen Höchstbetrag zu erstatten.[141]

An die Stelle von Sachleistungen tretende Geldleistungen des KV-Trägers (Kostenerstattung) sollen im Bereich der Krankenbehandlung die **Ausnahme** bilden.[142]

Dass **nur** bereits **bezahlte,** also ausgelegte Kosten refundiert werden (können), beruht auf dem im KV-Recht geltenden Kostenerstattungsprinzip. Dass hierüber **saldierte Rechnungen** verlangt werden, entspricht einem Gebot der Verwaltungsökonomie.[143]

Eine **Leistungsklage** auf Kostenersatz aus der KV **setzt voraus**, dass die Kosten vorher vom Versicherten oder Anspruchsberechtigten getragen wurden.[144]

138 VfGH 18.3.2000, G24/98; RS0113501.
139 RS0113972.
140 RS0115953.
141 10 ObS 119/03b.
142 10 ObS 168/21k.
143 10 ObS 119/03b.
144 10 ObS 361/01p.

Eine auf Kostenerstattung gerichtete Leistungsklage kommt (noch) nicht in Betracht, wenn der Versicherte das ihm von einem Facharzt verordnete Heilmittel nicht bezogen (und bezahlt) hat. Auch in diesem Fall ist aber eine **Feststellungsklage** des Versicherten darüber, dass eine Leistungspflicht des KV-Trägers (über den Gesamtvertrag und den Erstattungskodex hinaus) besteht, zulässig.[145]

Darf ein Vertragsfacharzt für Radiologie aufgrund **gesamtvertraglicher Verrechnungsbeschränkungen** eine Computertomographie mit dem KV-Träger nicht verrechnen, besteht auch für einen Versicherten, der eine Computertomographie bei einem Wahlfacharzt für Radiologie in Anspruch nimmt, **kein Anspruch** auf eine Kostenerstattung.[146]

Ein **Vertragsarzt** darf anlässlich der Behandlung eines Versicherten neben dem Honorar der Krankenkasse für Vertragsleistungen auch ein **Privathonorar** für andere Leistungen (nicht für Vertragsleistungen) entgegennehmen; dies setzt voraus, dass dieses Privathonorar für eine ärztliche Leistung zu erbringen ist, die nicht bereits durch das Kassenhonorar abgegolten ist.[147]

Eine **Beschränkung** der Kostenerstattung bei Inanspruchnahme von Wahlärzten auch **in anderen Mitgliedstaaten** der Union auf 80 % des Kassentarifs gemäß § 131 Abs 1 wird durch zwingende Gründe des Allgemeininteresses bezogen auf die öffentliche Gesundheit gerechtfertigt.[148]

Dem Versicherten ist es nach dem in Sozialrechtssachen geltenden **Grundsatz der sukzessiven Kompetenz** verwehrt, gegen einen Bescheid des KV-Trägers, mit dem ein Antrag auf Krankenbehandlung **im Ausland** im Rahmen der Sachleistungsaushilfe abgewiesen wurde, eine auf Kostenerstattung für die dem Versicherten für diese Behandlung entstandenen Auslagen gerichtete Klage einzubringen. Bei der **Sachleistungsaushilfe und Kostenerstattung** handelt es sich um **Leistungsansprüche verschiedener Art,** welche in einem Verfahren **nicht** gegeneinander **ausgetauscht** werden können. Da der **Streitgegenstand** des gerichtlichen Sozialrechtsverfahrens mit jenem des vorgeschalteten Verwaltungsverfahrens **ident sein muss** und ein „Austausch" der Art der begehrten Leistungen nicht zulässig ist, fehlt es für solche Begehren an einer „darüber" ergangenen Entscheidung des Versicherungsträgers.[149]

Es besteht **kein durchsetzbarer Rechtsanspruch auf** Gewährung von **Sachleistungen** in der KV. Ein Klagebegehren auf **Übernahme von Kosten** durch den KV-Träger ist aber durchaus denkbar.[150]

145 10 ObS 21/10a.
146 10 ObS 79/10f.
147 RS0089220.
148 RS0133564.
149 RS0124349.
150 RS0111541.

Ein Klagebegehren auf Übernahme von Kosten für ein Heilmittel durch den beklagten KV-Träger kommt **nur für die Zukunft** in Betracht, während eine Leistungsklage auf **Kostenerstattung für die Vergangenheit**, nämlich bis spätestens Schluss der Verhandlung erster Instanz, voraussetzt, dass die Kosten vorher vom Versicherten oder Anspruchsberechtigten getragen wurden.[151]

4.7.2. Regelungen in Satzung und Krankenordnung (Abs 2)

Durch die **Satzung** des Versicherungsträgers sind für die Fälle der Inanspruchnahme einer Ersatzleistung nach Abs 1 nähere Bestimmungen über das **Verfahren** zur Feststellung des Versicherungsfalles, insb des Beginnes und des Endes der durch die Krankheit verursachten Arbeitsunfähigkeit, zu treffen. Durch die **Krankenordnung** kann die Erstattung von Kosten der Krankenbehandlung ausgeschlossen werden, wenn der Versicherte in demselben Versicherungsfall einen Vertragspartner oder eine eigene Einrichtung (Vertragseinrichtung) des Versicherungsträgers in Anspruch nimmt (Abs 2).

4.7.3. Aufsuchen des nächsterreichbaren Arztes (Abs 3)

Bei im Inland eingetretenen **Unfällen, plötzlichen Erkrankungen und ähnlichen Ereignissen** kann der **nächsterreichbare Arzt,** Zahnarzt (Dentist) oder die nächsterreichbare Gruppenpraxis, erforderlichenfalls auch die nächsterreichbare Krankenanstalt, **in Anspruch genommen** werden, falls ein Vertragsarzt, Vertragszahnarzt (Vertragsdentist), eine Primärversorgungseinheit, eine Vertrags-Gruppenpraxis, eine Vertragskrankenanstalt oder eine eigene Einrichtung des Versicherungsträgers für die ärztliche Hilfe (Anstaltspflege) **nicht rechtzeitig** die notwendige Hilfe leisten kann. Der Versicherungsträger hat in solchen Fällen für die dem Versicherten tatsächlich erwachsenen Kosten (Arztkosten, Heilmittelkosten, Kosten der Anstaltspflege und Transportkosten) den in der **Satzung** festgesetzten Ersatz zu leisten. Darüber hinaus können nach Maßgabe der Satzung auch die **notwendigen Reise-(Fahrt-)kosten** übernommen werden. Für die **weitere Behandlung** ist, sofern der Versicherte nicht eine anderweitige Krankenbehandlung iSd Abs 1 in Anspruch nimmt, so bald wie möglich ein Vertragspartner oder eine eigene Einrichtung (Vertragseinrichtung) des Versicherungsträgers heranzuziehen, wenn der Zustand des Erkrankten (Verletzten) dies ohne Gefahr einer Verschlimmerung zulässt (Abs 3).

In allen Fällen, in denen die Kosten der Fahrt zum **nächsterreichbaren** Arzt oder zur nächstgelegenen Krankenanstalt zu ersetzen sind oder zu denen ein Zuschuss gewährt wird, ist als Ausgangspunkt und Endpunkt der Fahrt der **jeweilige Aufenthaltsort** des Versicherten anzunehmen, an dem die Notwendigkeit der Inanspruchnahme ärztlicher Hilfe entsteht.[152]

151 10 ObS 14/08v.
152 RS0084820.

4.7.4. Bergungskosten (Abs 4)

Bergungskosten und die Kosten der Beförderung bis ins Tal **werden** bei Unfällen in Ausübung von Sport und Touristik **nicht ersetzt** (Abs 4).

Mit der Bestimmung des § 131 Abs 4 soll auf das mit Sport und Touristik verbundene **Risiko** hingewiesen werden. Es muss dem Gesetzgeber freistehen, dort, wo die Übernahme des Risikos und der damit regelmäßig verbundenen **hohen Kosten** es wirtschaftlich nicht mehr vertretbar erscheint, Leistungsbegrenzungen einzuführen. Da bei Bergunfällen, schon bedingt durch die Situation im Gelände, regelmäßig unverhältnismäßig hohe Bergekosten auftreten, ist der **Ausschluss** des Ersatzes für derartige Kosten durchaus sachgerecht.[153]

Der Ausschluss des Abs 4 **gilt nicht für Arbeitsunfälle.**[154]

4.7.5. Approbierter Arzt (Abs 5)

Für Leistungen eines approbierten Arztes (§ 44 Abs 1 des Ärztegesetzes 1998) besteht nur dann Anspruch auf Kostenerstattung, wenn der Arzt gemäß Artikel 29 der Richtlinie 2005/36/EG, das Recht erworben hat, den ärztlichen Beruf als Arzt für Allgemeinmedizin im Rahmen eines SV-Systems auszuüben.

4.7.6. Erhöhung des Kostenersatzes bei nicht flächendeckender Versorgung (Abs 6)

Wenn die flächendeckende Versorgung der Versicherten durch Verträge nicht in ausreichendem Maß gesichert ist, kann in der **Satzung** des Versicherungsträgers das Ausmaß des Ersatzes der Kosten der Krankenbehandlung mit **mehr als 80 %**, höchstens jedoch mit 100 % des Betrages, der bei Inanspruchnahme der entsprechenden Vertragspartner des Versicherungsträgers von diesem aufzuwenden gewesen wäre, festgesetzt werden. Die flächendeckende Versorgung ist im Regelfall dann anzunehmen, wenn Gesamtverträge bestehen (Abs 6).

4.7.7. Änderung bei der Abrechnung der Wahlarzthilfe (§ 32b Abs 2)

Die Abrechnung der Wahlarzthilfe soll insgesamt beschleunigt werden. Zu diesem Zweck soll vorgesehen werden, dass freiberuflich tätige Ärzte sowie ärztliche Gruppenpraxen, für deren Leistungen Kostenerstattungen, Kostenersätze oder Kostenzuschüsse gewährt werden sollen, **ab 1.7.2024** dem jeweiligen KV-Träger die von den Patienten nachweislich bezahlten Honorarnoten mit einem einheitlichen Datensatz zu übermitteln haben. Voraussetzung dafür ist die Zustimmung der Patienten.

153 RS0106235.
154 RS0117193.

Der Dachverband hat diesen einheitlichen Datensatz im übertragenen Wirkungsbereich unter Bindung an die Weisungen des Bundesministers für Soziales, Gesundheit, Pflege und Konsumentenschutz festzulegen.

Der gesetzliche Anspruch der Versicherten auf Kostenerstattung nach § 131 (Kostenzuschuss etc) bzw den Parallelregelungen in den Sondergesetzen sowie die Durchführung nach dem bisherigen System bleibt durch die **Änderung des Abrechnungsmechanismus im wahlärztlichen Bereich** unberührt. Dies gilt sowohl in jenen Fällen, in denen der Versicherte keine Zustimmung zur Übermittlung erteilt hat, als auch in jenen Fällen, in denen die freiberuflich tätigen Ärzte bzw ärztlichen Gruppenpraxen (aus welchen Gründen auch immer) keine Übermittlung solcher Abrechnungsdaten durchführen.[155]

4.8. Kostenerstattung bei vertragslosem Zustand (§ 131a)

Stehen Vertragsärzte, Vertragszahnärzte (Vertragsdentisten), Primärversorgungseinheiten oder Vertrags-Gruppenpraxen **infolge des Fehlens einer Regelung durch Verträge** (§ 338) **nicht zur Verfügung** oder sind nicht anwendbar (§ 342b Abs 4), so hat der Versicherungsträger dem Versicherten für die außerhalb einer eigenen Einrichtung in Anspruch genommene Behandlung (den Zahnersatz) **Kostenerstattung in der Höhe des Betrages** zu leisten, der **vor Eintritt des vertragslosen Zustandes** bei Inanspruchnahme eines Wahlarztes, Wahlzahnarztes (Wahldentist) oder einer Wahl-Gruppenpraxis zu leisten gewesen wäre. Der Versicherungsträger kann diese Kostenerstattung durch die **Satzung** unter Bedachtnahme auf seine finanzielle Leistungsfähigkeit und das wirtschaftliche Bedürfnis der Versicherten erhöhen.

Bei einem vertraglosen Zustand kann **keinerlei Sachleistung** aus der KV durch Vertragsärzte (Einrichtungen der Vertragsärzte) erbracht werden, weil deren Einzelverträge automatisch erloschen sind.[156]

4.9. Kostenzuschüsse bei Fehlen vertraglicher Regelungen (§ 131b)

Stehen andere Vertragspartner infolge Fehlens von Verträgen **nicht zur Verfügung**, so gilt § 131a mit der Maßgabe, dass in jenen Fällen, in denen noch keine Verträge für den Bereich einer Berufsgruppe bestehen, der Versicherungsträger den Versicherten die in der **Satzung** festgesetzten **Kostenzuschüsse** zu leisten hat. Der Versicherungsträger hat das Ausmaß dieser Zuschüsse unter Bedachtnahme auf seine finanzielle Leistungsfähigkeit und das wirtschaftliche Bedürfnis der Versicherten festzusetzen (Abs 1).

155 RV 2310 BlgNR 27. GP 9 zum VUG 2024.
156 RS0084827.

§ 131b trifft Vorsorge für die Fälle, in denen für den Bereich einer Berufsgruppe (zB Psychotherapeuten, klinische Psychologen) **noch keine Verträge** bestehen und auch keine derartigen Verträge zustande kommen. Die Regelung eröffnet der Satzung die Möglichkeit, Kostenzuschüsse für den Versicherten unter Bedachtnahme auf dessen wirtschaftliches Bedürfnis bzw auf die finanzielle Leistungsfähigkeit des Versicherungsträgers festzusetzen. Hinsichtlich der **Höhe** des Kostenzuschusses hat der Gesetzgeber damit keine Festlegung getroffen, sondern es der Verantwortung der Versicherungsträger überlassen, die entsprechende Höhe des Kostenzuschusses satzungsmäßig festzulegen.[157]

Die in § 131b angeordnete Bedachtnahme auf die jeweiligen Interessen der Versichertengemeinschaft und der Versicherten kann dazu führen, dass ein in der Satzung festgesetzter Kostenzuschuss **nach einer bestimmten Zeit anzupassen** ist. Die Anpassung ist dann geboten, wenn sich die für die Festsetzung des Zuschusses maßgeblichen Faktoren verändern, wobei immer auch die finanzielle Situation des Versicherungsträgers zu berücksichtigen ist. Die Erhöhung muss für den Versicherungsträger finanziell zumutbar sein.[158]

Es ist verfassungsrechtlich **nicht bedenklich**, wenn der durch die Satzung bestimmte Kostenzuschuss **nur** zu einem **teilweisen Ersatz** der Behandlungskosten führt.[159]

Für eine als Krankenbehandlung erbrachte **ambulante Tumorbehandlung** durch eine punktförmige Bestrahlung des Tumors mit Protonen und/oder Kohlenstoffionen ist ein **Zuschuss** festzusetzen. Die Höhe des Zuschusses hat sich am Ausmaß der durchschnittlichen Kostentragung von ausländischen gesetzlichen Versicherungsträgern mit Sitz in einem Mitgliedstaat des EWR für diese Behandlung zu orientieren, wenn diese Behandlung im betreffenden Staat ebenfalls ambulant erfolgt (Abs 2).

4.10. Vorsorgeuntersuchungen und sonstige Maßnahmen zur Erhaltung der Volksgesundheit

4.10.1. Jugendlichenuntersuchungen (§ 132a)

Die Träger der KV haben die bei ihnen **pflichtversicherten Jugendlichen** zwecks Überwachung ihres Gesundheitszustandes jährlich mindestens einmal einer ärztlichen Untersuchung zu unterziehen. Für die Durchführung der Untersuchung kommen insb Vertragsärzte, Einrichtungen der Vertragsärzte und sonstiger Vertragspartner, Vertrags-Gruppenpraxen sowie eigene Einrichtungen in Betracht (Abs 1).

Als Jugendliche gelten Personen ab Vollendung des 15. Lebensjahres (bzw ab der späteren Beendigung der allgemeinen Schulpflicht) bis zur Vollendung des 18. Lebensjahres (Abs 2).

157 RS0106241.
158 10 ObS 57/03k.
159 10 ObS 167/03m.

4.10.2. Vorsorge-(Gesunden-)untersuchungen (§ 132b)

Die Versicherten haben für sich und ihre Angehörigen **Anspruch** auf jährlich eine Vorsorge-(Gesunden-)untersuchung (Abs 1).

Der **Dachverband** hat die Durchführung dieser Vorsorge-(Gesunden-)untersuchungen durch **Richtlinien** zu regeln; in diesen Richtlinien sind unter Berücksichtigung des Fortschrittes der medizinischen Wissenschaft sowie der vom Bundesministerium für Gesundheit, Sport und Konsumentenschutz jeweils als besonders vordringlich erklärten Maßnahmen zur Erhaltung der Volksgesundheit die Untersuchungsziele und der Kreis der für die Untersuchung in Betracht kommenden Personen festzulegen. Bei der Festlegung der **Untersuchungsziele** ist darauf Bedacht zu nehmen, dass die Vorsorge-(Gesunden-)untersuchungen insb der **Früherkennung von Volkskrankheiten**, wie Krebs, Diabetes, Herz- und Kreislaufstörungen, zu dienen haben. Für die Durchführung der Untersuchungen kommen unter Bedachtnahme auf das Untersuchungsziel insb Vertragsärzte, Einrichtungen der Vertragsärzte und sonstiger Vertragspartner, Vertrags-Gruppenpraxen sowie eigene Einrichtungen in Betracht (Abs 2).

Bei der Gesundenuntersuchung handelt es sich um eine **Pflichtleistung** iSd § 121 Abs 2.[160]

4.10.3. Sonstige Maßnahmen zur Erhaltung der Volksgesundheit (§ 132c)

Maßnahmen zur Erhaltung der Volksgesundheit sind insb (Abs 1)

- humangenetische Vorsorgemaßnahmen insb durch genetische Familienberatung, pränatale Diagnose und zytogenetische Untersuchungen;
- Impfung (aktive Immunisierung) gegen die Frühsommermeningoencephalitis (FSME);
- sonstige vordringliche Maßnahmen zur Erhaltung der Volksgesundheit;
- Impfung gegen Influenza mit dem Influenzapandemieimpfstoff, wenn und solange die Weltgesundheitsorganisation (WHO) eine Influenzapandemie ausgerufen hat.

Humangenetische Vorsorgemaßnahmen zählen zu den **Pflichtaufgaben** und nicht – wie die Gesundenuntersuchung – zu den Pflichtleistungen der Versicherungsträger. Im Gegensatz zu den Pflichtleistungen sind Pflichtaufgaben **freiwillige Leistungen**, auf die kein individueller Rechtsanspruch besteht. Die Annahme eines Kostenersatzanspruchs des Versicherten für die Inanspruchnahme humangenetischer Vorsorgemaßnahmen durch pränatale Diagnose bei einem Wahlarzt würde den Absichten des Gesetzgebers zuwiderlaufen, wonach gerade

160 RS0084758.

kein Rechtsanspruch des Versicherten auf Durchführung solcher Maßnahmen bestehen soll.[161]

4.10.4. Gesamtvertrag (§ 343a)

Zwischen dem Dachverband und der Österreichischen Ärztekammer ist ein für die Vertragsparteien verbindlicher **Gesamtvertrag** abzuschließen, der die Durchführung der Untersuchungen nach den §§ 132a und 132b sowie der sonstigen Maßnahmen zur Erhaltung der Volksgesundheit nach § 132c Abs 1 Z 1 (humangenetische Vorsorgemaßnahmen) regelt und der die **Vergütung** der ärztlichen Leistungen vorsieht; dieser Gesamtvertrag bedarf der Zustimmung der beteiligten Träger der KV und der beteiligten Ärztekammern (Abs 1).

Jeder freiberuflich tätige Arzt (jede Gruppenpraxis) **hat Anspruch auf Abschluss eines Einzelvertrages** iSd Gesamtvertrages nach Abs 1. Der KV-Träger kann den Abschluss dieses Einzelvertrages davon **abhängig** machen, dass der Arzt (die Gruppenpraxis) auch einen **Einzelvertrag** (§ 343) abschließt. **Lehnt** der Arzt (die Gruppenpraxis) einen solchen Vertragsabschluss **ab**, so **erlischt** sein Anspruch (Abs 2).

4.11. Versicherungsfall der Krankheit

4.11.1. Krankheitsbegriff

Krankheit ist ein **regelwidriger** Körper- oder Geisteszustand, der die Krankenbehandlung **notwendig** macht. Der Versicherungsfall gilt mit dem Beginn der Krankheit als eingetreten (§ 120 Z 1).

Für das Vorliegen einer Krankheit, die einen Anspruch auf Krankenbehandlung auslöst, muss nach der Legaldefinition des § 120 Z 1 zur Regelwidrigkeit die Notwendigkeit einer Krankenbehandlung (Behandlungsbedürftigkeit) treten.[162] Auf die **Ursache** der Krankheit kommt es **nicht** an.[163]

Behandlungsbedürftigkeit liegt dann vor, wenn der regelwidrige Zustand des Versicherten nach den Regeln der ärztlichen Kunst einer Heilbehandlung mit dem Ziel der Heilung, Besserung oder Verhütung der Verschlimmerung zugänglich ist. Die erforderliche Notwendigkeit der Krankenbehandlung ist nicht ex post durch den Erfolg einer bestimmten Methode unter Beweis zu stellen, sondern losgelöst von der tatsächlichen Krankenbehandlung **ex ante**. Wenn daher ein regelwidriger Körperzustand oder Geisteszustand „nach dem Stand der medizinischen Wissenschaft" durch ärztliche Hilfe, Heilmittel oder Heilbehelfe gebessert oder

161 10 ObS 25/22g.
162 10 ObS 14/08v.
163 10 ObS 99/08v.

vor einer Verschlimmerung bewahrt werden kann, so ist die Notwendigkeit der Krankenbehandlung indiziert.[164]

Krankheit im sv-rechtlichen Sinn liegt bereits dann vor, wenn eine Störung der psychophysischen Funktionen nach außen hin wahrnehmbar ist, und sei es nur durch entsprechende Äußerungen des Versicherten, die die Notwendigkeit einer Diagnoseerstellung indizieren. Der **Krankheitsverdacht** ist dann dem Versicherungsfall der Krankheit zuzurechnen, wenn er sich durch objektiv diagnostizierbare **Symptome** äußert, unabhängig davon, ob sich im Nachhinein der Krankheitsverdacht bewahrheitet oder nicht. Zu fordern ist aber jedenfalls, dass die ärztliche Behandlung durch bestimmte Symptome veranlasst wurde, mögen diese Symptome im Ergebnis auch nicht das Vorliegen eines regelwidrigen Körper- oder Geisteszustands begründen. Minimale Voraussetzung des Krankheitsbegriffs ist daher in der Regel, dass der Versicherte glaubhaft Symptome bezeichnen kann, die auf eine Abweichung von irgendeiner Norm – sei es physiologischer, psychischer oder sozialer Art – hindeuten.[165]

4.11.2. Organspende (§ 120a)

Einer **Krankheit ist gleichzuhalten**, wenn ein Versicherter (Angehöriger) in nicht auf Gewinn gerichteter Absicht einen Teil seines Körpers zur Übertragung in den Körper eines anderen Menschen spendet. Der Versicherungsfall der Krankheit gilt mit dem Zeitpunkt als eingetreten, in dem die erste ärztliche Maßnahme gesetzt wird, die der späteren Entnahme des Körperteiles voranzugehen hat. Der Versicherungsfall umfasst auch die Nachkontrolle nach § 9 Organtransplantationsgesetz (OTPG; Abs 1).

In **grenzüberschreitenden Fällen**, in denen weder nach dem Unionsrecht oder einem von Österreich geschlossenen Abkommen noch nach den jeweiligen ausländischen Rechtsvorschriften eine Erstattung der Kosten der Spende durch den ausländischen Träger vorgesehen ist, hat der **Träger der KV des Empfängers** die mit der Spende notwendig verbundenen Sachleistungen für den Spender wie für einen eigenen Versicherten zu erbringen (Abs 2).

4.11.3. Krankenbehandlung

4.11.3.1. Umfang der Krankenbehandlung (§ 133)

4.11.3.1.1. Leistungen (Abs 1)

Die Krankenbehandlung umfasst

- ärztliche Hilfe,
- Heilmittel und
- Heilbehelfe (Abs 1).

164 RS0117777.
165 RS0124508.

Von einem Heilmitteleinsatz iSd Rechtes der gesetzlichen KV kann nur dann gesprochen werden, wenn das **Heilmittel von einem Arzt verordnet** wird, wenn es also Teil eines ärztlichen Behandlungsplanes ist. Die Bestimmung des § 133 Abs 1, wonach die Krankenbehandlung ärztliche Hilfe, Heilmittel und Heilbehelfe umfasst, darf nicht dahin verstanden werden, dass der Einsatz von Heilmitteln oder Heilbehelfen ohne ärztliche Mitwirkung als Krankenbehandlung iSd SV-Rechtes angesehen werden kann.[166]

Heilmittel oder Heilbehelfe, die nicht im Rahmen der ärztlichen Hilfe und damit der Krankenbehandlung eingesetzt werden, sondern durch den Versicherten ohne ärztliche Verordnung oder Verschreibung, stellen keine Krankenbehandlung dar. Eine **Selbstmedikation** kann daher nicht als Krankenbehandlung angesehen werden und ist daher auch von der Leistungspflicht der gesetzlichen KV nicht umfasst.[167]

4.11.3.1.2. Ausreichende, zweckmäßige und notwendige Krankenbehandlung (Abs 2)

Die Krankenbehandlung muss **ausreichend und zweckmäßig** sein, sie darf jedoch das **Maß des Notwendigen** nicht überschreiten. Durch die Krankenbehandlung soll die Gesundheit, die Arbeitsfähigkeit und die Fähigkeit, für die lebenswichtigen persönlichen Bedürfnisse zu sorgen, nach Möglichkeit wiederhergestellt, gefestigt oder gebessert werden (Abs 2).

Allgemeines

Die verba legalia „ausreichend, zweckmäßig, notwendig" sind als Instrument gegen extrem zweckwidrige Leistungsgewährung, als eine Art Missbrauchskontrolle zu verstehen, also als **Leistungsschranke.**[168]

Zwischen Patient, Arzt und Versicherungsträger besteht hinsichtlich Art und Umfang der Krankenbehandlung ein **Interessenkonflikt.** Dem Wunsch des Patienten nach bestmöglicher ärztlicher Betreuung und weitestgehender versicherungsmäßiger Deckung der entstandenen Kosten sowie der Forderung des Arztes nach möglicher freier Berufsausübung und angemessener Honorierung seiner Leistung steht das Interesse des Versicherungsträgers an möglichst ökonomischem Verhalten des Arztes gegenüber. Aus diesem Grund wird in Abs 2 als Maßstab festgelegt, dass die Krankenbehandlung ausreichend und zweckmäßig sein muss, jedoch das Maß des Notwendigen nicht überschreiten darf.[169]

Der **Erstattungskodex** (so wie früher das Heilmittelverzeichnis) **schränkt** den Anspruch des Versicherten auf die für eine ausreichende und zweckmäßige Krankenbehandlung notwendigen Heilmittel **nicht ein.**[170]

166 RS0106404.
167 RS0106405.
168 RS0106240.
169 RS0083817.
170 10 ObS 75/06m.

Auch durch **Krankenordnungen** als dem Gesetz nachrangige Gestaltungsmittel auf der Rechtsstufe einer Verordnung (VfSlg 3386) könnte der **im Gesetz verankerte Anspruch** des Versicherten auf eine im Einzelfall ausreichende Krankenbehandlung nicht eingeschränkt werden.[171]

Durch die vom Dachverband der österreichischen SV-Träger verlautbarten **Richtlinien über die Berücksichtigung ökonomischer Grundsätze** bei der Krankenbehandlung **(RöK)** wird der Anspruch des Versicherten auf eine im Einzelfall ausreichende, zweckmäßige und notwendige Krankenbehandlung nicht beschränkt.[172]

Dem Versicherten wird in der Rsp des OGH ganz allgemein **kein Rechtsanspruch auf die „jeweils weltbeste medizinische Versorgung"**, sondern bloß auf eine ausreichende und zweckmäßige, das Maß des Notwendigen nicht überschreitende Krankenbehandlung zuerkannt. Vor diesem Hintergrund trifft den KV-Träger nicht die Pflicht, im Falle **außervertraglicher** (= vom Gesamtvertrag nicht umfasster und daher nicht als Sachleistung in Betracht zu ziehender) **Leistungen** die dem Versicherten entstandenen Behandlungskosten zur Gänze zu tragen.[173]

Die Vornahme einer extrakorporalen Fertilisation **(In-vitro-Fertilisation)** zur Herbeiführung einer Schwangerschaft bei einer sterilen Frau stellt keine Krankenbehandlung iSd § 133 dar. Der **regelwidrige Körperzustand** einer sterilen Frau besteht nicht im Fehlen einer Schwangerschaft, sondern in der Unfähigkeit zur Empfängnis; dieser Zustand wird durch die In-vitro-Fertilisation nicht beeinflusst. Die mit dieser Behandlung allein bezweckte Erfüllung des Kinderwunsches kann nicht der Risikosphäre der sozialen KV zugerechnet werden.[174] Daraus kann aber nicht geschlossen werden, dass ein Anspruch auf Kostenerstattung bloß deswegen ausscheidet, weil eine Behandlung in einem (zeitlichen oder ursächlichen) Zusammenhang mit einer In-vitro-Fertilisation steht. Ein **Kostenersatz** ist in diesen Fällen vielmehr **nur ausgeschlossen**, soweit damit kein regelwidriger Körper- oder Geisteszustand beeinflusst wird. Daran ändert auch das IVF-Fonds-Gesetz nichts.[175]

Ausreichend

Dass die Krankenbehandlung ausreichend sein muss, bedeutet die Festlegung einer **Minimalgrenze** der Leistungsverpflichtung, die unter Zugrundelegung von gesicherten medizinischen Erkenntnissen und nach dem anerkannten Stand der Medizin nach Umfang und Qualität eine hinreichende Chance auf die Erreichung eines von der Krankenbehandlung verfolgten Zieles bieten muss.[176]

171 RS0083773.
172 10 ObS 315/00x.
173 10 ObS 182/08z.
174 RS0111045.
175 10 ObS 33/23k.
176 10 ObS 135/14x.

Zweckmäßig

Eine Krankenbehandlung ist zweckmäßig, wenn sie den Zielen der Krankenbehandlung dient und zumindest **erfolgversprechend** ist, dh, eine Behandlung nach den Erfahrungssätzen der medizinischen Wissenschaft mit hinreichender Sicherheit **objektiv geeignet** ist, die beabsichtigte Wirkung zu erzielen.[177]

Die Zweckmäßigkeit einer Krankenbehandlung darf nicht allein nach ökonomischen Gesichtspunkten beurteilt werden. Vielmehr ist auch das **Ausmaß der Betroffenheit** des Patienten im Einzelfall zu berücksichtigen. Bei im wesentlichen wirkungsgleichen diagnostischen oder therapeutischen Verfahren ist jedoch das billigere zu wählen.[178] Mit „Betroffenheit" des Patienten sind die Auswirkungen der konkreten strittigen Behandlung auf den Patienten gemeint.[179]

Bei mehreren gleichermaßen zweckmäßigen Behandlungsmethoden ist jeweils diejenige zu wählen, die die **geringsten Kosten** verursacht, bzw bei der die Relation der Kosten zum Nutzen (Heilerfolg) am günstigsten ist.[180]

Notwendig

Das Maß des Notwendigen (als grundsätzliches Ziel einer Krankenbehandlung) bestimmt sich zwar aus dem **Zweck** der Leistung; notwendig ist jedoch nur jene Maßnahme, die zur Erreichung des Zweckes unentbehrlich oder unvermeidbar ist. Es sollen mit dieser Einschränkung unnötige Maßnahmen vermieden und damit die finanzielle Belastung in Grenzen gehalten und andererseits die zur medizinisch notwendigen Versorgung erforderlichen Maßnahmen gewährleistet werden. Die Beschränkung des Leistungsumfanges auf das Maß des Notwendigen beinhaltet auch das **Gebot der Wirtschaftlichkeit** der Krankenbehandlung,[181] welches va in den Richtlinien des Dachverbandes sowie durch die Jud näher konkretisiert wird.[182]

Eine notwendige Krankenbehandlung und damit eine Krankheit in diesem Sinne ist auch dann anzunehmen, wenn die Behandlung geeignet erscheint, eine **Verschlechterung** des Zustandsbildes **hintanzuhalten**.[183] Eine notwendige Krankenbehandlung muss daher nicht die endgültige und vollständige Heilung des Patienten zum Ziel haben; es genügt vielmehr, wenn sie die Besserung des Leidens oder die Verhütung von Verschlimmerungen bezweckt.[184] Die Notwendigkeit wird schon als gegeben erachtet, wenn die Krankenbehandlung nur dem Ziel einer **erträglicheren** Gestaltung des Leidens und der Verlängerung des Lebens dient.[185]

177 10 ObS 14/08v.
178 RS0083816.
179 10 ObS 86/09h.
180 RS0083823.
181 10 ObS 117/01f.
182 Vgl 10 ObS 10/01w.
183 RS0106245; RS0106403.
184 10 ObS 258/02t.
185 10 ObS 135/14x.

Eine **erektile Dysfunktion** kann zweifellos auch zu Depressionen oder zu anderen psychischen Beschwerden führen und mit einer erfolgreichen Behandlung können auch die psychischen Probleme des Versicherten behoben bzw verbessert werden. Da die erektile Dysfunktion somit auch als Auslöser einer gesellschaftlich anerkannten psychischen Krankheit in Frage kommt, kann die Verabreichung von Potenzmitteln auch als notwendige Krankenbehandlung der psychischen Probleme gesehen werden.[186]

4.11.3.1.3. Außenseitermethoden

Dem Patienten ist zwar grundsätzlich **freie Arztwahl, aber nicht** auch **freie Therapiewahl** gesichert. In den Fällen, in denen sowohl wirksame allgemein anerkannte als auch wirksame Außenseitermethoden zur Verfügung stehen, dürfen Letztere nicht zu Lasten der gesetzlichen KV angewendet werden.[187]

Die Kosten einer von der Wissenschaft noch nicht anerkannten Behandlungsmethode (Außenseitermethode; hier: Ukrain) sind zu ersetzen, wenn zunächst eine – kostengünstigere – zumutbare Behandlung nach wissenschaftlich anerkannten Regeln versucht wurde und die Außenseitermethode beim Versicherten **erfolgreich war oder** doch nach den bisherigen Erfahrungen (prognostisch) ein **Erfolg erwartet** werden durfte. Hätte jedoch schon mit schulmedizinischen Methoden das Auslangen gefunden werden können, dann kommt ein Ersatz der Kosten für die Außenseitermethode nicht in Betracht, da diesfalls das **Maß des Notwendigen überschritten** worden wäre und somit kein Anspruch auf eine Kostenübernahme durch den SV-Träger bestünde.[188]

Wenn eine herkömmliche Behandlungsmethode erfolgreich und **ohne (unzumutbare) Nebenwirkungen** angewendet werden konnte (oder kann), besteht kein Anlass zur Übernahme der Kosten von Außenseitermethoden. In einem solchen Fall ist es auch nicht wesentlich, wie hoch die Kosten der Außenseitermedizin im Vergleich zu jenen der Schulmedizin sind. Kostenersatz für Außenseitermethoden kann daher immer erst dann erfolgen, wenn entweder eine zumutbare erfolgversprechende Behandlung nach wissenschaftlich anerkannten Regeln der ärztlichen Kunst nicht zur Verfügung steht oder eine solche erfolglos blieb.[189]

Wurden Heilmethoden oder Heilmittel angewendet, die in den Honorarordnungen oder Richtlinien nicht enthalten sind, etwa, weil es sich um wissenschaftlich noch nicht gesicherte Heilmethoden oder Heilmittel handelt, bedeutet dies nicht, dass dem Versicherten ein Kostenersatz keinesfalls zusteht. Im Interesse einer sparsamen Verwendung der Mittel muss aber das **Kriterium der Wirtschaftlichkeit** beachtet werden. Es sollen unwirtschaftliche und damit überflüssige Leistun-

186 10 ObS 22/06t.
187 RS0112196.
188 RS0102470.
189 RS0104903.

gen zur Vermeidung unnötiger Kosten nicht vergütet werden. Es ist daher zu fordern, dass die Krankenbehandlung Erfolg verspricht oder im Einzelfall erfolgreich war, nur dann kann sie auch als notwendig eingestuft werden.[190]

Ein Ersatz der Kosten einer Außenseitermethode ist zu gewähren, wenn die weitere Behandlung mit einer anderen erfolgversprechenden Methode nicht zumutbar ist. Diese Frage ist aufgrund einer **Abwägung des Interesses** des Klägers an einer Heilung oder Linderung seiner Krankheit mit dem Interesse der Versichertengemeinschaft an einer ökonomischen Sicherung des Sachleistungsprinzips und wirtschaftlichen Mittelverwendung zu entscheiden. Neben den Kosten der jeweiligen Behandlungsmethoden sind bei der Interessenabwägung im Besonderen das Ausmaß an vorliegenden Erfahrungswerten für den Erfolg der einzelnen Methoden, ihre Erfolgschancen unter den Umständen des konkreten Falls für Heilung oder für Art und Ausmaß der Linderung des Leidens, die Dauer, Risken, Nebenwirkungen und Folgen der Behandlungen, das Ausmaß des Eingriffs in die körperliche Integrität durch die jeweilige Behandlung ebenso zu berücksichtigen wie der Umstand, dass die vorangegangenen Behandlungen erfolglos geblieben sind.[191]

4.11.3.1.4. Vorrang der Sachleistungen (Abs 2)

Die Leistungen der Krankenbehandlung werden, soweit nichts anderes bestimmt wird, als Sachleistungen erbracht (Abs 2).

Nach den Vorstellungen des Gesetzgebers des ASVG soll die österreichische soziale KV den Heilbedarf des Versicherten in der Form der Sachleistungen decken. Dabei verschafft der SV-Träger dem Versicherten die Heilbehandlung über eigene Einrichtungen zu deren Lasten oder über seine Vertragspartner gegen direkte Verrechnung der Kosten mit dem Vertragspartner. **Geldleistungen** des KV-Trägers („Kostenersatz“) sollen im Bereich der Krankenbehandlung hingegen die **Ausnahme** bilden. Beim Kostenersatz verschafft sich der Versicherte die Heilbehandlung selbst und liquidiert nachher die satzungsgemäßen Geldleistungen.[192]

4.11.3.1.5. Kosmetische Behandlungen (Abs 3)

Kosmetische Behandlungen gelten als Krankenbehandlung, wenn sie **zur Beseitigung anatomischer oder funktioneller Krankheitszustände** dienen. Andere kosmetische Behandlungen können als freiwillige Leistungen gewährt werden, wenn sie der vollen Wiederherstellung der Arbeitsfähigkeit förderlich oder aus Berufsgründen notwendig sind. Als Leistung der Krankenbehandlung gilt auch die Übernahme der für eine Organtransplantation notwendigen Anmelde- und Registrierungskosten bei einer Organbank.

190 RS0083801.
191 10 ObS 86/09h.
192 RS0115953.

Eine Gleichstellung kosmetischer Behandlung mit einer Krankenbehandlung als sv-rechtliche Pflichtleistung nimmt das Gesetz nur in Ansehung solcher „Krankheitszustände“ (anatomischer oder funktioneller Art) vor, die **beseitigbar** sind.[193]

Bloß der Verschönerung und allenfalls auch nur unwesentlichen Funktionsverbesserung dienende kosmetische Behandlungen gelten nicht als Krankenbehandlung.[194]

4.11.3.1.6. Angehörige (Abs 4)

Für Angehörige, die sonst einen **gesetzlichen Anspruch** auf Krankenbehandlung haben, besteht kein Anspruch auf die Leistungen der Krankenbehandlung nach dem ASVG.

4.11.3.1.7. Anstaltspflege (Abs 5)

Befindet sich ein Versicherter (Angehöriger) in Anstaltspflege, so besteht für diese Zeit **kein Anspruch auf** Leistungen der **Krankenbehandlung**, soweit die entsprechenden Leistungen nach dem Bundesgesetz über Krankenanstalten und Kuranstalten im Rahmen der Anstaltspflege zu gewähren sind.

Auch ein im **Ausland** befindliches Krankenhaus (hier: USA) ist als Krankenanstalt anzusehen; die an einer Patientin erbrachten Leistungen dienen sowohl der Feststellung und Überwachung des Gesundheitszustandes als auch der Besserung und Heilung ihrer Krankheit (§ 1 Abs 1 KAG). Die erbrachten Leistungen entsprechen den in Abs 5 genannten, weshalb für die Zeit der Anstaltspflege kein Anspruch auf Leistungen der Krankenbehandlung besteht.[195]

4.11.3.2. Dauer der Krankenbehandlung (§ 134)

Die Krankenbehandlung wird **während der Versicherung** für die Dauer der Krankheit ohne zeitliche Begrenzung gewährt (Abs 1).

Besteht die Notwendigkeit der Krankenbehandlung für eine Erkrankung, die **vor dem Ende der Versicherung** oder vor dem Ende des Anspruches auf eine der im § 122 Abs 2 Z 1 genannten Leistungen **eingetreten** ist, über diesen Zeitpunkt hinaus, so wird für diese Erkrankung, solange es sich um ein und denselben Versicherungsfall handelt, die Krankenbehandlung ohne zeitliche Begrenzung gewährt (Abs 2).

Für Versicherungsfälle, die **nach dem Ende der Versicherung eintreten**, sind die Leistungen der Krankenbehandlung sowie der chirurgischen und konservierenden Zahnbehandlung längstens durch 26 Wochen zu gewähren (Abs 3).

193 RS0083825.
194 RS0083827.
195 RS0109268.

4.11.3.3. Ärztliche Hilfe (§ 135)

4.11.3.3.1. Ärztliche Behandlung

Die ärztliche Hilfe wird durch **Vertragsärzte**, durch Vertrags-Gruppenpraxen, **Wahlärzte**, Wahl-Gruppenpraxen sowie in eigenen Einrichtungen oder Vertragseinrichtungen der Versicherungsträger gewährt (Abs 1).

Es besteht für den Versicherten **keine Verpflichtung**, in erster Linie vom System der Vertragsärzte (Vertragseinrichtungen) Gebrauch zu machen.[196]

Nur Leistungen, die ein Arzt **innerhalb des Fachgebietes** erbracht hat, innerhalb dessen er nach seiner Eintragung in die Ärzteliste tätig sein darf, sind von den KV-Trägern abzugelten.[197]

Darf der **Vertragsarzt** Leistungen auf Rechnung des KV-Trägers nicht erbringen, kann ihn ein Versicherter **privat in Anspruch nehmen** und hat Anspruch auf nachträgliche Kostenerstattung.[198]

Als **Wahlarzt** ist ein Arzt anzusehen, der zur Kasse in keinem Vertragsverhältnis steht.[199]

Verschreibungen von Heilmitteln durch Wahlärzte, Wahlzahnärzte, Wahldentisten oder Wahl-Gruppenpraxen (§ 131 Abs 1) sind, wenn die Anspruchsberechtigung gegeben und die Verordnung nach den Richtlinien über die ökonomische Verschreibweise zugelassen ist, im Falle der **Bestätigung durch den Versicherungsträger** den von den Vertragsärzten, Vertragszahnärzten und Vertragsdentisten (Vertrags-Gruppenpraxen) ausgestellten Rezepten gleichzustellen (§ 350 Abs 2).

Bei Inanspruchnahme ärztlicher Hilfe hat der Versicherte einen **Kostenbeitrag** nach Maßgabe der Verordnung nach § 31 zu leisten (Abs 3a).

4.11.3.3.2. Gleichstellung einer nicht ärztlichen Behandlung

Im Rahmen der Krankenbehandlung ist der ärztlichen Hilfe gleichgestellt (Abs 1 Satz 2):

1. eine auf Grund ärztlicher Verschreibung erforderliche
   a) **physiotherapeutische,**
   b) **logopädisch**-phoniatrisch-audiologische oder
   c) **ergotherapeutische**

   Behandlung durch Personen, die zur **freiberuflichen** Ausübung des physiotherapeutischen Dienstes, des logopädisch-phoniatrisch-audiologischen Dienstes bzw des ergotherapeutischen Dienstes berechtigt sind;

196 RS0084811.
197 RS0111593.
198 10 ObS 3/18s.
199 RS0084806.

2. eine auf Grund ärztlicher Verschreibung oder psychotherapeutischer Zuweisung erforderliche diagnostische Leistung eines **klinischen Psychologen**;
3. eine **psychotherapeutische Behandlung** durch Personen, die zur **selbständigen** Ausübung der Psychotherapie berechtigt sind, wenn nachweislich vor oder nach der ersten, jedenfalls vor der zweiten psychotherapeutischen Behandlung innerhalb desselben Abrechnungszeitraumes eine ärztliche Untersuchung stattgefunden hat;
4. eine auf Grund ärztlicher Verschreibung erforderliche Leistung eines **Heilmasseurs**, der zur **freiberuflichen** Berufsausübung berechtigt ist.

Aus der Funktion und Entstehungsgeschichte des Abs 1 Satz 2 ergibt sich, dass die **Aufzählung** derjenigen medizinischen Dienste, die der ärztlichen Hilfe gleichgestellt sind, **abschließend** gemeint ist. Daraus folgt, dass Gesundheitsleitungen von Vertretern anderer Gesundheitsberufe keine Krankenbehandlungen iSd § 133 darstellen und somit nicht auf Kosten der gesetzlichen KV erbracht werden können. Die Auflistung in Abs 1 ist **durch Analogie nicht** auf andere Leistungserbringer **erweiterbar**. Auf diese Weise dient sie dem Schutz des KV-Trägers vor einer überbordenden Leistungspflicht. Selbst wenn andere Leistungserbringer vergleichbare Behandlungen durchführen, ist eine analoge Anwendung ausgeschlossen. Die Konzeption des Gesetzes geht demnach grundsätzlich davon aus, dass die Gleichstellung einer nicht ärztlichen Behandlung mit einer ärztlichen einer **ausdrücklichen gesetzlichen Verankerung** bedarf.[200]

Für die (kostenmäßige) Gleichstellung **psychotherapeutischer** Behandlungen gegenüber ärztlicher Hilfe im Rahmen der Krankenbehandlung ist statuiert, dass in jeder Abrechnungsperiode eine **ärztliche Untersuchung** zu erfolgen hat. Das Erfordernis einer entsprechenden ärztlichen Untersuchung ist als eine **von Amts wegen** zu prüfende Anspruchsvoraussetzung vom Gericht zu erheben und festzustellen.[201]

Nimmt ein Versicherter, dem vom Arzt Massagen verordnet wurden, die Dienste eines **gewerblichen Masseurs** in Anspruch, besteht für dessen Leistung kein Anspruch auf Kostenerstattung gegen den KV-Träger.[202]

In den Fällen der Inanspruchnahme einer Leistung eines **Psychotherapeuten** hat der Versicherte an den Vertragspartner für Rechnung des Versicherungsträgers einen **Behandlungsbeitrag** in der Höhe von 20 % des jeweiligen Vertragshonorares zu zahlen, wenn Gesamtverträge nach § 349 Abs 2 bestehen (Abs 6).

4.11.3.3.3. Freie Arztwahl (Abs 2)

In der Regel soll die **Auswahl zwischen mindestens zwei** zur Behandlung berufenen, für den Erkrankten in angemessener Zeit erreichbaren **Ärzten** oder Gruppenpraxen

200 10 ObS 63/13g.
201 10 ObS 250/98g.
202 RS0083887.

freigestellt sein. Bestehen bei einem Versicherungsträger eigene Einrichtungen für die Gewährung der ärztlichen Hilfe oder wird diese durch Vertragseinrichtungen gewährt, muss die Wahl der Behandlung zwischen einer dieser Einrichtungen und einem oder mehreren Vertragsärzten (Wahlärzten) bzw einer oder mehreren Vertrags-Gruppenpraxen (Wahl-Gruppenpraxen) unter gleichen Bedingungen freigestellt sein. Insoweit **Zuzahlungen** zu den Leistungen vorgesehen sind, müssen diese in den Ambulatorien, bei den freiberuflich tätigen Vertragsärzten und in den Vertrags-Gruppenpraxen **gleich hoch** sein.

Der Grundsatz der freien Arztwahl ist **nicht auf inländische Ärzte** beschränkt.[203]

4.11.3.3.4. Verwendung der e-card (Abs 3)

Bei der Inanspruchnahme ärztlicher Hilfe durch einen Vertragsarzt, einen Wahlarzt, in einer Primärversorgungseinheit, in einer Vertrags-Gruppenpraxis oder in einer Wahl-Gruppenpraxis oder in eigenen Einrichtungen oder in Vertragseinrichtungen des Versicherungsträgers hat der Erkrankte die innerhalb des ELSY zu verwendende **e-card** vorzulegen. Für die e-card ist ein Service-Entgelt nach § 31c zu entrichten (Abs 3).

In Ergänzung zu den berufsrechtlichen Vorgaben erfolgt im ASVG die sv-rechtliche Verpflichtung der **Wahlärzte** bzw Wahl-Gruppenpraxen zur Verwendung der e-card sowie der e-card-Infrastruktur ab 1.1.2026.[204]

4.11.3.3.5. Ersatz der Reise-(Fahrt-)kosten (Abs 4 und 5)

Im Falle der **Notwendigkeit** der Inanspruchnahme ärztlicher Hilfe kann der Ersatz der Reise-(Fahrt-)kosten gewährt werden. Bei der Festsetzung des Ausmaßes des Kostenersatzes bzw eines allfälligen Kostenanteiles des Versicherten ist auf die örtlichen Verhältnisse und auf den dem Versicherten für sich bzw seinen Angehörigen bei Benützung des **billigsten öffentlichen Verkehrsmittels** erwachsenden Reisekostenaufwand Bedacht zu nehmen; dies gilt auch bei Benützung eines Privatfahrzeuges. Die **Satzung** kann überdies bestimmen, dass nach diesen Grundsätzen festgestellte Reise-(Fahrt-)kosten bei Kindern und gebrechlichen Personen auch für eine **Begleitperson** gewährt werden. Die tatsächliche Inanspruchnahme der Behandlungsstelle ist in jedem Fall nachzuweisen (Abs 4).

Krankenhaustransportkosten sind Teil der ärztlichen Hilfe bzw der Anstaltspflege; der Transport ist eine **akzessorische Leistung** zur Krankenbehandlung. Er muss medizinisch indiziert sein. Die **Notwendigkeit** der Krankenbehandlung ist **ex ante** zu beurteilen. Dies gilt auch für die Annexleistung des Krankentransports. Vom Versicherten, der ein Rettungstransportmittel anfordert, dürfen besondere medizinische Kenntnisse über die Notwendigkeit eines bestimmten

203 RS0084805.
204 RV 2310 BlgNR 27. GP 9 zum VUG 2024.

Transportmittels nicht erwartet werden. Es reicht aus, dass die Notwendigkeit für den Anfordernden hinreichend wahrscheinlich sein musste.[205]

Krankentransportkosten sind als Teil der zu gewährenden ärztlichen Hilfe bzw Anstaltspflege zu werten. Da Beförderungskosten nur im Fall der Notwendigkeit der Inanspruchnahme ärztlicher Hilfe ersetzt werden, muss der Transport durch einen **Hubschrauber** in jedem Fall medizinisch indiziert sein. Bei der Beurteilung der Notwendigkeit kommt es auf eine Ex-ante-Betrachtung an. Wenn der Gesetzgeber die Erbringung einer Leistung durch den Versicherungsträger vorsieht, so ist auch im Rahmen der Satzung darauf Rücksicht zu nehmen und die Satzung so zu gestalten und auszulegen, dass sie dem Willen des Gesetzgebers gerecht wird.[206]

Die **Satzung** bestimmt, unter welchen Voraussetzungen für **gehunfähig** erkrankte Versicherte und Angehörige der Transport mit einem Krankentransportwagen zur Inanspruchnahme ärztlicher Hilfe sowie der Ersatz der Kosten für die Inanspruchnahme eines Lohnfuhrwerkes (Taxi) bzw privaten Kfz gewährt werden können. Die medizinische Notwendigkeit eines solchen Transportes muss ärztlich bescheinigt sein (Abs 5).

Wenn das Gesetz (§ 135 Abs 5) die nähere Determinierung für einen Anspruch einer **Verordnung** (Satzung) überlässt, ist der Anspruch auf der Grundlage der Verordnung zu prüfen. Es wäre unzulässig, unter Übergehung einer Verordnung die die Grundlage einer solchen Verordnung bildenden gesetzlichen Bestimmungen als Anspruchsgrundlage heranzuziehen.[207]

4.11.3.4. Heilmittel (§ 136)

Die Heilmittel umfassen

a) die notwendigen **Arzneien** und
b) die **sonstigen Mittel,** die zur Beseitigung oder Linderung der Krankheit oder zur Sicherung des Heilerfolges dienen (Abs 1).

Die Kosten der Heilmittel werden vom Träger der KV durch **Abrechnung mit den Apotheken** übernommen (Abs 2).

Für jedes auf einem Rezept verordnete und auf Rechnung des Versicherungsträgers bezogene Heilmittel ist eine **Rezeptgebühr** in der Höhe von 7,55 € (Wert 2025) zu zahlen. Die Rezeptgebühr ist bei Abgabe des Heilmittels an die abgebende Stelle auf Rechnung des Versicherungsträgers zu zahlen. Die Zahlung ist von dieser Stelle auf dem Rezept zu vermerken (Abs 3).

Bei **anzeigepflichtigen übertragbaren Krankheiten** darf eine Rezeptgebühr nicht eingehoben werden (Abs 4).

205 10 ObS 72/14g.
206 OLG Wien RW0000744.
207 10 ObS 141/02m.

Der Versicherungsträger hat bei Vorliegen einer **besonderen sozialen Schutzbedürftigkeit** des Versicherten nach Maßgabe der vom Dachverband hiezu erlassenen Richtlinien von der Einhebung der Rezeptgebühr abzusehen (Abs 5).

Der Versicherungsträger hat von der Einhebung der Rezeptgebühr auch bei Erreichen der in den Richtlinien (§ 30a Abs 1 Z 15) vorgesehenen **Obergrenze** abzusehen (Abs 6).

Bedarf eine Arzneispezialität oder ein Stoff für magistrale Zubereitungen, um auf Rechnung eines SV-Trägers abgegeben werden zu können, der ärztlichen Bewilligung des chef- und kontrollärztlichen Dienstes der SV-Träger, so ist diese **Bewilligung** unbeschadet des Bescheidrechtes des Versicherten (§ 367) **vom verordnenden Arzt** oder Zahnarzt (Dentist) **einzuholen**. Die Einholung der Bewilligung darf nicht auf den Patienten übertragen werden (§ 350 Abs 3).

Die **Wahl der Apotheke** obliegt dem Anspruchsberechtigten; die Zuweisung an eine bestimmte Apotheke ist unzulässig (§ 350 Abs 4).

Siehe die **Richtlinien** über die ökonomische Verschreibweise von Heilmitteln und Heilbehelfen, die für die Vertragspartner verbindlich sind (RöV 2024, avsv Nr 85/2023) sowie die Richtlinien für die Befreiung von der Rezeptgebühr (RRZ 2008, avsv Nr 5/2008).

Heilmittel sind die zur Beseitigung oder Linderung der Krankheit oder zur Sicherung des Heilerfolgs dienenden Mittel einschließlich gewisser – außerhalb der ärztlichen Tätigkeit liegender – äußerlicher Einwirkungen auf den (menschlichen) Körper. Das Kernstück der Heilmittel bilden **Arzneien**. Das sind Mittel, die im Wesentlichen auf den inneren Organismus wirken, indem sie diesem in geeigneter Weise zugeführt werden oder örtliche Erkrankungen der Haut oder Schleimhäute beeinflussen. Die **„sonstigen Heilmittel“** (Abs 1 lit b) umfassen die zur Beseitigung oder Linderung der Krankheit oder der Sicherung des Heilerfolgs dienenden anderweitigen Mittel einschließlich Verbandmittel und Verbandstoffe sowie äußerliche Einwirkungen auf den Körper wie Einreiben, Massieren, Elektrotherapie, Diathermie, Elektroschock, alle balneologischen und hydrotherapeutischen Maßnahmen, die nicht den Besuch eines eigenen Kurortes bedingen. Es sind also jene Heilmittel, die keine notwendigen Arzneien sind, aber wie diese zur Beseitigung oder Linderung der Krankheit oder zur Sicherung des Heilerfolgs dienen.[208]

Der Heilmittelbegriff **umfasst nicht** allgemeine Gebrauchsgegenstände des täglichen Lebens wie bspw Fieberthermometer, Wundbenzin, weitverbreitete Kräutertees usw, die in Haushalten üblicherweise vorhanden sind oder beschafft werden. Es sind Sachmittel aus der Leistungsgewährung der Krankenkassen auszuschließen, die dem Bereich der **allgemeinen Lebensführung** zuzurechnen sind, wobei Ver-

208 10 ObS 118/12v.

änderungen der ökonomischen Situation breiter Bevölkerungskreise auch das kv-rechtliche Leistungsrecht beeinflussen. Der Abgrenzung der kv-rechtlichen Sachmittelgewährung gegenüber dem Bereich der allgemeinen Lebensführung liegen auch durch soziale Vorstellungen geprägte Wertungen zugrunde.[209]

Der **Erstattungskodex** und die vom Dachverband verlautbarten **Richtlinien** über die ökonomische Verschreibweise von Heilmitteln und Heilbehelfen **(RöV)** bewirken **keine Beschränkung des gesetzlichen Anspruchs** des Versicherten auf Heilmittel und Heilbehelfe. Der Versicherte hat zwar keinen Anspruch auf Beistellung eines jeden von ihm gewünschten oder vom Arzt verschriebenen Heilmittels. Eine Bindung an den Erstattungskodex besteht aber nicht. Auch eine erforderliche, aber **fehlende Genehmigung** des chefärztlichen Dienstes kann den Anspruch des Versicherten auf Heilmittel nicht beschränken.[210]

Heilmittel oder Heilbehelfe, die nicht im Rahmen der ärztlichen Hilfe und damit der Krankenbehandlung eingesetzt werden, sondern durch den Versicherten ohne ärztliche Verordnung oder Verschreibung, stellen keine Krankenbehandlung dar. Eine **Selbstmedikation** kann daher nicht als Krankenbehandlung angesehen werden und ist daher auch von der Leistungspflicht der gesetzlichen KV nicht umfasst.[211]

Die **Richtlinien** über die Befreiung von der Rezeptgebühr haben Verordnungscharakter.[212]

Siehe zum Erstattungskodex (EKO) und zum Gesamtvertrag Kapitel 8.

4.11.3.5. Heilbehelfe (§ 137)

Brillen, orthopädische Schuheinlagen, Bruchbänder und sonstige notwendige Heilbehelfe sind dem Versicherten für sich und seine Angehörigen **in einfacher und zweckentsprechender Ausführung** zu gewähren (Abs 1).

In der Lehre wird zur Frage der **Abgrenzung** zwischen **Heilmitteln** und Heilbehelfen auch teilweise die Auffassung vertreten, dass als Heilmittel jene Sachmittel anzusehen seien, deren Gebrauch gleichzeitig ihr Verbrauch sei, als Heilbehelfe hingegen jene durch den Heilzweck geprägten Sachmittel, deren bestimmungsgemäßer Gebrauch nicht im Verbrauch liegt.[213]

Die Rsp legt Abs 1 dahin aus, dass unter Heilbehelfen nur solche Behelfe zu verstehen sind, die der Heilung, Linderung oder Verhütung von Verschlimmerungen der Krankheit dienen, während **Hilfsmittel** (§ 154 Abs 1) erst nach Abschluss des

209 10 ObS 311/00h.
210 10 ObS 104/12k.
211 10 ObS 131/19s.
212 VwGH 13.6.1989, 89/08/0049.
213 10 ObS 118/12v.

Heilungsprozesses zum Einsatz gelangen.[214] Es kann ein und derselbe Gegenstand einmal Heilbehelf, ein anderes Mal Hilfsmittel sein, was von den **konkreten Umständen** abhängt.[215]

Ein **Blutdruckmessgerät**, welches die eigentliche Medikation fördern soll, stellt einen Heilbehelf dar.[216]

Die **Kosten** der Heilbehelfe werden vom Versicherungsträger **nur dann übernommen**, wenn sie **höher** sind als 20 % der Höchstbeitragsgrundlage (§ 108 Abs 3). 10 % der Kosten, **mindestens** jedoch 20 % der Höchstbeitragsgrundlage, sind vom Versicherten zu tragen (Abs 2).

Die Kosten für **Brillen und Kontaktlinsen** werden vom Versicherungsträger nur dann übernommen, wenn sie höher sind als 60 % der Höchstbeitragsgrundlage (§ 108 Abs 3). 10 % der Kosten, mindestens jedoch 60 % der Höchstbeitragsgrundlage (20 % der Höchstbeitragsgrundlage bei Leistungen für bestimmte Angehörige), sind vom Versicherten zu tragen. Die Kosten für **Dreistärkengläser (Gleitsicht- und Trifokalgläser)** werden nicht übernommen (Abs 2a).

Bei **ständig benötigten Heilbehelfen**, die nur einmal oder nur kurzfristig verwendet werden können und daher in der Regel mindestens einmal im Monat erneuert werden müssen, sind 10 % der Kosten vom Versicherten zu tragen (Abs 3).

Der **Versicherungsträger hat** auch die sonst vom Versicherten zu tragenden Kosten bzw den sonst vom Versicherten zu tragenden **Kostenanteil zu übernehmen**:

a) bei Versicherten (Angehörigen), die das **15. Lebensjahr noch nicht vollendet** haben bzw für die ohne Rücksicht auf das Lebensalter Anspruch auf die erhöhte Familienbeihilfe besteht und
b) bei Vorliegen einer **besonderen sozialen Schutzbedürftigkeit** des Versicherten (Abs 4).

Das Ausmaß der vom Versicherungsträger zu übernehmenden Kosten darf einen durch die **Satzung** festzusetzenden **Höchstbetrag** nicht übersteigen; die Satzung kann diesen Höchstbetrag einheitlich oder für bestimmte Arten von Heilbehelfen in unterschiedlicher Höhe, höchstens jedoch mit dem 10-Fachen der Höchstbeitragsgrundlage (§ 108 Abs 3) festsetzen (Abs 5).

Die **Krankenordnung** kann eine **Gebrauchsdauer** für Heilbehelfe festsetzen. Die Gebrauchsdauer darf für Brillen drei Jahre nicht unterschreiten (Abs 6).

Der Versicherungsträger hat auch die Kosten der **Instandsetzung** notwendiger Heilbehelfe zu übernehmen, wenn eine Instandsetzung zweckentsprechend ist (Abs 7).

214 10 ObS 128/08h.
215 10 ObS 258/02t.
216 10 ObS 118/12v.

Heilbehelfe, die **nur vorübergehend gebraucht** werden und die nach ihrer Art ohne gesundheitliche Gefahr von mehreren Personen benützt werden können, können **auch leihweise** entweder vom Versicherungsträger selbst oder durch Vertragspartner für Rechnung des Versicherungsträgers durch Übernahme der Leihgebühr zur Verfügung gestellt werden. Wird ein solcher Heilbehelf nicht vom Versicherungsträger oder von einem Vertragspartner entliehen, kann für die angefallenen Leihgebühren ein **Kostenersatz** bis zur Höhe des mit den Vertragspartnern vereinbarten Tarifes geleistet werden (Abs 8).

4.11.4. Anstaltspflege

4.11.4.1. Landesgesundheitsfondsfinanzierte Krankenanstalten

Pflege in der **allgemeinen Gebührenklasse** einer Krankenanstalt, die über Landesgesundheitsfonds finanziert wird (landesgesundheitsfondsfinanzierte Krankenanstalt), ist zu gewähren, wenn und solange es die **Art der Krankheit erfordert**. Wenn und solange es die **Art der Krankheit zulässt**, ist anstelle von Anstaltspflege **medizinische Hauskrankenpflege** zu gewähren. Die Anstaltspflege kann auch gewährt werden, wenn die Möglichkeit einer medizinischen Hauskrankenpflege nicht gegeben ist (§ 144 Abs 1).

4.11.4.1.1. Begriff der Anstaltspflege

Unter dem im ASVG nicht definierten Begriff „Anstaltspflege" ist die durch die Art der Krankheit erforderte, durch die Notwendigkeit ärztlicher Behandlung bedingte einheitliche und unteilbare **Gesamtleistung der stationären Pflege** in einer Krankenanstalt zu verstehen.[217]

Der Begriff der Anstaltspflege stellt eine einheitliche und unteilbare Gesamtleistung dar. Es werden mit den vom Versicherungsträger gezahlten Pauschalbeiträgen grundsätzlich **alle Leistungen** der Krankenanstalt **abgegolten**. Die **Teilleistungen**, die von dieser Abgeltung umfasst sind, sind die Kosten der Unterkunft, der ärztlichen Untersuchung und Behandlung, Beistellung von allen erforderlichen Heilmitteln, Arzneien usw, Pflege und Verköstigung.[218]

Als Anstaltspflege ist ausschließlich die stationäre Pflege, **nicht** hingegen die ärztliche Hilfeleistung in einer **Anstaltsambulanz** oder **Tagesklinik** zu verstehen. Ein operativer Eingriff in einer Tagesklinik, wobei der Patient bereits kurz nach dem Aufwachen aus der Narkose die Tagesklinik wieder verlassen kann, stellt keine Anstaltspflege iSd § 144 dar.[219]

---

217 10 Ob 34/10p.
218 RS0085807.
219 10 ObS 25/14w.

4.11.4.1.2. Abgrenzung zwischen Anstaltspflege und Hauskrankenpflege

Die **medizinische Hauskrankenpflege** ist ihrer Konzeption nach eine **„krankenhausersetzende“ Leistung.** Wenn und solange es die **Art der Krankheit zulässt,** ist zunächst medizinische Hauskrankenpflege zu gewähren. Der Versicherte kann Anstaltspflege grundsätzlich nur dann verlangen, wenn seine Erkrankung nach einer intensiveren medizinischen Betreuung verlangt, als sie im Rahmen der medizinischen Hauskrankenpflege möglich ist.[220]

Ein **Anspruch** des Versicherten auf Anstaltspflege ist bereits dann gegeben, wenn der KV-Träger **nicht in der Lage** ist, medizinische Hauskrankenpflege als Sachleistung zur Verfügung zu stellen.[221]

4.11.4.1.3. Verpflichtung zur Anstaltspflege

Der Erkrankte ist verpflichtet, sich einer Anstaltspflege zu unterziehen,

- wenn die Art der Krankheit eine Behandlung oder Pflege erfordert, die bei häuslicher Pflege nicht gewährleistet ist, oder
- wenn das Verhalten oder der Zustand des Erkrankten seine fortgesetzte Beobachtung erfordert, oder
- wenn der Erkrankte wiederholt den Bestimmungen der Krankenordnung zuwidergehandelt hat, oder
- wenn es sich um eine ansteckende Krankheit handelt (§ 144 Abs 2).

Ein unmittelbarer **Zwang**, der Verpflichtung nachzukommen, kann auf den Erkrankten nicht ausgeübt werden. Als **Sanktion** kann der KV-Träger verfügen, dass das **Krankengeld** auf Dauer oder für eine bestimmte Zeit zur Gänze oder teilweise **ruht.**[222]

4.11.4.1.4. Notwendigkeit ärztlicher Behandlung (Asylierung)

Ist die Anstaltspflege oder die medizinische Hauskrankenpflege nicht durch die Notwendigkeit ärztlicher Behandlung bedingt, so wird sie nicht gewährt (§ 144 Abs 3).

Die Anstaltspflege kann nur dann durch die Notwendigkeit ärztlicher Behandlung bedingt sein, wenn diese ärztliche Behandlung nach dem Stand der Wissenschaft einen Erfolg verspricht, zumindest geeignet ist, **hintanzuhalten**, dass sich eine an sich unheilbare Krankheit **verschlechtert.**[223]

Gemäß § 144 Abs 1 ist Pflege in der allgemeinen Gebührenklasse einer öffentlichen Krankenanstalt als Sachleistung zu gewähren, wenn und solange es die Art

220 RS0115255.
221 RS0115259.
222 RS0115254.
223 RS0084016.

der Krankheit erfordert. Ist die Anstaltspflege nicht durch die Notwendigkeit ärztlicher Behandlung bedingt **(Asylierung)**, so wird sie nicht gewährt. Die vorzunehmende **Abgrenzung** zwischen „Behandlungsfall" und „Asylierungsfall" muss an die Voraussetzungen für das Vorliegen des Versicherungsfalls der **Krankheit** anschließen.[224]

Ein **Behandlungsfall** liegt dann vor, wenn prognostisch festgestellt werden kann, dass das beim Versicherten vorliegende Leiden einer Behandlung zugänglich ist, wenn auch nur eine geringfügige Besserung des Grundleidens erhofft wird oder wenn die Behandlung eine Verschlechterung des Zustandes hintanzuhalten geeignet ist, mag auch das Grundleiden als solches nicht mehr behebbar sein. Hingegen handelt es sich um einen **Asylierungs- oder Pflegefall**, wenn ein Krankenhausaufenthalt nur die fehlende häusliche Pflege und Obsorge allein ersetzt und nicht mehr einer erfolgversprechenden Behandlung der Krankheit dient;[225] oder wenn die Unterbringung überwiegend öffentlichen Interessen der Gefahrenabwehr und nicht den Behandlungsinteressen des untergebrachten Patienten dient.[226]

Wenn der **Anspruch** auf Anstaltspflege gemäß § 100 Abs 1 lit a iVm § 144 Abs 3 ohne weiteres Verfahren **erlischt**, ist der Versicherungsträger **verpflichtet**, wenn auch nicht in Form eines Bescheides, so doch in eindeutiger Form, dem Versicherungsnehmer hiervon **Mitteilung** zu machen. Bis zu dieser Mitteilung hat der Versicherungsträger die Kosten der Anstaltsunterbringung auch nach Eintritt des Asylierungsfalles zu tragen.[227]

Es ist nicht Sache des Krankenanstaltenträgers, die Frage des Vorliegens eines Asylierungsfalles zu klären; vielmehr kann er von der Tatsache der ab einem bestimmten Zeitpunkt nicht mehr erfolgenden Gewährung von Anstaltspflege durch den KV-Träger ausgehen. Ab diesem Zeitpunkt besteht die Zahlungspflicht des Patienten für die aufgelaufenen Pflegegebühren. Der Patient kann im **Leistungsstreitverfahren** gegen den KV-Träger die Frage des Vorliegens eines Asylierungsfalles und damit die Frage, ob auch über ein bestimmtes Datum hinaus der KV-Träger für die Pflegegebühren aufzukommen hat, klären.[228]

4.11.4.1.5. Unterbringung in bestimmten Anstalten

Als Anstaltspflege gilt nicht die Unterbringung in einer Pflegeanstalt für **chronisch Kranke,** die ärztlicher Betreuung und besonderer Pflege bedürfen, oder in einer Sonderkrankenanstalt, die vorwiegend der **Rehabilitation** von Versicherten dient (§ 144 Abs 4).

224 RS0106684.
225 RS0084002.
226 RS0127083.
227 10 ObS 151/95.
228 VwGH 15.2.1991, 90/18/0195.

Bei Unterbringung in einer der in § 144 Abs 4 genannten Anstalten hat der Versicherte zwar **Anspruch auf Krankenbehandlung** iSd §§ 133 ff, nicht jedoch auf Ersatz der Kosten der Unterbringung im Rahmen der Anstaltspflege, auch wenn bei ihm während der gesamten Zeit aus medizinischer Sicht Anstaltspflege erforderlich war.[229]

4.11.4.1.6. Beförderungskosten

Sofern der körperliche Zustand des Erkrankten oder die Entfernung seines Wohnsitzes seine Beförderung in die oder aus der Anstalt erfordert, sind auch die **notwendigen Kosten** einer solchen Beförderung vom Versicherungsträger unter Bedachtnahme auf § 135 Abs 4 zu übernehmen (§ 144 Abs 5).

4.11.4.1.7. Kostenbeitrag bei Behandlung in einer Spitalsambulanz

Bei Behandlung in einer Spitalsambulanz (§ 26 KAKuG) hat der Versicherte einen **Kostenbeitrag** nach Maßgabe der Verordnung nach § 31 zu leisten (§ 144 Abs 6).

4.11.4.1.8. Einweisung in Krankenanstalten

Der Erkrankte ist, wenn Anstaltspflege gewährt wird, in eine landesgesundheitsfondsfinanzierte Krankenanstalt einzuweisen. Hiebei sind Wünsche des Erkrankten insoweit zu berücksichtigen, als die Art der Krankheit es zulässt und dadurch kein Mehraufwand für den Versicherungsträger eintritt (§ 145 Abs 1).

In Fällen, in denen mit der Aufnahme in die Anstaltspflege bis zur Einweisung durch den Versicherungsträger ohne Gefahr für den Erkrankten **nicht zugewartet werden kann**, ist die **Aufnahme** in eine landesgesundheitsfondsfinanzierte Krankenanstalt der Einweisung durch den Versicherungsträger **gleichzuhalten**, sofern die übrigen Voraussetzungen für den Anspruch auf Anstaltspflege gegeben sind. Die Krankenanstalt zeigt dem Versicherungsträger die Aufnahme binnen acht Tagen an (§ 145 Abs 2).

Sofern die **Krankenordnung** keine besonderen Bestimmungen über die Art der Einweisung enthält, kann sie auch durch dazu ermächtigte **Vertragsärzte** vorgenommen werden.[230]

Eine **Aufnahme** in eine öffentliche Krankenanstalt ist nur dann der Einweisung durch den Versicherungsträger gleichzuhalten, wenn mit der Aufnahme in die Anstaltspflege bis zur Einweisung durch den Versicherungsträger ohne Gefahr für den Erkrankten nicht zugewartet werden kann und die übrigen Voraussetzungen für den Anspruch auf Anstaltspflege gegeben sind. Zu diesen gehört va, dass die Art der Krankheit nicht nur Krankenbehandlung, insb (ambulante) ärzt-

229 10 ObS 315/00x.
230 RS0106689.

liche Hilfe, sondern Anstaltspflege erfordert. Die **Beförderung** in oder aus der Anstalt stellt eine **akzessorische Leistung** der KV zur Ermöglichung der Anstaltspflege dar.[231]

Auch bei einer Einweisung nach § 145 kommt ein **Behandlungsvertrag** zwischen der Krankenanstalt und dem Patienten zustande.[232]

4.11.4.1.9. Beziehungen zu den landesgesundheitsfondsfinanzierten Krankenanstalten

Die Beziehungen der Versicherungsträger zu den Rechtsträgern von Krankenanstalten, die über Landesgesundheitsfonds nach Art 18 der Vereinbarung gemäß Art 15a B-VG über die Organisation und Finanzierung des Gesundheitswesens finanziert werden, sind nach Art 12 Abs 1 Z 1 B-VG nach folgenden **Grundsätzen** zu regeln (§ 148):

1. Die Krankenanstalten sind **verpflichtet**, die nach § 145 eingewiesenen Erkrankten in die allgemeine Gebührenklasse **aufzunehmen**.
2. Die den Krankenanstalten nach § 27b KAKuG gebührenden **Zahlungen** sind zur Gänze von den Landesgesundheitsfonds zu entrichten.
3. **Alle Leistungen** der Krankenanstalten, insb im stationären, halbstationären, tagesklinischen und spitalsambulanten Bereich einschließlich der aus dem medizinischen Fortschritt resultierenden Leistungen, **sind** mit den folgenden Zahlungen **abgegolten**:
   a) LKF-Gebührenersätze der Landesgesundheitsfonds (§ 27b Abs 2 KAKuG),
   b) Zahlungen der Landesgesundheitsfonds (§ 27b Abs 3 KAKuG),
   c) Kostenbeiträge (§ 27a KAKuG),
   d) Ausgleichszahlungen (§ 27b Abs 4 KAKuG).

   Ausgenommen davon sind Leistungen im Rahmen der Mutter-Kind-Pass-Untersuchungen, im Einvernehmen zwischen dem Dachverband und den betroffenen Ländern ausgenommene Leistungen (Art 25 der Vereinbarung gemäß Art 15a B-VG über die Organisation und Finanzierung des Gesundheitswesens) und die im § 27 Abs 2 KAKuG angeführten Leistungen.
4. Der **Kostenbeitrag** nach § 447f Abs 7 ist von der Krankenanstalt für Rechnung des Landesgesundheitsfonds einzuheben.
5. Die **Versicherungsträger haben** ohne Einschaltung des Landesgesundheitsfonds **folgende Rechte** gegenüber dem Rechtsträger der Krankenanstalt:
   a) das Recht auf **Einsichtnahme** in alle den Krankheitsfall betreffenden Unterlagen der Krankenanstalt (zB Krankengeschichte, Röntgenaufnahmen, Befunde);
   b) das Recht, **Kopien** dieser Unterlagen zu erhalten (§ 10 Abs 1 Z 4 KAKuG);

231 RS0083970.
232 2 Ob 121/16g.

c) das Recht, den Patienten durch einen beauftragten Facharzt in der Krankenanstalt im Einvernehmen mit dieser **untersuchen** zu lassen;
d) das Recht, Ausfertigungen aller Unterlagen auf elektronischem Weg zu erhalten, auf Grund derer Zahlungen eines Landesgesundheitsfonds oder einer anderen Stelle für Leistungen einer Krankenanstalt abgerechnet werden (insb Aufnahmeanzeige und Entlassungsanzeige samt Diagnosen, Versichertenzuständigkeitserklärung, Verrechnungsdaten).

6. Der gesamte **Datenaustausch** zwischen Krankenanstalten und Versicherungsträgern für den stationären und ambulanten Bereich ist **elektronisch** vorzunehmen. Die Krankenanstalten sind **verpflichtet,** die **e-card** und die e-card-Infrastruktur **zu verwenden und die Identität** des Patienten sowie die rechtmäßige Verwendung der e-card **zu überprüfen.** Die Überprüfung der Identität ist für Patienten bis zum vollendeten 14. Lebensjahr nur im Zweifelsfall vorzunehmen.
7. Die Versicherungsträger haben das Recht auf laufende Information über die festgelegten vorläufigen und endgültigen **Punktewerte** durch den Landesgesundheitsfonds.
8. Bei der Leistungsabrechnung gegenüber den Krankenanstalten und in Verfahren vor Gerichten und Verwaltungsbehörden, welche die Verrechnung von Zahlungen gemäß § 27b KAKuG gegenüber den Rechtsträgern der Krankenanstalten betreffen, **gilt der** jeweilige **Landesgesundheitsfonds als Versicherungsträger.**
9. Wenn Leistungen gemäß Z 3 gewährt werden, hat der Rechtsträger der Krankenanstalt oder der Landesgesundheitsfonds **gegenüber dem Versicherten**, dem Patienten oder den für ihn unterhaltspflichtigen Personen hieraus **keinen Anspruch auf Gegenleistungen**; ausgenommen hievon sind nur der Kostenbeitrag gemäß § 27a KAKuG und der Kostenbeitrag gemäß § 447f Abs 7.
10. Die Beziehungen der Versicherungsträger zu den Krankenanstalten werden durch **privatrechtliche Verträge** geregelt. Ansprüche auf Zahlungen können durch diese Verträge nicht rechtsgültig begründet werden, sofern es sich nicht um Leistungen nach Z 3 zweiter Satz handelt. Die Verträge sind zwischen dem Dachverband im Einvernehmen mit den in Betracht kommenden Versicherungsträgern einerseits und dem Rechtsträger der Krankenanstalt andererseits im Einvernehmen mit dem zuständigen Landesgesundheitsfonds abzuschließen. Diese Verträge sind nur dann gültig, wenn sie **schriftlich** abgeschlossen wurden.

Im Bereich der Krankenanstalten ist **nur die Grundsatzgesetzgebung Bundessache** (siehe KAKuG), während die Ausführungsgesetzgebung und die Vollziehung Landessache sind (Art 12 Abs 1 Z 1 B-VG).

Mit **1.1.1997** ersetzte das durch die Vereinbarung gemäß Art 15a B-VG über die Reform des Gesundheitswesens und der Krankenanstaltenfinanzierung (BGBl I 1997/111) eingeführte **System der leistungsorientierten Krankenanstalten-**

finanzierung (LKF) die vorherige Krankenanstaltenfinanzierung nach Tagespauschalen.

Die SV-Träger haben an die Landesgesundheitsfonds **Pauschalbeiträge** für Leistungen der Krankenanstalten nach § 148 Z 3 zu leisten (§ 447f Abs 1). Mit den Pauschalbeiträgen sind **alle Leistungen** der im § 148 genannten Krankenanstalten, insb im stationären, halbstationären, tagesklinischen und spitalsambulanten Bereich einschließlich der aus dem medizinischen Fortschritt resultierenden Leistungen für Versicherte und anspruchsberechtigte Angehörige **zur Gänze abgegolten** (§ 447f Abs 8).

Anstaltspflege stellt eine einheitliche und unteilbare Gesamtleistung dar. **Einzelne Leistungen dürfen dem Patienten nicht gesondert verrechnet werden.** Unterkunft, ärztliche Untersuchung und Behandlung, Beistellung von Hilfsmitteln, Pflege und Verköstigung sind mit der Bezahlung der LKF-Gebühren oder Pflegegebühren abgegolten. Als Anstaltspflege ist ausschließlich die stationäre Pflege (nicht dagegen die ärztliche Hilfeleistung in der Anstaltsambulanz, einer Tagesklinik oder einer Akutabteilung der Pflegeanstalt) anzusehen.[233]

§ 148 Z 3 ist nicht bloß als Regelung des Verhältnisses zwischen den KV-Trägern und den Krankenanstalten zu verstehen, sondern entfaltet auch **Drittwirkung** auf die Versicherten, denen damit der Anspruch auf die volle Versorgung in der Krankenanstalt eingeräumt wird, ohne dass sie darüber hinaus mit Ansprüchen der Krankenanstalt belastet werden können.[234]

Für die Dauer der vom Versicherungsträger gewährten Anstaltspflege steht dem Rechtsträger einer fondsfinanzierten Krankenanstalt **gegenüber dem Versicherten kein Anspruch** auf Ersatz der Pflegegebühren zu.[235]

Nimmt der Versicherte die **Sonderklasse** in Anspruch, hat er die Mehrkosten selbst zu tragen.[236]

4.11.4.2. Andere Krankenanstalten (§ 149)

Die erkrankte Person kann auch in eine **eigene** Krankenanstalt des Versicherungsträgers **oder** in eine **andere** als in § 148 genannte **Krankenanstalt** eingewiesen werden, mit der der leistungszuständige Versicherungsträger in einem **Vertragsverhältnis** steht, wenn in dem Bundesland, in dem die erkrankte Person ihren Wohnsitz hat, keine Krankenanstalt iSd § 148 besteht oder die erkrankte Person zustimmt (Abs 1).

233 10 ObS 235/03m.
234 RS0109551.
235 10 ObS 315/00x.
236 *Tomandl*, Sozialrecht[7] Rz 178.

Die **Verträge** mit den in Abs 1 genannten Krankenanstalten bedürfen zu ihrer Rechtsgültigkeit der **schriftlichen** Form und haben insb nähere Bestimmungen über die Einweisung, die Überprüfung der Identität des Patienten und die rechtmäßige Verwendung der e-card, die Einsichtnahme in alle Unterlagen für die Beurteilung des Krankheitsfalles, wie zB in die Krankengeschichte, Röntgenaufnahmen, Laboratoriumsbefunde, ferner über die ärztliche Untersuchung durch einen vom Versicherungsträger beauftragten Facharzt in der Anstalt im Einvernehmen mit dieser zu enthalten. Die Überprüfung der Identität ist für Patienten bis zum vollendeten 14. Lebensjahr nur im Zweifelsfall vorzunehmen. Die in Abs 1 genannten Krankenanstalten sind **verpflichtet**, die **e-card** und die e-card-Infrastruktur nach Maßgabe der technischen Verfügbarkeit **zu verwenden** (Abs 2).

Bei der Behandlung in einer nicht-fondsfinanzierten Vertrags-KA unterscheidet § 149 **drei Unterfälle**: Zum einen die Behandlung in einer Vertrags-KA, die am PRIKRAF teilnimmt, zum anderen die Behandlung in einer nicht an diesem Fonds teilnehmenden Privat-KA (einschließlich einer Anstalt anderer Versicherungsträger mit Ausnahme der AUVA) und schließlich die Behandlung in einer KA der AUVA.[237]

Ambulante Leistungen sind auf Grundlage allenfalls bestehender besonderer Ambulanzverträge zwischen KV-Träger und betroffener Anstalt abzurechnen.[238]

4.11.4.2.1. PRIKRAF-Anstalten (Abs 3 und 3a)

Alle Leistungen von bettenführenden Krankenanstalten, die von dem am **31.12.2000** geltenden **Vertrag** zwischen Dachverband und Fachverband der Gesundheitsbetriebe erfasst sind, im stationären und tagesklinischen Bereich einschließlich der aus dem medizinischen Fortschritt resultierenden Leistungen sind mit einer **Pauschalzahlung** in der Höhe von 76.306.475,88 € abgegolten. Dies gilt auch für jene bettenführenden Krankenanstalten, die von einem zwischen Dachverband und Fachverband der Gesundheitsbetriebe abzuschließenden **Zusatzvertrag** umfasst sind. Dieser Betrag ist an den nach dem Privatkrankenanstalten-Finanzierungsfondsgesetz eingerichteten **Fonds** zu überweisen. Der Fonds hat die von den Krankenanstalten erbrachten Leistungen nach den Grundsätzen des § 27b KAKuG abzurechnen (Abs 3).

Abs 3 lässt den Abschluss von Zusatzvereinbarungen zur **Aufnahme weiterer Krankenanstalten** zu; jedoch haben weitere Krankenanstalten **keinerlei Rechtsanspruch** auf Abschluss eines solchen Vertrags und damit auf Aufnahme in den Fonds.[239]

237 *Stöger* in SV-Komm § 149 ASVG Rz 8.
238 RS0129455.
239 RS0130451.

Die **Pauschalbeträge ab dem Jahr 2020** errechnen sich aus dem jeweiligen Jahresbetrag des Vorjahres, erhöht um jenen Prozentsatz, um den die Beitragseinnahmen der Träger der KV gegenüber dem jeweils vorangegangenen Jahr gestiegen sind (Abs 3a).

4.11.4.2.2. Sonstige Vertragskrankenanstalten (Abs 3b)

Die Höhe der Verpflegskosten (stationäre Pflege) und die Zahlungsbedingungen für die nicht im Abs 3 genannten Krankenanstalten sind durch **Verträge** festzulegen, die für die Träger der SV durch den Dachverband abzuschließen sind. Nicht umfasst hievon sind die von einem Träger der SV eingerichteten Krankenanstalten.

4.11.4.2.3. Krankenanstalten der AUVA (Abs 4)

Für die von der AUVA eingerichteten Krankenanstalten sind die Höhe der Verpflegskosten und die Zahlungsbedingungen hiefür durch einen **Vertrag** festzulegen. Dieser ist für die Träger der KV durch den Dachverband mit der AUVA abzuschließen.

4.11.4.2.4. Kostenbeitrag (Abs 5)

Auch bei der Inanspruchnahme dieser Krankenanstalten sind gegebenenfalls (§ 447f Abs 7) Kostenbeteiligungen zu leisten. Das Ausmaß ist dasselbe, wie es sich aus § 150 Abs 3 ergibt; im Jahr 2025 beläuft sich daher die sv-rechtliche Kostenbeteiligung in allen in § 149 genannten Spitälern auf 42,18 € pro Tag.[240]

4.11.4.3. Pflegekostenzuschuss (§ 150)

War die Anstaltspflege notwendig, so hat der Versicherungsträger dem Versicherten einen Pflegekostenzuschuss zu leisten, wenn

1. für die Gewährung der Anstaltspflege durch den Versicherungsträger **nicht Vorsorge getroffen werden kann**, weil landesgesundheitsfondsfinanzierte Krankenanstalten oder Krankenanstalten nach § 149 Abs 3 nicht zur Verfügung stehen und Verträge gemäß § 149 nicht zustande kommen, oder
2. der Erkrankte in einer Krankenanstalt, mit der **keine vertragliche Regelung** gemäß § 149 besteht, **ohne Einweisung** durch den Versicherungsträger untergebracht wurde (Abs 1).

Der Pflegekostenzuschuss ist für Versicherte, die in einer Krankenanstalt nach § 149 Abs 3 erster Satz, mit der **kein Vertrag** besteht, aufgenommen wurden, vom Fonds nach § 149 Abs 3 zweiter Satz im Namen der SV in der Höhe zu leisten, die sich aus der Anwendung des § 149 Abs 3 vorletzter Satz ergibt. In **allen übrigen Fällen** ist der Pflegekostenzuschuss in der **Satzung** des Versicherungsträgers in dem Ausmaß festzusetzen, der dem Durchschnitt der vom Fonds pro Verpflegstag aufzuwendenden Mittel entspricht (Abs 2).

240 Siehe § 41 Abs 1 Satzung 2020 der ÖGK.

§ 447f Abs 7 ist mit der Maßgabe anzuwenden, dass der 10%ige **Kostenbeitrag** vom Pflegekostenzuschuss nach Abs 2 zweiter Satz zu berechnen und vom Träger der SV einzubehalten ist, soweit jedoch Abs 2 erster Satz anzuwenden ist, vom Fonds nach § 149 Abs 3 zweiter Satz einzubehalten ist; die tatsächlich einbehaltenen Kostenbeiträge sind dem Pauschalbeitrag nach Abs 3 gegenzuverrechnen (Abs 3).

§ 150 kommt zur Anwendung, wenn ein Patient weder in einer Fonds-Krankenanstalt (§ 148) noch in einer sonstigen Vertrags-Krankenanstalt seines KV-Trägers bzw einer eigenen Anstalt des Versicherungsträgers (§ 149) behandelt wurde. In diesem Fall wird anstelle der Sachleistung Anstaltspflege ein Pflegekostenzuschuss geleistet.[241]

4.11.4.4. Kostenersatz für die Anmelde- und Registrierungskosten bei Organtransplantationen (§ 150a)

Der Versicherungsträger hat die für eine Organtransplantation notwendigen Anmelde- und Registrierungskosten zu übernehmen. Der entsprechende Betrag wird an den gezahlt, der diese Kosten getragen hat. Das Nähere wird unter Bedachtnahme auf die im Einzelfall vorliegenden besonderen Erfordernisse des Anmelde- und Registrierungsverfahrens in der **Satzung** des Trägers der KV geregelt; dabei kann der Träger der KV unter Bedachtnahme auf seine finanzielle Leistungsfähigkeit auch eine Obergrenze für die Übernahme der Anmelde- und Registrierungskosten vorsehen.

Aus § 150a ist der allgemeine Grundsatz abzuleiten, dass **auch notwendige Vorleistungen** für eine Organtransplantation zur notwendigen und zweckmäßigen Krankenbehandlung des potenziellen Organempfängers zählen.[242]

4.11.5. Medizinische Hauskrankenpflege (§ 151)

Wenn und solange es die **Art der Krankheit erfordert**, ist medizinische Hauskrankenpflege zu gewähren (Abs 1).

Ist der Versicherungsträger **nicht in der Lage**, medizinische Hauskrankenpflege zu gewährleisten, kann nicht nur, sondern **muss Anstaltspflege** gewährt werden.[243]

Intensivmedizinische Pflege ist nicht vom Begriff der medizinischen Hauskrankenpflege umfasst.[244]

Die Kosten der medizinischen Hauskrankenpflege sind von den KV-Trägern unmittelbar zu tragen. Bei **beatmungspflichtiger Tetraplegie** handelt es sich aber nicht um medizinische Hauskrankenpflege im Verständnis des § 144 Abs 1 iVm

241 Vgl *Stöger* in SV-Komm § 150 ASVG Rz 1.
242 RS0109041.
243 10 ObS 103/19y.
244 VfGH 3.3.2004, V 91/03.

§ 151 (bei der die Art der Krankheit die häusliche Pflege zulässt), sondern um einen Fall, in dem **Anstaltspflege geboten**, aber aus besonderen Gründen nicht durchführbar ist. In einem solchen Fall sind die **Kosten** nach dem Gesetz im Rahmen des von den KV-Trägern (mit-)finanzierten Systems der Krankenanstaltenfinanzierung **von den Landesfonds** zu bedecken.[245]

Die medizinische Hauskrankenpflege wird erbracht durch **Angehörige des gehobenen Dienstes für Gesundheits- und Krankenpflege**, die vom KV-Träger beigestellt werden oder die mit dem KV-Träger in einem Vertragsverhältnis stehen oder die im Rahmen von Vertragseinrichtungen tätig sind, die medizinische Hauskrankenpflege betreiben (Abs 2).

Die Tätigkeit der Durchführung von **Sondenernährung** bei liegender Magensonde fällt in den Tätigkeitsbereich der **Pflegehelfer** bei der Mitarbeit bei therapeutischen Verrichtungen nach § 84 Abs 4 Z 4 GuKG und stellt daher keine Leistung der medizinischen Hauskrankenpflege dar. Gleiches gilt für die Verabreichung von Medikamenten mittels **PEG-Sonde**, weil nach § 84 Abs 4 Z 1 GuKG auch die Verabreichung von Arzneimitteln in den Tätigkeitsbereich der Pflegehilfe fällt.[246]

Die Tätigkeit des Angehörigen des gehobenen Dienstes für Gesundheits- und Krankenpflege kann **nur auf ärztliche Anordnung** erfolgen. Die Tätigkeit umfasst **medizinische Leistungen und qualifizierte Pflegeleistungen**, wie die Verabreichung von Injektionen, Sondenernährung, Dekubitusversorgung. Zur medizinischen Hauskrankenpflege **gehören nicht** die Grundpflege und die hauswirtschaftliche Versorgung des Kranken (Abs 3).

Hat der Anspruchsberechtigte nicht die Vertragspartner oder die eigenen Einrichtungen (Vertragseinrichtungen) des Versicherungsträgers in Anspruch genommen, so gebührt ihm **Kostenersatz** gemäß § 131 (Abs 4).

Bei der medizinischen Hauskrankenpflege steht die **Sachleistungsgewährung im Vordergrund**. Wenn der KV-Träger diese Sachleistung tatsächlich nicht erbringen kann, besteht für den Versicherten die Möglichkeit, sich diese Leistungen auch privat auf seine eigenen Kosten zu besorgen und dafür vom KV-Träger Ersatz zu verlangen.[247]

Die medizinische Hauskrankenpflege wird für ein und denselben Versicherungsfall für die Dauer von **längstens vier Wochen** gewährt. **Darüber hinaus** wird sie nach Vorliegen einer **ärztlichen Bewilligung** des chef- und kontrollärztlichen Dienstes der SV-Träger weitergewährt (Abs 5).

---

245 VfGH 17.3.2006, B 304/05.
246 RS0124612.
247 RS0115258.

Die **Dauer** der Anstaltspflege und der medizinischen Hauskrankenpflege richtet sich nach denselben rechtlichen Gesichtspunkten wie die Dauer der Krankenbehandlung iSd § 133. Die zeitliche **Befristung** des Anspruches auf medizinische Hauskrankenpflege sowie die Notwendigkeit des Vorliegens einer chefärztlichen oder kontrollärztlichen **Bewilligung** für eine Weitergewährung dient der Abklärung, ob (noch) eine (medizinische) Behandlungspflege oder (bereits) eine von der **Sozialhilfe** zu übernehmende Pflegebetreuung vorliegt.[248]

Medizinische Hauskrankenpflege **wird nicht gewährt**, wenn der Anspruchsberechtigte in einer der im § 144 Abs 4 bezeichneten Einrichtungen (für chronisch Kranke oder Rehabilitation) untergebracht ist (Abs 6).

4.12. Zahnbehandlung und Zahnersatz (§ 153)

4.12.1. Allgemeines

Bei den in § 153 angeführten Leistungen handelt es sich um **Pflichtleistungen**. Der Gesetzgeber hat allerdings **nicht** statuiert, dass sie **als Mindestleistungen** gewährt werden müssen. Der Leistungsanspruch wird in dem speziellen Fall von Zahnbehandlung und Zahnersatz aufgrund gesetzlicher Ermächtigung von der **Satzung** umgrenzt. Aus der allgemeinen Regelung des § 121 Abs 1, wonach die Leistungen des SV-Trägers als Pflichtleistungen oder als freiwillige Leistungen gewährt werden, kann im Hinblick auf die näheren Determinierungen der Leistungsansprüche bei den einzelnen vom KV-Träger zu erbringenden Leistungen **nicht** geschlossen werden, dass der Charakter der Pflichtleistung einen Anspruch auf **vollständigen Kostenersatz** bedingen würde. Ein Anspruch auf vollen Kostenersatz bei einer Pflichtleistung nach § 153 lässt sich auch der Jud des VfGH, der sich in zahlreichen Erkenntnissen mit § 153 beschäftigt hat, nicht entnehmen.[249]

Soweit die Satzung eines KV-Trägers nur eine teilweise Kostenübernahme vorsieht, kann es trotz Bestehens der KV dazu kommen, dass der **Sozialhilfeträger** die Kosten in der Höhe des vom Hilfesuchenden zu tragenden Selbstbehaltes im Rahmen der Krankenhilfe zu übernehmen hat.[250]

4.12.2. Zahnbehandlung

Zahnbehandlung ist nach Maßgabe der Bestimmungen der **Satzung** zu gewähren. Als Leistungen der Zahnbehandlung kommen **chirurgische** Zahnbehandlung, **konservierende** Zahnbehandlung und **Kieferregulierungen**, Letztere, soweit sie zur Verhütung von schweren Gesundheitsschädigungen oder zur Beseitigung von berufsstörenden Verunstaltungen notwendig sind, in Betracht. Diese

248 RS0115256.
249 10 ObS 236/03h.
250 VwGH 24.3.2022, Ro 2020/10/0030.

Leistungen der Zahnbehandlung können in der Satzung des Versicherungsträgers von der Erfüllung einer **Wartezeit** abhängig gemacht werden. § 121 Abs 3 (satzungsmäßige Mehrleistungen) gilt entsprechend (Abs 1).

Die Zahnbehandlung muss **ausreichend und zweckmäßig** sein, darf jedoch das **Maß des Notwendigen** nicht überschreiten (§ 133 Abs 2).[251]

Die Versicherungsträger haben die Möglichkeit, die **Erstattung von Kosten für außervertragliche Leistungen** betragsmäßig zu begrenzen. Dadurch wird der sv-rechtliche Leistungsanspruch – für die Versicherten voraussehbar – modifiziert. Diese für die Leistungsansprüche in der KV vertretene Auffassung gilt umso mehr für den Bereich der Zahnbehandlung, für den gemäß § 153 Abs 1 die Eingrenzung und Konkretisierung des Leistungsanspruchs selbst ausdrücklich der Satzung übertragen ist.[252]

Bei der Inanspruchnahme der chirurgischen oder konservierenden Zahnbehandlung durch einen Vertragszahnarzt oder Vertragsdentisten oder in einer Vertrags-Gruppenpraxis oder in einer eigenen Einrichtung (Vertragseinrichtung) des Versicherungsträgers ist die innerhalb des ELSY als Krankenscheinersatz zu verwendende Chipkarte vorzulegen. Für die **e-card** ist ein Service-Entgelt (§ 31c) zu entrichten (Abs 4).

Bei Inanspruchnahme chirurgischer oder konservierender Zahnbehandlung hat der Versicherte einen **Kostenbeitrag** nach Maßgabe der Verordnung nach § 31 zu leisten (Abs 4a).

4.12.3. Zahnersatz

Der **unentbehrliche** Zahnersatz kann unter Kostenbeteiligung des Versicherten gewährt werden. Anstelle der Sachleistung können auch Zuschüsse zu den Kosten eines Zahnersatzes geleistet werden. Das Nähere wird durch die **Satzung** des Versicherungsträgers bestimmt (Abs 2).

Anders als Zahnbehandlung muss Zahnersatz nicht als Sachleistung erbracht werden; die Satzung kann vielmehr auch **anstelle der Sachleistung** (bloße) **Zuschüsse** zu den Kosten des Zahnersatzes vorsehen. Die Satzung wird nicht gehindert, unter dem Gesichtspunkt des Kostenargumentes derartige Ersatzleistungen auf den unbedingt notwendigen Zahnersatz zu beschränken, sodass der Versicherungsträger die **Beschränkung auf** – außer bei medizinischer Notwendigkeit – **abnehmbaren Zahnersatz** durchaus zulässigerweise vornehmen darf.[253]

Es ist verfassungsrechtlich **unbedenklich**, bei einem auch als Pflichtleistung zu erbringenden Zahnersatz zwischen abnehmbarem und **festsitzendem** zu diffe-

251 RS0109883.
252 RS0114698.
253 RS0108532.

renzieren und Letzteren unter bestimmten Gesichtspunkten **nur subsidiär** für den Fall, dass ein abnehmbarer Zahnersatz aus medizinischen Gründen nicht möglich ist, zu gewähren.[254]

Zweckmäßig ist der Zahnersatz, wenn die gesetzten Maßnahmen nach dem anerkannten Stand der medizinischen Wissenschaft zum Zeitpunkt der Maßnahme **objektiv geeignet** waren, die beeinträchtigten Funktionen des Kauens, Beißens oder Sprechens wiederherzustellen. Der Erfolg muss dabei auf eine bestimmte Zeit gewährleistet sein, die den Bestimmungen der Satzung über die neuerliche Übernahme der Kosten entspricht. Der ortsübliche medizinisch-technische Standard eines bestimmten Landes und dessen Anforderungen an die Haltbarkeit von Zahnersatzstücken ist nicht entscheidend.[255]

Die Anbringung eines Zahnersatzes ist nur dann zweckmäßig, wenn sie entweder erfolgreich oder zumindest **erfolgversprechend** war.[256]

Die KV-Träger dürfen in den **Zahnambulatorien** im Bereich des **festsitzenden** Zahnersatzes keine kosmetischen Luxusleistungen, ebenso keine umfangreichen festsitzenden Zahnersatzkonstruktionen erbringen, die als Gesamtarbeit wegen ihrer Größe ein außergewöhnliches Risiko darstellen (Abs 3a).

4.12.4. Leistungserbringer

Zahnbehandlung und Zahnersatz werden als **Sachleistungen** durch Vertragszahnärzte oder Vertrags-Gruppenpraxen, Wahlzahnärzte oder Wahl-Gruppenpraxen, Vertragsdentisten, Wahldentisten, in eigens hiefür ausgestatteten Einrichtungen (Ambulatorien) der Versicherungsträger oder in Vertragseinrichtungen gewährt. § 135 Abs 2 erster und zweiter Satz (freie Arztwahl) gelten entsprechend. Insoweit **Zuzahlungen** zu den Leistungen der Zahnbehandlung und des Zahnersatzes vorgesehen sind, müssen diese in den Zahnambulatorien der Versicherungsträger und bei den freiberuflich tätigen Vertragszahnärzten und Vertragsdentisten sowie bei den Vertrags-Gruppenpraxen **gleich hoch** sein. Werden in Zahnambulatorien der Versicherungsträger Leistungen, die nicht Gegenstand des Gesamtvertrages oder der Satzung sind oder waren, sowie Maßnahmen zur **Vorbeugung** von Erkrankungen der Zähne, des Mundes und der Kiefer einschließlich der dazugehörigen Gewebe erbracht, so sind dafür **Kostenbeiträge** der Versicherten vorzusehen. Diese Beiträge sind kostendeckend festzusetzen und auf der Homepage des Versicherungsträgers sowie durch Aushang im Zahnambulatorium des Versicherungsträgers zu veröffentlichen (Abs 3).

Zahnbehandlung und Zahnersatz kann als Kassenleistung nur von Ärzten, Dentisten sowie in Ambulatorien und Vertragseinrichtungen erbracht werden. Hie-

254 RS0108530.
255 RS0083804.
256 10 ObS 312/92.

bei geht die zahntechnische Leistung in der ärztlichen Leistung auf. Selbständig von einem **Zahntechniker** erbrachte Leistungen können nicht der Leistung des Zahnersatzes als Kassenleistung zugeordnet werden.[257]

Da der SV-Träger für die Krankenbehandlung ausreichend Vorsorge zu treffen (§ 23 Abs 5) und daher die Erbringung der Gesundheitsgüter zu organisieren hat, sei es durch Schaffung eigener Einrichtungen (wie Ambulatorien) sei es durch Verpflichtung von Dritten im Vertragswege, **handelt** er bei Erbringung der Sachleistungen der Zahnbehandlung und des Zahnersatzes **im gesetzlichen Auftrag**. Dies schließt aber eine erwerbswirtschaftliche Betätigung des SV-Trägers bei Betreiben eines Ambulatoriums aus, sodass durch die Beschränkung der Leistungserbringung durch § 153 Abs 3 ein Eingriff in die Erwerbsausübungsfreiheit nicht vorliegt (RS0086603).

Durch das SVÄG 2012 (BGBl I 2012/123) wurde den Zahnambulatorien der SV-Träger die Möglichkeit gegeben, **alle Leistungen** der Zahnbehandlung, des Zahnersatzes sowie Maßnahmen zur Vorbeugung der Erkrankung der Zähne, des Mundes und der Kiefer einschließlich der dazugehörigen Gewebe zu erbringen. Die bisher bestehenden Beschränkungen des Leistungsangebotes und der dadurch bestehende Wettbewerbsnachteil wurden zur Gänze beseitigt, wodurch für den Betrieb dieser Einrichtungen auch eine bessere Rentabilität erreicht werden kann.[258]

4.12.5. Kieferregulierungen für Kinder und Jugendliche (§ 153a)

Behandlungsbedürftigen Kindern und Jugendlichen wird **bis zur Vollendung des 18. Lebensjahres** die zahnmedizinisch geeignete Versorgung durch **Kieferregulierung als Sachleistung** gewährt. **Behandlungsbedürftigkeit** liegt vor, wenn eine erhebliche Zahn- oder Kieferfehlstellung besteht (Abs 1).

Die Behandlungsbedürftigkeit, die geeignete zahnmedizinische Versorgung und die Qualitätsanforderungen für die Erbringung der Sachleistung sind bundesweit einheitlich in der **Satzung** des KV-Trägers nach den Regelungen der Mustersatzung entsprechend dem Stand der zahnmedizinischen Wissenschaft zu regeln (Abs 2).

Anspruch auf **Kostenerstattung** nach § 131 besteht unter der Voraussetzung, dass

1. die für Kieferregulierungen zu erbringenden Zahlungen (Honorare) einschließlich deren Veränderungen vom jeweiligen Anbieter auf Dauer im Internet veröffentlicht werden, und
2. ein **Gesamtvertrag über Richttarife** (§ 343c) besteht,

wenn und solange der **Gesamtvertrag** nach § 343e Abs 1 eine flächendeckende Sachleistungsversorgung sicherstellt oder die Sachleistungsversorgung nach § 343e Abs 3 gegeben ist (Abs 4).

257 RS0084063.
258 RV 2001 BlgNR 24. GP 5.

Das Nicht-Zustande-Kommen und der Wegfall eines Gesamtvertrages nach § 343e ist vom Dachverband im Internet kundzumachen. Die Kostenerstattung für Behandlungen nach Abs 1, die zum Zeitpunkt der Kundmachung des Dachverbandes bereits begonnen wurden, bleibt unberührt. Fällt ein Gesamtvertrag nach § 343e weg, so ist § 131a nicht anzuwenden (Abs 5).

Der Anspruch, die Höhe und die Qualitätsanforderungen für die Zuerkennung eines **Kostenzuschusses** sind für den Fall des Fehlens einer regional ausgewogenen flächendeckenden Sachleistungsversorgung (§ 343e) bundesweit einheitlich in der **Satzung** des KV-Trägers nach den Regelungen der Mustersatzung zu regeln. § 131b ist nicht anzuwenden (Abs 6).

Zwischen dem Dachverband und der Österreichischen Zahnärztekammer wurde im Dezember 2014 ein bundesweiter **Gesamtvertrag** für die Durchführung von Kieferregulierungen für Kinder und Jugendliche abgeschlossen (siehe § 343e).

4.13. Versicherungsfall der Arbeitsunfähigkeit infolge Krankheit

4.13.1. Arbeitsunfähigkeit

Der Versicherungsfall gilt mit dem Beginn der durch eine Krankheit herbeigeführten Arbeitsunfähigkeit als **eingetreten** (§ 120 Z 2).

Die Frage, ob Arbeitsunfähigkeit vorliegt, ist eine **Rechtsfrage**. Die Voraussetzungen für das Vorliegen der Arbeitsunfähigkeit liegen vor, wenn der Erkrankte nicht oder doch nur mit Gefahr, seinen Zustand zu verschlimmern, fähig ist, seiner **bisher ausgeübten Erwerbstätigkeit** nachzugehen.[259] Grundlage für die Beantwortung dieser Frage bilden einerseits **Feststellungen** über den Inhalt der arbeitsvertraglich vereinbarten Tätigkeit des Versicherten und andererseits solche über seinen Gesundheitszustand.[260]

Das österreichische Recht der KV anerkennt **keine** nur **teilweise** Arbeitsunfähigkeit.[261]

Eine Arbeitsunfähigkeit, die auf ein **Gebrechen** zurückgeht, scheidet von vornherein für die Verwirklichung des Versicherungsfalls der Arbeitsunfähigkeit infolge Krankheit aus.[262]

Eine Arbeitsunfähigkeit ist **nicht gleichbedeutend mit** dem Bestehen einer **Invalidität** iSd § 255 Abs 3.[263]

259 RS0084726.
260 10 ObS 291/01v.
261 *Tomandl,* Sozialrecht[7] Rz 180.
262 RS0113892.
263 10 ObS 43/13s.

4.13.2. Krankengeld

4.13.2.1. Anspruchsberechtigung (§ 138)

Pflichtversicherte haben aus dem Versicherungsfall der Arbeitsunfähigkeit infolge Krankheit **vom vierten Tag** der Arbeitsunfähigkeit **an Anspruch** auf Krankengeld (Abs 1).

Anspruchsberechtigt sind auch **geringfügig Beschäftigte**, die eine Selbstversicherung abgeschlossen haben (§ 19a Abs 6).

Das Krankengeld soll den durch die Arbeitsunfähigkeit erlittenen Entgeltverlust (zumindest teilweise) ersetzen und den Unterhalt des Versicherten während der Zeit der Arbeitsunfähigkeit sicherstellen: **Lohnersatzfunktion**. Das Krankengeld steht daher nur für die Dauer der Arbeitsunfähigkeit infolge Krankheit zu.[264]

Der **Anspruch** aus dem Versicherungsfall der Arbeitsunfähigkeit infolge Krankheit gemäß Abs 1 **entsteht** bereits mit dem Eintritt des Versicherungsfalles, die Leistung **fällt** jedoch erst am vierten Tag nach Eintritt des Versicherungsunfalles **an**.[265]

Ist die Unterbringung in einer **Kuranstalt** und die Behandlung in dieser notwendig, um eine Verschlimmerung einer bestehenden Krankheit zu verhindern, liegt Arbeitsunfähigkeit infolge Krankheit vor. Setzt sich diese Arbeitsunfähigkeit ohne Unterbrechung im Anschluss an den Kuraufenthalt fort, dann **beginnt** der Anspruch auf Krankengeld sofort und nicht erst ab dem vierten Tag nach Abschluss des Kuraufenthaltes.[266]

Beamte erhalten im Krankheitsfall Gehaltsfortzahlung durch den Dienstgeber.[267]

Bestimmte Personen sind vom Anspruch auf Krankengeld **ausgeschlossen** (Abs 2), zB: Bezieher einer Pension oder von Rehabilitationsgeld oder Kinderbetreuungsgeld, Lehrlinge ohne Entgelt.

Es handelt sich bei Abs 2 lit c um eine **Ausschlussbestimmung** und nicht um eine bloße Ruhensbestimmung. Personen, die eine **Invaliditätspension beziehen**, haben daher aus Anlass eines bereits während des Pensionsbezugs eingetretenen und dann weiterbestehenden Versicherungsfalls der Arbeitsunfähigkeit infolge Krankheit **keinen Anspruch** auf Krankengeld. Der Kläger kann daher aus seiner aufgrund des Bezugs der Invaliditätspension begründeten KV keinen Anspruch auf Krankengeld ableiten; auch nicht für die Zeit nach Beendigung des Pensionsbezugs.[268]

Rehabilitationsgeld wurde als Ersatz für die wegfallende befristete Invaliditätspension geschaffen. Auch ein Bezieher von Rehabilitationsgeld erleidet durch

264 RS0106773.
265 RS0083933.
266 RS0083932.
267 *Tomandl*, Sozialrecht[7] Rz 179 FN 173.
268 RS0127652.

einen während des Rehabilitationsgeldbezugs eingetretenen Versicherungsfall der Arbeitsunfähigkeit infolge Krankheit **keinen Lohnausfall.** Abs 2 lit f ist ebenfalls eine **Ausschlussbestimmung**, wie sich aus Gesetzestext und Materialien (RV 2000 BlgNR 24. GP 21) unmissverständlich ergibt. Da der Versicherungsfall während des Bezugs von Rehabilitationsgeld eingetreten ist, besteht kein Anspruch auf Krankengeld.[269]

Anspruchsberechtigte haben den Beginn der Arbeitsunfähigkeit infolge Krankheit dem Versicherungsträger **innerhalb einer Woche** zu **melden.** Die Meldung der Arbeitsunfähigkeit durch den behandelnden Arzt oder durch eine Krankenanstalt ist der Meldung durch den Anspruchsberechtigten gleichzuhalten (Abs 3).

Bei der Frist nach Abs 3 handelt es sich um eine **materiell-rechtliche Frist,** in die die Zeit des Postlaufs einzurechnen ist.[270]

Abs 3 verfolgt den **Zweck**, dass der KV-Träger rechtzeitig vom Eintritt der Arbeitsunfähigkeit Kenntnis erhält und nicht nur das Krankengeld, das an die Stelle eines weggefallenen Arbeitsentgeltes oder Arbeitslosengeldbezuges zu treten hat, rechtzeitig gewähren kann, sondern auch, dass er in die Lage versetzt wird, den Erkrankten zu überwachen und festzustellen, ob er die Anordnungen seiner behandelnden Ärzte befolgt und alles Zumutbare unternimmt, um die Arbeitsfähigkeit möglichst bald wiederzuerlangen. Aus diesem Grund **ruht** gemäß § 143 Abs 1 Z 1 der Anspruch auf Krankengeld, solange die Arbeitsunfähigkeit dem Versicherungsträger nicht gemeldet ist.[271]

4.13.2.2. Dauer des Krankengeldanspruches (§ 139)

Krankengeldanspruch besteht für ein und denselben Versicherungsfall bis zur Dauer von **26 Wochen,** auch wenn während dieser Zeit zu der Krankheit, die die Arbeitsunfähigkeit zuerst verursachte, eine neue Krankheit hinzugetreten ist. Wenn der Anspruchsberechtigte innerhalb der letzten zwölf Monate vor dem Eintritt des Versicherungsfalles mindestens sechs Monate in der KV versichert war, verlängert sich für diese Personen die Dauer auf bis zu **52 Wochen** (Abs 1).

Durch die **Satzung** kann die Höchstdauer des Krankengeldanspruches bis auf **78 Wochen** erhöht werden (Abs 2).

Personen in einem aufrechten Dienstverhältnis, bei denen die Höchstdauer ihres Krankengeldanspruches abgelaufen ist, die einen **ablehnenden Bescheid** des PV-Trägers **über** eine beantragte **Invaliditäts- oder Berufsunfähigkeitspension** erhalten haben und keinen Anspruch auf Rehabilitationsgeld haben, ist Krankengeld in der zuletzt bezogenen Höhe ab dessen Antragstellung beim KV-Träger

269 10 ObS 87/17t.
270 *Felten* in SV-System 2.2.4.2.C.
271 RS0115876.

und längstens bis zur rechtskräftigen Beendigung des Verfahrens vor den ordentlichen Gerichten zu gewähren, jedoch nur solange die Arbeitsunfähigkeit infolge Krankheit andauert. Wird die Pension rückwirkend zuerkannt, so ist dieses für denselben Zeitraum vom KV-Träger geleistete Krankengeld von den PV-Trägern zu ersetzen (Abs 2a).

Abs 2a normiert unter bestimmten Voraussetzungen eine **Verlängerung der Dauer** des Krankengeldanspruchs, enthält aber keine eigenständige Regelung der Höhe des Krankengeldes. § 143 ist auch auf den durch Abs 2a verlängerten Anspruchszeitraum anzuwenden. Liegt zu Beginn oder während dieses Zeitraums ein Ruhensgrund vor, so tritt (teilweises) Ruhen ein; fällt der Ruhensgrund weg, erlangt der Leistungsanspruch wieder seine volle Wirksamkeit.[272]

Entsteht nach Wegfall des Krankengeldanspruches vor Ablauf der Höchstdauer **neuerlich**, und zwar innerhalb von 13 Wochen, infolge der Krankheit, für die der weggefallene Krankengeldanspruch bestanden hat, **ein Anspruch** auf Krankengeld, so werden die Anspruchszeiten für diese Krankheitsfälle zur Feststellung der Höchstdauer **zusammengerechnet**; die neuerliche mit Arbeitsunfähigkeit verbundene Erkrankung gilt als **Fortsetzung** der vorausgegangenen Erkrankung. Für Bezieher einer Leistung nach dem AlVG, dem ÜHG und dem AMSG gebührt das Krankengeld auch diesfalls erst ab dem vierten Tag der Arbeitsunfähigkeit infolge Krankheit (Abs 3).

Liegen Erkrankung und Folgeerkrankung innerhalb der 13-Wochen-Frist des Abs 3, so gelten die Arbeitsunfähigkeiten als **einheitlicher Versicherungsfall.**[273]

Abs 3 ist so auszulegen, dass die erste Erkrankung und die Fortsetzungserkrankung einen einheitlichen Versicherungsfall bilden; es bleibt die Bemessungsgrundlage bestehen, die für den ersten Versicherungsfall zugrunde zu legen war; **Krankengeld gebührt** bereits **ab dem ersten Tag** der Arbeitsunfähigkeit und auch für die Frage der Höchstdauer des Krankengeldanspruches sind die Zeiträume der krankheitsbedingten Arbeitsunfähigkeiten zu summieren. Die Anwendung der Bestimmung des Abs 3 ist auf den Fall beschränkt, dass die grundsätzlichen Voraussetzungen für den Versicherungsfall der Arbeitsunfähigkeit infolge Krankheit auch bezogen auf den Zeitpunkt des neuerlichen Eintrittes der Arbeitsunfähigkeit erfüllt sind. Die Bestimmung des Abs 3 reicht damit nicht aus, um Leistungen aus dem Versicherungsfall der Arbeitsunfähigkeit infolge Krankheit zu begründen, sondern hat vielmehr den **neuerlichen Eintritt** eines Versicherungsfalles iSd § 120 Z 2, für den alle gesetzlichen Bedingungen erfüllt sein müssen, zur Voraussetzung.[274]

272 RS0133907.
273 RS0116490.
274 10 ObS 65/87.

Ist mit dem Wegfall des Krankengeldanspruches die **Höchstdauer abgelaufen**, so **kann** ein **neuer Anspruch** auf Krankengeld infolge der Krankheit, für die der weggefallene Krankengeldanspruch bestanden hat, **erst wieder entstehen**, wenn der Erkrankte in der Zwischenzeit durch mindestens 13 Wochen in einer den Anspruch auf Krankengeld eröffnenden gesetzlichen KV oder durch mindestens 52 Wochen in einer sonstigen gesetzlichen KV **versichert war**. Liegen Zeiten einer den Anspruch auf Krankengeld eröffnenden gesetzlichen KV und einer sonstigen gesetzlichen KV vor, so entsteht ein neuer Anspruch, wenn die **Zusammenrechnung** dieser Zeiten 13 Wochen ergibt, wobei Zeiten einer sonstigen gesetzlichen KV mit einem Viertel der tatsächlich zurückgelegten Dauer zu berücksichtigen sind (Abs 4).

Das Entstehen eines neuen Krankengeldanspruches hat den **Eintritt eines neuen Versicherungsfalles** der Arbeitsunfähigkeit infolge Krankheit zur Voraussetzung. Dazu ist es erforderlich, dass eine zuvor bestandene Arbeitsunfähigkeit infolge einer Krankheit wegfällt.[275]

4.13.2.3. Höhe des Krankengeldes (§ 141)

Als **gesetzliche Mindestleistung** wird das Krankengeld im Ausmaß von **50 %** der Bemessungsgrundlage für den Kalendertag gewährt (Abs 1).

Ab dem 43. Tag einer mit Arbeitsunfähigkeit verbundenen Erkrankung erhöht sich das Krankengeld auf **60 %** der Bemessungsgrundlage für den Kalendertag (Abs 2).

Als **satzungsmäßige Mehrleistung** kann das Krankengeld von einem durch die Satzung zu bestimmenden Zeitpunkt an erhöht werden, wenn der Versicherte Angehörige hat, die sich gewöhnlich im Inland aufhalten (Abs 3).

Das **Gesamtausmaß** des erhöhten Krankengeldes darf **75 %** der Bemessungsgrundlage nicht übersteigen (Abs 4).

Den gemäß § 19a Abs 6 als Pflichtversicherte geltenden **selbstversicherten geringfügig Beschäftigten** gebührt das Krankengeld im Ausmaß von 197,93 € (Wert 2025) für den Kalendermonat. Für den Kalendertag gebührt der dreißigste Teil dieses Betrages (Abs 5).

Bemessungsgrundlage für das Krankengeld ist der für die Beitragsermittlung heranzuziehende und auf einen Kalendertag entfallende **Arbeitsverdienst**, der dem Versicherten in jenem Beitragszeitraum gebührte, der dem Ende des vollen Entgeltanspruches **voranging**. Liegen solche Beitragszeiträume nicht vor, so ist der laufende Beitragszeitraum maßgebend. Lohn- und Gehaltserhöhungen auf Grund von Normen kollektiver Rechtsgestaltung sind zu berücksichtigen (§ 125 Abs 1).

---

275 RS0115579.

Maßgebend ist demnach der Tageswert des (beitragsrelevanten) Arbeitsverdienstes (iSd § 44), der dem Versicherten im (Monats-)Zeitraum vor dem Ende des vollen Entgeltanspruchs gebührte.[276]

4.13.2.4. Versagung des Krankengeldes (§ 142)

Das Krankengeld **gebührt nicht** für die Dauer der Arbeitsunfähigkeit infolge einer Krankheit,

1. die sich der Versicherte durch **schuldhafte Beteiligung an einem Raufhandel** zugezogen hat, sofern er nach § 91 StGB rechtskräftig verurteilt wurde, oder
2. die sich als unmittelbare Folge von **Trunkenheit oder Missbrauch von Suchtgiften** erweist (Abs 1).

Den im Inland wohnenden **bedürftigen Angehörigen gebührt**, wenn ihr Unterhalt mangels anderweitiger Versorgung vorwiegend vom Versicherten bestritten wurde und sie an der Ursache der Versagung nicht schuldhaft beteiligt waren, die **Hälfte** des Krankengeldes, das dem Versicherten gebührt hätte (Abs 2).

§ 142 regelt trotz seiner Überschrift „Versagung des Krankengeldes" nach der von der Lehre entwickelten Terminologie mehrere Fälle der **„Verwirkung"**. Darunter wird ein dauernder und schon **von Gesetzes wegen eintretender Anspruchsverlust** verstanden. Der Gesetzgeber sieht die Verwirkung vor, wenn das zum Entstehen eines Leistungsanspruches führende Verhalten als Missbrauch der SV oder als ein von der Gemeinschaft nicht zu prästierendes Verhalten angesehen wird. In einem solchen Fall **entsteht** trotz Erfüllung sämtlicher Tatbestandsmerkmale überhaupt **kein Leistungsanspruch** des sonst Leistungsberechtigten.[277]

Unter **Trunkenheit** ist nach Rsp und Lehre ein Zustand zu verstehen, in dem eine Person nach Genuss von alkoholischen Getränken in ihrem Bewusstsein getrübt ist. Auf das Überschreiten eines bestimmten Blutalkoholwerts kommt es hiebei nicht an. Trunkenheit kann auch nicht mit dem Rauschzustand iSd § 81 Abs 2 StGB gleichgesetzt werden.[278]

Nur ein unmittelbarer Zusammenhang zwischen der Alkoholisierung des Verletzten und der Verletzung reicht aus, um den SV-Träger von der Leistung zu befreien.[279]

Der geforderte **ursächliche Zusammenhang** zwischen der Trunkenheit und dem Eintritt der Gesundheitsschädigung („unmittelbare Folge") kann nach Rsp und Lehre nicht iSd im UV-Recht herrschenden Theorie der wesentlichen Bedingung oder der Äquivalenztheorie geklärt werden, sondern es ist vielmehr die auch im

276 *Felten* in SV-System 2.2.4.2.D.
277 10 ObS 259/93.
278 RS0116230.
279 RS0083743.

Schadenersatzrecht allgemein anerkannte **Adäquanztheorie** anzuwenden. Die Gesundheitsschädigung muss sich daher **typischerweise** aus der Trunkenheit ergeben und nicht bloß aus einer ungewöhnlichen Verkettung von Umständen. Zur Verwirkung kommt es daher in Bezug auf Erkrankungen und Verletzungen, die nach dem **gewöhnlichen Lauf der Dinge** bzw nach allgemeinen Erfahrungsgrundsätzen als **wahrscheinliche Folge** aus der Trunkenheit resultieren. Die bloße Möglichkeit der Verursachung reicht nicht aus, vielmehr muss der ursächliche Zusammenhang durch einen hinreichenden Wahrscheinlichkeitsgrad belegt sein. Danach führen Erkrankungen oder Verletzungen, die typischerweise aus Trunkenheit, etwa durch **Sturz** oder durch **Verkehrsunfall** des alkoholisierten Versicherten, folgen, zum Leistungsausschluss nach Abs 1.[280]

Suchtgiftmissbrauch liegt entweder im eigenmächtigen Genuss von Suchtmitteln oder in der – entgegen ärztlicher Verordnung – überdosierten Einnahme von suchtgifthältigen Arzneien. Die Krankheit muss aber auch in diesem Fall eine adäquate Folge des Missbrauches von Suchtgiften sein.[281]

4.13.2.5. Ruhen des Krankengeldanspruches (§ 143)

Der Anspruch auf Krankengeld **ruht** (Abs 1):

- solange die Arbeitsunfähigkeit dem Versicherungsträger **nicht gemeldet** ist (Z 1);
- solange der Versicherte auf Grund gesetzlicher oder vertraglicher Bestimmungen **Anspruch auf Weiterleistung von mehr als 50 % der vollen Geld- und Sachbezüge** vor dem Eintritt der Arbeitsunfähigkeit hat; besteht ein Anspruch auf Weiterleistung von 50 % dieser Bezüge, so ruht das Krankengeld zur Hälfte; Folgeprovisionen gelten nicht als weitergeleistete Bezüge (Z 3);
- solange dem Versicherten ein Übergangsgeld gewährt wird (Z 4);
- solange der Versicherte Zivildienst iSd Zivildienstgesetzes leistet (Z 5);
- solange der Versicherte Ausbildungsdienst nach dem Wehrgesetz 2001 leistet, ab dem 13. Monat des Ausbildungsdienstes (Z 6);
- solange dem Versicherten Pflegekarenzgeld nach § 21c BPGG gewährt wird, in der Höhe des Pflegekarenzgeldes (Z 7);
- solange dem Versicherten ein Wiedereingliederungsgeld gebührt (Z 8).

Es kommt nicht darauf an, ob der Versicherte während der strittigen Zeit tatsächlich infolge Krankheit arbeitsunfähig war. Dies ist nur für das Entstehen des Anspruchs, nicht aber für dessen Ruhen wesentlich, weil der Eintritt des Ruhens allein daran geknüpft wird, dass die Arbeitsunfähigkeit dem Versicherungsträger **nicht** (formgerecht) **gemeldet** wird.[282]

280 10 ObS 369/01i.
281 10 ObS 259/93.
282 RS0083974.

Nach der stRsp des OGH kommt es für das Ruhen des Krankengeldanspruchs nach Abs 1 Z 3 nur auf das Bestehen eines gesetzlichen oder vertraglichen **Anspruchs** auf Weiterleistung der Geld- und Sachbezüge an, nicht aber darauf, in welcher Höhe dieser Anspruch auch erfüllt wurde oder durchsetzbar ist oder in welcher Einkommens- und Vermögenssituation sich der Versicherte befindet.[283]

Der OGH hat wiederholt ausgesprochen, dass Bezüge von **Urlaubsentschädigung und Urlaubsabfindung als Entgelt** iSd § 49 Abs 1 und 2 **anzusehen** sind, als beitragspflichtiges Entgelt behandelt werden und damit zu einer entsprechenden Verlängerung des Pflichtversicherungsverhältnisses führen und dass daraus auch das Ruhen eines Krankengeldanspruches nach Abs 1 Z 3 wegen Anspruchs auf Weiterleistung von mehr als der Hälfte der Geldbezüge vor dem Eintritt der Arbeitsunfähigkeit folgt.[284]

Wird eine **Abschlussprovision (Folgeprovision)** für vor Eintritt des Versicherungsfalles der Arbeitsunfähigkeit infolge Krankheit vermittelte Verträge während der Zeit der Arbeitsunfähigkeit wegen Krankheit **ausgezahlt**, so handelt es sich nicht um weitergeleistete Bezüge iSd Abs 1 Z 3, sondern um ein Entgelt für früher erbrachte Leistungen, das nicht zum Ruhen des Krankengeldes führt.[285]

Der **Versicherungsträger kann verfügen, dass** das Krankengeld auf Dauer oder für eine bestimmte Zeit zur Gänze oder teilweise **ruht**, wenn der Versicherte

1. einer Ladung zum Kontrollarzt ohne wichtigen Grund nicht Folge leistet oder
2. trotz Vorliegens der Voraussetzungen des § 144 Abs 2 die Anstaltspflege ablehnt oder
3. wiederholt Bestimmungen der Krankenordnung oder Anordnungen des behandelnden Arztes verletzt hat,

in allen diesen Fällen, wenn der Versicherte **vorher** auf die Folgen seines Verhaltens **schriftlich hingewiesen** worden ist (Abs 6).

Ein unmittelbarer **Zwang**, der Verpflichtung nach § 144 Abs 2 (notwendige Anstaltspflege) nachzukommen, kann auf den Erkrankten nicht ausgeübt werden. Als **Sanktion** kann der KV-Träger verfügen, dass das Krankengeld auf Dauer oder für eine bestimmte Zeit zur Gänze oder teilweise ruht.[286]

283 10 ObS 126/04h.
284 10 ObS 353/97b.
285 10 ObS 16/07m.
286 RS0115254.

4.14. Versicherungsfall der vorübergehenden geminderten Arbeitsfähigkeit

4.14.1. Rehabilitationsgeld (§ 143a)

4.14.1.1. Anspruch (Abs 1)

Personen der **Geburtsjahrgänge 1964 und jünger** (1965, 1966 usw), für die auf Antrag bescheidmäßig festgestellt wurde, dass **vorübergehende Invalidität (Berufsunfähigkeit)** voraussichtlich **im Ausmaß von zumindest sechs Monaten** vorliegt, haben **ab dem Stichtag** für die Dauer der vorübergehenden Invalidität (Berufsunfähigkeit) **Anspruch** auf Rehabilitationsgeld. Das weitere Vorliegen der vorübergehenden Invalidität (Berufsunfähigkeit) ist vom KV-Träger jeweils bei Bedarf, jedenfalls aber **nach Ablauf eines Jahres** nach der Zuerkennung des Rehabilitationsgeldes oder der letzten Begutachtung, im Rahmen des Case Managements zu **überprüfen**, und zwar unter Inanspruchnahme des Kompetenzzentrums Begutachtung. Die **Feststellung**, ob Anspruch auf Rehabilitationsgeld besteht, sowie dessen Entziehung erfolgt **durch Bescheid des PV-Trägers** (Abs 1).

Im Zuge der Abschaffung der befristeten Zuerkennung der Pension wegen geminderter Arbeitsfähigkeit wurden mit dem SRÄG 2012 (BGBl I 2013/3) für Versicherte, die **am 1.1.2014 das 50. Lebensjahr noch nicht vollendet** haben, ein **Rechtsanspruch** auf medizinische Rehabilitation bei vorübergehender Invalidität/Berufsunfähigkeit sowie die neuen Leistungen des Rehabilitations- und des Umschulungsgeldes eingeführt. Im Vergleich zur bis dahin geltenden Rechtslage ist nunmehr für jüngere Versicherte eine differenzierte Behandlung von Fällen geminderter Arbeitsfähigkeit vorgesehen, je nachdem, ob diese geminderte Arbeitsfähigkeit dauerhaft oder nur vorübergehend vorliegt. Versicherte, deren **Arbeitsfähigkeit nicht dauerhaft gemindert** ist, erhalten keine Pensionsleistung mehr, sondern berufliche und/oder medizinische Maßnahmen der Rehabilitation einschließlich Geldleistungen. Der Anspruch auf Rehabilitationsgeld gemäß § 143a wurde systematisch der KV zugeordnet, und zwar als Leistung „aus dem Versicherungsfall der geminderten Arbeitsfähigkeit" (§ 117 Z 3).[287]

Der **Zweck** des Rehabilitationsgeldes liegt darin, einen **Ersatz für die weggefallene befristete Invaliditätspension** zu schaffen. Funktional ist das Rehabilitationsgeld eine Fortsetzung des Krankengeldbezugs bzw ist es dem **Krankengeldanspruch nachgebildet**. Wie auch nach der Systematik des Krankengeldes liegt der Fokus auf der **Einkommensersatzfunktion**. Der durch die Arbeitsunfähigkeit erlittene Entgeltverlust soll zumindest teilweise ersetzt werden und eine finanzielle Absicherung des Versicherten während der Wiederherstellung seiner Arbeitsfähigkeit gewährleistet sein.[288]

287 Vgl VwGH 19.12.2018, Ro 2017/15/0025.
288 10 ObS 147/20w.

Der **EuGH** hat in der Entscheidung C-135/19, *Pensionsversicherungsanstalt*, das Rehabilitationsgeld eindeutig als Leistung bei Krankheit iSd Art 3 Abs 1 lit a der VO (EG) Nr 883/2004 qualifiziert. Ausgehend davon besteht in den Fällen, in denen Versicherte ihren Wohnsitz in einen anderen Mitgliedstaat verlegen, **keine Verpflichtung** mehr **zum Export** von Rehabilitationsgeld.[289]

4.14.1.2. Höhe (Abs 2)

Das Rehabilitationsgeld **gebührt im Ausmaß des Krankengeldes** und ab dem 43. Tag im Ausmaß des erhöhten Krankengeldes, das aus der letzten eine Pflichtversicherung in der KV nach dem ASVG oder nach dem B-KUVG begründende Erwerbstätigkeit gebührt hätte. Zeiten des Bezuges von Wiedereingliederungsgeld sind bei der Berechnung nicht zu berücksichtigen. **Jedenfalls** gebührt es jedoch **in der Höhe des Einzelrichtsatzes** (§ 293 Abs 1 lit a sublit bb). Die Erhöhung bis zu diesem Richtsatz ist nur zu gewähren, solange die das Rehabilitationsgeld beziehende Person ihren rechtmäßigen, gewöhnlichen Aufenthalt im Inland hat (Abs 2).

Haben zuletzt **zwei Beschäftigungsverhältnisse** parallel nebeneinander bestanden und sind zu Ende gegangen, stellen beide zusammen die „letzte Erwerbstätigkeit" iSd § 143a Abs 2 Satz 1 dar und sind daher **gemeinsam** bei der Bemessung des Rehabilitationsgeldes zu berücksichtigen, dies unabhängig davon, dass die Pflichtversicherung in der KV in einem der Beschäftigungsverhältnisse mit dem Ende des Anspruchs auf Entgeltfortzahlung früher als in dem anderen Beschäftigungsverhältnis geendet hat.[290]

Ab 1.1.2023 werden ua das Krankengeld (§§ 138 bis 143) und das Rehabilitationsgeld (§ 143a) **valorisiert** (§ 108i). Die Valorisierung der Bemessungsgrundlagen erfolgt jährlich in Anlehnung an die Regelungen zur Anpassung der Pensionen bzw der Renten aus der UV mit dem Anpassungsfaktor (§ 108f), wobei dies beim Rehabilitations- und Wiedereingliederungsgeld gesetzlich festgelegt wird, für das Krankengeld wird hingegen eine Satzungsermächtigung für die KV-Träger verankert (RV 1663 BlgNR 27. GP 1 f).

4.14.1.3. Zusammentreffen von Ansprüchen (Abs 3)

Trifft der Anspruch auf Rehabilitationsgeld mit einem Anspruch auf **Entgeltfortzahlung** aus einer für die Bemessung des Rehabilitationsgeldes maßgeblichen Erwerbstätigkeit zusammen, so ist § 143 Abs 1 Z 3 (Ruhen bei Anspruch auf Weiterleistung von mehr als 50 % der vollen Geld- und Sachbezüge) sinngemäß anzuwenden. Trifft der Anspruch auf Rehabilitationsgeld mit einem Anspruch auf **Krankengeld** aus einer für die Bemessung des Rehabilitationsgeldes maßgeblichen Erwerbstätigkeit zusammen, so **ruht** der Anspruch auf Krankengeld (Abs 3).

289 10 ObS 131/21v ua.
290 RS0133427.

Abs 3 Satz 1 ist dahin zu verstehen, dass bei Gewährung einer **Urlaubsersatzleistung** im Fall der Auflösung des Arbeitsverhältnisses während des Bezugs von Rehabilitationsgeld der Anspruch auf Rehabilitationsgeld während des der Urlaubsersatzleistung entsprechenden darauf entfallenden Zeitraums zur Gänze ruht.[291]

Bei Zusammentreffen eines Anspruchs auf **Versehrtenrente** mit einem Rehabilitationsgeldanspruch und einem Krankengeldanspruch ruht die Versehrtenrente – sofern die Arbeitsunfähigkeit Folge des Arbeitsunfalls oder der Berufskrankheit ist – für die Dauer des Bezugs von **Krankengeld**. Hiebei ist ein ruhender Anspruch auf Krankengeld dem Bezug des Krankengeldes gleichzuhalten (§ 90a und § 143a Abs 3 Satz 2). Fällt die Versehrtenrente aber erst nach dem Auslaufen des Krankengeldanspruchs (also nach der 52. Woche) an, tritt ein Ruhen der Versehrtenrente wegen des Rehabilitationsgeldbezugs nicht ein.[292]

4.14.1.4. Teilrehabilitationsgeld (Abs 4)

Trifft der Anspruch auf Rehabilitationsgeld mit einem Anspruch auf **Erwerbseinkommen**, das die Geringfügigkeitsgrenze (§ 5 Abs 2) übersteigt, zusammen, so gebührt ein Teilrehabilitationsgeld, dessen Höhe sinngemäß nach § 254 Abs 7 zu bestimmen ist. Resultieren aus dieser Erwerbstätigkeit Ansprüche auf Entgeltfortzahlung oder Krankengeld, so sind Abs 3 erster und zweiter Satz nicht anzuwenden (Abs 4).

4.14.1.5. Mitwirkungspflichten (Abs 5)

Vereitelt oder verzögert die zu rehabilitierende Person die im Rahmen des Case Managements vorgesehenen Abläufe oder Maßnahmen, indem sie ihren Mitwirkungsverpflichtungen wiederholt nicht nachkommt, so kann der KV-Träger verfügen, dass das Rehabilitationsgeld auf Dauer oder für eine bestimmte Zeit zur Gänze oder teilweise **ruht**, wenn die versicherte Person vorher auf die Folgen ihres Verhaltens schriftlich hingewiesen worden ist (Abs 5).

4.14.1.6. Erlöschen

Der Anspruch auf Rehabilitationsgeld aus der KV erlischt

1. mit dem Anfall einer (vorzeitigen) Alterspension bzw Knappschaftsalterspension nach dem ASVG oder einem anderen Bundesgesetz oder
2. mit Erfüllung der Voraussetzungen für den Anspruch auf Alterspension nach § 253 bzw Knappschaftsalterspension nach § 276 (§ 130 GSVG, § 121 BSVG oder § 4 Abs 1 APG), wenn sie auf einen Monatsersten fällt, sonst mit dem der Erfüllung der Voraussetzungen folgenden Monatsersten (§ 100 Abs 3).

In Anlehnung an die Regelung im Arbeitslosenversicherungsgesetz 1977 (§ 22 Abs 1 AlVG) soll vorgesehen werden, dass der Anspruch auf Rehabilitationsgeld

291 RS0133345.
292 RS0131846.

nach § 143a ASVG nicht nur bei Anfall einer (vorzeitigen) **Alterspension**, sondern auch bei Erfüllung der Anspruchsvoraussetzungen für eine (reguläre) Alterspension erlischt.[293]

4.14.2. Case Management (§ 143b)

Die KV-Träger haben die Bezieher von Rehabilitationsgeld umfassend zu unterstützen, um einen dem Stand der medizinischen Wissenschaft entsprechenden Behandlungsprozess für den Übergang zwischen einer Krankenbehandlung und der Rehabilitation zur **Wiederherstellung der Arbeitsfähigkeit** sicherzustellen und für einen optimalen Ablauf der notwendigen Versorgungsschritte zu sorgen. In diesem Rahmen ist die versicherte Person während der Krankenbehandlung sowie der medizinischen Rehabilitation zur Wiederherstellung der Arbeitsfähigkeit bei der Koordinierung der weiter zu setzenden Schritte zu **unterstützen und** dahingehend zu **begleiten,** dass nach einer entsprechenden Bedarfserhebung ein **individueller Versorgungsplan** erstellt und durch die einzelnen Leistungserbringer umgesetzt wird. Im Rahmen des Case Managements ist darauf Bedacht zu nehmen, dass sich die Versicherten **regelmäßigen Begutachtungen** im Kompetenzzentrum (§ 307g) unterziehen. Die KV-Träger haben sich hiebei mit dem AMS und dem zuständigen PV-Träger rechtzeitig abzustimmen. Der PV-Träger kann eine Begutachtung im Kompetenzzentrum Begutachtung unter Einbindung des Case Managements verlangen.

4.14.3. Kostenersatz (§ 143c)

Die **PV-Träger haben** für Bezieher von Rehabilitationsgeld **den KV-Trägern** und – soweit es sich um Vertragsbedienstete handelt – den Krankenfürsorgeeinrichtungen (§ 2 Abs 1 Z 2 B-KUVG) die ausgewiesenen tatsächlichen **Kosten** für das Rehabilitationsgeld sowie die anteiligen Verwaltungskosten **zu ersetzen** (Abs 1).

Die PV-Träger haben an die KV-Träger und die Krankenfürsorgeeinrichtungen einen **pauschalen KV-Beitrag** in der Höhe von 7,65 % der Aufwendungen für das Rehabilitationsgeld zu entrichten (Abs 4).

4.15. Versicherungsfall der Wiedereingliederung nach langem Krankenstand

4.15.1. Allgemeines

Ziel des Wiedereingliederungsteilzeitgesetzes (BGBl I 2017/30) ist es, den längeren Verbleib von Arbeitnehmern im Erwerbsleben zu unterstützen. Langfristig dient dies der Sicherung des gesetzlichen Pensionssystems und der Anhebung der

293 3983/A 27. GP 5 zu BGBl I 2024/46.

Beschäftigungsquote älterer Erwerbstätiger. Für Menschen, die in Beschäftigung stehen und ernsthaft für längere Zeit physisch oder psychisch erkrankt sind, wurde ein arbeits- und sozialversicherungsrechtliches Modell normiert, das es ihnen ermöglicht, **schrittweise in den Arbeitsprozess zurückzukehren** (237/ME 25. GP 1). Die Wiedereingliederungsteilzeit ist ein befristetes, von Arbeitgeber und Arbeitnehmer vereinbartes Teilzeitmodell, das mit einer Geldleistung der KV an den Arbeitnehmer verbunden ist, um dessen arbeitsrechtliche Entgelteinbuße teilweise zu kompensieren.[294]

Der **Versicherungsfall gilt** mit dem tatsächlichen Beginn der Wiedereingliederungsteilzeit nach § 13a AVRAG **als eingetreten** (§ 120 Z 2a).

4.15.2. Wiedereingliederungsgeld (§ 143d)

Personen, die eine **Wiedereingliederungsteilzeit** (§ 13a AVRAG) **vereinbart** haben, haben für deren Dauer, jedoch **höchstens neun Monate**, ab dem Tag des tatsächlichen Dienstantritts **Anspruch** auf Wiedereingliederungsgeld. Voraussetzung hiefür ist, dass dieses durch den chef- und kontrollärztlichen Dienst des zuständigen KV-Trägers auf Basis eines im Rahmen der Vereinbarung einer Wiedereingliederungsteilzeit erstellten **Wiedereingliederungsplanes** für zunächst **höchstens sechs Monate** bewilligt wurde. Eine **Verlängerung** bedarf einer neuerlichen Bewilligung. Die ärztliche Bewilligung darf nur erteilt werden, wenn die Wiedereingliederungsteilzeit **medizinisch zweckmäßig** ist (Abs 1).

Im Fall einer **Bewilligung** des Wiedereingliederungsgeldes **durch sozialgerichtliches Urteil** muss § 13a Abs 1 Satz 7 AVRAG **einschränkend** dahin verstanden werden, dass die Wiedereingliederungsteilzeit für den Anspruch auf Wiedereingliederungsgeld rückwirkend als wirksam vereinbart anzusehen ist. Abzustellen ist dabei auf den Zeitpunkt des Vorliegens einer schriftlichen Vereinbarung gemäß § 13a Abs 1 AVRAG, die – mit Ausnahme der Bewilligung des Wiedereingliederungsgeldes und deren Zustellung an den Arbeitgeber – sämtliche sonstigen Voraussetzungen des § 13a AVRAG erfüllt.[295]

Keinen Anspruch auf Wiedereingliederungsgeld haben Personen, die **Rehabilitationsgeld oder** eine **Eigenpension** aus der gesetzlichen PV **beziehen**, und zwar auch dann, wenn diese Leistung ruht (Abs 2).

Das Wiedereingliederungsgeld errechnet sich aus dem **erhöhten Krankengeld** (§ 141 Abs 2). Bei einer **Herabsetzung der wöchentlichen Normalarbeitszeit** um die Hälfte gebührt das Wiedereingliederungsgeld in der Höhe von 50 % des erhöhten Krankengeldes. Wird die wöchentliche Normalarbeitszeit um weniger als die Hälfte herabgesetzt, so ist das Wiedereingliederungsgeld im entsprechen-

294 10 ObS 129/18w mwN.
295 RS0132679.

den Ausmaß **aliquot** zu kürzen. Wird die Vereinbarung über die wöchentliche Normalarbeitszeit während der Wiedereingliederungsteilzeit **abgeändert** (§ 13a Abs 4 AVRAG), so ist die Höhe des Wiedereingliederungsgeldes entsprechend **anzupassen.** Wird eine Vereinbarung iSd § 13a Abs 2 dritter Satz AVRAG getroffen, so ist das Wiedereingliederungsgeld gleichmäßig entsprechend dem, bezogen auf die Gesamtdauer der Wiedereingliederungsteilzeit, durchschnittlich vereinbarten Arbeitszeitausmaß zu leisten (Abs 3).

Tritt während der Wiedereingliederungsteilzeit ein Versicherungsfall der Arbeitsunfähigkeit infolge Krankheit, ein Arbeitsunfall oder eine Berufskrankheit ein, so **gebührt** das Wiedereingliederungsgeld in unveränderter Höhe weiter, **solange Anspruch auf Weiterleistung von mehr als 50 % der vollen Geld- und Sachbezüge** besteht. Danach gebührt das Wiedereingliederungsgeld in Höhe des erhöhten Krankengeldes; dieser Anspruch **ruht** in Höhe der weitergeleisteten Geld- und Sachbezüge (Abs 4).

Ein **neuerlicher Anspruch** auf Wiedereingliederungsgeld kann erst **nach** Ablauf von **18 Monaten** ab dem Ende der Wiedereingliederungsteilzeit entstehen (Abs 5).

Der Dienstgeber ist über den Umstand der Bewilligung oder Ablehnung nach Abs 1 oder die Entziehung des Wiedereingliederungsgeldes nach § 99 unverzüglich zu informieren (Abs 6).

4.16. Hilfe bei körperlichen Gebrechen (§ 154)

Bei Verstümmelungen, Verunstaltungen und körperlichen Gebrechen, welche die Gesundheit, die Arbeitsfähigkeit oder die Fähigkeit, für die lebenswichtigen persönlichen Bedürfnisse zu sorgen, wesentlich beeinträchtigen, **kann die Satzung Zuschüsse für** die Anschaffung der notwendigen **Hilfsmittel** sowie für deren Instandsetzung **vorsehen, soweit nicht ein Anspruch** aus der gesetzlichen UV nach dem ASVG oder einem anderen Bundesgesetz, eine Leistungsverpflichtung im Rahmen der medizinischen Maßnahmen der Rehabilitation nach dem ASVG oder einem anderen Bundesgesetz oder ein gleichartiger Anspruch nach dem Kriegsopferversorgungsgesetz 1957, nach dem Heeresversorgungsgesetz, nach dem Opferfürsorgegesetz, nach dem Bundesgesetz über die Gewährung von Hilfeleistungen an Opfer von Verbrechen, nach dem Impfschadengesetz oder nach dem Strafvollzugsgesetz **besteht (Subsidiarität).** Bei der Festsetzung der **Höhe** der Zuschüsse ist auf § 137 Abs 2, 4 und 5 sinngemäß mit der Maßgabe Bedacht zu nehmen, dass der durch die Satzung des Versicherungsträgers für den Kostenzuschuss festzusetzende **Höchstbetrag** bei Hilfsmitteln, die geeignet sind, die Funktion fehlender oder unzulänglicher Körperteile zu übernehmen und **bei Krankenfahrstühlen** höchstens das 25-Fache der täglichen Höchstbeitragsgrundlage (§ 108 Abs 3; Wert 2025: 25 x 215 = 5.375 €) betragen darf. Die **Kran-**

kenordnung kann eine **Gebrauchsdauer** für Hilfsmittel vorsehen. Als **Hilfsmittel** sind hiebei solche Gegenstände oder Vorrichtungen anzusehen, die geeignet sind,

- die Funktion fehlender oder unzulänglicher Körperteile zu übernehmen oder
- die mit einer Verstümmelung, Verunstaltung oder einem Gebrechen verbundene körperliche oder psychische Beeinträchtigung zu mildern oder zu beseitigen.

Als freiwillige Leistung kann der Versicherungsträger in solchen Fällen überdies, sofern dies notwendig und zweckmäßig ist, **Krankenbehandlung und Anstaltspflege** gewähren, soweit auf diese Leistungen nicht schon ein Anspruch aus dem Versicherungsfall der Krankheit besteht (Abs 1).

Es ist **strittig**, ob es sich bei Hilfsmitteln iSd § 154 um **freiwillige Leistungen**[296] **oder Pflichtleistungen**[297] handelt. Nach § 121 Abs 3 kann der Versicherungsträger unter Bedachtnahme auf seine finanzielle Leistungsfähigkeit und das wirtschaftliche Bedürfnis der Versicherten **über die gesetzlichen Mindestleistungen hinausgehende Mehrleistungen** in der Satzung vorsehen (satzungsmäßige Mehrleistungen). Im Fall der Hilfsmittel iSd § 154 hat der Gesetzgeber aber keine gesetzlichen Mindestleistungen normiert, sodass satzungsmäßige Mehrleistungen (als Pflichtleistungen) nicht in Betracht kommen. Die besseren Argumente sprechen daher für freiwillige Leistungen.

Gebrechen sind ihrem Wesen nach medizinisch nicht beeinflussbare, gänzliche oder teilweise Ausfälle von normalen Körperfunktionen, die im medizinischen Sinn nicht mehr als Krankheit zu beurteilen sind. Treten im Rahmen von Gebrechen allerdings „akute Störungen" auf, ist zu prüfen, ob die hinzutretenden Regelwidrigkeiten die Merkmale des sv-rechtlichen Krankheitsbegriffs erfüllen. So werden als „akute Regelwidrigkeit" im Rahmen von Gebrechen, somit als **Krankheit** im sv-rechtlichen Sinn etwa Hautreizungen und Hautabschürfungen, die an einem Amputationsstumpf beim Tragen einer infolge Bruches schadhaften Prothese auftreten, einzustufen sein.[298]

Fehlt infolge der abgeschlossenen Entwicklung des Leidens die Möglichkeit ärztlicher Einflussnahme im Sinn einer Heilung, Besserung oder Verhütung von Verschlimmerungen, ist die Regelwidrigkeit dem Gebrechen zuzuordnen. Der Krankheitsbegriff (§ 120) und der Gebrechensbegriff (§ 154) **schließen einander aus.**[299]

296 10 ObS 236/99z; *Tomandl*, Sozialrecht[7] Rz 185; wohl auch *Pfeil/Auer-Mayer*, Österreichisches Sozialrecht[13] 44: „kann (!) die Satzung Zuschüsse ... vorsehen"; *Resch*, Sozialrecht[8] 60; *Burger/Mair/Wachter*, Sozialrecht Basics[7] 106.

297 10 ObS 168/12x; *Schober* in *Sonntag*, ASVG[13] § 154 Rz 7; *Felten* in SV-System 2.2.9.2.: „satzungsmäßige Mehrleistung"; *Brodil/Windisch-Graetz*, Sozialrecht in Grundzügen[9] 104.

298 10 ObS 70/11h.

299 10 ObS 224/02t.

Die **Unterscheidung** zwischen **Heilbehelfen** (§ 137 Abs 1) und Hilfsmitteln (§ 154 Abs 1) ist danach zu treffen, ob der Behelf (im konkreten Anwendungsfall) dem Heilungszweck dient (Heilbehelf) oder ob er erst nach Abschluss des Heilungsprozesses (als Hilfsmittel) zum Einsatz kommt.[300]

Ein **Krankenfahrstuhl**, der nach herkömmlichem Verständnis als Hilfsmittel angesehen wird (vgl § 154 Abs 1), kann dann als Heilbehelf eingestuft werden, wenn er etwa während einer Krankenbehandlung zur Entlastung der Beine benötigt wird.[301]

Der Unterscheidung im Bereich des (§ 65) **B-KUVG** kommt keine entscheidende Bedeutung zu, weil dieses Gesetz sowohl Heilbehelfe als auch Hilfsmittel (anders als ASVG und BSVG) als Teile der gesetzlichen Pflichtleistung normiert.[302]

Hörgeräte[303] und ein **Badelifter**[304] sind Hilfsmittel iSd § 154.

Die von der Versicherten 40 Jahre nach ihrer Amputationsverletzung ohne Anknüpfung an eine verletzungsbedingte Heilbehandlung angestrebte prothetische Versorgung stellt wegen des **fehlenden engen zeitlichen Zusammenhangs** keine medizinische Maßnahme der Rehabilitation in der KV nach § 154a dar. Die begehrte Kostenübernahme für eine **C-Leg-Prothese** ist daher als Kostenübernahmebegehren für ein Hilfsmittel iSd § 154 anzusehen.[305]

Ein **Pflegelifter** ist als Hilfsmittel zu beurteilen, wenn er nicht nur der Pflegeerleichterung, sondern vorrangig dem Behinderungsausgleich bzw der Milderung der mit einem bestehenden Gebrechen verbundenen Beeinträchtigung dient.[306]

Bei Vorliegen von irreversiblen, entstellenden Hautveränderungen im Gesicht, die die Arbeitsfähigkeit wesentlich beeinträchtigen, ist ein **Abdeckmittel** als Hilfsmittel zu qualifizieren.[307] Dies gilt jedoch nicht für eine als allgemeines Hautpflegemittel verwendete kosmetische Creme.[308]

Die **Betriebsmittel** eines Hilfsmittels können nicht unter den Begriff des Hilfsmittels selbst subsumiert werden, dies auch nicht über den Umweg der „Funktionsfähigkeit" bzw der „Instandsetzung" des Hilfsmittels. **Batterien** für Hörgeräte gelten als Betriebsmittel, für die von den KV-Trägern keine Kosten zu übernehmen sind.[309]

---

300 RS0109537.
301 10 ObS 70/11h.
302 10 ObS 236/99z.
303 RS0084075.
304 RS0084072.
305 10 ObS 168/12x.
306 10 ObS 26/12i.
307 RS0072998.
308 10 ObS 108/90.
309 RS0113664.

4.17. Medizinische Maßnahmen der Rehabilitation (§ 154a)

Die KV-Träger gewähren, um den Erfolg der Krankenbehandlung zu sichern oder die Folgen der Krankheit zu erleichtern, **im Anschluss an die Krankenbehandlung nach pflichtgemäßem Ermessen** und nach Maßgabe des § 133 Abs 2 medizinische Maßnahmen der Rehabilitation mit dem **Ziel**, den Gesundheitszustand der Versicherten und ihrer Angehörigen so weit wiederherzustellen, dass sie in der Lage sind, in der Gemeinschaft einen ihnen angemessenen Platz möglichst dauernd und ohne Betreuung und Hilfe einzunehmen (Abs 1).

Die Maßnahmen umfassen:

1. die Unterbringung in Krankenanstalten, die vorwiegend der Rehabilitation dienen;
2. die Gewährung von Körperersatzstücken, orthopädischen Behelfen und anderen Hilfsmitteln einschließlich der notwendigen Änderung, Instandsetzung und Ersatzbeschaffung sowie der Ausbildung im Gebrauch der Hilfsmittel;
3. die Gewährung ärztlicher Hilfe sowie die Versorgung mit Heilmitteln und Heilbehelfen, wenn diese Leistungen unmittelbar im Anschluss an eine oder iZm einer der in Z 1 und 2 genannten Maßnahmen erforderlich sind.

In den Fällen der Z 1 bis 3 sowie iZm der körpergerechten Anpassung von Körperersatzstücken, orthopädischen Behelfen und anderen Hilfsmitteln können **Reise- und Transportkosten** nach Maßgabe der Bestimmungen der **Satzung** unter Bedachtnahme auf die wirtschaftlichen Verhältnisse des Versicherten bzw Angehörigen übernommen werden (Abs 2).

Die Maßnahmen sind bei einem PV-Träger oder einem UV-Träger zu **beantragen**, die den Antrag unverzüglich an den zuständigen KV-Träger weiterzuleiten haben, soweit sie diese Maßnahmen nicht selbst an sich ziehen (Abs 3).

Der KV-Träger kann die Durchführung von medizinischen Maßnahmen der Rehabilitation einem **PV-Träger** mit dessen Zustimmung **übertragen**. Er hat dem PV-Träger in einem solchen Fall die Kosten zu ersetzen. Die beteiligten Versicherungsträger können jedoch zur Abgeltung der Ersatzansprüche unter Bedachtnahme auf die Anzahl der in Betracht kommenden Fälle und die Höhe der durchschnittlichen Kosten der in diesen Fällen gewährten medizinischen Maßnahmen der Rehabilitation die Zahlung jährlicher **Pauschalbeträge** vereinbaren (Abs 4).

Die Gewährung von Maßnahmen zur **Festigung der Gesundheit** bzw von Maßnahmen der **Gesundheitsvorsorge** (§§ 155 und 307d) zählt nicht zu den Aufgaben der medizinischen Maßnahmen der Rehabilitation (Abs 6).

Werden Versicherte (Pensionsbezieher, Angehörige) für Rechnung des KV-Trägers in einer Rehabilitationsanstalt untergebracht, so haben diese eine **Zuzahlung** zu leisten. Die Zuzahlung beträgt pro Verpflegstag, abhängig von der Höhe des

Erwerbseinkommens oder der Pension, zwischen 10,31 € und 25,04 € (Werte 2025). Der KV-Träger hat bei Vorliegen einer **besonderen sozialen Schutzbedürftigkeit** der versicherten (pensionsbeziehenden) Person von der Einhebung der Zuzahlung abzusehen oder diese herabzusetzen, und zwar nach Maßgabe der vom Dachverband hiezu erlassenen Richtlinien. Die Zuzahlung ist sogleich bei Antritt des Aufenthaltes **im Voraus** an den KV-Träger zu leisten und darf für jede versicherte (pensionsbeziehende, angehörige) Person für **höchstens 28 Tage** pro Kalenderjahr eingehoben werden (Abs 7).

Im Anwendungsbereich des § 154a hat der Gesetzgeber die Erbringung von **Sachleistungen**, nicht aber einen satzungsmäßigen Höchstbetrag wie in § 154 Abs 1 vorgesehen.[310]

Bei medizinischen Maßnahmen der Rehabilitation in der KV handelt es sich um eine **Pflichtaufgabe** des KV-Trägers, die jedoch nicht als Pflichtleistung (mit individuellem Rechtsanspruch), sondern als freiwillige Leistung (ohne individuellen Rechtsanspruch) normiert ist.[311]

Ein **Rechtsanspruch** auf medizinische Rehabilitation besteht **nur für vorübergehend invalid** gewordene Versicherte.[312]

Zwischen der Krankenbehandlung und medizinischen Maßnahmen der Rehabilitation muss ein entsprechender **zeitlicher Konnex** bestehen.[313]

4.18. Gesundheitsförderung und Prävention (§ 154b)

Die KV-Träger haben im Rahmen der Gesundheitsförderung und Prävention dazu beizutragen, den Versicherten und deren Angehörigen ein hohes Maß an Selbstbestimmung über ihre Gesundheit zu ermöglichen und sie damit zur Stärkung ihrer Gesundheit zu befähigen, indem sie insb über Gesundheitsgefährdung, die Bewahrung der Gesundheit und über die Verhütung von Krankheiten und Unfällen (ausgenommen Arbeitsunfälle) **aufklären**, und darüber zu **beraten**, wie Gefährdungen vermieden, Krankheiten und Unfälle (ausgenommen Arbeitsunfälle) verhütet werden können. Dazu sind gezielt für Gruppen von Anspruchsberechtigten abgestellt auf deren Lebenswelten **Gesundheitsförderungs- und Präventionsprogramme** und daraus abgeleitete Maßnahmen anzubieten (Abs 1).

Die im § 154b neu eingeführte Gesundheitsförderung stellt auf der Grundlage des § 116 Abs 1 Z 5 eine **Pflichtaufgabe** im Leistungskatalog der KV dar. Hiedurch soll die Rolle der Krankenkassen im Bereich der Prävention verstärkt sowie deren Bedeutung im Rahmen einer modernen Gesundheitspolitik unterstrichen werden.

310 *Schober* in *Sonntag*, ASVG[15] § 154a Rz 2.
311 RS0117386.
312 *Tomandl*, Sozialrecht[7] Rz 176.
313 RS0128669.

Ihre Aufgabe ist es, gesundheitsriskante Faktoren im Leben und in der Arbeitswelt zu vermindern. In dem Zusammenhang ist auch auf die im § 116 Abs 4 festgelegte allgemeine Aufgabe der KV zu verweisen, der zufolge Mittel der KV auch zur Erforschung von Krankheits- bzw Unfallursachen, ausgenommen Arbeitsunfälle, verwendet werden können.[314]

4.19. Maßnahmen zur Festigung der Gesundheit (§ 155)

Die KV-Träger **können** unter Berücksichtigung des Fortschrittes der medizinischen Wissenschaft sowie unter Bedachtnahme auf ihre finanzielle Leistungsfähigkeit Maßnahmen zur Festigung der Gesundheit **gewähren** (Abs 1).

Als Maßnahmen kommen insb in Betracht:

1. Landaufenthalt sowie **Aufenthalt in Kurorten**;
2. **Unterbringung in Kuranstalten** zur Verhinderung
   a) einer unmittelbar drohenden Krankheit,
   b) der Verschlimmerung einer bestehenden Krankheit;
3. die **Übernahme der Reisekosten** nach Maßgabe der Bestimmungen der **Satzung** unter Bedachtnahme auf die wirtschaftlichen Verhältnisse des Versicherten bzw Angehörigen (Abs 2).

Werden Versicherte (Angehörige) für Rechnung des KV-Trägers in einer der angeführten Einrichtungen (ausgenommen die Fälle der Zuschussgewährung durch den KV-Träger) untergebracht, so haben diese eine **Zuzahlung** zu leisten, deren Höhe sich nach § 154a Abs 7 zweiter bis vierter Satz (siehe oben 4.17.) richtet. Sie ist sogleich bei Antritt des Aufenthaltes **im Voraus** an den KV-Träger zu leisten (Abs 3).

Die Maßnahmen zur Festigung der Gesundheit können auch nach Maßgabe der vom Dachverband hiezu erlassenen **Richtlinien** durch Gewährung von **Zuschüssen** für Landaufenthalt und Aufenthalt in Kurorten bzw Kuranstalten erbracht werden (Abs 4).

In sinnvoller Unterscheidung zwischen den Begriffen Rehabilitation, Kur und Erholung soll davon abgegangen werden, die nach wie vor als **freiwillige Leistungen** zu erbringenden Maßnahmen zur Festigung der Gesundheit nur unter der Voraussetzung des Vorliegens des Versicherungsfalls der Krankheit gemäß § 120 Z 1 zu gewähren. Vor allem soll klargestellt werden, dass die Unterbringung in einer Kuranstalt neben dem Ziel einer erweiterten Krankenbehandlung zur Vermeidung der Verschlimmerung oder zur Linderung einer bestehenden Krankheit **auch präventiven Charakter** haben und den Eintritt einer unmittelbar drohenden Krankheit verhindern oder doch verzögern soll.[315]

314 RV 284 BlgNR 18. GP 28 zur 50. ASVG-Novelle, BGBl 1991/676.
315 RV 284 BlgNR 18. GP 28 zur 50. ASVG-Novelle, BGBl 1991/676.

Auch dann, wenn auf ärztliche Anordnung als vorbeugende Maßnahme zur Verhütung einer künftigen Arbeitsunfähigkeit die Dienstleistung unterbrochen wird oder dies zur völligen Wiederherstellung der Arbeitsfähigkeit nach einer überstandenen Krankheit notwendig ist (Kur- und Heilstättenaufenthalte), liegt arbeitsrechtlich ein **Krankenstand** vor oder ist eine solche Maßnahme einem Krankenstand gleichzuhalten.[316]

Notwendige therapeutische Maßnahmen bilden arbeitsrechtlich dann keinen wichtigen Dienstverhinderungsgrund bzw Krankenstand, wenn sie **auch im ambulanten Bereich** – und damit **berufsbegleitend in der Freizeit** – durchaus adäquat **durchführbar** sind. Ambulant durchführbare Therapien und Krankenstände sind daher getrennt zu sehen.[317]

4.20. Krankheitsverhütung (§ 156)

Zur Verhütung des Eintrittes und der Verbreitung von Krankheiten können als **freiwillige Leistungen** insb gewährt werden (Abs 1):

- Gesundheitsfürsorge, wie Gesunden-, Betriebs- und Schwangerenfürsorge, Säuglings- und Kinderfürsorge, Fürsorge für gesundheitsgefährdete Jugendliche;
- Maßnahmen zur Bekämpfung der Volkskrankheiten und der Zahnfäule;
- Maßnahmen zur Stärkung der Gesundheitskompetenz der Versicherten und ihrer Angehörigen (Health Literacy);
- die Übernahme der Reisekosten in den Fällen der Z 1 bis 3 nach Maßgabe der Bestimmungen der Satzung unter Bedachtnahme auf die wirtschaftlichen Verhältnisse des Versicherten bzw Angehörigen.

4.21. Versicherungsfall der Mutterschaft

4.21.1. Allgemeines

Der **Versicherungsfall** der Mutterschaft **gilt** mit dem Beginn der achten Woche vor der voraussichtlichen Entbindung **als eingetreten**; wenn aber die Entbindung vor diesem Zeitpunkt erfolgt, mit der Entbindung; ist der Tag der voraussichtlichen Entbindung nicht festgestellt worden, mit dem Beginn der achten Woche vor der Entbindung. Darüber hinaus gilt der Versicherungsfall der Mutterschaft bei Dienstnehmerinnen und Bezieherinnen einer Leistung nach dem **AlVG** oder **KBGG** in jenem Zeitpunkt und für jenen Zeitraum als eingetreten, in dem im Einzelfall bei Dienstnehmerinnen auf Grund eines **fachärztlichen**, arbeitsinspektionsärztlichen oder amtsärztlichen **Zeugnisses** nachgewiesen wird, dass das Leben oder die Gesundheit von Mutter oder Kind bei Fortdauer der Beschäftigung oder Aufnahme einer Beschäftigung gefährdet wäre (§ 120 Z 3).

316 RS0084079.
317 10 ObS 105/15m.

Der Versicherungsfall der Mutterschaft **umfasst** den nach seinem Eintritt (§ 120 Z 3) liegenden Zeitraum der Schwangerschaft, die Entbindung und die sich daraus ergebenden Folgen, **soweit** diese Folgen **nicht** als Versicherungsfall der Krankheit oder Arbeitsunfähigkeit infolge Krankheit anzusehen sind (§ 157).

Eine **Entbindung** liegt vor, wenn ein Kind entweder lebend geboren wird oder tot geboren zumindest ein Geburtsgewicht von 500 Gramm aufweist. Nicht als Entbindung gilt eine Fehlgeburt, die sich von der Totgeburt durch ein unter 500 Gramm liegendes Geburtsgewicht abhebt.[318]

4.21.2. Leistungen

Aus dem Versicherungsfall der Mutterschaft einer Versicherten sowie für die als Angehörige geltenden Personen sind folgende Leistungen zu gewähren (§§ 117 Z 4, 158 Abs 1):

- ärztlicher Beistand, Hebammenbeistand sowie Beistand durch diplomierte Kinderkranken- und Säuglingsschwestern (§ 159);
- Heilmittel und Heilbehelfe (§ 160);
- Pflege in einer Krankenanstalt (§ 161);
- Wochengeld (§ 162).

Die Leistungen im Falle der Mutterschaft **für die Ehegattin** eines Versicherten werden **auch nach** Auflösung der Ehe durch Tod des Versicherten, Aufhebung oder **Scheidung** sowie nach Nichtigerklärung der Ehe gewährt, wenn die Entbindung vor dem Ablauf des 302. Tages nach der Auflösung oder Nichtigerklärung der Ehe stattfindet (§ 158 Abs 3).

4.21.2.1. Ärztlicher Beistand, Hebammenbeistand und Beistand durch diplomierte Kinderkranken- und Säuglingsschwestern (§ 159)

Ärztlicher Beistand, Hebammenbeistand und Beistand durch diplomierte Kinderkranken- und Säuglingsschwestern werden in entsprechender Anwendung der §§ 134 und 135 gewährt. Hat die Anspruchsberechtigte nicht die Vertragspartner oder die eigenen Einrichtungen (Vertragseinrichtungen) des Versicherungsträgers in Anspruch genommen, so gebührt ihr Kostenersatz gemäß § 131.

Ebenso wie eine Wöchnerin für die Zeit der Unterbringung in einer Krankenanstalt ärztlichen Beistand, Heilmittel und Heilbehelfe **nicht neben den Kosten der Anstaltsunterbringung** begehren kann, kann sie nicht die Kosten der Beiziehung einer **Hebamme gesondert** begehren. Alle diese Leistungen sind **Teil der Anstaltspflege** (insgesamt) und mit der Leistung der Verpflegungskosten abgegolten. Die in § 117 Z 4, § 159 genannten Kosten könnten in dieser getrennten Form nur dann unter Umständen geltend gemacht werden, wenn die Entbindung nicht im

318 *Felten* in SV-System 2.2.8.1.

Rahmen einer Anstaltspflege erfolgte; nur in diesem Fall kommt der Verweisung auf § 131 in § 159 Bedeutung zu. Wenn sich aber die Versicherte in eine **private Krankenanstalt** begibt, die keine angestellte Hebamme beschäftigt und ihr daher den in einer öffentlichen Krankenanstalt zur Verfügung stehenden Hebammenbeistand nicht gewährt, so kann dies die Leistungspflicht des SV-Trägers nicht erhöhen.[319]

4.21.2.2. Heilmittel und Heilbehelfe (§ 160)

Heilmittel und Heilbehelfe werden in entsprechender Anwendung der §§ 136 und 137 gewährt (Abs 1).

Durch den Verweis auf § 136 ist klargestellt, dass auch eine **Rezeptgebühr** für Heilmittel zu entrichten ist (Abs 3 leg cit).[320]

Als **freiwillige Leistungen** können vom Versicherungsträger auch Behelfe zur Mutter- und Säuglingspflege (Windeln, Einschlagetücher, wasserundurchlässige Einlagen, Hautpulver und dergleichen) beigestellt werden (Abs 2).

4.21.2.3. Pflege in einer Krankenanstalt (§ 161)

Für die Entbindung ist Pflege in einer Krankenanstalt **längstens für zehn Tage** zu gewähren; die Bestimmungen der §§ 145 und 148 bis 150 sind hiebei entsprechend anzuwenden. Wenn es der Zustand der Wöchnerin oder die Entfernung ihres Wohnortes erfordert, sind auch die Beförderungskosten in die und aus der Anstalt zu übernehmen (Abs 1).

Machen Komplikationen bei der Entbindung einen **längeren Aufenthalt** in der Krankenanstalt erforderlich, ist der KV-Träger zur Kostenübernahme nur verpflichtet, wenn der Versicherungsfall der **Krankheit** vorliegt.[321]

4.21.2.4. Wochengeld (§ 162)

4.21.2.4.1. Allgemeines

Das Wochengeld ist eine **Einkommensersatzleistung**, die sich nach dem Durchschnittsprinzip am Einkommen vor dem Eintritt des Versicherungsfalls im maßgebenden Beobachtungszeitraum orientiert.[322]

Das Wochengeld soll einen Ersatz für den iZm Schwangerschaft und Entbindung stehenden Verlust des Arbeitsverdienstes der Versicherten während der gesetzlichen Beschäftigungsverbote vor und nach der Geburt des Kindes (§§ 3 und 5 MSchG) darstellen. Der Gesetzgeber entschied sich dabei für das **Durchschnittsprinzip**, das vergangene Werte berücksichtigt, und nicht für das Ausfallsprinzip,

319 RS0109553.
320 *Schober* in *Sonntag*, ASVG[14] § 160 Rz 1.
321 *Felten* in SV-System 2.2.8.3.A.
322 10 ObS 76/16y.

das die in Zukunft voraussichtlich zu erwartende Entwicklung in Rechnung stellt. Er nimmt daher in Kauf, dass die Versicherte trotz des Wochengeldes einen Verdienstausfall erleiden kann.[323]

Der grundsätzliche rechtliche **Zusammenhang zwischen** dem mutterschutzrechtlichen **Beschäftigungsverbot und** dem sv-rechtlichen **Anspruch auf Wochengeld** ist evident. So korrespondiert der Eintritt des Versicherungsfalls der Mutterschaft mit dem Beschäftigungsverbot für werdende Mütter nach dem MSchG. Es tritt daher der Versicherungsfall der Mutterschaft immer zu jenem Zeitpunkt ein, in dem die Schwangere aufgrund der Beschäftigungsverbote nach dem MSchG ihrer beruflichen Tätigkeit nicht mehr nachgehen kann und daher grundsätzlich keinen Anspruch mehr auf Bezahlung des Arbeitsentgelts gegenüber ihrem Arbeitgeber hat. Um den daraus resultierenden Verdienstentgang auszugleichen, steht Frauen ab diesem Zeitpunkt ein Anspruch auf Wochengeld zu.[324]

70 % der **Aufwendungen** für das Wochengeld werden vom Familienlastenausgleichsfonds (FLAF), 30 % von den Trägern der KV getragen (§ 168).

4.21.2.4.2. Unionsrecht

Das Wochengeld unterfällt unionsrechtlich dem Versicherungsfall der Mutterschaft, weil es dem Ausgleich von Einkommensverlusten infolge Schwangerschaft und Geburt dient.[325]

Da nach Art 11 Z 2 lit b der **Mutterschutz-RL** 92/85/EWG Arbeitnehmerinnen Anspruch auf Fortzahlung des Arbeitsentgelts und/oder angemessene Sozialleistung haben, **widersprechen nationale Bestimmungen**, wonach eine schwangere Arbeitnehmerin, die einen unbezahlten Elternurlaub unterbricht um einen Mutterschaftsurlaub anzutreten, weder Anspruch auf Wochengeld noch Entgeltfortzahlung hat, **dem Unionsrecht**. Ein Entgeltfortzahlungsanspruch kann daher unmittelbar auf Art 11 Z 2 lit b der Mutterschutz-RL 92/85/EWG im von der Richtlinie geschützten **Ausmaß von 14 Wochen** gestützt werden; die Richtlinie wirkt dabei gegenüber einer Dienstgeberin, die eine mit der öffentlichen Gesundheitsversorgung betraute staatliche Einrichtung ist, ebenfalls unmittelbar. Dass die Richtlinie den Mitgliedstaaten überlässt, ob sie diesen Anspruch als Sozialleistung oder Entgeltfortzahlung ausgestalten wollen, steht der **unmittelbaren Anwendung** nicht entgegen, weil – wenn der Staat seiner Verpflichtung zur Umsetzung nicht rechtzeitig nachkommt – der Berechtigte entscheiden kann, auf welchem System er seine Ansprüche geltend machen will, wobei er aber naturgemäß keinen Anspruch auf doppelte Auszahlung hat.[326] Siehe nunmehr **§ 163 ASVG** (unten 4.21.2.4.7.).

323 10 ObS 86/05b.
324 10 ObS 77/11p.
325 10 ObS 98/18m.
326 8 ObA 42/22t.

4.21.2.4.3. Anspruchsberechtigte (Abs 1)

Weiblichen Versicherten gebührt für die **letzten acht Wochen vor** der voraussichtlichen Entbindung, für den Tag der Entbindung **und** für die **ersten acht Wochen nach der Entbindung** ein tägliches Wochengeld. Weibliche Versicherte nach Frühgeburten, Mehrlingsgeburten oder Kaiserschnittentbindungen erhalten das Wochengeld nach der Entbindung durch **zwölf Wochen**. Über die vorstehenden Fristen vor und nach der Entbindung hinaus gebührt das Wochengeld ferner für jenen Zeitraum, während dessen Dienstnehmerinnen und Bezieherinnen einer Leistung nach dem **AlVG** oder **KBGG** im Einzelfall bei Dienstnehmerinnen auf Grund eines **fachärztlichen**, arbeitsinspektionsärztlichen oder amtsärztlichen **Zeugnisses** nachgewiesen wird, dass das Leben oder die Gesundheit von Mutter oder Kind bei Fortdauer der Beschäftigung oder Aufnahme einer Beschäftigung gefährdet wäre. Dienstnehmerinnen haben weiters für den Zeitraum eines Beschäftigungsverbotes für werdende Mütter nach § 13a Abs 5 Tabakgesetz Anspruch auf Wochengeld (Abs 1).

Das MSchG **verbietet die Beschäftigung** von werdenden Müttern **in den letzten acht Wochen vor der voraussichtlichen Entbindung** (§ 3 Abs 1 MSchG). Dieses **absolute Beschäftigungsverbot** besteht unabhängig von einer Gefährdung für Mutter oder Kind durch eine Weiterbeschäftigung und stellt absolut zwingendes Recht dar. Vollversicherte Dienstnehmerinnen erhalten während der Schutzfristen Wochengeld von der zuständigen GKK, um den mit dem absoluten Beschäftigungsverbot verbundenen Entgeltausfall auszugleichen. Über das absolute Beschäftigungsverbot hinaus darf eine werdende Mutter auch dann nicht beschäftigt werden, wenn **Leben oder Gesundheit** von Mutter oder Kind bei Fortdauer der Beschäftigung **gefährdet** wäre (§ 3 Abs 3 MSchG). Das **individuelle Beschäftigungsverbot** wird für den Arbeitgeber mit Vorlage des amts- bzw arbeitsinspektionsärztlichen Zeugnisses wirksam. Während der Zeiten des individuellen Beschäftigungsverbots besteht ebenfalls Anspruch auf Wochengeld (§ 162 Abs 1). Bei dem generellen (absoluten) Beschäftigungsverbot nach § 3 Abs 1 MSchG und dem individuellen Beschäftigungsverbot nach § 3 Abs 3 MSchG handelt es sich um Maßnahmen, die dem identen Schutzzweck dienen und auch in ihren Auswirkungen **gleich** zu behandeln sind.[327]

Auch der **Bezieherin einer Leistung nach dem KBGG** steht bei Vorlage eines entsprechenden ärztlichen Freistellungszeugnisses nach § 3 Abs 3 MSchG ein **vorgezogenes Wochengeld** zu, da sie in gleicher Weise wie eine von einem Beschäftigungsverbot betroffene erwerbstätige Dienstnehmerin nicht mehr in der Lage war, ohne Gefährdung ihres Lebens und ihrer Gesundheit bzw des Lebens und der Gesundheit ihres Kindes einer unselbständigen Erwerbstätigkeit nachzugehen.[328]

327 10 ObS 77/11p.
328 RS0127197.

4.21.2.4.4. Fristberechnung (Abs 2)

Die Achtwochenfrist vor der voraussichtlichen Entbindung gemäß Abs 1 wird auf Grund eines **ärztlichen Zeugnisses** berechnet. Erfolgt die Entbindung zu einem anderen als dem vom Arzt angenommenen Zeitpunkt, so **verkürzt oder verlängert sich die** im Abs 1 vorgesehene **Frist** vor der Entbindung entsprechend. Die Frist nach der Entbindung verlängert sich jedoch in jedem Falle bis zu dem Zeitpunkt, in dem das Beschäftigungsverbot nach den Vorschriften des Mutterschutzrechtes endet (Abs 2).

Gemäß § 120 Z 3 gilt der Versicherungsfall der Mutterschaft mit dem Beginn der achten Woche vor der voraussichtlichen Entbindung als eingetreten. Die Entbindung selbst ist hingegen nur maßgebend, wenn sie vor dem Beginn der Achtwochenfrist liegt oder wenn der Tag der voraussichtlichen Entbindung nicht festgestellt wurde.[329]

4.21.2.4.5. Höhe (Abs 3)

Das Wochengeld gebührt in der Höhe des auf den Kalendertag entfallenden Teiles des **durchschnittlichen** in den letzten 13 Wochen (bei Versicherten, deren Arbeitsverdienst nach Kalendermonaten bemessen oder abgerechnet wird, **in den letzten drei Kalendermonaten**) vor dem Eintritt des Versicherungsfalles der Mutterschaft **gebührenden Arbeitsverdienstes**, vermindert um die gesetzlichen Abzüge (Abs 3).

Als gebührender Arbeitsverdienst ist jeder Geld- und Sachbezug zu verstehen, der der Klägerin im Beobachtungszeitraum zustand. Der Bruttoverdienst ist somit um die gesetzlichen Abzüge zu vermindern.[330]

Dass als Beobachtungszeitraum die letzten drei vollen Kalendermonate und nicht neunzig Tage vor dem Eintritt des Versicherungsfalles anzunehmen sind, ist verfassungsrechtlich **unbedenklich**.[331]

Unter **Kalendertag** ist jeder Tag zu verstehen, der in den für die Ermittlung des durchschnittlichen Arbeitsverdienstes maßgebenden Zeitraum fällt. Bei der Berechnung des Wochengeldes ist daher – von den im Gesetz ausdrücklich vorgesehenen Ausnahmefällen abgesehen – der für diesen Zeitraum gebührende, um die gesetzlichen Abzüge verminderte Arbeitsverdienst durch die Gesamtanzahl dieser Tage ohne Rücksicht darauf zu teilen, inwieweit die Versicherte tatsächlich Arbeitsleistungen erbracht hat und damit Anspruch auf Entgelt hatte.[332] Da diese Rsp zu einem vom Gesetzgeber nicht beabsichtigten **Härtefall** führte, wenn vor dem Kalendermonat des Eintritts des Versicherungsfalls nicht min-

329 10 ObS 194/91.
330 10 ObS 158/17h.
331 RS0053826.
332 RS0084099.

destens ein Kalendermonat des Bezuges eines Arbeitsverdienstes lag, wurde durch die 50. ASVG-Novelle (BGBl 1991/676) in Abs 3 ein neuer Satz 2 aufgenommen, wonach in diesem Sonderfall der im Kalendermonat des Eintritts des Versicherungsfalls gebührende Arbeitsverdienst für die Bemessung des Wochengelds maßgeblich ist.[333]

Erzielen Versicherte während des Beobachtungszeitraums des Abs 3 Satz 1 sowohl aus **Beschäftigungen in Österreich als auch in einem anderen Mitgliedstaat** der EU einen Arbeitsverdienst, so haben die ausländischen Beschäftigungszeiten bei der Berechnung der Höhe des Wochengeldes als „neutrale" Zeiten **unberücksichtigt** zu bleiben (sind daher von der Gesamtanzahl der im Beobachtungszeitraum liegenden Kalendertage abzuziehen). Dies gilt nicht für ausländische Zeiten einer Arbeitsunterbrechung infolge Urlaubs ohne Entgeltzahlung, sofern dieser Urlaub die Dauer eines Monats überschreitet.[334]

Abweichend von Abs 3 gebührt das Wochengeld

1. den nach § 19a Abs 6 als Pflichtversicherte geltenden **selbstversicherten geringfügig Beschäftigten** in der Höhe von 11,87 € (Wert 2025) täglich;
2. den **Bezieherinnen von Kinderbetreuungsgeld** in der Höhe des gebührenden, täglichen Kinderbetreuungsgeldes (Abs 3a).

4.21.2.4.6. Ausschluss vom Anspruch (Abs 5)

Vom Anspruch auf Wochengeld sind ausgeschlossen:

1. Pflichtversicherte, die vom Anspruch auf Krankengeld ausgeschlossen sind,
2. Selbstversicherte (§ 16),
3. teilversicherte Bezieherinnen von Kinderbetreuungsgeld, außer jene, die aufgrund der dem Kinderbetreuungsgeld-Bezug zugrundeliegenden Entbindung Anspruch auf Wochengeld hatten oder deren Kinderbetreuungsgeld-Bezug eine Inpflegenahme oder Adoption zu Grunde liegt und denen Wochengeld gebührt hätte, wenn an Stelle der Inpflegenahme oder Adoption eine Entbindung stattgefunden hätte.

Eine **Bezieherin von Rehabilitationsgeld** ist infolge des analog mitzulesenden Verweises in § 162 Abs 5 Z 1 auf § 138 Abs 2 lit f vom Anspruch auf Wochengeld ausgeschlossen.[335]

Die Klägerin, die schon aufgrund der dem **Kinderbetreuungsgeldbezug** zugrundeliegenden Entbindung einen Anspruch auf Wochengeld hatte, fällt nicht unter die Ausschlussbestimmung des Abs 5 Z 3.[336]

---

333 10 ObS 287/02g.
334 RS0132476.
335 RS0131923.
336 RS0121330.

Frauen, die ein Kind **in Pflege genommen oder adoptiert** haben, für dieses Kind Kinderbetreuungsgeld beziehen und nach § 8 Abs 1 Z 1 lit f teilversichert sind, haben schon deshalb **keinen Anspruch auf Wochengeld** für dieses Kind, weil weder Inpflegenahme noch Adoption eines Kindes, sondern nur Schwangerschaft und Entbindung den Versicherungsfall der Mutterschaft (§ 157) begründen, bei dem Wochengeld gebührt. Das Wochengeld ist **keine Versicherungsleistung für die Betreuung eines Kindes**, wie sie Pflege- oder Adoptivmütter erbringen. Die Inpflegenahme oder Adoption eines Säuglings begründet, anders als Schwangerschaft/Geburt, **kein** gesetzliches absolutes **Beschäftigungsverbot** in gewissem zeitlichen Ausmaß, sodass Pflege- oder Adoptivmütter nicht von Gesetzes wegen an der Erzielung von Arbeitseinkommen in jenem Zeitraum, in dem Schwangere/Gebärende nicht beschäftigt werden dürfen und trotz Wochengeldbezugs einen Einkommensverlust erleiden können, gehindert werden. Dieser Unterschied stellt eine ausreichende **sachliche Rechtfertigung** der Ausnahmeregelung des Abs 5 Z 3 dar, sodass Bedenken, diese verstoße gegen den verfassungsrechtlichen Gleichheitssatz, nicht bestehen.[337]

4.21.2.4.7. Sonderwochengeld (§ 163)

Sonderwochengeld gebührt Personen, die sich zum in § 120 Z 3 festgelegten Zeitpunkt **in** einer **Karenz** nach dem MSchG oder nach vergleichbaren österreichischen Rechtsvorschriften **befinden und keinen Anspruch auf Wochengeld** nach § 162 **haben**, sofern ein solcher Anspruch bestünde, wäre das Dienstverhältnis nicht karenziert, oder zwar kein Anspruch auf Wochengeld bestünde, aber nach der Geburt des Kindes, das den Anspruch auf Karenz begründet, aufgrund einer Selbstversicherung nach § 19a ein Anspruch auf Wochen- oder Sonderwochengeld bestand (Abs 1).

Sonderwochengeld gebührt für die **letzten acht Wochen vor** der voraussichtlichen Entbindung, für den Tag der Entbindung **und** für die **ersten acht Wochen nach der Entbindung**. Davon abweichend gebührt das Sonderwochengeld bei Frühgeburten, Mehrlingsgeburten oder Kaiserschnittentbindungen in den ersten zwölf Wochen nach der Entbindung. Über die vorstehenden Fristen vor und nach der Entbindung hinaus gebührt Sonderwochengeld in Fällen nach § 120 Z 3 zweiter Satz ab dem Ende der Karenz. § 162 Abs 2 ist anzuwenden (Abs 2).

Das Sonderwochengeld gebührt **im Ausmaß des erhöhten Krankengeldes** nach § 141 Abs 2, wobei die Bemessungsgrundlage nach § 125 anhand jenes Arbeitsverdienstes zu ermitteln ist, welcher dem Ende des letzten Entgeltanspruches vorangegangen ist. Liegt der zuletzt gebührende Arbeitsverdienst zur Gänze in einem vergangenen Kalenderjahr, so ist er mit den Anpassungsfaktoren (§ 108f) des laufenden Kalenderjahres und der dazwischenliegenden Kalenderjahre zu vervielfachen. Bestand der der Karenz vorangegangene Anspruch auf Wochengeld aufgrund einer

337 Vgl 10 ObS 86/05b.

Selbstversicherung nach § 19a, gebührt Sonderwochengeld in Höhe des in § 141 Abs 5 genannten Betrags. §§ 166 und 167 sind anzuwenden (Abs 3).

Zuständig ist jener KV-Träger, bei welchem aufgrund des karenzierten Dienstverhältnisses eine Pflichtversicherung bestand (Abs 4).

Unselbstständig erwerbstätige Personen, die in der gesetzlichen KV pflichtversichert sind, haben vor und nach einer Geburt Anspruch auf Wochengeld als Leistung der KV. Auch Personen, die **Kinderbetreuungsgeld** beziehen, sind in der gesetzlichen KV pflichtversichert und haben Anspruch auf Wochengeld. Die Dauer des Bezuges von Kinderbetreuungsgeld ist nicht an die Dauer der Karenz gekoppelt. Häufig wird aus finanziellen Überlegungen der einjährige Bezug des einkommensabhängigen Kinderbetreuungsgeldes gewählt, aber dennoch eine längere Zeit der Karenz in Anspruch genommen. Tritt der Versicherungsfall der Mutterschaft (in der Regel acht Wochen vor dem voraussichtlichen Geburtstermin) während der Karenz, aber nach dem Auslaufen der gewählten Bezugsdauer des Kinderbetreuungsgeldes ein, so liegt **keine Pflichtversicherung in der KV** aufgrund der karenzierten Beschäftigung vor. Aus diesem Grund besteht nach geltender Rechtslage kein Anspruch auf Wochengeld. Der OGH hat in seinem Urteil vom 30.8.2022, 8 ObA 42/22t, ausgesprochen, dass diese Rechtslage dem Unionsrecht widerspricht. Das Recht auf Mutterschutzurlaub iSd Mutterschutz RL 92/85/EWG – und insb auf die in diesem Zusammenhang gebührende Geldleistung – darf nicht durch die Inanspruchnahme eines Elternurlaubes beeinträchtigt werden. Aus diesem Grund wird ein Sonderwochengeld (§ 163) für die betroffene Personengruppe geschaffen.[338]

Frauen, die sich für das **einkommensabhängige Kinderbetreuungsgeld** entschieden haben und nach dessen Auslaufen noch einige Monate in Elternkarenz bleiben, sollen damit für den Fall, dass sie in diesem Zeitraum ein weiteres Kind bekommen, sozialrechtlich abgesichert werden. Wie das Wochengeld wird das Sonderwochengeld je acht Wochen vor und nach der Geburt des Kindes gebühren, auch die weiteren Bestimmungen – etwa was einen verlängerten Bezug oder Regelungen für selbstversicherte Personen betrifft – sind dem Wochengeld nachgebildet. Die neue Regelung ist rückwirkend mit 1. September 2022 in Kraft getreten, entsprechende Anträge sind bis 30. Juni 2025 einzubringen.[339]

4.21.2.4.8. Zusammentreffen von Ansprüchen (§ 165)

Trifft ein Anspruch auf Wochengeld mit einem Anspruch auf **Krankengeld** oder einem Anspruch auf Wiedereingliederungsgeld zusammen, so gebührt nur das Wochengeld (Abs 1).

338 RV 2553 BlgNR 27. GP 1 zum Sonderwochengeld-Gesetz (BGBl I 2024/64).
339 Vgl Parlamentskorrespondenz Nr 610 vom 12.6.2024.

Es kommt nicht auf die Tatsache des Bezuges von Krankengeld oder Wochengeld an, sondern auf die **Ansprüche.**[340] Bei einem Zusammentreffen von Wiedereingliederungsgeld und Wochengeld gebührt nur Letzteres.[341]

Der Anspruch auf **Kinderbetreuungsgeld** ruht, sofern ein Anspruch auf Wochengeld (§ 162) oder Sonderwochengeld (§ 163) oder vergleichbare Leistungen nach anderen österreichischen oder ausländischen Rechtsvorschriften besteht, in der Höhe des Wochengeldes, des Sonderwochengeldes oder vergleichbarer Leistungen (§ 6 Abs 1 KBGG).

4.21.2.4.9. Ruhen (§ 166)

Der Anspruch auf Wochengeld ruht (Abs 1),

- solange die Versicherte auf Grund gesetzlicher oder vertraglicher Bestimmungen **Anspruch auf Fortbezug von mehr als 50 % der vollen Geld- und Sachbezüge** hat; besteht ein Anspruch auf Weiterleistung von 50 % dieser Bezüge, so ruht das Wochengeld zur Hälfte. Urlaubsentschädigungen, Urlaubsabfindungen und Kündigungsentschädigungen gemäß § 11 Abs 2 gelten nicht als weitergeleistete Bezüge (Z 2);
- solange die Versicherte während des Anspruches auf Wochengeld eine **Erwerbstätigkeit ausübt**, in der Höhe des aus dieser Erwerbstätigkeit erzielten Einkommens (Z 3);
- solange der Versicherten Pflegekarenzgeld nach § 21c BPGG gewährt wird, in der Höhe des Pflegekarenzgeldes (Z 4).

Der Anspruch auf Wochengeld ruht zur Gänze, solange die Versicherte gegenüber dem Arbeitgeber einen **Anspruch auf Entgeltfortzahlung** von mehr als 50 % hat. Besteht ein Anspruch auf Fortzahlung des halben Entgelts, ruht das Wochengeld zur Hälfte (Abs 1 Z 2).

4.21.2.4.10. Tod der Wöchnerin (§ 167)

Stirbt eine Wöchnerin bei der Entbindung oder während der Dauer des Bezuges des Wochengeldes, so ist dieses bis zum Ablauf der gesetzlichen Höchstdauer an denjenigen weiterzuzahlen, der **für den Unterhalt des Kindes sorgt.**

Für den Unterhalt des Kindes „sorgt", wer den Unterhalt tatsächlich aus eigenen Mitteln trägt, unabhängig davon, ob ihn eine Unterhaltsverpflichtung trifft oder nicht.[342]

340 Vgl RV 669 BlgNR 11. GP 27.
341 RV 1362 BlgNR 25. GP 3.
342 *Felten* in SV-System 2.2.8.4.1.A.

5. Unfallversicherung

5.1. Aufgaben (§ 172)

Die UV trifft Vorsorge für die **Verhütung** von Arbeitsunfällen und Berufskrankheiten, für die **erste Hilfeleistung** bei Arbeitsunfällen sowie für die **Unfallheilbehandlung**, die **Rehabilitation** von Versehrten und die **Entschädigung** nach Arbeitsunfällen und Berufskrankheiten. Die Vorsorge umfasst auch die Forschung nach den wirksamsten Methoden und Mitteln zur Erfüllung dieser Aufgaben sowie der sonstigen Aufgaben im Bereich der arbeitsmedizinischen Betreuung der Versicherten, soweit deren Durchführung der UV übertragen ist. Darüber hinaus hat sie nach pflichtgemäßem Ermessen Kosten der arbeitsmedizinischen Betreuung und **Zuschüsse** zur teilweisen Vergütung des Aufwandes für die Entgeltfortzahlung **nach § 53b** zu übernehmen (Abs 1).

Die **Rehabilitation umfasst** die im Rahmen der Unfallheilbehandlung vorgesehenen **medizinischen** Maßnahmen, **berufliche** Maßnahmen **und**, soweit dies zu ihrer Ergänzung erforderlich ist, **soziale Maßnahmen** mit dem **Ziel**, Versehrte bis zu einem solchen Grad ihrer Leistungsfähigkeit wiederherzustellen, der sie in die Lage versetzt, im beruflichen und wirtschaftlichen Leben und in der Gemeinschaft einen ihnen angemessenen Platz möglichst dauernd einnehmen zu können (Abs 2).

Die UV ist im Gegensatz zur final orientierten KV, bei der die Ursachen einer Krankheit leistungsrechtlich unbeachtlich sind, streng **kausal** ausgerichtet.[343]

Abs 1 ist eine **programmatische Erklärung** über die Aufgaben, die der Gesetzgeber der gesetzlichen UV überträgt und keine Rechtsquelle, aus der unmittelbar ein Leistungsanspruch abgeleitet werden kann. Ein **Anspruch** auf eine Leistung aus der gesetzlichen UV besteht vielmehr nur dann, wenn die Voraussetzungen der §§ 189 ff erfüllt sind, soweit jeweils auch eine **Leistungspflicht** vorgesehen ist. Der **erschöpfende** Charakter des Kataloges verbietet eine extensive Interpretation in dem Sinn, dass die Leistungspflicht durch den Träger der gesetzlichen UV auf Leistungen ausgedehnt würde, die im Gesetz nicht ausdrücklich vorgesehen sind.[344]

Rehabilitation ist die Summe der aufeinander abgestimmten Maßnahmen, durch die körperlich, geistig oder seelisch behinderte Menschen bis zum höchsten, individuell erreichbaren Grad physischer, geistiger, seelischer, beruflicher und wirtschaftlicher Leistungsfähigkeit hergestellt oder wiederhergestellt werden, damit sie einen angemessenen Platz in der Gemeinschaft möglichst dauernd einnehmen können.[345]

---

343 *Tomandl*, Sozialrecht[7] Rz 191.
344 RS0084136.
345 RS0084272.

Je nach der angestrebten Zielrichtung und den eingesetzten Mitteln werden **drei** Bereiche der Rehabilitation unterschieden: Die **medizinische** Rehabilitation will den Gesundheitszustand, die **berufliche** Rehabilitation die Erwerbsfähigkeit und die **soziale** Rehabilitation die Gemeinschaftsfähigkeit (wieder) herstellen. An der Rehabilitation wirken alle drei Zweige der SV mit.[346]

5.2. Leistungen (§ 173)

Als Leistungen der UV werden gewährt:

1. im Falle einer **durch** einen **Arbeitsunfall oder** eine **Berufskrankheit verursachten körperlichen Schädigung** des Versicherten:
   a) Unfallheilbehandlung (§§ 189 bis 194 und 197);
   b) Familien- und Taggeld sowie besondere Unterstützung (§§ 195, 196);
   c) berufliche und soziale Maßnahmen der Rehabilitation (§§ 198 bis 201);
   d) Beistellung von Hilfsmitteln (§ 202);
   e) Versehrtenrente (§§ 203 bis 205a, 207 bis 210);
   f) Übergangsrente und Übergangsbetrag (§ 211);
   g) Versehrtengeld (§ 212);
   h) Witwen(Witwer)beihilfe (§ 213);
   i) Integritätsabgeltung (§ 213a);
2. im Falle des durch einen Arbeitsunfall oder eine Berufskrankheit verursachten **Todes** des Versicherten:
   a) Teilersatz der Bestattungskosten (§ 214);
   b) Hinterbliebenenrenten (§§ 215 bis 220);
3. im Falle einer **durch eine Krankheit oder einen Unfall verursachten Arbeitsverhinderung** des Versicherten: **Zuschüsse** zur teilweisen Vergütung des Aufwandes für die Entgeltfortzahlung **nach § 53b.**

Die **medizinische Rehabilitation** ist gemäß § 172 Abs 2 Teil der Unfallheilbehandlung. Die medizinischen Rehabilitationsleistungen der UV sind vom Gesetzgeber als **Pflichtleistungen**, somit mit individuellem Rechtsanspruch und Bescheidrecht des Versicherten konzipiert.[347]

Während bei sonstigen Leistungen nach § 173 auf das Vorliegen einer Berufskrankheit oder eines Arbeitsunfalls abgestellt wird, gebührt der **Zuschuss nach § 53b** darüber hinaus bei Arbeitsverhinderung durch jeglichen Unfall bzw bei Krankheiten aller Art.[348]

346 RS0084278.
347 10 ObS 56/16g.
348 RS0124866.

5.3. Arbeitsunfall (§ 175)

5.3.1. Allgemeines

Der **Versicherungsfall gilt** mit dem Unfallereignis **als eingetreten** (§ 174 Z 1).

Bei der Feststellung einer sachlichen Verknüpfung zwischen einem zum Unfall führenden Verhalten und der versicherten Tätigkeit bzw dem unter Versicherungsschutz stehenden Weg geht es um die Ermittlung der **Grenze**, bis zu welcher der **Versicherungsschutz** in der gesetzlichen UV reicht. Diese vom Gesetz verlangte **Wertentscheidung** kann – insb in sogenannten Grenzfällen – nicht allein nach objektiven Gesichtspunkten getroffen werden. Es ist vielmehr erforderlich, sämtliche Gesichtspunkte und Überlegungen einzubeziehen und sie sowohl einzeln als auch in ihrer Gesamtheit zu werten. Entscheidend ist, ob die **Gesamtumstände** dafür oder dagegen sprechen, das unfallbringende Verhalten dem geschützten Bereich oder der Privatsphäre des Versicherten zuzurechnen.[349]

Bei Arbeitsunfällen gilt der Grundsatz, dass der **aktuelle Versicherungsstaat für alle Leistungen** einschließlich der Unfallrenten **zuständig** ist. Dabei ist es unerheblich, wie lange und wie knapp zuvor die Rechtsvorschriften eines anderen Mitgliedstaats gegolten haben.[350]

Für Verrichtungen, die sowohl privaten wie auch betrieblichen Interessen dienen – sogenannte **gemischte Tätigkeiten** – besteht Versicherungsschutz, wenn die Verrichtung im Einzelfall dazu bestimmt war, auch betrieblichen Interessen wesentlich zu dienen. Nur dann, wenn für die unfallbringende Verrichtung im Wesentlichen allein die privaten Interessen des Verletzten maßgebend sind, ist der Unfall kein Arbeitsunfall; die ebenfalls vorhandenen betrieblichen Interessen wären hier nur der Nebenzweck des Handelns und hätten für den Unfall daher lediglich eine **Gelegenheitsursache** gebildet.[351]

Mittelbare Folgen eines Arbeitsunfalls sind vom Schutz der gesetzlichen UV umfasst, falls der Arbeitsunfall dafür wesentliche Bedingung gewesen ist. Eine Zurechnung zum Schutzbereich kommt nicht in Betracht, wenn ein **akausaler Nachschaden** zur wesentlichen Bedingung für eine Verschlimmerung des Erstschadens wurde.[352]

Vom Schutzbereich der gesetzlichen UV ist eine Verletzung als sogenannter **kausaler Nachschaden** erfasst, wenn sie Folge eines Sturzes ist, der sich aufgrund einer arbeitsunfallbedingten Gangunsicherheit ereignete.[353]

349 RS0084490.
350 10 ObS 72/22v mwN.
351 RS0084271.
352 10 ObS 141/17h.
353 10 ObS 53/18v.

Nach geltendem österreichischem SV-Recht ist ein Risiko **ärztlicher (Fehl-)Behandlung** nicht vom gesetzlichen Versicherungsschutz mitumfasst, handelt es sich doch bei diesem Risiko um ein solches, dem grundsätzlich jeder Patient typischerweise bei einem stationären Aufenthalt zufolge möglichen **Behandlungsfehlers** ausgesetzt ist, das aber eben nicht die strengen Legaldefinitionskriterien des § 175 Abs 1 zu erfüllen vermag.[354]

Bei **ärztlichem Fehlverhalten** in Form von mangelnder bzw unterlassener Aufklärung sowie bei Fehlbehandlung fehlt es am Erfordernis des Arbeitsunfalls, weshalb der Beklagten das Haftungsprivileg des § 333 Abs 1 ASVG (siehe unten 7.3.) nicht zugutekommt.[355]

Die Rechtslage und Jud zu § 175 kann **nicht auf** eine **private**, vertraglich vereinbarte **UV übertragen** werden, weil Grundlage des Vertrags die AUVB 2005 sind.[356]

5.3.2. Begriff des Arbeitsunfalls

Arbeitsunfälle sind Unfälle, die sich **im örtlichen, zeitlichen und ursächlichen Zusammenhang mit der** die Versicherung **begründenden** Beschäftigung ereignen (§ 175 Abs 1).

Ob ein Arbeitsunfall vorliegt, kann nur in **drei Schritten** geklärt werden: Zunächst muss geprüft werden, ob ein **Unfall** vorlag. Als Nächstes gilt es festzustellen, ob sich dieser im **Schutzbereich** der UV (geschützter Lebensbereich, Risikosphäre) abgespielt hat. Und schließlich ist noch zu klären, ob der Unfall der UV **zugerechnet** werden kann.[357]

Für die Qualifikation eines Unfalls als Arbeitsunfall ist in der Regel erforderlich, dass die Verrichtung des Versicherten zur Zeit des Unfalls der versicherten Tätigkeit zuzurechnen ist (**innerer** oder sachlicher **Zusammenhang**), diese Verrichtung zu dem zeitlich begrenzten Ereignis (**Unfallereignis**) geführt hat (**Unfallkausalität**) und das Unfallereignis einen Gesundheitsschaden oder den Tod des Versicherten verursacht hat.[358]

Der entscheidende **Unterschied** eines Arbeitsunfalles **zu den sonstigen Krankheiten** liegt in der **zeitlichen Begrenztheit** des Ereignisses. Der Unfall muss gegenüber anderen Gründen einer Gesundheitsstörung, zB schicksalhafte Entwicklung eines Leidens, begrifflich **abgegrenzt** werden, da die UV grundsätzlich nur für die Folgen bestimmter Unfälle, nicht jedoch für Gesundheitsstörungen aus anderen Gründen leistungspflichtig ist. Die einzige Ausnahme sind **Berufskrank-**

354 2 Ob 218/06g.
355 2 Ob 213/06x.
356 RS0130364.
357 Vgl *Tomandl*, Sozialrecht[7] Rz 193 und 195.
358 10 ObS 123/12d.

heiten, als welche nach § 177 Abs 1 aber nur die in der Anlage 1 zum ASVG bezeichneten Krankheiten unter den dort angeführten Voraussetzungen gelten, wenn sie durch Ausübung der die Versicherung begründenden Beschäftigung in einem dort bezeichneten Unternehmen verursacht worden sind. **Nicht als Unfall gelten** gesundheitliche Folgen von **Dauereinwirkungen**, die in der UV nur geschützt werden, wenn sie als Berufskrankheiten anerkannt sind. Hingegen ist für den Unfallbegriff **nicht relevant, ob** die Körperschädigung durch eine **physische oder** eine **psychische Wirkung** (zB Nervenschock) hervorgerufen wurde. Belanglos ist auch, ob die gesundheitsschädigenden Folgen **sogleich oder erst später** eintreten.[359]

Auch **psychisch** bedingte Gesundheitsstörungen, die im Anschluss an einen Unfall auftreten, können Unfallfolgen im Rechtssinn sein.[360]

Ein **psychisches Trauma** kann ursächlich für einen Arbeitsunfall sein, wenn spezielle berufsbedingte Umstände beim Versicherten einen Schock, dh eine schlagartig auftretende schwere psychische Erschütterung oder reaktive Depression mit der Vorstellung bewirken, sich in einer aussichtslosen Situation zu befinden. Betriebliche Ereignisse hingegen, die nicht im Einzelnen, sondern **erst in ihrer Gesamtheit** eine messbare Gesundheitsstörung zur Folge haben, stellen keinen Arbeitsunfall dar, wenn sie in einer **über eine Arbeitsschicht hinausgehenden Zeit** eintreten. Die letzte körperliche oder seelische Belastung am Todestag ist dann nur das Endglied einer Kette von alltäglichen Ereignissen, die allmählich eingewirkt haben, ohne dass einem die Bedeutung eines Arbeitsunfalles beigemessen werden kann (hier: Arbeitsunfall verneint bei Selbstmord).[361]

Ist der Entschluss zur **Selbsttötung** nicht die Folge eines schweren psychischen Traumas, sondern das Ergebnis einer **längeren** krankheitsbedingten, möglicherweise auch berufsbedingten **Entwicklung**, dann kann nicht von einem Unfall gesprochen werden.[362]

Alkoholisierung allein führt noch nicht zwingend zum Ausschluss des Versicherungsschutzes. Ein Anspruch auf eine Leistung aus der UV ist dann zu verneinen, wenn die Alkoholisierung die rechtlich erhebliche Ursache für den Eintritt des Versicherungsfalles war. Wenn der Zusammenhang zwischen Alkoholgenuss und Unfall rein zufällig war und der dem Alkohol innewohnende Gefahrenbereich für den eingetretenen Schaden nicht ursächlich sein konnte, geht auch im Fall einer schweren Alkoholisierung der Versicherungsschutz nicht verloren.[363]

359 RS0110320.
360 RS0083979.
361 RS0110322.
362 RS0110323.
363 RS0084617.

5.3.2.1. Generalklausel

Nach heute hA ist § 175 Abs 1 als Generalklausel aufzufassen, die durch verschiedene Einzelschutztatbestände (= Kasuistik) ergänzt wird.[364]

Ein Arbeitsunfall liegt nur dann vor, wenn sich der Unfall im örtlichen, zeitlichen und ursächlichen Zusammenhang mit der die Versicherung begründenden Beschäftigung ereignet hat. Der örtliche Zusammenhang allein (etwa beim Aufsuchen der Dienstwohnung) genügt nicht.[365]

Die Bestimmung des § 175 **stellt nicht auf** das Vorliegen einer **Betriebsgefahr**, sondern nur auf den örtlichen, zeitlichen und ursächlichen Zusammenhang des Unfalles mit der die Versicherung begründenden Tätigkeit **ab**. Dem Arbeitnehmer sollen durch die Versicherung alle jene Nachteile vergütet werden, die ihm aus der Betriebstätigkeit (im weiteren Sinn) erwachsen.[366]

5.3.2.2. Unfallbegriff

Für den Bereich der UV ist ein Unfall ein **zeitlich begrenztes Ereignis** – eine Einwirkung von außen, ein abweichendes Verhalten, eine außergewöhnliche Belastung –, das zu einer Körperschädigung geführt hat.[367]

Von einem Unfall wird nur gesprochen, wenn die Gesundheitsschädigung durch ein **plötzliches,** dh zeitlich begrenztes **Ereignis** bewirkt wurde, wobei „plötzlich" nicht Einmaligkeit heißen muss. Auch kurz aufeinanderfolgende Einwirkungen, die nur in ihrer Gesamtheit einen Körperschaden bewirken, sind noch als plötzlich anzusehen, wenn sie sich **innerhalb einer Arbeitsschicht** oder eines sich auch auf mehrere Tage erstreckenden Dienstauftrages ereignet haben.[368]

Betriebliche Ereignisse, die nicht im Einzelnen, sondern erst in ihrer Gesamtheit eine messbare Gesundheitsstörung zur Folge haben, sind kein Arbeitsunfall, wenn sie in einer **über eine Arbeitsschicht hinausgehenden Zeit** eintreten.[369]

Zur Annahme eines „Unfalls" genügt auch, dass durch eine **außergewöhnliche Kraftanstrengung** (Überanstrengung) ein Vorgang im Körperinneren ausgelöst wird, der die gesundheitliche Schädigung bewirkt. Diesen Begriff des „Unfalls" erfüllt auch der beim Sprinten infolge (körperlicher) Überanstrengung aufgetretene **Achillessehnenriss.** Für den Unfallbegriff ist nicht konstitutiv, dass ein besonderes, ungewöhnliches Geschehen vorliegt. Nach der neueren Rsp kann auch ein zur **gewöhnlichen** (geschützten) **Tätigkeit** gehörendes Ereignis ein Unfall sein, sofern es nur zeitlich begrenzt ist.[370]

364 *Tomandl,* Sozialrecht[7] Rz 196.
365 RS0084229.
366 10 ObS 2141/96t.
367 RS0084348.
368 10 ObS 224/98h.
369 RS0133635.
370 10 ObS 162/19z (Staffellauf in Feuerwehrausrüstung) mwN.

Ein **von außen** auf den Körper wirkendes Ereignis liegt vor, wenn Kräfte auf den Körper einwirken, die außerhalb des Einflussbereichs des eigenen Körpers liegen. Das von außen wirkende Ereignis beim **Sturz** ist der Aufprall, und zwar unabhängig von der Ursache.[371]

Ein **Herzinfarkt** infolge Dauerstress gilt nicht als Unfall, wohl aber ein Herzinfarkt iZm außergewöhnlicher Belastung.[372]

5.3.2.3. Örtlicher Zusammenhang

Der Versicherungsschutz nach § 175 Abs 1 umfasst allgemein alle Orte, an denen die versicherte Tätigkeit ausgeübt wird.[373]

Unter **„Betriebswegen"** werden Wege außerhalb der Arbeitsstätte verstanden, die in Ausübung der die Versicherung begründenden Tätigkeit zurückgelegt werden und Teil der versicherten Tätigkeit sind. Bei den nach § 175 Abs 2 Z 1 versicherten „Arbeitswegen" handelt es sich demgegenüber um Wege zur oder von der Arbeitsstätte, die der Arbeitstätigkeit vorangehen oder nachfolgen.[374]

5.3.2.4. Zeitlicher Zusammenhang

Bei unangemessen **langem Zeitraum** zwischen dem Beginn oder dem Ende der Beschäftigung und dem Antritt des Weges besteht kein zeitlicher Zusammenhang.[375]

5.3.2.5. Ursächlicher Zusammenhang

In Anlehnung an die **Adäquanztheorie** werden in der UV insoweit weitergehendere Anforderungen an den ursächlichen Zusammenhang gestellt, als eine **wesentliche Mitwirkung** gefordert wird. Nicht jede Bedingung, die nicht hinweggedacht werden kann, ohne dass der Erfolg entfiele, ist ursächlich, sondern nur diejenige, die im Verhältnis zu anderen nach der Auffassung des praktischen Lebens wegen ihrer besonderen Beziehung zum Erfolg an dessen Eintritt wesentlich mitgewirkt hat **(Theorie der „wesentlichen Bedingung")**.[376]

Die Theorie der wesentlichen Bedingung ist **keine Kausalitätstheorie**, da sie nicht Wirkungszusammenhänge sichtbar macht, sondern die Frage beantworten möchte, welche von mehreren Ursachen des Personenschadens der UV zugerechnet werden sollen und welche nicht. Sie ist also eine **Zurechnungstheorie**. Sie unterscheidet sich von der im österreichischen Schadenersatzrecht verwendeten Adäquanztheorie va dadurch, dass sie nicht darauf blickt, ob der Schadensverlauf vorhersehbar war oder in ganz typischer Weise vor sich ging.[377]

371 7 Ob 57/17h.
372 10 ObS 150/94.
373 *Tarmann-Prentner* in *Sonntag*, ASVG[14] § 175 Rz 12.
374 10 ObS 157/04t mwN.
375 10 ObS 341/89.
376 RS0084290.
377 *Tomandl*, Sozialrecht[7] Rz 212.

Nach § 175 stehen Unfälle dann unter Versicherungsschutz, wenn die Unfallursache für die Verletzung **wesentlich** ist. Dies ist sie dann, wenn sie nicht im Hinblick auf andere mitwirkende Ursachen erheblich in den Hintergrund tritt. Nur jene Bedingung, ohne deren Mitwirkung der Erfolg überhaupt nicht oder nur zu einem erheblich anderen Zeitpunkt oder nur im geringerem Umfang eingetreten wäre, ist wesentlich. Eine **Verfrühung** des Körperschadens durch den Unfall um mehr als ein Jahr ist jedenfalls erheblich, mag er auch erst lange Jahre nach dem Unfall (hier: 26) aufgetreten sein.[378]

Nach Bejahung des Kausalzusammenhangs zwischen der Erwerbstätigkeit und dem Unfall sowie des „inneren“ (finalen) Zusammenhangs muss die aus dem geschützten Lebensbereich stammende, in einem inneren Zusammenhang mit der versicherten Tätigkeit stehende Ursache „wesentliche Bedingung“ (wesentlich mitwirkende Ursache) für den Eintritt des Körperschadens sein. Als **wesentlich** wird eine Bedingung insb dann angesehen, wenn ohne ihre Mitwirkung der Erfolg nur zu einem erheblich anderen Zeitpunkt oder nur in einem geringeren Umfang eingetreten wäre, nicht aber dann, wenn die Schädigung durch ein **alltäglich vorkommendes Ereignis** zu annähernd gleicher Zeit und in annähernd demselben Ausmaß hätte ausgelöst werden können.[379]

Die Auswirkungen eines Unfalles sind dann keine rechtlich wesentliche Teilursache des eingetretenen Leidenszustandes, wenn dieser auch ohne den Unfall **etwa zum gleichen Zeitpunkt** eingetreten wäre oder durch ein anderes alltäglich vorkommendes Ereignis hätte ausgelöst werden können.[380]

Löst ein im örtlichen, zeitlichen und ursächlichen Zusammenhang mit der Arbeit erlittener **Wespenstich** einen anaphylaktischen Schock aus, liegt trotz der beim Versicherten bestehenden Allergie ein Arbeitsunfall vor; ein Wespenstich ist in diesem Zusammenhang nicht als alltägliches Ereignis zu beurteilen.[381]

Wird ein Unfall durch eine **selbst geschaffene Gefahr** herbeigeführt, fehlt der Kausalzusammenhang zur versicherten Tätigkeit dann, wenn der Unfall auf einem **völlig unvernünftigen und unsinnigen Verhalten** des Versicherten beruht und eine solche besondere Gefährdung entstanden ist, dass die versicherte Tätigkeit nicht mehr als wesentliche Bedingung für den Unfall anzusehen ist (hier: Kausalzusammenhang bei Wegunfall infolge Überquerens der Straße bei Rotlicht gegeben).[382]

Nicht jeder Verstoß gegen gesetzliche oder polizeiliche Vorschriften fällt unter den Begriff der „selbst geschaffenen Gefahr“. Der Kausalzusammenhang zwischen

378 10 ObS 414/90.
379 10 ObS 134/08s.
380 RS0084345.
381 RS0129277.
382 RS0084133.

der versicherten Tätigkeit und dem Unfall kann zwar auch wegen einer sogenannten selbst geschaffenen Gefahr fehlen, wobei jedoch **nur eine aus betriebsfremden Motiven** selbst geschaffene Gefahr den Kausalzusammenhang zwischen der versicherten Tätigkeit und dem Unfall ausschließt.[383]

Wer sich ohne jeden inneren Zusammenhang mit seiner geschützten Tätigkeit einer **leicht erkennbaren Gefahr** aussetzt und von dieser Gefahr ereilt wird, kann nicht auf Leistungen der Versicherungsgemeinschaft rechnen.[384]

5.3.2.6. Zusammenhang mit der Beschäftigung

Im Vordergrund der Beurteilung, ob ein Zusammenhang mit der Beschäftigung vorliegt, stehen **Ausübungshandlungen** des Versicherten, das sind Handlungen, die durch zwei Bedingungen charakterisiert sind: Die Tätigkeit muss einem vernünftigen Menschen **(objektiv)** als Ausübung der Erwerbstätigkeit erscheinen und sie muss vom Handelnden **(subjektiv)** in dieser **Intention** entfaltet werden.[385]

Ausübungshandlungen sind Tätigkeiten, die einem vernünftigen Menschen als **Ausübung der Erwerbstätigkeit** erscheinen (objektive Bedingung) und die vom Handelnden in dieser Intention entfaltet werden (subjektive Bedingung).[386] Bei der Beurteilung, ob eine Ausübungshandlung der Berufstätigkeit vorliegt, sind die **Üblichkeit** gewisser Verhaltensweisen sowie tatsächliche oder gutgläubig angenommene **Verpflichtungen** gegenüber dem Arbeitgeber oder den Kollegen zu berücksichtigen.[387]

Handlungsweisen, die üblicherweise und bei vernünftigem Verständnis der jeweiligen Berufserfordernisse als **Berufstätigkeit** anzuerkennen sind, sind solche, die **in Erfüllung des Arbeitsvertrages** verrichtet werden und die der Arbeitgeber auf Grund seiner **Weisungsbefugnis** anordnen kann. Dazu gehören auch solche, zu denen kein Weisungsrecht besteht, die der Versicherte aber auf Grund seiner **persönlichen Abhängigkeit** nicht ablehnen kann.[388] Selbst wenn eine arbeitsvertraglich **unzulässige Weisung** des Arbeitgebers vorliegt, diese aber in einem inneren Zusammenhang mit dem Arbeitsvertrag steht, ist die aufgrund der unzulässigen Weisung ausgeübte Tätigkeit Teil der geschützten Beschäftigung.[389]

Während der Erwerb beruflicher Kenntnisse, Fertigkeiten oder Erfahrungen im Rahmen einer **betrieblichen Berufsausbildung** schon nach § 175 Abs 1 iZm der die Versicherung begründenden Beschäftigung gesehen werden kann, wird nach § 176 Abs 1 Z 5 jede Form der unsystematischen beruflichen Ausbildung und

383 RS0084180.
384 RS0103154.
385 RS0084368.
386 RS0084680.
387 10 ObS 75/93.
388 RS0084668.
389 RS0120308.

Fortbildung sowie der beruflichen Umschulung außerhalb der schulischen und betrieblichen Berufsausbildung erfasst, weshalb es für den Versicherungsschutz unerheblich ist, ob sich der Kursteilnehmer der beruflichen Ausbildung und Fortbildung pflichtgemäß oder freiwillig unterzieht.[390]

5.3.2.7. Selbständig Erwerbstätige

Zur Abgrenzung des persönlichen und des betrieblichen Bereiches bei Ausübung einer selbständigen Tätigkeit ist zu prüfen, wie weit eine bestimmte Tätigkeit einem **betrieblichen Interesse dienlich** ist. Es genügt, dass der Versicherte **subjektiv** dieser Auffassung sein konnte, vorausgesetzt, dass diese subjektive Meinung in den **objektiv** gegebenen Verhältnissen im Einzelfall eine ausreichende Stütze findet.[391] Es ist grundsätzlich auch eine **gemischte Tätigkeit**, also eine Tätigkeit, die zum Teil im betrieblichen und zum Teil im privaten Interesse entfaltet wird, noch als ein Teil der die Versicherung begründenden Beschäftigung und damit als unter Versicherungsschutz stehend anzusehen;[392] sofern die betrieblichen Interessen gegenüber den privaten nicht erheblich in den Hintergrund treten.[393]

Ein Versicherter kann bei Verrichtungen, die nicht unmittelbar in seinem Betrieb, aber nebenher zur **mittelbaren Förderung des Betriebes** vorgenommen werden, wie zB zur Werbung, zum Kundendienst oder zur Pflege des geschäftlichen Ansehens, dem Schutz der UV unterstehen. Der ursächliche Zusammenhang zwischen dem Unfall und der versicherten Tätigkeit muss bei diesen Verrichtungen gegeben sein. Eine bloße betriebliche Absicht reicht nicht aus.[394]

Bei **unternehmensfremden Gefälligkeitsdiensten** – etwa für gute Kunden – muss (deshalb) zur Bejahung des Versicherungsschutzes die Gefälligkeit als Kundendienst eng mit dem Betrieb zusammenhängen; dies ist insb der Fall, wenn sie in unmittelbarer Verbindung zu bestimmten, kurz vorher getätigten oder bald bevorstehenden Geschäftsabschlüssen steht.[395]

Der Versicherungsschutz erstreckt sich nur auf Tätigkeiten, die **iZm dem Gewerbebetrieb** stehen, der Grundlage der Kammermitgliedschaft ist.[396] Das sind alle jene Tätigkeiten, die unmittelbar der Aufrechterhaltung, Förderung und Abwicklung der selbständigen Existenz dienen. Ob die entfaltete Tätigkeit hiezu dient, ist nach objektiven Gesichtspunkten zu prüfen sowie weiters, ob sie subjektiv auch in dieser Intention entfaltet wurde.[397]

390 10 ObS 137/01x.
391 RS0084388.
392 10 ObS 341/89.
393 10 ObS 351/90.
394 10 ObS 131/00p.
395 RS0083613.
396 RS0083633.
397 10 ObS 210/88.

5.3.2.8. Krankhafte Veranlagung (Vorschaden)

Die **Zurechnung erfolgt nur** dann, wenn der Gesundheitsschaden oder Tod des Versicherten zwar real durch die kausale Einwirkung aus dem Schutzbereich der gesetzlichen UV entstanden ist, aller Wahrscheinlichkeit nach aber ohne diese Einwirkung **erst erheblich später oder erheblich geringer** eingetreten wäre.[398]

Eine krankhafte Veranlagung ist alleinige oder überragende Ursache, wenn sie so leicht ansprechbar war, dass es zur Auslösung akuter Erscheinungen nicht besonderer, unersetzlicher äußerer Einwirkungen bedurfte, sondern **jedes andere alltäglich vorkommende Ereignis** zur selben Zeit die Erscheinungen ausgelöst hätte;[399] zB ein **Bandscheibenvorfall,** für den infolge degenerativ und traumatisch bereits vorgeschädigter Wirbelsäule der Unfall lediglich „Gelegenheitsursache" war.[400]

Alltäglich sind die **Belastungen,** die altersentsprechend üblicherweise mit gewisser Regelmäßigkeit im Leben auftreten, wenn auch nicht jeden Tag, wie etwa normales oder auch beschleunigtes Gehen, unter Umständen auch kurzes schnelles Laufen, Treppen steigen, Bücken, leichtes bis mittelschweres Heben oder ähnliche Kraftanstrengungen. Traumatisierung des Handgelenkes ist ebenso wie Hundebisse, Verkehrsunfälle oder Stürze kein alltägliches Ereignis.[401]

Ein äußeres Ereignis im Maß einer alltäglichen Belastung ist bei einem mitwirkenden **Vorschaden** immer nur eine sogenannte **Gelegenheitsursache**, begründet also keinen Arbeitsunfall.[402]

Wenn der Gesundheitsschaden auch ohne den Dienstunfall (Arbeitsunfall) mit hinreichender Wahrscheinlichkeit allein infolge der **Schadensanlage** zu annähernd gleicher Zeit und in annähernd demselben Ausmaß tatsächlich eingetreten wäre **oder** durch eine **„alltägliche Belastung"** ausgelöst werden hätte können, wird der Körperschaden nicht der UV zugerechnet.[403]

Ein anlagebedingt schon durch alltäglich vorkommende Ereignisse leicht auslösbares Leiden ist unabhängig davon, ob es sich um **altersbedingte oder darüberhinausgehende Anlageschäden** handelt, nicht vom UV-Schutz umfasst.[404]

Wird ein bestehendes Leiden durch beruflich bedingte Schädigungen **vorübergehend verschlimmert**, so ist von der gesetzlichen UV nicht die Gesamteinwirkung auf die Erwerbsfähigkeit, sondern **nur** die durch die Verschlimmerung verursachte Steigerung des Grades der Erwerbsunfähigkeit, also der **Verschlimmerungsanteil** am Gesamtzustand zu entschädigen. Es wird dazu das Gesamtleiden rechtlich in

398 *Tomandl,* Sozialrecht[7] Rz 213.
399 RS0084318.
400 10 ObS 207/91.
401 10 ObS 50/94.
402 10 ObS 194/99y.
403 10 ObS 108/07s.
404 10 ObS 164/09d.

den beruflich bedingten und den davon unabhängigen, auf die Anlage bzw Vorschädigung zurückzuführenden Teil zerlegt. Der verschlimmerungsbedingte Anteil wird **abgegrenzt** – unter Berücksichtigung des Vorschadens – allein entschädigt, da nur dieser der schädigenden Einwirkung zuzurechnen ist.[405]

5.3.2.9. Dienstreisen

Auch während einer Dienstreise ist zwischen Betätigungen, die mit dem **Beschäftigungsverhältnis** rechtlich wesentlich zusammenhängen, und solchen Verrichtungen zu unterscheiden, die der **privaten Sphäre** des Reisenden angehören. Der Versicherungsschutz entfällt, wenn sich der Reisende rein persönlichen, für die Betriebstätigkeit nicht mehr wesentlichen Belangen widmet.[406]

Bei Unfällen während einer Dienstreise ist ein **innerer Zusammenhang** mit der betrieblichen (dienstlichen) Tätigkeit auch außerhalb der eigentlichen dienstlichen Beschäftigung im Allgemeinen **eher anzunehmen** als am Wohnort oder Betriebsort.[407]

Auf Dienstreisen steht die **Nahrungsaufnahme** selbst nur dann unter UV-Schutz, wenn betriebliche Umstände über das normale Maß hinaus so stark sind, dass sie eine wesentliche Bedingung für die Essenseinnahme sind, wie etwa besonderer Zeitdruck, Erhaltung der Arbeitsfähigkeit eines Kraftfahrers oder dursterregende Beschäftigung;[408] bei einem Unfall auf dem Weg zu einem ca zwei Kilometer entfernten Lokal zur Nahrungsaufnahme während einer Dienstreise besteht kein Versicherungsschutz.[409]

5.3.2.10. Betriebliche Gemeinschaftsveranstaltungen

Betriebliche Gemeinschaftsveranstaltungen stehen insoweit unter **Versicherungsschutz,** als die Teilnahme an ihnen ein Ausfluss der Ausübung der Erwerbstätigkeit ist. Es muss sich um eine Gemeinschaftsveranstaltung handeln, die allen Betriebsangehörigen offensteht, an der, wenn auch ohne ausdrücklichen Zwang, **alle teilnehmen sollen** und die eine gewisse **Mindestbeteiligung** aufweist. Die Gemeinschaftsveranstaltung muss vom Betriebsleiter selbst veranstaltet, zumindest aber bei der Planung und Durchführung von seiner Autorität getragen werden;[410] kein Ausschluss, auch wenn nicht alle von der Rsp für das Vorliegen eines unter Versicherungsschutz stehenden **Betriebsausfluges** aufgezählten Kriterien gegeben sind (hier: Bestreitung der Kosten aus den Mitteln des Betriebsratsfonds und durch die Teilnehmer selbst);[411] kein UV-Schutz bei Teilnahme an einem **Skitag** für eine begrenzte

405 10 ObS 187/01z.
406 RS0084819.
407 10 ObS 316/91.
408 RS0084588.
409 10 ObS 75/20g.
410 RS0084544.
411 10 ObS 2043/96f.

Anzahl von Bediensteten, die einen wesentlichen Teil der Kosten selbst trugen, ohne gemeinsames Rahmenprogramm und Vertretung des Dienstgebers am Skitag.[412]

Betriebliche Gemeinschaftsveranstaltungen können grundsätzlich unter Versicherungsschutz stehen. Der Schutz solcher Veranstaltungen besteht insoweit, als die Teilnahme an ihnen ein **Ausfluss der Ausübung der Erwerbstätigkeit** ist.[413] Entscheidend ist, dass sich der Arbeitnehmer häufig dem Unternehmer gegenüber zur Teilnahme **verpflichtet fühlt**, vielfach zwingt ihn aber auch die **Kollegialität** zur Anwesenheit.[414]

Betriebliche Gemeinschaftsveranstaltungen genießen den Schutz der UV, wenn sie die **Betriebsverbundenheit** der daran Teilnehmenden **fördern**. Auch **sportliche Betätigungen** können der Betriebsverbundenheit dienen. Wenn allerdings bei der sportlichen Betätigung der **Wettkampfcharakter** im Vordergrund steht, ist sie grundsätzlich vom gesetzlichen Versicherungsschutz ausgenommen und daher auch nicht als betriebliche Gemeinschaftsveranstaltung zu werten.[415]

Betriebliche Gemeinschaftsveranstaltungen dienen der **Stärkung des Zusammengehörigkeitsgefühls** und der Förderung des Kontaktes zwischen Betriebsleitung und Belegschaft. Ob die Teilnehmer unter UV-Schutz stehen, hängt davon ab, in welcher **Intensität** die Gemeinschaftsveranstaltung betrieblichen Zwecken dient und in welchem Ausmaß private Interessen mitspielen.[416]

Kriterien für die Planung und Durchführung einer von der Autorität des Betriebsleiters getragenen Veranstaltung: Dafür sind die Anwesenheit des Betriebsinhabers, die gänzliche oder teilweise Übernahme der Kosten, die Durchführung des **Ausfluges** während der Arbeitszeit oder die Gewährung eines arbeitsfreien Tages wichtige Anhaltspunkte. Wenn nicht alle Kriterien vorliegen, muss dies noch keinen Versicherungsausschluss bedeuten. Der Betriebsleiter kann die Planung und Organisation des Betriebsausfluges wohl **dem Betriebsrat überlassen**, solange er sich die Kontrolle und ausdrückliche endgültige Bewilligung in den Einzelheiten vorbehält. Bei finanziell schwächeren Unternehmen wird der Kostenzuschuss nicht entscheidend ins Gewicht fallen. Auch die Gewährung eines **Urlaubs** an Arbeitstagen kann für sich allein nicht ausschlaggebend sein. Es kommt aber doch darauf an, in welcher Intensität die Gemeinschaftsveranstaltung betrieblichen Zwecken dient und in welchem Umfang außerbetriebliche, private Interessen beteiligt sind. (Abgrenzung des Betriebsausflugs vom bloß subventionierten Ausflug; hier: von den etwa 220 Belegschaftsangehörigen und Geschäftsleitungsangehörigen nahmen regelmäßig nur etwa vierzehn Arbeitnehmer,

412 10 ObS 13/20i.
413 RS0084560.
414 10 ObS 234/92.
415 10 ObS 30/01m.
416 RS0084632.

also nur etwa sechs Prozent der Betriebsangehörigen teil).[417] Ähnliche Kriterien müssen auch bei Prüfung des UV-Schutzes von **Feiern** aus Anlass etwa von **Beförderungen** oder **Verabschiedungen** angewendet werden.[418]

Eine betriebliche Gemeinschaftsveranstaltung **endet** ganz allgemein, wenn sie nicht mehr von der Autorität des Dienstgebers oder der von ihm beauftragten Person getragen ist. Nicht entscheidend ist, ob im Verhältnis zur Gesamtzahl der Teilnehmer noch ein ins Gewicht fallender Teil der Betriebsangehörigen anwesend ist. Das Ende der Gemeinschaftsveranstaltung tritt aber nicht schon stets dann ein, wenn der Dienstgeber oder sein Vertreter selbst die Veranstaltung verlässt; sie können auch andere Personen mit der Weiterführung der **Betriebsfeier** beauftragen. Um Zweifel zu vermeiden, ist es allerdings zweckmäßig, wenn der Dienstgeber, sein Vertreter oder ein Beauftragter das Zusammensein für beendet erklärt, sofern sich dies nicht eindeutig aus den Umständen ergibt. In solchen Fällen ist auch der anschließende **Heimweg versichert.**[419]

Die betriebliche Gemeinschaftsveranstaltung behält im Regelfall ihren dienstlichen Charakter, bis ihre Beendigung ausdrücklich erklärt wird oder sich aus anderen Umständen ergibt. **Bleiben einige** Belegschaftsmitglieder **nach Schluss** der Betriebsveranstaltung von sich aus noch längere Zeit zusammen, so steht dieses Zusammensein in der Regel nicht mehr unter UV-Schutz. Das spätere Verweilen dient dann **nur noch privater Geselligkeit**. Kürzeres Verbleiben im Anschluss an die beendete Gemeinschaftsveranstaltung wird den Zusammenhang in der Regel nicht lösen, während mehrstündiges Nachfeiern den Zusammenhang meist aufheben wird. Hier: Der offizielle Teil der betrieblichen **Weihnachtsfeier** dauerte von sechzehn bis achtzehn Uhr. Der daran anschließende „inoffizielle" Teil der Weihnachtsfeier wurde von niemandem ausdrücklich für beendet erklärt. Etwa ein Fünftel der Teilnehmer dehnte die Feier bis zwei Uhr früh aus. Diese Personen standen wegen der überaus langen Dauer ihres Verweilens auf der Feier nicht mehr unter dem Schutz der gesetzlichen UV, sodass auch die Heimfahrt von dieser Veranstaltung nicht unter Versicherungsschutz stand.[420]

5.3.2.11. Betriebssport

Auch sportliche Betätigung der Dienstnehmer kann im betrieblichen Interesse liegen. **Organisiert der Dienstgeber** zum Ausgleich für die meist einseitige körperliche, geistige oder nervliche Belastung für die Dienstnehmer einen **Ausgleichssport**, der dazu dienen soll, Körperschädigungen vorzubeugen, so wird ein dabei erlittener Unfall unter Versicherungsschutz stehen.[421]

417 RS0084647.
418 10 ObS 114/95.
419 RS0103497.
420 RS0103500.
421 RS0084657.

Für den Versicherungsschutz ist erforderlich, dass die Ausgleichsaktivitäten mit einer **gewissen Regelmäßigkeit** abzuhalten sind;[422] dies wurde **bei** einem nur **einmal jährlich** stattfindenden betrieblichen Fußballturnier[423] oder Skitag[424] **verneint**.

Sportarten mit **Wettkampfcharakter** entsprechen der für den Betriebssport vorausgesetzten Zielrichtung nicht, wenn der Wettkampfcharakter im Vordergrund steht (hier: Fußballmeisterschaft des SV Finanz).[425]

5.3.2.12. Eigenwirtschaftliche Tätigkeiten

Abgesehen vom Fall des § 175 Abs 2 Z 7 stehen Verhaltensweisen, die der Verletzte **aus persönlichen Gründen** gesetzt hat – „eigenwirtschaftliche Tätigkeiten", darunter auch Essen und Trinken, Verrichtung der Notdurft, Einkauf von Lebensmitteln etc – nicht unter UV-Schutz, außer sie mussten infolge der Ausübung der geschützten Tätigkeit **unter erhöhtem Gefahrenrisiko** durchgeführt werden, sofern dieses erhöhte Risiko auch tatsächlich zum Unfall geführt hat; hier: erhöhtes Gefahrenrisiko aufgrund mangelnder Ortskenntnis anlässlich eines dienstlichen Einsatzes.[426]

Führt eine eigenwirtschaftliche Tätigkeit nach ihrer Art und Dauer bei natürlicher Betrachtungsweise **nur** zu einer **geringfügigen Unterbrechung** der versicherten Tätigkeit und besteht noch ein innerer Zusammenhang zwischen dem Unfallgeschehen und der betrieblichen Tätigkeit, entfällt der Versicherungsschutz noch nicht.[427]

5.3.2.13. Tätliche Auseinandersetzungen

Für die Beurteilung, ob ein bei einer tätlichen Auseinandersetzung erlittener Unfall unter Versicherungsschutz steht, sind im Einzelfall die **Beweggründe**, die den Streit veranlasst haben, **entscheidend**: Ein **aus persönlichen Gründen** entfachter Streit schließt einen ursächlichen Zusammenhang zwischen der versicherten Tätigkeit und einer im Verlauf der Auseinandersetzung erlittenen Verletzung aus.[428]

Streitigkeiten oder Raufereien stehen nicht mehr im inneren Zusammenhang mit der betrieblichen Tätigkeit, wenn sie nicht aus (rein) **betrieblichen Gründen** motiviert und begründet sind; nach üblicher „Alberei" bzw „Spaßerei" zwischen befreundeten Arbeitskollegen besteht kein Zusammenhang mit betrieblichem Umfeld.[429]

---

422 10 ObS 30/01m.
423 10 ObS 141/15f.
424 10 ObS 13/20i.
425 RS0084601.
426 10 ObS 48/03m.
427 RS0084686.
428 RS0084198.
429 10 ObS 48/13a.

Ein **Überfall** auf eine unfallversicherte Person schließt die Annahme eines Arbeitsunfalles nicht ohne weiteres aus; es kommt vielmehr darauf an, ob ein **innerer Zusammenhang** zwischen dem Überfall und der versicherten Tätigkeit besteht. Dieser notwendige innere Zusammenhang zwischen dem Überfall und der versicherten Tätigkeit liegt va dann vor, wenn ein **betriebsbezogenes Tatmotiv** vorliegt oder die versicherte Tätigkeit eine wesentliche Bedingung für einen Überfall gebildet hat. Überfälle, die auf **rein persönlichen Gründen** beruhen, sind grundsätzlich nicht versichert. Ausnahmsweise kann der UV-Schutz dennoch bejaht werden, wenn besondere Verhältnisse der Arbeitsstätte oder des Weges den Überfall begünstigt haben und die verrichtete Tätigkeit damit neben den betriebsfremden Beweggründen eine Mitursache des Unfalls bildet.[430]

5.3.2.14. Ansteckung mit COVID-19

Die Infektionskrankheit COVID-19 ist **kein Arbeitsunfall.**[431]

Durch Aufnahme der Infektionskrankheiten in den Katalog der **Anlage 1** sollte der UV-Schutz eingeschränkt und nicht eine weitere Anspruchsgrundlage mit erleichterter Beweisführung geschaffen werden. Ein Versicherungsschutz dafür besteht nur bei Vorliegen der Voraussetzungen des § 177 iVm der Anlage 1. Davon ausgenommen sind lediglich Fälle, in denen die Ansteckung auf ein **unfallartiges Ereignis** (Insektenstich, Biss, Injektion mit einer infizierten Nadel etc) zurückgeht. Ausschließlich insoweit überschneiden sich Dienst- bzw Arbeitsunfall und Berufskrankheit.[432]

5.3.3. Telearbeit (Abs 1a)

Mit der Neufassung des § 2h AVRAG wurde auch eine Novellierung der sv-rechtlichen Regelungen betreffend den UV-Schutz iZm Homeoffice in § 175 Abs 1a und 1b notwendig.[433]

Telearbeit liegt vor, wenn ein Arbeitnehmer regelmäßig Arbeitsleistungen insb unter Einsatz der dafür erforderlichen Informations- und Kommunikationstechnologie in seiner Wohnung oder in einer sonstigen nicht zum Unternehmen gehörenden Örtlichkeit erbringt (§ 2h Abs 1 AVRAG).

Arbeitsunfälle sind auch Unfälle, die sich im zeitlichen und ursächlichen Zusammenhang mit der die Versicherung begründenden Beschäftigung bei Telearbeit im engeren Sinn oder bei Telearbeit im weiteren Sinn ereignen.

1. Als Örtlichkeiten von **Telearbeit im engeren Sinn** gelten:
   a) eine Wohnung, an der ein Haupt- oder Nebenwohnsitz des Versicherten besteht **(Homeoffice),**

430 RS0112579.
431 10 ObS 68/23g; 10 ObS 85/23g.
432 RS0134626.
433 RV 2597 BlgNR 27. GP 3 zum Telearbeitsgesetz (TelearbG, BGBl I 2024/110).

b) eine Wohnung eines nahen Angehörigen des Versicherten; nahe Angehörige sind Verwandte der ersten, zweiten und dritten Parentel sowie der Ehegatte oder der eingetragene Partner, Schwieger-, Wahl- und Stiefeltern, Lebensgefährten sowie deren Eltern und Kinder, Schwieger-, Wahl- und Stiefkinder,

c) Räumlichkeiten eines Coworking-Spaces; das sind organisatorisch eingerichtete, vom Versicherten angemietete Büroräumlichkeiten.

Wohnungen und Räumlichkeiten nach lit b und c gelten nur als Örtlichkeiten von Telearbeit im engeren Sinn, sofern sich diese **in der Nähe zur Wohnung** nach lit a **oder Arbeitsstätte** befinden oder die Entfernung von der Wohnung nach lit a zu Wohnungen und Räumlichkeiten nach lit b und c dem sonst üblichen Arbeitsweg entspricht.

2. Als Örtlichkeiten von **Telearbeit im weiteren Sinn** gelten alle von der Z 1 verschiedenen Örtlichkeiten, an denen Telearbeit ausgeübt wird und die vom Versicherten selbst gewählt werden (§ 175 Abs 1a).
   Örtlichkeiten iSd Abs 1a Z 1 gelten für den Anwendungsbereich des ASVG als **Arbeitsstätte** iSd § 175 Abs 2 Z 1 und 2 sowie 5 bis 10. Für Örtlichkeiten iSd Abs 1a Z 2 ist Abs 2 nicht anzuwenden (§ 175 Abs 1b).

Die bisherige Rsp des Abstellens auf ein **Überwiegen der betrieblichen Nutzung** des konkreten Unfallorts bei Unfällen während dienstlicher Tätigkeiten in den eigenen Wohnräumlichkeiten wird angesichts der zunehmenden Bedeutung von **Homeoffice** und der neueren deutschen Rsp nicht aufrechterhalten. Entscheidendes Kriterium ist vielmehr, ob die **objektivierte Handlungstendenz** des Versicherten ausschließlich in Richtung einer dienstlichen Tätigkeit gerichtet ist.[434]

5.3.4. Wegunfälle

5.3.4.1. Allgemeines

Der Versicherungsschutz **beginnt bzw endet an der Außenfront** des Wohnhauses, also in der Regel an dem ins Freie führenden Haustor (Haustür) oder Garagentor, nicht aber erst bzw schon an der nicht mit der Außenfront des Wohnhauses übereinstimmenden Grenze der Baufläche etwa zum öffentlichen Gut.[435] Das **Haustor** der Außenfront ist auch dann maßgeblich, wenn sich der Unfall **innerhalb eines Miethauses** auf der auch anderen Bewohnern zugänglichen **Treppe** ereignet. Weggefahren im Inneren des Wohnhauses, in dem der Versicherte wohnt, kann er typischerweise besser begegnen.[436]

Der **„direkte Weg“** wird in der Regel die **streckenmäßig oder zeitlich kürzeste Verbindung** sein, wobei der Versicherte zwischen im Wesentlichen gleichwertigen

434 RS0133633.
435 RS0084826.
436 10 ObS 176/12y.

Verbindungen frei wählen kann. Auf einem **längeren Weg** besteht nur dann Versicherungsschutz, wenn der an sich kürzeste Weg unter Bedachtnahme auf das benützte private oder öffentliche Verkehrsmittel entweder überhaupt nicht (zB wegen einer Verkehrssperre) oder nur unter va für die **Verkehrssicherheit** wesentlich ungünstigeren Bedingungen (zB Witterungsverhältnissen, Straßenverhältnissen oder Verkehrsverhältnissen) benützt werden oder der Versicherte solche für die tatsächlich gewählte Strecke sprechende Bedingungen wenigstens annehmen konnte. Ein allein oder überwiegend im privatwirtschaftlichen Interesse gewählter **Umweg** ist nicht versichert.[437]

Die Entscheidung der Frage, ob ein **Umweg** im Verhältnis zur kürzeren Wegverbindung als gleichwertig anzusehen ist, hängt nicht allein von der Länge der zu vergleichenden Wegstrecke ab. Es sind dabei **alle** nach der allgemeinen Verkehrsanschauung **maßgeblichen Umstände** in Betracht zu ziehen, insb das gewählte Verkehrsmittel und die Notwendigkeit und Zweckmäßigkeit im Hinblick auf dieses Verkehrsmittel, einen bestimmten Weg einzuschlagen, um **möglichst schnell und sicher** den gewünschten Zielort zu erreichen. Ob die Voraussetzungen für einen Versicherungsschutz auf Umwegen vorliegen, hängt von den jeweiligen Umständen des **Einzelfalles** ab.[438]

Bei einer **Unterbrechung des Weges** vom Ort der Tätigkeit lebt der Versicherungsschutz nur in Ausnahmefällen dann nicht auf, wenn aus Dauer und Art der Unterbrechung auf eine **endgültige Lösung** des Zusammenhanges zwischen der versicherten Tätigkeit und dem Weg vom Ort der Tätigkeit geschlossen werden kann.[439]

Maßgeblich bei der Beurteilung der Unterbrechung sind die Umstände des Einzelfalles, Art und Dauer der Verrichtung im Einzelfall, das **Zeitmoment** ist nur eines von mehreren Wesensmerkmalen. Es ist zu beurteilen, ob der Beschäftigte den Weg vom Ort der Tätigkeit nur unterbricht und dann den Heimweg fortgesetzt oder verspätet antritt, oder ob nach natürlicher Betrachtungsweise die private Verrichtung nach Arbeitsschluss so bestimmend war, dass der Weg nach ihrer Beendigung als Weg von dieser Verrichtung und nicht mehr von der Arbeitsstätte iSd § 175 Abs 2 anzusehen ist.[440]

Eine Unterbrechung eines geschützten Weges und damit eine Unterbrechung des Versicherungsschutzes für die Dauer der Unterbrechung ist dann anzunehmen, wenn im Zug des Weges **eigenwirtschaftliche Angelegenheiten** verrichtet werden; solche Tätigkeiten sind vom Versicherungsschutz nicht umfasst.[441]

437 RS0084380.
438 10 ObS 46/01i.
439 RS0084717.
440 RS0084004.
441 RS0084822.

Bei Wegunfällen ist ein UV-Schutz immer dann zu verneinen, wenn sich der Unfall in einer Phase des Weges ereignet(e), der ausschließlich eigenwirtschaftlichen (persönlichen) Interessen des Versicherten dient.[442]

5.3.4.2. Arbeitsweg (Abs 2 Z 1)

Arbeitsunfälle sind auch Unfälle, die sich auf einem mit der Beschäftigung zusammenhängenden Weg zur oder von der Arbeits- oder Ausbildungsstätte ereignen; hat der Versicherte wegen der Entfernung seines ständigen Aufenthaltsortes von der Arbeits-(Ausbildungs-)stätte auf dieser oder in ihrer Nähe eine Unterkunft, so wird die Versicherung des Weges von oder nach dem ständigen Aufenthaltsort nicht ausgeschlossen (Abs 2 Z 1).

Versichert sind die typischen Gefahren eines Arbeitsweges (Dienstweges), dh jenes Risiko, dem sich die versicherte Person in ihrer Eigenschaft als Versicherte auf diesem Weg aussetzen musste. Dieser Schutz erstreckt sich insb auf die Wechselfälle der Witterung, Schnee- und Eisglätte, schlechte Sicht und spezifische Gefahren des Verkehrs. Auch die Gefahr, die ganz allgemein von Tieren oder Menschen ausgeht, ist auf dem Arbeitsweg (Dienstweg) grundsätzlich versichert. Für die Bejahung des Versicherungsschutzes ist somit ein hinreichender sachlicher Zusammenhang zwischen der realisierten Unfallgefahr und dem unter Versicherungsschutz stehenden Weg erforderlich.[443]

Wege außerhalb der Arbeitsstätte, die **in Ausübung der** die Versicherung begründenden **Beschäftigung** zurückgelegt werden, sind ein Teil der versicherten Beschäftigung. Dadurch unterscheiden sie sich von den nach Abs 2 Z 1 versicherten Wegen zur oder von der Arbeitsstätte, die der Arbeitstätigkeit vorangehen oder nachfolgen.[444]

Ausgangspunkt oder Ziel des Weges muss die **Arbeitsstätte** sein; die Absicht, die Tätigkeit im Betrieb aufzunehmen oder nach ihrer Beendigung heimzukehren, muss die wesentliche Ursache für die Zurücklegung des Weges sein. Nach der Absicht des Gesetzgebers soll der Versicherte vor jenen Gefahren geschützt werden, die – außerhalb des Betriebes – mit der Ausübung der Erwerbstätigkeit des Arbeitnehmers so eng verflochten sind, dass ihm die Gefahrtragung nicht allein zugemutet werden kann. Grundsätzlich wird der Endpunkt des Weges die **Wohnung** des Versicherten sein, wobei der Begriff „Wohnung“ nach rein **tatsächlichen** Gesichtspunkten (jener Ort, an dem der Versicherte wohnt, isst, schläft, Wäsche und Kleidung verwahrt, reinigt und instandhält) zu beurteilen ist.[445]

Grundsätzlich ist **nur der direkte Weg** zur oder von der Arbeitsstätte versichert. Das wird in der Regel die **streckenmäßig oder zeitlich kürzeste Verbindung**

442 10 ObS 39/96.
443 10 ObS 150/20m mwN.
444 RS0084192.
445 RS0084884.

zwischen dem Ausgangspunkt und dem Zielpunkt des Arbeitsweges sein, wobei der Versicherte zwischen diesbezüglich im Wesentlichen gleichen Verbindungen frei wählen kann.[446] Auf einem **längeren Weg** besteht nur dann Versicherungsschutz, wenn der an sich kürzeste Weg unter Bedachtnahme auf das benützte private oder öffentliche Verkehrsmittel entweder überhaupt nicht (zB wegen einer Verkehrssperre) oder nur unter – va für die **Verkehrssicherheit** – wesentlich ungünstigeren Bedingungen (zB Witterungs-, Straßen- oder Verkehrsverhältnissen) benützt werden oder der Versicherte solche für die tatsächlich gewählte Strecke sprechende Bedingungen wenigstens annehmen konnte. Ein allein oder überwiegend in privatwirtschaftlichem Interesse gewählter **Umweg** ist nicht versichert.[447]

Dem Versicherten steht die Wahl des Verkehrsmittels, das er für den Arbeitsweg benützt, grundsätzlich frei. Die **freie Wahl des Verkehrsmittels** führt dazu, dass bei notwendigem Warten, etwa auf die Beförderung oder bei Erhöhung der Weggefahren (hier Regenschauer für ein einspuriges Fahrzeug) der Versicherungsschutz jedenfalls weiterbesteht.[448]

Gemäß Abs 2 Z 1 kann grundsätzlich nur die Zurücklegung des direkten Weges von der Wohnung zum Arbeitsplatz in den UV-Schutz einbezogen werden. Das **Auftanken** des für die Fahrt zum Arbeitsplatz benützten Fahrzeuges steht unter Versicherungsschutz, wenn zum Tanken kein relevanter Umweg in Kauf genommen wird und das Tanken nicht durch dem privaten Lebensbereich zuzuordnende Tätigkeiten verlängert wird.[449]

Ein Weg, der sowohl der versicherten Tätigkeit wie auch Interessen diente, die außerhalb der versicherten Tätigkeit lagen, steht in kausalem Zusammenhang mit der betrieblichen Tätigkeit, wenn diese zwar nur eine von mehreren, jedoch eine wesentliche Bedingung des Weges darstellte **(gemischter Weg)**.[450]

Ein **innerer Zusammenhang** besteht nicht nur dann, wenn die versicherte Beschäftigung der einzige Grund des Weges ist. Dient dieser Weg zur oder von der Arbeitsstätte (Ausbildungsstätte) sowohl der versicherten Tätigkeit als **auch eigenwirtschaftlichen Interessen**, dann hängt der Versicherungsschutz während des Weges davon ab, ob sich der **Weg** eindeutig in den verschiedenen Zwecken dienende Abschnitte **teilen lässt**. Ist dies der Fall, dann handelt es sich bei einem Unfall, der sich auf dem der nichtversicherten Tätigkeit dienenden Wegstück ereignet, um keinen Arbeitsunfall. Ist eine eindeutige **Aufteilung** des Weges **nicht möglich**, dann besteht der innere Zusammenhang mit der versicherten Tätigkeit auf dem **gesamten** Weg, der zwar nicht ausschließlich, aber doch wesentlich auch der versicherten Tätigkeit zu dienen bestimmt war.[451]

446 RS0084838.
447 10 ObS 39/90.
448 RS0084159.
449 9 ObS 5/87.
450 RS0084903.
451 RS0084858.

Die **Bergung** des privaten Kfz nach einem Unfall, der am Weg zur Arbeit passierte, und die Überwachung der Bergungsarbeiten stellen eigenwirtschaftliche Tätigkeiten dar.[452]

Verwendet der Kläger ein **Spiel- und Sportgerät** (hier: **Monowheel)** am Dienstweg, trifft ihn die **Beweislast**, dass der Unfall nicht durch die Verwirklichung der von diesem Gerät ausgehenden spezifischen Gefahren ausgelöst wurde, sondern seine Ursache in den üblichen Gefahren des Dienstwegs hatte. In diesem Sinn hat er einen kausalen Zusammenhang zwischen einer allgemeinen Weggefahr und dem Sturz nachzuweisen.[453]

Der OGH hat sich bereits zu 10 ObS 150/20m mit einem Wegunfall mit einem Monowheel ausführlich befasst. Die Kernaussagen dieser Entscheidung lassen sich dahin zusammenfassen, dass dem Versicherten zwar die Wahl des Verkehrsmittels bzw die Art der Fortbewegung auf Arbeitswegen grundsätzlich frei steht. Allerdings ist eine Grenze zwischen allgemein üblichen Verkehrsmitteln und Spiel- und Sportgeräten wie Monowheels, die vorwiegend zur Verwendung außerhalb der Fahrbahn bestimmt sind und nicht vorrangig einem Verkehrsbedürfnis dienen, sondern einen **Spiel- und Freizeitzweck** verfolgen, zu ziehen. Entscheidend ist dabei, dass ein **sicheres Fahren** mit einem Monowheel wegen seiner technischen Eigenschaften **nicht gewährleistet** ist. Wenn sich die daraus resultierende besondere Gefahr verwirklicht, stellt das keine typische Gefahr eines Arbeitswegs dar, die vom Schutz der gesetzlichen UV erfasst sein soll. Das auf persönliche Gründe zurückgehende Verwenden eines Spiel- bzw Sportgeräts ist vielmehr dem **privaten Lebensbereich** zuzuordnen. Für den mit einem Monowheel zurückgelegten Arbeitsweg besteht demnach kein Versicherungsschutz, es sei denn, die Unfallfolgen sind nicht auf die Verwendung des Sportgeräts, sondern auf allgemeine Weggefahren zurückzuführen.[454]

Die Gründe, die zu 10 ObS 150/20m und 10 ObS 127/23h dazu führten, dass mit einem Monowheel zurückgelegte Arbeitswege nicht dem Schutz der gesetzlichen UV unterstellt wurden, treffen auf **E-Scooter** in gleicher Weise zu.[455]

5.3.4.3. Arztweg (Abs 2 Z 2)

Arbeitsunfälle sind auch Unfälle, die sich ereignen: auf einem Weg von der Arbeits- oder Ausbildungsstätte oder der Wohnung zu einer Untersuchungs- oder Behandlungsstelle (wie freiberuflich tätiger Arzt, Ambulatorium, Krankenanstalt) zur Inanspruchnahme ärztlicher Hilfe, Zahnbehandlung oder der Durchführung einer Vorsorge-(Gesunden-)untersuchung und anschließend auf dem Weg zurück zur Arbeits-(Ausbildungs-)stätte oder zur Wohnung, sofern **dem**

452 10 ObS 86/88.
453 10 ObS 150/20m.
454 10 ObS 127/23h.
455 OGH 8.10.2024, 10 ObS 55/24x Rz 20.

Dienstgeber oder einer sonst zur Entgegennahme von solchen Mitteilungen befugten Person der **Arztbesuch vor Antritt des Weges bekanntgegeben** wurde, ferner auf dem Weg von der Arbeits- oder Ausbildungsstätte oder von der Wohnung zu einer Untersuchungsstelle, wenn sich der Versicherte der Untersuchung **auf Grund einer gesetzlichen Vorschrift oder einer Anordnung** des Versicherungsträgers oder des Dienstgebers unterziehen muss und anschließend auf dem Weg zurück zur Arbeits-(Ausbildungs-)stätte oder zur Wohnung (Abs 2 Z 2).

Der notwendige **Zusammenhang des Arztweges mit der betrieblichen Tätigkeit** wird auf zweierlei Weise zum Ausdruck gebracht; einerseits muss der Weg „von der Arbeitsstätte oder Ausbildungsstätte" aus angetreten werden, andererseits muss die ärztliche Untersuchungsstelle „vor dem Verlassen dieser Stätte dort bekanntgegeben" werden. Dass der Arztweg erst nach Ende der regulären Arbeitszeit, also bereits **in der Freizeit angetreten** wird, steht dem Versicherungsschutz nicht entgegen. Insgesamt handelt es sich hier sozusagen um einen geschützten Umweg zum Arzt auf dem Weg von der Arbeitsstätte zur Wohnung.[456]

Versicherungsschutz auf dem Weg von der ärztlichen Untersuchungsstelle zum Betrieb besteht gemäß Abs 2 Z 2 erster Satz auch dann, wenn nach vorheriger Bekanntgabe im Betrieb die ärztliche Untersuchungsstelle **am Morgen direkt von der Wohnung aus aufgesucht** wird.[457]

Ein Unfall, den ein Versicherter auf einem **Weg zur Behandlung einer bei einem Arbeitsunfall erlittenen Verletzung** während eines Krankenstandes erleidet, ist vom Versicherungsschutz der gesetzlichen UV nicht umfasst.[458]

Maßnahmen zur **Erhaltung oder Wiederherstellung der Gesundheit** sind grundsätzlich dem unversicherten persönlichen Lebensbereich zuzurechnen, es ist nicht schon deshalb bei ihrer Durchführung Versicherungsschutz anzuerkennen, weil sie zugleich der Erhaltung und der Wiederherstellung der Arbeitskraft und damit auch den Interessen des Unternehmens dienen.[459]

5.3.4.4. Befriedigung lebenswichtiger persönlicher Bedürfnisse (Abs 2 Z 7)

Arbeitsunfälle sind auch Unfälle, die sich ereignen: auf einem **Weg** von der Arbeits- oder Ausbildungsstätte, den der Versicherte zurücklegt, **um** während der Arbeitszeit, einschließlich der in der Arbeitszeit liegenden gesetzlichen sowie kollektivvertraglich oder betrieblich vereinbarten Arbeitspausen, in der Nähe der Arbeits- oder Ausbildungsstätte oder in seiner Wohnung **lebenswichtige persönliche Bedürfnisse zu befriedigen**, anschließend auf dem Weg zurück zur Arbeits- oder

456 RS0084947.
457 RS0084978.
458 RS0084967.
459 RS0084963.

Ausbildungsstätte **sowie bei** dieser **Befriedigung der lebensnotwendigen Bedürfnisse**, sofern sie in der Nähe der Arbeits- oder Ausbildungsstätte, jedoch außerhalb der Wohnung des Versicherten erfolgt (Abs 2 Z 7).

Der Versicherungsschutz für **Wege zur und von der Einnahme von Mahlzeiten** beruht auf dem Gedanken, dass Essen und Trinken regelmäßig unaufschiebbare notwendige Handlungen sind, um die Arbeitskraft des Versicherten zu erhalten und es ihm so zu ermöglichen, seine betriebliche Tätigkeit fortzusetzen.[460]

Die Begriffe **„lebenswichtig"** und **„lebensnotwendig"** haben **denselben** Inhalt. Unter „lebenswichtigen persönlichen Bedürfnissen" – und demgemäß auch unter „lebensnotwendigen" Bedürfnissen – können nur solche verstanden werden, deren Befriedigung **keinen größeren Aufschub duldet**. Im Vordergrund steht dabei die Einnahme von Mahlzeiten, die Verrichtung der Notdurft und dergleichen.[461]

Nach dem **Wortlaut** des Abs 2 Z 7 besteht ein Versicherungsschutz auf einem Weg von der Arbeitsstätte zu einem Ort außerhalb der Wohnung und zurück auch dann, wenn der Versicherte seine lebensnotwendigen Bedürfnisse in seiner Wohnung befriedigen könnte. Der Versicherungsschutz wird auch nicht dadurch ausgeschlossen, dass das Bedürfnis zu essen und zu trinken auch an der Arbeitsstätte, etwa in einer Kantine, befriedigt werden könnte. Denn diese Einschränkung macht die Norm ihrem Wortlaut nach nicht.[462]

Es **steht dem Versicherten nicht frei**, die lebensnotwendigen Bedürfnisse an jedem ihm genehmen Ort außerhalb seiner Wohnung zu befriedigen, denn der Versicherungsschutz besteht nur auf einem Weg zu einem **Ort in der Nähe der Arbeitsstätte**. Es ist daher nicht jeder Ort, den der Versicherte in der Pause abhängig von deren Dauer und vom verwendeten Verkehrsmittel erreichen, dort seine lebensnotwendigen Bedürfnisse befriedigen und anschließend zurückkehren kann, ein mögliches Ziel eines geschützten Weges.[463] Insb ist die Entfernung der Wohnung des Versicherten von seiner Arbeitsstätte und ihre Erreichbarkeit in der zur Verfügung stehenden Zeit kein Maßstab für die Beurteilung, ob der Ort in der Nähe der Arbeitsstätte liegt. Es wäre nämlich die Einschränkung auf einen Ort „in der Nähe" überflüssig, wenn jeder Ort im Umkreis der Arbeitsstätte für die Befriedigung des lebenswichtigen Bedürfnisses in Frage käme, der mit einem geeigneten Verkehrsmittel in der gleichen Zeit wie die Wohnung erreicht werden kann, sodass Hinweg, Bedürfnisbefriedigung und Rückweg in der Arbeitspause bewältigt werden können. Da das Gesetz auf einen Ort „in der Nähe" abstellt, besteht ein Versicherungsschutz nicht nur dann, wenn das nächstgelegene Lokal oder der nächstgelegene Platz zur Befriedigung des Bedürfnisses aufgesucht wird.

460 RS0128644.
461 RS0106692.
462 RS0128643.
463 RS0128645.

Es wird dem Versicherten in diesem Zusammenhang vielmehr eine **gewisse Bewegungsfreiheit** zuzugestehen sein.[464]

Welcher Ort noch **„in der Nähe"** der Arbeitsstätte liegt, beurteilt sich nach den jeweiligen besonderen Verhältnissen des **Einzelfalls.**[465] Die Einschränkung „in der Nähe" erlaubt aber den Schluss, dass in der Regel der Ort von der Arbeitsstätte **zu Fuß** in einer Zeit erreichbar sein muss, sodass während der Arbeitspause Hin- und Rückweg zurückgelegt und das Essen eingenommen werden können. Wird ein **weit entfernter Ort** aufgesucht und ist dies nicht mehr wesentlich durch die Notwendigkeit der Esseneinnahme geprägt, so ist weder der Weg noch die Verrichtung geschützt.[466]

5.3.4.5. Behebung des Entgelts (Abs 2 Z 8)

Arbeitsunfälle sind auch Unfälle, die sich ereignen: auf einem mit der unbaren Überweisung des Entgelts zusammenhängenden Weg von der Arbeits- oder Ausbildungsstätte oder der Wohnung zu einem Geldinstitut zum Zweck der Behebung des Entgelts und anschließend auf dem Weg zurück zur Arbeits- oder Ausbildungsstätte oder zur Wohnung (Abs 2 Z 8).

Der UV-Schutz auf mit der unbaren Überweisung des Entgelts zusammenhängenden Wegen wurde deshalb eingeführt, weil das ursprünglich im Betrieb bar ausgezahlte Entgelt von den Dienstgebern – in deren Interesse (Ersparnis von wesentlichen Manipulationsarbeiten) – im zunehmenden Maß per **Banküberweisung** bezahlt wurde. Es sollte daher dafür Vorsorge getroffen werden, dass sich die Dienstnehmer mit den dadurch **notwendigen Bankwegen, um das Gehalt zu beheben**, gegenüber der früheren Situation zusätzlichen Gefahren aussetzen mussten.[467]

Unter UV-Schutz stehen **nur der erste Weg zum Kreditinstitut**, um über das unbar überwiesene Entgelt zu verfügen, sowie allenfalls vorangegangene, erfolglose Wege, die in dieser Absicht unternommen wurden, sofern der Versicherte der begründeten Ansicht sein konnte, das Entgelt sei bereits auf sein Konto überwiesen.[468]

Nur der erste Weg zum Kreditinstitut, der die – wenn auch nur teilweise – Behebung des Entgeltes zum Gegenstand hat, steht unter Versicherungsschutz, da der Arbeitnehmer in der Lage ist, nach der Überweisung sein **Entgelt** jeweils **zur Gänze zu beheben**. Die übrigen Geldbehebungen in mehreren Teilbeträgen und Behebungen von einem Sparbuch stehen mit dem Lohnempfang in keinem

464 10 ObS 169/12v.
465 RS0128646.
466 10 ObS 169/12v.
467 RS0114908.
468 RS0084709.

ursächlichen Zusammenhang und sind dem eigenwirtschaftlichen Bereich zuzuordnen.[469]

Der Weg zu einem **Bankomaten**, um dort Bargeld zu Lasten des Gehaltskontos zu beheben, steht nicht unter dem Schutz der gesetzlichen UV, selbst wenn es sich um die erste Bargeldbehebung nach der Entgeltüberweisung handelt.[470]

5.3.4.6. Fahrgemeinschaft (Abs 2 Z 9)

Arbeitsunfälle sind auch Unfälle, die sich ereignen: auf einem Weg zur oder von der Arbeits- oder Ausbildungsstätte, der im Rahmen einer Fahrgemeinschaft von Betriebsangehörigen oder Versicherten zurückgelegt worden ist, die sich auf einem Arbeitsweg befinden (Abs 2 Z 9).

Durch diese Bestimmung wird der **Schutz der UV**, der in der Regel nur die streckenmäßig oder zeitlich kürzeste Verbindung zwischen Wohnort und Arbeitsstätte umfasst, insoweit **erweitert**, als sich der Schutz auch auf die zur Abholung und Bringung aller Mitglieder der Fahrgemeinschaft erforderlichen Fahrten erstreckt, auch wenn diese teilweise nicht in die Richtung des Ausgangs- bzw Endpunkts des direkten Dienstwegs des Verunglückten führen. Das Abweichen vom Weg nach oder von dem Ort der eigenen Tätigkeit muss aber dazu dienen, einen anderen Versicherten oder Berufstätigen abzuholen, um ihn zum Ort der Tätigkeit oder wenigstens auf einer Teilstrecke dorthin mitzunehmen. Unternimmt der Fahrer einer Fahrgemeinschaft einen nicht dem Zweck der Fahrgemeinschaft dienenden **Umweg**, um einen beruflichen Termin wahrzunehmen, besteht für den Mitfahrer kein UV-Schutz, wenn der Umweg für den Mitfahrer im eigenwirtschaftlichen Interesse lag, der Mitfahrer auf die Fahrgemeinschaft nicht angewiesen war, weil ihm die Benutzung anderer Verkehrsmittel zumutbar war, und er bereits vor Antritt der Fahrt von der Wegabweichung erfahren hat.[471]

Die Versicherten oder Betriebsangehörigen müssen sich nicht zu einer regelmäßigen Fahrgemeinschaft zusammengeschlossen haben. Der Versicherungsschutz nach dieser Gesetzesstelle besteht **auch für Ad-hoc-Fahrgemeinschaften.**[472]

Die an einer Fahrgemeinschaft teilnehmenden Versicherten **müssen nicht beim selben Dienstgeber beschäftigt sein**, sondern es genügt, wenn nur jeder von ihnen in der UV versichert ist. Grundsätzlich besteht auch dann UV-Schutz, wenn die Fahrgemeinschaft nur zur Bewältigung eines Weges, zB des Weges zur Arbeitsstätte oder nur des Heimweges, in Anspruch genommen wird.[473]

469 RS0084710.
470 RS0133502.
471 10 ObS 15/09t.
472 RS0085016.
473 RS0089400.

5.3.4.7. Weg zur Kinderbetreuung oder Schule (Abs 2 Z 10)

Arbeitsunfälle sind auch Unfälle, die sich ereignen: auf einem Weg eines Versicherten zur oder von der Arbeits- oder Ausbildungsstätte mit dem Zweck, ein Kind zu einer Kinderbetreuungseinrichtung, zur Tagesbetreuung, in fremde Obhut oder zu einer Schule zu bringen oder von dort abzuholen, sofern ihm für das Kind eine Aufsichtspflicht zukommt (Abs 2 Z 10).

Der Weg zur Kinderbetreuung oder Schule muss ähnlich dem Weg zur oder von der Arbeit erfolgen, (dh dass die Begleitperson dann weiter zu ihrer Arbeitsstätte/ Ausbildungsstätte geht oder fährt oder von dort kommt), um unter Versicherungsschutz zu stehen. Versicherte, deren Wohnung mit der Betriebsstätte identisch ist, sind auf Wegen zur oder von der Schule nicht geschützt.[474]

Holt die Versicherte vor ihrem um 11:30 Uhr geplanten Arbeitsantritt ihren Sohn vom **Kindergarten** ab, um ihn danach in ihrer Wohnung von der Großmutter während ihrer Arbeitstätigkeit betreuen zu lassen, dann ist der sich am Weg vom Kindergarten zur Wohnung ereignende Unfall ein Arbeitsunfall.[475]

5.3.5. Unfälle bei anderen Tätigkeiten

5.3.5.1. Häusliche oder andere Tätigkeiten (Abs 2 Z 3)

Arbeitsunfälle sind auch Unfälle, die sich ereignen: bei häuslichen oder anderen Tätigkeiten, zu denen der Versicherte **durch den Dienstgeber** oder dessen Beauftragten **herangezogen** wird (Abs 2 Z 3).

Der Schutzbereich dieser Bestimmung ist auf **Dienstnehmer** zugeschnitten und berücksichtigt, dass diese aufgrund ihrer persönlichen und wirtschaftlichen Abhängigkeit in der Regel nicht in der Lage sind, sich vertragswidrigen Anordnungen des Dienstgebers zu widersetzen. Der Dienstnehmer wird als Opfer einer missbräuchlichen Ausübung des Weisungsrechts des Dienstgebers für private Zwecke über die äußersten Grenzen des Dienstvertrags hinaus geschützt.[476]

5.3.5.2. Gewinnung und Verarbeitung von Sachbezügen (Abs 2 Z 4)

Arbeitsunfälle sind auch Unfälle, die sich ereignen: bei häuslichen und anderen Tätigkeiten des Versicherten iZm der Gewinnung und Verarbeitung von Produkten, die ihm vom Dienstgeber als Sachbezüge gewährt werden (Abs 2 Z 4).

Der Versicherte soll auch bei häuslichen und anderen Tätigkeiten iZm der **Gewinnung** (zB Schlägerung von Bäumen) und **Verarbeitung** (zB Zerkleinern von geschlägertem Holz) von Produkten, die ihm vom Dienstgeber als Sachbezüge

474 RS0085020.
475 RS0085024.
476 10 ObS 42/17z.

gewährt werden, unter UV-Schutz stehen, weil es sich bei solchen Tätigkeiten um **Ausstrahlungen** der die Versicherung begründenden Beschäftigung handelt. Dienstnehmer, denen vom Dienstgeber erst zu gewinnende oder noch zu verarbeitende Produkte als Sachbezüge gewährt werden, haben nämlich gegenüber Dienstnehmern, die nur Geldbezüge oder bereits gebrauchsfertige Sachbezüge erhalten, ein zusätzliches berufsbedingtes Risiko.[477]

5.3.5.3. Betreuung des Arbeitsgerätes (Abs 2 Z 5)

Arbeitsunfälle sind auch Unfälle, die sich bei einer mit der Beschäftigung zusammenhängenden Verwahrung, Beförderung, Instandhaltung und Erneuerung des Arbeitsgerätes ereignen, auch wenn dieses vom Versicherten beigestellt wird (Abs 2 Z 5).

In erster Linie ist erforderlich, dass die fraglichen Gerätschaften zur Verrichtung der versicherten Tätigkeiten gebraucht werden. Dabei genügt es nicht, dass im Verhältnis zur gesamten Verwendung der auf betriebliche Nutzung entfallende Anteil überhaupt als erheblich in Erscheinung tritt; vielmehr ist grundsätzlich erforderlich, dass das **Gerät** seiner Zweckbestimmung nach **hauptsächlich für die Tätigkeit in dem Unternehmen gebraucht** wird. Dabei ist **Kleidung** im Allgemeinen nicht als Arbeitsgerät anzusehen, wenn sie nach ihrer Zweckbestimmung nicht hauptsächlich für die Tätigkeit in dem Unternehmen gebraucht wird, es sich also nicht um spezifische Arbeitskleidung handelt.[478]

Damit ein **Fahrzeug** als Arbeitsgerät qualifiziert werden kann, muss es nicht nur wesentlich, sondern hauptsächlich für betriebliche Zwecke genutzt werden.[479]

Auch **Wege** iZm der Verwahrung, Beförderung, Instandhaltung und Erneuerung des Arbeitsgerätes sind nur dann geschützt, wenn sie streckenmäßig oder zeitlich die **kürzeste Verbindung** zwischen Wohnort bzw Arbeitsort und jenem Ort darstellen, wo die Tätigkeit iZm dem Arbeitsgerät zu verrichten ist.[480]

5.3.5.4. Inanspruchnahme von Interessenvertretungen (Abs 2 Z 6)

Arbeitsunfälle sind auch Unfälle, die sich bei einer mit der Beschäftigung zusammenhängenden Inanspruchnahme von gesetzlichen beruflichen Vertretungen oder Berufsvereinigungen ereignen (Abs 2 Z 6).

Abs 2 Z 6 schützt jede mit der Erwerbstätigkeit zusammenhängende Inanspruchnahme gesetzlicher beruflicher Vertretungen (zB Arbeiter-, Handels-, Landwirtschaftskammern) oder freier Berufsvereinigungen (zB Gewerkschaften, Arbeitgebervereine) durch einen Versicherten. **Schutzgegenstand ist die Ausübung**

477 RS0084992.
478 RS0085000.
479 RS0084998.
480 10 ObS 175/99d.

der Erwerbstätigkeit: nur wenn sich bei ihr Probleme ergeben, die eine Inanspruchnahme einer Interessenvertretung erforderlich machen, tritt der Schutz der UV ein.[481]

Dem gesetzlichen UV-Schutz ist nur die Inanspruchnahme von Interessenvertretungen, **nicht** aber **die Ausübung einer Funktion** in einer Berufsvereinigung unterstellt.[482]

5.3.6. Land- und forstwirtschaftliche Betriebe (Abs 3)

In einem land- oder forstwirtschaftlichen Betrieb gelten als Arbeitsunfälle auch Unfälle, die sich ereignen:

- bei der **Arbeit im Haushalt** des Betriebsinhabers oder der Dienstnehmer, wenn der Haushalt dem Betrieb wesentlich dient;
- bei der Arbeit in der Land- oder Forstwirtschaft und im Haushalt der ständig im Betrieb beschäftigten Dienstnehmer, die als Entgelt vom Betriebsinhaber Grundstücke oder sonstige Betriebsmittel **zur eigenen land-(forst-)wirtschaftlichen Erzeugung** erhalten und aus dieser Erzeugung einen wesentlichen Teil ihres Unterhaltes bestreiten;
- bei **Arbeiten,** die im Zusammenhang mit der Errichtung, dem Umbau und der Reparatur von **Gebäuden**, die dem land-(forst-)wirtschaftlichen Betrieb dienen, verrichtet werden, sowie bei Arbeiten im Rahmen der **Nachbarschaftshilfe** für einen anderen land-(forst-)wirtschaftlichen Betrieb.

Bis zum Jahr 1998 galten die den Schutzbereich der UV regelnden Bestimmungen der §§ 175 und 176 ASVG nicht nur für die Arbeitnehmer, sondern auch für die Selbständigen aus der Land-(Forst-)wirtschaft. **Ab** dem Jahr **1999** gelten sie jedoch **nur mehr für** die nach dem ASVG versicherten **unselbständigen Personen**, wogegen der Schutzbereich für die nach dem BSVG versicherten Personen in den §§ 148c und d BSVG festgelegt wurde.[483]

Der **Haushalt** dient dem landwirtschaftlichen Betrieb nur dann wesentlich, wenn der Betrieb nicht so klein ist, dass der Haushalt dem Betrieb gleichwertig oder sogar überlegen ist. Dies ist etwa bei Arbeitern der Fall, die ihren Lebensunterhalt hauptsächlich aus ihrem Arbeitsverdienst bestreiten und durch ihre kleine Landwirtschaft ihre Lebenserhaltung nur verbessern und verbilligen wollen, ohne dass die Haushaltung dadurch ein landwirtschaftliches Gepräge erhält.[484]

Der Haushalt dient dem Betrieb dann wesentlich, wenn im Haushalt ein Teil der landwirtschaftlichen Produkte verbraucht wird und die Kosten des Haushaltes

481 *Tomandl* in SV-System 2.3.2.3.1.6.
482 Vgl VwGH 30.3.1993, 91/08/0174.
483 *Tomandl* in SV-System 2.3.2.3.1.4.
484 RS0085052.

von den Erträgnissen der Landwirtschaft bestritten werden. Bei **Kleinbetrieben** ist daher streng zu prüfen, ob die landwirtschaftliche Tätigkeit Grundlage des Haushaltes ist, oder ob nicht eine andere Beschäftigung, bspw als Dienstnehmer die Grundlage ist.[485]

Wenn der Haushalt dem landwirtschaftlichen oder forstwirtschaftlichen Betrieb wesentlich dient, ist die Arbeit im Haushalt generell der Arbeit im Betrieb gleichgestellt. Dies gilt für den Haushalt des Landwirts ebenso wie für den Haushalt des Landarbeiters. Dient der Haushalt wesentlich dem Betrieb, weil es sich um einen landwirtschaftlichen Vollerwerbsbetrieb handelt, dann gilt jede hauswirtschaftliche und jede sonstige häusliche Tätigkeit als versichert, wenn es sich nicht um Verrichtungen rein persönlicher Art – wie Essen, Trinken, Ankleiden und Auskleiden – handelt.[486]

Ob **Arbeiten an Gebäuden**, die dem landwirtschaftlichen Betrieb dienen, unter UV-Schutz stehen, richtet sich nicht nur nach der grundsätzlichen Zweckbestimmung des Gebäudes, sondern danach, welchem Zweck die konkret verrichteten Arbeiten dienen.[487]

5.3.7. Kindergartenkinder, Schüler und Studenten (Abs 4 und 5)

In der UV nach § 8 Abs 1 Z 3 lit h (Schüler), i (Studenten) und l (Kindergartenkinder im letzten Jahr vor Schulpflicht) sind Arbeitsunfälle Unfälle, die sich im örtlichen, zeitlichen und ursächlichen Zusammenhang mit der die Versicherung begründenden Schul-(Universitäts-)ausbildung oder dem die Versicherung begründenden Besuch einer institutionellen Kinderbetreuungseinrichtung ereignen (Abs 4).

Auch für die Abgrenzung des Schutzbereichs in der UV bei Schülern ist entscheidend, ob die **Gesamtumstände** dafür sprechen, das unfallbringende Verhalten dem geschützten Bereich oder der Privatsphäre des Versicherten zuzurechnen.[488]

Der Schutzbereich ist im § 175 Abs 4 analog § 175 Abs 1 **generalklauselartig** in der Weise umschrieben, dass er die die Versicherung begründende Schulausbildung (Universitätsausbildung) umfasst. Geschützt soll nach der Grundintention des Gesetzes jede Tätigkeit sein, die sich **als Ausübung der Rolle des Schülers oder des Studenten** darstellt.[489] Die Frage, ob die von einem Schüler oder Studenten konkret verrichtete Tätigkeit vom rollenbezogenen UV-Schutz umfasst ist, ist anhand der jeweiligen Umstände des **Einzelfalles** zu beurteilen.[490]

485 RS0085053.
486 RS0084705.
487 RS0085054.
488 10 ObS 126/21h.
489 RS0085063.
490 10 ObS 164/03w.

Für die Abgrenzung des Schutzbereichs der gesetzlichen UV wird bei Schülern neben der Frage ihrer Verpflichtung zur Befolgung konkreter Pflichten und Weisungen va auch zu berücksichtigen sein, dass die geschützten Tätigkeiten in einer **engen Beziehung zur jeweiligen Schulstufe und zum Lehrplan** stehen müssen. Was deutlich darüber hinaus geht, ist als eine auf privaten (eigenwirtschaftlichen) Interessen beruhende Tätigkeit des Schülers anzusehen.[491]

Ein Schüler steht solange unter UV-Schutz, als er sich **innerhalb des organisatorischen Verantwortungsbereichs** der von ihm besuchten Schule befindet.[492]

Die Abgrenzung zwischen betriebsfremden Motiven einerseits und Ursachen für einen (auch folgenschweren) **Streit**, die mit der beruflichen Tätigkeit im Zusammenhang stehen, fällt bei Beschäftigungsverhältnissen im eigentlichen Sinn leichter als bei schulischen Ausbildungsverhältnissen. Wird ein **Schüler bei einer Pausenstreitigkeit** von einem Mitschüler durch einen Messerstich **getötet**, liegt in der Regel ein Arbeitsunfall iSd Abs 4 vor.[493]

In der UV der Schüler und Studenten gelten als Arbeitsunfälle auch Unfälle, die sich ereignen:

1. bei der **Teilnahme an Schulveranstaltungen,** schulbezogenen Veranstaltungen sowie individuellen Berufs-(bildungs-)orientierungen;
2. bei der Ausübung einer im Rahmen des Lehrplanes bzw der Studienordnung vorgeschriebenen oder üblichen **praktischen Tätigkeit**;
3. bei der Absolvierung einer **individuellen Berufsorientierung** ohne Eingliederung in den Arbeitsprozess im Ausmaß von höchstens 15 Tagen pro Betrieb und Kalenderjahr außerhalb der Unterrichtszeiten und der im § 13b SchUG geregelten Veranstaltungen, sofern es sich um Schüler im oder nach dem achten Schuljahr handelt und von dem Erziehungsberechtigten eine Zustimmung vorliegt (Abs 5).

Bei **Schulveranstaltungen** erstreckt sich der Schutz nicht auf die gesamte Zeit der Schulveranstaltung, sondern nur auf Tätigkeiten, die mit dieser Veranstaltung in zeitlichem, örtlichem und ursächlichem Zusammenhang stehen. Geschützt soll nach den Grundintentionen des Gesetzes jede Tätigkeit sein, die sich **als Ausübung der Rolle** des Schülers oder Studenten darstellt.[494]

Schulschikurse[495] und **Schulsportwochen**[496] sind Schulveranstaltungen iSd Z 1.

Entfernt sich der Schüler **aus eigenwirtschaftlichen Gründen** von der Schulveranstaltung, so wird damit der innere Zusammenhang zu dieser gelöst. Tätig-

491 10 ObS 164/03w.
492 RS0085089.
493 1 Ob 259/08g.
494 RS0085097.
495 10 ObS 41/91.
496 10 ObS 243/94.

keiten, die er in dieser Zeit vornimmt, sind nicht vom Schutz der gesetzlichen UV umfasst, und zwar auch dann nicht, wenn allenfalls diese Tätigkeit bedingt durch die ungewohnte Umgebung, in der die Veranstaltung stattfindet, mit größeren Gefahren verbunden ist, als dies der Fall wäre, würde sie im gewohnten Milieu verrichtet.[497]

Damit eine Veranstaltung zu einer schulbezogenen Veranstaltung wird, bedarf es einer diesbezüglichen Erklärung durch Erlassung einer **Verordnung**. Mangels einer solchen Erklärung durch Erlassung einer Verordnung handelt es sich bei einem **Maturaball** und umso mehr bei den vorher abgehaltenen **Tanzproben** um keine schulbezogenen Veranstaltungen.[498]

5.3.8. Verbotswidriges Handeln (Abs 6)

Verbotswidriges Handeln schließt die Annahme eines Arbeitsunfalles nicht aus (Abs 6).

Auch **grobe Fahrlässigkeit** des Verunglückten spricht nicht von vornherein gegen das Vorliegen eines Arbeitsunfalles.[499]

Bildet die **Tätigkeit** des Versicherten, die zum Unfall führte, einen Teil seiner die Versicherung begründenden Beschäftigung, ist es unbeachtlich, ob nach der Organisation des Betriebes andere Arbeitnehmer zur Ausführung der Tätigkeit berufen gewesen wären, zumal selbst ein Verhalten, das gegen ein Gebot oder Verbot des Arbeitgebers verstößt, den Versicherungsschutz gemäß Abs 6 nicht ausschließt.[500]

5.3.9. Verfahren

Das **Klagebegehren**, es werde festgestellt, dass es sich bei dem Unfall um einen **Arbeitsunfall** iSd § 175 ASVG handle, entspricht nicht dem § 65 Abs 2 ASGG; vielmehr ist ein auf **Feststellung**, dass eine **Gesundheitsstörung Folge eines Arbeitsunfalles** oder einer Berufskrankheit ist, gerichtetes Klagebegehren erforderlich.[501] Ein Anspruch darauf, dass die Beklagte einen Unfall als Arbeitsunfall „anerkenne“, besteht nicht; der Zuspruch von „gesetzlichen Leistungen aus der Unfallversicherung“ ist völlig unbestimmt.[502] In einem Feststellungsbegehren nach § 65 Abs 2 ASGG sind die beim Versicherten eingetretenen Gesundheitsstörungen zu nennen.[503] Die Stattgebung eines Feststellungsbegehrens nach § 65 Abs 2 ASGG setzt voraus, dass als Folge eines Arbeitsunfalles oder einer Berufskrankheit eine

497 RS0085091.
498 RS0106473.
499 RS0085110.
500 RS0084057.
501 RS0084069.
502 10 ObS 2437/96x.
503 10 ObS 109/02f.

bestimmte Gesundheitsstörung (zumindest **bei Schluss der Verhandlung erster Instanz) besteht.**[504] Ein auf Anerkennung des Ereignisses als Arbeitsunfall gerichtetes Klagebegehren ist als (unrichtig formuliertes) **Eventualfeststellungsbegehren** aufzufassen, über das erst nach Entscheidung über das auf Leistung der Versehrtenrente gerichtete Hauptbegehren abgesprochen werden kann.[505]

Voraussetzung für eine Feststellung iSd §§ 65 Abs 2, 82 Abs 5 ASGG ist, dass beim Versicherten – **zumindest bei Schluss der Verhandlung erster Instanz – eine bestimmte Gesundheitsstörung** als Folge eines Arbeitsunfalls oder einer Berufskrankheit **besteht.** Fehlt es zum Zeitpunkt des Schlusses der Verhandlung erster Instanz überhaupt an einer auf einen Arbeitsunfall oder eine Berufskrankheit zurückgehenden Gesundheitsstörung, kann eine Feststellung iSd § 82 Abs 5 ASGG nicht getroffen werden.[506]

Auch im Verfahren vor dem Sozialgericht gelten die **Regeln der objektiven Beweislast.** Ein Anspruch kann nur bejaht werden, wenn die anspruchsbegründenden Tatsachen erwiesen sind. Um Härten eines unzumutbaren Beweisnotstandes für den Versicherten zu vermeiden, genügt es bei Ansprüchen aus Arbeitsunfällen und Berufskrankheiten, dass die Krankheit (der Tod) **typischerweise** eine Folge der konkreten Berufsausübung sein kann **(Anscheinsbeweis).**[507]

Die **Beweislast** dafür, dass durch die Vorgangsweise des Versicherten eine **Lösung vom Betrieb** eingetreten ist, trifft die beklagte Partei. Es handelt sich dabei nicht um ein negatives Tatbestandsmerkmal, sondern um eine anspruchsvernichtende Tatsache;[508] zB die Lösung des betrieblichen Zusammenhanges durch eine allein wesentliche **Alkoholisierung**. Die Nichterweislichkeit einer anspruchsvernichtenden Tatsache geht zu Lasten der Beklagten.[509]

Im Verfahren über einen sv-rechtlichen Anspruch aus Arbeitsunfällen sind die Regeln des **Anscheinsbeweises** modifiziert anzuwenden. Auch dann, wenn noch andere Ursachen in Betracht kommen, muss nur feststehen, dass die Körperschädigung eine **typische Folge** eines als Unfall zu wertenden Ereignisses ist, das im örtlichen, zeitlichen und ursächlichen Zusammenhang mit der die Versicherung begründenden Beschäftigung stand (§ 175 Abs 1) und daher ein Arbeitsunfall war.[510]

Ereignet sich der Unfall auf eine Art, die geradezu **typisch** für Unfälle ist, die die Folge der **Alkoholbeeinträchtigung** des Lenkers sind, so ist dem SV-Träger vorerst der Beweis des ersten Anscheins gelungen, dass der Unfall seine Ursache nicht in den üblichen Gefahren des Arbeitsweges hatte, sondern die Folge der

504 10 ObS 221/01z.
505 10 ObS 105/02t.
506 10 ObS 146/07d.
507 10 ObS 21/01p.
508 RS0083992.
509 10 ObS 423/98y.
510 RS0110571.

Alkoholisierung des Versicherten war. Die objektive Beweislast dafür, dass nicht die Alkoholisierung, sondern andere Ursachen den Unfall auslösten, trifft unter diesen Umständen den Versicherten.[511]

Der Anscheinsbeweis wird dadurch **entkräftet**, dass Tatsachen bewiesen werden, aus denen die **konkrete Möglichkeit eines anderen Geschehensablaufs** erschlossen werden kann. Das bloße Aufzählen anderer abstrakter Möglichkeiten reicht nicht aus.[512] Der Anscheinsbeweis ist nur dann entkräftet, wenn dieser Möglichkeit zumindest die **gleiche Wahrscheinlichkeit** wie dem Arbeitsunfall zukommt.[513]

Die rechtskräftige und damit für die Parteien **bindende Feststellung des Kausalzusammenhangs** bezieht sich nur auf die **Gesundheitsstörung**, die zur Zeit der Entscheidung schon **bekannt** war. Die Feststellung bewirkt bloß eine **Umkehr der Beweislast**: Begehrt der Versicherte später Leistungen wegen einer gleichartigen Gesundheitsstörung, so ist er vom Beweis des – anspruchsbegründenden – Kausalzusammenhangs befreit. Der Versicherungsträger hat aber die Möglichkeit zu beweisen, dass die geltend gemachte Gesundheitsstörung von jener **verschieden** ist, für die der Kausalzusammenhang mit dem Arbeitsunfall oder der Berufskrankheit festgestellt wurde.[514]

Die Frage, ob den Versicherten **in naher Zukunft** ein mit dem Unfallgeschehen vergleichbares Ereignis tatsächlich ereilt und dieselben Folgen wie der Arbeitsunfall ausgelöst hätte, ist dem **Tatsachenbereich** zuzuordnen und keine Rechtsfrage.[515]

Die Beantwortung der Frage, ob bestehende Beschwerden in **medizinischer** Hinsicht Folgen eines Unfalls sind, also die Feststellung der sogenannten **natürlichen Kausalität**, gehört nach stRsp des OGH zum Tatsachenbereich und ist keine Rechtsfrage.[516]

Auch die im **Spruch** eines Bescheides enthaltene **Feststellung**, dass eine **Gesundheitsstörung** Folge eines Arbeitsunfalls oder einer Berufskrankheit ist, kann in **Rechtskraft** erwachsen.[517] Mit Rechtskraft der Feststellung ist dieser Kausalzusammenhang im Hinblick auf ein späteres Verfahren (auf Zuerkennung von Leistungen aus der UV) **bindend festgestellt**.[518] Es erfolgt damit auch eine der Rechtskraft fähige Zurechnung der festgestellten Gesundheitsstörungen zu einem der beiden in Betracht kommenden Versicherungsfälle (Arbeits- bzw Dienstunfall oder Berufskrankheit).[519]

511 RS0109888.
512 RS0040272.
513 10 ObS 278/91.
514 RS0084214.
515 RS0043534.
516 10 ObS 52/18x.
517 RS0084077.
518 10 ObS 156/02t.
519 10 ObS 154/03z.

5.4. Arbeitsunfällen gleichgestellte Unfälle (§ 176)

Im Rahmen des dem Gesetzgeber zustehenden rechtspolitischen **Gestaltungsspielraumes** ist **nicht** erkennbar, dass die Differenzierungen in den §§ 175 und 176 **unsachlich** wären, weil sie nicht nach objektiven Unterscheidungsmerkmalen erfolgten (RS0053576). Dass der Gesetzgeber durch detaillierte Sonderbestimmungen gewisse Unfälle Arbeitsunfällen gleichstellte und somit unter den beitragsfreien Schutz der gesetzlichen UV stellte, andere Unfälle aber nicht in den Versicherungsschutz einbezog, ist verfassungsrechtlich **unbedenklich** (10 ObS 308/00t).

Auch bei Unfällen iZm einer in § 176 Abs 1 genannten Tätigkeit sind die Bestimmungen des § 175 Abs 2 Z 1 (Arbeitsweg) entsprechend anzuwenden (RS0085294).

5.4.1. Unfälle bei bestimmten Tätigkeiten (Abs 1)

Den iSd Abs 1 Z 2, 3, 6 bis 8, 10 und 13 tätig werdenden Personen werden die **Leistungen** der UV aus einem bei dieser Tätigkeit eingetretenen Unfall **auch gewährt, wenn** sie **nicht unfallversichert** sind. Dies gilt auch bei Unfällen iZm dem Besuch beruflicher Schulungs-(Fortbildungs-)kurse iSd Abs 1 Z 5 während einer Karenz nach dem MSchG oder nach dem Väter-Karenzgesetz, soweit nicht Anspruch nach § 7 Abs 3 B-KUVG besteht (§ 176 Abs 3).

Den Arbeitsunfällen sind Unfälle gleichgestellt, die sich bei folgenden Tätigkeiten ereignen (Abs 1):

5.4.1.1. Betriebsverfassungsrechtliche Tätigkeiten (Z 1)

Als Teilnehmer der Betriebs-(Gruppen-, Betriebshaupt-)versammlung sowie der Jugendversammlung oder als Mitglied des Betriebsrates (Jugendvertrauensrates) oder als Behindertenvertrauensperson sowie als Mitglied eines Wahlvorstandes iSd Arbeitsverfassungsgesetzes oder des Landarbeitsgesetzes 1984, ferner als in demselben Betrieb Beschäftigter bei der Mitwirkung an der Besorgung von Aufgaben des Betriebsrates (Jugendvertrauensrates) im Auftrag oder über Ersuchen eines Mitgliedes des Betriebsrates (Jugendvertrauensrates) sowie als Teilnehmer an einer Schulungs- und Bildungsveranstaltung, wenn die Teilnahmeberechtigung auf dem Arbeitsverfassungsgesetz (Behinderteneinstellungsgesetz) beruht (Z 1).

Z 1 dehnte den Versicherungsschutz für Personen, die als Dienstnehmer unfallversichert sind, auf Tätigkeiten aus, die sie **außerberuflich**, aber doch im mittelbaren Zusammenhang mit ihrer versicherungspflichtigen Beschäftigung als Teilnehmer der Betriebsversammlung, als Mitglied oder im Auftrag des Betriebsrates oder sonst in Angelegenheiten der Betriebsvertretung ausüben.[520]

---

520 RS0089394.

5.4.1.2. Individuelle Hilfeleistungen (Z 2)

Bei der **Rettung eines Menschen aus** tatsächlicher oder vermuteter **Lebensgefahr** oder dem Versuch einer solchen Rettung, bei **Herbeiholung eines Arztes oder** eines Sanitäters oder **einer Hebamme** zu einer dringenden Hilfeleistung, bei der Suche nach vermissten Personen, bei der **Hilfeleistung in sonstigen Unglücksfällen** oder allgemeiner Gefahr oder Not, bei der Herbeiholung eines Seelsorgers zu einem in Lebensgefahr befindlichen Erkrankten oder Verunglückten, bei der **Blutspende** oder der Organspende oder bei angemessener **Unterstützung der Amtshandlung eines Sicherheitsorganes**, in allen diesen Fällen jedoch nur, wenn der Unglücksfall nicht durch den Retter vorsätzlich herbeigeführt wurde und wenn nicht nach anderen uv- oder unfallfürsorgerechtlichen Bestimmungen ein Leistungsanspruch besteht (Z 2).

Tätigkeiten, die aus **altruistischen Beweggründen** im Interesse der Allgemeinheit unternommen werden (Lebensrettung, Hilfeleistung in Unglücksfällen oder allgemeiner Gefahr usw), sollen in den UV-Schutz einbezogen werden.[521]

Z 2 erfasst in seinen ersten fünf Fallgruppen ausschließlich solche, bei denen es jeweils um **Dringlichkeitsmaßnahmen** aus Notfällen und Gefahrenfällen geht, bei welchen aus altruistischen Beweggründen im Interesse der Allgemeinheit, wenngleich ohne besondere Rechtspflicht, Rettungshandlungen oder sonstige Hilfeleistungshandlungen gesetzt werden. Bei den beiden letztgenannten in der Aufzählung des Gesetzes – **Blutspende** und **Unterstützung einer Amtshandlung** – handelt es sich hingegen um solche, denen ein derart unmittelbares Dringlichkeitsmoment fehlt.[522]

Weil nur solche Unfälle den Arbeitsunfällen gleichgestellt sind, die sich bei den aufgezählten Hilfeleistungen ereignen, dürfen sie bzw die Gefahrenlagen, in denen der Helfer tätig wird, **noch nicht beendet** sein. Davon kann so lange nicht gesprochen werden, als die Möglichkeit zu einer (sinnvollen) Hilfe noch nicht ausgeschlossen werden kann.[523]

Es muss sich stets und ausschließlich um **personenbezogene Aktivitäten** handeln. Die Hilfeleistung muss jedenfalls Menschen, nicht etwa bloß Tieren, gelten.[524]

Nach dem ersten Fall der Z 2 sind Arbeitsunfällen Unfälle gleichgestellt, die sich bei der **Rettung eines Menschen aus** einer tatsächlichen oder vermuteten **Lebensgefahr** ereignen. Voraussetzung für den Schutz ist, dass es sich um eine **akute Gefahr** für die betroffene Person handelt, dass die Lebensgefahr gegenwärtig, die Gefahrenlage noch nicht abgeschlossen ist. Diente die Verfolgung eines flüchtenden Täters, der zuvor die Ehefrau des Verfolgers (Klägers) mit einem Messer bedroht

521 RS0084062.
522 RS0107977.
523 RS0084038.
524 RS0107976.

und ihr die Handtasche entrissen hatte, nicht der Abwehr einer Lebensgefahr, sondern dem Versuch, die Handtasche wiederzuerlangen, so ist der Tatbestand nach Z 2 erster Fall nicht erfüllt.[525]

Auch wenn der Gesetzgeber bei der Fallgruppe **„Unterstützung der Amtshandlung eines Sicherheitsorganes“** die Verfolgung und Festnahme eines Täters aus einer (gerichtlich) strafbaren Handlung im Auge hatte, so handelt es sich hierbei doch bloß um einen, keineswegs jedoch den einzigen vom Gesetzgeber selbst erfassten Falltypus. Ein ortskundiger Bergführer und Unfallzeuge, der von einem Gendarmeriebeamten zur „dienstlichen Recherche“ des Bergunfalles beigezogen wurde und dabei verunglückte, fällt unter den Versicherungsschutz der Z 2 letzter Fall.[526]

Dass bei **„Hilfeleistungen in weniger dringlichen Situationen“** Leistungen der UV nicht in Betracht kommen sollen, ist hinsichtlich der in Z 2 letztgenannten beiden Fallgruppen (Blutspenden; Unterstützung von Amtshandlungen eines Sicherheitsorgans) nicht mit dem Wortlaut, der Gesetzessystematik und der Teleologie der Gesetzesstelle in Einklang zu bringen.[527]

5.4.1.3. Notmaßnahmen in der Land- und Forstwirtschaft (Z 3)

Bei Tätigkeiten, die vorübergehend auf Grund gesetzlicher Verpflichtung oder im Auftrag oder mit ausdrücklicher Zustimmung der zuständigen Verwaltungsbehörde zur Sicherung, Überwachung, Förderung oder Erhaltung der land- oder forstwirtschaftlichen Erzeugung oder der Erzeugnisse, Baulichkeiten oder sonstiger Betriebseinrichtungen ausgeübt werden (Z 3).

5.4.1.4. Hand- und Zugdienste (Z 4)

Hand- und Zugdienste (Robot) sowie sonstige Arbeitsleistungen, wenn sie auf Grund gesetzlicher oder statutarischer Verpflichtung oder auf Grund alten Herkommens erbracht werden (Z 4).

Ein den Arbeitsunfällen gleichgestellter Unfall liegt vor, wenn sich dieser iZm der Erfüllung einer **öffentlich-rechtlichen Arbeitsverpflichtung** ereignet. Die Erfüllung einer bloß privatrechtlichen oder ethischen Verpflichtung begründet keinen UV-Schutz.[528]

5.4.1.5. Berufliche Schulung und Fortbildung (Z 5)

Beim Besuch beruflicher Schulungs-(Fortbildungs-)kurse, soweit dieser Besuch geeignet ist, das berufliche Fortkommen des Versicherten zu fördern, ferner bei der Teilnahme an Lehrabschlussprüfungen, an Ausbilderprüfungen sowie Meis-

525 RS0103149.
526 RS0107978.
527 RS0107979.
528 RS0114484.

terprüfungen und sonstigen Befähigungs- und Konzessionsprüfungen, deren Ablegung eine Voraussetzung für die selbständige Erwerbstätigkeit ist, die die Mitgliedschaft nach § 1 Abs 2 des Wirtschaftskammergesetzes 1998 begründet oder bei der Teilnahme an Prüfungen im Bereich der Land- und Forstwirtschaft, die mit der Ausübung dieser Erwerbstätigkeit in Zusammenhang stehen, und an beruflichen Wettbewerbsveranstaltungen einer Interessenvertretung der Dienstnehmer oder Dienstgeber (Z 5).

Nach Z 5 muss es sich beim Schulungskurs (Fortbildungskurs) um eine **berufliche Ausbildung** für den angestrebten **oder** eine **Fortbildung** für den bereits ausgeübten Beruf handeln. Beides braucht nicht unbedingt mit dem Beruf zusammenhängen, in dem der Versicherte tätig ist. Während der Erwerb beruflicher Kenntnisse, Fertigkeiten oder Erfahrungen im Rahmen einer **betrieblichen Berufsausbildung** schon nach **§ 175 Abs 1** iZm der die Versicherung begründenden Beschäftigung gesehen werden kann, wird nach § 176 Abs 1 Z 5 jede Form der unsystematischen beruflichen Ausbildung und Fortbildung sowie der beruflichen Umschulung **außerhalb** der schulischen und betrieblichen Berufsausbildung erfasst, weshalb es für den Versicherungsschutz unerheblich ist, ob sich der Kursteilnehmer der beruflichen Ausbildung und Fortbildung pflichtgemäß oder freiwillig unterzieht. Dagegen besteht während einer Ausbildung und Fortbildung **ohne beruflichen Zweck** kein Versicherungsschutz. Handelt es sich etwa um allgemeine Persönlichkeitsbildung ohne konkreten Bezug zu einem Beruf, wie etwa auch durch Sport, therapeutische Gruppen und Gesprächsrunden, so handelt es sich nicht um berufliche Schulung oder Fortbildung.[529]

Ungeachtet eines unmittelbaren Zusammenhangs mit dem konkreten Arbeitsverhältnis sind die durch Z 5 geschützten Lehrgänge **streng berufsbezogen** zu sehen; die Bestimmung tritt flankierend neben den Schutz der Erwerbstätigkeit selbst. Dem auf Bildungsvermittlung ausgerichteten „normalen" **Universitätsstudium** fehlt dieser enge Berufsbezug.[530]

Es ist nicht entscheidend, ob der Dienstgeber die Teilnahme an Schulungskursen (Fortbildungskursen) anordnet oder im Rahmen der Dienstzeit genehmigt. Nach dem Gesetzeswortlaut und dem Sinn der Vorschrift sollen auch diejenigen geschützt werden, die sich nebenher, also **auch nebenberuflich** ausbilden oder fortbilden.[531]

Um eine Fortbildungsveranstaltung handelt es sich, wenn im Rahmen einer **Tagung** führende Fachmediziner aus mehreren Ländern Europas zum wissenschaftlichen Gedankenaustausch zusammenkommen und an wissenschaftlichen Sitzungen teilnehmen.[532]

---

529 RS0110220.
530 10 ObS 59/06h.
531 RS0110219.
532 RS0110218.

5.4.1.6. Betriebliche Tätigkeit (Z 6)

Bei einer betrieblichen Tätigkeit, wie sie sonst ein Vollversicherter (§ 4) ausübt, auch wenn dies nur vorübergehend geschieht (Z 6).

Eine an sich systemwidrige Ausweitung (Versorgungsfall) stellt der **Schutz auch nichtversicherter Personen** dar, die (in einem beliebigen Unternehmen) eine betriebliche Tätigkeit wie ein vollversicherter Dienstnehmer verrichten (arbeitnehmerähnliche Personen) und dabei verunfallen.[533]

Dieser Tatbestand, der auch eine betriebliche Tätigkeit voraussetzt, findet nur Anwendung, wenn der Schutz nicht schon nach anderen Normen erfolgt, er hat daher **subsidiären** Charakter.[534]

Für das Vorliegen einer **betrieblichen Tätigkeit** ist wesentlich, dass es sich um eine, wenn auch nur kurzfristige, Arbeit handelt, die hiefür erbrachte Arbeitsleistung dem ausdrücklichen oder mutmaßlichen Willen des Unternehmers entspricht und von wirtschaftlicher Bedeutung ist. Auf die Beweggründe des Tätigwerdens (zB familienrechtliche Beziehungen oder sittliche Verpflichtungen) kommt es nicht an.[535]

Eine betriebliche Tätigkeit setzt kein „tatsächliches Arbeitsverhältnis" voraus. Eine betriebliche Tätigkeit kann daher **auch bei bloß freiwilliger Mitarbeit** vorliegen (hier: **Nachbarschaftshilfe**).[536]

Ein Verhältnis persönlicher oder wirtschaftlicher Abhängigkeit ist keine Voraussetzung für die Qualifizierung als betriebliche Tätigkeit. Erforderlich ist allerdings, dass der Unfallbetroffene in dem fraglichen Betrieb **wie ein Arbeitnehmer eingegliedert** war.[537] Es wird nur ein enges Kooperationsverhältnis mit dem Hauptmerkmal der betrieblichen Eingliederung, die auch kurzfristig und vorübergehend sein kann, wie bspw bei Beladungs- und Entladungsvorgängen, verlangt.[538]

Die **Einordnung in den Betrieb** ist nur insoweit erforderlich, als der Helfende im ausdrücklichen oder stillschweigend zum Ausdruck kommenden oder nach der Sachlage zu vermutenden Einverständnis des Unternehmers handelt und zumindest bereit sein muss, nach den den Arbeitsvorgang bestimmenden **Weisungen** des Unternehmers, in dessen Interessen die Tätigkeit ausgeübt wird, oder dessen Vertreters zu handeln.[539]

Eine Tätigkeit, die zwar ihrer Art nach einer betrieblichen Tätigkeit entspricht, wie sie sonst ein Vollversicherter ausübt, steht nicht unter Versicherungsschutz

533 *Tomandl*, Sozialrecht[7] Rz 200.
534 RS0084126.
535 RS0083555.
536 RS0084231.
537 RS0084172.
538 6 Ob 88/01m.
539 RS0084209.

iSd Z 6, wenn sie, etwa in einem **Verein** nur auf Grund mitgliedschaftlicher oder ähnlicher Verpflichtungen (hier als Mitglied des österreichischen Bergrettungsdienstes) ausgeübt wird.[540]

Handelte es sich bei der fraglichen Tätigkeit um **Gefälligkeitshandlungen unter Ehegatten** und nicht um ein arbeitnehmerähnliches Tätigwerden des Klägers im Betrieb seiner Ehegattin, war damit aber die Hilfeleistung rechtlich wesentlich allein durch die in der Ehe begründeten persönlichen Beziehungen bestimmt und hat von daher ihr Gepräge erhalten, so ist ein UV-Schutz zu verneinen.[541]

5.4.1.7. Organisierte Hilfeleistungen (Z 7 lit a)

In Ausübung der den Mitgliedern von freiwilligen Feuerwehren (Feuerwehrverbänden), freiwilligen Wasserwehren, des Österreichischen Roten Kreuzes, der freiwilligen Rettungsgesellschaften, der Rettungsflugwacht, des Österreichischen Bergrettungsdienstes, der Österreichischen Wasser-Rettung, der Lawinenwarnkommissionen, der Österreichischen Rettungshunde-Brigade und der Strahlenspür- und -messtrupps im Rahmen der **Ausbildung**, der **Übungen** und des **Einsatzfalles** obliegenden Pflichten sowie bei Tätigkeiten von freiwilligen Helfern dieser Organisationen und der Pflichtfeuerwehren im Einsatzfall bzw bei derartigen Tätigkeiten von bei diesen Organisationen ehrenamtlich tätigen Sanitätern; des Weiteren bei Tätigkeiten im Rahmen **organisierter Rettungsdienste im Einsatzfall,** sofern diese Organisationen nach ihrer Zweckbestimmung auf Einsätze zur Leistung erster ärztlicher Hilfe in Notfällen im Inland ausgerichtet sind und sie die Erzielung eines Gewinnes nicht bezwecken (Z 7 lit a).

Bei einem Unfall auf der Heimfahrt von einer Jahreshauptversammlung ist entscheidend, ob das verletzte Mitglied der freiwilligen Feuerwehr annehmen durfte und musste, dass bei der Versammlung der **Ausbildung** zuzuordnende Kenntnisse vermittelt werden, und dass es deshalb zum Besuch der Versammlung verpflichtet ist (hier: Vorarlberg). Der Versicherungsschutz ist nicht davon abhängig, ob sich der Unfall bei der Ausbildung ereignete; es kommt vielmehr darauf an, ob er auf eine im Rahmen der Ausbildung obliegende Pflicht zurückzuführen ist.[542] Unter dem Begriff „Ausbildung" ist nur die Vermittlung von Kenntnissen, die bei Einsatzfällen gebraucht werden, zu verstehen.[543]

Unter einer **Übung** ist ein Verfahren zur Aneignung und zur Verbesserung von Kenntnissen und Fähigkeiten durch (wiederholtes) Vollziehen bestimmter Tätigkeiten gekennzeichnet, die für einen möglichen Einsatz von Bedeutung sein können und die nicht mit den allgemeinen ohne besondere Ausbildung jedermann

540 RS0084264.
541 RS0116804.
542 RS0084286.
543 10 ObS 63/92.

eigenen Fähigkeiten durchgeführt werden können. Auch eine Übung steht mit der Ausbildung im Zusammenhang, weil sie der Überwachung, der Vertiefung, der Erhebung und Überprüfung des Ausbildungsstandes dient.[544]

Die als Mannschaftsmitglieder teilnehmenden Feuerwehrmänner genießen auch bei den vom Kommandanten zwecks Überprüfung der Ausbildung angeordneten **Feuerwehrwettkämpfen** Versicherungsschutz.[545]

5.4.1.8. Bestehen einer Zusatzversicherung in der UV (Z 7 lit b)

Bei Tätigkeiten, die die Mitglieder der in Z 7 lit a genannten Organisationen darüber hinaus im Rahmen ihres gesetzlichen oder satzungsmäßigen Wirkungsbereiches ausüben, wenn sie für diese Tätigkeiten keine Bezüge erhalten, in die **Zusatzversicherung** in der UV einbezogen sind und einen Antrag (§ 22a Abs 4 erster Satz) stellen (Z lit b).

Die Novellierung des § 176 Abs 1 Z 7 aF durch das SRÄG 1996 durch Ausweitung des Versicherungsschutzes für Tätigkeiten im Rahmen der institutionalisierten Gefahrenhilfe, die der eigentlichen Erfüllung des Gesetzesauftrages **vorangehen oder nachfolgen**, zeigt, dass Zweck derselben war, weitere Tätigkeiten in den UV-Schutz, die bisher nicht geschützt waren, neu einzubeziehen, die nicht unter Ausbildung, Übung oder Einsatz subsumierbar sind.[546]

5.4.1.9. Inanspruchnahme von Sozialleistungen und Arbeitssuche (Z 8)

Bei der Inanspruchnahme von Leistungen nach dem Arbeitslosenversicherungsgesetz 1977, dem Arbeitsmarktförderungsgesetz, dem Kinderbetreuungsgeldgesetz, dem Familienzeitbonusgesetz oder dem Arbeitsmarktservicegesetz, sowie in den Fällen, in denen Personen auf Veranlassung des Arbeitsmarktservice eine Arbeits- oder Ausbildungsstelle aufsuchen oder sich einer Eignungsuntersuchung oder Eignungsprüfung unterziehen (Z 8).

Das Bestehen einer **Sanktionsmöglichkeit** iSd §§ 9, 10 AlVG ist als ausschlaggebendes Moment für das Bestehen des UV-Schutzes gemäß § 176 Abs 1 Z 8 ASVG anzusehen. Da aber die Rechtmäßigkeit der Verhängung einer Sanktion erst im Nachhinein beurteilt wird, kommt es für das Bestehen des UV-Schutzes darauf an, ob der **Arbeitslose** im konkreten Fall vom AMS unter Sanktionsandrohung verpflichtet wurde, sich um eine konkrete Stelle zu bewerben bzw eine bestimmte Zahl an Bewerbungen nachzuweisen (und nicht darauf, ob die Weigerung des Arbeitslosen tatsächlich sanktionierbar wäre).[547]

544 RS0109061.
545 RS0084277.
546 RS0109066.
547 RS0128211.

Da der Arbeitssuchende aufgrund der nunmehr geltenden Gesetzeslage (Beschäftigungssicherungsnovelle 1993, § 9 Abs 1 AlVG) auch zur **selbständigen Arbeitssuche** verpflichtet ist, ist der UV-Schutz auch dann zu bejahen, wenn der Arbeitssuchende beweisen kann, dass sich der Unfall bei der (selbständigen) Arbeitssuche ereignete. Auch in diesen Fällen hat der Betreffende „auf Veranlassung des Arbeitsmarktservice" eine Arbeitsstelle aufgesucht (RS0117316). Dieser UV-Schutz erstreckt sich **nicht auf** Bemühungen zur Aufnahme einer **selbständigen Erwerbstätigkeit**, weil für den Arbeitslosen nach dem AlVG weiterhin keine Verpflichtung besteht, eine selbständige Erwerbstätigkeit aufzunehmen.[548]

Die mit der **Behebung eines** an Stelle der Barauszahlung überwiesenen **Arbeitslosengeldes** zusammenhängenden Wege stehen nicht unter Versicherungsschutz nach Z 8.[549]

5.4.1.10. Weitere geschützte Tätigkeiten (Z 9 bis 13)

- Ausübung des **Wahlrechtes** zu einer gesetzlichen beruflichen Vertretung bzw Betriebsvertretung (Z 9);
- Ausübung der mit der **Sicherung des Schulweges** betrauten Personen (Schülerlotsen; Z 10);
- Tätigkeiten im Rahmen der **Schülermitverwaltung** bzw der Schulgemeinschaftsausschüsse sowie im Rahmen der überschulischen Schülervertretung (Z 11);
- Tätigkeiten in den Organen der **Österreichischen Hochschülerschaft** (Z 12);
- Teilnahme an **berufsbezogenen Prüfungen** (Z 13): Teilnahme an Lehrabschlussprüfungen, an Ausbilderprüfungen sowie Meisterprüfungen und sonstigen Befähigungs- und Konzessionsprüfungen, deren Ablegung eine Voraussetzung für die selbständige Erwerbstätigkeit ist, die die Mitgliedschaft nach § 1 Abs 2 des Wirtschaftskammergesetzes 1998 begründet, oder bei der Teilnahme an Prüfungen im Bereich der Land- und Forstwirtschaft, die mit der Ausübung dieser Erwerbstätigkeit in Zusammenhang stehen, im Bereich der Land- und Forstwirtschaft, **sofern** die Teilnahme an diesen Prüfungen **nicht** in den Anwendungsbereich der **Z 5 oder 8** fällt.

5.4.2. Berufskrankheiten gleichgestellte Krankheiten (Abs 2)

Wird durch eine im Abs 1 angeführte Tätigkeit eine in der **Anlage 1** zum ASVG bezeichnete Krankheit verursacht, so ist sie unter den dort angeführten Voraussetzungen den Berufskrankheiten (§ 177) gleichzustellen.

548 10 ObS 25/11s.
549 RS0114912.

5.4.3. Lebensrettung in einem Nachbarstaat (Abs 4)

Ein Unfall, der sich bei der Rettung eines Menschen aus tatsächlicher oder vermuteter Lebensgefahr oder dem Versuch einer solchen Rettung ereignet hat, gilt auch dann als den Arbeitsunfällen gleichgestellt, wenn sich der Unfall im Gebiet eines Nachbarstaates der Republik Österreich ereignet hat und die **tätig werdende Person österreichischer Staatsbürger** ist, die ihren **Wohnsitz im Inland** hat (Abs 4).

Der Gesetzgeber geht auch im § 176 von einem **strengen** Begriff des **Territorialitätsprinzips** aus. Die 33. ASVG-Novelle hat zwar die ausdrückliche gesetzliche Regelung des Abs 4 (Gleichstellung von Unfällen, die sich „im Gebiet eines Nachbarstaates der Republik Österreich" ereignen) getroffen. Gleichzeitig wurde aber der dazu vertretenen Meinung Ausdruck gegeben, die UV-Träger hätten bei der Prüfung, ob es sich bei dem in Betracht kommenden Unfall um einen nunmehr geschützten Unfall handelt, „einen strengen Maßstab anzulegen"; daher **keine Ausweitung** des Versicherungsschutzes **auf** „Lebensrettungen im **gesamten EU-Raum**";[550] **keine Unionsrechtswidrigkeit** der Einschränkung des Versicherungsfalls gemäß Abs 1 Z 2 auf Unfälle im Inland und im Gebiet der Nachbarstaaten.[551]

5.5. Berufskrankheiten (§ 177)

5.5.1. Allgemeines

Der Versicherungsfall der Berufskrankheit ist ebenso wie jener des Arbeitsunfalls **dreigliedrig** aufgebaut: Es muss

- eine Krankheit vorliegen,
- deren Ursache aus dem Schutzbereich der UV stammt und
- die der UV zurechenbar ist.[552]

Die Jud verwendet auch bei der Zurechnung von Berufskrankheiten die **Theorie der wesentlichen Bedingung**: Die Zurechnung zur UV unterbleibt, wenn die aus der Risikosphäre der UV stammende Ursache im Hinblick auf andere mitwirkende Ursachen als unwesentlich erscheint; ist sie dagegen auch unter Berücksichtigung dieser weiteren Ursachen als wesentlich anzusehen, erfolgt die Zurechnung.[553]

Ein **psychisches Leiden** ist nicht als Berufskrankheit anzusehen.[554] Dem Gesetzgeber ist nicht entgegenzutreten, wenn er in Inanspruchnahme seines – mangels Vergleichbarkeit typischerweise ganz unterschiedlicher Krankheitsbilder und

550 10 ObS 9/06f.
551 10 ObS 61/19x.
552 *Tomandl*, Sozialrecht[7] Rz 216.
553 10 ObS 22/09x.
554 10 ObS 105/04w.

Krankheitsgenesen – weiten rechtspolitischen **Gestaltungsspielraums** bislang psychische Leidenszustände nicht in der Liste die Berufskrankheiten aufgenommen bzw sie durch die Erweiterungsklausel des § 177 Abs 2 berücksichtigt hat.[555]

Der **Versicherungsfall gilt** mit dem Beginn der Krankheit (§ 120 Z 1) oder, wenn dies für den Versicherten günstiger ist, mit dem Beginn der MdE (§ 203) **als eingetreten** (§ 174 Z 2).

Welcher der beiden genannten möglichen Zeitpunkte des Eintritts des Versicherungsfalls für den Versicherten **„günstiger"** – im Sinn von: **wirtschaftlich vorteilhafter** – ist (etwa für die Bemessung der Bemessungsgrundlage unter Berücksichtigung der Beitragsgrundlagen, § 179), kann nur nach den Umständen des **Einzelfalls** nach dem wirtschaftlichen Gesamtergebnis beurteilt werden.[556]

Unter dem Begriff **„Beginn der Minderung der Erwerbsfähigkeit"** ist nicht schon das Erreichen irgendeiner MdE zu verstehen, sondern eine MdE in rentenberechtigendem Grad.[557]

Bei den in der UV teilversicherten **Kindergartenkindern, Schülern und Studenten** stehen die Schul-(Universitäts-)ausbildung, der Besuch einer institutionellen Kinderbetreuungseinrichtung im letzten Jahr vor Schulpflicht (§ 175 Abs 4) und die in § 175 Abs 5 und § 176 Abs 1 Z 11 und 12 angeführten Tätigkeiten einer Beschäftigung iSd Abs 1 und 2 gleich (§ 177 Abs 3).

5.5.2. Abstrakte Berufskrankheiten (Abs 1)

5.5.2.1. Grundsätzliches

Als Berufskrankheiten gelten die in der **Anlage 1** zum ASVG bezeichneten Krankheiten unter den dort angeführten Voraussetzungen, wenn sie durch Ausübung der die Versicherung begründenden Beschäftigung in einem in Spalte 3 der Anlage bezeichneten Unternehmen verursacht sind (Abs 1).

Der Gesetzgeber konnte sich nicht dazu durchringen, jede Krankheit als Berufskrankheit anzuerkennen, die als Folge der Ausübung der Erwerbstätigkeit auftreten kann. Er hat sich vielmehr grundsätzlich dazu entschieden, in einer **Positivliste taxativ** aufzuzählen **(Enumerationsmethode)**, welche Krankheiten von ihm in abstracto als Berufskrankheiten anerkannt werden. Diese Liste ist als Anlage 1 zum ASVG verabschiedet worden, bildet also einen Teil des Gesetzes.[558]

Die **Bezeichnung** einer bestimmten Krankheit als Berufskrankheit bedeutet nur, dass sie rechtlich generell geeignet ist, eine Berufskrankheit zu sein, stellt jedoch – von der **Beweislast** aus gesehen – **keine Kausalitätsvermutung** auf. Der haftungs-

555 VfGH 26.11.2020, G 209/2020.
556 10 ObS 120/20z.
557 RS0084700.
558 *Tomandl*, Sozialrecht[7] Rz 216.

begründende Zusammenhang muss vom Versicherten, den die objektive Beweislast hinsichtlich der rechtsbegründenden Tatsachen trifft, als **wahrscheinlich** nachgewiesen werden; die bloße Möglichkeit eines Kausalzusammenhanges genügt nicht.[559] Voraussetzung für die Anerkennung als Berufskrankheit ist, dass das Leiden mit hinreichender Wahrscheinlichkeit ursächlich auf die betrieblichen Einwirkungen zurückzuführen ist.[560]

5.5.2.2. Liste der Berufskrankheiten (Anlage 1 zum ASVG)

5.5.2.2.1. Allgemeines

Durch das **Berufskrankheiten-Modernisierungs-Gesetz**[561] erfolgte eine Neustrukturierung der Berufskrankheitenliste sowie die Ergänzung und Streichung einzelner Berufskrankheiten.

Die Gesetzesmaterialien führen dazu aus:[562]

Mit dem vorliegenden Gesetzesvorhaben soll die Berufskrankheitenliste gänzlich neu strukturiert werden. Weiters soll dieser ein **Inhaltsverzeichnis** vorangestellt werden. Materiell-rechtliche Änderungen ergeben sich durch das Inhaltsverzeichnis sowie die Neustrukturierung nicht.

Die Schaffung von Gruppen von Berufskrankheiten soll wesentlich zur Übersichtlichkeit der Liste beitragen. Durch die bessere Lesbarkeit und einfachere Einordnung bzw Auffindbarkeit von Erkrankungen in der Berufskrankheitenliste soll auch ein niederschwelliger Zugang und damit eine höhere Verbreitung in den unterschiedlichen Facharztgruppen erreicht werden.

Die Bedingung zur Anerkennung von **Hautkrankheiten** als Berufskrankheit im § 177 Abs 1 („wenn und solange sie zur Aufgabe schädigender Tätigkeiten zwingen") sowie der Hinweis, dass die Aufgabe der schädigenden Tätigkeit nicht erforderlich ist, wenn die Hautkrankheit eine Erscheinungsform einer Allgemeinerkrankung ist, die durch Aufnahme einer oder mehrerer der in der Anlage 1 angeführten schädigenden Stoffe in den Körper verursacht wurde, wurden in die Anlage 1 zur einschlägigen Nr 2.1. verschoben.

Folgende **Gruppen** von Berufskrankheiten sind nunmehr in der Anlage 1 enthalten:

1. Erkrankungen der Atemwege und der Lunge
2. Erkrankungen der Haut
3. Infektionskrankheiten, Erkrankungen durch Parasiten, Tropenkrankheiten
4. Erkrankungen des Bewegungs- und Stützapparats

559 RS0084375.
560 10 ObS 109/00b.
561 BGBl I 2024/18, in Kraft getreten am 1.3.2024.
562 3870/A 27. GP 8.

5. Durch physikalische Einwirkungen verursachte Krankheiten
   5.1. Lärm
   5.2. Mechanische Einwirkungen
   5.3. Strahlen
6. Durch chemische Einwirkungen verursachte Krankheiten
   6.1. Metalle und Metalloide
   6.2. Lösemittel, Schädlingsbekämpfungsmittel (Pestizide) und sonstige chemische Stoffe
7. Maligne Erkrankungen
   7.1. Maligne Erkrankungen der Lunge und/oder des Rippenfells/Herzbeutels/Bauchfells
   7.2. Maligne Erkrankungen des Bluts und der blutbildenden Organe
   7.3. Maligne Erkrankungen der Niere und der ableitenden Harnwege
   7.4. Maligne Erkrankungen der Haut
   7.5. Maligne Erkrankungen im HNO-Bereich
   7.6. Maligne Erkrankungen des hepatobiliären Systems
   7.7. Maligne Erkrankungen der Geschlechtsorgane
8. Sonstige

5.5.2.2.2. Erkrankungen durch ionisierende Strahlen (Nr 5.3.1. bzw Nr 16 alt)

Eine Beschäftigung wie die einer **Röntgenassistentin** mag das Risiko einer Erkrankung durch ionisierende Strahlen erhöhen. Voraussetzung der Entschädigung ist aber auch hier, dass das Leiden mit hinreichender **Wahrscheinlichkeit** ursächlich auf die betrieblichen Einwirkungen zurückzuführen ist. Kann eine solche Wahrscheinlichkeit nicht festgestellt werden, so trifft die objektive Beweislast die Klägerin; es kommt aber zu keiner Umkehrung der Beweislast.[563]

Bei einer Risikozunahme der Kanzerogenese von lediglich 1 % kann jedenfalls nicht davon gesprochen werden, dass mit hinreichender Wahrscheinlichkeit ein Kausalzusammenhang zwischen der Strahlenexposition des Verstorbenen **(Röntgenologe)** und seiner Erkrankung an akuter myeloischer Leukämie nachgewiesen ist.[564]

5.5.2.2.3. Hauterkrankungen (Nr 2.1. bzw Nr 19 alt)

Hauterkrankungen und Erkrankungen an Asthma bronchiale (Nr 30) gelten überhaupt nur dann als Berufskrankheiten, wenn und solange sie zur **Aufgabe schädigender Erwerbsarbeit** zwingen, worunter die letzte Erwerbstätigkeit zu verstehen ist. Die Aufgabe der schädigenden Erwerbstätigkeit ist daher **Voraussetzung** für den Eintritt des Versicherungsfalles, sie bildet ein Tatbestandsmerkmal dieser beiden Berufskrankheiten.[565] Es würde somit auch bei Weiterbestehen

563 VwGH 15.4.2005, 2001/12/0091.
564 VwGH 15.4.2005, 2001/12/0091.
565 RS0084346.

oder Wiederauftreten der Hautkrankheit die **Versehrtenrente** zur Gänze **wegfallen**, wenn ein Rentner nach Anfall der Leistung die schädigenden Tätigkeiten wiederaufnimmt. In dem Zwang zur Aufgabe schädigender Tätigkeiten iSd § 177 Abs 1 zweiter Satz ist daher nicht nur ein anspruchsbegründendes, sondern auch ein **anspruchserhaltendes Tatbestandsmerkmal** zu sehen.[566]

Der **Sinn und Zweck** des Zwangs zur Aufgabe der schädigenden Erwerbstätigkeit liegt darin, ein Verweilen des Versicherten auf dem gefährdenden Arbeitsplatz zu verhindern und dadurch eine Verschlechterung der Krankheit oder deren Wiederausbruch zu verhüten. Erforderlich ist somit die medizinisch begründete **(objektive) Notwendigkeit** zur Aufgabe der zuletzt geleisteten schädigenden Tätigkeiten iVm der tatsächlichen Einstellung dieser Tätigkeiten. Die Einstellung der schädigenden Tätigkeit zwingt aber nicht zur gänzlichen Aufgabe des Arbeitsplatzes. Es genügt, wenn beim bisherigen Dienstgeber durch eine **Änderung der Tätigkeit** die schädigende Tätigkeit aufgegeben werden konnte.[567]

Die Aufgabe der schädigenden Erwerbstätigkeit ist die Voraussetzung für die Anerkennung einer Berufskrankheit. Von welchen Berufen der Kläger ausgeschlossen ist, kann nur aufgrund des derzeit bestehenden Zustandes beurteilt werden. Der Umfang dieses Ausschlusses und der dadurch nicht zur Verfügung stehenden Erwerbschancen auf dem Arbeitsmarkt bildet aber das wesentliche Kriterium für die **Beurteilung der MdE.**[568]

Auch bei Hauterkrankungen als Berufskrankheit ist bei der Bemessung des Grades der MdE nicht auf den konkreten Einkommensverlust abzustellen. Lag drei Monate nach Eintritt des Versicherungsfalles nur mehr eine latente Allergiebereitschaft vor, kommt es bei der Einschätzung der MdE darauf an, von welchen Berufen die Klägerin durch die latent verbliebene Krankheit (also nicht in der zum Zeitpunkt der Berufsaufgabe ausgeprägten akuten Form) ausgeschlossen ist. Eine **außerberuflich erworbene Allergie** ist allerdings in das Kalkül nicht miteinzubeziehen.[569] Liegen drei Monate nach Eintritt des Versicherungsfalles noch akute Krankheitserscheinungen vor, die allerdings gegenüber der Zeit der Ausübung schädigender Tätigkeiten gebessert sind, so ist bei Einschätzung der MdE von diesem **aktuellen Zustand** und nicht von dem vormals bestandenen schlechteren Zustand auszugehen.[570]

Auch bei einer schweren Hauterkrankung kann beim Entfallen der Kontakte mit den Schadstoffen eine **wesentliche Besserung** und damit eine **Änderung** in den für die letzte Feststellung der Rente maßgebenden tatsächlichen Verhältnissen eintreten, die zu einer Herabsetzung oder gegebenenfalls Entziehung der Rente führen. Die verminderten Verweisungsmöglichkeiten müssen daher bei einer

566 10 ObS 239/03z.
567 10 ObS 104/18v.
568 10 ObS 1/96.
569 RS0088877.
570 10 ObS 187/98t.

Besserung des Gesundheitszustandes nicht unverändert fortbestehen. Andernfalls käme es bei Hauterkrankungen zu einem durch nichts gerechtfertigten Berufsschutz.[571]

5.5.2.2.4. Erkrankungen durch Erschütterung (Nr 5.2.1. bzw Nr 20 alt)

Bei der Beurteilung, ob eine Arbeit **gleichartig wie** die Arbeit mit einem **Pressluftwerkzeug** wirkt, kommt es darauf an, ob dabei die für automatisch wirkende Pressluftwerkzeuge typischen rhythmischen Rückstoßerschütterungen und die Pressluftwerkzeuge kennzeichnenden schnellen Vibrationen vorhanden sind.[572]

Vibrationen hoher Frequenz sind den in Z 20 der Liste der Berufskrankheiten genannten Einwirkungen zuzuzählen, auch wenn sie durch **rotierende Bewegung** hervorgerufen werden (hier: **Hubschrauberpilot**).[573]

Die Arbeit mit einem an einem Bagger montierten **Hydraulikhammer** (Hydraulikmeissel) wirkt gleichartig wie die Arbeit mit einem Pressluftwerkzeug und wird daher von der Bestimmung erfasst.[574]

Die durch Erschütterungen beim **Fahren mit Baggern, Raupenfahrzeugen (Panzern), Lastkraftwägen oder Geländefahrzeugen** hervorgerufenen Erkrankungen insb der Lendenwirbelsäule sind keine Berufskrankheiten, weil solche Fahrzeuge weder Pressluftwerkzeuge noch gleichartig wirkende Werkzeuge und Maschinen (wie zB Motorsägen) und schon gar keine Anklopfmaschinen sind.[575]

Bandscheibenschäden, die mit überwiegender Wahrscheinlichkeit auf die jahrelangen Vibrationsbelastungen beim Fahren auf Panzern und Lastkraftwagen zurückzuführen sind, sind nicht die Folge einer Berufskrankheit nach § 177 Abs 1, insb nach der lfd Nr 20 der Anlage 1 zum ASVG.[576]

5.5.2.2.5. Lärmschwerhörigkeit (Nr 5.1.1. bzw Nr 33 alt)

Die Schwerhörigkeit ist nur insoweit eine Berufskrankheit, als es sich um eine durch Ausübung der dienstlichen Tätigkeit verursachte Lärmschwerhörigkeit handelt. Diese ist insb von der Altersschwerhörigkeit, aber auch **von** einer auf **anderen Ursachen** beruhenden Schwerhörigkeit **abzugrenzen**. Anspruch auf Versehrtenrente bestünde daher nur, wenn die Erwerbsfähigkeit durch die Folgen der dienstbedingten Lärmschwerhörigkeit um mindestens 20 % vermindert wäre.[577]

571 RS0084335.
572 RS0117909.
573 RS0084377.
574 10 ObS 9/02z.
575 10 ObS 2432/96m.
576 RS0107509.
577 10 ObS 158/93.

5.5.2.2.6. Infektionskrankheiten (Nr 3.1. bzw Nr 38 alt)

Schon nach der vor der 41. ASVG-Novelle geltenden Fassung des § 177 Abs 1 kam es nicht darauf an, ob der Versicherte mit dem Träger der in der laufenden Nr 38 der Liste der Berufskrankheiten genannten Unternehmen ein Dienstverhältnis begründet hatte, sondern ausschließlich darauf, ob eine berufliche **Beschäftigung in einem solchen Unternehmen** vorlag, wobei die rechtliche Qualifikation dieser beruflichen Beschäftigung und die Tatsache, wer als Dienstgeber auftrat, nicht maßgeblich waren.[578]

Der Umstand, dass Nr 38 Anlage 1 zum ASVG auf **Unternehmen mit vergleichbarem Risiko**, aber nicht auf Tätigkeiten abstellt, macht es erforderlich, unabhängig von der konkreten Tätigkeit des Versicherten die Gefährdung im Unternehmen zu betrachten.[579]

Wie der VfGH bereits in VfSlg 18.885/2009 festgehalten hat, steht dem Gesetzgeber bei der Beurteilung sozialer Bedarfslagen und bei der Ausgestaltung der an diese Bedarfslagen anknüpfenden sozialen Maßnahmen sowohl ein weiter Beurteilungsspielraum als auch ein weiter rechtspolitischer **Gestaltungsspielraum** zu. Der Gesetzgeber hat der Vielschichtigkeit der Lebensverhältnisse durch eine **Öffnungsklausel** („*Unternehmen, in denen eine vergleichbare Gefährdung besteht*") Rechnung getragen. Ob die Voraussetzungen der Öffnungsklausel im Einzelfall vorliegen, hat nicht der VfGH, sondern das zuständige Arbeits- und Sozialgericht zu beurteilen.[580]

Bei einer **Hepatitis-C-Erkrankung** kann erst dann von einer **abgeschlossenen** Erkrankung bzw einem abgeschlossenen Versicherungsfall ausgegangen werden, wenn nach festgestellter Eliminierung der Hepatitis-C-Viren die möglicherweise eintretenden Phasen mit entzündlichen Leberaktivitäten mit Sicherheit auszuschließen sind. Dem Versicherten ist ein rechtliches Interesse zuzubilligen, den anspruchsbegründenden Kausalzusammenhang im Falle des – jederzeit möglichen – Aufflammens der Hepatitis-C-Infektion nicht mehr nachweisen zu müssen. Der Umstand, dass der Versicherte derzeit an keinen Beschwerden aus der (noch nicht eindeutig abgeschlossenen) Berufskrankheit leidet, steht dem nicht entgegen.[581]

Sicherheitswachebeamte (Polizisten) werden im Regelfall überwiegend mit gesunden Personen zu tun haben und der Kontakt mit allenfalls Infizierten beschränkt sich jedenfalls auf eine kurz eingegrenzte Zeit. Einem solchen Risiko aber sind alle Erwerbstätigen ausgesetzt, die in intensivem ständigem Kontakt mit anderen Menschen stehen.[582]

578 RS0084365.
579 RS0134302.
580 VfGH 25.1.2024, G140/2022.
581 RS0115247.
582 Vgl 10 ObS 175/88.

Bei einer **COVID-19-Infektion eines Nachhilfelehrers** liegt mangels „vergleichbarer Gefährdung" keine Berufskrankheit vor. Nicht jede Krankheit, die als Folge arbeitsbedingter Einwirkungen auftreten kann, wird als Berufskrankheit anerkannt, sondern es ist in der Anlage zum ASVG (Anlage 1) im Einzelnen festgelegt, welche Krankheiten unter welchen Voraussetzungen als Berufskrankheiten gelten. Der **Sinn** der Nr 38 besteht darin, Personen einen Schutz zu bieten, die aufgrund ihrer Erwerbstätigkeit in **besonderer Ansteckungsgefahr** schweben. Bei der Subsumtion unter die Generalklausel der Nr 38 Anlage 1 zum ASVG handelt es sich stets um einen Akt der **rechtlichen Beurteilung**. Dabei kommt es darauf an, die vom Gesetzgeber als wesentlich erachteten typischen Gefahren, die der Aufnahme bestimmter Unternehmen in die Liste der Nr 38 zugrunde liegen, zu identifizieren und in wertender Betrachtung dem konkret zu beurteilenden Unternehmenstyp gegenüberzustellen. Das besondere Infektionsrisiko an **Schulen** resultiert aus dem Zusammenkommen einer Vielzahl von Personen an einem Ort mit einem länger dauernden Aufenthalt in Innenräumen zum Zweck des Unterrichts. Nr 38 Anlage 1 zum ASVG stuft Schulen als Einrichtungen ein, die ihrer Typizität nach für die dort tätigen Versicherten ein erhöhtes Risiko der Ansteckung mit Infektionskrankheiten mit sich bringen. Die Möglichkeit der Anordnung von **ortsungebundenem Unterricht** an einzelnen Schulen aufgrund individueller Behördenentscheidungen (§ 6 iVm § 3 Z 2 COVID-19-Schulverordnung 2020/21) führt nicht dazu, dass für die Beurteilung des Vorliegens einer „vergleichbaren Gefährdung" auf jene Schulen abzustellen ist, die aufgrund individueller behördlicher Anordnung von derartigen Anordnungen betroffen sind.[583]

Die Beschäftigten der **Österreichischen Bergrettung** haben im Regelfall überwiegend mit nicht infizierten Personen zu tun, sodass sich der Kontakt mit allenfalls Infizierten auf eine kurz eingegrenzte Zeit beschränkt. Einem solchen Risiko aber sind alle Erwerbstätigen ausgesetzt, die in Kontakt mit anderen Menschen stehen. Dass der Kläger während der Bekämpfung des Waldbrandes Kontakt zu zahlreichen Einsatzkräften hatte, ist nicht mit dem besonderen Infektionsrisiko in Schulen oder Haftanstalten vergleichbar, wo sich zahlreiche Personen für lange Zeit gemeinsam in einem geschlossenen Raum aufhalten.[584]

COVID-19-Infektion einer **Schulpsychologin**. Auf Basis des Gesetzeswortlauts genießen grundsätzlich alle in einem geschützten Unternehmen Beschäftigten unabhängig von ihrer konkreten Tätigkeit Versicherungsschutz. Dieses Ergebnis steht einer **teleologischen Reduktion** nicht generell entgegen. Ob eine teleologische Reduktion hinsichtlich jener (ganz eindeutigen) Fälle, bei denen der Betroffene dem Risiko einer Infektion gar nicht ausgesetzt ist, angezeigt ist, muss im konkreten Fall nicht entschieden werden.[585]

583 10 ObS 149/22t.
584 10 ObS 1/23d.
585 10 ObS 39/23t.

5.5.2.2.7. Erkrankungen der tieferen Atemwege und der Lunge durch chemisch-irritativ oder toxisch wirkende Stoffe (Nr 1.7. bzw Nr 41 alt)

Durch die in der Nr 41 der Berufskrankheitenliste genannten Schadstoffe verursachte Erkrankungen der tieferen Atemwege und der Lunge gelten nach § 177 Abs 1 ASVG nur insoweit als Berufskrankheit, als sie durch Ausübung der die Versicherung begründeten Beschäftigung in einem Unternehmen verursacht sind. Es geht im vorliegenden Fall nicht darum, ob der bestehende **Vorschaden** (infolge der **Tuberkulose**) früher oder später zu derselben Folge (nämlich derselben MdE) geführt hätte wie die Berufskrankheit, sondern darum, inwieweit die gesetzliche UV für die **Folgen** der Berufskrankheit einzustehen hat. War durch ein vorheriges Leiden die Erwerbsfähigkeit bereits messbar gemindert, so ist nicht die Gesamteinwirkung auf die Erwerbsfähigkeit, sondern **nur** die durch die Verschlimmerung verursachte Steigerung des Grades der Erwerbsunfähigkeit, also der **Verschlimmerungsanteil** an dem Gesamtzustand **zu entschädigen**. Im Fall der Verschlimmerung eines bestehenden Leidens durch beruflich bedingte Schädigungen wird das Gesamtleiden rechtlich in den beruflich bedingten und den davon unabhängigen, auf die Anlage bzw Vorschädigung zurückzuführenden Teil zerlegt; der **verschlimmerungsbedingte Anteil wird abgegrenzt und** – unter Berücksichtigung des Vorschadens – **allein entschädigt**, da nur dieser der schädigenden Einwirkung zuzurechnen ist.[586]

5.5.2.2.8. Durch Zeckenbiss übertragbare Krankheiten (Nr 3.3. bzw Nr 46 alt)

Mit der Ausübung einer Berufstätigkeit in einem **Unternehmen der Land- und Forstwirtschaft** ist ein signifikant höheres Risiko, sich eine FSME oder Borreliose zuzuziehen, verbunden.[587] Dies gilt nicht in ähnlicher Weise auch für den Piloten eines Rettungshubschraubers.[588]

5.5.3. Konkrete Berufskrankheiten (Abs 2)

Eine Krankheit, die ihrer Art nach **nicht in Anlage 1** zum ASVG **enthalten** ist, **gilt im Einzelfall** als Berufskrankheit, wenn der Träger der UV auf Grund gesicherter wissenschaftlicher Erkenntnisse feststellt, dass diese Krankheit ausschließlich oder überwiegend durch die Verwendung **schädigender Stoffe oder Strahlen** bei einer vom Versicherten ausgeübten Beschäftigung entstanden ist; diese Feststellung bedarf zu ihrer Wirksamkeit der **Zustimmung** des Bundesministers für soziale Verwaltung (Abs 2).

Der Wortlaut und die dargelegte Entstehungsgeschichte zeigen klar, dass der Gesetzgeber der 32. ASVG-Novelle mit der Schaffung dieser Normen **nicht auf eine**

586 10 ObS 161/94.
587 RS0130959.
588 10 ObS 74/16d.

Lückenlosigkeit des Systems zielte, in dem jede irgendwie mit der Berufstätigkeit in Zusammenhang stehende Krankheit als Berufskrankheit anzuerkennen ist. Die Entscheidung für ein nicht auf Lückenlosigkeit abzielendes Regelungssystem der Berufskrankheiten liegt im rechtspolitischen **Gestaltungsspielraum** des SV-Gesetzgebers.[589]

Die **bescheidmäßige Ablehnung** der Anerkennung einer Krankheit als konkrete Berufskrankheit durch den UV-Träger eröffnet die **Klage** vor dem Arbeits- und Sozialgericht gemäß § 67 Abs 1 Z 1 ASGG. Im sozialgerichtlichen Verfahren ist eine Feststellung, dass eine Gesundheitsstörung Folge einer konkreten Berufskrankheit ist, oder ein daraus abgeleiteter Leistungsanspruch **nicht von** einer **Zustimmung** des Bundesministers für Gesundheit **abhängig**. Vielmehr hat das Arbeits- und Sozialgericht **eigenständig** nach den Vorgaben des § 177 Abs 2, insb auf der Grundlage gesicherter wissenschaftlicher Erkenntnisse, zu prüfen, ob im Einzelfall eine Krankheit ausschließlich oder überwiegend durch die Verwendung schädigender Stoffe oder Strahlen bei einer vom Versicherten ausgeübten Beschäftigung entstanden ist.[590]

5.5.4. Verfahren

Die Feststellung, dass eine Gesundheitsstörung Folge einer Berufskrankheit ist, ist eine **Leistungssache** – dies unabhängig davon, ob es sich um eine abstrakte Berufskrankheit, also eine in der Anlage 1 zum ASVG aufgezählten, handelt oder um eine im Einzelfall festzustellende Berufskrankheit.[591]

Auch im Verfahren vor dem Sozialgericht gelten die Regeln der **objektiven Beweislast**. Ein Anspruch kann nur bejaht werden, wenn die anspruchsbegründenden Tatsachen erwiesen sind. Um Härten eines unzumutbaren Beweisnotstands für den Versicherten zu vermeiden, sind besonders in Verfahren über einen sv-rechtlichen Anspruch aus Arbeitsunfällen oder Berufskrankheiten die Regeln des sogenannten **Anscheinsbeweises** modifiziert anzuwenden. Die **Zulässigkeit** des Anscheinsbeweises beruht darauf, dass bestimmte Geschehensabläufe **typisch** sind und es daher **wahrscheinlich** ist, dass auch im konkreten Fall ein derartiger gewöhnlicher Ablauf und nicht ein atypischer gegeben ist. Die **Entkräftung** des Anscheinsbeweises geschieht durch den Beweis, dass der typisch formelhafte Geschehensablauf im konkreten Fall nicht zwingend ist, sondern, dass die ernste Möglichkeit eines anderen Geschehensablaufs besteht. In Sozialrechtssachen ist der Anscheinsbeweis nur dann entkräftet, wenn dem **atypischen Geschehensablauf** zumindest die **gleiche Wahrscheinlichkeit** zukommt.[592]

589 RS0120384.

590 10 ObS 125/15b unter ausdrücklichem Abgehen von der bisherigen Rsp; vgl VwGH 4.9.2013, 2012/08/0062.

591 VwGH 4.8.2004, 2001/08/0223.

592 10 ObS 146/07d.

Auch bei Behauptung des Vorliegens einer Berufskrankheit **trifft** die **objektive Beweislast**, dass das Leiden mit hinreichender Wahrscheinlichkeit ursächlich auf die betrieblichen Einwirkungen zurückzuführen ist, **den Versicherten**. Eine Umkehrung der Beweislast erfolgt nicht.[593]

Die **rechtskräftige** und damit für die Parteien **bindende Feststellung des Kausalzusammenhangs** bezieht sich nur auf die Gesundheitsstörung, die zur Zeit der Entscheidung schon **bekannt** war. Die Feststellung bewirkt bloß eine **Umkehr der Beweislast**: Begehrt der Versicherte später **Leistungen** wegen einer gleichartigen Gesundheitsstörung, so ist er vom Beweis des – anspruchsbegründenden – Kausalzusammenhangs befreit. Der Versicherungsträger hat aber die Möglichkeit zu beweisen, dass die geltend gemachte Gesundheitsstörung von jener verschieden ist, für die der Kausalzusammenhang mit dem Arbeitsunfall oder der Berufskrankheit festgestellt wurde.[594]

Ein **Eventualbegehren auf Feststellung** (§ 65 Abs 2, § 82 Abs 5 ASGG), eine Hautkrankheit sei Folge einer Berufskrankheit (ohne dass die schädigende Tätigkeit aufgegeben wurde) setzt nicht voraus, dass im Zeitpunkt des Wirksamwerdens von arbeitsmedizinischen oder sonstigen organisatorischen Schutzmaßnahmen, die eine weitere Schädigung ausschließen, bereits eine MdE aufgrund der Hautkrankheit von zumindest 20 % vorgelegen haben muss.[595]

5.6. Unfallverhütung und erste Hilfe

Die Träger der UV treffen Vorsorge für die Verhütung von Arbeitsunfällen und Berufskrankheiten (Unfallverhütung) sowie für eine wirksame erste Hilfe (§ 185).

Mittel sind insb (§ 186 Abs 1):

- die Werbung für den Gedanken der Unfallverhütung;
- die Beratung und Schulung der Dienstgeber und Dienstnehmer sowie sonstiger an der Unfallverhütung interessierter Personen und Einrichtungen;
- die Zusammenarbeit mit den Betrieben (Anstalten, Einrichtungen, Hochschulen, Schulen und dergleichen) zum Zwecke der Einhaltung der der Unfallverhütung dienenden Vorschriften und Anordnungen;
- die Forschung über die Ursachen der Arbeitsunfälle und Berufskrankheiten und ihre Auswertung für Zwecke der Verhütung;
- die vorbeugende Betreuung der von Berufskrankheiten bedrohten Versicherten;
- die Zusammenarbeit mit Einrichtungen und Organisationen, zu deren Aufgaben der Transport von Verletzten (Erkrankten) gehört.

593 RS0043249.
594 RS0084214.
595 RS0132324.

Die Träger der UV haben einen **Unfallverhütungsdienst** einzurichten und die erforderlichen fachkundigen Organe zu bestellen (§ 187 Abs 1).

Die fachkundigen Organe des Trägers der UV sind **berechtigt**, die **Betriebe** (Anstalten, Einrichtungen, Hochschulen, Schulen und dergleichen) **zu betreten und** zu besichtigen, sowie alle erforderlichen **Auskünfte einzuholen** (§ 187 Abs 2).

Zur **Abwendung** der Gefahr des Entstehens oder Wiederentstehens **einer Berufskrankheit** bei einem Versicherten kann der Versicherungsträger Leistungen der Unfallheilbehandlung gewähren (§ 188a).

Die Erbringung von Leistungen im Rahmen von vorbeugenden Maßnahmen ist in das Ermessen des Versicherungsträgers gestellt. Es handelt sich hier nicht um eine gesetzliche Pflichtleistung, sondern um eine **freiwillige Leistung.**[596]

Den **Mitgliedern von freiwilligen Feuerwehren** (Feuerwehrverbänden), die vom Österreichischen Bundesfeuerwehrverband der AUVA als Personen benannt werden und die einem **besonderen Infektionsrisiko** ausgesetzt sind, ist als vorbeugende Maßnahme die **Impfung gegen Hepatitis A und B** zu gewähren (§ 188b).

5.7. Unfallheilbehandlung

5.7.1. Umfang und Dauer

Die Unfallheilbehandlung hat **mit allen geeigneten Mitteln** die durch den Arbeitsunfall oder die Berufskrankheit hervorgerufene Gesundheitsstörung oder Körperbeschädigung sowie die durch den Arbeitsunfall oder die Berufskrankheit verursachte MdE bzw der Fähigkeit zur Besorgung der lebenswichtigen persönlichen Angelegenheiten zu beseitigen oder zumindest zu bessern und eine **Verschlimmerung** der Folgen der Verletzung oder Erkrankung zu **verhüten** (§ 189 Abs 1).

Die Unfallheilbehandlung umfasst insb:

1. ärztliche Hilfe;
2. Heilmittel;
3. Heilbehelfe;
4. Pflege in Kranken-, Kur- und sonstigen Anstalten.

In den Fällen der Z 1 bis 4 sowie iZm der körpergerechten Anpassung von Hilfsmitteln können **Reise- und Transportkosten** nach Maßgabe der Bestimmungen der **Satzung** unter Bedachtnahme auf die wirtschaftlichen Verhältnisse des Versicherten übernommen werden (§ 189 Abs 2).

§ 189 Abs 2 umfasst auch die **Zahnbehandlungs- und Zahnersatzleistung.**[597]

596 RS0084234.
597 RS0084240.

Die Unfallheilbehandlung wird **so lange und so oft gewährt**, als eine Besserung der Folgen des Arbeitsunfalles bzw der Berufskrankheit oder eine Steigerung der Erwerbsfähigkeit zu erwarten ist oder Heilmaßnahmen erforderlich sind, um eine Verschlimmerung zu verhüten (§ 190).

Selbständige, Schüler und Studenten erhalten Unfallheilbehandlung **erst ab dem dritten Monat** nach dem Eintritt des Versicherungsfalles, doch kann die Satzung diesen Zeitraum verkürzen.[598]

5.7.2. Vorleistungspflicht des KV-Trägers (§ 191 Abs 1)

Anspruch auf Unfallheilbehandlung besteht, **wenn und soweit** der Versehrte **nicht** auf die entsprechenden Leistungen **aus** einer gesetzlichen **KV Anspruch** hat bzw für ihn kein solcher Anspruch besteht.

Die Leistungen der Unfallheilbehandlung und jene der Krankenbehandlung aus der KV **decken sich weitgehend**. Um eine **Doppelzuständigkeit** von KV und UV zu **vermeiden**, besitzt der Versehrte keinen Anspruch auf Unfallheilbehandlung, soweit er die in Betracht kommenden Leistungen aus der KV beanspruchen kann (Vorleistungspflicht der KV).[599]

Wegen der im Wesentlichen übereinstimmenden Ziele von Unfallheilbehandlung und Krankenbehandlung hätten auch in der KV versicherte Versehrte sowohl gegen den Träger der KV als auch gegen den Träger der UV Anspruch auf diese Leistungen. Eine solche sachliche Doppelkompetenz der beiden Versicherungsträger wird jedoch durch § 191 Abs 1 vermieden, nach dem der Anspruch auf **Unfallheilbehandlung** nur mangels eines entsprechenden Anspruches auf Krankenbehandlung besteht, also bei einer Vorleistungspflicht des KV-Trägers nur **subsidiär** ist.[600]

Der vom Kläger gezogene rechtliche Schluss, gemäß § 189 Abs 2 seien im Rahmen der UV **sämtliche Kosten in voller Höhe zu ersetzen**, ist **verfehlt**: Nach dieser Bestimmung umfasst die Unfallheilbehandlung insb ärztliche Hilfe, Heilmittel, Heilbehelfe und Anstaltspflege. Gemäß § 191 Abs 1 besteht Anspruch auf Unfallheilbehandlung, wenn und soweit der Versicherte nicht auf die entsprechenden Leistungen aus einer gesetzlichen KV Anspruch hat bzw für ihn kein solcher Anspruch besteht; der **Träger der KV ist** daher in solchen Fällen **vorleistungspflichtig**. Auch nach § 189 Abs 1 besteht aber ein Anspruch auf Leistungen nur in dem Umfang, in dem diese Leistungen in der KV zu erbringen sind.[601]

598 *Tomandl*, Sozialrecht[7] Rz 218.
599 *Tomandl*, Sozialrecht[7] Rz 218.
600 10 ObS 230/93.
601 10 ObS 296/98x.

5.7.3. Ansichziehen der Leistungen durch den UV-Träger (§ 191 Abs 2)

Der **Träger der UV kann** die Gewährung der sonst vom Träger der KV zu erbringenden Leistungen der Unfallheilbehandlung **jederzeit an sich ziehen.** Er tritt dann hinsichtlich dieser Leistungen dem Versehrten und seinen Angehörigen gegenüber in alle Pflichten und Rechte des Trägers der KV ein. Der Träger der UV hat in diesen Fällen dem Träger der KV **anzuzeigen**, dass er von einem bestimmten Tag an die Heilbehandlung gewährt; von diesem Zeitpunkt an hat der Versehrte gegen den Träger der KV keinen Anspruch auf die entsprechenden Leistungen der KV.

Ein Ansichziehen kommt beim **Krankengeld** nicht in Betracht.[602]

5.7.4. Durchführung

Der Träger der UV kann die Unfallheilbehandlung entweder unmittelbar durch hiezu bestimmte Einrichtungen oder Ärzte gewähren oder **einen KV-Träger** mit der Durchführung der Heilbehandlung gegen Kostenersatz **betrauen.** Der Träger der KV ist **verpflichtet**, einem solchen Ersuchen Folge zu leisten und die Behandlung so zu besorgen, wie es der Träger der UV verlangt (§ 193).

Ob der UV-Träger die Unfallheilbehandlung unmittelbar durch hiezu bestimmte Einrichtungen oder Ärzte gewährt oder einen KV-Träger mit der Durchführung der Heilbehandlung gegen Kostenersatz betraut, liegt **im freien Ermessen** des Versicherungsträgers, dessen Entscheidung auch durch Klage beim Arbeits- und Sozialgericht nicht angefochten werden kann.[603]

5.7.5. Richtlinien

In den vom **Dachverband** zu erlassenden Richtlinien (§ 30a Abs 1 Z 23) ist auch die Zusammenarbeit der Träger der KV und der UV bei der Durchführung der Unfallheilbehandlung, insb hinsichtlich eines zweckmäßigen Verfahrens zur rechtzeitigen Erfassung der Verletzten für die Heilbehandlung, deren Zuweisung zu der erforderlichen fachärztlichen Behandlung oder Krankenanstaltspflege zu regeln. Hiebei kann bestimmt werden, dass der in Betracht kommende Facharzt über die weitere Art der Behandlung zu entscheiden hat und bei welcher Art von Verletzungen die Unfallheilbehandlung in besonders bezeichneten Krankenanstalten stattfinden soll (§ 194).

Die Richtlinien wurden bis dato nicht erlassen.

602 RS0083928.
603 RS0084261.

5.7.6. Kostenersatz

Der Träger der UV kann unter Bedachtnahme auf seine finanzielle Leistungsfähigkeit durch die **Satzung** bestimmen, ob, unter welchen Voraussetzungen und inwieweit Versehrten, für die kein Anspruch auf Leistungen aus einer gesetzlichen KV besteht und die die Unfallheilbehandlung nicht in Anspruch genommen haben, an deren Stelle **Geldleistungen** zu gewähren sind (§ 194a).

Siehe § 23 Satzung der AUVA 2002 (avsv Nr 36/2002).

5.8. Rehabilitation

5.8.1. Allgemeines

Während auf Maßnahmen der **medizinischen** Rehabilitation ein **Rechtsanspruch** besteht, gehört die Gewährung von Leistungen der **beruflichen** Rehabilitation zu den **Pflichtaufgaben** der UV, die sie nach pflichtgemäßem Ermessen erfüllen kann. Maßnahmen der **sozialen** Rehabilitation zählen hingegen zu den **freiwilligen Leistungen.**[604]

Die Einleitung von Maßnahmen der Rehabilitation des UV-Trägers bedarf der **Zustimmung des Versehrten.** Vor dessen Entscheidung ist der Versehrte vom Versicherungsträger über das Ziel und die Möglichkeiten der Rehabilitation nachweislich in geeigneter Weise zu informieren und zu beraten. Der Versehrte **hat** bei der Durchführung der Maßnahmen der Rehabilitation entsprechend **mitzuwirken** (§ 201a).

Die Zustimmung des Versehrten ist Voraussetzung für die Einleitung von Rehabilitationsmaßnahmen. Einen Anreiz zur Rehabilitation soll das Übergangsgeld darstellen. Hat der Versicherte die Zustimmung zur Rehabilitation erteilt, trifft ihn in der Folge eine **Mitwirkungspflicht.**[605] Unmittelbare **Sanktionen** bei Verletzung dieser Verpflichtung sieht § 201a nicht vor.[606]

Jede Rehabilitation ist **individuell** auf die Bedürfnisse des Einzelfalls abzustellen.[607]

Die Träger der UV können sowohl im Rahmen der **beruflichen** Rehabilitation wie auch als **soziale** Maßnahme der Rehabilitation **Zuschüsse zum Ankauf eines Pkw** gewähren. Diese Möglichkeit besteht für den PV-Träger im Rahmen der Rehabilitationsmaßnahmen der Bestimmungen der §§ 300 ff nicht; § 303 schließt solche Maßnahmen für die berufliche Rehabilitation und § 304 Abs 2 für die soziale Rehabilitation durch die PV-Träger aus.[608]

604 *Tomandl,* Sozialrecht[7] Rz 221.
605 *Tomandl* in SV-System 2.3.3.1.C.
606 *Tarmann-Prentner* in *Sonntag,* ASVG[14] § 201a Rz 2.
607 RS0124198.
608 RS0084299.

5.8.2. Berufliche Maßnahmen der Rehabilitation (§ 198)

Durch die beruflichen Maßnahmen der Rehabilitation soll der Versehrte in die Lage versetzt werden, seinen **früheren oder**, wenn dies nicht möglich ist, einen **neuen Beruf** auszuüben (Abs 1).

Die beruflichen Maßnahmen der Rehabilitation umfassen insb (Abs 2):

1. die **berufliche Ausbildung** zur Wiedergewinnung oder Erhöhung der Erwerbsfähigkeit und, insoweit der Versehrte durch den Arbeitsunfall oder die Berufskrankheit in der Ausübung seines Berufes oder eines Berufes, der ihm zugemutet werden kann, wesentlich beeinträchtigt ist, die Ausbildung für einen neuen Beruf. Die berufliche Ausbildung wird **so lange gewährt**, als durch sie die Erreichung des angestrebten Zieles (§ 172) zu erwarten ist;
2. die **Gewährung von Zuschüssen**, Darlehen und/oder sonstigen Hilfsmaßnahmen zur Ermöglichung der Fortsetzung der Erwerbstätigkeit;
3. die Hilfe zur Erlangung einer Arbeitsstelle oder einer anderen Erwerbsmöglichkeit.

Der UV-Träger hat dem Versicherten die zeitlich grundsätzlich **unbefristete berufliche Ausbildung** so lange zu gewähren, als eine begründete Aussicht auf Erfolg besteht.[609]

Der **UV-Träger kann** die Durchführung von beruflichen Maßnahmen der Rehabilitation dem AMS **übertragen**. Er hat dem AMS die ausgewiesenen tatsächlichen Kosten so weit zu ersetzen, als sie über das hinausgehen, was dieses an Leistungen gewährt hätte, wäre ein Begehren auf derartige Maßnahmen gestellt worden (§ 200 Abs 1).

5.8.3. Soziale Maßnahmen der Rehabilitation (§ 201)

Die sozialen Maßnahmen der Rehabilitation umfassen solche Leistungen, die über die Unfallheilbehandlung und die beruflichen Maßnahmen der Rehabilitation hinaus **geeignet** sind, zur Erreichung des im § 172 angestrebten Zieles beizutragen (Abs 1).

Als Maßnahmen **kann** der UV-Träger unter Bedachtnahme auf die wirtschaftlichen Verhältnisse des Versehrten insb gewähren (Abs 2):

1. einem Versehrten einen **Zuschuss** und/oder ein **Darlehen** zur Adaptierung der von ihm bewohnten oder zu bewohnenden Räumlichkeiten, durch die ihm deren Benutzung erleichtert oder ermöglicht wird;
2. einem Versehrten, dem auf Grund seiner Behinderung die Benützung eines öffentlichen Verkehrsmittels nicht zumutbar ist,
   a) einen Zuschuss zu den Kosten für die Erlangung der Lenkerbefugnis,

609 RS0113476.

b) einen Zuschuss und/oder ein Darlehen zum Ankauf bzw zur Adaptierung eines Pkw.

Soziale Maßnahmen der Rehabilitation sind **freiwillige Leistungen**, bei deren Gewährung auf die wirtschaftlichen Verhältnisse des Versehrten Bedacht zu nehmen ist.[610]

5.9. Hilfsmittel (§ 202)

Der Versehrte hat **Anspruch** auf Versorgung mit Körperersatzstücken, orthopädischen Behelfen und anderen Hilfsmitteln, die **erforderlich** sind, um den Erfolg der Heilbehandlung zu sichern oder die Folgen des Arbeitsunfalles oder der Berufskrankheit zu erleichtern. Alle diese Hilfsmittel müssen **den persönlichen und beruflichen Verhältnissen des Versehrten angepasst** sein (Abs 1).

Abs 1 geht von einem **weiten Begriffsinhalt** aus. Die Unterscheidung, ob der Behelf dem Heilungszweck dient **(Heilbehelf)** oder ob er erst nach Abschluss des Heilungsprozesses zum Einsatz kommt (Hilfsmittel), ist daher in diesem Bereich nicht streng zu ziehen. Auch eine **Lesebrille** kann daher als Hilfsmittel beurteilt werden.[611]

Da die Versorgung mit Hilfsmitteln **Teil der Unfallheilbehandlung** ist, ist ein Hilfsmittel daher nur dann **erforderlich**, wenn es geeignet ist (§ 189 Abs 1), den vom Gesetzgeber angestrebten **Zweck** (hier: die Erleichterung der Folgen des Arbeitsunfalls) zu erreichen. Dabei bildet in der UV die **höchstmögliche Versorgungsqualität** den Maßstab insb auch bei individuell anzupassenden Hilfsmitteln. Allerdings muss ein Hilfsmittel den persönlichen und beruflichen Verhältnissen des Versehrten angepasst sein, sodass insofern **keine Überversorgung** stattfinden darf.[612]

Der Versehrte hat **nur einen Grundanspruch** auf die erforderliche (geeignete) Versorgung, ein Anspruch auf die jeweils dem letzten Stand der Technik entsprechende Prothese ist aus dem UV-Recht nicht abzuleiten.[613]

Der Versehrte hat zwar auch in dem der Unfallheilbehandlung zugehörigen Bereich des Abs 1 einen Anspruch auf Versorgung durch Sachleistung. Diese erfolgt allerdings primär in der vom UV-Träger gewählten Form. Der Versehrte hat daher einen Grundanspruch auf die erforderliche (geeignete) Versorgung, **nicht** jedoch einen **Anspruch auf ein bestimmtes Hilfsmittel**. Die **Entscheidung**, welches Hilfsmittel im Einzelfall geeignet ist, **trifft** vielmehr **der UV-Träger** im Rahmen des ihm gemäß § 193 eingeräumten **freien Ermessens**. Wünscht der

610 *Tomandl* in SV-System 2.3.3.1.C.
611 RS0106160.
612 RS0131106.
613 10 ObS 161/16y.

Versehrte eine nicht erforderliche, höhere Kosten bedingende Ausführung, die in seinen persönlichen oder beruflichen Verhältnissen keine Begründung findet, so hat er die Mehrkosten zu tragen.[614]

Wenn **bei einem Arbeitsunfall** ein Hilfsmittel **schadhaft oder unbrauchbar wird oder verlorengeht**, hat der Träger der UV die Kosten für die Beseitigung des eingetretenen Schadens zu übernehmen (Abs 2).

Schadhaft oder unbrauchbar gewordene oder verlorengegangene Hilfsmittel sind auf Kosten des Trägers der UV **wiederherzustellen oder zu erneuern**. Vor Ablauf einer festgesetzten Gebrauchsdauer besteht der Anspruch auf Ersatz oder Erneuerung nur, wenn der Versehrte **glaubhaft macht**, dass ihn an der Beschädigung, Unbrauchbarkeit oder dem Verlust des Hilfsmittels **kein Verschulden** trifft (Abs 3).

Für den Anspruch auf Ersatz oder Erneuerung von schadhaft oder unbrauchbar gewordenen oder verloren gegangenen Hilfsmitteln (Abs 3) ist nicht maßgeblich, ob ein **Verschulden** am Unfall besteht, sondern ob ein solches **an der Beschädigung** des Hilfsmittels des Versehrten mitwirkte. Ein solches Verschulden liegt etwa dann vor, wenn das Hilfsmittel **nicht bestimmungsgemäß verwendet** oder aufbewahrt wurde. Benötigt ein Versicherter eine Fernbrille und eine Lesebrille, so stellt es kein Verschulden dar, dass er die Lesebrille mit einem Brillenband um den Hals gehängt hatte.[615]

Hat der Versehrte die Hilfsmittel **selbst beschafft** oder instandsetzen lassen, so gebührt ihm, wenn die Beschaffung oder Instandsetzung erforderlich und zweckmäßig war, der **Ersatz** in dem Betrag, den der Träger der UV hätte aufwenden müssen (Abs 4).

5.10. Bemessungsgrundlagen für Geldleistungen

5.10.1. Allgemeines

Die Bemessungsgrundlage beträgt **jährlich höchstens** das 360-Fache der im letzten Kalenderjahr vor dem Eintritt des Versicherungsfalles geltenden täglichen Höchstbeitragsgrundlage in der UV (§ 45 Abs 1) zuzüglich allfälliger zu berücksichtigender Sonderzahlungen bis zum 60-Fachen dieser täglichen Höchstbeitragsgrundlage (§ 178 Abs 2).

Für sämtliche Geldleistungen aus der UV kommt stets nur ein und **dieselbe Bemessungsgrundlage** in Betracht. **Bemessungszeitraum** ist stets ein volles Jahr. Einkünfte werden bis zur Höchstbeitragsgrundlage herangezogen. Im Hinblick auf die verschiedenartigen versicherten Personenkreise, die Problematik des

614 RS0131107.
615 RS0106161.

Lebensalters zum Unfallszeitpunkt und die Schwierigkeit, den Personenschaden bei nicht versicherten Leistungsberechtigten festzustellen, stellt der Gesetzgeber **alternativ verschiedene** Bemessungsgrundlagen zur Verfügung. Das Gesetz bietet dabei **zwei** große Gruppen der Bemessungsgrundlagen, nämlich die aus dem **Entgelt** errechneten **variablen** und die **fiktiv** angenommenen **fixen** Bemessungsgrundlagen, an.[616]

5.10.2. Bemessungsgrundlage unter Berücksichtigung der Beitragsgrundlagen (§ 179)

In der UV ist Bemessungsgrundlage (soweit sie nicht nach § 181 zu ermitteln ist) die **Summe der allgemeinen Beitragsgrundlagen im letzten Kalenderjahr vor dem Eintritt des Versicherungsfalles.** Dieser Summe sind die im letzten Kalenderjahr vor dem Eintritt des Versicherungsfalles angefallenen Sonderzahlungen hinzuzurechnen, soweit von diesen Sonderbeiträge fällig geworden sind (Abs 1).

Die Bemessungsgrundlage wird aus der Summe der Beitragsgrundlagen (einschließlich Sonderzahlungen) des letzten Kalenderjahres vor dem Eintritt des Versicherungsfalles gebildet, entspricht also grob gesprochen einem **versicherten Jahreseinkommen vor dem Unfall.**[617]

Das Gesetz stellt als Beobachtungszeitraum für die Bemessungsgrundlage der unselbständig Erwerbstätigen auf das **Jahr vor dem Eintritt des Versicherungsfalles** ab. Sinn und Zweck dieser Regelung ist es, die Höhe der Geldleistungen aus der UV ausgehend von dem Arbeitsentgelt und -einkommen zu bestimmen, das bisher die Lebensführung des Versehrten gewährleistete. Indem dafür auf das Jahr vor dem Eintritt des Versicherungsfalles abgestellt wird, wird der Bemessung der Leistungen ein längerer und daher nicht so sehr von Zufälligkeiten geprägter Zeitraum zugrunde gelegt.[618]

5.10.3. Besondere Bemessungsgrundlage für Personen unter 30 Jahren (§ 180)

Befand sich der Versicherte zur Zeit des Eintrittes des Versicherungsfalles noch in einer **Berufs- oder Schulausbildung**, so wird von dem Zeitpunkt an, in dem die begonnene Ausbildung voraussichtlich abgeschlossen gewesen wäre, die Bemessungsgrundlage jeweils nach der Beitragsgrundlage errechnet, die **für Personen gleicher Ausbildung durch Kollektivvertrag festgesetzt** ist oder sonst von ihnen in der Regel erreicht wird; hiebei sind solche Erhöhungen der Beitragsgrundlage nicht zu berücksichtigen, die der Versicherte erst nach Vollendung seines 30. Lebensjahres erreicht hätte (Abs 1).

616 10 ObS 170/02a.
617 *Tomandl*, Sozialrecht[7] Rz 223a.
618 10 ObS 186/04g.

Abs 1 ist entsprechend für Versicherte anzuwenden, die zur Zeit des Eintrittes des Versicherungsfalles **noch nicht 30 Jahre alt** waren, sofern die Errechnung der Bemessungsgrundlage auf diese Art für den Versicherten **günstiger** ist (Abs 2).

Die besondere Bemessungsgrundlage nach § 180 hat den **Zweck,** die Unterversorgung jüngerer Unfallopfer zu vermeiden: Trifft der Unfall nämlich einen Versicherten in jungen Jahren, wird er nur eine niedrige Beitragsgrundlage haben, die sich bis an sein Lebensende nicht verändern könnte. Es soll daher eine **fiktive Bemessungsgrundlage** gebildet werden, der der kollektivvertragliche oder tatsächlich regelmäßig erzielbare Lohn zugrunde zu legen ist, den Personen mit gleicher Ausbildung bis zum 30. Lebensjahr erzielen können; auf diese Weise soll jugendlichen Versehrten eine einigermaßen akzeptable Rentenhöhe gewährleistet werden.[619]

Erfolgte der Unfall während der Dauer der **Berufs- oder Schulausbildung**, sind (nach **Abs 1**) Geldleistungen bis zum Zeitpunkt der voraussichtlichen Beendigung der begonnenen Ausbildung nach den allgemeinen Vorschriften zu bemessen; ab der fiktiven Beendigung der Ausbildung ist hingegen das jeweilige kollektivvertragliche Einkommen für Personen mit gleicher Ausbildung und gleichem Alter heranzuziehen; an altersbedingten Erhöhungen der Aktiveinkommen nimmt der Verunfallte bis zur Vollendung seines 30. Lebensjahres teil. Fehlt es an Kollektivvertragslöhnen für vergleichbare Tätigkeiten, ist der regelmäßig erreichbare effektive Verdienst heranzuziehen. Diese Regeln gelten (nach **Abs 2)** sinngemäß auch für andere Versicherte – ausgenommen Schüler und Studenten –, die **vor** der **Vollendung ihres 30. Lebensjahres verunfallt** sind, sofern dies für sie **günstiger** ist.[620]

Gegenstand der rechnerischen Ermittlung im § 180 ist die für die Leistungsbemessung in der UV maßgebende Bemessungsgrundlage, die nicht in einem Feststellungsverfahren nach § 410 Abs 1 Z 7, sondern als Tatbestandsmoment der Leistungsfeststellung im Leistungsverfahren zu ermitteln ist. Im **Leistungsstreitverfahren** hat daher das **Gericht** die Beitragsgrundlagen für Personen gleicher Ausbildung aus den maßgeblichen Kollektivverträgen selbst zu ermitteln bzw allenfalls unter Beiziehung eines berufskundlichen Sachverständigen zu klären, welche Beitragsgrundlage von solchen Personen „in der Regel erreicht wird".[621]

5.10.4. Bemessungsgrundlage nach festen Beträgen (§ 181)

§ 181 regelt die allgemeine Bemessungsgrundlage für pflichtversicherte Selbständige, Selbstversicherte und Teilversicherte.

619 RS0109876.
620 10 ObS 82/98a.
621 VwGH 7.8.2002, 99/08/0096.

Da die Pflichtversicherung der **Selbständigen** in der UV im Unterschied zu jener der unselbständig Versicherten nicht einkommensproportional ausgestaltet ist, bedurfte es für sie einer besonderen Bemessungsgrundlage. Der Gesetzgeber hat dafür im § 181 **feste Pauschalbeträge** als Bemessungsgrundlagen vorgesehen, denen auch ein fixer Beitrag gegenübersteht. Damit wird bei den selbständig Erwerbstätigen vom Prinzip abgegangen, dass die Bemessungsgrundlage ein Spiegel der wirtschaftlichen Verhältnisse des Versicherten sein soll.[622]

5.10.5. Bemessungsgrundlage in sonstigen Fällen (§ 181a)

Für teilversicherte Versichertenvertreter in der SV, Funktionäre gesetzlicher Interessenvertretungen, Laienrichter, Schöffen und Geschworene ist die Bemessungsgrundlage nach den §§ 178–181, dh unter Berücksichtigung ihrer **Erwerbseinkommen**, zu bilden. Das Gleiche gilt für versicherte Personen, die einen nach **§ 176** geschützten Unfall erlitten haben; auch bei ihnen ist das Erwerbseinkommen heranzuziehen, selbst wenn der UV-Schutz nur infolge eines Versorgungsfalles eingreift.[623]

5.10.6. Bemessungsgrundlage für Schüler, Studenten und Kindergartenkinder (§ 181b)

Für diese Personengruppe sieht das Gesetz eine **nach Lebensalter abgestufte Bemessungsgrundlage** vor. Für Geldleistungen, die nach Vollendung des 15. Lebensjahres gebühren, beträgt sie 13.071,11 €, steigt nach Vollendung des 18. Lebensjahres auf 17.429,83 € und nach Vollendung des 24. Lebensjahres schließlich auf 26.144,25 € (Werte 2025).[624]

5.10.7. Bemessungsgrundlage nach billigem Ermessen (§ 182)

Kann die Bemessungsgrundlage nach den §§ 179 bis 181b **nicht errechnet werden oder** würde ihre Errechnung nach diesen Bestimmungen eine **Unbilligkeit** bedeuten, so ist sie **nach billigem Ermessen** festzustellen. Hiebei ist außer den Fähigkeiten, der Ausbildung und der Lebensstellung des Versehrten seine Erwerbstätigkeit zur Zeit des Eintrittes des Versicherungsfalles oder, soweit er nicht gegen Entgelt tätig war, eine gleichartige oder vergleichbare Erwerbstätigkeit zu berücksichtigen.

Für **nichtversicherte** Personen, die einen **gleichgestellten Unfall** erleiden, ist die Bemessungsgrundlage nach Billigkeit festzusetzen. Das Gleiche gilt für alle übrigen Versicherten, wenn die nach den bisher dargestellten Grundsätzen gebildete Bemessungsgrundlage im Einzelfall als **unbillig** erscheint.[625]

---

622 10 ObS 170/02a.
623 *Tomandl* in SV-System 2.3.3.2.1.E.
624 Vgl *Tomandl*, Sozialrecht[7] Rz 223d.
625 *Tomandl*, Sozialrecht[7] Rz 223e.

Die Bemessungsgrundlage gemäß § 182 stellt im System der gesetzlichen UV eine **Bemessungsgrundlage eigener Art** dar und lässt sich daher in kein anderes System der bestehenden Bemessungsgrundlagen einordnen. So kann die maximal nötige Flexibilität gewahrt werden.[626]

Bspw kann die Bemessungsgrundlage für Personen, die einen den **Arbeitsunfällen gleichgestellten Unfall** erleiden und **keine versicherungspflichtige Tätigkeit ausüben**, nur nach billigem Ermessen ermittelt werden. Ebenso, wenn ein **freiberuflich** tätiger selbständig Erwerbstätiger, der außerdem noch eine gering entlohnte versicherungspflichtige Beschäftigung ausübt, bei einer **Lebensrettung** verunglückt, da die ausschließliche Berücksichtigung seines geringen Entgeltes aus der versicherungspflichtigen Tätigkeit für ihn wohl eine Unbilligkeit bedeuten würde. Die Erwägungen bezüglich der Billigkeit sind somit grundsätzlich unter dem Aspekt anzustellen, dass die Bemessungsgrundlage ein Spiegel der wirtschaftlichen Verhältnisse des Versicherten im letzten Jahr vor dem Unfall sein soll.[627]

Wenn die Grundlagen für die Errechnung der Bemessungsgrundlage nach den §§ 179 bis 181b zur Verfügung stehen, kann die Ermittlung der Bemessungsgrundlage nach § 182 nur einen **Ausnahmefall** bilden.[628] Die **objektive Beweislast** für Umstände, die einen Ausnahmefall begründen, obliegt der beklagten Versicherungsanstalt.[629] Die Billigkeitsklausel ist nur sehr **restriktiv** anzuwenden, weil sonst die grundlegenden Bestimmungen der §§ 179 bis 181b für die Berechnung einer Bemessungsgrundlage ihre Maßgeblichkeit verlieren würden.[630]

In **Sozialrechtssachen** hat das Gericht selbst das in § 182 eingeräumte Ermessen iSd Gesetzes auszuüben und danach die Leistung der Höhe nach festzusetzen.[631]

Die Höhe der Bemessungsgrundlage bildet nur eine **Vorfrage** für die Rentenhöhe und ist somit allein nicht feststellungsfähig.[632]

5.10.8. Mehrfachversicherung

Bei der Ermittlung der Bemessungsgrundlage nach den §§ 179 bis 182 sind **alle Dienstverhältnisse,** Erwerbstätigkeiten und sonstigen Tätigkeiten, sofern sie in die UV nach dem ASVG oder nach dem BSVG einbezogen sind, **zu berücksichtigen**, auch wenn sie nebeneinander ausgeübt werden (§ 178 Abs 1).

626 10 ObS 131/02s.
627 10 ObS 170/02a.
628 RS0110094.
629 10 ObS 310/01p.
630 10 ObS 357/02a.
631 RS0084427.
632 RS0116477.

Der **Sinn** des Abs 1 liegt darin, dass der mehrfach Unfallversicherte zwar den Unfall nur bei der Ausübung einer einzigen geschützten Tätigkeit erleidet, die Folgen des Unfalles aber auch seine weiteren UV-Verhältnisse erfassen, sodass alle Dienstverhältnisse, Erwerbstätigkeiten und sonstigen Tätigkeiten bei der Ermittlung der Bemessungsgrundlage einzubeziehen sind, auch wenn sie nebeneinander ausgeübt werden.[633]

5.11. Kurzfristige Geldleistungen

5.11.1. Familien- und Taggeld (§ 195)

Gewährt der Träger der UV als Unfallheilbehandlung Pflege in einer Kranken-, Kur- oder sonstigen Anstalt oder gewährt ein Träger der KV **Anstaltspflege** wegen der Folgen eines Arbeitsunfalles oder wegen einer Berufskrankheit, so gebührt dem Versehrten Familiengeld für seine Angehörigen bzw Taggeld. Das Familiengeld kann unmittelbar den Angehörigen ausgezahlt werden (Abs 1).

Das tägliche **Familiengeld** beträgt für einen Angehörigen 1,6 %, für jeden weiteren Angehörigen 0,4 %, zusammen jedoch nicht mehr als 2,8 % eines Zwölftels der Bemessungsgrundlage (Abs 2).

Besteht wegen Fehlens von in Betracht kommenden Familienangehörigen kein Anspruch auf Familiengeld, so gebührt **Taggeld** in der Höhe von 1 % eines Zwölftels der Bemessungsgrundlage (Abs 3).

Familiengeld und Taggeld **gebühren nicht**, wenn und solange der Versehrte eine **Pension** aus der gesetzlichen PV oder **mehr als 50 % der** vollen **Geld- und Sachbezüge** vor dem Eintritt der Arbeitsunfähigkeit **(weiter) bezieht**. Bezieht der Versehrte 50 % der vollen Geld- und Sachbezüge weiter, gebührt Familiengeld bzw Taggeld zur Hälfte (Abs 4).

Trifft der Bezug von **Krankengeld** aus einer gesetzlichen KV mit einem Anspruch auf Familiengeld bzw Taggeld zusammen, so ruht dieser Anspruch mit dem Betrag des Krankengeldes (Abs 6).

Familien- und Taggeld sind sowohl gegenüber arbeitsrechtlichen Entgeltfortzahlungsansprüchen als auch gegenüber dem Anspruch auf Krankengeld (oder einer Unterstützungsleistung bei lang dauernder Krankheit für Selbständige) aus der KV **subsidiär**.[634]

Pensionisten, Kindergartenkinder, Schüler und Studenten haben **keinen Anspruch** auf Familien- und Taggeld.

633 RS0084397.
634 *Pfeil/Auer-Mayer*, Österreichisches Sozialrecht[13] 82.

5.11.2. Besondere Unterstützung (§ 196)

Für die Dauer einer Unfallheilbehandlung oder einer Krankenbehandlung **kann** der Träger der UV dem Versehrten oder seinen Angehörigen in Berücksichtigung der Schwere der Verletzungsfolgen und der langen Dauer der Behandlung eine besondere Unterstützung gewähren; eine solche Unterstützung kann unter Bedachtnahme auf die Familienverhältnisse des Versehrten und die wirtschaftliche Lage desselben bzw der unterhaltspflichtigen Angehörigen auch zu dem Zweck gewährt werden, die Kosten des Transportes des Versehrten vom Ort der Behandlung an den Ort des Wohnsitzes ganz oder teilweise zu ersetzen.

Der Normtext lässt keinen Zweifel, dass die Leistung dem Typ der Leistungen ohne individuellen Rechtsanspruch **(freiwillige Leistungen)** zugehört, die vom UV-Träger im Ermessen zu gewähren sind. Zu Leistungen dieser Art hat der OGH ausgesprochen, dass gegen die Ermessensentscheidung des Versicherungsträgers **Bescheidklage wegen gesetzwidriger Ermessensausübung** erhoben werden kann. Dabei ist **nur** eine **Rechtskontrolle, nicht** auch eine **Zweckmäßigkeitskontrolle** durchzuführen: Die gerichtliche Überprüfung ist entsprechend Art 130 Abs 2 B-VG darauf beschränkt, ob vom eingeräumten Ermessen innerhalb der vom Gesetzgeber gezogenen Grenzen Gebrauch gemacht wurde oder ob dies in Form einer Ermessensüberschreitung oder eines Ermessensmissbrauchs nicht der Fall gewesen ist.[635]

5.11.3. Übergangsgeld (§ 199)

Der UV-Träger **hat** dem Versehrten **für die Dauer einer Ausbildung** ein Übergangsgeld zu leisten (Abs 1).

Das Übergangsgeld gebührt im **Ausmaß** von 60 % der Bemessungsgrundlage. Es ist für die Angehörigen von Versehrten zu erhöhen, und zwar für den Ehegatten oder den eingetragenen Partner um 10 % und für jeden sonstigen Angehörigen um 5 % der Bemessungsgrundlage. Das Gesamtausmaß des erhöhten Übergangsgeldes darf die Bemessungsgrundlage nicht übersteigen. Es gebührt monatlich in der Höhe eines Zwölftels des Jahresbetrages, gerundet auf Cent (Abs 2).

Auf das Übergangsgeld sind ein dem Versehrten gebührendes Erwerbseinkommen, eine sonst gebührende Geldleistung aus der UV, eine Pension aus dem Versicherungsfall der geminderten Arbeitsfähigkeit, ein Rehabilitationsgeld, ein Wiedereingliederungsgeld bzw eine Beihilfe zur Deckung des Lebensunterhaltes durch das AMS **anzurechnen** (Abs 3).

Während der Dauer einer Ausbildung **kann** der UV-Träger **neben** dem Übergangsgeld dem Versehrten einen **Beitrag** zu den Kosten des Unterhaltes für ihn und seine Angehörigen leisten, soweit billigerweise anzunehmen ist, dass der

635 10 ObS 138/10g.

Versehrte die Kosten der bisherigen Lebensführung aus einem anderen Einkommen nicht decken kann (Abs 4).

Das Übergangsgeld ist eine **Pflichtleistung** und soll die wirtschaftliche Lebensgrundlage des Versicherten während der Dauer von Nach- und Umschulungsmaßnahmen sicherstellen. Der Leistungsanspruch besteht nur subsidiär gegenüber einem allfälligen Erwerbseinkommen und den in Abs 3 genannten Geldleistungen aus der SV mit Einkommensersatzfunktion, die auf das Übergangsgeld anzurechnen sind.[636]

5.11.4. Übergangsrente und Übergangsbetrag (§ 211)

Versicherten, für die bei der Fortsetzung ihrer bisherigen Beschäftigung die **Gefahr** besteht, dass eine **Berufskrankheit** entsteht oder sich verschlechtert, **kann**, um ihnen den Übergang zu einer anderen Erwerbstätigkeit, die sie dieser Gefahr nicht aussetzt, zu ermöglichen und eine hiedurch verursachte Minderung des Verdienstes oder sonstige wirtschaftliche Benachteiligung auszugleichen, **längstens für zwei Jahre** eine Übergangsrente bis zur Höhe der Vollrente gewährt werden. **Anstelle** dieser zeitlichen Rente kann ein dem einzelnen Fall angemessener **Übergangsbetrag** gewährt werden, der höchstens den Betrag der Jahresvollrente erreichen darf. Der Übergangsbetrag kann auch in Teilbeträgen ausgezahlt werden (Abs 1).

Eine allfällige **Versehrtenrente** gebührt neben der Übergangsrente (Abs 2).

Die UV erbringt aus diesem Versicherungsfall der Gesundheitsbedrohung nur **freiwillige Leistungen.**[637]

Die vom Versicherten (vor dem Versicherungsfall) ausgeübten Tätigkeiten wirken sich auf den Grad der MdE in der Regel nicht aus. Sie sind für das Ausmaß der Geldleistungen der UV nur insoweit von Bedeutung, als die Beitragsgrundlagen im letzten Jahr vor dem Eintritt des Versicherungsfalles nach § 179 Abs 1 die Bemessungsgrundlage bilden und auf diese Art die Bemessung der Versehrtenrente mitbestimmen. Dass der Versehrte seinen **früheren Beruf nicht mehr ausüben kann**, kann va zu beruflichen Maßnahmen der Rehabilitation (§ 198 Abs 1) und zur Gewährung einer Übergangsrente oder eines Übergangsbetrages (§ 211) führen.[638]

5.11.5. Versehrtengeld (§ 212)

Der Träger der UV **kann** bis zum Ablauf eines Jahres nach dem Eintritt des Versicherungsfalles **an Stelle der Versehrtenrente** Versehrtengeld gewähren, wenn zu erwarten ist, dass über diese Zeit hinaus eine Versehrtenrente nicht gebührt.

636 *Tarmann-Prentner* in *Sonntag*, ASVG[14] § 199 Rz 1.
637 *Tomandl*, Sozialrecht[7] Rz 244.
638 RS0085430.

Besteht kein Anspruch auf Versehrtenrente, kann der Träger der UV für die Dauer der durch den Arbeitsunfall oder die Berufskrankheit verursachten Arbeitsunfähigkeit Versehrtengeld gewähren, wenn und solange der Versehrte keinen Anspruch auf Krankengeld aus der KV hat und keinen Arbeitsverdienst oder keine Einkünfte aus der die Versicherung begründenden Beschäftigung bezieht (Abs 1).

Auf Versehrtengeld nach Abs 1 besteht – im Gegensatz zu Abs 3 – kein Rechtsanspruch.

Das Versehrtengeld wird für Personen, die nach dem ASVG krankenversichert sind, in der **Höhe des** sonst dem Versicherten in der KV gemäß § 141 gebührenden **Krankengeldes** gewährt (Abs 2).

Teilversicherte **Kindergartenkinder, Schüler und Studenten** erhalten als einmalige Leistung ein Versehrtengeld, wenn die Folgen eines Arbeitsunfalles oder einer Berufskrankheit über drei Monate nach dem Eintritt des Versicherungsfalles hinaus eine MdE von mindestens 20 % verursachen. Dieses Versehrtengeld wird nach dem Grad der nach Abschluss der Heilbehandlung bestehenden MdE bemessen und beträgt bei einer MdE von 20 % bis unter 30 % 907,43 €, 30 % bis unter 40 % 1.973,85 €, 40 % 3.643,64 € und für je weitere 10 % 910,73 € (Werte 2025; Abs 3).

Nach Abs 3 ist für Schüler ein besonderes Versehrtengeld vorgesehen, das durch Kapitalabfindung (bereits) eine MdE von mindestens 20 % ausgleichen soll. Es wird als einmalige Leistung gewährt, nach dem Grad der MdE (mit festgelegten) Beträgen bemessen und ist auf eine nach demselben Versicherungsfall anfallende Versehrtenrente insoweit anzurechnen, als es den Betrag übersteigt, der bei früherem Anfall der Rente für die Zeit bis zu dem im § 204 Abs 4 bestimmten Zeitpunkt gebührt hätte.[639]

Mit dieser einmaligen Geldleistung soll der aus der Versehrtheit eines noch nicht erwerbstätigen Unfallopfers resultierende, nach Art und Ausmaß nicht konkret bestimmbare Schaden ausgeglichen werden.[640]

Ein Versehrtengeld gebührt Schülern und Studenten nach Abs 3 nur dann, wenn die Folgen eines Arbeitsunfalles oder einer Berufskrankheit über drei Monate nach dem Eintritt des Versicherungsfalles hinaus eine MdE von mindestens 20 % verursachen und eine MdE in diesem Ausmaß beim Versicherten auch nach Abschluss der Heilbehandlung noch vorliegt.[641]

---

639 10 ObS 47/03i.
640 10 ObS 115/15g.
641 RS0123299.

5.12. Versehrtenrente

5.12.1. Anspruch (§ 203)

Anspruch auf Versehrtenrente besteht, wenn die Erwerbsfähigkeit des Versehrten durch die Folgen eines Arbeitsunfalles oder eine Berufskrankheit **über drei Monate** nach dem Eintritt des Versicherungsfalles **hinaus um mindestens 20 % vermindert** ist; die Versehrtenrente gebührt für die Dauer der MdE um mindestens 20 % (Abs 1).

Eine Versehrtenrente kann nur für die Dauer von **mehr als drei Monaten** ab Eintritt des Versicherungsfalles gewährt werden.[642]

Wegen Arbeitsunfällen der teilversicherten Schüler, Studenten und Kindergartenkinder sowie wegen einer konkreten Berufskrankheit (§ 177 Abs 2) besteht nur dann Anspruch auf Versehrtenrente, wenn die dadurch bewirkte MdE über drei Monate nach dem Eintritt des Versicherungsfalles hinaus **mindestens 50 %** beträgt; die Versehrtenrente gebührt für die Dauer der MdE um mindestens 50 % (Abs 2).

Beträge bei einem in der UV teilversicherten **Schüler** die MdE lediglich 40 %, so hat er wegen der Folgen seines Arbeitsunfalls (Schulunfalls) zwar einen Anspruch auf Versehrtengeld nach § 212 Abs 3, aber keinen Anspruch auf Versehrtenrente nach § 203 Abs 1, so dass er auch keinen Anspruch auf Integritätsabgeltung hat.[643]

Ein **mündiger Minderjähriger** ist im Leistungsverfahren betreffend die Rentenleistung einer Versehrtenrente nach dem ASVG nicht prozessfähig.[644]

5.12.2. Minderung der Erwerbsfähigkeit

Die Gerichtspraxis hat sich dafür entschieden, die MdE grundsätzlich **objektiv-abstrakt** zu beurteilen und von den konkreten Auswirkungen für den Verletzten abzusehen. Die abstrakt beurteilte individuelle Erwerbsfähigkeit des Versicherten vor dem Unfall wird rechnerisch mit 100 % bewertet; ihr wird als Vergleichswert die verbliebene Restarbeitsfähigkeit gegenübergestellt. Die **Differenz** ergibt die MdE.[645]

Auf dem Gebiet der gesetzlichen UV sind die Auswirkungen einer Unfallverletzung auf die Einsatzmöglichkeiten auf dem **allgemeinen Arbeitsmarkt** zu prüfen. Der Grad der MdE ist daher unabhängig vom tatsächlich ausgeübten Beruf abstrakt zu beurteilen.[646]

Der Grad der MdE ist **abstrakt** zu prüfen. Die durch die Gegenüberstellung der Durchschnittsverdienste in den Arbeitsmöglichkeiten, die dem Versicherten bis

642 Vgl OLG Wien 27.3.2024, 10 Rs 101/23f.
643 RS0083675.
644 RS0111333.
645 *Tomandl*, Sozialrecht[7] Rz 232.
646 10 ObS 43/08h.

zum Eintritt des Versicherungsfalles offenstanden, mit den Durchschnittsverdiensten in den ihm im Hinblick auf die Unfallfolgen verbleibenden Arbeitsmöglichkeiten ermittelte Veränderung bringt den Grad der MdE in Prozenten zum Ausdruck.[647] Ob der Versicherungsfall tatsächlich zu einem **Einkommensausfall** führt, ist **bedeutungslos**. Die Versehrtenrente wird infolge der abstrakten Schadensberechnung auch dann gewährt, wenn kein Lohnausfall entstanden ist oder sogar ein höheres Einkommen erzielt wird.[648]

Die UV ist keine Berufsversicherung und die MdE ist daher grundsätzlich abstrakt, also unabhängig von der konkreten Lebenslage und Einkommenssituation des Versehrten vor und nach dem Unfall, zu prüfen.[649] Die Bestimmungen über den **Berufsschutz** kommen im Bereich der UV **nicht** zur Anwendung.[650] Der gesamte allgemeine Arbeitsmarkt bildet das Verweisungsfeld.[651]

Die **Erwerbsfähigkeit** eines Menschen iSd § 203 ist seine Fähigkeit, unter Ausnützung der Arbeitsgelegenheiten, die sich nach seinen gesamten Kenntnissen sowie körperlichen und geistigen Fähigkeiten auf dem ganzen Gebiet des Erwerbslebens bieten, einen Erwerb zu verschaffen.[652] Als MdE ist daher die Beeinträchtigung dieser Fähigkeit anzusehen.[653]

Eine schon **vor dem Arbeitsunfall** oder der Berufskrankheit **eingetretene** gänzliche Erwerbsunfähigkeit des Versehrten schließt eine weitere MdE und damit einen Anspruch auf Versehrtenrente aus.[654]

Grundsätzlich kommt es auf die Beeinträchtigung des körperlichen und geistigen Leistungsvermögens im Zeitpunkt der Feststellung der MdE an. Erst **künftig möglicherweise eintretende Schäden** haben deshalb grundsätzlich **unberücksichtigt** zu bleiben. Daher kann ein ungewisses für die Zukunft nicht auszuschließendes Risiko, wegen des Vorliegens einer Berufskrankheit an einem anderen Leiden (etwa an Krebs) zu erkranken, bei der Schätzung der MdE nicht berücksichtigt werden.[655]

Grundlage zur Annahme der MdE ist regelmäßig ein **ärztliches Gutachten** über die Unfallfolgen oder die Folgen einer Berufskrankheit oder deren Auswirkungen; diese **medizinische MdE**, die auch auf die Verhältnisse auf dem allgemeinen Arbeitsmarkt Bedacht nimmt, ist im Allgemeinen dann aber auch die Grundlage für die **rechtliche** Einschätzung der MdE.[656]

647 RS0088972.
648 10 ObS 13/95.
649 10 ObS 45/08b.
650 RS0086441.
651 10 ObS 73/99d.
652 RS0088556.
653 10 ObS 177/95.
654 10 ObS 318/90.
655 RS0113679.
656 10 ObS 2022/96t.

Die für die Einschätzung der MdE herausgebildeten Erfahrungswerte sind in Form von **Rententabellen** zusammengefasst und dienen als Anhaltspunkte für die Einschätzung der MdE im Einzelfall. Die in Jahrzehnten in der Gutachtertätigkeit entwickelten und in der Praxis angewendeten **Richtlinien** berücksichtigen nicht nur die fortschreitende medizinische Entwicklung, sondern auch die Verhältnisse des allgemeinen Arbeitsmarktes. In der Heranziehung dieser Richtlinien zur Beurteilung des Grades der MdE kann auch **kein Verstoß gegen Art 6 Abs 1 MRK** erblickt werden.[657]

Aus den Bestimmungen über die Einschätzung der MdE als Voraussetzung für die Zuordnung zum begünstigten Personenkreis nach dem **BEinstG** kann für die Ermittlung der MdE als Voraussetzung für die Beurteilung eines Rentenanspruches aus der gesetzlichen UV nichts abgeleitet werden.[658] Die unterschiedliche Einschätzung der MdE nach dem **KOVG** und dem BEinstG einerseits und dem ASVG andererseits verstößt nicht gegen den verfassungsrechtlichen Gleichheitsgrundsatz.[659]

Im Fall der **Verschlimmerung** eines bestehenden Leidens durch beruflich bedingte Schädigungen wird das Gesamtleiden rechtlich in den beruflich bedingten und den davon unabhängigen, auf die Anlage bzw Vorschädigung zurückzuführenden Teil zerlegt; der **verschlimmerungsbedingte Anteil** wird **abgegrenzt und** – unter Berücksichtigung des Vorschadens – **allein entschädigt**, da nur dieser der schädigenden Einwirkung zuzurechnen ist.[660]

Ein **Härtefall** liegt vor, wenn den Versicherten infolge der Aufgabe oder erheblichen Einschränkung der bisherigen Tätigkeit beträchtliche Nachteile in finanziell-wirtschaftlicher Hinsicht treffen und eine Umstellung auf andere Tätigkeiten unmöglich ist oder ganz erheblich schwerfällt, wobei im Interesse der Vermeidung einer zu starken Annäherung an konkrete Schadensberechnung ein **strenger Maßstab** anzulegen ist. Allfällige künftige Schäden dieser Art, zB der Verlust von Aufstiegsmöglichkeiten, sind dabei unbeachtlich.[661]

Nach stRsp ist die Frage, ob ein besonderer Härtefall vorliegt, aufgrund der konkreten Umstände des **Einzelfalls** zu beurteilen. Insgesamt ist der Maßstab der Rsp streng und macht die Anwendung der Härteklausel zu einer **Ausnahme**. Der OGH hat in seiner bisherigen Jud das Vorliegen einer besonderen Härte stets verneint.[662]

Die Entscheidung, ob ein Härtefall vorliegt, der ein **Abweichen von der ärztlichen Einschätzung** geboten erscheinen lässt, und in welchem Umfang dem bei

657 10 ObS 50/99x.
658 RS0084204.
659 RS0053617.
660 RS0084351.
661 RS0086442.
662 10 ObS 73/12a.

Festsetzung der MdE Rechnung getragen werden muss, ist Gegenstand der **rechtlichen Beurteilung.**[663] Ein Abweichen von der medizinischen MdE kommt nur bei Vorliegen eines Härtefalles in Frage und kann nur zu einer Erhöhung, nicht aber zu einer Herabsetzung der MdE führen.[664]

Die Frage, wie weit die Erwerbsfähigkeit aus **medizinischer** Sicht gemindert ist, gehört dem **Tatsachenbereich** an und ist im Revisionsverfahren nicht mehr überprüfbar.[665] Folgt das Gericht einem medizinischen Sachverständigengutachten und legt dessen Einschätzung der MdE seinen Feststellungen zugrunde, so stellt dies einen Akt der irrevisiblen **Beweiswürdigung** dar.[666]

Die **Rechtskraft** einer Entscheidung erstreckt sich nur auf den Teil des Anspruches, über den abgesprochen wurde. Selbst wenn in den Entscheidungsgründen davon ausgegangen worden wäre, dass der Anspruch im Hinblick auf die angenommene Kausalität zwischen einem Leidenszustand und dem Arbeitsunfall dem Grunde nach zu Recht bestehe, bleibt die Rechtskraft **auf** den im **Spruch** entschiedenen Anspruchsteil **beschränkt**. Wird – gestützt auf denselben Anspruchsgrund – ein neuerliches Begehren (Verschlimmerungsantrag) erhoben, dann kann die beklagte Partei **Einwendungen** gegen den noch nicht erledigten Teil des Anspruches vorbringen. Eine Bindung an die Begründung der Vorentscheidung bezüglich des Grundes des Anspruches besteht in diesem Fall nicht; mangels einer materiellen Rechtskraftwirkung ist der Grund des Anspruches neu zu prüfen.[667]

5.12.3. Anfall (§ 204)

Besteht für eine durch einen Arbeitsunfall oder eine Berufskrankheit verursachte Arbeitsunfähigkeit ein **Anspruch auf Krankengeld** aus der KV nach dem ASVG, so fällt die Versehrtenrente mit dem Tag nach dem Wegfall des Krankengeldes, spätestens mit Beginn der 27. Woche nach dem Eintritt des Versicherungsfalles, an (Abs 1).

Bei **selbständig Erwerbstätigen** fällt die Versehrtenrente mit dem **Beginn des dritten Monates** nach dem Eintritt des Versicherungsfalles an. Die **Satzung** kann bestimmen, dass die Versehrtenrente bei Gefährdung des Lebensunterhaltes auch zu einem **früheren** Zeitpunkt nach dem Eintritt des Versicherungsfalles anfällt (Abs 3).

Bei den in der UV teilversicherten **Schülern, Studenten und Kindergartenkindern** fällt die Versehrtenrente mit dem Zeitpunkt an, in dem der Schulbesuch voraussichtlich abgeschlossen gewesen und der Eintritt in das Erwerbsleben erfolgt wäre (Abs 4).

663 9 ObS 17/87.
664 10 ObS 218/00g.
665 10 ObS 87/22z.
666 10 ObS 19/89.
667 RS0041256.

In allen übrigen Fällen fällt die Versehrtenrente mit dem **Tag nach dem Eintritt des Versicherungsfalles** an (Abs 5).

Besteht für eine durch einen Arbeitsunfall oder eine Berufskrankheit verursachte Arbeitsunfähigkeit ein **Anspruch auf Krankengeld** aus der KV, **ruht** dieser Anspruch aber wegen Anstaltspflege oder Anspruches auf Weiterleistung von mehr als 50 % der Bezüge bis zur 26. Woche nach Eintritt des Versicherungsfalles, so fällt die Versehrtenrente erst mit der 27. Woche nach dem Eintritt des Versicherungsfalles an.[668]

Gegen Abs 3 bestehen keine verfassungsrechtlichen Bedenken. Die unterschiedliche Behandlung von **selbständig Erwerbstätigen** und etwa Arbeitern und Angestellten in Bezug auf den Leistungsanfall in der gesetzlichen UV ist offensichtlich in tatsächlichen Unterschieden der Erwerbssituation dieser Personengruppen begründet und damit nicht willkürlich.[669] Auch die **Heilbehandlung** durch den Träger der UV (§ 191) fällt erst vom Beginn des dritten Monats nach dem Eintritt des Versicherungsfalles an.[670]

Nach **§ 102 B-KUVG** fällt die Versehrtenrente mit dem **Tag nach dem Wegfall der** durch den Dienstunfall oder die Berufskrankheit verursachten **Arbeitsunfähigkeit**, spätestens nach Ablauf des dritten Monates nach dem Eintritt des Versicherungsfalles, an.

5.12.4. Rentenhöhe (§ 205)

Die Versehrtenrente wird **nach dem Grad der** durch den Arbeitsunfall oder die Berufskrankheit herbeigeführten **MdE bemessen** (Abs 1).

Die Rente beträgt **jährlich**, solange der Versehrte infolge des Arbeitsunfalles oder der Berufskrankheit

- völlig erwerbsunfähig ist, 66 2/3 % der Bemessungsgrundlage **(Vollrente)**;
- teilweise erwerbsunfähig ist, den Teil der Vollrente, der dem Grad der MdE entspricht **(Teilrente;** Abs 2).

Beispiel: Ein Versehrter mit 40 % MdE erhält daher 40 % der Vollrente.

Solange der Versehrte infolge des Arbeitsunfalles oder der Berufskrankheit unverschuldet **arbeitslos** ist, **kann** die Teilrente bis zur Vollrente **erhöht** werden (Abs 3).

Die Erhöhung der Versehrtenrente steht im Ermessen des Versicherungsträgers und bildet eine **freiwillige Leistung**. Für das Begehren auf Erhöhung der Versehrtenrente steht deshalb der Rechtsweg nicht offen.[671]

668 RS0084262.
669 RS0054043.
670 RS0083624.
671 RS0084269.

Versehrte, die Anspruch auf eine Versehrtenrente von **mindestens 50 %** oder auf mehrere Versehrtenrenten nach dem ASVG oder einem anderen Bundesgesetz haben, deren Prozentsätze zusammen die Zahl 50 erreichen, gelten als **Schwerversehrte** (Abs 4).

Seit Inkrafttreten des Abs 4 durch die 41. ASVG-Novelle ist eine nach dem **B-KUVG** gewährte Versehrtenrente im Fall des Abs 4 in die Zusammenrechnung einzubeziehen und daher bei der Prüfung der Schwerversehrteneigenschaft zu berücksichtigen – nicht jedoch eine Beschädigtenrente nach dem **KOVG**. Dagegen spricht die Begriffsverschiedenheit der Renten ebenso wie die sowohl dem Zweck wie der inneren Ausgestaltung nach von den Bestimmungen des ASVG und des B-KUVG abweichende Regelung des KOVG.[672]

Die Renten (Kinderzuschüsse) gebühren **monatlich** in der Höhe **eines Vierzehntels** des Jahresbetrages (§ 182a).

5.12.5. Zusatzrente für Schwerversehrte (§ 205a)

Schwerversehrten gebührt eine Zusatzrente

- bei einer **unter 70 %** verminderten Erwerbsfähigkeit in der Höhe von **20 %**,
- bei einer um **zumindest 70 %** verminderten Erwerbsfähigkeit in der Höhe von **50 %**

ihrer Versehrtenrente oder der Summe ihrer Versehrtenrenten (Abs 1).

Bis zur 8. ASVG-Novelle war das Ausmaß der Rentenhöhe linear nach dem Grad der MdE abgestuft. Mit der 8. Novelle (BGBl 1960/294) wurde der neue § 205a eingefügt, nach dem Schwerversehrten iSd § 205 Abs 4 eine Zusatzrente in der Höhe von 20 % ihrer Versehrtenrente bzw der Summe ihrer Versehrtenrenten gebührt. Diese Zusatzrente lässt sich damit begründen, dass in der Regel nur Schwerversehrte einen **tatsächlichen Einkommensentfall** erleiden. Um die Berechnungsregeln für die Teilrente nach § 205 nicht in komplizierter Weise ändern zu müssen, wurde dieses Vorhaben durch Schaffung einer eigenen **Zulage** verwirklicht.[673]

5.12.6. Kinderzuschuss (§ 207)

Schwerversehrten wird **für jedes Kind** ein Kinderzuschuss im Ausmaß von **10 %** der Versehrtenrente gewährt. Der sich aus der Summe von Versehrtenrente und Zusatzrente ergebende Betrag des Kinderzuschusses darf den Betrag von 76,31 € nicht übersteigen. Die Rente und die Kinderzuschüsse dürfen zusammen die Bemessungsgrundlage nicht übersteigen (Abs 1).

672 RS0084276.
673 10 ObS 203/92.

Nach Vollendung des 18. Lebensjahres wird der Kinderzuschuss **nur auf besonderen Antrag** gewährt (Abs 2).

Gemäß Abs 2 wird der einem Schwerversehrten gebührende Kinderzuschuss nach Vollendung des 18. Lebensjahres nur auf besonderen Antrag gewährt. In diesem Fall ist also die Einbringung des **Antrags** eine **Voraussetzung für den Anfall** des Anspruchs. Das Berufungsgericht hat zu Recht die Anwendung des § 86 Abs 4 abgelehnt, weil diese Bestimmung nur für jene Leistungen der UV gilt, die von Amts wegen zu erbringen sind. Sie kann nicht auf den Fall ausgedehnt werden, in dem der Kinderzuschuss nur auf besonderen Antrag gebührt.[674]

Die Kinderzuschüsse zu den Pensionen (Alterspension oder Invaliditätspension) oder zur Versehrtenrente nach dem ASVG stellen eine öffentlich-rechtliche Leistung dar, deren Zweckbestimmung in einer finanziellen Hilfe zur **Erfüllung von Unterhaltspflichten** liegt. Sie sind als Einkommensbestandteile des Unterhaltspflichtigen bei der Unterhaltsbemessung zu berücksichtigen.[675]

5.12.7. Ruhen der Versehrtenrente bei Anstaltspflege (§ 208)

Wird einem Versehrten wegen der Folgen eines Arbeitsunfalles oder wegen einer Berufskrankheit **Anstaltspflege** aus der KV oder UV **gewährt**, so **ruht** während dieser Zeit die auf Grund dieses Versicherungsfalles gebührende **Versehrtenrente** einschließlich allfälliger Kinderzuschüsse. Das Ruhen tritt jedoch in dem Ausmaß nicht ein, in dem die Rente unmittelbar vor der Anstaltspflege bzw vor Beginn einer die Anstaltspflege verursachenden Arbeitsunfähigkeit gebührte.

Nach dem Willen des Gesetzgebers soll dann, wenn ein Krankengeldanspruch zu einer Versehrtenrente tritt oder wenn während des Laufes einer Versehrtenrente dem Versehrten Anstaltspflege gewährt wird, ein **Ruhen nur** in Ansehung **jener Erhöhungen der Rente** stattfinden, die eine Folge der **Verschlechterung** des Zustands der Versehrten sind, die zum Krankenstand oder zum Krankenhausaufenthalt führt; an den bis dahin zu Recht bezogenen Leistungen sollte sich aber insoweit nichts ändern.[676]

Soweit § 208 bestimmt, dass die Versehrtenrente für die Dauer eines Anstaltsaufenthaltes ruht – mit jenem Teil, mit dem sie sich ansonsten durch den Anstaltsaufenthalt gegenüber der Zeit vorher erhöhen würde –, wird **nicht der Anspruch** an sich **berührt**; bestünde nämlich der Anspruch nicht, könnte er auch nicht zum Ruhen kommen.[677]

Bestand vor dem Eintritt der Arbeitsunfähigkeit, die die Rehabilitation in Anstaltspflege notwendig machte, noch keine MdE und damit auch **kein Bezug von**

674 10 ObS 197/91.
675 RS0111442.
676 RS0084291.
677 RS0108291.

Versehrtenrente, ruht der Anspruch auf Versehrtenrente für die Dauer der Anstaltspflege; dies gilt auch dann, wenn die Anstaltspflege nicht unmittelbar an den Eintritt der Arbeitsunfähigkeit anschließt.[678]

5.12.8. Vorläufige Versehrtenrente, Dauerrente und Gesamtvergütung (§ 209)

Kann die Versehrtenrente **während der ersten zwei Jahre** nach dem Eintritt des Versicherungsfalles wegen der noch nicht absehbaren Entwicklung der Folgen des Arbeitsunfalles oder der Berufskrankheit ihrer Höhe nach noch nicht als Dauerrente festgestellt werden, so hat der Träger der UV die Versehrtenrente als **vorläufige Rente** zu gewähren. **Spätestens** mit Ablauf des zweijährigen Zeitraumes ist die Versehrtenrente als **Dauerrente** festzustellen; diese Feststellung setzt eine Änderung der Verhältnisse (§ 183 Abs 1) nicht voraus und ist an die Grundlagen für die Berechnung der vorläufigen Rente nicht gebunden (Abs 1).

Ist zu erwarten, dass nur eine vorläufige Versehrtenrente zu gewähren ist, so kann der Träger der UV den Versehrten durch eine **Gesamtvergütung** in der Höhe des voraussichtlichen Rentenaufwandes abfinden. **Nach Ablauf** des dieser Vergütung zugrunde gelegten Zeitraumes ist **auf Antrag** unter den Voraussetzungen des § 203 die entsprechende Versehrtenrente zu gewähren, und zwar ab dem auf den Ablauf dieses Zeitraumes folgenden Tag, wenn der Antrag innerhalb von zwei Jahren gestellt wird, ansonsten ab dem Tag der Antragstellung (Abs 2).

5.12.8.1. Vorläufige Versehrtenrente

Die Bestimmungen des § 209 über die vorläufige Versehrtenrente bezwecken, einem Versehrten **rasch und ohne weitläufiges Verfahren** eine Rente zukommen zu lassen, wenn die Berechtigung dem Grunde nach feststeht.[679]

Der Zeitraum von zwei Jahren, während dessen eine vorläufige Rente gewährt werden kann, dient dazu, die **Konsolidierung der Unfallfolgen abzuwarten**. Die Entscheidung über die endgültige Rentenleistung soll erst erfolgen, wenn die Folgen des Unfalls in ihren dauernden Auswirkungen endgültig abschätzbar sind.[680]

Wird vom Versicherungsträger über eine vorläufige Versehrtenrente entschieden, so ist ein **klageweise** erhobenes Begehren des Versicherten nicht auf die Gewährung einer vorläufigen Rente beschränkt, sondern steht es ihm frei, ein **Begehren auf** Gewährung einer **Dauerrente** zu erheben.[681]

Wird eine Leistung zuerkannt, die **nicht ausdrücklich als vorläufige Rente bezeichnet** ist, so wurde damit über eine Dauerrente abgesprochen.[682]

678 RS0129815.
679 RS0084327.
680 10 ObS 149/02p.
681 10 ObS 53/07b.
682 RS0084304.

5.12.8.2. Dauerrente

Der Auftrag des Abs 1 geht dahin, die Dauerrente **tunlichst bald** festzustellen. Die **Zweijahresfrist** soll nicht als Regel, sondern als **Grenzfall** angesehen werden. Ist die Konsolidierung der Unfallfolgen schon zu einem davorliegenden Zeitpunkt eingetreten, so ist bereits ab diesem Zeitpunkt eine Dauerrente zuzuerkennen.[683]

Die Feststellung der Dauerrente **setzt** eine **Änderung der Verhältnisse** gegenüber dem Zeitpunkt der Feststellung der vorläufigen Rente **nicht voraus** und ist an die Grundlagen für die Berechnung der vorläufigen Rente **nicht gebunden.**[684]

Bei der erstmaligen Feststellung der Dauerrente kann der Grad der MdE **völlig neu bestimmt** werden. Eine Bindung an die Umstände zum Zeitpunkt der Gewährung der vorläufigen Rente besteht daher nicht.[685]

Ist die Feststellung der Dauerrente, die vom Gericht vorzunehmen ist, nach dem Gesetz „an die Grundlagen für die Berechnung der vorläufigen Rente“ nicht gebunden, so bedeutet dies, dass auch die **Unfallkausalität** von Verletzungen **neu geprüft werden kann**, weil Umfang und Ausmaß der Verletzungen jedenfalls zu den Grundlagen für die Berechnung gehören. Dabei kann das Gericht gegenüber dem vorangegangenen Verwaltungsverfahren zu divergierenden Ergebnissen gelangen.[686]

Während des **gerichtlichen Verfahrens**, in dem erstmals über einen Dauerrentenanspruch zu erkennen ist, sind bis zum Schluss der mündlichen Verhandlung erster Instanz eintretende relevante **Änderungen der MdE** selbst dann zu berücksichtigen, wenn sie unter den in § 183 Abs 1 genannten Grenzen liegen. Relevant ist eine Änderung der MdE, wenn sie **mindestens 5 %** beträgt und mindestens drei Monate dauert.[687]

5.12.8.3. Gesamtvergütung (Abs 2)

Die Gewährung einer Gesamtvergütung für einen kürzeren als den im Abs 1 bezeichneten Zeitraum ist nur zulässig, wenn eine hinreichende Wahrscheinlichkeit dafür besteht, dass mit Ablauf dieses Zeitraumes eine MdE im rentenbegründenden Ausmaß nicht mehr besteht. Inhaltlich stellt sich eine solche Entscheidung als Gewährung einer (innerhalb des Zweijahreszeitraumes) **befristeten vorläufigen Versehrtenrente** dar, die mit einem Gesamtbetrag in der Höhe der Rentenleistung für den Befristungszeitraum abgefunden wird. Die Gewährung einer Gesamtvergütung für einen kürzeren Zeitraum als den, für den das Vorliegen einer MdE im rentenbegründenden Ausmaß zu erwarten ist, ist durch das Gesetz nicht gedeckt.[688]

683 RS0084296.
684 RS0084331.
685 RS0084336.
686 RS0084329.
687 10 ObS 149/02p.
688 RS0084309.

Das Erfordernis einer **Antragstellung** stellt sich nur dann, wenn eine Gesamtvergütung schon rechtskräftig zuerkannt wurde.[689]

Im Unterschied zu § 256, wo ein Ausschluss einer bloß gegen die Befristung der Leistung gerichteten Klage ausdrücklich angeordnet wird, findet sich eine solche Einschränkung im § 209 Abs 2 nicht; liegen die Voraussetzungen, unter denen der Gesetzgeber dem Versicherungsträger das **Ermessen** einräumt, eine Gesamtvergütung zu gewähren, nicht vor, so kann der Versicherte seinen Anspruch auf Gewährung von Rentenleistungen durch den Versicherungsträger **ohne** eine von diesem angeordnete besondere **Befristung klageweise** gegen den über die Gesamtvergütung absprechenden Bescheid geltend machen.[690]

5.12.9. Neufeststellung der Rente (§ 183)

5.12.9.1. Allgemeines

Bei wesentlichen Änderungen in den Leistungsvoraussetzungen können **vorläufige Renten jederzeit, Dauerrenten** jedoch jeweils erst **nach einem Jahr** neu festgesetzt werden.[691]

§ 183 regelt die Neufeststellung der Versehrtenrente und stellt für diesen Bereich bezüglich der Entziehung eine **Sonderbestimmung** gegenüber § 99 dar.[692]

§ 183 enthält nur Regelungen für eine **Neufeststellung** der Rente. Diese hat begrifflich zur Voraussetzung, dass die Rente bereits zuvor einmal festgestellt wurde. Normiert wird in dieser Bestimmung, unter welchen Voraussetzungen die **Rechtskraft** der seinerzeitigen Zuerkennung **durchbrochen** wird.[693]

5.12.9.2. Wesentliche Änderung der Verhältnisse (Abs 1)

Bei einer wesentlichen Änderung der Verhältnisse, die für die Feststellung einer Rente maßgebend waren, hat der Träger der UV auf Antrag oder von Amts wegen die Rente neu festzustellen. Als **wesentlich** gilt eine Änderung der Verhältnisse nur, wenn durch sie die **MdE** des Versehrten durch mehr als drei Monate **um mindestens 10 % geändert** wird, durch die Änderung ein **Rentenanspruch entsteht oder wegfällt** oder die Schwerversehrtheit entsteht oder wegfällt (Abs 1).

Grundsätzlich steht die **Rechtskraft** eines Bescheides der neuerlichen Prüfung der Grundlagen dieser Entscheidung im Leistungsverfahren entgegen. **Ausnahmen** bestehen nur für Fälle, in denen nach dem Zeitpunkt der Entscheidung eine maßgebliche Änderung des Sachverhaltes eingetreten ist, wie etwa in den §§ 99, 183

689 RS0116511.
690 RS0084324.
691 *Tomandl*, Sozialrecht[7] Rz 230.
692 RS0109336.
693 10 ObS 171/97p.

Abs 1 ua. **Nur eine** nach dem für die Vorentscheidung maßgeblichen Zeitpunkt eingetretene **wesentliche Änderung im Tatsächlichen durchbricht die Rechtskraft**; haben hingegen die objektiven Grundlagen der Entscheidung sich nicht wesentlich geändert, so steht die Rechtskraft der Vorentscheidung einer neuerlichen Entscheidung über denselben Anspruch entgegen. Insbesondere kann eine ursprünglich unrichtige Entscheidung nicht auf diesem Weg korrigiert werden.[694]

Wird einem Versehrten mit einer MdE von lediglich 5–10 % aufgrund einer **Fehlbeurteilung** eine Dauerrente gewährt, **berechtigt** auch eine **geringfügige Verbesserung** seines Zustands, die zu einer etwa im Bereich von rund 5 % liegenden Änderung des Maßes der MdE führt, **zu einer Entziehung** der zu Unrecht gewährten Dauerrente.[695]

Eine **wesentliche Änderung** der Verhältnisse liegt dann vor, wenn sich der körperliche oder geistige Zustand und dadurch der Grad der MdE wesentlich gebessert haben, wobei die Verhältnisse zum Zeitpunkt des Gewährungsbescheides mit denen des Entziehungsbescheides zu **vergleichen** sind.[696]

In den Fällen, in denen durch die Änderung der Verhältnisse ein **Rentenanspruch erst entsteht**, muss der Grad der MdE des Versehrten durch mehr als drei Monate geändert werden.[697]

Ob eine „wesentliche Änderung der Verhältnisse“ vorliegt, ist eine **Rechtsfrage.** Aufgabe des **Sachverständigen** ist es lediglich darzutun, in welcher Hinsicht sich der seinerzeit erhobene Befund geändert hat und ob und in welchem Ausmaß sich daraus eine Änderung der MdE ergibt.[698]

5.12.9.3. Neufestsetzung der Dauerrente (Abs 2)

Sind zwei Jahre nach Eintritt des Versicherungsfalles abgelaufen oder ist innerhalb dieser Frist die Dauerrente festgestellt worden, so kann die Rente immer nur in Zeiträumen von **mindestens einem Jahr nach der letzten Feststellung** neu festgestellt werden. Diese Frist gilt nicht, wenn in der Zwischenzeit eine Heilbehandlung abgeschlossen oder eine vorübergehende Verschlimmerung der Folgen des Arbeitsunfalles oder der Berufskrankheit wieder behoben wurde (Abs 2).

Der einjährige Zeitraum **beginnt** mit der Zustellung eines nicht durch rechtzeitige Klage außer Kraft gesetzten Bescheides, der Rechtskraft eines Urteils oder der Wirksamkeit eines gerichtlichen Vergleiches über die Feststellung einer Dauerrente (RS0084222).

Hat der Versicherungsträger die **zwingende** gesetzliche Vorschrift, dass die Dauerrente spätestens mit Ablauf von zwei Jahren nach dem Eintritt des Versiche-

694 RS0110119.
695 10 ObS 87/16s.
696 RS0084226.
697 RS0084203.
698 10 ObS 57/18g.

rungsfalles festzustellen ist, nicht eingehalten, so **tritt** die **vorläufige Rente in die Funktion der Dauerrente** mit der Rechtsfolge des Abs 2 hinsichtlich der Neufeststellung ein.[699] Dies bedeutet, dass in einem solchen Fall die Rente immer nur in Zeiträumen von mindestens einem Jahr nach der letzten Feststellung neu festgestellt werden kann, was eine Änderung der Verhältnisse voraussetzt.[700]

5.12.10. Abfindung von Renten (§ 184)

Versehrtenrenten von **nicht mehr als 25 %** der Vollrente können mit Zustimmung des Versehrten durch Gewährung eines dem Wert der Rente entsprechenden Kapitals abgefunden werden (Abs 1).

Auf Antrag des Anspruchsberechtigten kann der Träger der UV auch eine Versehrtenrente von **mehr als 25 %** der Vollrente ganz oder teilweise mit dem dem Wert der Rente oder des Rententeiles entsprechenden Kapital abfinden, wenn die zweckmäßige Verwendung des Abfindungsbetrages gesichert ist. Vor der Entscheidung über den Antrag ist der zuständige Träger der Sozialhilfe anzuhören (Abs 2).

Der Anspruch auf Rente besteht trotz der Abfindung, solange die Folgen des Arbeitsunfalles oder der Berufskrankheit **nachträglich eine wesentliche Verschlimmerung** (§ 183 Abs 1 zweiter Satz) erfahren. Die neuzubemessende Rente wird um den Betrag gekürzt, der dem Grad der der abgefundenen Rente zugrundegelegten MdE entspricht (Abs 3).

Das Abfindungskapital ist nach versicherungsmathematischen Grundsätzen zu berechnen. Das Nähere wird durch **Verordnung** des Bundesministeriums für Arbeit und Soziales geregelt (Abs 5).[701]

Eine Form der **Einmalzahlung** ist die sogenannte Abfindung der Versehrtenrente. Anders als bei der Gesamtvergütung können auch Dauerrenten abgefunden werden. Die Abfindung ist eine **freiwillige Leistung**, die jedoch nur mit Zustimmung des Versicherten erbracht werden kann. Verschlimmern sich die Folgen des Arbeitsunfalles nachträglich, besteht Anspruch auf Versehrtenrente unter Anrechnung der Abfindung.[702]

Bei der Abfindung einer Versehrtenrente **fehlt** ein **individueller Rechtsanspruch**. Die Entscheidung über das Begehren ist in das **Ermessen** des Versicherungsträgers gestellt. Bei Ablehnung des Begehrens des Versicherten ist ein **Bescheid** zu erlassen. Gerade bei der Ablehnung der Abfindung wäre die Bescheidpflicht unverständlich, wenn die Entscheidung eine „rein freiwillige“ Leistung wäre, die nicht einmal von pflichtgemäßem Ermessen getragen sein müsste. Der von der beklagten Partei er-

699 RS0084145.
700 10 ObS 205/95.
701 Siehe VO BGBl II 1999/245.
702 *Tomandl* in SV-System 2.3.3.2.3.5.

lassene Bescheid kann im Rahmen der sukzessiven Zuständigkeit **beim Sozialgericht angefochten** werden. Selbst wenn kein individueller Rechtsanspruch auf Abfindung der Rente vorliegt, besteht ein Anspruch des Versicherten auf gesetzmäßige Ermessensübung, der auch verfahrensmäßig nachprüfbar sein muss. Nach zutreffender Ansicht ist die im angefochtenen Bescheid zum Ausdruck gebrachte Ermessensübung auf ihre Sachlichkeit kontrollierbar, wobei **nur** eine **Rechtskontrolle, nicht** auch eine **Zweckmäßigkeitskontrolle** durchzuführen ist.[703]

5.12.11. Versagung der Versehrtenrente (§ 197)

Befolgt der Versehrte eine die Unfallheilbehandlung oder die Krankenbehandlung betreffende Anordnung ohne triftigen Grund **nicht** und wird dadurch seine Erwerbsfähigkeit ungünstig beeinflusst, so können ihm die Versehrtenrente und allfällige Zuschüsse auf Zeit ganz oder teilw versagt werden, wenn er **vorher** auf die Folgen seines Verhaltens **schriftlich hingewiesen** worden ist (Abs 1).

Für die Dauer der Versagung **gebührt den** im Inland sich aufhaltenden **Angehörigen**, die im Falle des Todes des Versicherten infolge des Arbeitsunfalles (der Berufskrankheit) Anspruch auf Hinterbliebenenrenten hätten, eine Rente in der Höhe der **Hälfte der versagten Rente** bzw des versagten Teiles der Rente mit Ausnahme allfälliger Kinderzuschüsse. Zu dieser Rente gebühren allfällige Kinderzuschüsse in der Höhe der versagten Kinderzuschüsse bzw des versagten Teiles dieser Zuschüsse. Der Anspruch steht in folgender **Reihenfolge** zu: Ehegatte oder eingetragener Partner, Kinder, Eltern, Geschwister (Abs 2).

Versagung ist der im Ermessen des Versicherungsträgers gelegene **bescheidmäßige** gänzliche oder teilweise **Entzug von Leistungen auf Zeit** mit dem Ziel, den Leistungsberechtigten zur Einhaltung von Nebenpflichten zu verhalten. Sie ist formal die Sanktion auf Verletzungen von Nebenpflichten des Leistungsberechtigten, materiell ein Beugemittel, ihn durch materielle Nachteile zu einer Haltungsänderung zu bewegen. Sie ist daher nur so lange zulässig, wie der Leistungsberechtigte in seinem Fehlverhalten verharrt, der vom Versicherungsträger angestrebte Erfolg also noch nicht erreicht ist.[704]

5.12.12. Entschädigung aus mehreren Versicherungsfällen (§ 210)

5.12.12.1. Gesamtrente (Abs 1)

Wird ein Versehrter **neuerlich durch einen Arbeitsunfall** oder eine Berufskrankheit **geschädigt** und erreicht die Gesamt-MdE aus **Versicherungsfällen nach dem ASVG** mindestens 20 % (bei teilversicherten Schülern, Studenten und Kindergarten-

703 10 ObS 10/04z.
704 10 ObS 286/94.

kindern sowie konkreten Berufskrankheiten mindestens 50 %), so ist spätestens vom Beginn des dritten Jahres nach dem Eintritt des letzten Versicherungsfalles an eine **Gesamtrente** festzustellen (Abs 1).

Eine Gesamtrente nach § 210 ist **nur bei Vorliegen mehrerer Versicherungsfälle** (Arbeitsunfall oder Berufskrankheit) **nach dem ASVG** zu bilden.[705]

Nach Abs 1 ist, wenn ein Versehrter neuerlich durch einen Arbeitsunfall oder eine Berufskrankheit geschädigt wird und die **Gesamt-MdE aus Versicherungsfällen nach dem ASVG mindestens 20 %** erreicht, spätestens vom Beginn des dritten Jahres nach dem Eintritt des letzten Versicherungsfalls an eine Gesamtrente festzustellen. In diesen Fällen ist **nicht** für jeden Versicherungsfall eine **Einzelrente** auf Basis der jeweils verursachten MdE zuzuerkennen **und** auch **nicht einfach** der Grad der Versehrtheit durch die einzelnen Verletzungen zu beurteilen und dann eine **Addition** vorzunehmen. Es ist vielmehr die Gesamt-MdE durch die mehreren Arbeitsunfälle insoweit zu berücksichtigen, als sich die Unfallverletzungen in ihrer Gesamtheit auf dem allgemeinen Arbeitsmarkt auswirken. Durch das Zusammentreffen von Folgen mehrerer Unfälle ist auf Dauer eine für die Bemessung **maßgebliche Änderung der Verhältnisse** eingetreten. Eine solche Gesamtrente setzt mehrere Versicherungsfälle nach dem ASVG voraus. Gegen diese Regelung bestehen **keine** verfassungsrechtlichen **Bedenken**, weil den jeweiligen Leistungsrechten unterschiedliche Zielsetzungen zugrunde liegen.[706]

Bei der (neuen) Einschätzung besteht **keine Bindung** an die Grundlagen der Berechnung der zuvor gewährten Einzelrenten durch die Versicherung.[707]

Die **erstmalige Bemessung** einer Gesamtrente aus mehreren Versicherungsfällen innerhalb der Zweijahresfrist ist ohne die Einschränkungen des § 183 vorzunehmen.[708]

Die Gesamtrente soll **im Zeitpunkt der Dauerrentenfeststellung für den letzten Arbeitsunfall gebildet** werden. Der gesetzliche Auftrag geht dahin, die Dauerrente (§ 209 Abs 1) tunlichst bald festzustellen, weshalb die **Zweijahresfrist** nicht als Regel, sondern als **Grenzfall** angesehen werden soll. Das gilt auch für die Gesamtrentenfeststellung.[709]

Das **Gericht ist nicht** darauf **beschränkt**, über die Gesamtrentenfeststellung erst ab dem Zeitpunkt des Ablaufes der Zweijahresfrist abzusprechen. Der Versicherte muss die begehrte Gesamtrente nicht zunächst beim Versicherungsträger beantragen.[710]

---

705 RS0123628.
706 10 ObS 72/22v mwN.
707 10 ObS 405/97z.
708 10 ObS 428/01s.
709 RS0084357.
710 10 ObS 269/01h.

Da es sich bei der Gesamtrente **immer** um eine **Dauerrente** handeln muss, kommt eine Gesamtrentenbildung dann nicht mehr in Betracht, wenn die Folgen des neuerlichen Arbeitsunfalles bereits zur Gänze abgeklungen sind und eine MdE aus diesem neuerlichen Arbeitsunfall nicht mehr vorliegt.[711]

Versäumt der Versicherungsträger die **Zweijahresfrist** zur Bildung einer Gesamtrente, so überdauern die gesonderten Rentenleistungen als Dauerrenten den Zweijahreszeitraum; die Bildung einer Gesamtrente ist dann gemäß § 183 nur mehr bei einer Änderung der Verhältnisse zulässig.[712] Daraus ergibt sich, dass **innerhalb eines Zeitraumes von zwei Jahren** der Gewährung der gesonderten Renten für die einzelnen Unfälle insofern **provisorischer Charakter** zukommt, als durch die Bildung der Gesamtrente in diese Leistungsansprüche des Versicherten auch ohne Änderung der Verhältnisse eingegriffen werden darf, während **nach Ablauf** dieser Zweijahresfrist die Bildung einer Gesamtrente nur mehr bei einer Änderung der Verhältnisse iSd § 183 zulässig ist.[713]

Bei mehreren Unfällen, von denen mindestens einer ein **Schülerunfall** ist, kann (bzw können) der Schülerunfall (bzw die Schülerunfälle) unabhängig von der Reihenfolge der Unfälle nur dann – rentenanspruchsbegründend (mitrentenanspruchsbegründend) – in die Gesamtrentenbildung einbezogen werden, wenn der Schwellenwert einer **MdE von 50 %** erreicht wird. Andernfalls kommt nur eine Rente oder Gesamtrente aufgrund einer MdE von mindestens 20 % aufgrund der anderen Unfälle (also der Nicht-Schüler-Unfälle) in Betracht.[714]

5.12.12.2. Bemessungsgrundlage und zuständiger Träger (Abs 2)

Die Gesamtrente ist **nach der höchsten** für die einzelnen Versicherungsfälle in Betracht kommenden **Bemessungsgrundlage** zu bestimmen. Sie ist, wenn zur Entschädigung der einzelnen Versicherungsfälle verschiedene Träger der UV nach dem ASVG **zuständig** sind, von dem für den **letzten** Versicherungsfall zuständigen Versicherungsträger zu erbringen. Der für die Leistung der Gesamtrente zuständige Versicherungsträger hat auch alle anderen in Betracht kommenden Leistungen aus der UV zu erbringen. Ist die Gesamtrente nach dem **B-KUVG** zu bilden, so gilt § 108 Abs 4 B-KUVG[715] (Abs 2).

Handelt es sich bei dem späteren Unfall des versehrten Versicherungsnehmers ebenfalls um einen Arbeitsunfall, so ist es nicht mehr entscheidend, ob er oder seine Folgen von einem früheren Arbeitsunfall wesentlich mitverursacht wurde.

711 RS0121575.
712 RS0084362.
713 10 ObS 113/06z.
714 RS0102909.
715 Dem für die Erbringung der Gesamtleistung zuständigen Versicherungsträger steht ein Anspruch auf Ersatz gegenüber dem Versicherungsträger zu, der zur Entschädigung des vorangegangenen Versicherungsfalles zuständig war.

Die Entschädigung ist von dem für den letzten Versicherungsfall zuständigen Versicherungsträger festzustellen und zu erbringen. Die Gesamtrente ist nach der höchsten für die einzelnen Versicherungsfälle in Betracht kommenden Bemessungsgrundlage zu bestimmen.[716]

5.12.12.3. Stützrente (Abs 3)

Wird das rentenbegründende **Gesamtausmaß der MdE** für die erstmalige Feststellung einer Dauerrente oder einer Gesamtrente zwar **nicht aus Versicherungsfällen nach dem ASVG, aber unter Berücksichtigung**

a) eines Dienstunfalles oder einer Berufskrankheit nach den §§ 90 bis 92 **B-KUVG** oder
b) einer anerkannten Schädigung nach dem **KOVG** 1957 oder nach dem **HVG** oder nach dem **Opferfürsorgegesetz** oder
c) einer anerkannten Schädigung nach dem **Verbrechensopfergesetz** oder
d) eines Unfalles oder einer Krankheit nach § 76 Abs 2 bis 4 des **Strafvollzugsgesetzes** oder
e) von Schäden, für die nach Maßgabe des **Impfschadengesetzes** Entschädigung zu leisten ist, oder
f) von Schädigungen, die von einer auf **landesgesetzlichen** Vorschriften beruhenden Unfallfürsorgeeinrichtung anerkannt sind, oder
g) eines Arbeitsunfalles oder einer Berufskrankheit nach den §§ 148c bis 148e **BSVG**

erreicht, so sind solche Versicherungsfälle nach dem ASVG **auf Antrag** ab dem Zeitpunkt, in dem eine Dauerrente (Gesamtrente) spätestens festzustellen gewesen wäre, **gesondert zu entschädigen** (Abs 3).

Den Arbeitsunfällen und Berufskrankheiten nach den §§ 148c bis 148e **BSVG** ist in § 210 Abs 3 lit g ASVG nur die Bedeutung zugewiesen, mit der von ihnen verursachten MdE zur Ermittlung des rentenbegründenden Gesamtausmaßes der MdE beizutragen (**„Stützfunktion“**). Es kann aber immer **nur der** neuerliche, also der **zeitlich letzte Versicherungsfall**, durch eine gestützte kleine Rente **entschädigt** werden.[717]

5.12.12.4. Gesonderte Entschädigung des letzten Versicherungsfalls (Abs 4)

Bis zur Feststellung einer Gesamtrente nach Abs 1 **ist der letzte Versicherungsfall gesondert zu entschädigen**, wenn und solange er eine MdE im rentenbegründenden Ausmaß (§ 203) verursacht hat. Hat der neuerliche Versicherungsfall **für sich allein keine MdE im rentenbegründenden Ausmaß** verursacht, so ist dieser Versicherungsfall rückwirkend unter Bedachtnahme auf § 204 **zu entschädigen**,

716 RS0083993.
717 RS0130357.

wenn er zum Zeitpunkt der Feststellung der Gesamtrente zu einer **Erhöhung der Gesamt-MdE um mindestens 5 %** geführt hat. Dies gilt jeweils auch, wenn nur ein Versicherungsfall (Arbeitsunfall oder Berufskrankheit) vorliegt und diesem eine anerkannte Schädigung nach einer der im Abs 3 angeführten gesetzlichen Vorschriften vorangegangen ist (Abs 4).

Dem § 210 Abs 4 liegt ein dem § 209 Abs 1 vergleichbarer Zweck zugrunde. Der **Zeitraum von zwei Jahren**, während dessen nach § 209 Abs 1 eine vorläufige Rente gewährt werden kann, bzw währenddessen nach § 210 Abs 4 die Rente aufgrund des neuerlichen Unfalls gesondert zu gewähren ist, dient dazu, die **Konsolidierung der Unfallfolgen abzuwarten**. Die Entscheidung über die endgültige Rentenleistung soll erst erfolgen, wenn die Folgen des Unfalls in ihren dauernden Auswirkungen endgültig abschätzbar sind. Dann soll die Dauerrente (§ 209 Abs 1) bzw – bei mehreren Unfällen – die Gesamtrente (§ 210) festgesetzt werden.[718]

Auch die Gewährung einer Rente gemäß Abs 4 kommt nur in Frage, wenn die diesbezügliche **MdE durch mindestens drei Monate** besteht. Zweck der genannten Mindestdauer der MdE ist ein verfahrensökonomischer: Nicht jede vorübergehende Änderung der Verhältnisse führt zu einer Neufeststellung der Rente, sondern die Rente ist erst dann neu festzusetzen, wenn die Änderung der Verhältnisse mehr als drei Monate lang anhält.[719]

5.12.12.5. Verfahren

Der Umstand, dass der **Versicherungsträger** über die Bildung einer Gesamtrente **nicht abgesprochen** hat, steht der Entscheidung des Gerichtes über die Gesamtrente grundsätzlich nicht entgegen;[720] und zwar auch vor Ablauf der Zweijahresfrist des § 209 Abs 1.[721]

Es liegt eine **zulässige Klagsänderung** vor, wenn der Kläger, der zunächst Versehrtenrenten aus zwei Arbeitsunfällen begehrte, im Laufe des erstinstanzlichen Verfahrens sein Begehren auf die Gewährung einer (Gesamtrente) Dauerrente für die Folgen dieser beiden Arbeitsunfälle und eines **weiteren Arbeitsunfalles** ändert, wobei dieser weitere Arbeitsunfall zeitlich gesehen der mittlere der drei Arbeitsunfälle gewesen war und **der Beklagten bereits bekannt** war. Auch das geänderte Klagebegehren stützt sich noch auf den Versicherungsfall des letzten Arbeitsunfalles und begehrt daraus eine Versehrtenrente. Diese ist allerdings nach § 210 aus mehreren, der Beklagten bereits während der mit den durch die Klagen außer Kraft getretenen Bescheiden beendeten Verfahren in Leistungssachen bekannten Versicherungsfällen als Gesamtrente festzustellen.[722] Die Aus-

718 RS0116509.
719 10 ObS 207/99k.
720 RS0084366.
721 10 ObS 269/01h.
722 RS0084349.

dehnung des Klagebegehrens auf Berücksichtigung eines weiteren Arbeitsunfalls für die Berechnung der Gesamtrente ist **ohne Zustimmung der beklagten Partei** zulässig; auch dann, wenn der Versicherungsträger darüber, wie sich dieser Arbeitsunfall auf die Gesamtrente auswirkt, noch keinen Bescheid erlassen hat.[723]

Es ist trotz der „imperativen Anordnung“ in den in Betracht kommenden gesetzlichen Bestimmungen (§ 210 ASVG, § 108 B-KUVG) nicht anzunehmen, dass der Gesetzgeber die Grundsätze des Verfahrensrechtes und hier im Besonderen jenen des **§ 405 ZPO**, wonach das Gericht nicht befugt ist, einer Partei etwas zuzusprechen, was nicht beantragt ist, für den Bereich der UV außer Kraft setzen wollte; eine **Gesamtrente** ist daher **nur dann zu bilden, wenn** dies Gegenstand des Verfahrens war.[724]

5.13. Integritätsabgeltung (§ 213a)

Wurde der **Arbeitsunfall** oder die Berufskrankheit **durch** die **grob fahrlässige Außerachtlassung von Arbeitnehmerschutzvorschriften verursacht** und hat der Versicherte dadurch eine erhebliche und dauernde Beeinträchtigung der körperlichen oder geistigen Integrität erlitten, so gebührt, wenn wegen der Folgen dieses Arbeitsunfalls oder dieser Berufskrankheit auch ein Anspruch auf Versehrtenrente (§ 203 Abs 1) besteht, eine angemessene Integritätsabgeltung (Abs 1).

Die Integritätsabgeltung wird als **einmalige Leistung** gewährt; sie darf das Doppelte des bei Eintritt des Versicherungsfalles nach § 178 Abs 2 (Jahreshöchstbeitragsgrundlage) jeweils geltenden Betrages nicht überschreiten. Die Integritätsabgeltung ist entsprechend der Schwere des Integritätsschadens abzustufen (Abs 2).

Die näheren Bestimmungen zur Durchführung, insb über das **Ausmaß der Leistung**, sind in vom Verwaltungsrat des Versicherungsträgers zu erlassenden **Richtlinien** zu regeln, die der Zustimmung des Bundesministers für Arbeit und Soziales bedürfen. Die Richtlinien haben auf das wirtschaftliche Bedürfnis der Versicherten sowie auf den Grad der Beeinträchtigung von Körperfunktionen, den Grad der Verunstaltung des äußerlichen Erscheinungsbildes des Versicherten sowie den Grad einer unfall- oder berufskrankheitsbedingten seelischen Störung Bedacht zu nehmen. Die Richtlinien sind im Internet zu verlautbaren (Abs 4).

5.13.1. Allgemeines

Die Integritätsabgeltung hat die Aufgabe, in Härtefällen teilweise die Schadenersatzansprüche zu supplieren, deren Geltendmachung gegen die durch § 333 Abs 1

723 10 ObS 269/01h.
724 RS0084343.

und 4 privilegierten Personen ausgeschlossen ist. Dabei ist der Anspruch auf Integritätsabgeltung einerseits **enger** als diesem Ziel entspricht, weil er auf Fälle beschränkt ist, in denen der Unfall oder die Berufskrankheit auf eine grob fahrlässige Verletzung von Arbeitnehmerschutzvorschriften zurückzuführen ist, andererseits **weiter**, weil er nicht auf Fälle beschränkt ist, in denen diese Verletzung den genannten privilegierten Personen zur Last fällt. Der Anspruch auf Integritätsabgeltung soll im Wesentlichen die **Funktion** bürgerlich-rechtlicher **Schadenersatzansprüche** übernehmen. Diese sind jedoch auf den Fall des **Fremdverschuldens** beschränkt. § 213a Abs 1 muss daher **teleologisch** dahin **reduziert** werden, dass Anspruch auf eine Integritätsabgeltung nur dann besteht, wenn eine **vom Verletzten verschiedene Person** eine grob fahrlässige Verletzung von Arbeitnehmerschutzvorschriften zu verantworten hat.[725]

Die durch die 48. ASVG-Novelle (BGBl 1989/642) in den Leistungskatalog der gesetzlichen UV aufgenommene neue Leistung der Integritätsabgeltung ist im Konkurrenzbereich zwischen ziviler Haftpflichtordnung und SV angesiedelt. Ihr **Zweck** ist es, durch eine Geldleistung einen gewissen Ausgleich für körperliche Schmerzen, Leid, verminderte Lebensfreude, Beeinträchtigung des Lebensgenusses und ähnliche Ursachen seelischen Unbehagens, wie etwa dauernde Verunstaltung, zu bieten. Damit wird ihre **Verwandtschaft mit den immateriellen Schadenersatzansprüchen** des ABGB deutlich.[726]

Der Gesetzgeber wollte bei der Schaffung des § 213a ganz bewusst eine enge Verbindung zwischen einem Integritätsschaden und der Verletzung von Arbeitnehmerschutzvorschriften herstellen, sodass der Anspruch auf Integritätsabgeltung in einem **engen Zusammenhang mit einer beruflichen Tätigkeit**, wie sie ein **Versicherter** ausführt, zu sehen ist. Eine analoge Anwendung des § 213a auf nach § 176 Abs 1 Z 2 (individuelle Hilfeleistungen) versicherte Personen kommt mangels planwidriger Gesetzeslücke nicht in Betracht.[727]

Beträgt bei einem in der UV teilversicherten **Schüler** die MdE lediglich 40 %, so hat er wegen der Folgen seines Arbeitsunfalls (Schulunfalls) zwar einen Anspruch auf Versehrtengeld (§ 212 Abs 3), aber keinen Anspruch auf Versehrtenrente nach § 203 Abs 1, so dass er auch keinen Anspruch auf Integritätsabgeltung hat.[728]

Gegen § 213a bestehen **keine verfassungsrechtlichen Bedenken**.[729]

Siehe die **Richtlinien** über die Integritätsabgeltung der AUVA (avsv Nr 43/2004), der VAEB (avsv Nr 1/2005) und der SVS (avsv Nr 192/2019).

725 RS0084634.
726 RS0106715.
727 RS0122894.
728 RS0083675.
729 RS0053875.

5.13.2. Grobe Fahrlässigkeit

Siehe dazu auch unten 7.4.2.

Grobe Fahrlässigkeit nach ASVG ist der auffallenden Sorglosigkeit nach **bürgerlichem Recht gleichzusetzen.**[730]

Grobe Fahrlässigkeit ist eine Außerachtlassung der im Verkehr erforderlichen Sorgfalt, die sich über die alltäglich vorkommenden Fahrlässigkeitshandlungen **erheblich und ungewöhnlich heraushebt**, wobei der **Schaden als wahrscheinlich vorhersehbar** ist. Grobe Fahrlässigkeit erfordert, dass der Verstoß gegen das normale Handeln auffallend und der Vorwurf im höheren Maß gerechtfertigt ist. Grobe Fahrlässigkeit ist dann gegeben, wenn ein **objektiv** besonders schwerer Sorgfaltsverstoß bei Würdigung aller Umstände des konkreten Falles **auch subjektiv** schwerstens vorzuwerfen ist.[731] Die Beurteilung des Verschuldensgrades hat auch unter Bedachtnahme auf die **persönlichen Verhältnisse** und die **allgemeinen Lebensgewohnheiten** des fahrlässig Handelnden zu erfolgen.[732]

Grobe Fahrlässigkeit ist anzunehmen, wenn eine **außergewöhnliche und auffallende Vernachlässigung** einer Sorgfaltspflicht (Pflicht zur Unfallverhütung) vorliegt und der Eintritt des **Schadens** als **wahrscheinlich** und nicht bloß als möglich voraussehbar ist.[733] Bloße **Anweisungen** können in der Regel vorgeschriebene **Sicherheitsvorrichtungen** nicht ersetzen.[734]

Das entscheidende Kriterium für die Beurteilung des Fahrlässigkeitsgrades ist **nicht die Zahl** der übertretenen Vorschriften, **sondern die Schwere** der Sorgfaltsverstöße und die **Wahrscheinlichkeit** des Schadenseintrittes.[735]

Ob jemand einen Arbeitsunfall durch grobe Fahrlässigkeit verursacht hat, ist nach den konkreten Umständen des **Einzelfalles** zu beurteilen; dabei ist zu prüfen, ob der Betreffende **ganz einfache und naheliegende Überlegungen nicht angestellt** hat.[736]

Grobe Fahrlässigkeit wird von der Rsp im Wesentlichen dann bejaht, wenn der **Arbeitgeber** als Adressat der Arbeitnehmerschutzvorschriften nach objektiver Betrachtungsweise **ex ante** ganz einfache und naheliegende Überlegungen nicht angestellt hat.[737]

Aus dem Umstand, dass in der bisherigen Jud die **mehrfache reaktionslos gebliebene Beanstandung** einer Gefahrensituation **durch das Arbeitsinspektorat**

730 RS0030510.
731 RS0031127.
732 7 Ob 38/80.
733 RS0030644.
734 9 ObA 179/92.
735 RS0085332.
736 RS0085228.
737 10 ObS 145/07g.

als grob schuldhaft qualifiziert wurde, kann **nicht der Umkehrschluss** gezogen werden, dass das **Fehlen** einer Beanstandung die grobe Fahrlässigkeit des Arbeitgebers ausschlösse.[738]

Die Übertretung von Dienstnehmerschutzbestimmungen und Unfallverhütungsvorschriften muss **an sich noch kein grobes Verschulden** begründen;[739] wohl aber deren Nichtbeachtung trotz **wiederholter Beanstandung.**[740] Auch die **Übertretung mehrerer Vorschriften** muss noch kein grobes Verschulden begründen.[741]

Der **Unterschied zwischen leichter und grober Fahrlässigkeit** ist rein maßlich und nur aus den Umständen des Einzelfalles ableitbar. Nicht jede Übertretung einer Unfallverhütungsvorschrift bedeutet grobe Fahrlässigkeit. Für die Beurteilung des Verschuldens ist ein **objektiver**, jedoch **nach Betriebshierarchie** typisierender Maßstab anzulegen; für die Beurteilung des primären Schutznormadressaten ist auf die **Pflichten eines Unternehmers** abzustellen, wobei auf die **Sachverständigenhaftung** abzustellen und ein **erhöhter** Diligenzmaßstab anzulegen ist.[742]

Bei der Beurteilung der Frage, welcher Fahrlässigkeitsgrad vorliegt, ist auch das **Verhalten des Versicherten** mitzuberücksichtigen.[743]

Eine **strafgerichtliche Verurteilung** reicht für sich allein nicht zur Annahme grober Fahrlässigkeit aus.[744]

Übermäßiger **Alkoholkonsum** (Blutalkoholwert von 1,99 Promille), durch den massive Koordinations- und Konzentrationsstörungen hervorgerufen wurden, ist grob fahrlässig.[745]

5.13.3. (Verletzung von) Arbeitnehmerschutzvorschriften

Die **grobe Fahrlässigkeit** muss **im Hinblick auf die Verletzung des Arbeitnehmerschutzes**, nicht hingegen hinsichtlich der Herbeiführung des Unfalls, gegeben sein. Es ist daher lediglich zu beurteilen, ob die Verletzung bestimmter Arbeitnehmerschutzvorschriften im Einzelfall grob fahrlässig erfolgte. Für ein solches grobes Verschulden sprechen ua auch die **Kumulierung** der Verletzung von Arbeitnehmerschutzvorschriften und die **besondere Gefahrensituation** aufgrund schwieriger Bedingungen.[746]

Da nach § 213a die erhebliche und dauernde Beeinträchtigung der körperlichen oder geistigen Integrität durch die grob fahrlässige Außerachtlassung von Arbeit-

738 10 ObS 145/07g.
739 RS0052197.
740 2 Ob 104/67.
741 2 Ob 174/71.
742 RS0026555.
743 10 ObS 254/01b.
744 9 ObA 403/97y.
745 10 ObS 1/22b.
746 RS0106718.

nehmerschutzvorschriften verursacht worden sein muss, **kommt es** für die Anspruchsbegründung **nicht darauf an**, dass nachgewiesen wird, **welche bestimmten Personen** den Unfall grob fahrlässig verursacht haben, **sondern nur**, ob Arbeitnehmerschutzvorschriften grob fahrlässig im Rahmen des vom Dienstgeber zu vertretenden und ihm zuzuordnenden Bereiches verletzt wurden. **Wer** im Einzelnen den Eintritt des Arbeitsunfalles **zu verantworten hat, braucht** im Verfahren um die Gewährung einer Integritätsabgeltung **nicht geklärt** zu werden. Die **Unaufklärbarkeit** der Zurechnung des Verschuldens kann nämlich im Verfahren um die Gewährung einer Integritätsabgeltung **nicht zu Lasten des Versicherten** gehen.[747]

Abgesehen vom Fall, dass ausschließlich dem Versicherten selbst eine grob fahrlässige Verletzung von Arbeitnehmerschutzvorschriften vorzuwerfen ist, ist es für die Gewährung einer Integritätsabgeltung **unerheblich, ob** neben dem Schädiger **auch der Versicherte selbst** Arbeitnehmerschutzvorschriften grob fahrlässig missachtet hat.[748]

Der Gesetzgeber versteht unter **Arbeitnehmerschutzvorschriften** nicht das gesamte Arbeitsrecht in seiner Funktion als Schutzrecht der Arbeitnehmer, sondern bloß jenes Segment an arbeitsrechtlichen Normen, das von der Lehre als Arbeitnehmerschutzrecht **im engeren Sinn** bezeichnet wird. Es handelt sich dabei um **öffentlich-rechtliche** Arbeitsrechtsnormen, die dem **Schutz** des Lebens, der Gesundheit und der Sittlichkeit iZm der Erbringung der Arbeitsleistung dienen, auf unmittelbarem staatlichen Eingriff basieren und typischerweise als Sanktionsinstrumentarium die **Verwaltungsstrafe** vorsehen. Allgemeine Fahrregeln der **StVO** gehören **nicht** zum Kreis der Arbeitnehmerschutzvorschriften.[749]

Bestimmungen des **KFG** sind keine Arbeitnehmerschutzbestimmungen, ebenso wenig wie interne **Dienstanweisungen.**[750]

Die gemäß § 21 Abs 3 **EisbG** 1957 erlassene **Betriebsvorschrift** V 3 ist eine Dienstvorschrift, aber keine Arbeitnehmerschutzvorschrift.[751]

Die **KJBG-VO** stellt eine Arbeitnehmerschutzvorschrift iSd § 213a dar.[752]

Für die Einhaltung von Arbeitnehmerschutzvorschriften ist **primär der Arbeitgeber verantwortlich.** Jeder Arbeitsunfall, der sich im Betrieb des Arbeitgebers ereignet, und jede Verletzung von Arbeitnehmerschutzvorschriften sind, uv-rechtlich betrachtet, im weitesten Sinn der **Sphäre** des Arbeitgebers zuzurechnen. Es liegt im **Verantwortungsbereich** des Arbeitgebers, seinen **Betrieb so zu organisieren,** dass es zu keinen Gefahren für die in die Betriebsorganisation des Arbeitgebers

747 RS0106719.
748 RS0111034.
749 RS0084412.
750 10 ObS 169/92.
751 10 ObS 2338/96p.
752 10 ObS 65/04p.

eingegliederten Arbeitnehmer kommt; der Arbeitgeber hat für die Einhaltung der Arbeitnehmerschutzvorschriften zu sorgen. Nicht nur die Übertretung der Arbeitnehmerschutzvorschriften durch Arbeitgeber und ihnen gleichgestellte Personen begründet den Anspruch auf Integritätsabgeltung, **auch eine** grob fahrlässige **Übertretung durch andere Personen**, insb durch **Arbeitskollegen** des Versicherten, kann ihn auslösen.[753]

5.13.4. Ermittlung des Integritätsschadens

Bei der Ermittlung des Integritätsschadens ist auf den **Zeitpunkt der erstmaligen Feststellung der Dauerrente** abzustellen und sind alle Unfallfolgen, die die Erwerbsfähigkeit des Versicherten mindern, einzubeziehen.[754]

Bei Ermittlung des Integritätsschadens ist zunächst vom Grad der MdE auszugehen und dieser dann je nach Schwere der Beeinträchtigung nicht global, sondern für jede Integritätsschadensgruppe (Beeinträchtigung von Körperfunktionen, Verunstaltung, unfallkausale seelische Störungen) gesondert zu erhöhen. Die **Summe aus Grad der MdE und den jeweiligen Erhöhungen** definiert dann das Ausmaß des Integritätsschadens.[755]

Die MdE ist Ausgangspunkt für die Ermittlung des Grades des Integritätsschadens; es besteht **keine Bindung an** das Ausmaß der MdE, das der Feststellung der **Dauerrente** zugrunde gelegt wurde. Im **Rentenbescheid** wird keine feststellende Entscheidung über die MdE getroffen, sondern über die **Leistung** der Versehrtenrente abgesprochen, wofür die **MdE** eine **Vorfrage** ist. Aus der Rechtskraft des Rentenbescheides folgt nur, ob und in welchem Ausmaß der Versicherte Anspruch auf eine Versehrtenrente hat. Das Ausmaß des Grades der MdE, das dem Grad des Integritätsschadens zugrunde zu legen ist, ist im Verfahren auf Gewährung einer Integritätsabgeltung **selbständig**, also ohne Bindung an das Rentenverfahren, **zu prüfen**.[756]

5.13.5. Verfahren

Den **Versicherten**, der den Zuspruch einer Integritätsabgeltung begehrt, **trifft keine subjektive Beweispflicht**. Wenn es allerdings trotz Aufnahme sämtlicher notwendig erscheinenden Beweise und Zulassung des Anscheinsbeweises nicht gelingen sollte, zu beweisen, dass ein Arbeitsunfall durch die grob fahrlässige Außerachtlassung von Arbeitnehmerschutzvorschriften verursacht wurde, müsste dies im Rahmen der **objektiven Beweislast** zur Abweisung des auf Integritätsabgeltung gerichteten Klagebegehrens führen.[757]

753 RS0111032.
754 RS0109915.
755 10 ObS 39/98b.
756 RS0109916.
757 RS0111020.

Wegen ihrer Einzelfallbezogenheit kann die Beurteilung des Verschuldensgrades regelmäßig **nicht als erhebliche Rechtsfrage** iSd § 502 Abs 1 ZPO gewertet werden.[758]

Im Verfahren auf Gewährung einer Integritätsabgeltung ist eine **gesonderte** spruchmäßige **Feststellung des Grades des Integritätsschadens nicht vorgesehen**. Abzusprechen ist nur über die Gewährung der Integritätsabgeltung.[759]

Ein Rechtsstreit wegen Zuerkennung einer Integritätsabgeltung kann dadurch erledigt werden, dass das Klagebegehren als **dem Grund nach zu Recht** bestehend erkannt und dem Versicherungsträger die Erbringung einer **vorläufigen Zahlung** aufgetragen wird, deren Ausmaß unter sinngemäßer Anwendung des § 273 Abs 1 ZPO festzusetzen ist.[760] Es ist jedoch notwendig, im Grundurteil den Prozentsatz der in Betracht kommenden Bemessungsgrundlage festzusetzen.[761]

5.14. Hinterbliebenenleistungen

5.14.1. Teilersatz der Bestattungskosten (§ 214)

Wurde durch einen Arbeitsunfall oder eine Berufskrankheit der **Tod des Versehrten** verursacht, gebührt ein Teilersatz der Bestattungskosten aus der UV (Abs 1).

Der Teilersatz der Bestattungskosten gebührt **im Ausmaß** des fünfzehnten Teiles der Bemessungsgrundlage, mindestens im Ausmaß des Eineinhalbfachen des jeweiligen Richtsatzes für alleinstehende Pensionsberechtigte aus eigener PV (Abs 2).

Der Betrag wird an den gezahlt, der die **Kosten** der Bestattung **getragen** hat (Abs 3).

In den Fällen des Abs 1 **kann** der Versicherungsträger unter Bedachtnahme auf die Familienverhältnisse des Verstorbenen und die wirtschaftliche Lage der Hinterbliebenen einen Zuschuss zu den Kosten der Überführung des Leichnams an den Ort des Wohnsitzes des Verstorbenen gewähren oder die **Überführungskosten** in voller Höhe übernehmen (Abs 5).

Auch der Bestattungskostenbeitrag („Teilersatz der Bestattungskosten") gebührt nur, wenn der Tod eine Unfallfolge war. Diese **Pflichtleistung** dient in erster Linie dem Aufwandersatz und nur subsidiär der Einkommenssicherung der Hinterbliebenen. Überdies kann ein Zuschuss zu den Kosten der Überführung des Leichnams gewährt werden.[762]

758 9 ObA 102/11g.
759 RS0109917.
760 RS0115845.
761 10 ObS 304/02g.
762 *Tomandl* in SV-System 2.3.3.3.2.

5.14.2. Witwen-/Witwerrente

5.14.2.1. Anspruch (§ 215)

Wurde der Tod des (der) Versicherten durch einen Arbeitsunfall oder eine Berufskrankheit verursacht, so gebührt der Witwe (dem Witwer) bis zu ihrem (seinem) Tod oder ihrer (seiner) Wiederverheiratung eine Witwen-/Witwerrente von jährlich **20 %** der Bemessungsgrundlage (Abs 1).

Solange die anspruchsberechtigte Person durch Krankheit oder andere Gebrechen wenigstens die Hälfte ihrer Erwerbsfähigkeit verloren oder wenn die Witwe das 60., der Witwer das 65. Lebensjahr vollendet hat, beträgt die Witwen-/Witwerrente jährlich **40 %** der Bemessungsgrundlage. Die **Erhöhung** der Witwen-/Witwerrente wegen MdE wird nur gewährt, wenn diese länger als drei Monate bestanden hat (Abs 2).

Die Rente gebührt auch der Frau (dem Mann), deren (dessen) **Ehe** mit dem (der) Versicherten für nichtig erklärt, aufgehoben oder **geschieden** worden ist, wenn ihr (ihm) der (die) Versicherte zur Zeit seines (ihres) Todes **Unterhalt** (einen Unterhaltsbeitrag) zu leisten hatte bzw Unterhalt geleistet hat, und zwar

- auf Grund eines gerichtlichen Urteiles,
- auf Grund eines gerichtlichen Vergleiches,
- auf Grund einer vor Auflösung (Nichtigerklärung) der Ehe eingegangenen vertraglichen Verpflichtung,
- regelmäßig zur Deckung des Unterhaltsbedarfs ab einem Zeitpunkt nach der Rechtskraft der Scheidung bis zu seinem (ihrem) Tod, mindestens während der Dauer des **letzten Jahres vor** seinem (ihrem) **Tod**, wenn die Ehe mindestens zehn Jahre gedauert hat,

sofern und solange die Frau (der Mann) **nicht eine neue Ehe geschlossen** hat (Abs 3).

Auch ein geschiedener Ehegatte kann eine Hinterbliebenenrente beanspruchen und zwar bis zum Eingehen einer neuen Ehe, sofern er einen **Unterhaltsanspruch** gegen den Verstorbenen gehabt hat. Wichtig ist, dass es einen **formellen Unterhaltstitel** gibt (Urteil, gerichtlicher Vergleich oder vor Auflösung der Ehe eingegangene vertragliche Verpflichtung) bzw mindestens für ein Jahr faktisch Unterhalt gewährt wurde bis zum Tod und die Ehe mindestens 10 Jahre gedauert hat.[763]

5.14.2.2. Abfertigung und Wiederaufleben der Witwen-/Witwerrente (§ 215a)

Der Bezieherin (Dem Bezieher) einer Witwen-/Witwerrente, die (der) sich **wiederverehelicht** hat, gebührt eine **Abfertigung** in der Höhe des 35-fachen Monatsbetrages einer nach § 215 Abs 1 zu bemessenden Witwen-/Witwerrente, in den

763 10 ObS 51/07h.

Fällen des § 215 Abs 3 in der Höhe des 35-fachen Monatsbetrages der nach § 215 Abs 3 gebührenden Witwen-/Witwerrente (Abs 1).

Wird die **neue Ehe** durch den Tod des Ehegatten, durch Scheidung oder durch Aufhebung **aufgelöst** oder wird die neue Ehe für nichtig erklärt, so **lebt der Anspruch** auf die Witwen-/Witwerrente auf Antrag **wieder auf**, wenn

- die Ehe nicht aus dem alleinigen oder überwiegenden Verschulden der im Abs 1 bezeichneten Person aufgelöst worden ist oder
- bei Nichtigerklärung der Ehe diese Person als schuldlos anzusehen ist (Abs 2).

Der Anspruch lebt mit dem der Antragstellung folgenden Monatsersten, **frühestens** jedoch mit dem Monatsersten wieder auf, der dem **Ablauf von zweieinhalb Jahren** nach dem seinerzeitigen Erlöschen des Anspruches folgt (Abs 3).

5.14.2.3. Eheschließung nach dem Eintritt des Versicherungsfalles (§ 217)

Die Witwe (der Witwer) **hat keinen Anspruch** auf Rente, wenn die Ehe erst nach dem Eintritt des Versicherungsfalles geschlossen worden und der Tod innerhalb des ersten Jahres der Ehe eingetreten ist, **es sei denn**,

- dass in dieser Ehe ein **Kind geboren** oder durch die Ehe legitimiert wurde oder
- dass die Witwe sich im Zeitpunkt des Todes des Versicherten erwiesenermaßen im Zustand der **Schwangerschaft** befunden hat (Abs 1).

Um sogenannte **„Versorgungsehen“** nicht zu begünstigen, ordnet § 217 an, dass kein Hinterbliebenenanspruch besteht, wenn die Ehe erst nach dem Eintritt des Versicherungsfalles geschlossen wurde und der Tod innerhalb des ersten Jahres der Ehe eingetreten ist. Ausnahmsweise gebührt dennoch ein Anspruch, wenn 1. in dieser Ehe ein Kind geboren oder durch die Ehe legitimiert wurde oder 2. sich die Witwe im Zeitpunkt des Todes des Versicherten erwiesenermaßen im Zustand der Schwangerschaft befunden hat. Während eine Hinterbliebenenleistung im **UV-Recht** dem Hinterbliebenen des Versicherten grundsätzlich nur unter der Voraussetzung, dass der Tod des Versicherten durch einen Arbeitsunfall oder eine Berufskrankheit verursacht wurde, zusteht, soll der Anspruch auf **Witwen-/Witwerpension** im PV-Recht ganz allgemein den Unterhaltsausfall ausgleichen, der in einer partnerschaftlichen Ehe durch den Tod eines Ehepartners entsteht.[764]

5.14.3. Waisenrente (§ 218)

Den **Kindern** (§ 252 Abs 1 Z 1 bis 4 und Abs 2) des Versicherten, dessen Tod durch einen Arbeitsunfall oder eine Berufskrankheit verursacht wurde, gebührt eine Waisenrente. **Nach Vollendung des 18. Lebensjahres** wird die Waisenrente **nur auf besonderen Antrag** gewährt (Abs 1).

764 10 ObS 51/07h.

Die Waisenrente **beträgt** für jedes einfach verwaiste Kind jährlich 20 %, für jedes doppelt verwaiste Kind jährlich 30 % der Bemessungsgrundlage (Abs 2).

Aus den normierten höheren Sätzen für doppelt verwaiste Kinder, die auch dann zu gewähren sind, wenn der zweite Elternteil nicht sozialversichert war, ergibt sich, dass die Leistungen der Versicherungsträger zur Waisenversorgung nicht nur den Ausgleich des Entfalles des Arbeitseinkommens des getöteten Versicherten bezwecken, sondern schlechthin der **erhöhten Hilfsbedürftigkeit verwaister Kinder** Rechnung tragen sollen.[765]

Die **Unterschiede in den Bedürfnissen** von Halbwaisen, die mit dem überlebenden Elternteil im gemeinsamen Haushalt leben, und Vollwaisen **rechtfertigen** die unterschiedlichen Richtsätze.[766]

Ein **uneheliches Kind**, dessen Vater nicht festgestellt ist, gilt nach dem Tod der Mutter als doppelt verwaistes Kind.[767]

5.14.4. Eltern- und Geschwisterrente (§ 219)

Bedürftige Eltern (Großeltern) **und unversorgte Geschwister** des Versicherten, dessen Tod durch einen Arbeitsunfall oder eine Berufskrankheit verursacht wurde, haben Anspruch auf Eltern- bzw Geschwisterrente von zusammen jährlich 20 % der Bemessungsgrundlage, wenn der Versicherte ihren Lebensunterhalt überwiegend bestritten hat (Abs 1).

Eltern (Großeltern) und Geschwistern **gebührt** eine Rente **nur insoweit**, als die Witwen-(Witwer-)rente und die Waisenrenten den Höchstbetrag der Hinterbliebenenrenten (§ 220) nicht erschöpfen. Der Anspruch der Eltern geht dem der Großeltern, der Anspruch der Großeltern dem der Geschwister vor (Abs 2).

Den Eltern (Großeltern) gebührt die Rente für die Dauer ihrer Bedürftigkeit, den unversorgten Geschwistern bis zum vollendeten 18. Lebensjahr. § 252 Abs 2 (Verlängerung der Kindeseigenschaft) ist entsprechend anzuwenden (Abs 3).

Auch **Adoptiveltern** gehören zum anspruchsberechtigten Personenkreis auf Gewährung einer Elternrente.[768]

Bedürftigkeit liegt dann vor, wenn der Anspruchswerber im Zeitpunkt des Todes des Versicherten weder durch eigenes Vermögen oder durch eigenes Einkommen noch durch eine zumutbar gewesene Beschäftigung imstande gewesen ist, den notwendigen Unterhalt selbst zu erwerben. Maßgebend für das Vorhandensein dieser Umstände ist, dass diese Voraussetzungen bereits im Zeitpunkt des Todes des

765 RS0084457.
766 10 ObS 303/91.
767 RS0084462.
768 RS0126974.

Versicherten bestehen.[769] Nur dann, wenn die Anspruchswerber (Eltern) bis zum Tod des Versicherten in so ungünstigen Vermögens- und Einkommensverhältnissen leben, dass sie **wesentlich auf die Unterstützung des Versicherten angewiesen** gewesen sind, steht eine wirtschaftliche Notlage der Anspruchswerber (Eltern) des Versicherten in einem Kausalzusammenhang mit dem eingetretenen Versicherungsfall.[770]

Bezüglich der **überwiegenden Bestreitung des Lebensunterhaltes** ist auf die Zeit vor dem Tod abzustellen. Nur bis dahin sind Unterhaltsleistungen des Versicherten denkbar. Auch die **Bedürftigkeit** ist auf diesen Zeitpunkt bezogen zu prüfen. Dass aber diesbezüglich auch die weitere Entwicklung von Bedeutung ist, ergibt sich aus der Vorschrift des § 219 Abs 3, wo normiert wird, dass die Rente für die Dauer der Bedürftigkeit gebührt. Fällt daher eine zuvor bestandene Bedürftigkeit in der Folge weg, so steht auch der Anspruch auf Elternrente nicht mehr zu.[771]

Ob der verstorbene Angehörige bis zu seinem Tod überwiegend zum Unterhalt eines Elternteils beigetragen hat, ist nicht allein maßgebend. Ein Anspruch auf Elternrente kommt vielmehr im Wesentlichen nur dann in Betracht, wenn das **Eigeneinkommen** des Anspruchswerbers **unter der Hälfte des maßgeblichen Richtsatzbetrags** liegt und die Differenz vom angehörigen Versicherten abgedeckt worden ist.[772]

5.14.5. Höchstausmaß der Hinterbliebenenrenten (§ 220)

Alle Hinterbliebenenrenten dürfen **zusammen 80 %** der Bemessungsgrundlage nicht übersteigen und sind innerhalb dieses Höchstausmaßes verhältnismäßig zu kürzen.

Bei einer großen Anzahl von Hinterbliebenen könnten alle Renten zusammen die Bemessungsgrundlage übersteigen. Das widerspräche dem **Zweck** der Renten, einen **Ersatz für entfallenen Unterhalt** zu bieten. Deshalb ist das Höchstausmaß für alle Hinterbliebenenrenten zusammen mit 80 % der Bemessungsgrundlage festgesetzt.[773]

5.14.6. Witwen-/Witwerbeihilfe (§ 213)

Hat die **Witwe** (der Witwer) oder die hinterbliebene eingetragene Partnerin (der hinterbliebene eingetragene Partner) **eines** (einer) **Schwerversehrten keinen Anspruch** auf Witwen-/Witwerrente, weil der Tod des (der) Versehrten nicht Folge eines Arbeitsunfalles oder einer Berufskrankheit war, so erhält sie (er) als **einmalige** Witwen-/Witwerbeihilfe 40 % der Bemessungsgrundlage (Abs 1).

769 RS0108296.
770 10 ObS 100/97x.
771 RS0108500.
772 RS0128950.
773 *Pfeil/Auer-Mayer*, Österreichisches Sozialrecht[13] 89.

5.15. Zuschüsse an die Dienstgeber (§ 53b)

Den Dienstgebern können Zuschüsse aus Mitteln der UV zur teilweisen **Vergütung des Aufwandes für die Entgeltfortzahlung** einschließlich allfälliger Sonderzahlungen iSd § 3 EFZG oder vergleichbarer österreichischer Rechtsvorschriften an bei der AUVA unfallversicherte Dienstnehmer geleistet werden (Abs 1).

Siehe oben 2.3.1.5.

6. Pensionsversicherung

6.1. Unterschiedliche Rechtslagen (Altrecht und Neurecht)

Das Allgemeine Pensionsgesetz (APG, BGBl I 2004/142) trat am 1.1.2005 in Kraft. Das **APG** regelt (§ 1):

- das individuelle Pensionskonto,
- den Anspruch auf Alterspension und deren Ausmaß,
- das Ausmaß der Invaliditäts-, Berufsunfähigkeits- und Erwerbsunfähigkeitspension und
- das Ausmaß der Hinterbliebenenpensionen

für alle in der PV nach dem ASVG, GSVG, FSVG und BSVG **Versicherten,** die **ab dem 1.1.1955 geboren** sind (Pensionsharmonisierung). Die Bestimmungen des APG werden auch als **Neurecht** bezeichnet. Das APG wird durch Normen des Altrechts ergänzt.

Für Personen, die **vor dem 1.1.1955 geboren** sind, gilt das **Altrecht** (ASVG, GSVG, FSVG, BSVG).

6.2. Aufgaben und Leistungen

Die PV **trifft Vorsorge** für die Versicherungsfälle

- des Alters,
- der geminderten Arbeitsfähigkeit (Invalidität, Berufsunfähigkeit, Dienstunfähigkeit) und
- des Todes

sowie für

- die Rehabilitation und
- Maßnahmen der Gesundheitsvorsorge (§ 221).

In der PV der **Arbeiter** und in der PV der **Angestellten** sind zu gewähren (§ 222 Abs 1):

1. aus dem **Versicherungsfall des Alters** die **Alterspension**;
2. aus den **Versicherungsfällen der geminderten Arbeitsfähigkeit**
   a) medizinische Maßnahmen der Rehabilitation (§§ 253f, 270b),
   b) bei Invalidität die **Invaliditätspension** aus der PV der Arbeiter (§ 254),
   c) Berufsunfähigkeit die **Berufsunfähigkeitspension** aus der PV der Angestellten (§ 271),
   d) berufliche Maßnahmen der Rehabilitation (§§ 253e, 270a);

3. aus dem **Versicherungsfall des Todes**
   a) die **Hinterbliebenenpensionen** (§§ 257, 259, 270),
   b) die Abfindung (§§ 269, 270).

In der **knappschaftlichen** PV sind zu gewähren (§ 222 Abs 2):

1. aus den **Versicherungsfällen des Alters**
   a) der Knappschaftssold (§ 275),
   b) die Knappschaftsalterspension (§ 276).
2. aus den **Versicherungsfällen der geminderten Arbeitsfähigkeit**
   a) medizinische Maßnahmen der Rehabilitation (§ 276f),
   b) bei Dienstunfähigkeit die Knappschaftspension (§ 277),
   c) bei Invalidität die Knappschaftsvollpension (§ 279),
   d) berufliche Maßnahmen der Rehabilitation (§ 276e);
3. aus dem **Versicherungsfall des Todes**
   a) die Hinterbliebenenpensionen (§ 282),
   b) die Abfindung (§ 291);
4. aus einem der Versicherungsfälle nach Z 1 bis 3 auch das Bergmannstreuegeld (§ 281).

Die PV-Träger treffen überdies (unbeschadet der Leistung aus dem Versicherungsfall der geminderten Arbeitsfähigkeit nach Abs 1 Z 2 lit a und Abs 2 Z 2 lit a) Maßnahmen der **Rehabilitation** (§ 301) einschließlich der Feststellung des Berufsfeldes sowie Maßnahmen der **Gesundheitsvorsorge**. Nach Maßgabe des § 73 haben sie **Beiträge zur KV der Pensionisten** zu entrichten bzw den Aufwand für diese KV zu tragen (§ 222 Abs 3).

Für die Feststellung von Leistungsansprüchen gilt in der PV das **Antragsprinzip**, eine Leistungsgewährung ist daher nur auf Grund eines Antrages zulässig.[774] Bestehen Zweifel über die mit einem Antrag erfolgte Parteienabsicht, ist der SV-Träger verpflichtet, den Parteiwillen – etwa durch Vernehmung der Partei – klarzustellen. Bei der Beurteilung von Anträgen durch die SV-Träger muss der **Antrag im Zweifel zugunsten des Versicherten** ausgelegt werden. Die **Fiktion** eines tatsächlich nicht gestellten Antrages lässt sich freilich auch aus den Grundsätzen sozialer Rechtsanwendung nicht ableiten.[775]

Die PV wird vom **Finalprinzip**, das die Leistungen am Bedürfnis des Versicherten ausrichtet, dominiert.[776]

774 RS0085092.
775 10 ObS 82/91.
776 RS0084254.

6.3. Eintritt des Versicherungsfalles (§ 223 Abs 1)

Der Versicherungsfall gilt als eingetreten:

1. bei Leistungen aus den Versicherungsfällen des **Alters** mit der Erreichung des Anfallsalters;
2. bei Leistungen aus den Versicherungsfällen **geminderter Arbeitsfähigkeit**, und zwar im Falle der Invalidität, Berufsunfähigkeit oder Dienstunfähigkeit mit deren Eintritt, wenn aber dieser Zeitpunkt nicht feststellbar ist, mit der Antragstellung;
3. bei Leistungen aus dem Versicherungsfall des **Todes** mit dem Tod.

Beim **Versicherungsfall** handelt es sich um eine (primäre) Leistungsvoraussetzung der PV.[777]

Ein Leistungsanspruch aus der PV kann erst aufgrund des Eintritts eines Versicherungsfalls entstehen. Wenn eine Leistung aus einem Versicherungsfall des Alters geltend gemacht wird, ist das **Erreichen des Anfallsalters** für den Leistungsanspruch vorausgesetzt. Eine Entscheidung im Leistungsverfahren Jahre vor dem in Frage kommenden Leistungsbeginn ist nicht zulässig.[778]

6.4. Stichtag (§ 223 Abs 2)

Der Stichtag für die Feststellung, **ob** der Versicherungsfall **eingetreten** ist und auch die **anderen Anspruchsvoraussetzungen** erfüllt sind, sowie **in welchem Zweig** der PV **und in welchem Ausmaß** eine Leistung gebührt, ist bei Anträgen auf eine Leistung aus dem Versicherungsfall des Alters oder der geminderten Arbeitsfähigkeit der Tag der Antragstellung, wenn dieser auf einen **Monatsersten** fällt, sonst der dem Tag der Antragstellung folgende Monatserste. Bei Anträgen auf eine Leistung aus dem Versicherungsfall des Todes ist der Stichtag der Todestag, wenn dieser auf einen Monatsersten fällt, sonst der dem Todestag folgende Monatserste.

6.4.1. Allgemeines

Die Frage, **ob eine Leistung** der PV **gebührt**, ist nach den Verhältnissen an dem durch den Versicherungsfall ausgelösten Stichtag zu prüfen. Es genügt nicht, dass die Voraussetzungen für eine Versicherungsleistung zu einem beliebigen Zeitpunkt vorliegen, sie müssen vielmehr nach dem Wortlaut des Gesetzes **an einem ganz bestimmten Tag** gegeben sein.[779]

Der Stichtag ist für die Beurteilung sowohl der **primären** als auch der **sekundären** Anspruchsvoraussetzungen maßgeblich.[780]

---

777 10 ObS 129/08f.
778 RS0116710.
779 RS0084524.
780 10 ObS 129/08f.

Die Ermittlung der **Höhe** der gebührenden Leistung ist als sekundäre Leistungsvoraussetzung ausgehend von der Rechtslage am Stichtag vorzunehmen.[781]

Ob die **Anspruchsvoraussetzungen** (Eintritt des Versicherungsfalles, Erfüllung der Wartezeit usw) erfüllt sind, ist nach der Sach- und Rechtslage im Zeitpunkt des Stichtages zu beurteilen.[782]

Die Fortsetzung der bisherigen Berufstätigkeit bewirkt lediglich eine Hemmung des Leistungsanfalls. **Einen Einfluss auf den Stichtag hat die Fortführung** oder Aufgabe **der Erwerbstätigkeit nicht**, auch nicht beim Kläger, der neben dem Bezug der Erwerbsunfähigkeitspension weitere Versicherungszeiten erworben hat.[783]

Dem Gesetzgeber steht ein **Gestaltungsspielraum** insofern zu, als er in seinen rechts- und wirtschaftspolitischen Zielsetzungen frei ist. Gerade im SV-Bereich sind Stichtagsregelungen in Anpassung an die wirtschaftlichen und sozialen Gegebenheiten unvermeidlich, mögen sie auch **in Einzelfällen Härten** mit sich bringen. Eine zeitliche Differenzierung durch eine Stichtagsregelung **verstößt nicht** grundsätzlich **gegen den** verfassungsrechtlichen **Gleichheitsgrundsatz**, weil es im Wesen einer Änderung materiell-rechtlicher Bestimmungen liegt, dass Rechtsfälle je nach dem für maßgeblich erklärten zeitlichen Sachverhaltselement unterschiedlich nach der alten oder neuen Rechtslage behandelt werden. Es steht daher grundsätzlich auch in der rechtspolitischen Freiheit des Gesetzgebers festzulegen, wann eine neue, den Versicherten begünstigende Bestimmung zu gelten hat.[784]

6.4.2. Stichtagswahl

Ein **Versicherter**, der das Anfallsalter für eine Alterspension erreicht hat oder mit einem feststellbaren bestimmten Zeitpunkt invalid, berufsunfähig oder dienstunfähig geworden ist, **kann durch den von ihm gewählten Antragstag** zwar nicht den Eintritt des Versicherungsfalles, wohl aber den – in diesen Fällen – vom Zeitpunkt der Antragstellung abhängigen **Stichtag bestimmen**. Der erkennende Senat hält diese allen Versicherten eingeräumte Möglichkeit der **Stichtagswahl** für **verfassungsrechtlich unbedenklich**. Sie ermöglicht es einem Versicherten, der beim Eintritt eines Versicherungsfalles des Alters oder der geminderten Arbeitsfähigkeit die Wartezeit noch nicht erfüllt hat oder eine **höhere** Alterspension oder **Pension** wegen geminderter Arbeitsfähigkeit beziehen möchte, die allgemeine Leistungsvoraussetzung oder die Voraussetzungen für eine höhere Leistung bis zum hinausgeschobenen Stichtag zu erfüllen.[785] Dass ein Versicherter, dem bei früherer An-

781 RS0110084.
782 10 ObS 189/01v.
783 10 ObS 129/06b.
784 RS0117654.
785 RS0084543.

tragstellung eine Leistung der PV wegen geminderter Arbeitsfähigkeit gebührt hätte, den **Leistungsanspruch** insb dadurch **verlieren kann**, dass am durch die spätere Antragstellung ausgelösten Stichtag die Wartezeit nicht mehr erfüllt ist, macht diese Stichtagsregelung nicht verfassungswidrig.[786]

Bei den Versicherungsfällen des Alters und der geminderten Arbeitsfähigkeit kann die Festlegung des Stichtages vom Versicherten durch die Wahl des Antragszeitpunktes beeinflusst werden; es wird ihm damit ermöglicht, einen Leistungsanspruch **erst später** geltend zu machen, weil er die Wartezeit noch nicht erfüllt hat oder weil er **zur Aufbesserung der Pension noch Versicherungszeiten erwerben** will. Allerdings verschiebt sich der Stichtag nur dann, wenn der Versicherungsfall schon vor der Antragstellung eingetreten ist. Bei einer Antragstellung vor dem Eintritt des Versicherungsfalles ist hingegen erst der Versicherungsfall für die Auslösung des Stichtages maßgebend.[787]

Entschließt sich ein Versicherter, **trotz** der **Invalidität weiterhin berufstätig** zu bleiben, ist die Prüfung, ob die gesetzlichen Voraussetzungen für die Zuerkennung einer Pension aus dem Versicherungsfall der geminderten Arbeitsfähigkeit vorliegen, **ausschließlich auf** die Verhältnisse im **Zeitpunkt der (späteren) Antragstellung** abzustellen.[788]

6.4.3. Stichtagsverschiebung

Entsteht der Anspruch auf eine Pension **erst während des** auf Grund des Leistungsantrages eingeleiteten **Verfahrens**, dann wird dadurch ein **neuer Stichtag** ausgelöst.[789] Wenn eine **Änderung** des Gesundheitszustandes, eine Gesetzesänderung oder eine sonstige Änderung der Anspruchsvoraussetzungen (etwa auch die Erreichung eines bestimmten Lebensjahres, wenn dies zur Anwendung geänderter Voraussetzungen für den Anspruch auf die begehrte Leistung führt) **während des Verfahrens** eintritt, **ist** die sich daraus ergebende Änderung bei der Entscheidung **zu berücksichtigen**. Es wird durch diese Änderungen, sofern sie für den erhobenen Anspruch von Bedeutung sind, ein neuer Stichtag ausgelöst und die Anspruchsvoraussetzungen sind zu diesem Stichtag zu prüfen.[790] Voraussetzung ist allerdings, dass die Anspruchsvoraussetzungen zu einem **vor Schluss der Verhandlung erster Instanz** liegenden Stichtag erfüllt sind.[791] Auch eine **mehrfache Verschiebung** des Stichtags (vor Schluss der Verhandlung erster Instanz) ist möglich.[792]

786 10 ObS 107/92.
787 RS0084561.
788 RS0084509.
789 RS0084533.
790 10 ObS 328/00h.
791 10 ObS 199/02s.
792 10 ObS 97/16m.

Wurde eine Invaliditätspension (Berufungsunfähigkeitspension) **zunächst zu Recht entzogen,** tritt aber während des Gerichtsverfahrens wegen einer Verschlechterung des Gesundheitszustandes von neuem der Versicherungsfall der geminderten Arbeitsfähigkeit ein, so löst dies einen **neuen Stichtag** aus, womit das Gericht über die Neugewährung der Leistung zu entscheiden hat. Dass der Versicherungsträger über die Gewährung der Leistung zu diesem neuen Stichtag nicht entschieden hat, hindert die Sacherledigung durch das Gericht nicht.[793]

Der Umstand, dass für den Versicherungsfall des Todes die für die Versicherungsfälle des Alters und der geminderten Arbeitsfähigkeit geltende Bestimmung, wonach es gemäß § 223 Abs 2 unabhängig vom Eintritt des Versicherungsfalles möglich ist, durch eine spätere Antragstellung zu einem späteren Stichtag zur späteren Erreichung der allgemeinen Leistungsvoraussetzungen zu gelangen, fehlt, ist dahin auszulegen, dass **für Hinterbliebenenpensionen** die Erreichung der allgemeinen Leistungsvoraussetzungen zu einem späteren Stichtag als dem durch den Todestag ausgelösten Stichtag **ausgeschlossen** ist. Eine Stichtagsverschiebung durch eine neuerliche Antragstellung auf einen späteren, willkürlich gewählten Zeitpunkt ist nicht möglich.[794]

6.5. Versicherungszeiten

6.5.1. Nach Altrecht (ASVG)

Unter Versicherungszeiten sind **Beitragszeiten** (§§ 225 und 226) und **Ersatzzeiten** (§§ 227, 227a, 228, 228a und 229) zu verstehen (§ 224).

Versicherungszeiten sind jene Zeiträume, in denen eine Person entweder durch Entrichtung von Versicherungsbeiträgen oder in einer sonstigen gesetzlich anerkannten Form zur Versichertengemeinschaft in einer Beziehung steht.[795]

Neutrale Zeiten (§ 234) sind keine Versicherungszeiten und daher nicht leistungswirksam. Der Gesetzgeber hat Zeiten als neutrale Zeiten anerkannt, wenn dafür berücksichtigungswürdige Gründe vorliegen, die nicht so gravierend erscheinen, dass eine Zuordnung zu den Ersatzzeiten erforderlich wäre. Als neutral erklärte Zeiten **verlängern** insb den **Rahmenzeitraum,** innerhalb dessen die Wartezeit (§§ 235, 236) erfüllt sein muss, und führen damit zu einer Erleichterung bei der Erfüllung dieser Voraussetzungen. Als neutrale Zeiten zählen va die Zeit zwischen dem Pensionsantrag und dem Stichtag sowie Zeiten des Kranken-(Wochen-)geldbezuges und der Arbeitslosigkeit.[796]

793 RS0083914.
794 RS0114693.
795 RS0084570.
796 10 ObS 113/04x.

6.5.1.1. Beitragszeiten (§ 225)

Beitragszeiten sind Zeiten einer Pflichtversicherung oder einer freiwilligen Versicherung, für die **Beiträge entrichtet** wurden.

6.5.1.2. Ersatzzeiten (§ 227)

Ersatzzeiten sind bestimmte Zeiten, die, **ohne** dass für sie ein **Beitrag entrichtet** worden wäre, als **leistungswirksam** berücksichtigt werden.[797] Es sind in der Regel Zeiten, während derer der Versicherte aus verschiedenen vom Gesetzgeber anerkannten Gründen nicht in der Lage war, Beiträge zu entrichten, etwa, weil er wegen Schulausbildung, Entbindung, Arbeitslosigkeit, Krankheit, Präsenz- oder Zivildienst zur Beitragsleistung nicht im Stande war.[798]

Es steht in der rechtspolitischen **Freiheit des Gesetzgebers** festzulegen, ab wann und in welchem Ausmaß bestimmte Zeiten als Ersatzzeiten gelten. Wegen der mit der beitragsfreien Anrechnung von Ersatzzeiten verbundenen besonderen finanziellen Belastung der Versichertengemeinschaft erscheinen die Einschränkungen dieser Begünstigung sachgerecht.[799]

Schulzeiten, für die keine Beiträge entrichtet wurden, können nicht als Ersatzzeiten auf die Leistungsbemessung angerechnet werden. Gegen die nachträgliche Einführung einer **Beitragspflicht** für das Leistungswirksamwerden von Schul- und Studienzeiten hat der VfGH an sich keine Bedenken geäußert, sofern ein angemessener Übergangszeitraum gewährt wird.[800]

Es sind nur ganze Schuljahre anzurechnen und es sind **höchstens drei Schuljahre** anzurechnen. Die Anerkennung von Ersatzzeiten für den Schulbesuch im Ausmaß von mehr als 36 Monaten ist ebenso wenig gesetzlich gedeckt wie eine Aufteilung der vom Gesetzgeber vorgegebenen Einheit von 12 Ersatzmonaten auf mehr als ein volles Schuljahr.[801]

Nach dem Gesetzeswortlaut ist nicht erforderlich, dass das vorgesehene Bildungsziel erreicht oder das **Studium** auf die in der Studienordnung vorgesehene Art beendet wurde; gefordert wird lediglich, dass während der Hochschulzeit keine Pflichtbeitragszeiten erworben wurden und eine sonstige Versicherungszeit der Hochschulzeit nachfolgt. Der anrechenbare Zeitraum von **höchstens 12 Semestern** nimmt sowohl auf einen allfälligen Wechsel der Studienrichtung als auch auf ein zweites (nachfolgendes) Studium Bedacht.[802]

Zeiten der Schul- oder Hochschulausbildung sind nur dann Ersatzzeiten, sofern „nach dem Verlassen der Schule bzw der Beendigung der Ausbildung“ eine **sons-**

---

797 RS0084574.
798 10 ObS 33/12v.
799 RS0110715.
800 10 ObS 69/16v mwN.
801 RS0130605.
802 10 ObS 100/09t.

tige Versicherungszeit vorliegt. Diese Gesetzeswendung stellt jedenfalls auf die zeitliche Aufeinanderfolge von (Hoch-)Schulbesuch und sonstiger Versicherungszeit ab.[803]

6.5.1.3. Ersatzzeiten für Zeiten der Kindererziehung (§ 227a)

Als Ersatzzeiten aus der Zeit nach dem 31.12.1955 und vor dem 1.1.2005 gelten überdies in dem Zweig der PV, in dem die letzte vorangegangene Beitragszeit bzw beim Fehlen einer solchen, in dem die erste nachfolgende Beitragszeit vorliegt, bei einem Versicherten, der sein **Kind tatsächlich und überwiegend erzogen** hat, die Zeit dieser Erziehung im Inland im Ausmaß von **höchstens 48 Kalendermonaten**, gezählt **ab der Geburt des Kindes**. Im Fall einer Mehrlingsgeburt verlängert sich diese Frist auf 60 Kalendermonate (Abs 1).

Kindererziehungsmonate werden in den jeweiligen Zeiträumen von dem Elternteil erworben, der das Kind tatsächlich und überwiegend erzogen hat. Der **Anspruch besteht** daher jeweils **nur für eine Person**. Zur praktischen Durchführung enthält die Regelung (unwiderlegbare und) widerlegbare Zuordnungsvermutungen, die sich darauf gründen, dass in der Praxis die **weibliche** Versicherte in der weitaus überwiegenden Zahl der Fälle die Erziehung des Kindes übernommen hat. Diese Regelung mit den darin enthaltenen Zuordnungskriterien, die der Einfachheit und Klarheit der Vollziehung dienen sollen, erscheint im Sinne einer zulässigen Durchschnittsbetrachtung durchaus sachgerecht.[804]

Der Gesetzgeber lässt die Anrechnung von Ersatzzeiten zwar aus sozialpolitischen Gründen in kasuistisch geregelten Einzelfällen zu, sieht aber sehr differenzierende Regelungen für die einzelnen Gruppen vor. Er überschreitet den ihm offenstehenden rechtspolitischen Spielraum nicht in gleichheitswidriger Weise, wenn er für Kindererziehungszeiten eine **pauschale** und von den Einkommensverhältnissen unabhängige **Bemessungsgrundlage** vorsieht, die in der überwiegenden Zahl der Fälle geringer ist als eine auf Grundlage eines beitragspflichtigen Einkommens bemessene.[805]

Die **Beschränkung** der Anrechnung von Ersatzzeiten **auf** Zeiten der Kindererziehung im **Inland** kann nicht verhindern, dass aufgrund **unionsrechtlicher** Verpflichtungen auch in einem anderen Mitgliedstaat zurückgelegte Kindererziehungszeiten (in bestimmten Fallkonstellationen) berücksichtigt werden müssen. Hier: Keine Berücksichtigung von in Italien zurückgelegten Kindererziehungszeiten, wenn von der Mutter erst ca 20 Jahre später in Österreich erstmals Beitragsmonate in der Pflichtversicherung erworben wurden.[806]

803 RS0084600.
804 RS0116272.
805 RS0116809.
806 10 ObS 101/15y.

6.5.1.4. Versicherungsmonate (§ 231)

Jeder Kalendermonat, in dem **mindestens** Versicherungszeiten in der Dauer von **15 Tagen** oder zwei ganze Beitragswochen, für die der Beitrag nach Beitragsklassen berechnet worden ist, oder eine solche Beitragswoche und acht Tage an sonstigen Versicherungszeiten liegen, ist ein Versicherungsmonat (Z 1 lit a).

Liegen **in einem Kalendermonat weniger als 15 Versicherungstage** vor, sind diese Versicherungszeiten **(Resttage)** solchen in den nachfolgenden Kalendermonaten **desselben Kalenderjahres**, die nicht schon Versicherungsmonate sind, so lange zuzuschlagen, bis in einem Kalendermonat Versicherungszeiten im Mindestausmaß vorliegen; dieser Kalendermonat ist sodann ein Versicherungsmonat. Der letzte im Kalenderjahr liegende Kalendermonat, in dem Zeiten vorliegen, die das Mindestausmaß nicht erreichen, gilt jedenfalls als Versicherungsmonat (Z 1 lit b).

Jedes Dienstverhältnis begründet ein eigenes Pflichtversicherungsverhältnis, für das entsprechende Beiträge zu leisten sind. Dadurch können auch **zeitlich sich deckende Versicherungszeiten** entstehen. Für die Feststellung der dadurch erworbenen Versicherungsmonate gelten die §§ 231, 233. Zur Feststellung der Leistungen aus der PV und der Überweisungsbeträge nach den §§ 308 und 311 sind Versicherungszeiten in Versicherungsmonate zusammenzufassen, wobei Versicherungszeiten, die sich zeitlich decken, hier ebenso **nur einfach zu zählen** sind (§ 231 Z 1 b) wie bei der Feststellung des Überweisungsbetrages (§ 308 Abs 8).[807]

6.5.2. Nach Neurecht (APG)

Versicherungszeiten sind **nach dem 31.12.2004 erworbene**

1. Zeiten einer **Pflichtversicherung** in der PV auf Grund einer **Erwerbstätigkeit**,
2. Zeiten einer Pflichtversicherung in der PV auf Grund einer **Teilversicherung** (anstelle der Ersatzzeiten), für die ein Rechtsträger Beiträge zu zahlen hat,
3. Zeiten einer **freiwilligen Versicherung** in der PV (§ 3 Abs 1 APG).

Für Personen, die **ab 1.1.1955 geboren** wurden, sind Versicherungsmonate, die vor dem 1.1.2005 gelegen sind, als Beitrags- oder Ersatzmonate zu qualifizieren; **Versicherungsmonate,** die **ab 1.1.2005** liegen, stellen **immer Beitragszeiten** dar.[808]

Zeiten, die **früher** als **Ersatzzeiten** qualifiziert wurden, unterliegen seit dem Inkrafttreten des APG der **Teilversicherung** (§ 8 Abs 1 Z 2 lit a bis g ASVG).[809]

807 RS0102492.
808 RS0130112.
809 RS0126271.

6.6. Wartezeit (§ 235)

Der Anspruch auf jede der im § 222 Abs 1 und 2 angeführten Leistungen mit Ausnahme der Abfindung (§ 269 Abs 1 Z 1) ist nach § 235 Abs 1 und 2 ua an die allgemeine Voraussetzung geknüpft, dass die Wartezeit durch zu berücksichtigende Versicherungsmonate erfüllt ist. Diese **sekundäre Leistungsvoraussetzung** soll sicherstellen, dass nur solche Leistungswerber in den Genuss von Leistungen kommen, die der Versichertengemeinschaft bereits eine bestimmte Zeit angehört und durch ihre Beiträge zur Finanzierung der Leistungsverpflichtungen dieser Gemeinschaft beigetragen haben.[810]

Verfassungsmäßige **Bedenken** dagegen, dass der Gesetzgeber Pensionsansprüche von der Erfüllung der Wartezeit abhängig macht, **bestehen nicht**.[811]

Die **Wartezeit entfällt** für eine Leistung aus dem Versicherungsfall der geminderten Arbeitsfähigkeit oder aus dem Versicherungsfall des Todes, wenn der Versicherungsfall die Folge eines **Arbeitsunfalles** oder einer Berufskrankheit ist, der (die) bei einem in der PV nach dem ASVG oder einem anderen Bundesgesetz Pflichtversicherten oder bei einem nach § 19a Selbstversicherten eingetreten ist (§ 235 Abs 3 lit a).

Der **Zweck** des § 235 Abs 3 lit a erster Fall geht offenbar dahin, den in der PV Versicherten eine Leistung aus dem Versicherungsfall der geminderten Arbeitsfähigkeit jedenfalls dann zu gewähren, wenn die Arbeitsfähigkeit infolge eines Arbeitsunfalls oder einer Berufskrankheit verloren gegangen ist. **Voraussetzung** für die Anwendung dieser Bestimmung ist jedoch nach dem völlig eindeutigen Gesetzeswortlaut, dass der Leistungswerber im Zeitpunkt des Arbeitsunfalls oder der Berufskrankheit in der PV **pflicht- oder selbstversichert** war.[812]

Vor Beurteilung, ob der Versicherungsfall der geminderten Arbeitsfähigkeit die Folge eines Arbeitsunfalles ist und daher die Wartezeit entfällt, ist zu klären, ob **Invalidität** vorliegt. Besteht keine Invalidität, erübrigt sich die Beantwortung der Frage, ob bestehende Einschränkungen die Folge eines Arbeitsunfalles sind.[813]

Hat nach den Rechtsvorschriften des zuständigen Mitgliedstaats der Eintritt bestimmter Sachverhalte oder Ereignisse Rechtswirkungen, so **berücksichtigt** dieser Mitgliedstaat die in einem anderen Mitgliedstaat eingetretenen entsprechenden Sachverhalte oder Ereignisse, **als ob sie im eigenen Hoheitsgebiet eingetreten wären** (Art 5 lit b VO 883/2004).

---

810 RS0084485.
811 RS0056550.
812 RS0126135.
813 RS0084831.

6.7. Leistungszugehörigkeit des Versicherten (§ 245)

Hat der Versicherte Versicherungsmonate **in mehreren Zweigen** der PV erworben, so kommen für ihn die Leistungen des Zweiges in Betracht, dem er leistungszugehörig ist (Abs 1).

Liegen in den letzten 15 Jahren vor dem Stichtag nur Versicherungsmonate **eines Zweiges** der PV vor, so ist der Versicherte diesem Zweig leistungszugehörig (Abs 2).

Liegen in den letzten 15 Jahren vor dem Stichtag Versicherungsmonate **aus mehreren Zweigen** der PV vor, so ist der Versicherte dem Zweig, in dem die **größere oder größte Zahl** von Versicherungsmonaten vorliegt, wenn aber die gleiche Zahl von Versicherungsmonaten vorliegt, dem Zweig leistungszugehörig, in dem der **letzte** Versicherungsmonat vorliegt. Liegen in den letzten 15 Jahren vor dem Stichtag keine Versicherungsmonate, so ist der Versicherte dem Zweig leistungszugehörig, bei dem der letzte Versicherungsmonat vorliegt (Abs 3).

In der PV sind für die Leistungszuständigkeit und die Leistungszugehörigkeit eines Versicherten, der sowohl in Österreich als auch im Ausland Versicherungszeiten erworben hat, **nur die österreichischen Versicherungszeiten** zu berücksichtigen.[814]

6.8. Leistungszuständigkeit der Versicherungsträger (§ 246)

Die **Feststellung und Gewährung der Leistung obliegt** dem Versicherungsträger des Zweiges der PV, dem der Versicherte nach § 245 leistungszugehörig ist (leistungszuständiger Versicherungsträger). Bei Leistungszugehörigkeit zur PV der Arbeiter oder der Angestellten ist, wenn in den letzten 15 Jahren vor dem Stichtag Versicherungsmonate bei mehreren Trägern dieses Zweiges erworben sind, der leistungszuständige Versicherungsträger unter entsprechender Anwendung des § 245 zu bestimmen.

Der **Bundesminister** für Arbeit, Soziales und Konsumentenschutz **entscheidet** über die Versicherungszugehörigkeit oder Versicherungszuständigkeit, in der PV auch über die Leistungszugehörigkeit oder Leistungszuständigkeit, **auf Antrag** eines beteiligten Versicherungsträgers, einer anderen Partei oder eines Gerichtes, wenn Zweifel oder Streit darüber bestehen, welcher Versicherung eine Person versicherungs- oder leistungszugehörig ist oder welcher Versicherungsträger für sie versicherungs- oder leistungszuständig ist (§ 412 Abs 1).

814 10 ObS 110/07k.

Im Verfahren über **Leistungssachen** darf über die Fragen der Versicherungs-(Leistungs-)zugehörigkeit oder Versicherungs-(Leistungs-)zuständigkeit **nicht als Vorfragen** entschieden werden. Der Versicherungsträger oder das Gericht hat vielmehr die Einleitung des Verfahrens beim Bundesminister für Arbeit, Soziales und Konsumentenschutz anzuregen und das eigene Verfahren bis zur Rechtskraft der Entscheidung auszusetzen (zu **unterbrechen**; § 412 Abs 3).

6.9. Feststellung von Versicherungs- und Schwerarbeitszeiten (§ 247)

Die Feststellung der Versicherungszeiten bzw Schwerarbeitszeiten nach § 247 umfasst die in **Monate** zusammengefassten Versicherungszeiten sowie deren **zeitliche Lage.**[815]

6.9.1. Feststellung von Versicherungszeiten (Abs 1)

Der leistungszuständige PV-Träger hat die nach den österreichischen Rechtsvorschriften zu berücksichtigenden Versicherungszeiten festzustellen, wenn dies der **Versicherte beantragt**. Für die Antragstellung und die Feststellung der Leistungszuständigkeit ist § 223 Abs 2 (Stichtag) entsprechend anzuwenden (Abs 1).

Wird ein Antrag nach § 247 gestellt, so bildet die Feststellung der Versicherungszeiten einen **Teil des Leistungsverfahrens**. In diesem Fall wird das Verfahren zweigeteilt. Die bis zu dem durch die Antragstellung ausgelösten Stichtag erworbenen **Zeiten werden** – abgesehen von einer Änderung der maßgeblichen Entscheidungsgrundlagen – **bindend festgestellt** und sind daher ohne weitere Prüfung dem künftigen Leistungsverfahren zugrunde zu legen. Bei der Feststellung von Versicherungszeiten gemäß § 247 handelt es sich damit um einen vorgezogenen Teil des Leistungsverfahrens.[816]

6.9.2. Feststellung von Schwerarbeitszeiten (Abs 2)

Der leistungszuständige PV-Träger hat die Schwerarbeitszeiten (§ 607 Abs 14 ASVG und § 4 Abs 4 APG) festzustellen, wenn die **versicherte Person** dies frühestens zehn Jahre vor Vollendung des Anfallsalters nach § 607 Abs 12 ASVG oder frühestens zehn Jahre vor Vollendung des frühestmöglichen Anfallsalters nach § 4 Abs 3 APG **beantragt** und auf Grund der bisher erworbenen Versicherungsmonate anzunehmen ist, dass die Voraussetzungen nach § 607 Abs 14 ASVG oder nach § 4 Abs 3 APG vor der Erreichung des Regelpensionsalters erfüllt werden (Abs 2).

815 10 ObS 154/19y.
816 RS0084976.

6.9.3. Verfahren

Die Feststellung von Versicherungszeiten nach § 247 ist gemäß § 354 Z 4 eine **Leistungssache.**[817]

Über die Feststellung und das Ausmaß **ausländischer Versicherungszeiten** hat ausschließlich der zuständige (hier: englische) Versicherungsträger des Vertragsstaates zu entscheiden.[818]

Soweit der Inhalt des Bescheides eine Einheit bildet, wird er vom Klagebegehren erfasst und tritt daher außer Kraft. Da der **Bescheid**, mit dem der Versicherungsträger gemäß § 247 die Versicherungszeiten feststellt, eine inhaltliche Einheit bildet, **tritt** er durch die Einbringung der Klage **zur Gänze außer Kraft**, auch wenn mit der Klage nur die Feststellung weiterer Versicherungszeiten begehrt wird.[819]

Eine nicht unter den Voraussetzungen des § 247 ergangene **Mitteilung** über Versicherungszeiten durch den Versicherungsträger ist als bloße Mitteilung im REV-Verfahren immer **unverbindlich.**[820]

In Verfahren nach § 247 gibt es **keine Verschiebung des Stichtags**. Maßgeblich ist die Sach- und Rechtslage zu dem durch die Antragstellung ausgelösten Stichtag.[821]

Kann der Versicherte mit der von ihm begehrten Feststellung weiterer Versicherungsmonate als Schwerarbeitsmonate die Mindestzahl von 120 Schwerarbeitsmonaten bis zum Erreichen des Regelpensionsalters **nicht mehr erreichen, fehlt** ihm **das rechtliche Interesse** an der Feststellung dieser Zeiten als Schwerarbeitszeiten.[822]

Das nach § 247 Abs 2 für die Feststellung von Schwerarbeitszeiten erforderliche **Feststellungsinteresse** ist im Gerichtsverfahren auch dann zu prüfen, wenn der bekämpfte Bescheid die Feststellung aus anderen Gründen ablehnte. Dieses Feststellungsinteresse ist (nur) zu verneinen, wenn die Anspruchsvoraussetzungen für die Schwerarbeitspension vor der Erreichung des Regelpensionsalters nicht erfüllbar sind, etwa weil die erforderlichen Versicherungsmonate (oder Schwerarbeitsmonate) bis dahin (auch unter günstigen Bedingungen) nicht mehr erworben werden können. In diesem Fall ist der in § 247 Abs 2 normierte Feststellungsanspruch zu verneinen und das auf Feststellung von Schwerarbeitszeiten gerichtete **Klagebegehren abzuweisen.**[823]

817 10 ObS 3/96.
818 10 ObS 244/03k.
819 RS0084896.
820 10 ObS 283/97h.
821 10 ObS 103/17w.
822 10 ObS 97/21v.
823 RS0134145.

In einem Rechtsstreit nach § 65 Abs 1 Z 4 ASGG (Bestand von Versicherungszeiten der PV) ist den Gerichten ua die **Prüfung** des als **Vorfrage** strittigen Beginnes oder Endes der Versicherung **entzogen**; das Verfahren ist daher zu unterbrechen, das bereits eingeleitete oder zu veranlassende Verwaltungsverfahren abzuwarten und die rechtskräftige bindende Sachentscheidung des Verwaltungsverfahrens dem weiteren gerichtlichen Verfahren zugrunde zu legen.[824]

6.10. Höherversicherung (§ 248)

Für Beiträge zur Höherversicherung, die für Versicherungszeiten geleistet wurden oder als geleistet gelten, ist ein **besonderer Steigerungsbetrag** zu gewähren (Abs 1).

Für die bis 31.12.1985 bezahlten Beiträge zur Höherversicherung gilt ein Steigerungsbetrag von 1 %. Seit 1.1.1986 ist die Höherversicherung nach versicherungsmathematischen Grundsätzen eingerichtet (VO BGBl 1985/577).[825]

6.11. Wanderversicherung und Mehrfachversicherung (§ 251a)

Hat ein Versicherter Versicherungsmonate sowohl in der PV nach dem ASVG als auch in der PV nach dem GSVG und (oder) in der PV nach dem BSVG erworben, so kommen für ihn die **Leistungen** aus der PV in Betracht, der er **zugehörig** ist (Abs 1).

Liegen in den letzten 15 Jahren vor dem Stichtag Versicherungsmonate **nur in einer PV** vor, so ist der Versicherte dieser PV zugehörig (Abs 2).

Liegen in den letzten 15 Jahren vor dem Stichtag Versicherungsmonate **in mehreren** PV vor, so ist der Versicherte der PV, in der die **größere oder größte Zahl** von Versicherungsmonaten vorliegt, wenn aber die gleiche Zahl von Versicherungsmonaten vorliegt, der PV zugehörig, in der der **letzte** Versicherungsmonat vorliegt. Liegen in den letzten 15 Jahren vor dem Stichtag keine Versicherungsmonate, so ist der Versicherte der PV zugehörig, in der der letzte Versicherungsmonat vorliegt (Abs 3).

Versicherungsmonate, die sich **zeitlich decken**, sind **nur einfach zu zählen**, wobei eine bestimmte Reihenfolge gilt (Abs 4 lit b).

Erwirbt der Versicherte im Lauf seines Erwerbslebens nach unterschiedlichen SV-Gesetzen PV-Monate **(Wanderversicherung)** und/oder war der Versicherte nach verschiedenen Gesetzen **gleichzeitig** pensionsversichert **(Mehrfachversi-**

824 RS0084966.
825 *Sonntag* in *Sonntag*, ASVG[15] § 248 Rz 1.

cherung), erhält er dennoch (aus eigener Erwerbstätigkeit) nur eine einheitliche Pension.[826]

Bei **Mehrfachversicherung** (diese liegt bei sich **zeitlich deckenden Versicherungsmonaten** vor) ist von der Reihenfolge des § 251a Abs 4 lit b ASVG auszugehen (wonach also eine PV nach dem ASVG andere PV betreffend die Zählung der Versicherungsmonate in § 251a Abs 3 verdrängt). Bei einer **Wanderversicherung** (bei **zeitlich aufeinander folgenden Versicherungsmonaten** aus verschiedenen PV) kommt es auf die größere Zahl von Versicherungsmonaten in den letzten 15 Jahren vor dem Stichtag, bei gleicher Zahl auf den letzten Versicherungsmonat an.[827]

Durch die Bestimmungen über die **Wanderversicherung** (§ 251 a ASVG, § 129 GSVG, § 120 BSVG) hat der Gesetzgeber eine Regelung geschaffen, die eine weitgehende **Gleichbehandlung der in verschiedenen SV-Systemen erworbenen Versicherungszeiten** sicherstellt. Das Wesen der Wanderversicherungsregelung besteht darin, dass alle erworbenen Versicherungszeiten vom zuständigen Träger so behandelt werden, als ob sie bei ihm erworben worden wären.[828]

Der Gesetzgeber hat mit diesen Bestimmungen die Frage der Leistungszuständigkeit der PV-Träger innerhalb der verschiedenen Zweige der PV dahingehend gelöst, dass ein nicht nur nach dem ASVG, sondern auch nach dem GSVG oder/und dem BSVG versicherter Pensionswerber **Leistungen nur aus jener PV** erhalten kann, in der er in den letzten fünfzehn Jahren vor dem Stichtag die **größere Anzahl von Versicherungsmonaten** erworben hat, ohne dass wechselseitige Ausgleichszahlungen vorgesehen sind.[829]

Hat ein Versicherter Versicherungsmonate sowohl nach dem ASVG als auch in der PV nach dem GSVG oder nach dem BSVG erworben, so kommen für ihn gemäß § 251a Abs 1 ASVG die Leistungen aus der PV in Betracht, der er zugehörig ist. Die **Leistungszugehörigkeit** bestimmt sich nach § 251a Abs 3 ASVG. Danach ist der Versicherte dann, wenn in den letzten 15 Jahren vor dem Stichtag **Versicherungsmonate in mehreren PV** vorliegen, der PV zugehörig, in der die **größere oder die größte Zahl** von Versicherungsmonaten vorliegt. Die **Leistungen** bestimmen sich dabei nach den Regelungen, die im Bereich der PV bestehen, die der zuständige Träger zu administrieren hat. Bei Feststellung der Leistungsansprüche hat dieser **nur eigenes Recht anzuwenden** und nur Versicherungsfälle zu berücksichtigen, die nach dem für ihn maßgeblichen System vorgesehen sind. Diesem Grundsatz entspricht es, dass der Versicherungsträger für die Prüfung eines Pensionsanspruchs wegen **geminderter Arbeitsfähigkeit**, was die Frage des

826 *Resch*, Sozialrecht[8] 121.
827 VwGH 16.2.2011, 2010/08/0213.
828 RS0085037.
829 RS0107675.

Berufsschutzes betrifft, nur die in seinem Versicherungszweig erworbenen Versicherungszeiten zu berücksichtigen hat. Nach stRsp gilt auch die Berücksichtigung von Versicherungszeiten nach dem GSVG und dem BSVG gemäß § 251a Abs 8 ASVG nicht für die Frage des Berufsschutzes, sondern nur für die Wartezeit (§ 235) und die Bemessung von Leistungen.[830]

Bei der Alters-, Berufsunfähigkeits- und Hinterbliebenenversorgung der **Rechtsanwälte** (§§ 49 bis 54 RAO) handelt es sich um keine staatliche SV und damit um **keine PV**. Die Berufsgruppe der Rechtsanwälte hat von der durch das FSVG geschaffenen Möglichkeit einer Einbeziehung in die SV und damit einer Mitberücksichtigung von Vorversicherungszeiten im Rahmen der Wanderversicherung (§ 3 Abs 1 FSVG, § 129 GSVG) bisher absichtlich keinen Gebrauch gemacht. Der VfGH hat wiederholt ausgesprochen, dass der Gesetzgeber dem Umstand Bedeutung zumessen darf, dass eine Berufsgruppe bisher eine Einbeziehung in die Pflichtversicherung abgelehnt hat.[831]

6.12. Kindeseigenschaft (§ 252)

Als Kinder gelten **bis zum vollendeten 18. Lebensjahr**:

- die Kinder und die Wahlkinder der versicherten Person (Z 1);
- die Stiefkinder (Z 4);
- die Enkel (Z 5).

Stiefkinder und Enkel gelten nur dann als Kinder, wenn sie mit dem Versicherten **ständig in Hausgemeinschaft leben**, Enkel überdies nur dann, wenn sie gegenüber dem Versicherten **unterhaltsberechtigt** (§ 232 ABGB) sind und sie und der Versicherte ihren **Wohnsitz im Inland** haben. Die ständige Hausgemeinschaft besteht weiter, wenn sich das Kind nur vorübergehend oder wegen schulmäßiger (beruflicher) Ausbildung oder zeitweilig wegen Heilbehandlung außerhalb der Hausgemeinschaft aufhält; das Gleiche gilt, wenn sich das Kind auf Veranlassung des Versicherten und überwiegend auf dessen Kosten oder auf Anordnung der Jugendfürsorge oder des Pflegschaftsgerichtes in Obsorge eines Dritten befindet (Abs 1).

Die Kindeseigenschaft besteht **auch nach der Vollendung des 18. Lebensjahres**, wenn und solange das Kind

1. sich in einer **Schul- oder Berufsausbildung** befindet, die seine Arbeitskraft überwiegend beansprucht, längstens **bis zur Vollendung des 27. Lebensjahres**; die Kindeseigenschaft von Kindern, die eine im § 3 des Studienförderungsgesetzes 1992 genannte Einrichtung besuchen, verlängert sich nur dann, wenn für sie

830 10 ObS 85/15w mwN.
831 RS0111686.

a) entweder **Familienbeihilfe** nach dem Familienlastenausgleichsgesetz 1967 bezogen wird oder
b) zwar keine Familienbeihilfe bezogen wird, sie jedoch ein **ordentliches Studium ernsthaft und zielstrebig** (§ 2 Abs 1 lit b Familienlastenausgleichsgesetz 1967 idF des Bundesgesetzes BGBl 1992/311) **betreiben**;

2. als Teilnehmer des Freiwilligen Sozialjahres, des Freiwilligen Umweltschutzjahres, des Gedenkdienstes oder des Friedens- und Sozialdienstes im Ausland tätig ist, längstens bis zur Vollendung des 27. Lebensjahres;
3. seit der Vollendung des 18. Lebensjahres oder seit dem Ablauf des in Z 1 oder des in Z 2 genannten Zeitraumes infolge Krankheit oder Gebrechens **erwerbsunfähig** ist (Abs 2).

Die Kindeseigenschaft infolge Erwerbsunfähigkeit, die wegen Ausübung einer die Pflichtversicherung begründenden Erwerbstätigkeit weggefallen ist, **lebt** mit Beendigung dieser Erwerbstätigkeit **wieder auf**, wenn Erwerbsunfähigkeit infolge Krankheit oder Gebrechens weiterhin vorliegt (Abs 3).

Wesentlich für eine **Hausgemeinschaft** (Abs 1) ist nicht die Wohnungsgemeinschaft, sondern das Bestehen einer wirtschaftlichen und finanziellen Interessengemeinschaft, wobei es keine Rolle spielt, ob die Mittel nur von einem oder von allen Gemeinschaften getragen werden. Es kommt auf die Zielsetzung an, die Kosten der Lebenshaltung durch Zusammenwirtschaften zu vermindern. Festzustellen ist, wo der Versicherte den Mittelpunkt seiner Lebensführung gehabt hat, wo er sich in seiner Freizeit überwiegend aufgehalten und seine Urlaube verbracht hat und inwieweit er zur Befriedigung der Bedürfnisse des täglichen Lebens (Einkauf von Lebensmitteln, Mithilfe im Haushalt usw) und zur Deckung der Kosten der Lebenshaltung beigetragen hat und inwieweit für den Versicherten notwendige Haushaltsverrichtungen (zB Waschen der Wäsche) im Haushalt (hier: seiner Eltern) vorgenommen wurden.[832]

Das **vollendete 27. Lebensjahr** stellt für den auf Abs 2 Z 1 (Schul- oder Berufsausbildung) gestützten Anspruch auf Waisenpension eine **Altershöchstgrenze** dar, die auch durch die Erfüllung der Wehrpflicht, der Zivildienstpflicht, durch Krankheit oder ein anderes unüberwindbares Hindernis nicht überschritten werden kann.[833]

Unter dem Begriff **Schulausbildung** ist der Besuch allgemeinbildender und weiterführender Schulen zu verstehen. Die Ausbildung muss in öffentlichen oder privaten Schulen erfolgen und der Unterricht nach staatlich genehmigten Lehrplänen erteilt werden; auch Abendschulen und Maturaschulen, die dazu dienen, auf die Ablegung der Matura vorzubereiten, vermitteln in diesem Sinne Schulausbildung.[834]

832 10 ObS 95/00v.
833 10 ObS 137/23d.
834 RS0108319.

Berufsausbildung ist der Erwerb von Kenntnissen und Fertigkeiten, die für die Ausübung eines zukünftig gegen Entgelt auszuübenden Berufes erforderlich sind. Unter **Beruf** ist eine auf Dauer vorgesehene Arbeit zu verstehen, die der Existenzsicherung dient und die geeignet ist, materielle oder geistige, in der Gesellschaft auftretende Bedürfnisse zu befriedigen und zu der die Befähigung durch Ausbildung erworben wird. Die Berufsausbildung betrifft alle staatlich anerkannten Ausbildungsberufe, für die rechtsverbindliche Vorschriften bestehen, wie etwa die in § 3 BAG genannten Lehrberufe oder wenn es keine Ausbildungsordnungen gibt, ist Berufsausbildung anzunehmen, sofern die Ausbildung allgemein üblich und anerkannt ist. Aus dem Programm der Ausbildung muss sich klar der Zweck, nämlich die Vermittlung der Grundlage für eine Berufslaufbahn, ergeben. Die Ausbildung muss auf einen tatsächlich existierenden und auf dem allgemeinen Arbeitsmarkt zur Verfügung stehenden Beruf oder Spezialbereiche davon vorbereiten.[835]

Ob die **Arbeitskraft** durch eine Schul- oder Berufsausbildung **überwiegend beansprucht** wird, ist durch Vergleich der konkreten Auslastung der Arbeitskraft zu dem von der geltenden Arbeits- und Sozialordnung, etwa im AZG oder in den Kollektivverträgen, für vertretbar gehaltenen Gesamtbelastung zu ermitteln.[836] Wird eine **Teilzeitbeschäftigung** im Ausmaß von 34 Wochenstunden ausgeübt, dann nimmt ein daneben betriebenes Studium die Arbeitskraft nicht überwiegend in Anspruch.[837] Die Kindeseigenschaft besteht nicht, wenn das Studium die Arbeitszeit nicht in einem durchschnittlichen wöchentlichen Ausmaß von 20 Stunden oder mehr in Anspruch nimmt.[838]

Erwerbsunfähig (Abs 2 Z 3) ist, wer infolge Krankheit oder Gebrechens nicht imstande ist, auf dem allgemeinen Arbeitsmarkt einen nennenswerten Verdienst zu erzielen.[839]

Ob es dem Kind infolge Krankheit oder Gebrechens unmöglich ist, auf dem allgemeinen Arbeitsmarkt einem Erwerb nachzugehen, muss **ausschließlich nach medizinischen Gesichtspunkten** und ohne Bedachtnahme darauf beurteilt werden, ob und in welchem Umfang das Kind nicht dennoch – etwa auf Kosten seiner Gesundheit – weiterhin ein Einkommen aus unselbständiger oder selbständiger Tätigkeit bezieht. Ein Tatsachenschluss von dem Zeitpunkt der gewährten Invaliditätspension auf die Erwerbsfähigkeit vor diesem Zeitpunkt ist in dieser Form nicht zulässig.[840]

Nach der Absicht des Gesetzgebers sollen **Versorgungsansprüche** eines Kindes **erhalten** bleiben, nicht aber Versorgungsansprüche für Personen neu geschaffen

835 10 ObS 137/97p.
836 RS0085184.
837 10 ObS 68/99v.
838 10 ObS 237/01b.
839 RS0085536.
840 RS0085570.

werden, die erst später ihre Erwerbsfähigkeit verloren haben. Ein Anspruch auf **Waisenpension** setzt also voraus, dass im Zeitpunkt des Eintritts der Erwerbsunfähigkeit die Kindeseigenschaft noch gegeben war.[841]

6.13. Versicherungsfall des Alters

Der **Versicherungsfall** des Alters **wird** durch die Entscheidung eines SV-Trägers über die Gewährung der Alterspension nicht nur für den Bereich dieses SV-Gesetzes, sondern auch für den Bereich der anderen SV-Gesetze **konsumiert**. Der Umstand, dass der Versicherte die Zeiten nach einem SV-Gesetz erst nach Gewährung der Pension von einem anderen SV-Träger erwarb, vermag daran nichts zu ändern; der Versicherungsfall des Alters **kann** nach allen Systemen **nur einmal eintreten**.[842]

6.13.1. Alterspension

6.13.1.1. Nach ASVG

6.13.1.1.1. Anspruch (§ 253 Abs 1)

Anspruch auf Alterspension hat der Versicherte nach Vollendung des 65. Lebensjahres, die Versicherte nach Vollendung des 60. Lebensjahres (Regelpensionsalter), wenn die Wartezeit (§ 236) erfüllt ist.

Die Anspruchsvoraussetzung „Erreichung eines bestimmten Lebensalters" beruht auf der Zweckbestimmung der PV, einen **Ersatz für den** durch das Absinken der Arbeitskraft bedingten **Entfall des Arbeitseinkommens** zu schaffen.[843]

Die Erreichung des für die Alterspension maßgeblichen Lebensalters bewirkt bei einem **bestehenden Anspruch auf Berufsunfähigkeitspension** oder vorzeitige Alterspension nach § 270 nur, dass die bisher gewährte Pension nahtlos in eine Alterspension übergeht, ohne dass kraft gesetzlicher Anordnung des § 253 eine eigene Antragstellung erforderlich wäre oder ein neuer Stichtag ausgelöst würde.[844]

6.13.1.1.2. Wartezeit (§ 236)

Die Wartezeit ist erfüllt, wenn am Stichtag mindestens

- 180 Versicherungsmonate innerhalb der letzten 360 Kalendermonate (Rahmenfrist) vorliegen oder
- 180 Beitragsmonate oder
- 300 Versicherungsmonate erworben wurden.

841 10 ObS 23/21m.
842 RS0107674.
843 RS0107673.
844 RS0084244.

Die Wartezeit für die Alterspension ist erfüllt, wenn am Stichtag mindestens 180 Versicherungsmonate vorliegen, die innerhalb der letzten 360 Kalendermonate vor dem Stichtag liegen. Die Wartezeit für die Alterspension ist auch erfüllt, wenn bis zum Stichtag mindestens 180 Beitragsmonate oder Beitragsmonate und/oder nach dem 31.12.1955 zurückgelegte sonstige Versicherungsmonate in einem Mindestausmaß von 300 Monaten erworben sind. In der zuletzt genannten Variante (**„ewige Anwartschaft“**) kommt es auf die zeitliche Lagerung der Versicherungsmonate nicht an.[845]

Die **Rahmenfrist** soll gewährleisten, dass nur solche Leistungswerber anspruchsberechtigt sind, die im Zeitpunkt der Antragstellung in einem Naheverhältnis zur Versichertengemeinschaft stehen. Der erkennende Senat hat auch gegen die **sekundäre Leistungsvoraussetzung** der Wartezeit keine verfassungsrechtlichen Bedenken.[846]

Nach Abs 4 Z 1 („ewige Anwartschaft“) müssen die notwendigen Versicherungsmonate nicht in einem bestimmten Zeitraum liegen, sondern sind **unabhängig von ihrer zeitlichen Lagerung** zu berücksichtigen. Dies setzt aber voraus, dass bereits durch den Erwerb eines bestimmten Mindestmaßes an Versicherungszeiten ein qualifiziertes Naheverhältnis zur Versichertengemeinschaft hergestellt wurde. Nur wenn dieses qualifizierte Naheverhältnis zur Versichertengemeinschaft hergestellt wurde, soll sich der Umstand, dass diese nicht in dem in § 236 Abs 2 festgelegten Ausmaß in den dort bestimmten Rahmenzeitraum fallen, nicht nachteilig auswirken.[847]

Nach Abs 4a sind **Kinderbetreuungszeiten** erst ab 1.1.2002 als Beitragsmonate zu berücksichtigen. Eine rückwirkende Erfassung von Erziehungszeiten im Ausmaß von bis zu 24 Beitragsmonaten, bei denen abstrakt der Anspruch auf Kinderbetreuungsgeld nach dem KBGG in der Vergangenheit (noch vor der Schaffung dieses Gesetzes) bestanden hätte, kommt nicht in Betracht.[848]

Die Gewährung einer Pension **aus Billigkeit**, weil auf die erforderliche Wartezeit nur ein Monat fehlt, ist nicht zulässig.[849]

6.13.1.2. Nach APG

Anspruch auf Alterspension hat die versicherte Person nach Vollendung des 65. Lebensjahres (Regelpensionsalter), wenn bis zum Stichtag **mindestens 180 Versicherungsmonate** nach dem ASVG oder einem anderen Bundesgesetz vorliegen, von denen **mindestens 84** auf Grund einer **Erwerbstätigkeit** erworben wurden **(Mindestversicherungszeit**; § 4 Abs 1 APG).

845 10 ObS 41/13x.
846 Vgl RS0084845.
847 10 ObS 91/17f.
848 RS0123196.
849 RS0084843.

Für **weibliche Versicherte**, die das 60. Lebensjahr vor dem 1.1.2024 vollenden, bestimmt sich das Anfallsalter mit 60 Jahren. Für weibliche Versicherte, die das 60. Lebensjahr am oder nach dem 1.1.2024 vollenden, wird das Anfallsalter schrittweise bis zum Jahr 2033 auf das Regelpensionsalter (65 Jahre) angehoben (§ 16 Abs 6 APG).

Gesetzliche Regelungen, die **unterschiedliche Altersgrenzen** von männlichen und weiblichen Versicherten der gesetzlichen SV vorsehen, **sind zulässig** (§ 1 BVG-Altersgrenzen). Beginnend mit 1.1.2024 ist für weibliche Versicherte die Altersgrenze für die Alterspension jährlich bis 2033 mit 1. Jänner um sechs Monate zu erhöhen (§ 3 BVG-Altersgrenzen).

Durch das BVG-Altersgrenzen ist der **Gestaltungsspielraum** des einfachen Verfassungsgesetzgebers nicht überschritten.[850]

Mit Erlassung des BVG-Altersgrenzen hat sich der Verfassungsgesetzgeber für eine stufenweise Angleichung des unterschiedlichen Pensionsantrittsalters von Frauen und Männern entschieden, wodurch es – derzeit – zu einer ungleichen Behandlung von Frauen und Männern kommt. Der von den Antragstellern ins Treffen geführte Umstand, dass auf Grund der schrittweisen Erhöhung der Altersgrenze für die Alterspension der **Pensionsstichtag** von Frauen in den kommenden zehn Jahren **vorwiegend** – aber nicht zwangsläufig – **in die zweite Jahreshälfte fallen wird**, begegnet als Konsequenz dieser Verfassungsrechtslage keinen Bedenken. Im Übrigen ist in diesem Zusammenhang auch auf die Abmilderung der Aliquotierung bei der erstmaligen Pensionsanpassung 2023 sowie auf die gänzliche Aussetzung der Aliquotierung in den Kalenderjahren 2024 und 2025 hinzuweisen.[851]

6.13.2. Vorzeitige Alterspension bei langer Versicherungsdauer (§ 253b)

Trotz der **Abschaffung** der vorzeitigen Alterspension bei langer Versicherungsdauer **im Dauerrecht besteht** der Anspruch auf diese Pensionsart **im Übergangsrecht weiter**. Zweck dieser Pensionsart ist es, versicherten Personen, die besonders lange erwerbstätig waren und dementsprechend lange Zeit Beiträge ins Versicherungssystem geleistet haben, einen vorzeitigen Pensionsantritt zu ermöglichen.[852]

6.13.3. Korridorpension (§ 4 Abs 2 APG)

Die Alterspension kann bereits **nach Vollendung des 62. Lebensjahres** beansprucht werden, wenn die versicherte Person

- **mindestens 480** für die Leistung zu berücksichtigende **Versicherungsmonate** nach dem ASVG oder einem anderen Bundesgesetz erworben hat und

850 10 ObS 35/12p.
851 VfGH 4.12.2023, G197/2023 ua.
852 *Kammler* in SV-System 2.4.3.3.1.A.a.

- am Stichtag weder einer Pflichtversicherung in der PV auf Grund einer Erwerbstätigkeit unterliegt noch ein Erwerbseinkommen bezieht, welches die Geringfügigkeitsgrenze (§ 5 Abs 2 ASVG; Wert 2025: 551,10 €) übersteigt.

Die Korridorpension hat den **Zweck**, den Lebensunterhalt von Versicherten sicherzustellen, die bei Erreichen eines bestimmten Alters ihre Beschäftigung aufgegeben haben und nicht mehr verpflichtet sind, der Arbeitsmarktverwaltung zur Verfügung zu stehen. Es handelt sich daher um eine Leistung bei Alter iSd Art 3 Abs 1 lit d VO 883/2004.[853]

Grundsätzliches Ziel (auch) der Korridorpension ist es, **Ersatz für** verloren gegangenes **Erwerbseinkommen** zu verschaffen, nicht aber einem Anspruchswerber ein weiteres (zusätzliches) Einkommen zu verschaffen, wenn er sich nicht auch tatsächlich „zur Ruhe" gesetzt hat.[854]

6.13.4. Schwerarbeitspension (§ 4 Abs 3 APG)

6.13.4.1. Allgemeines

Bei Vorliegen von Schwerarbeitszeiten kann die Alterspension bereits **nach Vollendung des 60. Lebensjahres** beansprucht werden, wenn die versicherte Person

- **mindestens 540 Versicherungsmonate** nach dem ASVG oder einem anderen Bundesgesetz erworben hat, von denen **mindestens 120 Schwerarbeitsmonate** (Abs 4) sind, die innerhalb der letzten 240 Kalendermonate vor dem Stichtag liegen, und
- am Stichtag weder einer Pflichtversicherung in der PV auf Grund einer Erwerbstätigkeit unterliegt noch ein Erwerbseinkommen bezieht, welches die Geringfügigkeitsgrenze (§ 5 Abs 2 ASVG) übersteigt.

Der Bundesminister für Soziales, Gesundheit, Pflege und Konsumentenschutz hat mit **Verordnung** festzulegen, unter welchen psychisch oder physisch besonders belastenden Arbeitsbedingungen **Schwerarbeit** in einem Kalendermonat vorliegt (§ 4 Abs 4 APG). Siehe sogleich 6.13.4.2.

Da für **Frauen** das Regelpensionsalter erst ab 2024 angehoben wird, können sie erst ab diesem Zeitpunkt eine Schwerarbeitspension beantragen.[855]

§ 4 Abs 3 und 4 APG ist **nicht verfassungswidrig**; § 1 Abs 1 Z 4, § 3 sowie die Anlage zur Schwerarbeitsverordnung sind **nicht gesetzwidrig**.[856]

Der Gesetzgeber verfolgt die Absicht, **nicht jede Art von schwerer Arbeit schlechthin**, mag sie auch psychisch belastend sein, sondern nur bestimmte Formen von besonders belastender Schwerarbeit zu berücksichtigen.[857]

853 10 ObS 21/20s mwN.
854 10 ObS 6/23i.
855 *Kammler* in SV-System 2.4.3.3.2.C.a.
856 VfGH G 20/11, V 13/11; RS0127358.
857 RS0132842.

6.13.4.2. Schwerarbeitsverordnung (BGBl II 2006/104)

6.13.4.2.1. Besonders belastende Tätigkeiten (§ 1 Abs 1)

Als Tätigkeiten, die unter körperlich oder psychisch besonders belastenden Bedingungen erbracht werden, gelten alle Tätigkeiten, die geleistet werden

1. in Schicht- oder Wechseldienst auch während der Nacht (**unregelmäßige Nachtarbeit**), das heißt zwischen 22 Uhr und 6 Uhr, jeweils im Ausmaß von mindestens sechs Stunden und zumindest an sechs Arbeitstagen im Kalendermonat, sofern nicht in diese Arbeitszeit überwiegend Arbeitsbereitschaft fällt, oder
2. regelmäßig unter Hitze oder Kälte, oder
3. unter chemischen oder physikalischen Einflüssen oder
4. als **schwere körperliche Arbeit**, die dann vorliegt, wenn bei einer achtstündigen Arbeitszeit von Männern mindestens 8.374 Arbeitskilojoule (2.000 Arbeitskilokalorien) und von Frauen mindestens 5.862 Arbeitskilojoule (1.400 Arbeitskilokalorien) verbraucht werden, oder
5. zur berufsbedingten Pflege von erkrankten oder behinderten Menschen mit besonderem Behandlungs- oder Pflegebedarf, wie bspw in der Hospiz- oder Palliativmedizin, oder
6. trotz Vorliegens einer MdE (§ 14 BEinstG) von mindestens 80 %, sofern für die Zeit nach dem 30.6.1993 Anspruch auf Pflegegeld zumindest in Höhe der Stufe 3 nach § 5 BPGG bestanden hat.

Als besonders belastende Berufstätigkeiten gelten jedenfalls auch alle Tätigkeiten, für die ein Nachtschwerarbeits-Beitrag geleistet wurde, ohne dass daraus ein Anspruch auf Sonderruhegeld entstanden ist, sowie alle Tätigkeiten, für die Zuschläge zum Sachbereich Urlaub der Bauarbeiter-Urlaubs- und Abfertigungskasse zu entrichten sind (Abs 2).

Alle (versicherungspflichtigen) Verrichtungen (an einem Arbeitstag) sind der Prüfung zugrunde zu legen, ob dadurch einer der Tatbestände des § 1 Abs 1 SchwerarbeitsVO (an diesem Tag) erfüllt ist. Eine „tatbestandsübergreifende" Kombination der jeweiligen Ziffern des § 1 Abs 1 SchwerarbeitsVO ist weiterhin nicht möglich; die **Kumulierung von Tätigkeiten innerhalb einzelner Ziffern** wird dadurch aber nicht ausgeschlossen.[858]

Wenn der OGH in seiner neueren Rsp – in Abkehr von der noch zu 10 ObS 89/18p und 10 ObS 84/20f vertretenen Ansicht – davon ausgeht, dass bei der Prüfung, ob einer der Tatbestände des § 1 Abs 1 SchwerarbeitsVO an einem Tag erfüllt ist, „alle (versicherungspflichtigen) Verrichtungen" zugrunde zu legen sind, war damit stets die für die Qualifikation als Schwerarbeitsmonat **allein maßgebliche Pflichtversicherung in der PV** angesprochen.[859]

858 10 ObS 51/22f.
859 10 ObS 120/23d.

Unregelmäßige Nachtarbeit (Z 1)

Wesentliches Wesensmerkmal der Z 1 ist der **notwendige Wechsel** zwischen Tag- und Nachtdienst (RS0126106).

In Z 1 wird nicht auf die in § 4 SchwerarbeitsV angesprochene Anzahl von Schwerarbeitstagen abgestellt, sondern auf das Vorliegen von lediglich sechs Arbeitstagen im Kalendermonat, an denen unregelmäßige Nachtarbeit geleistet wurde. Ein Kalendermonat, der auch ein Versicherungsmonat sein muss, ist bereits dann als Schwerarbeitsmonat zu qualifizieren, wenn Tätigkeiten in einem Schicht- oder Wechseldienst erbracht werden, und zwar auch während der Nachtstunden in einem Umfang von **mindestens sechs Stunden**, und solche Tätigkeiten **an mindestens sechs Arbeitstagen** im Kalendermonat geleistet werden.[860]

Bei der Nachtarbeit ist die **Tätigkeit nicht entscheidend**; vielmehr kommt es auf das Kriterium „Nacht" an. In diesem Sinn fallen auch „leichtere" berufliche Tätigkeiten unter diesen Tatbestand.[861]

Bei der Beurteilung, ob während des Zeitraums von 22:00 bis 6:00 Uhr mindestens sechs Stunden an Schwerarbeit geleistet werden, sind aber **echte Ruhepausen** zumindest in dem Umfang, in dem sie weder gesetzlich als Arbeitszeiten gelten noch in die Arbeitszeit einzurechnen sind, nicht als Zeiten einer Tätigkeit zu berücksichtigen.[862]

Bestimmt der Kollektivvertrag nichts Abweichendes, so gilt der allgemeine Grundsatz, dass **Ruhepausen** nicht in die Arbeitszeit einzurechnen sind. Eine Ausnahmeregelung besteht für Kurzpausen iSd § 11 Abs 3 AZG.[863] Die Ruhepause ist nicht Arbeitszeit, sondern **Freizeit** des Arbeitnehmers. Sie ist daher in der Regel nicht in die Arbeitszeit einzurechnen; daher auch keine Berücksichtigung als Zeiten einer Tätigkeit iSd Z 1.[864]

Arbeitsbereitschaft ist der Aufenthalt an einem vom Arbeitgeber bestimmten Ort mit der Bereitschaft zur jederzeitigen Aufnahme der Arbeitsleistung im Bedarfsfall.[865] Auch Bereitschaftsdienst ist Arbeitszeit.[866]

Kälte (Z 2)

Im Hinblick darauf, dass der „Arbeitsablauf" einen „ständigen" Wechsel erfordern muss, damit Schwerarbeit gegeben ist, bedeutet dies, dass der **Wechsel** zwischen Tiefkühlräumen und sonstigen Arbeitsräumen bestimmend für den Arbeitsablauf ist, also zumindest **sehr häufig** vorkommt.[867]

860 RS0131386.
861 RS0126107.
862 10 ObS 81/22t.
863 RS0051930.
864 10 ObS 81/22t.
865 RS0051351.
866 8 ObA 83/04w.
867 RS0125486.

Schwere körperliche Arbeit (Z 4)

Zwar wurde in Z 4 bei der Festlegung der Energieumsatzgrenze der Bezug auf **8 Stunden pro Arbeitstag als gesetzliche Normalarbeitszeit** gewählt, da es insb für unselbständig Beschäftigte unrealistisch (und vielfach auch gesetzeswidrig) erschien, ständig von längeren Arbeitszeiten auszugehen. Wenn jedoch **tatsächlich längere Arbeitszeiten** vorliegen, so sind diese bei der Berechnung des Energieumsatzes entsprechend zu berücksichtigen.[868] Die verhältnismäßige **„Einkürzung"** einer tatsächlich längeren täglichen Arbeitszeit auf einen achtstündigen Arbeitstag – und damit die Streichung von Zeiten mit beruflicher, körperlicher Belastung – war nicht intendiert.[869]

Die Angabe von **8 Stunden** stellt lediglich einen **Richtwert** zur Berechnung der Arbeitskilokalorien pro Arbeitstag dar. Die Versicherten können jedoch nachweisen, dass sie täglich aufgrund **längerer Arbeitszeiten oder** aufgrund der **besonderen Schwere** der Tätigkeit auch bei kürzeren Arbeitszeiten den geforderten Arbeitskilojoule- bzw Arbeitskilokalorienverbrauch erreichen.[870]

Eine (fiktive) **Verteilung** der über der Tagesgrenze liegenden an einem Arbeitstag verbrauchten Arbeitskilokalorien **auf Tage**, an denen Schwerarbeit nicht geleistet wurde, ist nicht zulässig.[871]

Sogenannte **„Verteil- oder Unproduktivitätszeiten"**, in denen tatsächlich keine oder sehr geringe/abgeschwächte Arbeitsleistungen erbracht wurden, müssen sich aus den (in der Regel auf dem berufskundlichen oder leistungsphysiologischen Gutachten beruhenden) Feststellungen zum konkreten Arbeitsprofil des Versicherten ergeben, um in die Kalorienbeurteilung einfließen zu können.[872]

Berufsbedingte Pflege von erkrankten oder behinderten Menschen (Z 5)

Schwerarbeit iSd Z 5 liegt im Fall der berufsbedingten Pflege von erkrankten oder behinderten Menschen mit unterschiedlichem besonderen Behandlungs- oder Pflegebedarf nur dann vor, wenn die **Pflegetätigkeit** unmittelbar an erkrankten oder behinderten Menschen mit besonderem Behandlungs- oder Pflegebedarf im Sinn dieser Bestimmung entweder zeitlich oder nach der Anzahl der zu pflegenden Menschen mit besonderem Pflegeaufwand in einer Einrichtung **überwiegt**.[873]

Auch für die Ermittlung als Schwerarbeitsmonat nach Z 5 ist maßgeblich, ob eine Schwerarbeit darstellende Tätigkeit in dem **Mindestmaß von 15 Tagen** im Kalendermonat tatsächlich ausgeübt wurde, wobei Arbeitsunterbrechungen außer Betracht bleiben, solange die Pflichtversicherung in der PV weiter besteht.

868 RS0129750.
869 10 ObS 1/15t.
870 RS0129751.
871 10 ObS 2/15i.
872 OLG Innsbruck RI0100204.
873 10 ObS 36/19w.

Da in Z 5 auf die Dauer der **Arbeitszeit** nicht Bezug genommen, sondern an die **psychische Belastung** angeknüpft wird, kommt es bei dieser tageweisen Betrachtung nicht auf die Dauer der an dem jeweiligen Tag geleisteten Arbeitszeit an. Jeder Tag, an dem eine Tätigkeit nach Z 5 verrichtet wurde, zählt daher als Tag iSd § 4 SchwerarbeitsVO.[874]

Eine **Übertragung** von über 8 Stunden hinausgehenden Arbeitszeiten **auf andere Arbeitstage und** eine **Umrechnung** der monatlichen Gesamtarbeitszeit auf fiktive 8-Stunden-Arbeitstage, um das Erfordernis der 15 Tage an geleisteter Schwerarbeit zu erreichen, kommt auch im Anwendungsbereich der Z 5 nicht in Betracht.[875]

Der Umstand, dass der Erwerb von Schwerarbeitszeiten iSd § 1 Abs 1 Z 5 iVm § 4 SchwerarbeitsV von den konkreten Gegebenheiten des jeweiligen Dienstplans und dem konkreten Beschäftigungsausmaß der versicherten Person abhängig ist, macht die Regelung noch **nicht unsachlich.**[876]

Dass beim Erwerb von Schwerarbeitszeiten iSd § 1 Abs 1 Z 5 iVm § 4 SchwerarbeitsV auf die **Anzahl der Arbeitstage pro Kalendermonat** und nicht auf die Wochenarbeitszeit abgestellt wird, macht die Regelung noch nicht unsachlich.[877]

Zum Erwerb von Schwerarbeitszeiten iSd Z 5 ist im Rahmen einer Vollzeitbeschäftigung als **Behinderten-Fachbetreuer** die überwiegende Befassung mit der unmittelbaren Pflege von Klienten erforderlich. Nach § 1 Abs 2 EinstV werden als „Betreuung" alle in relativ kurzer Folge notwendigen Verrichtungen definiert, die vornehmlich den persönlichen Lebensbereich betreffen und ohne die der pflegebedürftige Mensch der Verwahrlosung ausgesetzt wäre. Psychosoziale Betreuung oder Beschäftigungstherapie fällt grundsätzlich nicht unter den zu berücksichtigenden Betreuungsbedarf.[878]

Die Tätigkeit als in einer Werkstätte eingesetzter **Behindertenbetreuer**, die neben der im Vordergrund stehenden Betreuung und Kontrolle behinderter Personen iZm deren Beschäftigungstherapie auch Arbeiten iZm der Körperpflege und der Nahrungsaufnahme der zu betreuenden Personen (die jeweils keinen höheren Pflegebedarf als jenen der Stufe 3 oder 4 nach dem BPGG aufweisen) umfasst, ist nicht als „besonders belastende" Schwerarbeit iSd Z 5 zu qualifizieren.[879]

Auch dann, wenn innerhalb einer Einrichtung (einer Station) Menschen mit unterschiedlichem Pflegebedarf beruflich zu pflegen sind, kann Schwerarbeit iSd Z 5 vorliegen. Um die Voraussetzung für Schwerarbeit nach diesem Tatbestand zu erfüllen, muss die **unmittelbare Pflege** an Menschen mit besonderem Pflegebedarf **zeitlich** gesehen **überwiegend** erbracht werden oder sich das Überwiegen

874 RS0130802.
875 10 ObS 23/16d.
876 RS0130803.
877 10 ObS 30/16h.
878 RS0132681.
879 RS0131699.

der iSd Z 5 qualifizierten berufsbedingten Pflege aus der Anzahl der zu pflegenden Patienten mit besonderem Behandlungs- und Pflegebedarf in der Einrichtung (Station) ergeben.[880]

6.13.4.2.2. Schwerarbeitsmonat (§ 4)

Ein Schwerarbeitsmonat ist jeder Kalendermonat, in dem eine oder mehrere besonders belastende Tätigkeiten zumindest in jenem Ausmaß ausgeübt wurden, das einen Versicherungsmonat iSd § 231 Z 1 lit a (**mindestens 15 Tage**) begründet. Arbeitsunterbrechungen bleiben dabei außer Betracht, solange die Pflichtversicherung in der PV weiter besteht.

Zur Beurteilung, ob ein Schwerarbeitsmonat vorliegt, ist auf die **tatsächlich ausgeübte Tätigkeit** abzustellen; keine (fiktiven) Schwerarbeitszeiten während der Tätigkeit als freigestellte Zentralbetriebsratsvorsitzende.[881]

Nachtdienste sind einheitlich als ein Arbeitstag zu werten und nicht im Hinblick auf den Datumswechsel als zwei Arbeitstage.[882]

Zeiten des **Urlaubsverbrauchs** können Schwerarbeitszeiten begründen, wenn während des Urlaubs, wäre fiktiv gearbeitet worden, Schwerarbeit geleistet worden wäre. In diesem Sinn wird im Urlaubsrecht – insb in Bezug auf das Urlaubsentgelt (§ 6 UrlG) – fingiert, was bei einer Ex-ante-Sicht während des Urlaubs geschehen wäre. Der Arbeitnehmer hat grundsätzlich jenes Entgelt zu erhalten, das er aus der Perspektive des Urlaubsbeginns verdient hätte, wenn er in dieser Zeit gearbeitet hätte (**„fiktives Ausfallsprinzip“**); dies gilt auch dann, wenn mit dem Ende des Urlaubs auch das Arbeitsverhältnis beendet wird.[883]

Die als **Zeitausgleich** für Nachtdienste gewährten dienstfreien Tage sind bei der Ermittlung von Schwerarbeitsmonaten nicht zu berücksichtigen. Dasselbe gilt für den Zeitausgleich für die Erbringung der Arbeitsleistung an einem Feiertag.[884]

Zeiten des **Bezugs von Krankengeld** nach § 138 können nicht als Schwerarbeitszeiten iSd SchwerarbeitsVO qualifiziert werden.[885]

6.13.5. Wegfall der Korridorpension und der Schwerarbeitspension (§ 9 APG)

Die Korridorpension und die Schwerarbeitspension **fallen** in dem Zeitraum **weg**, in dem die leistungsbeziehende Person vor dem Monatsersten nach der Erreichung des Regelpensionsalters eine **Erwerbstätigkeit ausübt**, die eine Pflicht-

880 10 ObS 122/19t.
881 10 ObS 117/16b.
882 RS0130646.
883 RS0126110.
884 10 ObS 85/20b.
885 10 ObS 98/20i.

versicherung in der PV begründet oder aus der sie ein Erwerbseinkommen bezieht, welches die monatliche **Geringfügigkeitsgrenze übersteigt** (Abs 1).

§ 9 Abs 1 APG (eingeführt mit dem PensionsharmonisierungsG, BGBl I 2004/142) entsprach weitestgehend dem durch das Budgetbegleitgesetz (BBG) 2003, BGBl I 2003/71, aufgehobenen § 253b Abs 2 ASVG, der den Wegfall der vorzeitigen Alterspension bei Aufnahme einer Erwerbstätigkeit regelte. § 9 Abs 2 APG ersetzte in seinem Anwendungsbereich die in § 261b ASVG vorgesehene Erhöhung der Pension nach Wegfall einer vorzeitigen Alterspension bei Erreichung des Regelpensionsalters.[886]

Der in § 9 Abs 1 APG verwendete Begriff des **„Erwerbseinkommens"** ist mangels eigenständiger Definition iSd Legaldefinition des mit „Berücksichtigung von Erwerbseinkommen bei Leistungen" überschriebenen § 91 Abs 1 ASVG zu verstehen.[887]

Der Gesetzgeber stellt in der Bestimmung des § 9 Abs 1 erster Satz APG für die Frage des Wegfalls der Korridorpension ausdrücklich auf das jeweils in Betracht kommende **Monatseinkommen** ab. Es kommt daher bei Erwerbseinkommen sowohl aus unselbständiger als auch aus selbständiger Tätigkeit in einzelnen Monaten auch zum Wegfall der Korridorpension, wenn die Höhe des Erwerbseinkommens im Jahresdurchschnitt unter der Geringfügigkeitsgrenze liegt.[888]

6.14. Versicherungsfall der geminderten Arbeitsfähigkeit

Der Versicherungsfall der geminderten Arbeitsfähigkeit hat zur Voraussetzung, dass eine **zuvor bestandene Arbeitsfähigkeit**, die zumindest die Hälfte der einer körperlich und geistig gesunden Versicherten erreicht haben muss, durch nachfolgende Entwicklungen **beeinträchtigt** wurde.[889]

6.14.1. Rechtsanspruch auf berufliche Rehabilitation (§§ 253e, 270a)

Die Materialien zum **SVÄG 2016** (RV 1330 BlgNR 25. GP 3 f) führen zu §§ 253e und 270a Folgendes aus:

> Als **neue Pflichtleistung** aus dem Versicherungsfall der geminderten Arbeitsfähigkeit soll die pensionsvermeidende berufliche Rehabilitation vorgesehen werden: Diese soll dann gebühren, wenn auf Grund des Gesundheitszustandes einer Person anzunehmen ist, dass sie die Voraussetzungen für die Invaliditäts- oder Berufsunfähigkeitspension (in absehbarer Zeit) erfüllen wird oder sogar schon aktuell erfüllt und darüber hinaus wahrscheinlich ist, dass durch die Maßnahmen der beruflichen Rehabilitation Invalidität (Berufsunfähigkeit) vermieden bzw beseitigt werden kann.

886 10 ObS 15/18f mwN.
887 10 ObS 26/09k.
888 RS0124757.
889 RS0084829.

Die versicherte Person hat somit künftig einen **Rechtsanspruch** auf Rehabilitation, wenn sie die Voraussetzungen für eine Invaliditäts- oder Berufsunfähigkeitspension zumindest in absehbarer Zeit „wahrscheinlich“ erfüllen wird (Abs 1); **in allen anderen Fällen** bleibt Rehabilitation als **Pflichtaufgabe** der PV (freiwillige Leistung im Einzelfall, ohne Rechtsanspruch) erhalten.

Ziel der Rehabilitationsmaßnahmen ist es, Invalidität zu vermeiden oder zu beseitigen und mit hoher Wahrscheinlichkeit eine Wiedereingliederung in den Arbeitsmarkt auf Dauer sicherzustellen (Abs 2).

Die Maßnahmen müssen **ausreichend und zweckmäßig** sein, um das Rehabilitationsziel zu erreichen, dürfen aber das **Maß des Notwendigen nicht überschreiten** (Abs 3; Zweckmäßigkeitsprüfung).

Die **Zumutbarkeit** richtet sich zum einen nach Dauer, Umfang und Kosten der ins Auge gefassten Ausbildung. Zum anderen sind dabei das Alter, die Ausbildung, die Qualifikation und der soziale und wirtschaftliche Status sowie etwa auch die Facharbeiter-Eigenschaft zu berücksichtigen. Grundsätzlich darf es zu **keiner beruflichen Rehabilitation „nach unten“** kommen. Soll eine Ausbildung im Rahmen der Rehabilitation zu einer Berufstätigkeit führen, die das **bisherige Qualifikationsniveau wesentlich unterschreitet**, so darf diese Maßnahme **nur mit Zustimmung** der versicherten Person durchgeführt werden (Abs 4). Die Frage des unzumutbaren sozialen und wirtschaftlichen Abstieges durch eine Maßnahme der beruflichen Rehabilitation ist darüber hinaus anhand der bestehenden Jud zum Berufsschutz der Angestellten zu beurteilen.

Liegen keine Tätigkeiten in ausreichend langer Dauer zur Erlangung des Berufsschutzes vor (vgl dazu die §§ 255 Abs 2 und 2a sowie 273 Abs 1 und 2), so sind die Voraussetzungen für den Anspruch auf berufliche Maßnahmen der Rehabilitation bei (drohender) Invalidität/Berufsunfähigkeit auch dann erfüllt, wenn die versicherten Personen **zumindest zwölf Pflichtversicherungsmonate** auf Grund einer **Erwerbstätigkeit** in einem erlernten oder angelernten Beruf bzw als Angestellter innerhalb der letzten drei Jahre vor dem Stichtag bzw **mindestens 36 Pflichtversicherungsmonate** auf Grund einer solchen Erwerbstätigkeit in den letzten 15 Jahren vor dem Stichtag erworben haben (Abs 1). Damit **stehen** diese beruflichen Maßnahmen der Rehabilitation **auch** Personen nach § 255 Abs 3 (also **Personen ohne Berufsschutz) offen**, wenn die erwähnten Pflichtversicherungszeiten vorliegen.

Eine Rehabilitation von Arbeiter- auf Angestelltentätigkeiten ist zulässig, nicht jedoch eine solche von Facharbeit auf Hilfsarbeit. Ein Kfz-Mechaniker darf auf Fahrzeugverkäufer umgeschult werden.[890]

6.14.2. Rechtsanspruch auf medizinische Rehabilitation (§§ 253f, 270b)

Personen, für die bescheidmäßig festgestellt wurde, dass **vorübergehende Invalidität** (Berufsunfähigkeit) im Ausmaß von zumindest sechs Monaten **vorliegt**, haben Anspruch auf medizinische Maßnahmen der Rehabilitation (§ 302 Abs 1), wenn dies zur Wiederherstellung der Arbeitsfähigkeit **notwendig und** infolge des Gesundheitszustandes **zweckmäßig** ist (Abs 1).

890 *Sonntag* in *Sonntag*, ASVG[14] § 253e Rz 3 mwN.

Die Maßnahmen müssen **ausreichend und zweckmäßig** sein, sie dürfen jedoch das **Maß des Notwendigen nicht überschreiten**. Sie sind vom PV-Träger unter Berücksichtigung des Gesundheitszustandes und der Zumutbarkeit für die versicherte Person zu erbringen (Abs 2).

Werden die Maßnahmen durch **Unterbringung in Krankenanstalten**, die vorwiegend der Rehabilitation dienen, erbracht, so ist § 302 Abs 4 (Zuzahlung) anzuwenden (Abs 3).

Personen, für die bescheidmäßig festgestellt wurde, dass vorübergehende Invalidität (iSd § 255 Abs 1 und 2 oder 3) im Ausmaß von zumindest sechs Monaten vorliegt, haben gemäß § 253f so lange **Rechtsanspruch** auf die in § 302 Abs 1 genannten medizinischen Maßnahmen der Rehabilitation gegenüber dem PV-Träger, als vorübergehende Invalidität vorliegt, wenn dies zur Wiederherstellung der Arbeitsfähigkeit notwendig und infolge des Gesundheitszustands zweckmäßig ist.[891]

Der Rechtsanspruch auf Maßnahmen der medizinischen Rehabilitation gemäß § 253f besteht **auch** für Versicherte **ohne Berufsschutz**.[892]

Auch für die Frage der **Zweckmäßigkeit** von medizinischen Maßnahmen der Rehabilitation ist die nach dem aktuellen Stand der medizinischen Wissenschaft zu beurteilende Erfolgswahrscheinlichkeit dieser Maßnahmen maßgebend.[893]

6.14.3. Invaliditätspension bei Arbeitern (§ 254)

Ein **Antrag** auf eine Pension aus den Versicherungsfällen der geminderten Arbeitsfähigkeit **gilt vorrangig als Antrag auf** Leistung von medizinischen Maßnahmen der **Rehabilitation** und von Rehabilitationsgeld sowie auf Feststellung, ob berufliche Maßnahmen der Rehabilitation zweckmäßig und zumutbar sind, einschließlich der Feststellung des Berufsfeldes (§ 361 Abs 1; Grundsatz **„Rehabilitation vor Pension“**).

Nach der durch das **SRÄG 2012** (BGBl I 2013/3) geschaffenen Rechtslage **gebührt Versicherten der Geburtsjahrgänge 1964 und jünger** (§ 669 Abs 5) **anstelle einer befristeten Pension** aus dem Versicherungsfall der geminderten Arbeitsfähigkeit als Leistung der KV das **Rehabilitationsgeld** (§ 143a), wenn die Anspruchsvoraussetzungen für diese Leistung vorliegen und nicht Umschulungsgeld iVm beruflichen Maßnahmen der Rehabilitation gebührt.[894]

891 RS0133205.
892 RS0130563.
893 RS0130840.
894 Vgl 10 ObS 40/15b.

6.14.3.1. Anspruchsvoraussetzungen (Abs 1)

Anspruch auf Invaliditätspension hat der Versicherte, wenn

1. die **Invalidität** (§ 255) auf Grund des körperlichen oder geistigen Zustandes **voraussichtlich dauerhaft** vorliegt (bei Personen der Geburtsjahrgänge 1963 und älter auch bei vorübergehender Invalidität),
2. **kein Rechtsanspruch auf** zumutbare und zweckmäßige Maßnahmen der **beruflichen Rehabilitation** (§ 253e) besteht,
3. die **Wartezeit erfüllt** ist (§ 236) und
4. er am Stichtag noch nicht die Voraussetzungen für eine Alterspension nach dem ASVG oder einem anderen Bundesgesetz, mit Ausnahme der Korridorpension, erfüllt hat (Abs 1).

Das am 1.1.2005 in Kraft getretene **APG regelt** – wie aus § 1 Abs 1 Z 3 APG folgt – **nicht** die **Anspruchsvoraussetzungen** für eine Invaliditätspension. Diese sind weiter nach den §§ 254 f ASVG zu beurteilen.[895]

Für das Vorliegen einer **„voraussichtlich dauerhaften" Invalidität** muss der Versicherte nicht beweisen, dass eine **Besserung** seines Gesundheitszustands (mit an Sicherheit grenzender Wahrscheinlichkeit) ausgeschlossen ist, sondern nur, dass sie **nicht sehr wahrscheinlich** ist.[896]

Eine Invalidität liegt voraussichtlich dauerhaft vor, wenn eine die Invalidität beseitigende **Besserung** des Gesundheitszustands der versicherten Person **mit hoher Wahrscheinlichkeit** (iSd Regelbeweismaßes der ZPO) **nicht zu erwarten** ist. Diesen Beweis einer anspruchsbegründenden Tatsache hat die versicherte Person zu erbringen.[897]

Logische Abfolge bei Prüfung der Anspruchsvoraussetzungen für die Invaliditätspension ist **zuerst** die Prüfung des Vorliegens **dauernder Invalidität, dann erst** die Prüfung, ob eine **berufliche** Maßnahme der **Rehabilitation** zweckmäßig und zumutbar ist.[898]

Wenn der PV-Träger zugesteht, dass ein Anspruch auf **berufliche Rehabilitation** nicht besteht oder solche Maßnahmen nicht zweckmäßig oder nicht zumutbar sind, bedarf es keiner weiteren (inhaltlichen) Prüfung dieser Anspruchsvoraussetzung. Die zur Rechtslage vor der Neufassung des § 254 Abs 1 Z 1 durch die 75. ASVG-Novelle ergangene Rsp, wonach der **PV-Träger**, der **im Anstaltsverfahren** dem Versicherten eine Maßnahme der beruflichen Rehabilitation **nicht angeboten** hat, im Gerichtsverfahren den Einwand, der Versicherte wäre rehabilitierbar, nicht mehr erheben kann, ist **überholt**, weil die Frage der beruflichen

895 RS0125346.
896 10 ObS 89/15h.
897 10 ObS 102/15w.
898 10 ObS 107/16g.

Rehabilitation seither als negative Anspruchsvoraussetzung **von Amts wegen zu prüfen** ist.[899]

Können sich die Parteien auf vom Versicherungsträger zu gewährende, den Anforderungen des § 253e Abs 2 genügende, zweckmäßige und zumutbare Maßnahmen der beruflichen Rehabilitation nicht einigen, so ist dem Versicherungsträger vom Gericht eine angemessene Frist zur Prüfung der Möglichkeiten der beruflichen Rehabilitation durch ihn einzuräumen. Die Durchführung dieses **Berufsfindungsverfahrens ist Sache des beklagten Versicherungsträgers, nicht eines berufskundlichen Sachverständigen.**[900] Nach Durchführung des Berufsfindungsverfahrens hat der beklagte Versicherungsträger alle geplanten Maßnahmen konkret zu bezeichnen, denn nur so kann der Kläger zu deren Eignung, Zweckmäßigkeit und Zumutbarkeit Stellung nehmen und das Gericht diese Fragen im Streitfall prüfen.[901]

Die **Wartezeit ist erfüllt**, wenn am Stichtag Versicherungsmonate in folgender Mindestzahl vorliegen:

- wenn der Stichtag vor Vollendung des 50. Lebensjahres liegt, 60 Monate;
- wenn der Stichtag nach Vollendung des 50. Lebensjahres liegt, **erhöht sich** die Wartezeit für jeden weiteren Lebensmonat um jeweils einen Monat bis zum Höchstausmaß von 180 Monaten (§ 236 Abs 1 Z 1).

Die für die Erfüllung der Wartezeit erforderliche Mindestzahl von Versicherungsmonaten muss innerhalb der letzten 120 Kalendermonate vor dem Stichtag liegen. Dieser **Rahmenzeitraum** verlängert sich, wenn der Stichtag nach Vollendung des 50. Lebensjahres liegt, für jeden weiteren Lebensmonat um jeweils zwei Kalendermonate bis zum Höchstausmaß von 360 Kalendermonaten (§ 236 Abs 2 Z 1).

Die Wartezeit ist auch erfüllt, wenn der **Versicherungsfall vor der Vollendung des 27. Lebensjahres** des Versicherten **eingetreten** ist und bis zu diesem Zeitpunkt mindestens sechs Versicherungsmonate erworben wurden (§ 236 Abs 4 Z 3).

Die **Wartezeit entfällt**, wenn die geminderte Arbeitsfähigkeit die Folge eines **Arbeitsunfalles** oder einer Berufskrankheit ist (§ 235 Abs).

6.14.3.2. Teilpension (Abs 6)

Bezieht eine Person, die Anspruch auf Invaliditätspension hat, in einem Kalendermonat ein Erwerbseinkommen, das die Geringfügigkeitsgrenze (§ 5 Abs 2) übersteigt, so wandelt sich der Anspruch auf die gemäß § 261 ermittelte Pension für diesen Kalendermonat in einen Anspruch auf **Teilpension.**

899 10 ObS 93/14w.
900 RS0128759.
901 10 ObS 107/12a.

Durch die Gewährung von Teilpensionen wird sichergestellt, dass Leistungen aus der SV, die den Zweck haben, weggefallenes Erwerbseinkommen zu ersetzen, **nicht ungeschmälert neben** einem über der Geringfügigkeitsgrenze liegenden Erwerbseinkommen bezogen werden können.[902]

Eine Erwerbstätigkeit mit einem Einkommen **bis zur Geringfügigkeitsgrenze** kann ohne Einfluss auf die Pension ausgeübt werden. Bezieht der Pensionist ein Erwerbseinkommen **über** diesem Betrag, dann wandelt sich der Pensionsanspruch (außer bei Alterspension seit 1.10.2000) in einen solchen auf Teilpension um.[903]

Eine zum Zeitpunkt des Antrags auf **Weitergewährung** der Invaliditätspension mittlerweile aufgenommene Tätigkeit ist nicht unter dem Blickwinkel des § 86 Abs 3 Z 2 (Anfallshemmung), sondern nach § 254 Abs 6 (Teilpension) zu prüfen.[904]

6.14.4. Invaliditätsbegriff (§ 255)

6.14.4.1. Grundsätze

Jene Berufe, deren Ausübung noch zugemutet wird, werden **Verweisungsberufe,** die Summe aller Berufe, auf die ein Versicherter verwiesen werden kann, das **Verweisungsfeld** genannt.[905]

Kann ein Versicherter seinen **bisherigen Beruf weiterhin ausüben**, dann bedarf es keiner Untersuchungen über die Zahl der Arbeitsplätze in anderen Berufen, den sogenannten Verweisungsberufen.[906] Kann der Versicherte seine bisherige Tätigkeit weiter ausüben, stellt sich die Frage nach der **„Lohnhälfte"** nicht.[907]

Der Eintritt des Versicherungsfalles der geminderten Arbeitsfähigkeit ist ausschließlich nach der **tatsächlichen Tätigkeit** zu beurteilen.[908]

Ob in den Verweisungsberufen **freie Arbeitsplätze** zur Verfügung stehen und ob es einem Kläger gelingen wird, tatsächlich einen Arbeitsplatz zu erlangen, ist für die Frage der Verweisbarkeit ohne Bedeutung.[909]

Ist der Versicherte nicht in der Lage, einen **konkreten Arbeitsplatz** zu erlangen, so ist der Versicherungsfall der **Arbeitslosigkeit**, nicht jedoch der der Invalidität gegeben.[910]

---

902 10 ObS 24/13x.
903 RS0115250.
904 RS0127739.
905 *Tomandl,* Sozialrecht[7] Rz 261.
906 RS0110071.
907 10 ObS 26/99t.
908 10 ObS 16/91.
909 10 ObS 394/97g.
910 10 ObS 25/99w.

Der Versicherungsfall der geminderten Arbeitsfähigkeit hat zur Voraussetzung, dass eine **zuvor bestandene Arbeitsfähigkeit**, die zumindest die Hälfte der einer körperlich und geistig gesunden Versicherten erreicht haben muss, durch nachfolgende Entwicklungen **beeinträchtigt** wurde.[911]

Anspruch auf eine Invaliditätspension besteht nur dann, wenn eine Person **ursprünglich in der Lage war**, eine bestimmte Tätigkeit auszuüben und zufolge einer **negativen Veränderung** des körperlichen oder geistigen Zustandes außerstande gesetzt wird, nunmehr einer geregelten Beschäftigung, zu der sie früher in der Lage war, nachzugehen. Der Versicherungsfall der geminderten Arbeitsfähigkeit bezweckt den Schutz des Versicherten vor den Auswirkungen einer körperlich oder geistig bedingten **Herabsetzung seiner Arbeitsfähigkeit**. Dieser Versicherungsfall kann nur eintreten, wenn während der versicherten Tätigkeit Arbeitsfähigkeit bestanden hat. Gegen dieses Ergebnis bestehen keine verfassungsrechtlichen Bedenken.[912]

Der Eintritt des Versicherungsfalles der Invalidität setzt somit eine **Änderung (Verschlechterung) der** physischen oder psychischen **Leistungsfähigkeit** des Versicherten im Laufe seines Erwerbslebens, also seit dem Zeitpunkt des erstmaligen Eintritts in die Pflichtversicherung, voraus.[913]

Am österreichischen Arbeitsmarkt sind **Kenntnisse der deutschen Sprache** und Lateinschrift schon wegen der allgemeinen Schulpflicht selbstverständlich. Auch österreichische Staatsbürger, welche nicht lesen und schreiben können, können sich auf diesen Mangel nur berufen, wenn er auf ein geistiges Gebrechen (und nicht auf mangelnden Schulbesuch) zurückzuführen ist.[914] Die Unkenntnis der deutschen Sprache kann nicht gegen die Verweisbarkeit auf einen Arbeitsplatz ins Treffen geführt werden.[915]

Invalidität liegt nicht vor, wenn nicht der Gesundheitszustand des Versicherten kausal für die verminderte Arbeitsfähigkeit ist, sondern dafür **andere Gründe** maßgebend sind, zB der **Entzug des Führerscheins** bei einem Berufskraftfahrer, aber auch bei Nichterteilung der für die Beschäftigung von Ausländern erforderlichen behördlichen Genehmigungen.[916]

Würde aber einem Versicherten im Einzelfall eine Beschäftigungsbewilligung, eine Arbeitserlaubnis oder ein Befreiungsschein nicht erteilt, so wäre dies ein Risiko, das die gesetzliche PV nicht abdeckt. Ein solcher **Ausländer** ist nicht anders zu behandeln als ein Inländer, der auf Grund der Arbeitsmarktsituation kei-

911 RS0084829.
912 10 ObS 141/01k.
913 10 ObS 75/05k.
914 10 ObS 326/88.
915 10 ObS 48/99b.
916 RS0084895.

nen geeigneten Arbeitsplatz erlangen kann. Das Fehlen der österreichischen Staatsbürgerschaft ist daher kein Hindernis einer Verweisung auf den allgemeinen Arbeitsmarkt.[917]

Zur Verneinung des Vorliegens der Invalidität **genügt** grundsätzlich **ein einziger** nach dem medizinischen Leistungskalkül möglicher **Verweisungsberuf**.[918]

Die **Entscheidung einer anderen Behörde ist** für die SV-Träger und die in Sozialrechtssachen tätigen Gerichte **nicht bindend** und enthebt diese nicht vom Recht, aber auch nicht von der Pflicht, selbständig zu prüfen, ob die in § 255 festgelegten Voraussetzungen der Invalidität erfüllt sind. Es besteht keine Bindung an die in den **Behindertenpass** aufgenommene Eintragung der Unzumutbarkeit der Benützung öffentlicher Verkehrsmittel.[919]

Die bescheidmäßige Feststellung der Zugehörigkeit zum Kreis der im § 2 Abs 1 BEinstG genannten **begünstigten Behinderten** ist für die Frage der Invalidität nach § 255 ASVG ohne Bedeutung.[920]

Treten im Monat durchschnittlich zwei bis drei große **epileptische Anfälle** mit einer damit verbundenen Arbeitsunfähigkeit von jeweils ca zwei Stunden sowie fünf mittlere und drei bis vier kleine Anfälle mit einer daraus resultierenden Arbeitsunfähigkeit von jeweils ca15 Minuten auf, liegt noch kein Ausschluss vom allgemeinen Arbeitsmarkt vor.[921]

Einarmige Versicherte (hier: komplette Lähmung des linken Armes) sind nicht vom allgemeinen Arbeitsmarkt ausgeschlossen.[922]

Gegen die Verfassungsmäßigkeit der **Differenzierung** in den Anspruchsvoraussetzungen für die Zuerkennung einer Invaliditätspension nach § 255 Abs 1 und Abs 3 bestehen **keine Bedenken.**[923]

6.14.4.1.1. Teilzeitarbeit

Ein ursprünglich vollzeitig beschäftigt gewesener Versicherter kann auf Teilzeitarbeit verwiesen werden, durch die er wenigstens die Hälfte des Entgeltes eines gesunden Vollzeitbeschäftigten erzielen kann.[924] Im Rahmen des Abs 4 (Tätigkeitsschutz) ist die Verweisung eines immer vollzeitbeschäftigen Versicherten auf eine Teilzeitbeschäftigung aber nicht zulässig.[925]

917 RS0084359.
918 10 ObS 130/08b.
919 10 ObS 104/13m.
920 RS0052944.
921 10 ObS 165/03t.
922 RS0084501.
923 RS0054049.
924 RS0084587.
925 10 ObS 280/03d.

Nach der Rsp ist jedenfalls bei einer möglichen **Arbeitszeit von vier Stunden täglich** (oder **zwanzig Stunden wöchentlich**) davon auszugehen, dass die gesetzliche Lohnhälfte erzielt werden kann. In den entsprechenden Kollektivverträgen wird oftmals auf Stundenlöhne abgestellt; überdies werden Teilzeitbeschäftigte von verschiedenen nationalen und unionsrechtlichen Bestimmungen im Arbeitsrecht vor einer unzulässigen Benachteiligung gegenüber Vollzeitbeschäftigten geschützt.[926]

6.14.4.1.2. Leistungskalkül

Das medizinische Leistungskalkül ist **vollständig von Amts wegen** zu erheben.[927]

Um beurteilen zu können, ob der Versicherte Anspruch auf eine Pension aus den Versicherungsfällen der geminderten Arbeitsfähigkeit hat, ist es notwendig, das sogenannte Leistungskalkül des Versicherten, also das **Ausmaß seiner Arbeitsfähigkeit**, festzustellen. Dabei muss unter Berücksichtigung aller Gutachten festgestellt werden, in welchen Punkten und in welchem Maß die Arbeitsfähigkeit des Versicherten gegenüber der eines gesunden Versicherten eingeschränkt ist.[928]

Entscheidend für die Frage der Verweisbarkeit des Versicherten ist die auf Grund des ärztlichen Leistungskalküls getroffene Feststellung, in welchem Umfang er im Hinblick auf die bestehenden Einschränkungen behindert ist bzw welche Tätigkeiten er ausführen kann. Die vom Sachverständigen erhobene **Diagnose bildet nur die Grundlage** für das von ihm zu erstellende Leistungskalkül, das wiederum die Basis für die Feststellungen bildet. Mangels eigener medizinischer Fachkenntnisse könnte das Gericht aus einer festgestellten Diagnose keinerlei Schlussfolgerungen ableiten, zumal je nach dem Schweregrad eines Leidens bei gleicher Diagnose der Umfang der Einschränkungen bezüglich der körperlichen oder geistigen Leistungsfähigkeit ganz unterschiedlich sein kann. **Wesentlich ist** daher nur **die Feststellung des Leistungskalküls.**[929]

Unter **„Arbeiten an exponierten Stellen"** sind solche zu verstehen, die wegen der besonderen Art der Arbeitsbedingungen (etwa laufende Maschinen, Funkenflug udgl) oder der Benützung des Arbeitsgerätes (wie Leitern oder Gerüste) für jedermann einsichtig ein erhöhtes Verletzungsrisiko mit sich bringen.[930]

Im Allgemeinen werden im sozialgerichtlichen Verfahren zur Beschreibung des einem Versicherten zumutbaren **Zeit- und Leistungsdrucks** folgende Kalkülsbegriffe verwendet:[931]

a) Einfacher Zeitdruck: Eine bestimmte Arbeit soll nach einem Zeitraum von einigen Stunden fertiggestellt sein, wie zB Aufräumen einer Wohnung, aber auch zB die Arbeit als Aktenträger, Bürobote, Portier und dergleichen.

926 10 ObS 28/18t.
927 OLG Wien RW0000168.
928 RS0084398.
929 RS0084399.
930 RS0084597.
931 OLG Wien RW0000741.

b) Durchschnittlicher Zeitdruck: Zu ihm kommt es bei allen üblichen handwerklichen Arbeiten außerhalb eines Akkordsystems und bei allen Büroarbeiten, die nicht unter c) und d) angeführt sind.
c) Zeitweise besonderer bzw überdurchschnittlicher Zeitdruck: Zu diesem kommt es bei manuellen Arbeiten vor der termingebundenen Fertigstellung eines Werkes, zB vor der Eröffnung einer Ausstellung. In den Angestelltenberufen bei Kassierarbeiten, im Telefondienst, bei einer Kinokassierin und dergleichen.
d) Besonderer Zeitdruck: Bei manuellen Berufen Arbeiten nach einem Akkord- oder Prämiensystem. Dabei ist noch eine gewisse persönliche Arbeitszeiteinteilung möglich. In Angestelltenberufen die Arbeiten als Maschinschreibkraft, Phonotypistin, Datatypistin und dergleichen, wenn keine anderen ausgleichenden Arbeiten mitverrichtet werden (dann ist eine Einstufung in c) richtig).
e) Ständiger oder dauernder besonderer Zeitdruck: Arbeit nach Maschinendiktat, Fließbandarbeit.

6.14.4.1.3. Mitwirkungspflicht

Der Versicherte hat sich einer **zumutbaren Operation oder Behandlung** zu unterziehen. **Nur eine schuldhafte**, also eine zumindest leicht fahrlässige **Verletzung** der Duldungs- oder Mitwirkungspflicht des Versicherten, der sich einer zumutbaren Behandlung zu unterziehen hat, führt zum Verlust des Anspruches.[932]

Ob eine ärztliche Behandlung **zumutbar** ist, ist nicht generell, sondern individuell für den Betroffenen zu beurteilen. Für die Zumutbarkeit kommt es insb darauf an, ob mit hoher Wahrscheinlichkeit zu erwarten ist, dass die Heilbehandlung die herabgesunkene Arbeitsfähigkeit soweit bessert, dass Invalidität nicht mehr vorliegt.[933]

Hängt das Ende der Invalidität von einer Duldung oder Mitwirkung des Versicherten ab, zu der er verpflichtet ist, ist die Leistung für jenen Zeitraum zuzuerkennen, in dem die Invalidität bestanden hätte, wenn er seiner Duldungs- oder Mitwirkungspflicht ordnungsgemäß nachgekommen wäre. Eine (weitere) **Bandscheibenoperation** ist zur Wiederherstellung der Arbeitsfähigkeit zumutbar.[934]

6.14.4.1.4. Arbeitsmarkt

Als Verweisungstätigkeiten kommen nur solche Arbeiten in Betracht, die auf dem allgemeinen Arbeitsmarkt in ausreichender Anzahl vorhanden sind.[935] Als Mindestzahl müssen grundsätzlich **(österreichweit) 100** derartige **Arbeitsplätze** in einem Verweisungsberuf zur Verfügung stehen.[936]

932 10 ObS 5/00h.
933 10 ObS 188/04a.
934 10 ObS 331/92.
935 10 ObS 134/89.
936 10 ObS 2339/96k.

Einem Pensionswerber, dem infolge seines Gesundheitszustandes zwar nicht mehr der gesamte österreichische Arbeitsmarkt, wohl aber ein **regionaler Arbeitsmarkt** offensteht, müssen auf dem von ihm erreichbaren Teilarbeitsmarkt nicht mindestens 100 für ihn geeignete Arbeitsplätze zur Verfügung stehen. Diesbezüglich genügt es vielmehr, wenn es in der betreffenden Region für an sich zumutbare Verweisungstätigkeiten eine solche Zahl von (offenen oder besetzten) Stellen gibt, die die Annahme rechtfertigen, dass ein Arbeitsfähiger und Arbeitswilliger einen solchen Arbeitsplatz auch erlangen kann.[937] Die Grenze wird von der Rsp bei etwa **30 Arbeitsplätzen** gezogen.[938]

6.14.4.1.5. Anmarschweg

Ein Versicherter ist wegen einer Gehbehinderung so lange nicht vom allgemeinen Arbeitsmarkt ausgeschlossen, als er ohne wesentliche Einschränkung ein öffentliches Verkehrsmittel benützen und vorher sowie nachher ohne unzumutbare Pausen und mit angemessener Geschwindigkeit eine **Wegstrecke von** jeweils zumindest **500 Metern (in 20 bis 25 Minuten**[939]**) zu Fuß** zurücklegen kann.[940] Diese **abstrakt** und unabhängig vom konkreten Wohnort oder von konkret verfügbaren öffentlichen Verkehrsmitteln vorzunehmende Prüfung schließt im Einzelfall nicht aus, dass eine Wohnsitzverlegung oder ein Wochenpendeln aus individuellen Umständen nicht zumutbar sein können.[941]

Ist der Wohnort durch Massenverkehrsmittel schlecht aufgeschlossen und die Zurücklegung der Wege zum und vom Arbeitsplatz bzw zum und vom nächsten Massenverkehrsmittel **mit privaten Verkehrsmitteln üblich**, so ist, wenn die Anmarschwege nur beschränkt möglich sind und Wochenpendeln bzw eine Übersiedlung ausgeschlossen ist, auch festzustellen, ob der Versicherte diese Wege in zumutbarer Weise mit einem privaten Fahrzeug zurücklegen konnte.[942]

6.14.4.1.6. Wohnort

Das Verweisungsfeld und die Anforderungen, die mit der Ausübung einer bestimmten Tätigkeit auch bezüglich der Erreichung des Arbeitsplatzes verbunden sind, werden an den Verhältnissen des gesamten Arbeitsmarktes gemessen. Die Lage des Wohnortes im Einzelfall bildet ein **persönliches Moment**, das bei der Prüfung der Frage, ob Invalidität besteht, **außer Betracht** zu bleiben hat.[943]

Die Lage des Wohnortes des Versicherten ist, sofern medizinische Gründe einen Wohnortwechsel oder Pendeln nicht ausschließen, auf die Verweisbarkeit ebenso **ohne Einfluss** wie mangelnde Kenntnisse der deutschen Sprache.[944]

937 RS0084415.
938 10 ObS 145/14t.
939 10 ObS 47/08x.
940 RS0085049.
941 10 ObS 126/22k.
942 RS0084907.
943 RS0084871.
944 RS0085017.

Vom Versicherten kann eine **Wohnsitzverlegung** gefordert werden, die ihn in die Lage versetzt, einen entsprechenden Arbeitsplatz zu erreichen.[945]

Sofern nicht medizinische Gründe entgegenstehen, muss der Versicherte auch einen Wechsel seines Wohnortes in Kauf nehmen. Ferner ist vom Versicherten zu verlangen, dass er ein **öffentliches Verkehrsmittel** benützt, wenn ihm dies aufgrund seines körperlichen und geistigen Zustandes zugemutet werden kann.[946]

Von einem Versicherten ist grundsätzlich zu verlangen, dass er - sofern nicht medizinische Gründe dem entgegenstehen - durch entsprechende Wahl seines Wohnorts, allenfalls **Wochenpendeln**, die Bedingungen für die Erreichung des Arbeitsplatzes herstellt, die für Arbeitnehmer im Allgemeinen gegeben sind.[947]

Ist einem Pensionswerber infolge seines körperlichen und/oder geistigen Zustandes **nur mehr Tagespendeln,** nicht aber auch Wochenpendeln und Übersiedeln **möglich**, dann stehen ihm nur mehr die seiner Leistungsfähigkeit entsprechenden Arbeitsplätze in seinem tatsächlichen Wohnort und in dessen durch Tagespendeln in zumutbarer Weise erreichbarem Umkreis zur Verfügung.[948]

Ist dem Versicherten nur Tagespendeln, nicht aber auch Wochenpendeln und Übersiedeln möglich, sind **Feststellungen** darüber **erforderlich**, ob im Umkreis der dem Kläger möglichen Gehstrecke oder in dem durch die Benützbarkeit eines Massenverkehrsmittels erweiterten Umkreis, eine entsprechende Zahl von adäquaten Arbeitsplätzen zur Verfügung steht.[949]

Ob einem ursprünglich vollzeitig Beschäftigten, der **nur mehr Teilzeitarbeit** verrichten kann, zur Erreichung eines entsprechenden Arbeitsplatzes eine Wohnsitzverlegung oder Wochenpendeln zumutbar ist, ist nach den Besonderheiten des Einzelfalles zu beurteilen.[950]

6.14.4.1.7. Krankenstände

Mit hoher Wahrscheinlichkeit und trotz zumutbarer Krankenbehandlung zu erwartende leidensbedingte Krankenstände von **jährlich sieben Wochen** und darüber schließen einen Versicherten vom allgemeinen Arbeitsmarkt aus.[951] Zeiten **einmaliger**, wenn auch länger dauernder **Krankenstände** sind im Regelfall nicht in die zu erwartende Krankenstandsdauer einzubeziehen.[952]

945 10 ObS 120/90.
946 10 ObS 265/03y.
947 10 ObS 168/13y.
948 10 ObS 143/03g.
949 RS0084994.
950 RS0085027.
951 RS0113471.
952 10 ObS 24/09s.

In welchem Umfang der Versicherte in der Vergangenheit im Krankenstand war, ist ohne Bedeutung; wesentlich ist **ausschließlich** die **Prognose für die Zukunft**, ausgehend von den Anforderungen in den Verweisungsberufen.[953]

Eine Einschätzung von Krankenständen innerhalb gewisser Grenzen reicht nicht aus. Grundsätzlich sind klare Feststellungen über die wirkliche Dauer von mit hoher Wahrscheinlichkeit zu erwartenden Krankenständen zu treffen. Sind keine klaren Feststellungen über die wirkliche Dauer von Krankenständen getroffen worden und ergibt sich eine Krankenstandsprognose nur innerhalb einer gewissen **Schwankungsbreite**, dann ist der **niedrigste der möglichen Zeitwerte** zugrunde zu legen.[954]

Eine anteilige Berücksichtigung der Dauer von **Kuraufenthalten** kommt nur dann in Betracht, wenn diese mit einer gewissen Regelmäßigkeit zu erwarten sind.[955]

6.14.4.1.8. Zusatzpausen

Zusätzliche Pausen beeinflussen den Arbeitsablauf im Hinblick auf deren Länge, zeitliche Lagerung, Vorhersehbarkeit etc in ganz unterschiedlicher Weise und stellen an die Toleranz des Arbeitgebers ganz unterschiedliche Anforderungen, weshalb immer auf die **konkrete Verweisungstätigkeit** abzustellen ist.[956]

In Tätigkeiten, die mit **Kundenverkehr** verbunden sind, führt die stündliche Unterbrechung der Arbeit auch nur für wenige Minuten zu einer massiven Störung des Arbeitsablaufs und wird nicht toleriert.[957]

Behinderungsbedingte zusätzliche Kurzpausen in einer **täglichen** Gesamtdauer **bis** zu etwa **zwanzig Minuten** werden im Allgemeinen in der Wirtschaft toleriert, so dass diese Gruppe von Arbeitnehmern nicht auf ein besonderes Entgegenkommen des Arbeitgebers angewiesen und deshalb nicht vom allgemeinen Arbeitsmarkt ausgeschlossen ist.[958]

Benötigt ein Versicherter über die gesetzlich vorgeschriebenen Pausen hinaus zusätzliche Arbeitspausen, so ist eine Verweisung auf den Arbeitsmarkt nur möglich, wenn eine entsprechende **Zahl von Arbeitsplätzen** besteht, bei denen die Einhaltung dieser Pausen gewährleistet ist. Ob dies der Fall ist, ist eine Tatfrage.[959]

Hat ein Arbeitgeber nach einer unter Strafdrohung stehenden gesetzlichen Anordnung die Tätigkeit so zu organisieren, dass die **Bildschirmarbeit** regelmäßig

953 10 ObS 280/97t.
954 10 ObS 36/01v.
955 10 ObS 126/05k.
956 10 ObS 125/13z.
957 10 ObS 125/13z; OLG Linz 12 Rs 56/24b.
958 RS0084414.
959 RS0043613.

durch Pausen oder andere Tätigkeiten unterbrochen wird, kann nicht davon ausgegangen werden, dass ein Arbeitnehmer, der nach einer kontinuierlichen Bildschirmtätigkeit von 50 Min eine Pause von 10 Min einhalten oder 10 Min eine andere augenschonende Tätigkeit verrichten muss, seines Arbeitsplatzes verlustig gehen würde oder auf das besondere Entgegenkommen seines Arbeitgebers angewiesen wäre.[960]

Die Notwendigkeit von zeitlich nicht verschiebbaren siebenmaligen Arbeitsunterbrechungen während einer **Halbtagsbeschäftigung** zum Zweck des Aufsuchens einer Toilette (halbstündige Miktionsintervalle aufgrund eines imperativen Harndrangs) bewirken eine erhebliche Einschränkung der Arbeitskapazität und des Arbeitsablaufs und schließen daher vom allgemeinen Arbeitsmarkt aus.[961]

6.14.4.1.9. Besonderes Entgegenkommen des Arbeitgebers

Für die Annahme eines „besonderen Entgegenkommens“ ist nicht maßgeblich, ob der Dienstgeber einen wirtschaftlichen Nachteil dadurch erleidet, dass ein Dienstnehmer nicht nur die gesetzlichen Mindestpausen benötigt; entscheidend ist vielmehr, ob und inwieweit ein bestimmtes Ausmaß von (zusätzlichen) Pausen im Allgemeinen **in der Wirtschaft toleriert** wird.[962]

Wenn die Umstellung auf eine neue Situation in der Anfangsphase im Vergleich zu einer gesunden Person eine zwei- bis dreimal so lange **Eingewöhnungsphase** erfordert, wobei aber zahlreiche kalkülsentsprechende Hilfstätigkeiten nach einer Einschulungszeit von wenigen Stunden oder Tagen ausgeübt werden können, erscheint ein „besonderes“ Entgegenkommen des Dienstgebers nicht erforderlich.[963]

Ebenso wenig wie ein Versicherter auf eine Berufstätigkeit verwiesen werden darf, die er nur unter der Voraussetzung eines besonderen Entgegenkommens seines Arbeitgebers verrichten kann, ist ihm eine Berufstätigkeit zuzumuten, deren Ausübung ein unübliches Entgegenkommen **von Arbeitskollegen** erfordern würde.[964]

6.14.4.2. Gelernte Arbeiter (Abs 1)

6.14.4.2.1. Erlernter Beruf

War der Versicherte **überwiegend in erlernten Berufen tätig**, gilt er als invalid, wenn seine Arbeitsfähigkeit infolge seines körperlichen oder geistigen Zustandes auf weniger als die Hälfte derjenigen eines körperlich und geistig gesunden Versicherten von ähnlicher Ausbildung und gleichwertigen Kenntnissen und Fähigkeiten in jedem dieser Berufe herabgesunken ist (Abs 1).

960 10 ObS 2355/96p.
961 OLG Innsbruck RI0100191.
962 10 ObS 201/01h.
963 10 ObS 7/03g.
964 RS0084383.

Ein erlernter Beruf ist ein Beruf, für den ein **bestimmter Ausbildungsgang** vorgeschrieben ist, dessen erfolgreicher Abschluss Voraussetzung für die Ausübung eines Berufes ist. Ein erlernter Beruf liegt dann vor, wenn der Versicherte eine Berufsausbildung genossen und in einer den jeweils geltenden Vorschriften entsprechenden Form erfolgreich abgeschlossen hat. Es handelt sich dabei va um die in der Lehrberufsliste gemäß § 7 BAG angeführten **Lehrberufe.**[965]

In einem erlernten Beruf war der Versicherte nur tätig, wenn und **nachdem** er für den betreffenden Lehrberuf die **Lehrabschlussprüfung erfolgreich abgelegt** hat.[966]

Nach stRsp ist ein Beschäftigter während der **Lehrzeit bzw** der **Anlernzeit** nicht im erlernten (angelernten) Beruf tätig. Er übt in dieser Zeit keine (qualifizierte) Berufstätigkeit iSd § 255 Abs 2 Satz 2 aus, sodass die Lehr- bzw Anlernzeit bei Prüfung der Frage, ob ein erlernter oder angelernter Beruf ausgeübt wurde, **außer Betracht** zu bleiben hat.[967]

Dass qualifizierte Facharbeiter **in leitende Positionen** (Werkmeister, Werkstättenleiter) **aufsteigen**, ist eine durchaus übliche berufliche Entwicklung. Daraus, dass mit einer gehobenen Stellung auch organisatorische Aufgaben und die Beaufsichtigung von Mitarbeitern verbunden sind, kann nicht abgeleitet werden, dass es sich dabei um grundsätzlich verschiedene Tätigkeiten handelt, steht doch auch in dieser Verwendung die **Facharbeiterqualifikation im Vordergrund**; die damit verbundenen Kenntnisse und Fähigkeiten bilden das wesentliche Kriterium auch dieser Berufe.[968]

Ein Versicherter, der nur eine Teiltätigkeit eines Lehrberufes ausübt, die nicht als angelernte Tätigkeit anzusehen ist, erlangt durch einen **nachträglichen Lehrabschluss** ohne jede praktische Anwendung der dort erworbenen Kenntnisse und Fähigkeiten im Erwerbsleben keinen Berufsschutz.[969]

Ein Beruf gilt auch dann als erlernt, wenn eine **Gleichstellung** eines **im Ausland** erworbenen Prüfungszeugnisses iSd § 27a BAG erfolgt ist.[970]

Gemäß § 27a Abs 1 BAG ist eine **im Ausland** erfolgreich **abgelegte Lehrabschlussprüfung auf Antrag** desjenigen, der diese Prüfung abgelegt hat, bei Vorliegen der Voraussetzungen des lit a und b dieser Bestimmung vom Bundesminister für wirtschaftliche Angelegenheiten einer in Österreich in dem entsprechenden in der Lehrberufsliste angeführten Lehrberuf erfolgreich abgelegten Lehrabschlussprüfung **gleichzuhalten.** An den diesbezüglichen rechtskräftigen **Bescheid** einer

965 10 ObS 357/00y.
966 10 ObS 279/97w.
967 10 ObS 121/22z.
968 RS0084651.
969 RS0084449.
970 10 ObS 162/00x.

zuständigen Verwaltungsbehörde sind die **Gerichte gebunden**, auch wenn den Parteien des Prozesses am Verwaltungsverfahren keine Beteiligtenstellung zugekommen ist.[971] Ist keine rechtsgestaltende Anerkennung des ausländischen Lehrabschlusses aufgrund eines Individualantrages gemäß § 27a Abs 2 BAG erfolgt, dann scheidet die Vorfragenprüfung durch das Gericht und damit die Annahme eines erlernten Berufes aus.[972]

6.14.4.2.2. Überwiegende Tätigkeit (Abs 2)

Eine überwiegende Tätigkeit liegt vor, wenn **innerhalb der letzten 15 Jahre vor dem Stichtag in zumindest 90 Pflichtversicherungsmonaten** eine Erwerbstätigkeit als qualifizierter Arbeiter oder als Angestellter ausgeübt wurde. Liegen zwischen dem Ende der Ausbildung (Abs 2a) und dem Stichtag weniger als 15 Jahre, so muss zumindest in der Hälfte der Kalendermonate, jedenfalls aber für zwölf Pflichtversicherungsmonate, eine Erwerbstätigkeit als qualifizierter Arbeiter oder als Angestellter vorliegen. Liegen zwischen dem Ende der Ausbildung (Abs 2a) und dem Stichtag mehr als 15 Jahre, so verlängert sich der im zweiten Satz genannte Rahmenzeitraum um Versicherungsmonate nach § 8 Abs 1 Z 2 lit a, d, e und g, um Monate des Bezuges von Übergangsgeld sowie um höchstens 60 Monate des Bezuges von Rehabilitationsgeld und von Umschulungsgeld (Abs 2).

Als **Ende der Ausbildung** nach Abs 2 gelten der Abschluss eines Lehrberufes, der Abschluss einer mittleren oder höheren Schulausbildung oder Hochschulausbildung sowie der Abschluss einer dem Schul- oder Lehrabschluss vergleichbaren Ausbildung, jedenfalls aber der Beginn einer Erwerbstätigkeit als qualifizierter Arbeiter oder als Angestellter (Abs 2a).

Ein Beschäftigter ist **während der Lehrzeit bzw Anlernzeit** nicht im erlernten (angelernten) Beruf tätig; er übt keine (qualifizierte) Berufstätigkeit iSd Abs 2 Satz 2 aus, sodass die (Lehr-)Zeit bei Prüfung der Frage, ob in mehr als der Hälfte der Beitragsmonate nach dem ASVG eine erlernte Berufstätigkeit ausgeübt wurde, außer Betracht zu bleiben hat.[973]

Für die Erlangung des Berufsschutzes nach § 255 Abs 1 und 2 sind nur qualifizierte Tätigkeiten als gelernte oder angelernte Arbeiter sowie Angestelltentätigkeiten zu berücksichtigen, während Zeiten einer **selbständigen Tätigkeit** nach dem GSVG für die Frage des Berufsschutzes nach jener Gesetzesstelle weiterhin **außer Betracht** zu bleiben haben.[974]

Für die Erlangung des Berufsschutzes stellt der Gesetzgeber grds auf die bestimmte Mindestversicherungszeit einer qualifizierten Erwerbstätigkeit in einem

971 RS0052663.
972 10 ObS 162/00x.
973 10 ObS 200/01m.
974 RS0129026.

bestimmten Rahmenzeitraum ab, bei jenen Versicherten, bei denen nur ein **kürzerer Beobachtungszeitraum** vorliegt, hingegen auf das Erfordernis der sogenannten **„Halbdeckung" mit** einer **absoluten Untergrenze von zwölf Monaten** einer qualifizierten Tätigkeit. Darin liegt weder eine Diskriminierung aufgrund des Alters noch ist diese Regelung unsachlich. Dass der Gesetzgeber für die zweite Gruppe – mangels Vorliegens der Grundvoraussetzungen einer ausreichenden Ausübungszeit (7,5 Jahre) für die Erlangung von Berufsschutz – **keine Rahmenfristerstreckung** vorgesehen hat, und die „Hälfteregelung" bezogen auf den Berufsschutz für diese (Kurzzeit-)Versicherten daher unbeschränkt gilt, führt zu keiner anderen Beurteilung.[975]

Liegen zwischen dem Ende der Ausbildung (Abs 2a) und dem Stichtag weniger als 15 Jahre, so muss nach der **Ausnahmeregelung des** § 255 **Abs 2 Satz 3** zumindest in der Hälfte der Kalendermonate, jedenfalls aber für zwölf Pflichtversicherungsmonate, eine Erwerbstätigkeit als qualifizierter Arbeiter oder als Angestellter vorliegen. § 255 Abs 2 Satz 3 stellt nach der Rsp eine Ausnahmeregelung für jene Versicherten dar, bei denen zwischen dem Ende der (ersten) Ausbildung und dem Stichtag weniger als 15 Jahre liegen und denen daher der Erwerb der Mindestversicherungszeit einer qualifizierten Erwerbstätigkeit von vornherein nicht möglich war. Nur in diesem Fall genügt das Vorliegen einer qualifizierten Erwerbstätigkeit zumindest in der Hälfte der Kalendermonate.[976]

Zeiten der (Langzeit-)**Arbeitslosigkeit** verlängern nicht den Rahmenzeitraum für den Erhalt des Berufsschutzes.[977]

Der Umstand, dass die Pflichtversicherung für die Zeit des **Bezugs von Urlaubsersatzleistung** gemäß § 11 Abs 2 Satz 2 weiter besteht, ändert nichts daran, dass nach der Beendigung eines Dienstverhältnisses keine Erwerbstätigkeit mehr iSd § 255 Abs 2 Satz 2 ausgeübt werden kann. Der Revisionswerber vermag nicht aufzuzeigen, aus welchen Gründen der Gesetzgeber seinen Gestaltungsspielraum verletzt, wenn dieser einerseits – durchaus zu Gunsten des Versicherten – die Pflichtversicherung für den Zeitraum der Gewährung einer Urlaubsersatzleistung weiter bestehen lässt (§ 11 Abs 2 Satz 2), andererseits für die Erhaltung des – privilegierten – Berufsschutzes iSd § 255 Abs 2 Satz 2 die Ausübung einer qualifizierten Erwerbstätigkeit fordert, die jedoch nach Beendigung des Dienstverhältnisses nicht mehr möglich ist.[978]

6.14.4.2.3. Berufsschutz

Nach der Rsp des VfGH sind die einzelnen SV-Systeme (ASVG, GSVG, BSVG) wegen ihrer unterschiedlichen Gestaltungen des Beitrags- und Leistungsrechts

975 RS0129831.
976 10 ObS 180/21z.
977 RS0130003.
978 10 ObS 87/23a.

nicht miteinander vergleichbar, sodass zufolge der bestehenden prinzipiellen **Unterschiedlichkeit der einzelnen SV-Systeme** der Gleichheitsgrundsatz für eine einheitliche Regelung nicht ins Treffen geführt werden kann. Der Versicherungsfall der geminderten Arbeitsfähigkeit tritt in den einzelnen Systemen der österreichischen PV jeweils unter verschiedenen Bezeichnungen auf, wobei auch der Begriffsinhalt jeweils ein anderer ist. Diese unterschiedliche Regelung ist zum Großteil historisch gewachsen und für das österreichische Pensionsrecht in den Versicherungsfällen der geminderten Arbeitsfähigkeit charakteristisch. Gegen eine **Nichtberücksichtigung von Zeiten einer selbständigen Erwerbstätigkeit** nach dem GSVG **bei der Frage des Berufsschutzes** nach § 273 Abs 1 bzw § 255 Abs 1 ASVG bestehen daher keine verfassungsrechtlichen Bedenken.[979]

Der Aspekt des **Erwerbs** des Berufsschutzes ist **von** jenem des **Erhalts** eines einmal erworbenen Berufsschutzes durch später ausgeübte Tätigkeiten **zu unterscheiden**. Die Frage des Erhalts des Berufsschutzes stellt sich nur, wenn ein solcher zuvor erworben wurde.[980]

Die Frage, ob ein Versicherter Berufsschutz genießt, ist in allen Fällen, in denen bei Bestehen eines solchen die Verweisbarkeit fraglich wäre, **von Amts wegen** zu prüfen, insb dann, wenn nach dem Inhalt des Prozessvorbringens hierüber keine Klarheit besteht.[981]

Zur Prüfung der Frage, ob der Versicherte Berufsschutz erworben hat, reicht die Feststellung der Bezeichnung des ausgeübten Berufes nicht aus, es ist vielmehr die **Feststellung des genauen Inhaltes der Tätigkeit** erforderlich, die der Versicherte verrichtet hat.[982]

Eine nur bei **besonderem Entgegenkommen des Arbeitgebers** mögliche Tätigkeit kann nicht als eine Tätigkeit im erlernten Beruf angesehen werden. Ein Versicherter, der nicht unter den Bedingungen des allgemeinen Arbeitsmarktes beschäftigt war, kann daher durch diese Tätigkeit **weder** einen **Berufsschutz erwerben noch** einen bereits bestandenen Berufsschutz **erhalten**.[983]

Ein Versicherter, der **mehrfach Berufsschutz** (ob als Angestellter oder als qualifizierter Arbeiter in einem erlernten oder angelernten Beruf) genießt, verfügt über vielfältigere Ausbildung, Kenntnisse und Fähigkeiten als ein nur in einem Beruf tätig gewesener. Er darf in allen Berufssparten verwiesen werden, auf die sich sein Berufsschutz erstreckt.[984]

979 10 ObS 85/15w mwN.
980 10 ObS 93/18a.
981 RS0084428.
982 RS0084670.
983 10 ObS 32/96.
984 10 ObS 323/00y.

Die Frage des Berufsschutzes ist auch bei einem **Antrag auf Weitergewährung** der entzogenen Invaliditätspension nach jenem **Stichtag** zu beurteilen, der der Gewährung der Invaliditätspension zugrunde lag.[985]

Die **Beurteilung** des Berufsschutzes **in einem Vorverfahren bindet nicht**. Denn ein zu einem zurückliegenden Stichtag rechtskräftig abgewiesenes Begehren auf Invaliditätspension erzeugt für die Entscheidung über ein zu einem späteren Stichtag erhobenes Begehren keine Bindungswirkung.[986]

Der **Berufsschutz geht nicht verloren**, wenn in den letzten fünfzehn Jahren vor dem Stichtag in der Praxis **nur mehr Teiltätigkeiten** des erlernten Berufes **ausgeübt** werden, sofern diese quantitativ und qualitativ nicht ganz unbedeutend waren.[987] Entscheidend ist, ob ein **Kernbereich** der Ausbildung auch bei Ausübung der Teiltätigkeit verwertet werden muss.[988] Die Tätigkeit eines **Autobusfahrers** gehört zum Kernbereich der Tätigkeit eines Berufskraftfahrers, die zwar allein nicht ausreichen würde, den Berufsschutz zu erwerben, durch die aber der bereits erworbene Berufsschutz nicht verloren geht, weil sie nicht als bloß untergeordnet angesehen werden kann.[989]

Ein **Berufsfußballer** hat – ungeachtet der Frage, ob es sich dabei um eine Angestellten- oder Arbeitertätigkeit handelt – weder Berufsschutz nach § 273 noch nach § 255 Abs 1 und 2, weil die gegenüber anderen Berufen völlig untypisch kurze Zeit der Ausübbarkeit von Anfang an feststeht. Der Berufsfußballer muss schon bei Beginn seiner Tätigkeit mit einem späteren Berufswechsel rechnen. Derartige Risken können nicht versichert sein. Das Problem der Verweisung auf andere Berufe stellt sich nicht, weil die Arbeitsfähigkeit als Berufsfußballer nicht in einem Beruf herabgesunken ist, der geeignet ist, gemäß den § 255 Abs 1 und 2 und § 273 das Verweisungsfeld abzustecken.[990]

Durch die erfolgreiche Absolvierung ihrer **zweijährigen Ausbildung zur Altenhelferin und Pflegehelferin** mit 1.200 Stunden Theorie und 1.200 Stunden Praxis hat die Klägerin einen Berufsschutz nach Abs 1 erworben.[991]

6.14.4.2.4. Verweisung

Die **Verweisung auf Teiltätigkeiten** eines Lehrberufes **ist zulässig**; ein Versicherter, dessen Invalidität nach Abs 1 zu beurteilen ist, darf aber nicht auf Teil-

985 RS0083653.
986 RS0116794.
987 RS0084497.
988 10 ObS 392/01x.
989 10 ObS 365/99w.
990 RS0111063.
991 RS0122353.

tätigkeiten seines Berufes verwiesen werden, durch die er den ihm zukommenden Berufsschutz verlieren würde. Die Tätigkeit, auf die der Versicherte verwiesen wird, muss daher eine Tätigkeit in einem erlernten (angelernten) Beruf iSd Abs 1 und 2 sein.[992]

In vielen Fällen können gelernte Handwerker auf den Beruf eines **Fachmarktberaters/Fachmarktverkäufers** in der jeweiligen Branche verwiesen werden. Der Wechsel eines qualifizierten Facharbeiters in eine Angestelltentätigkeit führt zu keinem Verlust des Berufsschutzes, wenn eine entsprechende Nahebeziehung zum bisher ausgeübten Beruf besteht.[993]

Beim Beruf des **Fuhrparkdisponenten** handelt es sich um eine qualifizierte, den Berufsschutz als Berufskraftfahrer erhaltende Teiltätigkeit, sodass die Verweisung des Klägers auf diese Tätigkeit grundsätzlich zulässig ist.[994]

Ein **Kraftfahrzeugmechaniker** kann im Rahmen seines Berufsschutzes auf Tätigkeiten in facheinschlägigen Bereichen der Administration eines Kraftfahrzeugbetriebes und eines Autoverkäufers verwiesen werden.[995]

Bei Berufsschutz als **Schlosser** oder Schweißer kann auf die berufsschutzerhaltende Tätigkeit eines qualifizierten Fertigungsprüfers in der Metallbranche verwiesen werden.[996]

6.14.4.2.5. Nachschulung

Auch einem Versicherten, der überwiegend in erlernten oder angelernten Berufen tätig war, ist eine Nachschulung (§ 19 Abs 1 lit b dritter Fall AMFG) im bisherigen Beruf (in der bisherigen Berufsgruppe) zuzumuten. Ist die Nachschulung wegen **fehlender Grundkenntnisse** des Versicherten nicht möglich, geht dies zu Lasten seines Berufsschutzes.[997]

Die durchschnittliche **dreimonatige Einweisung** in das Bestellwesen, die interne Organisation und die EDV für den Beruf eines Fachberaters ist für einen Maurer eine üblicherweise zumutbare Nachschulung.[998]

Eine **halbjährige Zusatzausbildung** hält sich im Rahmen dessen, was einem versicherten Dienstnehmer als Nach- und nicht als Umschulung zugemutet werden kann, va, wenn sie innerbetrieblich erfolgt.[999]

992 RS0084541.
993 10 ObS 332/00x.
994 10 ObS 98/11a.
995 10 ObS 304/00d.
996 10 ObS 399/02b.
997 10 ObS 202/01f.
998 10 ObS 20/98h.
999 10 ObS 231/02x.

6.14.4.3. Angelernte Arbeiter (Abs 2)

6.14.4.3.1. Angelernter Beruf

War der Versicherte **überwiegend in angelernten Berufen tätig**, gilt er als invalid, wenn seine Arbeitsfähigkeit infolge seines körperlichen oder geistigen Zustandes auf weniger als die Hälfte derjenigen eines körperlich und geistig gesunden Versicherten von ähnlicher Ausbildung und gleichwertigen Kenntnissen und Fähigkeiten in jedem dieser Berufe herabgesunken ist (Abs 1).

Ein angelernter Beruf liegt vor, wenn die versicherte Person eine Tätigkeit ausübt, für die es erforderlich ist, **durch praktische Arbeit qualifizierte Kenntnisse oder Fähigkeiten** zu **erwerben**, die jenen in einem erlernten Beruf gleichzuhalten sind (Abs 2).

Voraussetzung für die Qualifikation als angelernter Arbeiter ist es, dass der Versicherte hinsichtlich seiner Fähigkeiten und Kenntnisse **den Anforderungen entspricht, die üblicherweise** an Absolventen des Lehrberufes gestellt werden. Es reicht jedoch nicht aus, wenn die Kenntnisse und Fähigkeiten **nur ein Teilgebiet** eines Tätigkeitsbereiches umfassen, der von gelernten Arbeitern ganz allgemein in viel weiterem Umfang beherrscht wird.[1000]

Auch dann, wenn die Kenntnisse oder Fähigkeiten an einem bestimmten Lehrberuf zu messen sind, ist der **Berufsschutz** nicht erst dann zu bejahen, wenn der Versicherte alle Kenntnisse oder Fähigkeiten besitzt, die nach den Ausbildungsvorschriften zum Berufsbild dieses Lehrberufes zählen und daher einem Lehrling während der Lehrzeit zu vermitteln sind. Es kommt vielmehr darauf an, dass der Versicherte über die Kenntnisse oder Fähigkeiten verfügt, die üblicherweise von ausgelernten Facharbeitern des jeweiligen Berufes in dessen auf dem Arbeitsmarkt gefragten Varianten (Berufsgruppe) unter Berücksichtigung einer betriebsüblichen Einschulungszeit verlangt werden.[1001]

Für die Annahme eines angelernten Berufes genügt es nicht, dass der Versicherte die Kenntnisse und Fähigkeiten, welche jenen in einem erlernten Beruf gleichzuhalten sind, besitzt, sondern es müssen diese Kenntnisse und Fähigkeiten **für die** von ihm **ausgeübte Berufstätigkeit erforderlich**, also **Voraussetzung** hiefür gewesen sein.[1002]

Ein angelernter Beruf muss keinem gesetzlich geregelten Lehrberuf entsprechen. Auch ohne Vergleich mit einem konkreten erlernten Beruf müssen die qualifizierten, in der Praxis erworbenen Kenntnisse und Fähigkeiten an Qualität und Umfang nur jenen in **einem Lehrberuf gleichzuhalten** sein.[1003] Ein angelernter

1000 RS0084638.
1001 RS0084585.
1002 RS0084616.
1003 RS0084602.

Beruf kann auch dann vorliegen, wenn es **keinen** gleichartig gesetzlich geregelten **Lehrberuf gibt**, die vom Versicherten verrichtete Tätigkeit nach den für sie in Betracht kommenden Voraussetzungen im Allgemeinen jedoch eine ähnliche Summe besonderer Kenntnisse oder Fähigkeiten erfordert wie die Tätigkeiten in einem erlernten Beruf.[1004]

Für jene angelernten Berufe, für die **kein** entsprechender **Lehrberuf vorgesehen** ist, soll Berufsschutz gewährt werden, wenn damit gleichartige und gleichwertige qualifizierte Kenntnisse verbunden sind.[1005] Es muss hiebei auf jenen Lehrberuf zurückgegriffen werden, der mit der ausgeübten Tätigkeit **am ehesten verwandt** ist. Hiefür wird etwa maßgebend sein, ob das bearbeitete oder verarbeitete Material das gleiche oder ähnlich ist, ob ähnliche Maschinen oder Werkzeuge verwendet werden oder ob ähnliche Arbeitsvorgänge vorkommen.[1006]

Es ist durchaus denkbar, dass sich die Tätigkeit eines Versicherten als **Mischtätigkeit von Teiltätigkeiten mehrerer Lehrberufe** darstellt und der Versicherte aus jedem Lehrberuf zwar nur einzelne Teiltätigkeiten beherrscht, die Summe dieser Teiltätigkeiten jedoch ein Maß erreicht, das die Annahme des Vorliegens von einem Lehrberuf vergleichbaren Kenntnissen und Fähigkeiten rechtfertigt.[1007]

Ein angelernter Beruf wird **erst ab dem Zeitpunkt ausgeübt**, ab dem die **Anlernung abgeschlossen** ist und der Versicherte über die Kenntnisse und Fähigkeiten verfügt, die den in einem Lehrberuf erworbenen gleichzuhalten sind.[1008] Bei einem Anlernberuf ist die **Zeit der Anlernung als unqualifizierte Zeit** zu werten.[1009]

Dass eine **Tätigkeit** eine **verantwortungsvolle** ist, qualifiziert sie ebenso wenig zu einem angelernten Beruf wie die dazu erforderliche (mit einer Lehrzeit aber nicht zu vergleichende) Einschulungszeit (hier: Verschieber im Dienst der österreichischen Bundesbahnen).[1010]

Die **kollektivvertragliche Einstufung** als Facharbeiter ist für die Beurteilung, ob ein angelernter Beruf vorliegt, ohne Bedeutung.[1011]

6.14.4.3.2. Beispiele

Ein **Kraftfahrer**, dessen Kenntnisse nur unwesentlich über diejenigen hinausgehen, die von jedem Lenker eines Schwerkraftfahrzeuges anlässlich der Führerscheinprüfung verlangt werden, übt keinen angelernten Beruf aus.[1012] Die Kenntnisse und

1004 10 ObS 392/01x.
1005 RS0084433.
1006 10 ObS 374/90.
1007 10 ObS 166/91.
1008 RS0084450.
1009 10 ObS 115/97b.
1010 RS0084506.
1011 RS0084673.
1012 RS0084792.

Fähigkeiten eines angelernten Berufskraftfahrers sind am Berufsbild des Lehrberufes „Berufskraftfahrer" (BGBl 1992/508; 1995/902; II 1998/152) zu messen.[1013] Gerade der Berufskraftfahrer benötigt nicht nur die für den Güternahverkehr erforderlichen Kenntnisse, sondern darüberhinausgehende Kenntnisse, die va für den **grenzüberschreitenden Verkehr** bedeutsam sind. Das Fehlen dieser für die qualifizierte Tätigkeit des Berufskraftfahrers erforderlichen und auch in der Praxis verlangten Kenntnisse kann auch nicht durch Kenntnisse in der Bedienung von Spezialfahrzeugen und Spezialmaschinen aufgewogen werden.[1014] Musste der Kläger **keine Fahrten in das Ausland** durchführen und besitzt er daher auch **keine Kenntnisse des internationalen Transportwesens**, kommt schon aus diesem Grund die Annahme eines Anlernberufes als Berufskraftfahrer nicht in Frage.[1015] Für die Ausübung des Berufes eines **Autobuslenkers im städtischen Liniendienst** sind Kenntnisse und Fähigkeiten, die den in einem Lehrberuf erworbenen gleichzuhalten sind, nicht erforderlich.[1016]

Benötigt ein angelernter **Berufskraftfahrer** aus medizinischer Sicht über die nach dem AZG zugestandenen Pausen hinaus einen **häufigeren Wechsel der Körperhaltung**, ist die Feststellung nötig, ob es eine ausreichende Anzahl von derartigen Lenkerarbeitsplätzen gibt.[1017]

Keine angelernten Berufe sind bspw:

- Lagerarbeiter und Magazinarbeiter (Aufladen und Abladen von Waren, Auspacken von Waren, Sortieren und Einordnen in Regale, Zusammenstellen von Auslieferungsware nach Lieferschein und Verpackungsarbeiten)[1018]
- Triebwagenführer[1019]
- Straßenbahnfahrer[1020]
- Personenschützer (Bodyguard)[1021]
- Hilfsschwester (Krankengehilfin oder Stationsgehilfin)[1022]
- Kranführer[1023]
- Heilbademeister und Heilmasseure[1024]
- Baggerfahrer und Raupenfahrer[1025]
- Schwimmlehrer, der einen sechsmonatigen Lehrgang für Bademeister mit einer Unterrichtsdauer von insgesamt 120 Stunden absolviert hat.[1026]

1013 10 ObS 234/99f.
1014 10 ObS 294/02m.
1015 10 ObS 217/02p.
1016 10 ObS 200/01m.
1017 RS0084487.
1018 10 ObS 60/91.
1019 10 ObS 22/15f.
1020 10 ObS 272/92.
1021 10 ObS 83/15a.
1022 RS0084778.
1023 RS0084753.
1024 RS0084789.
1025 RS0084762.
1026 RS0084748.

6.14.4.4. Ungelernte Arbeiter (Abs 3)

War der Versicherte **nicht überwiegend in erlernten (angelernten) Berufen tätig**, gilt er als invalid, wenn er infolge seines körperlichen oder geistigen Zustandes nicht mehr imstande ist, durch eine Tätigkeit, die auf dem **Arbeitsmarkt** noch bewertet wird und die ihm unter billiger Berücksichtigung der von ihm ausgeübten Tätigkeiten zugemutet werden kann, wenigstens die Hälfte des Entgeltes zu erwerben, das ein körperlich und geistig gesunder Versicherter regelmäßig durch eine solche Tätigkeit zu erzielen pflegt (Abs 3).

Versicherten in ungelernten Berufen gebührt (sofern die Voraussetzungen des Abs 4 nicht erfüllt sind) eine Leistung wegen geminderter Arbeitsfähigkeit grundsätzlich erst dann, wenn sie nicht mehr imstande sind, eine auf dem **Arbeitsmarkt** noch bewertete Tätigkeit zu verrichten. Das Verweisungsfeld ist somit mit dem Arbeitsmarkt ident.[1027]

Ein nicht überwiegend in erlernten (angelernten) Berufen tätig gewesener Versicherter darf auf **Angestelltentätigkeiten** verwiesen werden.[1028]

Bei Prüfung eines Pensionsanspruches wegen geminderter Arbeitsfähigkeit ist insb in Fällen des Abs 3 vorerst ein **medizinisches Leistungskalkül** zu erheben. Durch **Vergleich** des medizinischen Leistungskalküls **mit** den Feststellungen über die physischen und psychischen Anforderungen, die die **Verweisungstätigkeiten** stellen, ist sodann die Frage zu lösen, ob der Kläger zur Verrichtung der in Frage kommenden Verweisungstätigkeiten in der Lage ist.[1029]

Sind die **Anforderungen** an einen Verweisungsberuf **gerichtsbekannt**, so bedarf es keiner näheren Feststellungen hierüber. Dies gilt für die Tätigkeit eines Portiers, Wacheorgans, Bürodieners und Aufsehers.[1030]

Bei **allgemein gängigen Verweisungsberufen** bedarf es keiner detaillierten Erhebung über die Anzahl der auf dem allgemeinen Arbeitsmarkt vorhandenen Arbeitsplätze (hier: Portier, Parkgaragenkassier).[1031]

Der im Abs 3 ausdrücklich vorgeschriebene Maßstab der **Lohnhälfte** ist auch nach Abs 1 und nach § 273 Abs 1 anzulegen. Alle aus den Versicherungsfällen der geminderten Arbeitsfähigkeit zu leistenden Pensionen haben **Lohnersatzfunktion** (Gehaltsersatzfunktion). Diese Leistungen sollen aber erst erbracht werden, wenn der Versicherte aus gesundheitlichen Gründen nicht mehr imstande ist, wenigstens die in seiner Berufsgruppe (Facharbeiter und Angestellte) oder auf dem allgemeinen Arbeitsmarkt (Hilfsarbeiter) für gesunde Versicherte regelmäßig erzielbare Lohnhälfte (Gehaltshälfte) zu erwerben. Dabei ist der **durchschnittliche**

1027 RS0084505.
1028 RS0085005.
1029 10 ObS 262/99y.
1030 RS0084528.
1031 RS0085078.

Verdienst als Vergleichsmaßstab heranzuziehen. Soweit der durchschnittliche Verdienst zB in **Kollektivverträgen** festgelegt ist, sind die danach zustehenden Löhne und Gehälter auch dann als Vergleichsmaßstab heranzuziehen, wenn in Einzelfällen höhere Verdienste erreicht werden. Werden jedoch in der in Betracht kommenden Berufsgruppe regelmäßig über den Tariflöhnen und Tarifgehältern liegende Entgelte gezahlt, sind diese zugrundezulegen. In der Regel ist von der Normalarbeitszeit auszugehen.[1032]

Kann der Versicherte seine **bisherige Tätigkeit weiter ausüben**, stellt sich die Frage nach der „Lohnhälfte" nicht.[1033]

Kann der Versicherte **in den Verweisungsberufen voll eingesetzt** werden, ist anzunehmen, dass er zumindest den kollektivvertraglichen Lohn erhält, sodass sich die Frage der Lohnhälfte nicht stellt.[1034]

Abs 3 hindert eine Verweisung auf Tätigkeiten, die den bisher ausgeübten unähnlich sind, nicht, sondern soll **nur in** den **Ausnahmefällen eine Verweisung verhindern**, die bei Berücksichtigung der schon ausgeübten Tätigkeiten als **unbillig** bezeichnet werden müsste.[1035]

Die geminderte Arbeitsfähigkeit einer **Pflegehelferin** mit einjähriger Ausbildung ist nach Abs 3 zu beurteilen.[1036]

6.14.4.5. Härtefallregelung (Abs 3a und 3b)

War die versicherte Person **nicht überwiegend in erlernten oder angelernten Berufen tätig**, so gilt sie auch dann als invalid, wenn sie

1. das **50. Lebensjahr vollendet** hat,
2. mindestens **zwölf Monate** unmittelbar vor dem Stichtag als **arbeitslos** iSd § 12 AlVG **gemeldet** war,
3. mindestens **360 Versicherungsmonate,** davon mindestens **240 Beitragsmonate der Pflichtversicherung auf Grund einer Erwerbstätigkeit**, erworben hat und
4. **nur mehr Tätigkeiten mit geringstem Anforderungsprofil**, die auf dem Arbeitsmarkt noch bewertet sind, **ausüben kann** und zu erwarten ist, dass ein Arbeitsplatz in einer der physischen und psychischen Beeinträchtigung entsprechenden Entfernung von ihrem Wohnort innerhalb eines Jahres nicht erlangt werden kann (Abs 3a).

Tätigkeiten mit geringstem Anforderungsprofil sind **leichte Tätigkeiten**, die bei **durchschnittlichem Zeitdruck** und **vorwiegend in sitzender Haltung** ausgeübt

1032 RS0084408.
1033 10 ObS 26/99t.
1034 10 ObS 297/97t.
1035 RS0084991.
1036 10 ObS 332/02z.

werden. Tätigkeiten gelten auch dann als vorwiegend in sitzender Haltung ausgeübt, wenn sie durch zwischenzeitliche Haltungswechsel unterbrochen werden (Abs 3b).

Faktische Arbeitslosigkeit und ein Jahr dauernder Bezug von Krankengeld können das **zwingende Erfordernis einer Arbeitslosmeldung** iSd § 12 AlVG (§ 255 Abs 3a Z 2) nicht ersetzen. Es liegt diesbezüglich auch keine Gesetzeslücke vor, die durch Analogie zu schließen wäre.[1037]

Bei **„Tätigkeiten mit geringstem Anforderungsprofil"** (Abs 3b) handelt es sich einerseits um leichte körperliche Tätigkeiten, die bei durchschnittlichem Zeitdruck und vorwiegend in sitzender Haltung ausgeübt werden und (= während der Ausübung der Tätigkeit) mehrmals täglich einen Haltungswechsel ermöglichen (erste Fallgruppe) und andererseits um leichte körperliche Tätigkeiten, die bei durchschnittlichem Zeitdruck vorwiegend in sitzender Haltung ausgeübt werden oder (= nicht während der Ausübung der Tätigkeit) mehrmals täglich einen Haltungswechsel ermöglichen (zweite Fallgruppe).[1038]

Haltungswechsel bedeutet ein Aufstehen von zwei bis vier Mal pro Stunde.[1039]

„Vorwiegend in **sitzender** Haltung" bedeutet sitzende Arbeit in mehr als zwei Drittel der Gesamtarbeitszeit.[1040]

Auch im Falle nur phasenweiser Überschreitung des **durchschnittlichen Zeitdrucks** ist das in der Härtefallregelung vorgesehene Fortbestandsmerkmal des „durchschnittlichen Zeitdrucks" nicht mehr erfüllt.[1041]

In Abs 3a Z 4 und Abs 3b wird kein medizinisches Kalkül des Versicherten, sondern ein **bestimmtes Profil von Tätigkeiten** umschrieben, die der Versicherte zwar noch ausüben könnte, auf die er nach dem Willen des Gesetzgebers aber nicht verwiesen werden kann.[1042]

Einfache Bürohilfstätigkeiten sind Tätigkeiten mit geringstem Anforderungsprofil.[1043]

6.14.4.6. Tätigkeitsschutz (Abs 4)

Als invalid gilt auch der Versicherte, der das **60. Lebensjahr vollendet** hat, wenn er infolge von Krankheit oder anderen Gebrechen oder Schwäche seiner körperlichen oder geistigen Kräfte **außer Stande** ist, **einer Tätigkeit,** die er in den **letz-**

1037 RS0127974.
1038 RS0127383.
1039 10 ObS 81/13d.
1040 10 ObS 141/13b.
1041 10 ObS 19/14p.
1042 RS0127382.
1043 10 ObS 8/19b.

ten 180 Kalendermonaten vor dem Stichtag mindestens 120 Kalendermonate hindurch ausgeübt hat, nachzugehen. Dabei sind **zumutbare Änderungen** dieser Tätigkeit zu berücksichtigen. Fallen in den Zeitraum der letzten 180 Kalendermonate vor dem Stichtag

- neutrale Monate (§ 234 Abs 1 Z 2 lit a) oder Monate des Bezuges von Übergangsgeld (§ 306), so verlängert sich der genannte Zeitraum um diese Monate (Z 1);
- Monate des Bezuges von Rehabilitationsgeld (§ 143a) oder von Umschulungsgeld (§ 39b AlVG), so verlängert sich der genannte Zeitraum um höchstens 60 dieser Monate (Z 1a);
- Monate des Bezuges von **Krankengeld** (§ 138), so sind diese **im Höchstausmaß von 24 Monaten** auf die im ersten Satz genannten 120 Kalendermonate anzurechnen (Z 2).

Abs 4 gewährt nach stRsp einen **Tätigkeitsschutz, nicht** aber einen **Arbeitsplatzschutz**, und stellt damit (wie auch die Vorgängerbestimmung § 253d) nicht auf die konkret vom Versicherten am jeweiligen Arbeitsplatz ausgeübten (Teil-)Tätigkeiten ab, sondern auf die **„abstrakte Tätigkeit"** mit dem am allgemeinen Arbeitsmarkt typischerweise gefragten Inhalt.[1044]

Unter dem Begriff der **„einen" Tätigkeit** ist nicht nur eine einzige (einheitliche) Tätigkeit zu verstehen, sondern es können auch bei mehreren ausgeübten Tätigkeiten – unter Bedachtnahme auf die wesentlichen Tätigkeitselemente (den **Kernbereich)** – sehr ähnliche Tätigkeiten **zu einer Tätigkeit zusammengefasst** werden. Eine Tätigkeit nämlich, die einerseits als „eine Tätigkeit" zu qualifizieren ist, stellt andererseits jedenfalls auch eine zumutbare Verweisungstätigkeit dar. Die Verweisung eines immer vollzeitbeschäftigten Versicherten im Rahmen des Abs 4 auf eine **Teilzeitbeschäftigung** ist daher nicht zulässig.[1045]

Bei Anwendung des Abs 4 sind **auch Zeiten einer selbständigen Erwerbstätigkeit** nach dem GSVG bei der Prüfung der Frage, ob eine Tätigkeit 120 Monate hindurch ausgeübt wurde, **zu berücksichtigen**, allerdings nur unter der Voraussetzung, dass im maßgebenden Beobachtungszeitraum der letzten 180 Kalendermonate vor dem Stichtag auch Zeiten einer unselbständigen Beschäftigung nach dem ASVG vorliegen.[1046]

Abs 4 stellt nicht auf das Vorliegen von 120 **Beitragsmonaten** in den letzten 180 Kalendermonaten vor dem Stichtag ab, sondern darauf, dass die Ausübung „einer" Tätigkeit in den letzten 180 **Kalendermonaten** vor dem Stichtag mindestens 120 Kalendermonate hindurch erfolgte.[1047]

1044 10 ObS 182/13g.
1045 10 ObS 280/03d.
1046 10 ObS 30/07w.
1047 10 ObS 18/13i.

Im Anwendungsbereich des Abs 4 können **Beitragsmonate der freiwilligen Versicherung** (hier: der Selbstversicherung gemäß § 19a), die nicht die Pflichtversicherung nach dem ASVG begründen, nicht als Monate gewertet werden, in denen die versicherte Person eine „Tätigkeit" iSd Abs 4 Satz 1 ausgeübt hat.[1048]

Eine **Verweisung** muss dann als **zumutbar** angesehen werden, wenn die Verweisungstätigkeit bereits bisher als eine **Teiltätigkeit** ausgeübt wurde und das **Arbeitsumfeld** dem bisherigen **ähnlich** ist. Kriterien sind dabei neben dem technischen Umfeld ua auch die Kontakte mit Mitarbeitern und Kunden sowie die räumliche Situation, etwa, ob die Arbeiten im Freien oder am Fließband auszuüben sind. Der **Branche** kann keine allein ausschlaggebende Bedeutung zukommen; sie kann aber bei der Konkretisierung des Umfelds eine Rolle spielen.[1049]

Ein **anderer Tätigkeitsbereich** als bisher **ist** jedenfalls **unzumutbar**, wenn er eine wesentliche Änderung des beruflichen Umfelds des Versicherten bedeuten würde, wie zB das Erlernen gänzlich neuer Tätigkeiten oder den Verweis auf eine Tätigkeit, die in einem **anderen arbeitskulturellen Umfeld** erbracht werden muss (zB Bauhilfsarbeiter in die Textilbranche). Dabei wird auch von Bedeutung sein, welchen Zeitraum eine für die Ausübung eines Verweisungsberufs notwendige **Anlernung** voraussichtlich in Anspruch nehmen wird.[1050]

Eine **gravierende Lohneinbuße** kann ein Kriterium für die Unzumutbarkeit einer Verweisung darstellen. Die Prüfung der Frage der Zumutbarkeit einer solchen Lohneinbuße hat auch in diesem Fall grundsätzlich abstrakt zu erfolgen. Es ist daher nicht vom individuellen früheren Verdienst des Versicherten bei seinem konkreten Dienstgeber, sondern vom **Durchschnittsverdienst** gleichartig Beschäftigter auf dem Arbeitsmarkt auszugehen.[1051]

Auch nach der Novellierung der Voraussetzungen des besonderen Tätigkeitsschutzes gemäß Abs 4 Z 2 (bezüglich der für die Ausübung „einer" Tätigkeit maßgebenden Zeiten) soll nicht jeder, sondern nur ein solcher **Bezug von Krankengeld** (durch maximal 24 Monate) angerechnet werden, der **einer** entsprechenden **Erwerbstätigkeit zuzuordnen** ist; käme es doch andernfalls auch zu einer Besserstellung von kranken gegenüber gesunden Arbeitslosen, für die keine sachliche Rechtfertigung ersichtlich ist.[1052] Krankenstandszeiten **nach Beendigung** des Dienstverhältnisses sind der Erwerbstätigkeit nicht mehr zuordenbar und gelten daher auch nicht als Ausübung einer Tätigkeit.[1053]

1048 RS0134372.
1049 RS0100022.
1050 10 ObS 101/03f.
1051 RS0120866.
1052 RS0127738.
1053 10 ObS 189/13m.

Das nach Abs 4 in Betracht kommende **Verweisungsfeld** ist jedenfalls **enger als** jenes **nach Abs 1**. Damit ist klargestellt, dass der Tätigkeitsschutz nach Abs 4 für qualifizierte Versicherte günstiger wirken soll als der Berufsschutz nach Abs 1 und 2. Auch nach Abs 4 scheiden Verweisungen auf Teiltätigkeiten, die den Berufsschutz (hier: als gelernter Berufskraftfahrer) nicht erhalten können, aus. Eine Verweisung des Klägers, der Berufsschutz als **gelernter Berufskraftfahrer** nach Abs 1 und Tätigkeitsschutz nach Abs 4 genießt, auf die Tätigkeiten im Personentransport kommt nicht in Betracht.[1054]

Als **Spezialregelung** geht der Tätigkeitsschutz der Härtefallregelung vor.[1055]

Beispiele für Verweisungen:

- Die Tätigkeit eines **Apothekenzustellers** im innerstädtischen Bereich ist eine zumutbare Änderung der Tätigkeit als Buschauffeur.[1056]
- Eine Tätigkeit als **Schulbusfahrer** stellt eine zumutbare Verweisungstätigkeit der vom Kläger bisher ausgeübten Tätigkeit als Straßenbahnfahrer dar.[1057]
- Die Verweisung eines **Bäckers** in einem Kleinbetrieb auf die Tätigkeit eines Bäckers in einem Mittelbetrieb ist zumutbar.[1058]
- Einer **Kindergartenleiterin**, die auch bisher immer (ua) mit administrativen Auf gaben betraut war, kann die Verweisung auf die Tätigkeit einer Kindergartenleiterin in größeren Kindergärten und Horten mit ausschließlich administrativen Aufgaben zugemutet werden.[1059]
- **Controller** und **Kostenrechner** sind auf Bürotätigkeiten in der Fakturierung, die eigenständig ausgeübt werden, verweisbar.[1060]
- Nicht zumutbar ist die Verweisung eines **Bauschlossers** auf die Tätigkeiten eines Einstellers an CNC-gesteuerten Maschinen oder eines Fertigungsprüfers.[1061]

6.14.4.7. Erweiterte Verweisbarkeit nach beruflicher Rehabilitation (Abs 5)

Abweichend von Abs 1 und 2 **ist** dem Versicherten **jedenfalls eine Tätigkeit zumutbar**, für die er unter Berücksichtigung der Dauer und des Umfanges seiner Ausbildung sowie der von ihm bisher ausgeübten Tätigkeit durch Leistungen der beruflichen Rehabilitation mit Erfolg ausgebildet oder umgeschult worden ist (Abs 5).

1054 10 ObS 19/09f.
1055 *Sonntag* in *Sonntag*, ASVG[14] § 255 Rz 139a mwN.
1056 10 ObS 113/08b.
1057 10 ObS 118/14x
1058 10 ObS 338/02g.
1059 10 ObS 348/02b.
1060 10 ObS 39/11z.
1061 10 ObS 421/02p.

Konsequenz der **erweiterten Verweisbarkeit** ist, dass **Invalidität** dann **nicht mehr gegeben** ist, wenn der Versicherte die Tätigkeit, auf die er rehabilitiert worden ist, ausüben kann. Kann er dies aber schon bei Beendigung der Rehabilitationsmaßnahme aus gesundheitlichen Gründen nicht, kann auch von einer erfolgreichen Rehabilitation nicht die Rede sein. Damit kann sich auch die Frage eines erweiterten Berufsschutzes iSd Abs 6 nicht stellen.[1062]

Bei der Prüfung der **Zumutbarkeit** einer beruflichen Rehabilitation sind auch **Arbeitsmarktprognosen** zu berücksichtigen. Nicht zuletzt als Gegenstück zum Verlust des Berufsschutzes ist es im Fall von Maßnahmen der beruflichen Rehabilitation unerlässlich, im Einzelfall zu prüfen, ob ein Versicherter nach erfolgreicher Rehabilitation in dem gemäß Abs 5 erweiterten Verweisungsfeld **voraussichtlich einen Arbeitsplatz finden** wird; Rehabilitationsmaßnahmen, bei denen diese Aussicht nicht besteht, sind nicht zumutbar. Daher darf die durch eine erfolgreiche Rehabilitation zu erwartende Einsatzfähigkeit des Versicherten nicht rein abstrakt anhand des Vorhandenseins von mindestens 100 (freien oder besetzten) Arbeitsstellen im umgeschulten Beruf geprüft werden. Andererseits darf aber das Arbeitsplatzrisiko des nicht mehr voll Arbeitsfähigen auch nicht zur Gänze auf die PV verlagert werden. Es muss eine **realistische Chance** bestehen, dass der konkrete Umgeschulte nach Ende der Umschulung im neuen Beruf voraussichtlich einen Arbeitsplatz findet.[1063]

6.14.4.8. Erweiterter Berufsschutz durch Rehabilitation (Abs 6)

Wurden dem Versicherten Maßnahmen der Rehabilitation gewährt, durch die das im § 300 Abs 3 angestrebte Ziel erreicht worden ist, so gilt er auch als invalid, wenn seine **Arbeitsfähigkeit in den Berufen**, zu denen ihn die **Rehabilitation befähigt** hat, infolge seines körperlichen oder geistigen Zustandes auf weniger als die Hälfte derjenigen eines körperlich und geistig gesunden Versicherten von ähnlicher Ausbildung und gleichwertigen Kenntnissen und Fähigkeiten in jedem dieser Berufe **herabgesunken** ist (Abs 6).

Abs 6 ist dahin zu verstehen, dass sich der Gesetzgeber entschlossen hat, den **Berufsschutz** des erfolgreich Rehabilitierten **auf jenen Beruf** zu **übertragen**, zu dem ihn die Rehabilitation befähigt hat.[1064]

Wurde dem Versicherten durch Maßnahmen der Rehabilitation die Ausübung eines **neuen Berufes** ermöglicht, dann gilt er auch dann als invalid, wenn seine Arbeitsfähigkeit in den Berufen, zu denen ihn die Rehabilitation befähigt hat, auf weniger als die Hälfte herabgesunken ist.[1065]

1062 RS0129360.
1063 10 ObS 32/05m.
1064 RS0127571.
1065 10 ObS 26/03a.

6.14.4.9. Originäre Invalidität (Abs 7)

Als invalid gilt der Versicherte auch dann, wenn er **bereits vor der erstmaligen Aufnahme einer** die Pflichtversicherung begründenden **Beschäftigung** infolge von Krankheit oder anderen Gebrechen oder Schwäche seiner körperlichen oder geistigen Kräfte außer Stande war, einem regelmäßigen Erwerb nachzugehen, dennoch aber **mindestens 120 Beitragsmonate der Pflichtversicherung auf Grund einer Erwerbstätigkeit** nach dem ASVG oder einem anderen Bundesgesetz **erworben** hat (Abs 7).

Ein Anspruch auf Invaliditätspension gemäß Abs 7 hat eine (weitere) **Verschlechterung** des Gesundheitszustandes des Versicherten seit Eintritt in das Erwerbsleben nicht zur Voraussetzung.[1066]

Zeiten, die früher als Ersatzzeiten qualifiziert wurden und seit dem Inkrafttreten des APG der **Teilversicherung** (§ 8 Abs 1 Z 2 lit a bis g) unterliegen, sind bei der Ermittlung der für einen Anspruch nach Abs 7 erforderlichen 120 Beitragsmonate der Pflichtversicherung nicht zu berücksichtigen.[1067]

6.14.4.10. Auslandsbezug

In Ermangelung einer europäischen Definition liegt die Definitionshoheit, wann Invalidität besteht, grundsätzlich bei den Mitgliedstaaten. Es hat daher jeder Mitgliedstaat die Invalidität nach seinen eigenen Rechtsvorschriften zu prüfen, auch wenn der Versicherte einen Wohnsitz im Ausland gewählt hat. Dies erklärt auch, warum es **keine generelle Anerkennung von Invalidität unter den Mitgliedstaaten** gibt. Eine verbindliche Feststellung von Invalidität unter den Mitgliedstaaten ist nur im Rahmen von Art 40 Abs 4 VO (EWG) 1408/71 vorgesehen und setzt voraus, dass die Tatbestandsmerkmale im Anhang V anerkannt sind. Diese Möglichkeit haben aber nur Frankreich, Italien, Luxemburg und Belgien genützt. Österreich hat von dieser durch Art 40 Abs 4 VO (EWG) 1408/71 eröffneten Möglichkeit, zu bestimmen, dass die Entscheidung des Trägers eines Mitgliedstaats über das Bestehen der Invalidität auch die beteiligten anderen Mitgliedstaaten bindet, nicht Gebrauch gemacht. An dieser Rechtslage hat sich auch im Anwendungsbereich der neuen **VO (EG) 883/2004**, welche die VO (EWG) 1408/71 mit 1.5.2010 abgelöst hat, nichts geändert. Die **österreichischen PV-Träger sind** daher bei der Prüfung der Frage, ob Invalidität vorliegt, **nicht** an Entscheidungen anderer mitgliedstaatlicher Träger **gebunden.**[1068]

Entscheidungen über die Invalidität eines Versicherten in einem anderen Staat bewirken **keine Bindung** für den innerstaatlichen (österreichischen) Rechtsbereich. Die Klägerin kann daraus, dass sie in ihrem Heimatland eine Leistung

1066 RS0120385.
1067 RS0126271.
1068 10 ObS 115/14f mwN.

aus dem Versicherungsfall der Invalidität bezieht, für das vorliegende Verfahren nichts ableiten. Aus keinem der von der Republik Österreich mit einem anderen Staat geschlossenen **Abkommen über soziale Sicherheit** ergibt sich etwas Gegenteiliges.[1069]

6.14.4.11. Verfahren

Im Verfahren über Pensionsansprüche wegen geminderter Arbeitsfähigkeit ist der **Berufsverlauf** des Versicherten **von Amts wegen** zu klären.[1070]

Die Feststellung des medizinischen Leistungskalküls und der Anforderungen in den Verweisungsberufen gehört ausschließlich dem **Tatsachenbereich** an.[1071]

Ob und in welchem Umfang durch bestehende Leidenszustände die **Leistungsfähigkeit** des Versicherten **eingeschränkt** ist, stellt eine nicht revisible Tatfrage dar, die durch die Gerichte erster und zweiter Instanz aufgrund von Gutachten ärztlicher Sachverständiger zu klären ist.[1072]

Haben die Vorinstanzen die **Anforderungen** des Verweisungsberufes **als offenkundig** iSd § 269 ZPO zugrunde gelegt, handelt es sich bei den diesbezüglichen Ausführungen des Berufungsgerichtes um Tatsachenfeststellungen, deren Richtigkeit im Revisionsverfahren nicht überprüft werden kann.[1073]

Bei der auf Grundlage des berufskundlichen Sachverständigengutachtens getroffenen Feststellung, im Verweisungsberuf seien am allgemeinen Arbeitsmarkt in Österreich **mehr als 100 Arbeitsplätze** vorhanden, handelt es sich um eine Tatsachenfeststellung.[1074]

Die Beurteilung, ob Invalidität iSd § 255 vorliegt, ist eine **Rechtsfrage.**[1075]

Die Frage, ob es sich bei der Verweisungstätigkeit um eine **Teiltätigkeit** des bisher ausgeübten erlernten oder angelernten Berufes handelt, ist eine Rechtsfrage.[1076]

Ob die Verweisbarkeit des Versicherten inhaltlich nach § 273 oder § 255 zu beurteilen ist und ob der Versicherte **Berufsschutz** iSd § 255 Abs 1 genießt, ist jeweils eine Rechtsfrage.[1077]

Ob ein angelernter Beruf vorliegt, ist eine Rechtsfrage. Grundlage für die Lösung dieser Frage bilden Feststellungen einerseits über die Anforderungen, die an einen

---

1069 10 ObS 120/00w.
1070 RS0084369.
1071 RS0043118.
1072 10 ObS 196/21b.
1073 10 ObS 228/01d.
1074 10 ObS 80/15k.
1075 RS0103345.
1076 10 ObS 344/00m.
1077 RS0115065.

gelernten Arbeiter in diesem Beruf üblicherweise gestellt werden und andererseits über die Kenntnisse und Fähigkeiten, über die der Versicherte im einzelnen Fall verfügte;[1078] hier: **fehlende theoretische Kenntnisse**, sodass kein Berufsschutz als angelernter Textiltechnologe (früher Textilmechaniker) vorliegt.[1079]

Ob ein Versicherter in der Lage ist, den **Anmarschweg** zurückzulegen, ist eine Rechtsfrage, die ausgehend von den bestehenden Einschränkungen zu prüfen ist. Es sind Feststellungen darüber erforderlich, welche Strecke der Versicherte zu Fuß zu bewältigen im Stande ist, ob er in der Lage ist, ein öffentliches Verkehrsmittel zu benützen und welche Einschränkungen allenfalls dabei bestehen.[1080]

Die Feststellung der **Kenntnisse und Fähigkeiten**, über die der Versicherte verfügt, gehört zur **Tatfrage**, die Beurteilung, ob er in einem **angelernten Beruf** tätig war, zur **rechtlichen Beurteilung.**[1081]

Die Frage, **auf welche Tätigkeiten** ein Versicherter **verwiesen** werden darf, ist eine **Rechtsfrage**. Zu ihrer Lösung bedarf es zunächst der Feststellung, welche Anforderungen mit einem bestimmten Verweisungsberuf verbunden sind. Bedienen sich die Tatsacheninstanzen hierzu eines **berufskundlichen Sachverständigen**, der diese Anforderungen darlegt und auch ausführt, dass solche Berufe auf dem allgemeinen Arbeitsmarkt in ausreichender Zahl vorkommen und legen sie ein solches **Gutachten** ihren Feststellungen zugrunde, so stellt, wenn das Gutachten nicht gegen zwingende Denkgesetze oder zwingende Gesetze des sprachlichen Ausdrucks verstößt, dessen Bekämpfung den irrevisiblen Anfechtungsgrund der **unrichtigen Tatsachenfeststellung und Beweiswürdigung** dar.[1082]

Die schuldhafte **Verletzung der Mitwirkungspflicht** ist vom beklagten PV-Träger zu behaupten und zu **beweisen.**[1083]

Das **auf Weitergewährung** der entzogenen Invaliditätspension (Berufsunfähigkeitspension) **gerichtete Klagebegehren enthält** als logisches Substrat das **Eventualbegehren** auf Wiedergewährung der Pensionsleistung für den Fall, dass zwar die Entziehung berechtigt war, inzwischen aber die Voraussetzungen für eine Neugewährung vorliegen.[1084]

Da (ungeachtet des Fehlens einer subjektiven Beweispflicht) die **objektive Beweislast** dafür, dass die Voraussetzungen für den Anspruch auf eine Versiche-

1078 RS0084563.
1079 10 ObS 131/22w.
1080 RS0085098.
1081 10 ObS 217/93.
1082 RS0043194.
1083 10 ObS 188/04a.
1084 RS0099110.

rungsleistung vorliegen, **den Versicherten trifft**, müsste sich nach Aufnahme sämtlicher notwendig erscheinender Beweise herausstellen, dass der Versicherte in einem Verweisungsberuf auf ein solches **besonderes Entgegenkommen des Dienstgebers** angewiesen wäre. Diese Frage bezieht sich auf die Ebene der **rechtlichen Beurteilung** und nicht die der Tatsachenfeststellungen.[1085]

6.14.5. Feststellung der Invalidität (§ 255a)

Die versicherte Person ist **ausschließlich zum Zweck** der Prüfung der Durchführbarkeit von medizinischen oder beruflichen Maßnahmen der Rehabilitation berechtigt, vor Stellung eines Antrages auf Pension einen **gesonderten Antrag auf Feststellung** zu stellen, **ob Invalidität** iSd § 255 Abs 1 und 2 oder iSd § 255 Abs 3 **voraussichtlich dauerhaft vorliegt** oder in absehbarer Zeit eintreten wird. Über diesen Antrag hat der Versicherungsträger in einem gesonderten Verfahren (§ 354 Z 4a) zu entscheiden.

Siehe dazu die Gesetzesmaterialien:[1086]

> Da der Anspruch auf die Durchführung beruflicher Maßnahmen der Rehabilitation durch das AMS daran anknüpft, ob die invalide/berufsunfähige Person **Berufsschutz** genießt oder nicht (in letzterem Fall kann grundsätzlich auf den gesamten Arbeitsmarkt verwiesen werden, während für eine berufsgeschützte Person nur ein engeres Verweisungsfeld von vergleichbaren Berufen in Betracht kommt), soll der versicherten Person die Möglichkeit eingeräumt werden, auch außerhalb eines Pensionsfeststellungsverfahrens (also eines Leistungsfeststellungsverfahrens) **auf Antrag feststellen** zu lassen, welche Art von Invalidität (Berufsunfähigkeit) – **mit oder ohne Berufsschutz** – vorliegt. Darüber hinaus ist auch zu prüfen, ob die **Invalidität** (Berufsunfähigkeit) **voraussichtlich dauerhaft** vorliegt oder nicht.
>
> Stellt der PV-Träger fest, dass Invalidität (Berufsunfähigkeit) nicht dauerhaft vorliegt, so hat er nach § 367 Abs 4 festzustellen, ob die **Invalidität** (Berufsunfähigkeit) **vorübergehend im Ausmaß von mindestens sechs Monaten** vorliegt, bejahendenfalls, wann sie eingetreten ist und ob berufliche Maßnahmen der Rehabilitation zweckmäßig und zumutbar sind bzw auf welche konkreten Berufstätigkeiten die Person umgeschult werden könnte.
>
> An diese Feststellungen knüpfen sodann gegebenenfalls die weiteren Aktivitäten des AMS oder des zuständigen KV-Trägers wie Umschulung, Gewährung einer entsprechenden Geldleistung oder Case Management an.

Nach den **Materialien zum SVAG**, BGBl I 2015/2, kann die Frage der beruflichen Rehabilitationsmaßnahmen (inklusive Feststellung des Berufsbildes) bei der beantragten Feststellung der Invalidität nach § 255a ASVG ausgeklammert werden, zumal es sich dabei um keinen Leistungsantrag handle (RV 321 BlgNR 25. GP 8).[1087]

1085 10 ObS 201/01h.
1086 RV 2000 BlgNR 24. GP 25 zum SRÄG 2012.
1087 OLG Wien 21.12.2023, 10 Rs 106/23s mwN.

6.14.6. Feststellung des Anspruches auf Rehabilitationsgeld (§ 255b)

Anspruch auf Rehabilitationsgeld hat die versicherte Person, wenn **vorübergehende Invalidität** voraussichtlich im Ausmaß von zumindest sechs Monaten und die Voraussetzungen nach § 254 Abs 1 Z 2 bis 4 vorliegen. Der PV-Träger hat über das Vorliegen dieser Voraussetzungen auf Grund eines **Antrages** nach § 361 Abs 1 letzter Satz mit gesondertem **Feststellungsbescheid** zu entscheiden. § 223 Abs 2 (Stichtag) gilt entsprechend.

Die Gesetzesmaterialien[1088] führen hierzu aus:

> Im Hinblick darauf, dass der **Anspruch** auf Rehabilitationsgeld **vom PV-Träger festzustellen** ist, sollen die Anspruchsvoraussetzungen für diese Leistung (unter Herauslösung aus dem § 143a) in einem gesonderten Tatbestand festgeschrieben werden, und zwar ergänzt um die Voraussetzungen für Leistungen aus dem Versicherungsfall der geminderten Arbeitsfähigkeit nach § 254 Abs 1 Z 2 bis 4 samt Parallelrecht, nämlich dem Erfüllen der Wartezeit für eine Invaliditätspension (Berufsunfähigkeitspension), der Nichtzweckmäßigkeit bzw Nichtzumutbarkeit der beruflichen Maßnahmen der Rehabilitation (bezogen auf die Berufsfeld-Feststellung) und die „Noch-Nicht-Erfüllung" der Anspruchsvoraussetzungen für eine Alterspension (mit Ausnahme der Korridorpension nach § 4 Abs 2 APG).
>
> Das Rehabilitationsgeld muss nicht separat beantragt werden; vielmehr gilt ein Antrag auf Invaliditäts- bzw Berufsunfähigkeitspension auch (und sogar vorrangig) als Rehabilitationsantrag einschließlich der Leistung von Rehabilitationsgeld (§ 361 Abs 1 letzter Satz).

6.14.7. Berufsunfähigkeitspension bei Angestellten (§ 271)

Anspruch auf Berufsunfähigkeitspension hat der Versicherte, wenn

1. die **Berufsunfähigkeit** (§ 273) auf Grund des körperlichen oder geistigen Zustandes **voraussichtlich dauerhaft** vorliegt (bei Personen der Geburtsjahrgänge 1963 und älter auch bei vorübergehender Berufsunfähigkeit),
2. kein Rechtsanspruch auf zumutbare und zweckmäßige Maßnahmen der beruflichen Rehabilitation (§ 270a) besteht,
3. die Wartezeit erfüllt ist (§ 236) und
4. er am Stichtag noch nicht die Voraussetzungen für eine Alterspension nach dem ASVG oder einem anderen Bundesgesetz, mit Ausnahme der Korridorpension, erfüllt hat (Abs 1).

§ 254 Abs 3 bis 8 ist entsprechend anzuwenden (Abs 3).

Die **Arbeitsfähigkeit ist voraussichtlich dauerhaft gemindert**, wenn eine Besserung des Gesundheitszustands nicht zu erwarten ist. Im Anwendungsbereich des SRÄG 2012 muss der Versicherte **beweisen**, dass eine Besserung des Gesundheitszustands mit hoher Wahrscheinlichkeit nicht zu erwarten ist, damit fest-

1088 RV 321 BlgNR 25. GP 7 zum SVAG, BGBl I 2015/2.

steht, dass Berufsunfähigkeit (Invalidität) „voraussichtlich dauerhaft vorliegt". In diesem Sinn genügt es, wenn eine die Berufsunfähigkeit (Invalidität) beseitigende **Besserung** des Gesundheitszustands der versicherten Person **mit hoher Wahrscheinlichkeit** (iSd Regelbeweismaßes der ZPO) **nicht zu erwarten** ist. Es reicht nicht aus, dass irgendeine Besserungsmöglichkeit des Gesundheitszustands des Versicherten besteht, sondern entscheidend ist eine kalkülsrelevante, die Berufsunfähigkeit (Invalidität) beseitigende Besserung. Von der dauerhaften ist die **vorübergehende Berufsunfähigkeit** (Invalidität) zu unterscheiden. Dabei handelt es sich um Berufsunfähigkeit (Invalidität), die lediglich „befristet", wenigstens aber **im Ausmaß von zumindest sechs Monaten** vorliegt. Vorübergehende Berufsunfähigkeit (Invalidität) ist – im Gegensatz zu dauernder Berufsunfähigkeit (Invalidität) – eine „behebbare" Arbeitsunfähigkeit.[1089]

Logische **Abfolge bei Prüfung der Anspruchsvoraussetzungen** für die Berufsunfähigkeitspension ist zuerst die Prüfung des Vorliegens dauernder Berufsunfähigkeit, dann erst die Prüfung, ob eine berufliche Maßnahme der Rehabilitation zweckmäßig und zumutbar ist.[1090]

Eine **Erwerbstätigkeit** mit einem Einkommen bis zur Geringfügigkeitsgrenze kann ohne Einfluss auf die Berufsunfähigkeitspension ausgeübt werden. Bezieht der Pensionist ein Erwerbseinkommen über diesem Betrag, dann wandelt sich der Pensionsanspruch (außer bei Alterspension seit 1.10.2000) in einen solchen auf **Teilpension** um.[1091]

6.14.8. Begriff der Berufsunfähigkeit (§ 273)

Als berufsunfähig gilt die versicherte Person, deren Arbeitsfähigkeit infolge ihres körperlichen oder geistigen Zustandes auf weniger als die Hälfte derjenigen einer körperlich und geistig gesunden versicherten Person **von ähnlicher Ausbildung und gleichwertigen Kenntnissen und Fähigkeiten** herabgesunken ist, wenn innerhalb der letzten 15 Jahre vor dem Stichtag in zumindest 90 Pflichtversicherungsmonaten eine Erwerbstätigkeit als Angestellter oder als qualifizierter Arbeiter ausgeübt wurde. **§ 255** Abs 2 dritter und vierter Satz sowie Abs 2a sind anzuwenden (Abs 1).

Liegen die Voraussetzungen nach Abs 1 nicht vor, so gilt die versicherte Person auch dann als berufsunfähig, wenn sie infolge ihres körperlichen oder geistigen Zustandes nicht mehr imstande ist, durch eine Tätigkeit, die auf dem **Arbeitsmarkt** noch bewertet wird und die ihr unter billiger Berücksichtigung der von ihr ausgeübten Tätigkeiten zugemutet werden kann, wenigstens die Hälfte des Entgeltes zu erwerben, das eine körperlich und geistig gesunde versicherte Person regelmäßig durch eine solche Tätigkeit zu erzielen pflegt (Abs 2).

1089 10 ObS 54/21w.
1090 10 ObS 107/16g.
1091 RS0115250.

6.14.8.1. Allgemeines

Die **Angestellteneigenschaft** wird **nach arbeitsrechtlichen Grundsätzen** ermittelt. Es muss sich also um Tätigkeiten handeln, die als kaufmännische, höhere nicht-kaufmännische oder Kanzleidienste iSd § 1 AngG anzusehen sind.[1092]

Der Versicherungsfall der geminderten Arbeitsfähigkeit bezweckt den Schutz des Versicherten vor den Auswirkungen einer körperlich oder geistig bedingten **Herabsetzung seiner Arbeitsfähigkeit**. Dieser Versicherungsfall kann nur eintreten, wenn während der versicherten Tätigkeit Arbeitsfähigkeit bestanden hat. Gegen dieses Ergebnis bestehen keine verfassungsrechtlichen Bedenken.[1093]

Das Wort **„herabgesunken"** im § 273 ist dahin auszulegen, dass gegenüber einem früheren Zustand eine **Verschlechterung** eingetreten ist. Anspruch auf eine Berufsfähigkeitspension besteht nur dann, wenn eine Person ursprünglich in der Lage war, eine bestimmte Tätigkeit auszuüben und zufolge einer negativen Veränderung des körperlichen oder geistigen Zustandes außerstande gesetzt wird, nunmehr einer geregelten Beschäftigung, zu der sie früher in der Lage war, nachzugehen.[1094]

Umstände, die zwar eine geminderte Arbeitsfähigkeit nach sich ziehen, **mit dem Gesundheitszustand** aber **nicht zusammenhängen**, führen nicht zur Berufsunfähigkeit.[1095]

Der Versicherte **hat sich einer zumutbaren Operation oder Behandlung zu unterziehen**. Nur eine schuldhafte, also eine zumindest leicht fahrlässige Verletzung der Duldungs- oder **Mitwirkungspflicht** des Versicherten, der sich einer zumutbaren Behandlung zu unterziehen hat, führt zum Verlust des Anspruches.[1096] **Ob** eine ärztliche Behandlung **zumutbar ist**, ist nicht generell, sondern **individuell** für den Betroffenen zu beurteilen. Für die Zumutbarkeit kommt es insb darauf an, ob **mit hoher Wahrscheinlichkeit** zu erwarten ist, dass die Heilbehandlung die herabgesunkene Arbeitsfähigkeit so weit **bessert**, dass Berufsunfähigkeit nicht mehr vorliegt.[1097]

Ein Versicherter ist vom allgemeinen Arbeitsmarkt ausgeschlossen, wenn in Zukunft mit hoher Wahrscheinlichkeit und trotz zumutbarer Krankenbehandlung leidensbedingte **Krankenstände** in einer Dauer **von sieben Wochen** und darüber im Jahr zu erwarten sind. Es kann nämlich nicht damit gerechnet werden, dass krankheitsbedingte Abwesenheiten in einem solchen Ausmaß von den in Betracht kommenden Arbeitgebern akzeptiert werden; ein derart betroffener Versi-

---

1092 *Tomandl*, Sozialrecht[7] Rz 266.
1093 10 ObS 141/01k.
1094 RS0085107.
1095 RS0084911.
1096 10 ObS 5/00h.
1097 10 ObS 188/04a.

cherter würde in diesem Fall nur bei besonderem Entgegenkommen des Dienstgebers auf Dauer beschäftigt werden. Zeiten **einmaliger**, wenn auch länger dauernder **Krankenstände** (zB Hüftoperation) sind im Regelfall nicht in die zu erwartende Krankenstandsdauer einzubeziehen.[1098]

Behinderungsbedingte **zusätzliche Kurzpausen** in einer täglichen Gesamtdauer **bis** zu etwa **zwanzig Minuten** werden im Allgemeinen in der Wirtschaft toleriert, so dass diese Gruppe von Arbeitnehmern nicht auf ein besonderes Entgegenkommen des Arbeitgebers angewiesen und deshalb nicht vom allgemeinen Arbeitsmarkt ausgeschlossen ist.[1099]

Die Notwendigkeit von zeitlich nicht verschiebbaren siebenmaligen Arbeitsunterbrechungen während einer **Halbtagsbeschäftigung** zum Zweck des **Aufsuchens einer Toilette** (halbstündige Miktionsintervalle aufgrund eines imperativen Harndrangs) bewirken eine erhebliche Einschränkung der Arbeitskapazität und des Arbeitsablaufs und schließen daher vom allgemeinen Arbeitsmarkt aus.[1100]

Ein Versicherter ist so lange nicht vom allgemeinen Arbeitsmarkt ausgeschlossen, als er ohne wesentliche Einschränkungen ein **öffentliches Verkehrsmittel benützen** und vorher sowie nachher ohne unzumutbare Pausen und mit angemessener Geschwindigkeit eine **Wegstrecke von jeweils 500 m zu Fuß** zurücklegen kann. Ein Zeitaufwand von **20–25 Minuten** für das Zurücklegen von 500 m schließt nicht vom allgemeinen Arbeitsmarkt aus.[1101] Diese **abstrakt** und unabhängig vom konkreten Wohnort oder von konkret verfügbaren öffentlichen Verkehrsmitteln vorzunehmende Prüfung schließt **im Einzelfall** nicht aus, dass eine Wohnsitzverlegung oder ein Wochenpendeln aus individuellen Umständen nicht zumutbar sein können.[1102]

Vertragsangestellte, die zwar Arbeitertätigkeiten verrichten, auf deren Dienstverhältnis aber nach dem Dienstvertrag das AngG gelten soll, werden bei der Frage der Leistungszugehörigkeit und Leistungszuständigkeit den echten Angestellten gleichgestellt. Bei der Prüfung, ob Berufsunfähigkeit vorliegt, ist jedoch von der **tatsächlichen Tätigkeit** auszugehen.[1103]

Die Möglichkeit, einen **konkreten Arbeitsplatz** zu erlangen, gehört nicht zu den Tatbestandsmerkmalen der geminderten Arbeitsfähigkeit.[1104]

Die bescheidmäßige Feststellung der Zugehörigkeit zum Kreis der im § 2 Abs 1 BEinstG genannten **begünstigten Behinderten** ist für die Frage der Berufsunfähig-

1098 10 ObS 24/09s.
1099 RS0084414.
1100 OLG Innsbruck RI0100191.
1101 10 ObS 6/20k.
1102 10 ObS 126/22k.
1103 RS0083723.
1104 RS0084934.

keit nach § 273 ASVG ohne Bedeutung.[1105] Es besteht keine Bindung an die in den Behindertenpass aufgenommene Eintragung der Unzumutbarkeit der Benützung öffentlicher Verkehrsmittel.[1106]

Der Gewährung eines **Pflegegeldes** der Stufe 1 kommt allein noch keine entscheidende Aussagekraft über das Vorliegen der Voraussetzungen für eine Berufsunfähigkeit zu.[1107]

Entscheidungen über die Berufsunfähigkeit eines Versicherten **in einem anderen Staat** bewirken keine Bindung für den innerstaatlichen (österreichischen) Rechtsbereich.[1108]

Der Versicherungsfall der geminderten Arbeitsfähigkeit bei Angestellten (Berufsunfähigkeit nach § 273) liegt nur dann vor, wenn der Versicherte **weder die zuletzt** (nicht nur vorübergehend) **ausgeübte** Angestelltentätigkeit **noch eine** dieser Tätigkeit **gleichwertige Tätigkeit** im Rahmen seiner Berufsgruppe zu verrichten imstande ist.[1109]

§ 4 Abs 4 ordnet die umfassende **Gleichstellung freier Dienstnehmer** auch im Leistungsrecht an. Für die Beurteilung des Berufsschutzes kommt es auf die vertragliche Grundlage von Tätigkeiten, die die Pflichtversicherung nach dem ASVG begründen, nicht an. Maßgeblich ist nur, ob die jeweilige Tätigkeit (inhaltlich) eine qualifizierte Tätigkeit iSd § 273 Abs 1 oder § 255 Abs 1 ist. Es wirkt sich daher auf den Berufsschutz nicht aus, dass dieselbe Angestelltentätigkeit teilweise im Rahmen eines Dienstverhältnisses und teilweise als freier Dienstnehmer ausgeübt wurde.[1110]

6.14.8.2. Berufsschutz

Voraussetzung für den Berufsschutz als Angestellter ist nicht die Absolvierung einer bestimmten Ausbildung, sondern allein der Umstand, dass der Versicherte **Tätigkeiten verrichtet**, die als kaufmännische, höhere nicht kaufmännische Tätigkeiten oder Kanzleidienste iSd § 1 AngG anzusehen sind. Ein einmal erworbener Berufsschutz kann durch die Aufgabe der bisherigen Tätigkeit und Ausübung anderer Tätigkeiten **auch wieder verloren** gehen.[1111]

Für den Berufsschutz zählen **nur** solche Pflichtversicherungsmonate, während derer **unselbständige Tätigkeiten,** also Angestelltentätigkeiten oder solche als qua-

1105 10 ObS 133/03m.
1106 10 ObS 104/13m.
1107 10 ObS 194/01d.
1108 10 ObS 48/99b.
1109 10 ObS 112/13p.
1110 10 ObS 60/23f.
1111 10 ObS 71/06y.

lifizierter Arbeiter, ausgeübt wurden. Zeiten einer **selbständigen** Tätigkeit nach dem GSVG haben daher für den Berufsschutz **außer Betracht** zu bleiben.[1112]

Ein **Pflegehelfer** übt keine Angestelltentätigkeit aus. Dies gilt auch für die zum Sanitätshilfsdienst gehörende Tätigkeit eines **OP-Gehilfen.**[1113]

Ein **Notfallsanitäter** übt keine Angestelltentätigkeit aus.[1114]

6.14.8.3. Verweisung

Der Versicherte darf **nicht auf eine Tätigkeit verwiesen** werden, durch deren Ausübung er den Berufsschutz nach § 273 verlieren würde.[1115]

Das **Verweisungsfeld** wird durch den Beruf bestimmt, den der Versicherte zuletzt nicht nur vorübergehend ausgeübt hat.[1116] Der zuletzt ausgeübte Beruf bestimmt das Verweisungsfeld, dh die Summe aller Berufe, die **derselben Berufsgruppe zuzurechnen** sind, weil sie eine ähnliche Ausbildung und gleichwertige (nicht gleiche oder gleichartige) Kenntnisse und Fähigkeiten verlangen.[1117] Zur Berufsgruppe zählen nicht nur Berufe aus einer bestimmten Branche, sondern auch solche **aus anderen Branchen**, wenn sie gleichwertige Kenntnisse voraussetzen.[1118]

Ein Versicherter, der **mehrfach Berufsschutz** als Angestellter oder auch als qualifizierter Arbeiter in einem erlernten oder angelernten Beruf **genießt**, verfügt über vielfältigere Ausbildung, Kenntnisse und Fähigkeiten als ein nur in einem Beruf tätig gewesener Versicherter. Er darf daher in allen Berufssparten verwiesen werden, auf die sich sein Berufsschutz erstreckt.[1119]

Entscheidend für die Frage der Verweisbarkeit des Versicherten ist die auf Grund des **ärztlichen Leistungskalküls** getroffene Feststellung, in welchem Umfang er im Hinblick auf die bestehenden Einschränkungen behindert ist bzw welche Tätigkeiten er ausführen kann. Die vom Sachverständigen erhobene **Diagnose bildet nur die Grundlage** für das von ihm zu erstellende Leistungskalkül, das wiederum die Basis für die Feststellungen bildet. Mangels eigener medizinischer Fachkenntnisse könnte das Gericht aus einer festgestellten Diagnose keinerlei Schlussfolgerungen ableiten.[1120]

Die **Unkenntnis der deutschen Sprache** kann nicht gegen die Verweisbarkeit auf einen Arbeitsplatz ins Treffen geführt werden, weil allfällige, mit dem Gesund-

1112 RS0128674.
1113 10 ObS 314/00z.
1114 10 ObS 32/22m; 10 ObS 199/21v.
1115 10 ObS 15/90.
1116 RS0084943.
1117 10 ObS 2/10g.
1118 10 ObS 56/05s.
1119 10 ObS 79/01t.
1120 10 ObS 136/01z.

heitszustand des Versicherten nicht im Zusammenhang stehende Ursachen einer Beeinträchtigung der Arbeitsfähigkeit bei Prüfung der Invalidität nicht zu berücksichtigen sind und das Verweisungsfeld nicht einengen.[1121]

Die **Verweisung** einer in der Beschäftigungsgruppe 3 des Kollektivvertrages für die Handelsangestellten tätig gewesenen Angestellten (hier: Fakturistin und Angestellte im Einkauf) **auf** Tätigkeiten der **Beschäftigungsgruppe 2** bedeutet keinen unzumutbaren sozialen Abstieg.[1122] Die Verweisung eines Angestellten auf Tätigkeiten, die einer Beschäftigungsgruppe **unmittelbar nachgeordnet** ist, ist zulässig. Geringere Entlohnung stellt für sich allein kein Kriterium für einen unzumutbaren sozialen Abstieg dar.[1123]

Der Versicherte darf nicht auf Berufe verwiesen werden, die für ihn einen **unzumutbaren sozialen Abstieg** bedeuten würden. Unzumutbar ist der soziale Abstieg va dann, wenn die Verweisungstätigkeit in den Augen der Umwelt ein **wesentlich geringeres Ansehen** genießt. Die **Einstufung** einer Tätigkeit in einem Kollektivvertrag kann ein **Indiz** für die Einschätzung des sozialen Werts sein und daher zur Beurteilung des sozialen Abstiegs herangezogen werden. Die Verweisung eines Angestellten auf Tätigkeiten, die einer Beschäftigungsgruppe entsprechen, die der bisherigen Beschäftigungsgruppe unmittelbar nachgeordnet ist, wird in stRsp in der Regel für zulässig erachtet. Dies gilt auch, wenn es sich dabei um Tätigkeiten mit einer geringeren Eigenverantwortung handelt.[1124]

Wenn ein Versicherter vor dem Stichtag **jahrelang nicht in einem Beschäftigungsverhältnis** stand, ist bei der Lösung der Frage des sozialen Abstiegs entscheidend, welchen Wert die Allgemeinheit der vorhandenen Ausbildung und den vorhandenen Kenntnissen und Fähigkeiten zum Zeitpunkt des Stichtags beimisst.[1125]

Kann ein Versicherter **eine Verweisungstätigkeit** jedenfalls noch **ohne Einschränkung ausüben,** ist eine Prüfung, ob weitere Verweisungstätigkeiten möglich sind, nicht mehr erforderlich.[1126]

Kann der Versicherte **in den Verweisungsberufen voll eingesetzt** werden, ist anzunehmen, dass er zumindest den kollektivvertraglichen Lohn (Gehalt) erhält, sodass sich die Frage der Lohnhälfte (Gehaltshälfte) nicht stellt.[1127]

Ein ursprünglich vollzeitig beschäftigter Versicherter kann **auf Teilzeitarbeit verwiesen** werden, durch die er wenigstens die Hälfte des Entgelts eines gesunden

1121 10 ObS 120/00w.
1122 RS0085599.
1123 10 ObS 45/95.
1124 10 ObS 103/22b.
1125 10 ObS 65/05i.
1126 RS0084983.
1127 10 ObS 297/97t.

Vollzeitbeschäftigten erzielen kann. Bei einer Verweisung auf eine Teilzeittätigkeit ist für das Erreichen der **Lohnhälfte** va von entscheidender Bedeutung, in welchem zeitlichen Ausmaß der Versicherte die jeweilige Verweisungstätigkeit noch verrichten kann. Bei einer möglichen **Arbeitszeit von vier Stunden täglich** (oder **zwanzig Stunden wöchentlich**) ist jedenfalls davon auszugehen, dass die gesetzliche Lohnhälfte erzielt werden kann.[1128]

Eine notwendige **Nachschulung** wird auch dann noch als **zumutbar** angesehen, wenn sie längere Zeit in Anspruch nimmt. Nachschulungszeiten, die das Ausmaß von **sechs Monaten** übersteigen, sind im Allgemeinen aber nicht mehr als zumutbar anzusehen. Vom Versicherten kann auch **nicht** verlangt werden, sich **auf eigene Kosten** die benötigten Kenntnisse in externen Ausbildungsmaßnahmen anzueignen.[1129]

In keinem Fall der Verweisung ist zu berücksichtigen, ob der Versicherte im Verweisungsberuf auch tatsächlich einen Dienstposten finden wird, da für den Fall der Arbeitslosigkeit die Leistungszuständigkeit der **Arbeitslosenversicherung** besteht.[1130]

Ein in einem Beruf mit weit **überwiegender technischer Qualifikation** tätiger Versicherter (hier: Kfz-Kundendienstberater) kann nicht auf einen ausschließlich **kaufmännischen** Beruf (hier: Fakturist) verwiesen werden. Eine Verweisung auf eine völlig anders gelagerte Sparte ist nicht zulässig.[1131]

Ein **Außendienstangestellter** eines Versicherungsunternehmens darf auf kaufmännische Innendiensttätigkeiten verwiesen werden, die von kaufmännischen Angestellten mit ähnlicher Ausbildung und gleichartigen Kenntnissen und Fähigkeiten ausgeübt werden, und zwar nicht nur in einem Versicherungsunternehmen, sondern auch in anderen Betrieben, die vergleichbare kaufmännische Angestellte beschäftigen.[1132]

Die Verweisung eines **Vertriebsmitarbeiters im Außendienst** (Beschäftigungsgruppe 3 des damals geltenden Kollektivvertrags für Angestellte im Handel) auf die Tätigkeit eines Informationsdienstangestellten in Handelsbetrieben (Beschäftigungsgruppe 2 dieses Kollektivvertrags) ist zumutbar.[1133]

Ein **Diplomkrankenpfleger** kann ua auf die Tätigkeit eines Krankenpflegers in einer Ambulanz verwiesen werden, ohne dadurch den Berufsschutz zu verlieren, weil es sich dabei um eine Teiltätigkeit aus dem Berufsbild des diplomierten Krankenpflegers handelt.[1134]

1128 10 ObS 88/20v.
1129 10 ObS 91/21m.
1130 RS0084833.
1131 RS0108694.
1132 RS0084956.
1133 10 ObS 103/22b.
1134 10 ObS 132/15g.

6.14.8.4. Härtefallregelung

Genießt eine versicherte Person **Berufsschutz** nach § 273 Abs 1, kann sich die Frage einer „entsprechenden Geltung“ (§ 273 Abs 3) des § 255 Abs 3a und 3b gar nicht stellen. Bei Angestellten kann daher die Verweisungsbeschränkung des § 255 Abs 3a, 3b nur dann bedeutsam werden, wenn die Voraussetzungen des § 273 Abs 1 gerade nicht vorliegen.[1135]

6.14.8.5. Tätigkeitsschutz

Bei qualifizierten Angestelltentätigkeiten ist **maßgeblich, ob** in der bisher ausgeübten „einen“ Tätigkeit einerseits und in der möglichen Verweisungstätigkeit andererseits die anzuwendenden Berufskenntnisse, das Maß an Verantwortung, Kontakte mit anderen Personen (Mitarbeiter, Kunden) und Führungsaufgaben sowie die Selbständigkeit und Eigenverantwortlichkeit in der Arbeitsverrichtung **ähnlich** sind.[1136]

6.14.8.6. Verfahren

Im Verfahren über Pensionsansprüche wegen geminderter Arbeitsfähigkeit ist der **Berufsverlauf** des Versicherten **von Amts wegen** zu klären.[1137]

Das **auf Weitergewährung** der entzogenen Berufsunfähigkeitspension **gerichtete Klagebegehren enthält** als logisches Substrat das **Eventualbegehren** auf Wiedergewährung der Pensionsleistung für den Fall, dass zwar die Entziehung berechtigt war, inzwischen aber die Voraussetzungen für eine Neugewährung vorliegen.[1138]

Wurde eine Berufungsunfähigkeitspension zunächst zu Recht entzogen, tritt aber **während des Gerichtsverfahrens** wegen einer **Verschlechterung** des Gesundheitszustandes von neuem der Versicherungsunfall der geminderten Arbeitsfähigkeit ein, so löst dies einen **neuen Stichtag** aus, womit das Gericht über die Neugewährung der Leistung zu entscheiden hat. Dass der Versicherungsträger über die Gewährung der Leistung zu diesem neuen Stichtag nicht entschieden hat, hindert die Sacherledigung durch das Gericht nicht.[1139]

6.15. Versicherungsfall des Todes

Als **Hinterbliebenenpensionen** gebühren Witwenpensionen, Witwerpensionen, Pensionen für hinterbliebene eingetragene Partner und Waisenpensionen, wenn die **Wartezeit erfüllt** ist (§ 236). Für diese Leistungen gilt die Wartezeit jedenfalls als erfüllt, wenn der Versicherte bis zum Tod Anspruch auf Pension aus der PV hatte (§ 257).

1135 RS0127651.
1136 10 ObS 181/03w.
1137 RS0084369.
1138 RS0099110.
1139 RS0083914.

Leistungsvoraussetzung ist, dass der verstorbene Versicherte die für den Anspruch auf Invaliditätspension erforderliche **kurze Wartezeit** (fünf bzw bei älteren Versicherten entsprechend mehr Jahre) **erfüllt** hat; das Erfordernis der Wartezeit **entfällt** (§ 235 Abs 3) aus denselben Gründen (Arbeitsunfall oder Berufskrankheit) wie bei der Invaliditätspension.[1140]

Bei den Hinterbliebenenleistungen handelt es sich um von der Versicherung der verstorbenen Person **abgeleitete Ansprüche**. Notwendig ist somit, dass die verstorbene Person die erforderliche Nahebeziehung zur Versichertengemeinschaft aufweisen kann.[1141]

§ 257 zweiter Satz meint eine **bescheidmäßig** zuerkannte Pension.[1142]

6.15.1. Witwen-/Witwerpension

Siehe zur Höhe der Witwen-/Witwerpension (§ 264) unten 6.16.2.2.

6.15.1.1. Anspruch (§ 258)

6.15.1.1.1. Allgemeines

Anspruch auf

- Witwenpension hat die Witwe nach dem Tod des versicherten Ehegatten;
- Witwerpension hat der Witwer nach dem Tod der versicherten Ehegattin (Abs 1).

Die **unbefristete** Gewährung der Witwenpension ist der **Regelfall**, die befristete die Ausnahme. ISd Rechtssicherheit ist daher eine allfällige **Befristung** in den Gewährungsbescheid, der konstitutiven Charakter hat, aufzunehmen.[1143]

Die bloße – wenn auch noch so lange und bis zum Tod des Versicherten dauernde – **nichteheliche Lebensgemeinschaft** mit einem Versicherten (im Sinne eines eheähnlichen Zustandes, nach dem typischen Erscheinungsbild des Zusammenlebens von Ehegatten) eröffnet nach dem Tod des Versicherten **keinen Anspruch** auf Witwenpension.[1144]

Die Wirksamkeit einer **im Ausland begründeten Partnerschaft** ist aufgrund des nach § 27a IPRG anzuwendenden Rechts zu prüfen. Dafür bedarf das Zusammenleben zunächst einmal einer (ersten) Qualifikation als „eingetragene Partnerschaft" iSd lex fori. Das ist nur bei ausländischen Partnerschaftsformen der Fall, die (bei weiter Auslegung) einer eingetragenen Partnerschaft funktionell gleich-

---

1140 Vgl *Tomandl*, Sozialrecht[7] Rz 287.
1141 *Födermayr* in SV-System 2.4.5.1.
1142 *Sonntag* in *Sonntag*, ASVG[14] § 257 Rz 1 mwN.
1143 RS0085171.
1144 RS0085158.

wertig sind, dh ihre Kernelemente aufweisen. Eingetragene Partnerschaften sind daher alle Arten von Lebensgemeinschaften, die förmlich begründet wurden (aber keine Ehen sind) und familien- und personenstandsrechtliche Wirkungen entfalten, auch wenn sie hinter jenen Wirkungen zurückbleiben, die eingetragenen Partnerschaften nach dem EPG zukommen. Liegen diese Charakteristika nicht vor, besteht keine eingetragene Partnerschaft, sondern selbst dann nur eine schlichte bzw faktische Lebensgemeinschaft, wenn die ausländische Rechtsordnung gewisse Rechtsfolgen an diese knüpft (hier: eine außereheliche Lebensgemeinschaft nach bosnischem Recht ist der eingetragenen Partnerschaft funktionell nicht gleichwertig iSd § 27a IPRG und begründet daher keinen Anspruch auf Witwenpension).[1145]

6.15.1.1.2. Befristete Gewährung der Pension (Abs 2 und 3)

Die Anspruchsvoraussetzungen für eine Witwen-/Witwerpension differieren je nach Altersunterschied zwischen den Ehepartnern und nach der Dauer der Ehe. Dadurch soll verhindert werden, dass sogenannte **„Versorgungsehen"** mit dem Ziel geschlossen werden, SV-Ansprüche zu erwerben. In bestimmten Fällen, in denen eine Versorgungsehe zu vermuten ist, wird eine Pension zum Teil gar nicht, zum Teil nur befristet für eine Zeit von **30 Kalendermonaten** (zweieinhalb Jahre) gewährt. Sind in der Ehe Kinder geboren worden, wird eine Versorgungsehe nicht vermutet, die Pension gebührt in einem solchen Fall zeitlich unbeschränkt.[1146]

Die Fälle des § 258 Abs 2, wonach die Witwenpension nur bis zum Ablauf von 30 Kalendermonaten gebührt, wenn bestimmte dort näher genannte Voraussetzungen vorliegen, stellt sich als **Ausnahme** von der grundsätzlich unbefristeten Gewährung der Witwenpension dar. Gemäß § 258 Abs 3 gilt Abs 2 ausnahmsweise unter den dort genannten Voraussetzungen (zB ein in der Ehe geborenes Kind) nicht; § 258 Abs 3 statuiert also Ausnahmen von der Ausnahme des § 258 Abs 2. Die neben der zeitlich unbeschränkten Anspruchsdauer bei Vorliegen bestimmter Voraussetzungen vorgesehene verkürzte Anspruchsdauer geht auf die 44. und die 46. ASVG-Novelle zurück (324, 375 und 782 BlgNR 17. GP) und soll das Eingehen sogenannter „Versorgungsehen" vermeiden helfen.[1147]

6.15.1.1.3. Anspruch auf Witwen-/Witwerpension für Geschiedene (Abs 4)

Die Pension gebührt auch der Frau (dem Mann), deren (dessen) **Ehe** mit dem (der) Versicherten für nichtig erklärt, aufgehoben oder **geschieden** worden ist, wenn ihr (ihm) der (die) Versicherte zur Zeit seines (ihres) Todes **Unterhalt** (einen Unterhaltsbeitrag) zu leisten hatte bzw Unterhalt geleistet hat, und zwar

1145 10 ObS 118/23k.
1146 *Brodil/Windisch-Graetz*, Sozialrecht in Grundzügen⁹ 174.
1147 10 ObS 255/93 mwN.

a) auf Grund eines **gerichtlichen Urteiles,**
b) auf Grund eines **gerichtlichen Vergleiches,**
c) auf Grund einer vor Auflösung (Nichtigerklärung) der Ehe eingegangenen **vertraglichen Verpflichtung,**
d) regelmäßig zur Deckung des Unterhaltsbedarfs ab einem Zeitpunkt nach der Rechtskraft der Scheidung bis zu seinem (ihrem) Tod, mindestens während der Dauer des **letzten Jahres** vor seinem (ihrem) Tod, wenn die **Ehe mindestens zehn Jahre gedauert** hat,

sofern und solange die Frau (der Mann) **nicht eine neue Ehe geschlossen** hat (Abs 4).

Formelle Unterhaltstitel (lit a bis c)

Die Regelung, dass dem geschiedenen Ehegatten die Witwenpension (Witwerpension) nur gebührt, wenn ihm der (die) Versicherte zur Zeit seines (ihres) Todes **Unterhalt** (einen Unterhaltsbeitrag) auf Grund eines gerichtlichen Urteils, eines gerichtlichen Vergleiches oder einer vor Auflösung (Nichtigerklärung) der Ehe eingegangenen vertraglichen Verpflichtung **zu leisten hatte**, ist **verfassungsrechtlich unbedenklich** und verstößt insb nicht gegen den Gleichheitsgrundsatz.[1148]

Die **Aufzählung der Rechtstitel** in Abs 4 ist **taxativ**. Das Vorliegen nur eines den Anspruch auf Unterhalt begründenden **abstrakten Tatbestandes** nach dem Ehegesetz **genügt nicht**. Ein gerichtliches Urteil, welches für eine abgeschlossene vergangene Periode (und nicht in die Zukunft reichend) von einem Unterhaltsrecht des Anspruchswerbers ausging, begründet keinen Rechtstitel nach Abs 4.[1149]

Ein **Verschuldensausspruch** im Scheidungsurteil reicht nicht aus, sondern es bedarf eines Urteiles, das über die Unterhaltspflicht an sich abspricht.[1150] Der Schuldspruch im Scheidungsurteil ist nicht als „gerichtliches Urteil" anzusehen; es **bedarf** vielmehr **eines Leistungsurteils**. Von einem Unterhalt, den der Verstorbene auf Grund eines gerichtlichen Urteils zu leisten hatte, kann erst gesprochen werden, wenn der Gegenstand des gerichtlichen Verfahrens und der gerichtlichen Entscheidung nicht nur die Prüfung des Verschuldens, sondern auch der weiteren Voraussetzungen des Unterhaltsanspruches bilden.[1151]

Die **Unterhaltshöhe** muss aus dem Titel bestimmt oder leicht bestimmbar (§ 10a EO) hervorgehen.[1152]

Der Unterhaltstitel muss **im Zeitpunkt des Todes** des Versicherten bereits vorhanden gewesen sein; er muss aber im Zeitpunkt des Todes des Versicherten noch nicht in Rechtskraft erwachsen sein.[1153]

1148 RS0085155.
1149 RS0085271.
1150 10 ObS 414/02h.
1151 RS0071222.
1152 RS0085196.
1153 RS0119628.

Bestand eine **Verpflichtung** zur Unterhaltsleistung aufgrund eines formellen Titels iSd lit a bis c, erhält die Witwe auch dann eine Witwenpension, wenn aufgrund dieses Titels tatsächlich kein Unterhalt geleistet wurde.[1154]

Ist der auf Grund eines **gerichtlichen Vergleiches** bestehende Unterhaltsanspruch infolge eines Urteiles im Zeitpunkt des Todes des Unterhaltspflichtigen gehemmt, so besteht kein Anspruch auf Witwenpension (Witwerpension).[1155]

Eine **außergerichtliche Vereinbarung** wird nicht dadurch in einen gerichtlichen Vergleich iSd Abs 4 transformiert, dass die Unterschriften der Parteien beglaubigt sind, gleichgültig, ob es sich um gerichtliche oder notarielle Beglaubigung handelt.[1156]

Die **vertragliche Verpflichtung** des Ehemannes, seiner Frau nach der Scheidung der Ehe Unterhalt zu leisten, ist weder an die Form eines Notariatsaktes noch an eine andere Form gebunden, weshalb auch eine schlüssige Vereinbarung genügt (§ 863 ABGB).[1157]

Es spricht grundsätzlich nichts dagegen, dass die Unterhaltszahlung in der Form geleistet wird, dass der Unterhaltspflichtige die Unterhaltsbeträge nicht unmittelbar dem Unterhaltsberechtigten zur Verfügung stellt, sondern die Beträge vereinbarungsgemäß dazu verwendet, um damit den Unterhaltsberechtigten belastende **Verbindlichkeiten abzudecken.**[1158]

Hat sich der Versicherte durch Vereinbarung einer **einmaligen Abschlagszahlung** von der Unterhaltsverpflichtung befreit, besteht nach dem Tod des Versicherten kein Anspruch auf Witwenpension.[1159]

Da die Witwenpension den **Unterhaltsanspruch** des überlebenden (früheren) Ehegatten **substituieren soll**, ist auch ein mit dem Unterhaltsanspruch verbundener Endtermin auf den Pensionsanspruch zu übertragen. Daraus folgt, dass eine **befristete Unterhaltsverpflichtung** in der Regel auch nur zu einer befristeten Pensionszahlung führt.[1160]

Der Gesetzeswortlaut **verbietet die Berücksichtigung eines Unterhaltstitels**, der in einem ausschließlich **gegen die Verlassenschaft** nach dem Versicherten durchgeführten Verfahren erging und in dem die Verlassenschaft zur Zahlung von Unterhaltsrückständen verurteilt wurde. Ob die Unterhaltsberechtigte am nicht rechtzeitigen Zustandekommen eines Unterhaltstitels ein Verschulden traf, ist nicht zu untersuchen.[1161]

1154 10 ObS 34/09m.
1155 RS0085336.
1156 RS0085262.
1157 RS0014598.
1158 RS0085323.
1159 RS0085219.
1160 RS0117014.
1161 RS0085265.

Tatsächliche Unterhaltsgewährung nach Scheidung (lit d)

Die Anwendung der lit d kommt auch bei Vorliegen eines Titels nach **lit b** in Betracht.[1162]

Die Bestimmung der lit d ist **nicht verfassungswidrig.**[1163]

Durch diese Novellierung soll – um Härtefälle zu vermeiden – ein Anspruch auf Hinterbliebenenpension auch dann entstehen, wenn mindestens **während** der Dauer **des letzten Jahres vor dem Tod** des Versicherten nachweislich **regelmäßig tatsächlich Unterhalt geleistet** worden ist. Hiebei ist es unerheblich, ob der (die) Versicherte seinem (ihrem) früheren Ehepartner nach der Rechtskraft der Scheidung deshalb nicht mindestens während der Dauer des letzten Jahres vor seinem (ihrem) Tod Unterhalt geleistet hat, weil er (sie) vor Ablauf dieses Jahres gestorben ist.[1164]

Nach dem **Gesetzeswortlaut** kommt es nur auf die tatsächliche Leistung von Unterhalt bei gegebenem Unterhaltsbedarf durch den in lit d angeführten Zeitraum an. Den **Materialien** lässt sich aber nicht entnehmen, dass von der Regelung des Abs 4 lit d nur Fälle umfasst sein sollten, bei denen anlässlich des Scheidungsverfahrens die Schaffung eines Unterhaltstitels verabsäumt wurde, weil durch die Novellierung Härtefälle im Allgemeinen beseitigt werden sollten und Härtefälle in jeder Form entstehen können.[1165]

Das nomen legale **„Unterhaltsbedarf"** in lit d ist einschränkend dahin auszulegen, dass es nur auf den faktischen Leistungsbetrag, nicht aber auf den (gar nicht weiter zu prüfenden) rechtlichen Unterhaltsanspruch ankommt.[1166] Es kommt nur darauf an, ob der Versicherte zum Zeitpunkt seines Todes dem Überlebenden regelmäßige Zahlungen zur Deckung des Unterhaltsbedarfs leistete.[1167]

Lit d stellt auf die tatsächliche Gewährung des Unterhalts im letzten Jahr vor dem Tod des Versicherten ab; das **Ausbleiben von Zahlungen** vor dem Todeszeitpunkt **hindert** – unabhängig von der Ursache – die Erfüllung dieser Voraussetzung.[1168]

Sowohl der Gesetzeswortlaut der lit d als auch die Gesetzesmaterialien stellen darauf ab, dass die erbrachten Leistungen einen **Unterhaltsbedarf decken** müssen. Werden jedoch Leistungen erbracht, die nicht Unterhaltscharakter haben, sondern anderen Zwecken dienen, können sie nicht zur Begründung eines Witwenpensionsanspruchs führen. In diesem Sinn erfüllt die Erbringung von Leistungen

1162 10 ObS 65/12z.
1163 RS0129512.
1164 RS0085355.
1165 10 ObS 2025/96h.
1166 RS0108427.
1167 10 ObS 426/98i.
1168 RS0129511.

der Partner in einer **Lebensgemeinschaft** nicht die von lit d für einen Anspruch auf Witwenpension geforderten Voraussetzungen.[1169]

Ein (bloßer) **Lebensgefährte hat** bei Tod des Versicherten **keinen Anspruch** auf Hinterbliebenenpension, da die Hinterbliebenenpension Ersatz für den Entfall einer Unterhaltsleistung sein soll und eine Unterhaltsverpflichtung unter Lebensgefährten nicht besteht. Wirtschaften Lebensgefährten bloß aus einem gemeinsamen Topf, so liegen keine Unterhaltsleistungen vor und es sind in diesem Fall auch die Voraussetzungen der lit d nicht erfüllt.[1170]

6.15.1.2. Abfertigung und Wiederaufleben (§ 265)

Der Bezieherin (Dem Bezieher) einer Witwen-/Witwerpension, ausgenommen die Bezieherin (der Bezieher) einer Witwen-/Witwerpension nach § 258 Abs 2, die (der) sich **wiederverehelicht** hat, **gebührt eine Abfertigung** in der Höhe des 35-Fachen der Witwen-/Witwerpension, auf die sie (er) im Zeitpunkt der Schließung der neuen Ehe Anspruch gehabt hat, ausschließlich einer Ausgleichszulage, die in diesem Zeitpunkt gebührt hat (Abs 1).

Wird die **neue Ehe** durch den Tod des Ehegatten, durch Scheidung oder durch Aufhebung **aufgelöst** oder wird die neue Ehe für nichtig erklärt, **lebt der Anspruch** auf die Witwen-/Witwerpension **auf Antrag wieder auf**, wenn

- die Ehe **nicht aus** dem alleinigen oder **überwiegenden Verschulden** der in Abs 1 bezeichneten Person aufgelöst worden ist oder
- bei Nichtigerklärung der Ehe diese Person als **schuldlos** anzusehen ist (Abs 2).

Der Anspruch lebt in der unter Bedachtnahme auf § 108h sich ergebenden **Höhe** mit dem der Antragstellung folgenden Monatsersten, **frühestens** jedoch mit dem Monatsersten wieder auf, der dem **Ablauf von zweieinhalb Jahren** nach dem seinerzeitigen Erlöschen des Anspruches folgt (Abs 3).

Auf die wiederaufgelebte Witwen-/Witwerpension **sind** laufende Unterhaltsleistungen und die im § 2 EStG 1988 angeführten Einkünfte **anzurechnen**, die der Witwe (dem Witwer) aufgrund aufgelöster oder für nichtig erklärter, vor dem Wiederaufleben der Witwen-/Witwerpension geschlossener Ehen gebühren oder darüber hinaus zufließen (Abs 4).

§ 265 regelt sowohl die Abfertigung (Abs 1) als auch das Wiederaufleben (Abs 2 ff) der Witwen-/Witwerpension. Beide Einrichtungen **sollen** Beziehern solcher Hinterbliebenenpensionen den **Entschluss zu einer neuen Ehe erleichtern**. Das Wiederaufleben dieser Pensionen gewährleistet der Witwe (dem Witwer), deren (dessen) neue Ehe nicht aus ihrem alleinigen oder überwiegenden Verschulden aufgelöst worden ist, eine Mindestversorgung im Ausmaß der seinerzeitigen Hinterbliebenen-

1169 RS0116507.
1170 10 ObS 2/06a.

pension, wenn diese nicht durch laufende Unterhaltsleistungen oder die im § 2 EStG 1988 angeführten Einkünfte, die aufgrund der aufgelösten Ehe gebühren oder darüber hinaus zufließen, sichergestellt ist. Erst wenn die Versorgung aus diesen (primären) Quellen hinter dem Pensionsanspruch aus der früheren Ehe zurückbleibt, soll diese Versorgungslücke durch die wiederaufgelebte Pension geschlossen werden. Die Anrechnungsvorschrift des Abs 4 soll eine doppelte Sicherstellung des Berechtigten vermeiden. Die wiederaufgelebte Witwen-(Witwer-)pension wird **nur so weit gewährt,** wie der Anspruch aus der früheren Ehe die anzurechnenden Ansprüche aus der späteren Ehe übersteigt.[1171]

Während die Anspruchswerberin auf eine Witwenpension die Auflösung (hier: Scheidung) einer weiteren Ehe zu beweisen hat, liegt die **Beweislast** für ein alleiniges oder überwiegendes Verschulden der Anspruchswerberin an der Scheidung dieser Ehe beim beklagten Sozialversicherer.[1172]

Die Bezugnahme auf § 2 EStG bezweckt, dass unter den auf die Witwenpension anzurechnenden Einkünften **Nettoeinkünfte** zu verstehen sind.[1173]

Eine **Rechtsstreitigkeit, ob** und in welcher Höhe laufende Unterhaltsleistungen und die im § 2 EStG 1988 angeführten Einkünfte, die der Witwe aufgrund aufgelöster, vor dem Wiederaufleben der Witwenpension geschlossener Ehen gebühren oder darüber hinaus zufließen, nach § 265 Abs 4 auf die wiederaufgelebte Witwenpension **anzurechnen** sind, hat den Umfang eines Anspruchs auf eine Versicherungsleistung und nicht bloß die Auszahlung einer solchen zum Gegenstand; deshalb ist sie eine **Sozialrechtssache** (§ 65 Abs 1 Z 1 ASGG).[1174]

6.15.2. Waisenpension (§ 260)

Anspruch auf Waisenpension haben nach dem Tod des Versicherten die Kinder (§ 252 Abs 1 Z 1 bis 4 und Abs 2). **Über das** vollendete **18. Lebensjahr** hinaus wird Waisenpension **nur auf** besonderen **Antrag** gewährt.

Durch die Zitierung „Kinder iSd § 252 Abs 1 Z 1 bis 4 und Abs 2" im § 260 wurde das Entstehen eines Waisenpensionsanspruches der **Enkel** ausdrücklich **ausgeschlossen**, was schon den Gesetzesmaterialien eindeutig zu entnehmen ist. Dieser Ausschluss ist nicht gleichheitswidrig.[1175]

Ein Anspruch auf Waisenpension kann auch dann (weiterhin) bestehen, wenn der Versicherte aufgrund eines besonderen Entgegenkommens seines Arbeitgebers berufstätig ist und daraus ein überdurchschnittliches Einkommen bezieht,

1171 10 ObS 1/95.
1172 RS0129868.
1173 RS0108701.
1174 RS0085452.
1175 RS0116807.

er aber **auf dem allgemeinen Arbeitsmarkt** infolge Krankheit oder Gebrechens **weiterhin erwerbsunfähig** ist.[1176]

Die Waisenpension beträgt für jedes einfach verwaiste Kind **40 %,** für jedes doppelt verwaiste Kind **60 %** einer nach dem verstorbenen Elternteil mit 60 % ermittelten Witwen-/Witwerpension (§ 266).

Ein einfach verwaistes Kind hat daher Anspruch auf 24 % und ein doppelt verwaistes Kind Anspruch auf 36 % der errechneten Pension des verstorbenen versicherten Elternteils.[1177]

Ein **uneheliches Kind**, dessen Vater nicht festgestellt ist, gilt nach dem Tod der Mutter als doppelt verwaistes Kind.[1178]

6.15.3. Abfindung (§ 269)

Anspruch auf Abfindung haben im Fall des Todes des (der) Versicherten

1. sofern Hinterbliebenenpensionen nur **mangels Erfüllung der Wartezeit** (§ 236) nicht gebühren, jedoch mindestens ein Beitragsmonat vorliegt, die Witwe (der Witwer) oder der/die hinterbliebene eingetragene Partner und zu gleichen Teilen die Kinder (§ 252);
2. wenn die Wartezeit für den Anspruch auf Hinterbliebenenpensionen erfüllt ist, aber **anspruchsberechtigte Hinterbliebene nicht vorhanden** sind, der Reihe nach die Kinder, die Mutter, der Vater, die Geschwister des oder der Versicherten, wenn sie mit dem (der) Versicherten zur Zeit seines (ihres) Todes ständig in Hausgemeinschaft gelebt haben, unversorgt sind und überwiegend von ihm (ihr) erhalten worden sind. Eine vorübergehende Unterbrechung der Hausgemeinschaft oder deren Unterbrechung wegen schulmäßiger (beruflicher) Ausbildung oder wegen Heilbehandlung bleibt außer Betracht. Kindern und Geschwistern gebührt die Abfindung zu gleichen Teilen (Abs 1).

Die Abfindung **beträgt** im Fall des Abs 1 Z 1 **das Sechsfache** der Bemessungsgrundlage (§ 238), wenn aber weniger als sechs Versicherungsmonate vorliegen, die Summe der Monatsbeitragsgrundlagen (§ 242 Abs 1) in diesen Versicherungsmonaten. Im Fall des Abs 1 Z 2 beträgt die Abfindung **das Dreifache** der Bemessungsgrundlage (Abs 2).

Die Witwe (Der Witwer) oder der/die hinterbliebene eingetragene Partner **hat keinen Anspruch** auf Abfindung, **wenn** für sie (ihn) ein **Witwen-/Witwerpensionsanspruch** aus früherer Ehe oder früherer eingetragener Partnerschaft nach § 265 Abs 2 oder ein Anspruch nach § 259 iVm § 265 **wieder auflebt** (Abs 3).

1176 10 ObS 59/16y.

1177 *Födermayr* in SV-System 2.4.6.4.3.B.

1178 RS0084462.

Gibt es keine Ansprüche auf Hinterbliebenenpension, weil entweder die Wartezeit nicht erfüllt war oder keine Anspruchsberechtigten vorhanden sind, gebührt bestimmten nahen Angehörigen eine Abfindung als **einmalige Geldleistung.**[1179] Ein Anspruch auf Abfindung besteht nicht (Abs 3), wenn ein Hinterbliebenenanspruch aus früherer Ehe oder früherer eingetragener Partnerschaft auflebt.[1180]

Der Abfindungsanspruch ist an im Gesetz detailliert angeführte Voraussetzungen gebunden. Es ist keineswegs so, dass dieser Bestimmung eine Pflicht zur Rückerstattung geleisteter Versicherungsbeiträge zugrunde läge. Auch dem Erkenntnis des VfGH vom 4.3.1986, G 146/84 (VfSlg 10.792), ist ein solcher Gedanke nicht zu entnehmen. Vielmehr wird zwar der genaue Zweck der Leistung offengelassen, aber ausgeführt, dass sie jedenfalls **als Übergangsmaßnahme** dazu bestimmt ist, für die Hinterbliebenen den Übergang in die durch den Tod des/der Versicherten eingetretene neue Situation zu erleichtern. Damit kommt auch bei der Abfindung der in der PV ausgeprägte Gesichtspunkt zum Tragen, dass **Leistungen am Bedürfnis** von Anspruchsberechtigten **ausgerichtet** werden.[1181]

Unter einer bloß **vorübergehenden Unterbrechung der ständigen Hausgemeinschaft** iSd Abs 1 Z 2, die dem Abfindungsanspruch nicht entgegensteht, ist nur eine Unterbrechung für kurze Zeiträume zu verstehen. Für eine längerfristige Unterbrechung der Hausgemeinschaft durch beschäftigungsbedingte Abwesenheit enthält das Gesetz hingegen keine Ausnahme.[1182]

Begibt sich ein Versicherter **für längere Zeit** (mehrere Monate) **an einen vom Wohnort verschiedenen Arbeitsort** und wohnt er auch während dieser Zeit dort (hier: jugoslawischer Saisonarbeiter in Österreich), so liegt während der Zeit seiner Arbeitstätigkeit keine ständige Hausgemeinschaft mit seinen am ständigen Wohnort zurückgebliebenen Familienangehörigen vor.[1183]

Eine Abfindung gemäß § 269 ist dann nicht zu zahlen, wenn der **andere Vertragsstaat** nach einem Abkommen über die soziale Sicherheit, „unterjährige" österreichische Versicherungszeiten zu übernehmen, daher bei der Beurteilung von von ihm allenfalls zu erbringenden Leistungen (grundsätzlich) zu berücksichtigen hat. Dies entspricht dem **Zweck** der Abfindung und der vom Gesetzgeber mit der Schaffung des § 8a SV-EG mit dem SRÄG 2011 verfolgten Intention: Eine Abgeltung der in Österreich bezahlten SV-Beiträge gemäß § 269 soll nicht in jenen Fällen erfolgen, in denen solche Zeiten vom anderen Vertragsstaat übernommen werden, sodass diese im anderen Vertragsstaat grundsätzlich leistungswirksam werden (können).[1184]

1179 *Pfeil/Auer-Mayer,* Sozialrecht[13] 120.
1180 *Födermayr* in SV-System 2.4.6.4.3.C.
1181 10 ObS 9/05d.
1182 RS0110819.
1183 RS0085468.
1184 RS0131967.

6.16. Pensionshöhe

6.16.1. Allgemeines

Geburtsdatum	bis 31.12.1954	ab 1.1.1955
Pensionsberechnung nach	Bemessungsgrundlagen-system (Altrecht)	Pensionskonto (APG)

Mit der Einführung des Pensionskontos (§§ 10 ff APG) wurde die Pensionsberechnung in der österreichischen gesetzlichen Altersversicherung grundlegend geändert. Die Pension wird nicht mehr wie im **Altrecht** am Ende einer Versicherungskarriere, am Pensionsstichtag, nach den dann erworbenen Versicherungszeiten und Ersatzzeiten, auf Basis einer Bemessungsgrundlage und von Steigerungsbeträgen und zu dem am Stichtag geltenden Recht berechnet (vgl §§ 238 ff ASVG), sondern entwickelt sich entlang des Versicherungsverlaufs in einem **Pensionskonto** parallel zu dieser Versicherungskarriere. Das Ausmaß der Alterspension ergibt sich gemäß § 5 Abs 1 APG aus der bis zum Stichtag (§ 223 Abs 2 ASVG) ermittelten Gesamtgutschrift (§ 11 Z 5 APG), geteilt durch 14.[1185]

6.16.2. Pensionsberechnung nach Altrecht (ASVG)

6.16.2.1. Alters- und Invaliditätspension

Die Leistungen aus den Versicherungsfällen des Alters und die Invaliditätspension bestehen aus dem **Steigerungsbetrag**, bei Vorliegen einer Höherversicherung auch aus dem besonderen Steigerungsbetrag. Der Steigerungsbetrag ist ein Prozentsatz der Gesamtbemessungsgrundlage (§ 261 Abs 1). Die Höhe des Prozentsatzes ist die Summe der erworbenen Steigerungspunkte. Für je zwölf Versicherungsmonate gebühren 1,78 Steigerungspunkte (§ 261 Abs 2).

Bei Inanspruchnahme der **Invaliditätspension** ist jeder Monat ab dem Stichtag bis zum Monatsersten nach Vollendung des 60. Lebensjahres bei der Berechnung der Steigerungspunkte einem Versicherungsmonat gleichzuhalten (§ 261 Abs 3).

Bei einer Invaliditätspension (Berufsunfähigkeitspension) wird jeder Monat zwischen dem Stichtag und dem vollendeten 60. Lebensjahr fiktiv als Versicherungsmonat behandelt. Wenn auf diese Weise zusätzliche Versicherungsmonate angerechnet werden **(Zurechnungsmonate)**, darf die Pension nicht mehr als 60 % der höchsten Bemessungsgrundlage betragen.

Bemessungsgrundlage für die Leistungen aus der PV **ist die Summe der 480 höchsten monatlichen Gesamtbeitragsgrundlagen** aus dem Zeitraum vom erstmaligen Eintritt in die Versicherung bis zum Ende des letzten vor dem Stichtag liegenden

1185 10 ObS 21/20s mwN.

Kalenderjahres, geteilt durch 560. Liegen weniger als 480 Beitragsmonate vor, so ist die Bemessungsgrundlage die Summe der monatlichen Gesamtbeitragsgrundlagen aus den vorhandenen Beitragsmonaten, geteilt durch die um ein Sechstel erhöhte Zahl dieser Beitragsmonate (§ 238 Abs 1).

Bemessungsgrundlage für Zeiten der **Kindererziehung** ist der um 50 % erhöhte Einzelrichtsatz (§ 239 Abs 1).

Lässt sich eine Bemessungsgrundlage nach § 238 Abs 1 **nicht ermitteln**, so ist die Bemessungsgrundlage gleich einem Vierzehntel der Bemessungsgrundlage, die für die Leistungen der **UV** gilt bzw die bei einem Arbeitsunfall zum Stichtag gegolten hätte (Bemessungsgrundlage in besonderen Fällen; § 241).

Für die Berechnung des Steigerungsbetrages ist eine **Gesamtbemessungsgrundlage** zu bilden. Die Gesamtbemessungsgrundlage ist die Summe der Bemessungsgrundlagen aller für das Ausmaß der Pension nach dem ASVG, dem GSVG, dem BSVG und dem FSVG zu berücksichtigenden Versicherungsmonate, geteilt durch die Summe der Versicherungsmonate (§ 240).

Im Altrecht (§§ 238 ff ASVG) erfolgte die Pensionsberechnung nach dem **Bemessungsgrundlagensystem**. Für die Pensionshöhe war ua die Anzahl der erworbenen Versicherungsmonate (Beitrags- und Ersatzmonate) und die Höhe der Bemessungsgrundlage maßgeblich. Für die Bildung der Pensionsbemessungsgrundlage kam es auf die zeitliche Lagerung der Versicherungszeiten an: Der Zeitraum für die Bildung der Pensionsbemessungsgrundlage wurde von den 228 besten Monaten im Jahr 2007 schrittweise auf **480 Monate** verlängert. Die Bemessungsgrundlage errechnete sich demnach aus einer bestimmten Zahl der höchsten aufgewerteten monatlichen Gesamtbeitragsgrundlagen. Die Entscheidung, aus welchen Jahren das versicherte Einkommen und damit die Beitragsgrundlagen zur Berechnung der Pension herangezogen werden, spielte daher die wichtigste Rolle für die Pensionshöhe. Die Pension war ein bestimmter **Prozentsatz der Gesamtbemessungsgrundlage** (**Steigerungsbetrag**, vgl § 261 ASVG). Das Ausmaß der Pension war bei dieser Berechnung daher durch die Anzahl der Versicherungsmonate bestimmt, aber auch durch deren zeitliche Lage.[1186]

Bei Inanspruchnahme einer Leistung vor dem Regelpensionsalter ist die Leistung zu vermindern. Das Ausmaß der Verminderung **(Abschlag)** beträgt für je zwölf Monate der früheren Inanspruchnahme 4,2 % der Leistung. Das Höchstausmaß der Verminderung beträgt 15 % der Leistung. Handelt es sich um eine Invaliditätspension, so beträgt das Höchstausmaß der Verminderung 13,8 % der Leistung (§ 261 Abs 4).

Für je zwölf Monate der späteren Inanspruchnahme der Alterspension gebührt eine Erhöhung **(Zuschlag)** um 5,1 % der Leistung (§ 261c Abs 1).

1186 10 ObS 21/20s mwN.

Zu den Leistungen aus den Versicherungsfällen des Alters und zur Invaliditätspension gebührt für jeden Beitragsmonat auf Grund einer Erwerbstätigkeit, der vor Vollendung des 20. Lebensjahres erworben wurde, ein **Frühstarterbonus** in der Höhe von 1,14 € (Wert 2025). Der Frühstarterbonus ist ab Zuerkennung der Pension Bestandteil der Pensionsleistung und mit dem Höchstausmaß von 68,40 € (Wert 2025) begrenzt. Der Frühstarterbonus gebührt nur dann, wenn der Pensionsleistung insgesamt mindestens 300 Beitragsmonate auf Grund einer Erwerbstätigkeit zugrunde liegen, von denen mindestens 12 vor Vollendung des 20. Lebensjahres erworben wurden (§ 262a). Die Bestimmung ist auf Pensionen anzuwenden, deren **Stichtag nach dem 31.12.2021** liegt (§ 745 Abs 5).

Der Frühstarterbonus ersetzt ab 2022 die abschlagsfreie Frühpension (Langzeitversichertenregelung bzw „Hacklerregelung“). **Anstelle der Abschlagsfreiheit** kommt der Frühstarterbonus, wonach die Menschen für jeden Monat, den sie vor dem 20. Lebensjahr gearbeitet haben, einen Euro auf die Pension dazu bekommen. Das Höchstausmaß wird mit 60 € pro Monat begrenzt. Das sind bis zu 840 € im Jahr, wenn man das 13. und 14. Gehalt miteinrechnet. Allerdings muss man, um vom Frühstarterbonus profitieren zu können, insgesamt 25 beitragsgedeckte Arbeitsjahre vor dem Pensionsantritt, davon 12 Monate vor dem 20. Lebensjahr, vorweisen können.[1187]

Die Höhe des Frühstarterbonus richtet sich **ausschließlich** nach den **in Österreich** vor Vollendung des 20. Lebensjahres erworbenen Beitragszeiten.[1188]

6.16.2.2. Witwen-/Witwerpension (§ 264)

Die Höhe der Witwen-/Witwerpension ergibt sich aus einem **Prozentsatz** (0 bis 60) **der Pension des verstorbenen Versicherten** (Abs 1). Zur Ermittlung des Prozentsatzes wird zuerst der Anteil der Berechnungsgrundlage der Witwe (des Witwers) in Prozent an der Berechnungsgrundlage des (der) Verstorbenen errechnet. Bei einem Anteil von 100 % beträgt der Prozentsatz 40. Er erhöht oder vermindert sich für jeden Prozentpunkt des Anteiles, der 100 unterschreitet oder übersteigt, um 0,3. Er ist jedoch nach unten hin mit 0 und nach oben hin mit 60 begrenzt (Abs 2).

Der Prozentsatz für die Pension errechnet sich nach folgender **Formel**:

70 minus (30 × Berechnungsgrundlage der hinterbliebenen Person dividiert durch die Berechnungsgrundlage des Verstorbenen).[1189]

Berechnungsgrundlage der Witwe (des Witwers) und des (der) Verstorbenen ist das Einkommen in den letzten zwei Kalenderjahren vor dem Zeitpunkt des Todes des (der) Versicherten, geteilt durch 24 (Abs 3 und 4).

1187 Parlamentskorrespondenz Nr 1239/2020.
1188 OLG Wien RW0001048.
1189 *Kammler* in SV-System 2.4.6.4.3.A.

Erreicht die Summe aus dem eigenen Einkommen der Witwe (des Witwers) und der Witwen-/Witwerpension nicht den **Schutzbetrag** von 2.547,91 € (Wert 2025) monatlich, so ist, solange diese Voraussetzung zutrifft, der Prozentsatz der Witwen-/Witwerpension so weit zu erhöhen, dass die Summe aus eigenem Einkommen und Witwen-/Witwerpension den genannten Betrag erreicht. Der so ermittelte Prozentsatz darf 60 nicht überschreiten (Abs 6).

6.16.3. Pensionsberechnung nach Neurecht (APG)

Die Pensionsberechnung nach dem **Pensionskonto** stellt weder zur Ermittlung eines Steigerungsprozentsatzes noch einer Bemessungsgrundlage auf Versicherungszeiten ab (§ 5 iVm §§ 10 ff APG), auch deren zeitliche Lagerung spielt keine Rolle für die Pensionshöhe. Die Pension wird im Pensionskonto nach dem Bausteinprinzip aufgebaut: Der Versicherte bekommt für jedes Jahr **Teilgutschriften** ausgewiesen, die in der Folge **zu einer Gesamtgutschrift addiert** werden. Die Teilgutschrift beträgt 1,78 % der beitragspflichtigen Jahresbeitragsgrundlage, begrenzt mit der jeweiligen Höchstbeitragsgrundlage (dieser Prozentsatz resultiert aus der Formel, wonach im Alter von 65 Jahren nach 45 Versicherungsjahren ca 80 % des Durchschnittseinkommens als Pensionsleistung gebühren sollen). Pensionsbaustein für die monatliche Pension ist 1/14 der Gesamtgutschrift. Die Summe der Teilgutschriften, also die Gesamtgutschrift, wird am 1.1. eines jeden Jahres mit der Aufwertungszahl (§ 108a ASVG) multipliziert. Die neue Teilgutschrift wird danach hinzugerechnet. Die Höhe der Alterspension nach dem APG errechnet sich daher ausschließlich nach den eingezahlten Beiträgen und deren Aufwertung („Verzinsung").[1190]

6.16.3.1. Alterspension (§ 5 APG)

Die **Teilgutschrift** eines Kalenderjahres ermittelt sich aus der Vervielfachung der Summe der Beitragsgrundlagen mit dem für das betreffende Kalenderjahr jeweils gültigen Kontoprozentsatz (§ 12 Abs 1 APG). Der Kontoprozentsatz beträgt ab dem Jahr 2005 1,78 % (§ 12 Abs 2 APG).

Die **Gesamtgutschrift** eines Kalenderjahres ergibt sich aus der Summe folgender Gutschriften:

1. der Teilgutschrift des betreffenden Kalenderjahres;
2. der Gesamtgutschrift des dem betreffenden Kalenderjahr vorangegangenen Kalenderjahres, die mit der Aufwertungszahl des dem betreffenden Kalenderjahr nachfolgenden Kalenderjahres zu vervielfachen ist (§ 12 Abs 3 APG).

Das Ausmaß der monatlichen Bruttoleistung ergibt sich aus der bis zum Stichtag ermittelten **Gesamtgutschrift geteilt durch 14** (§ 5 Abs 1 APG).

1190 10 ObS 21/20s mwN.

Für Personen, die nach dem 31.12.1954 geboren sind und bis zum Ablauf des 31.12.2013 mindestens einen Versicherungsmonat nach dem APG, dem ASVG, GSVG, FSVG oder BSVG erworben haben, wurde eine **Kontoerstgutschrift** zum 1.1.2014 ermittelt (§ 15 Abs 1 APG). Die Kontoerstgutschrift wurde als Gesamtgutschrift für das Jahr 2013 in das Pensionskonto aufgenommen. Frühere Teil- und Gesamtgutschriften verloren damit ihre Gültigkeit und wurden durch die Gesamtgutschrift 2013 ersetzt (§ 15 Abs 8 APG).

Bescheide über die Kontoerstgutschrift sind nur dann zu erlassen, wenn die kontoberechtigte Person dies ausdrücklich verlangt, und zwar

1. bis zum Ablauf des 31.12.2016 oder
2. innerhalb von drei Monaten ab Mitteilung der Kontoerstgutschrift (§ 15 Abs 11 APG).

Auf Verlangen der versicherten Person hat der zuständige PV-Träger aus den jeweils für ein Kalenderjahr (vorläufig) kontenmäßig erfassten Daten **rechtsunverbindlich** Folgendes mitzuteilen (**Kontomitteilung**):

1. die Beitragsgrundlagen des betreffenden Kalenderjahres;
2. die von und für die versicherte Person für das betreffende Kalenderjahr entrichteten Beiträge;
3. die im betreffenden Kalenderjahr erworbene Teilgutschrift;
4. die bis zum Ende des betreffenden Kalenderjahres erworbene Gesamtgutschrift (§ 13 Abs 1 APG).

Eine Kontomitteilung nach § 13 APG ist **kein Bescheid** iSd § 67 Abs 1 Z 1 ASGG und eröffnet daher **keine Klagemöglichkeit** nach dem ASGG. Im Rahmen eines Sozialrechtsverfahrens können erst ein Widerspruchsbescheid nach § 367a Abs 2 ASVG und/oder jener Bescheid, mit dem auf Grundlage einer Mitteilung nach § 13 APG die Höhe einer Pension festgestellt wird, bekämpft werden.[1191]

Da die Berechnung der Kontopension nicht auf Basis von Versicherungszeiten erfolgt, wurde die APG-Pension in den Anhang VIII, Teil 2 der **VO 883/2004** aufgenommen. Diese Eintragung hat zur Folge, dass bei APG-Pensionen keine Berechnung nach dem Pro-rata-temporis-Prinzip erfolgt und nur die österreichischen Rechtsvorschriften anzuwenden sind. Die VO 883/2004 fordert somit in einem APG-Pensionsfall **keine Einbeziehung ausländischer Versicherungszeiten in die Kontoerstgutschrift**. Die Berücksichtigung ausländischer Zeiten erfolgt – soweit sie überhaupt in Österreich relevant werden – erst aus Anlass der Berechnung der Pension unmittelbar für die Leistungserbringung; in diesem Fall sind die Regelungen des internationalen und des europäischen Sozialrechts heranzuziehen.[1192]

1191 OLG Innsbruck RI0100040.
1192 RS0131277.

Bei einem Pensionsantritt vor dem Regelpensionsalter vermindert sich die Leistung **(Abschlag)** im Fall der Korridorpension um 0,425 %, sonst um 0,35 % für jeden Monat des früheren Pensionsantrittes. Handelt es sich um eine Schwerarbeitspension, so beträgt die Verminderung 0,15 % für jeden Monat des früheren Pensionsantrittes (§ 5 Abs 2 APG).

Bei einem Pensionsantritt nach dem Regelpensionsalter erhöht sich die Leistung **(Zuschlag)** um 0,425 % für jeden Monat des späteren Pensionsantrittes, höchstens jedoch um 15,3 % der Leistung (§ 5 Abs 4 APG).

Besteht bei Eintritt des Versicherungsfalles ein bescheidmäßig zuerkannter Anspruch auf eine Pensionsleistung aus eigener PV, so **gilt die Verminderung** nach Abs 2 für diese Pensionsleistung **auch für die hinzutretende Leistung** (§ 5 Abs 3 APG).

§ 5 Abs 3 APG ist nicht anders als § 261 Abs 7 ASVG idF 2. SVRÄG 2003 auszulegen. Er ist dahin zu verstehen, dass ein in der Höhe der bescheidmäßig zuerkannten Direktpension, die bei Eintritt eines neuen Versicherungsfalls tatsächlich in Anspruch genommen wird, berücksichtigter **Abschlag bei der Berechnung der Pensionsleistung aus dem neuen Versicherungsfall zur Anwendung kommt**. Enthält daher eine Pension aus dem Versicherungsfall der geminderten Arbeitsfähigkeit keine Verminderung der Pensionsleistung, dann vermindert sich auch die daran anschließende, nach Erreichung des Regelpensionsalters in Anspruch genommene Alterspension nicht.[1193]

6.16.3.2. Invaliditäts-, Berufsunfähigkeits- und Erwerbsunfähigkeitspension (§ 6 APG)

Wird die Invaliditätspension (Berufsunfähigkeits- oder Erwerbsunfähigkeitspension) **nach Vollendung des 60. Lebensjahres** in Anspruch genommen, so bestimmt sich das Ausmaß der Leistung nach § 5 APG, wobei das Höchstausmaß der Verminderung (Abschlag) bei einem Pensionsantritt vor dem Regelpensionsalter 13,8 % dieser Leistung beträgt (Abs 1).

Wird die Invaliditätspension (Berufsunfähigkeits- oder Erwerbsunfähigkeitspension) **vor Vollendung des 60. Lebensjahres** in Anspruch genommen, so sind zu ermitteln:

1. die Leistung nach § 5 unter Anwendung des Abs 1 letzter Halbsatz;
2. die Zahl der Monate ab dem Stichtag bis zum Monatsersten nach Vollendung des 60. Lebensjahres **(Zurechnungsmonate)**.

Das Ausmaß der Leistung ergibt sich aus der Leistung nach Z 1, wenn die Zahl der Versicherungsmonate den Wert von **476 Monaten** übersteigt, sonst aus der Vervielfachung der Leistung nach Z 1 mit der Summe aus den Versicherungs-

1193 RS0131333.

monaten und Zurechnungsmonaten, die den Wert von 476 Monaten nicht übersteigen darf, geteilt durch die Zahl der Versicherungsmonate (Abs 2).

6.16.3.3. Erhöhung von Pensionen mit Stichtag im Jahr 2024 (§ 34 APG)

Das Ausmaß folgender Pensionsleistungen ist – im Anschluss an ihre Feststellung nach den §§ 5 und 6 – zu erhöhen (Abs 2), wenn ihr Stichtag (§ 223 Abs 2 ASVG) in das Kalenderjahr 2024 fällt (Abs 1):

1. Alterspensionen nach § 4 Abs 1 oder § 253 ASVG (§ 130 GSVG, § 121 BSVG), Schwerarbeitspensionen nach § 4 Abs 3 und vorzeitige Alterspensionen nach § 25 Abs 4 und 5;
2. Korridorpensionen nach § 4 Abs 2, für die am 31.12.2023 bereits die Anspruchsvoraussetzungen – mit Ausnahme der Voraussetzung des Fehlens einer die Pflichtversicherung begründenden Erwerbstätigkeit oder eines die Geringfügigkeitsgrenze (§ 5 Abs 2 ASVG) übersteigenden Erwerbseinkommens am Stichtag – vorgelegen sind;
3. Korridorpensionen nach § 4 Abs 2, die infolge der Beendigung des Arbeitslosengeld- oder des Notstandshilfeanspruchs nach §§ 22 und 38 AlVG im Kalenderjahr 2024 angetreten werden;
4. Pensionen aus dem Versicherungsfall der geminderten Arbeitsfähigkeit (Erwerbsunfähigkeit).

Der **Erhöhungsbetrag** nach Abs 1 beläuft sich auf 6,2 % der Gesamtgutschrift 2022, geteilt durch 14 und vermindert oder erhöht im gleichen prozentuellen Ausmaß wie die Leistung nach § 5 Abs 1 iVm § 5 Abs 2 oder 4 und § 6 Abs 1 und 2 bzw nach § 25 Abs 4 und 5 (Abs 2).

Der Erhöhungsbetrag ist ab Zuerkennung der Pension Bestandteil der Pensionsleistung (Abs 3).

Der Erhöhungsbetrag gebührt auch zu Pensionsleistungen nach Abs 1, die für die Ermittlung von Hinterbliebenenpensionen (§ 7 Z 1) zu berechnen sind (Abs 4).

6.16.3.4. Erhöhung von Pensionen mit Stichtag im Jahr 2025 (§ 37 APG)

Das Ausmaß folgender Pensionsleistungen ist – im Anschluss an ihre Feststellung nach den §§ 5 und 6 – zu erhöhen (Abs 2), wenn ihr Stichtag (§ 223 Abs 2 ASVG) in das Kalenderjahr 2025 fällt (Abs 1):

1. Alterspensionen nach § 4 Abs 1 oder § 253 ASVG (§ 130 GSVG, § 121 BSVG), Schwerarbeitspensionen nach § 4 Abs 3 und vorzeitige Alterspensionen nach § 25 Abs 4 und 5;
2. Korridorpensionen nach § 4 Abs 2, für die am 31.12.2024 bereits die Anspruchsvoraussetzungen – mit Ausnahme der Voraussetzung des Fehlens einer die

Pflichtversicherung begründenden Erwerbstätigkeit oder eines die Geringfügigkeitsgrenze (§ 5 Abs 2 ASVG) übersteigenden Erwerbseinkommens am Stichtag – vorgelegen sind;
3. Korridorpensionen nach § 4 Abs 2, die infolge der Beendigung des Arbeitslosengeld- oder des Notstandshilfeanspruchs nach §§ 22 und 38 AlVG im Kalenderjahr 2025 angetreten werden, im Falle des Arbeitslosengeldanspruchs, sofern das Arbeitslosengeld für mindestens 30 Tage bezogen wurde;
4. Pensionen aus dem Versicherungsfall der geminderten Arbeitsfähigkeit (Erwerbsunfähigkeit).

Der **Erhöhungsbetrag** nach Abs 1 beläuft sich auf 4,5 % der Gesamtgutschrift 2023, geteilt durch 14 und vermindert oder erhöht im gleichen prozentuellen Ausmaß wie die Leistung nach § 5 Abs 1 iVm § 5 Abs 2 oder 4 und § 6 Abs 1 und 2 bzw nach § 25 Abs 4 und 5 (Abs 2).

Der Erhöhungsbetrag ist ab Zuerkennung der Pension Bestandteil der Pensionsleistung (Abs 3).

Der Erhöhungsbetrag gebührt auch zu Pensionsleistungen nach Abs 1, die für die Ermittlung von Hinterbliebenenpensionen (§ 7 Z 1) zu berechnen sind (Abs 4).

6.16.3.5. Hinterbliebenenpensionen (§ 7 APG)

Die §§ 264, 266 und 269 **ASVG**, die §§ 145, 147 und 148a GSVG sowie die §§ 136, 138 und 139a BSVG sind so **anzuwenden**, dass

1. dann, wenn die versicherte Person **im Zeitpunkt des Todes noch keinen Anspruch auf Pension hatte**, für die Ermittlung der Leistung die Invaliditäts- oder Berufsunfähigkeits- oder Erwerbsunfähigkeitspension nach § 6 und die Alterspension nach § 5 zu berechnen ist;
2. dann, wenn die versicherte Person **im Zeitpunkt des Todes Anspruch** auf Invaliditäts- oder Berufsunfähigkeits- oder Erwerbsunfähigkeitspension **hatte** und nach deren Anfall weitere Versicherungsmonate der Pflichtversicherung erworben hat, die Leistung für jeden dieser Monate – unter Anrechnung auf die nach § 6 Abs 2 zweiter Satz begrenzten Zurechnungsmonate – um 0,25 % zu erhöhen ist;
3. dann, wenn die versicherte Person im Zeitpunkt des Todes Anspruch auf Korridorpension (§ 4 Abs 2) oder Schwerarbeitspension (§ 4 Abs 3) hatte und nach deren Anfall weitere Versicherungsmonate der Pflichtversicherung erworben hat, die Leistung unter sinngemäßer Anwendung des § 9 Abs 2 von Amts wegen neu festzustellen ist;
4. die Abfindung anstelle des Sechsfachen der Bemessungsgrundlage sechs Vierzehntel und anstelle des Dreifachen der Bemessungsgrundlage drei Vierzehntel jener Bemessungsgrundlage, die bei einem Arbeitsunfall zum Stichtag (§ 223 Abs 2 ASVG) gegolten hätte, beträgt.

In § 7 APG ist normiert, dass die Regelungen des Altrechts für die Berechnung der Hinterbliebenenpension grundsätzlich anzuwenden sind. Für die Ermittlungsbasis, also der – fiktiven – Pension der verstorbenen versicherten Pension sind Regelungen vorgesehen, die auf die besondere Berechnung der APG-Pensionen abstellen.[1194]

6.16.3.6. Pensionssplitting (§ 14 APG)

Siehe dazu die Materialien zum Pensionsharmonisierungsgesetz (BGBl I 2004/142):[1195]

Dem Antrag muss eine **Vereinbarung** der Eltern (Stiefeltern, Adoptiveltern, Pflegeeltern) **über die Übertragung der Teilgutschrift** zu Grunde liegen. Durch die Anknüpfung an die Erklärung beider Versicherter, verbunden mit der individuellen und absoluten Befristung für die Antragstellung, soll eine leichtere Handhabbarkeit der Bestimmungen erreicht werden. Darüber hinaus soll das Entstehen späterer Konflikte über die Übertragung von Gutschriften bei Kindererziehung vermieden werden. Über diesen **Antrag** ist in einem rechtsförmlichen Verfahren durch den PV-Träger mittels **Bescheid** abzusprechen (und zwar im Verfahren in **Verwaltungssachen**). Dies soll durch eine Ergänzung des § 410 Abs 1 Z 9 ASVG klargestellt werden.

Ein **Widerruf der Übertragung ist nicht zulässig.** Für eine solche Lösung sprechen folgende Gründe: Würde das „Pensionssplitting" einseitig widerrufbar gestaltet werden, so würde der Partner, der im Vertrauen auf das Splitting die Berufstätigkeit unterbrochen hat, unter Umständen in seinen sv-rechtlichen Verhältnissen benachteiligt werden können. Ein solcher Nachteil würde in der Regel berufstätige Frauen treffen. Dies soll jedoch vermieden werden, um der Absicht des Gesetzgebers nach Aufbau einer eigenständigen Pensionsversorgung für Frauen zum Durchbruch zu verhelfen.

Die Materialien zum SVÄG 2016 (BGBl I 2017/29) führen zur Novellierung des § 14 APG aus:[1196]

Mit dem Pensionsharmonisierungsgesetz wurde die Möglichkeit eines **freiwilligen** Pensionssplittings zwischen Elternteilen eingeführt (§ 14 APG). Danach kann derjenige Elternteil, der sich nicht der Kindererziehung widmet und erwerbstätig ist, für die ersten vier Jahre **bis zu 50 % seiner Teilgutschrift** auf das Pensionskonto jenes Elternteils **übertragen** lassen, der sich der Kindererziehung widmet, vorausgesetzt, dass dieser Elternteil im Jahr der Übertragung in der gesetzlichen PV auf Grund der Kindererziehung teilpflichtversichert war.

Das bedeutet, dass nur solche Teilgutschriften zum Teil übertragen werden können, die in den ersten vier Lebensjahren des Kindes anfallen (bei Mehrlingsgeburten in

1194 *Kammler* in SV-System 2.4.6.4.3.A.
1195 RV 653 BlgNR 22. GP 13.
1196 RV 1330 BlgNR 25. GP 5 f.

den ersten fünf Jahren), weil eine entsprechende **Teilpflichtversicherung** nur für den Zeitraum von 48 Monaten (Mehrlingsgeburten: 60 Monaten) nach der Geburt des Kindes vorgesehen ist.

In der Vergangenheit wurde diese Möglichkeit der (teilweisen) Übertragung von Teilgutschriften nur sehr wenig genützt; in rund 300 Fällen wurden auf diese Weise Teilgutschriften zum Teil übertragen. Aus diesem Grund soll nun diese Möglichkeit des freiwilligen Pensionssplittings erweitert werden.

Es wird vorgeschlagen, die Übertragung von Teilgutschriften von derzeit bis zu vier Jahren (Mehrlingsgeburten: fünf Jahren) **auf bis zu sieben Jahre pro Kind auszuweiten**, wobei eine Gesamtobergrenze von **maximal 14 Übertragungen pro Elternteil** eingeführt werden soll. Der Antrag auf Übertragung soll sodann bis zur Vollendung des 10. Lebensjahres des Kindes, also drei Jahre länger als nach dem geltenden Recht, gestellt werden können. Wird jedoch vor Ablauf dieser Frist ein weiteres Kind geboren, so endet die Antragsfrist auch für alle früher geborenen Kinder mit der Vollendung des 10. Lebensjahres des (jeweils) letztgeborenen Kindes.

Die neuen Möglichkeiten der Übertragung von Teilgutschriften bei Kindererziehung sollen – bei Vorliegen der Voraussetzungen – auch auf Teilgutschriften anwendbar sein, die für Kalenderjahre vor dem 1.1.2017 gebühren.

6.16.4. Pensionsanpassung

Die §§ 108 ff treffen Regelungen darüber, auf welche Weise die Renten und Pensionen jährlich anzupassen sind. Seit der Pensionsreform 2004 sind die Pensionen jedes Jahr nach Maßgabe der Inflationsrate (Verbraucherpreisindex) der vorangehenden zwei Jahre anzupassen. Das Gesetz spricht vom Anpassungsfaktor, der durch Verordnung festzulegen ist (§ 108f ASVG).[1197]

Der Bundesminister für soziale Sicherheit, Generationen und Konsumentenschutz hat jedes Jahr für das folgende Kalenderjahr den **Anpassungsfaktor** (§ 108f) bis spätestens 31. Oktober eines jeden Jahres durch Verordnung festzusetzen. Der Anpassungsfaktor ist für die Erhöhung der Renten und Pensionen und der leistungsbezogenen festen Beträge in der SV heranzuziehen (§ 108 Abs 5).

Abweichend von § 108h Abs 1 erster Satz sowie Abs 2 und 2a sowie unter Bedachtnahme auf § 783 Abs 3 ist die **Pensionserhöhung** für das bzw im Kalenderjahr **2025** nicht mit dem Anpassungsfaktor, sondern wie folgt vorzunehmen: Das Gesamtpensionseinkommen ist zu erhöhen

1. wenn es nicht mehr als 6.060 € monatlich beträgt, um **4,6 %**;
2. wenn es über 6.060 € monatlich beträgt, um 278,76 € (§ 807 Abs 1).

1197 *Pfeil/Auer-Mayer*, Österreichisches Sozialrecht[13] 123 f.

Der **VfGH** hat mit E vom 4.12.2023, G197/2023 ua, zu den Bestimmungen der §§ 108h Abs 1a, 775 Abs 1, Abs 3 und Abs 6 betreffend die **Aliquotierung der ersten jährlichen Pensionsanpassung** entschieden:

Abweisung von Anträgen auf Aufhebung von Bestimmungen des ASVG, GSVG, BSVG und BundestheaterpensionsG betreffend die Aliquotierung der ersten jährlichen Anpassung von Pensionen; **kein Verstoß gegen den Gleichheitsgrundsatz**; Modell der – in den Kalenderjahren 2024 und 2025 entfallenden – Aliquotierung im weiten rechtspolitischen **Gestaltungsspielraum** des Gesetzgebers zur Erhaltung der Kaufkraft von Pensionen; keine Bedenken dagegen, dass der Pensionsstichtag von Frauen auf Grund der schrittweisen Erhöhung der Altersgrenze überwiegend in die zweite Jahreshälfte fallen wird.

Mit dem **Budgetbegleitgesetz 2003** wurde eine **verzögerte Pensionsanpassung für den Erstbezug** in Geltung gesetzt, indem in § 108h Abs 1 letzter Satz ASVG vorgesehen wurde, dass die erstmalige Anpassung erst mit Wirksamkeit ab 1. Jänner des dem Stichtag **zweitfolgenden Kalenderjahres** vorzunehmen ist. Die Regelungen betreffend dieses **„Wartejahrs"** bewirkten, dass Personen, die im Jänner ihre Pension antraten, 24 Monate auf ihre erstmalige Pensionsanpassung warteten, Personen, die etwa im Dezember desselben Jahres ihren Pensionsantritt hatten, hingegen nur 13 Monate. Die gleiche Regelung wurde auch in § 41 Abs 2 PG 1965 aufgenommen. In den **Materialien** zum Budgetbegleitgesetz 2003 wurden diese budgetwirksamen Maßnahmen mit der mittel- und langfristigen Sicherung der Pensionen begründet. Gegen eine solche verzögerte Pensionsanpassung sind weder in der Jud noch in der Lit verfassungsrechtliche Bedenken erhoben worden.

Mit dem **SVÄG 2020** hat der Gesetzgeber nunmehr ein – im Vergleich zum „Wartejahr" revidiertes – System geschaffen, in dem der **Anpassungsfaktor** unter Bezugnahme auf den jeweiligen Monat des Pensionsantrittes und der erstmaligen Anpassung differenzierter gestaltet wird. In diesem System beträgt der **längste Zeitraum bis zur ersten Pensionsanpassung** (für jene Personen, die im November ihren Stichtag haben) **14 Monate**.

Der Gesetzgeber belastet die angefochtenen Bestimmungen nicht mit Verfassungswidrigkeit, wenn er sich im Rahmen des ihm eingeräumten **weiten rechtspolitischen Gestaltungsspielraumes** zur Erhaltung der Kaufkraft von Pensionen **bei der erstmaligen Pensionserhöhung** für ein Modell der **verzögerten Anpassung** in Form einer **Aliquotierung** entscheidet. Die dabei auftretenden Ungleichbehandlungen (Einbußen, wenn der Pensionsbeginn näher am Jahresende liege und der erste Anpassungsfaktor besonders hoch ist) sind auch Folge der jährlichen Pensionsanpassung mit 1. Jänner. Der VfGH vermag **keine Verfassungswidrigkeit** der angefochtenen Bestimmungen zu erkennen, zumal der Gesetzgeber infolge des Auftretens von Veränderungen der von ihm – unbedenklicherweise – für maßgeblich erachteten Parameter, die das Erreichen des angestrebten Zieles vereiteln, durch Gesetzesänderungen eingegriffen hat, um unerwünschte Auswirkungen abzumildern oder hintanzuhalten.

Der VfGH hat nicht zu prüfen, ob der Gesetzgeber mit dem angefochtenen System die sachgerechteste Lösung getroffen hat. Anzumerken ist, dass sich das von den Antragstellern angestrebte Ergebnis (volle erstmalige Pensionsanpassung für alle Personen, unabhängig von ihrem Pensionsstichtag, jeweils mit Wirksamkeit ab 1. Jänner des Folgejahres) durch die unterschiedliche Wartedauer auf die erstmalige Erhöhung ebenso auf die weitere Bezugsdauer auswirken würde wie das an Stichtage anknüpfende System, das die angefochtenen Bestimmungen ausgestalten. Durch das derzeit in § 108h

Abs 1 ASVG geregelte System erfolgt die Anpassung der Pensionen aus der PV stets mit Wirksamkeit ab 1. Jänner, wobei dieser Anpassung gemäß § 108h Abs 2 ASVG (und nach dem Parallelrecht) jene Pension zugrunde zu legen ist, auf die nach den am 31. Dezember des vorangegangenen Jahres in Geltung gestandenen Vorschriften Anspruch bestand (mit näher bezeichneten Ausnahmen). Daher wirkt sich eine (erstmalige) Pensionsanpassung für Personen, die zu unterschiedlichen Zeitpunkten des Vorjahres in Pension gegangen sind, zwangsläufig auch auf die weitere Bezugsdauer aus.

Mit Erlassung des **BVG-Altersgrenzen** hat sich der Verfassungsgesetzgeber für eine stufenweise Angleichung des unterschiedlichen Pensionsantrittsalters von Frauen und Männern entschieden, wodurch es – derzeit – zu einer ungleichen Behandlung von Frauen und Männern kommt. Der von den Antragstellern ins Treffen geführte Umstand, dass auf Grund der schrittweisen Erhöhung der Altersgrenze für die Alterspension der **Pensionsstichtag von Frauen** in den kommenden zehn Jahren **vorwiegend** – aber nicht zwangsläufig – **in die zweite Jahreshälfte fallen wird**, begegnet als Konsequenz dieser Verfassungsrechtslage keinen Bedenken. Im Übrigen ist in diesem Zusammenhang auch auf die Abmilderung der Aliquotierung bei der erstmaligen Pensionsanpassung 2023 sowie auf die gänzliche Aussetzung der Aliquotierung in den Kalenderjahren 2024 und 2025 hinzuweisen.

Schließlich teilt der VfGH auch die Bedenken des Antragstellers zu G266/2023 ua ob des Rechtes auf **Unversehrtheit des Eigentums** nicht: Regelungen über eine Pensionserhöhung greifen im Allgemeinen nicht in dieses Grundrecht ein und Art 1 1. ZPEMRK garantiert nach der stRsp des EGMR kein Recht, Sozialleistungen oder Pensionszahlungen irgendeiner Art oder Höhe zu erhalten, solange dies nicht im innerstaatlichen Recht vorgesehen ist.

6.17. Zulagen und Zuschüsse

6.17.1. Ausgleichszulage

6.17.1.1. Grundsätze

Bei der Ausgleichszulage handelt es sich um keine Versicherungsleistung im engeren Sinn, sondern um eine **Leistung mit Fürsorgecharakter (Sozialhilfecharakter)**, die das **Existenzminimum** des Pensionisten sichern soll.[1198] Funktionell handelt es sich bei den Regelungen über die Ausgleichszulage um die Garantie eines **Mindesteinkommens** im Pensionsalter.[1199] Die Ausgleichszulage soll jenen Betrag sicherstellen, der über die Bezüge an Pension, Unterhalt und sonstigem Einkommen hinaus für die Lebensführung unbedingt notwendig ist.[1200]

Erreicht die Pension zuzüglich eines aus übrigen Einkünften des Pensionsberechtigten erwachsenden Nettoeinkommens und der gemäß § 294 zu berücksichtigenden Beträge nicht die Höhe des für ihn geltenden Richtsatzes (§ 293), so hat der Pensionsberechtigte, solange er seinen rechtmäßigen, gewöhnlichen Aufenthalt im Inland hat, gemäß § 292 Abs 1 **Anspruch auf** eine **Ausgleichszulage** zur Pension. Die Ausgleichszulage gebührt nach § 296 Abs 1 **in der Höhe des Unter-**

1198 RS0085127.
1199 10 ObS 58/02f.
1200 RS0107526.

schieds zwischen der Summe aus Pension, Nettoeinkommen (§ 292) und den gemäß § 294 zu berücksichtigenden Beträgen einerseits und dem Richtsatz (§ 293) andererseits.[1201]

Der **Bund trägt den Aufwand** für die nach dem ASVG, GSVG, BSVG und FSVG ausgezahlten Ausgleichszulagen (§ 2 FAG 2017, BGBl I 2016/116).

6.17.1.2. Unionsrecht

Bei der Ausgleichszulage handelt es sich nach der einheitlichen Rsp des EuGH und des OGH um eine beitragsunabhängige Sonderleistung iSd Art 4 Abs 2a VO (EWG) Nr 1408/71 iVm Anh IIa dieser Verordnung bzw um eine **beitragsunabhängige Geldleistung** iSd Art 3 Abs 3 VO (EG) Nr 883/2004 iVm Anh X dieser Verordnung, welche nach Art 10a VO (EWG) Nr 1408/71 bzw Art 70 VO (EG) Nr 883/2004 **nicht in einen anderen EU-Mitgliedstaat zu exportieren** ist.[1202]

Ein aus einem anderen Mitgliedstaat nach Österreich zugezogener Pensionist, der über **keine ausreichenden Existenzmittel** verfügt, hat keinen Anspruch auf Ausgleichszulage.[1203]

Unionsbürger, die **nicht erwerbstätig** sind und nur iZm einem Sozialleistungsbezug innerhalb der EU bzw des EWR mobil sind, können auf der Grundlage von Unionsrecht keine Ansprüche auf Sozialleistungen wie die Ausgleichszulage geltend machen; eine aufenthaltsbeendende Maßnahme ist nicht erforderlich.[1204]

Nach stRsp **hat das Gericht** im Rahmen der Beurteilung des Anspruchs eines EWR-Bürgers auf Ausgleichszulage **selbständig zu prüfen, ob** die für die **Rechtmäßigkeit des Aufenthalts** in Österreich notwendigen Voraussetzungen vorliegen.[1205]

6.17.1.3. Anspruchsvoraussetzungen (§ 292)

Erreicht die Bruttopension zuzüglich eines aus übrigen Einkünften des Pensionsberechtigten erwachsenden Nettoeinkommens und der zu berücksichtigenden Unterhaltsansprüche (§ 294) nicht die Höhe des für ihn geltenden Richtsatzes (§ 293), hat der Pensionsberechtigte, solange er seinen rechtmäßigen, gewöhnlichen Aufenthalt im Inland hat, Anspruch auf eine Ausgleichszulage zur Pension (Abs 1).

6.17.1.3.1. Gewöhnlicher Aufenthalt (Abs 1)

Der Begriff „gewöhnlicher Aufenthalt" ist nach der ständigen sozialrechtlichen Rsp iSd § 66 Abs 2 JN zu verstehen.[1206]

1201 10 ObS 83/21k.
1202 10 ObS 110/14w mwN.
1203 RS0130764.
1204 10 ObS 73/19m mwN.
1205 10 ObS 11/23z mwN.
1206 10 ObS 137/22b.

Der allgemeine Gerichtsstand einer Person wird auch durch ihren gewöhnlichen Aufenthalt begründet. Der Aufenthalt einer Person bestimmt sich **ausschließlich nach tatsächlichen Umständen**; er hängt weder von der Erlaubtheit noch von der Freiwilligkeit des Aufenthalts ab. Bei der Beurteilung, ob ein Aufenthalt als gewöhnlicher Aufenthalt anzusehen ist, sind seine Dauer und seine Beständigkeit sowie andere Umstände persönlicher oder beruflicher Art zu berücksichtigen, die **dauerhafte Beziehungen** zwischen einer Person und ihrem Aufenthalt anzeigen (§ 66 Abs 2 JN).

Nur vorübergehende bzw kurzfristige **Auslandsaufenthalte** beeinträchtigen den Anspruch nicht. Abwesenheiten bis zu vier Wochen sind daher (ohne Rücksicht auf ihre Gründe) jedenfalls als unschädlich anzusehen. Die in der Entscheidung 10 ObS 401/97m entwickelte **Zweimonatsfrist** für einen Auslandsaufenthalt ist keineswegs starr anzuwenden. Eine unmerkliche Überschreitung der Zweimonatsfrist schadet nicht, wobei der Zweck der Auslandsaufenthalte nicht außer Acht zu lassen ist.[1207]

Bestehen **begründete Zweifel** am gewöhnlichen Aufenthalt im Inland, so ist ein Verfahren zur Entziehung der Ausgleichszulage einzuleiten. In diesem Verfahren ist der Beweis für den gewöhnlichen Aufenthalt im Inland von der pensionsbeziehenden Person zu erbringen (§ 292 Abs 14).

6.17.1.3.2. Anrechnung des Ehegatteneinkommens (Abs 2)

Bei Feststellung des Anspruches ist auch das gesamte Nettoeinkommen des (der) im gemeinsamen Haushalt lebenden **Ehegatten** oder eingetragenen Partners zu berücksichtigen (Abs 2).

Im Ausgleichszulagenrecht **fehlt** es an einer **gesetzlichen Grundlage** dafür, dem Ausgleichszulagenwerber das Einkommen des im gemeinsamen Haushalt lebenden **Lebensgefährten** nach der Art einer zwischen Ehegatten, die im gemeinsamen Haushalt leben, bestehenden engen Wirtschaftsgemeinschaft zuzurechnen.[1208] Im Falle einer Lebensgemeinschaft kommt nur die Berücksichtigung im Einzelnen festgestellter, bedarfsmindernder Zuwendungen durch den Lebensgefährten in Betracht.[1209]

6.17.1.3.3. Definition des Nettoeinkommens (Abs 3)

Nettoeinkommen ist die Summe sämtlicher Einkünfte in Geld oder Geldeswert nach Ausgleich mit Verlusten und vermindert um die gesetzlich geregelten Abzüge (Abs 3).

1207 10 ObS 197/98p.
1208 RS0120158.
1209 10 ObS 147/15p.

Die Definition des Nettoeinkommens in Abs 3 ist **auch für** das Einkommen des **Ehegatten** nach Abs 2 maßgebend. Sofern keine der in Abs 4 bis 13 genannten Ausnahmen oder Sonderregelungen zur Anwendung kommen, ist daher stets die Summe aller Einkünfte der betreffenden Person in Geld oder Geldeswert nach Ausgleich mit Verlusten und vermindert um die gesetzlichen Abzüge heranzuziehen.[1210]

Der Feststellung der Ausgleichszulage sind die **Bruttopension** des Pensionisten zuzüglich seiner übrigen Nettoeinkünfte und der Nettoeinkünfte seines im gemeinsamen Haushalt lebenden Ehegatten zugrunde zu legen.[1211]

Unterhaltsansprüche, die nicht der Pauschalanrechnung (§ 294 Abs 1 lit c) unterliegen, sind bei der Ausgleichszulagenbemessung als sonstiges Einkommen nur zu berücksichtigen, soweit sie tatsächlich zufließen oder rechtsmissbräuchlich nicht realisiert werden.[1212]

Nach stRsp ist **Vermögen** „ausgleichszulagenneutral". Vermögenswerte – auch Bargeld –, die keinen Ertrag abwerfen, werden für den Anspruch auf Ausgleichszulage **nicht berücksichtigt**. Der Rentner oder Pensionist ist auch nicht gehalten, sie so einzusetzen, dass daraus Einkünfte erzielt werden. Setzt der Rentner Teile seines Kapitals zur Bestreitung seiner Lebenshaltungskosten ein, schmälert dies nicht seinen Anspruch auf Ausgleichszulage, solange das Vermögen nicht „aktiviert" und daraus ein Einkommen bezogen wird.[1213]

Im SV-Recht können nicht einfach die Regeln des **EStG** angewendet werden, weil Letzteres in den sv-rechtlichen Bestimmungen nur für die Bewertung der Sachbezüge (zB Abs 3) vorgesehen ist und eine uneingeschränkte analoge Anwendung wegen der **unterschiedlichen Ziele** der SV-Gesetze und der Steuergesetze nicht in Betracht kommt. Dies schließt allerdings nicht aus, dass im Einzelfall auf steuerrechtliche Bestimmungen zurückgegriffen werden kann.[1214]

Ein Pensionsberechtigter darf grundsätzlich auf Ansprüche mit Einkommenscharakter **verzichten**. Ein solcher Verzicht ist jedoch bei der Feststellung der Ausgleichszulage dann unbeachtlich, wenn er offenbar den Zweck hatte, den Träger der Ausgleichszulage zu schädigen.[1215]

Ein Verzicht des Pensionsberechtigten auf die Geltendmachung von vertraglich oder gesetzlich zustehenden Ansprüchen ist für den Anspruch auf Ausgleichszulage nur beachtlich, wenn er in der **Unmöglichkeit oder Unzumutbarkeit der Erfüllung** durch den dazu Verpflichteten begründet ist. Unmöglich oder unzumutbar ist die Erfüllung jedenfalls, soweit dadurch das Einkommen des Verpflichteten unter die Grenze des Richtsatzes absinken würde.[1216]

1210 RS0128972.
1211 RS0085216.
1212 10 ObS 223/02w.
1213 10 ObS 11/23z.
1214 RS0085302.
1215 RS0038599.
1216 RS0085238.

6.17.1.3.4. Ausgenommene Einkünfte (Abs 4)

Bestimmte Einkünfte werden bei der Ermittlung des Einkommens nicht herangezogen, wie zB: Wohnbeihilfen, Kinderzuschüsse, Pflegegeld, Sozialhilfeleistungen, Kinderbetreuungsgeld, Ausgleichszulagen-/Pensionsbonus.

Die Aufzählung in Abs 4 ist mit Ausnahme des Klammerausdrucks in lit d **taxativ.**[1217]

Der Ausnahmekatalog des Abs 4 steht in engem Zusammenhang mit der besonderen **sozialen Funktion** der Ausgleichszulage. Diese soll nicht dadurch eingeengt oder gar aufgehoben werden, dass Leistungen, die schon aufgrund anderer Bestimmungen – etwa wegen des Familienstandes oder wegen der besonderen persönlichen Verhältnisse – zu gewähren sind, in die Berechnung des Nettoeinkommens einbezogen werden und damit einen Ausgleichszulagenanspruch vermindern oder gar nicht erst entstehen lassen würden. Das gilt besonders für solche Zuwendungen, die dem Pensionisten zur Deckung eines bestimmten Aufwandes zukommen.[1218]

Durch die Neufassung der lit o in § 292 Abs 4 ASVG und Parallelrecht soll die taxative Aufzählung jener Einkommen, die bei der Berechnung der Ausgleichszulage außer Betracht zu bleiben haben, um bestimmte Geldleistungen aus der gesetzlichen UV nach dem ASVG, dem BSVG sowie dem B-KUVG erweitert werden. Die **Versehrtenrente**, das Versehrtengeld sowie die Integritätsabgeltung nach dem ASVG und B-KUVG stellen Geldleistungen dar, die der Entschädigung der Versicherten für die MdE, die trotz Unfallheilbehandlung und Rehabilitationsmaßnahmen zurückgeblieben ist, dienen. Damit sollen auch aus einem Unfall oder einer Erkrankung erwachsende Kosten und Aufwände, etwa für spezielle Therapien oder Hilfsmittel, abgedeckt werden. Der Bezug einer Ausgleichszulage, die der Abdeckung des Grundbedarfs der allgemeinen Lebenshaltungskosten dient, soll dadurch zukünftig nicht mehr geschmälert werden. Zudem sollen die Betriebsrente, das Versehrtengeld sowie die Integritätsabgeltung nach dem BSVG von der Anrechnung ausgenommen werden. Die Anrechnung soll auch bei Abfindung von Versehrtenrenten sowie bei Abfindung oder Abfertigung von Betriebsrenten unterbleiben.[1219]

6.17.1.3.5. Pauschalanrechnung des Ausgedinges (Abs 8)

Ein **landwirtschaftlicher Betrieb** liegt dann vor, wenn ein Einheitswert für die landwirtschaftliche Liegenschaft festgestellt wird.[1220]

Der in Abs 8 verwendete Begriff des **Einheitswertes** ist iSd Bewertungsgesetzes zu verstehen. Nur der finanzbehördlich festgelegte Einheitswert bildet die Grundlage für die Pauschalierung des Ausgedinges.[1221]

1217 RS0085360.
1218 RS0085356.
1219 4115/A 27. GP 5. Die Neuregelung ist mit 1.1.2025 in Kraft getreten.
1220 10 ObS 30/94.
1221 10 ObS 46/03t.

Wurde für die betroffenen Grundstücke ein **Einheitswert festgestellt**, so kommt es für die Frage der Pauschalanrechnung nicht darauf an, ob der Pensionsberechtigte zuletzt aus diesen Grundstücken einen Ertrag erzielt hat oder erzielen hätte können.[1222]

Der Gesetzgeber geht davon aus, dass dem Eigentümer eines landwirtschaftlichen (forstwirtschaftlichen) Betriebes zugemutet werden könne, seinen **Betrieb so zu verwerten, dass** er einen Teil seines Lebensunterhaltes auch nach Aufgabe der selbständigen Erwerbstätigkeit selbst bestreiten kann, und dass aus der Übergabe, Verpachtung, Aufgabe etc eines landwirtschaftlichen Betriebes ein **Einkommen erzielbar** ist, das dem im Abs 8 festgesetzten Pauschalbetrag entspricht.[1223]

6.17.1.3.6. Verfahren

Wenn bis zum maßgeblichen Zeitpunkt des Schlusses der Verhandlung erster Instanz nur strittig ist, **ob** sich der Pensionsberechtigte **im Inland aufhält** (§ 292 Abs 1 ASVG), dann kann eine solche Rechtsstreitigkeit über eine Ausgleichszulage mit einem **Grundurteil** (§ 89 Abs 2 ASGG) erledigt werden.[1224]

Im Verfahren über den Anspruch auf Ausgleichszulage trägt der klagende Pensionsbezieher die objektive **Beweislast** dafür, dass er sich in den strittigen Zeiten **in Österreich aufgehalten** hat; allfällige Negativfeststellungen gehen zu seinen Lasten. Wird die Ausgleichszulage mit der Begründung rückwirkend entzogen, dass der Inlandsaufenthalt nachträglich weggefallen sei, und ein Rückforderungsbegehren erhoben, dann trifft die Beweislast für die Berechtigung dieses Anspruches den Versicherungsträger.[1225]

Die Beweislast für ein die Ausgleichszulage **verminderndes Einkommen** des Klägers trifft die Versicherungsanstalt.[1226]

6.17.1.4. Richtsätze (§ 293)

Der Richtsatz beträgt (Werte 2025) für Bezieher einer Eigenpension (Abs 1 lit a),

- wenn sie mit dem Ehegatten (der Ehegattin) im gemeinsamen Haushalt leben **(Familienrichtsatz),** 2.009,85 € (sublit aa),
- wenn sie alleinstehend sind **(Einzelrichtsatz),** 1.273,99 € (sublit bb),

wobei für jedes Kind ein Zuschlag von 196,57 € (Wert 2025) gebührt.

Haben beide Ehegatten (eingetragenen Partner) **Anspruch** auf eine Pension aus einer PV nach dem ASVG oder einem anderen Bundesgesetz und leben sie im gemeinsamen Haushalt, so besteht der Anspruch auf Ausgleichszulage bei der Pension, bei der er **früher entstanden** ist (Abs 4).

1222 RS0085440.
1223 RS0085977.
1224 Vgl RS0109264.
1225 10 ObS 28/99m.
1226 RS0085464.

Die den bedürftigen Versicherten neben der versicherungsmäßig ermittelten Pension gewährte Ausgleichszulage übernimmt die Alimentationsfunktion, der Ausgleichszulagenrichtsatz legt gleichsam das **Existenzminimum** für den Bereich der SV fest. Mangels einer gesetzlichen Definition der Bedürftigkeit werden die Ausgleichszulagenrichtsätze daher auch von der Rsp als Entscheidungshilfe für die **Feststellung der Bedürftigkeit** herangezogen.[1227]

Da der Ausgleichszulagen-Anspruch **für jeden einzelnen Monat zu prüfen** ist, sind Feststellungen über die Höhe der anderweitigen Einkünfte für jeden Monat des fraglichen Zeitraumes erforderlich.[1228]

Für im gemeinsamen Haushalt lebende Ehepaare ist ein besonderer, **erhöhter Richtsatz („Familienrichtsatz")** vorgesehen. Der Familienrichtsatz für im gemeinsamen Haushalt lebende Ehegatten ist keineswegs doppelt so hoch wie der Richtsatz für einen allein lebenden Pensionisten, sondern er liegt nur um etwa 42 % darüber. Damit trägt der Gesetzgeber dem Umstand Rechnung, dass dann, wenn die Ehegatten getrennt leben, die Höhe der Bedürfnisse jedes einzelnen höher liegt, als der Hälfte des Familienrichtsatzes entspricht.[1229]

Voraussetzung für den Anspruch auf den höheren Richtsatz ist ein **gemeinsamer Haushalt der Ehegatten**; es ist daher **auf die tatsächlichen Verhältnisse abzustellen**. Leben die Ehegatten nicht zusammen, so kommt es auf die Gründe nicht an. Das Gesetz bietet keine Möglichkeit, Fälle, in denen der gemeinsame Haushalt ohne Verschulden und ohne freiwilligen Entschluss der Ehegatten aufgegeben wurde, anders zu behandeln als solche, in denen das Zusammenleben auf Grund des Entschlusses eines Partners oder im gegenseitigen Einvernehmen beendet wurde. Die Voraussetzungen für die Gewährung des höheren Richtsatzes liegen nur dann vor, wenn zwischen den Ehegatten tatsächlich ein gemeinsamer Haushalt besteht.[1230] Unter einem gemeinsamen Haushalt ist das **Zusammenleben** der betreffenden Ehegatten (eingetragenen Partner) **in einer Wohn- und Wirtschaftsgemeinschaft** zu verstehen.[1231] Auf die **Rechtmäßigkeit des Aufenthalts** des Ehegatten des Ausgleichszulagenwerbers kommt es nicht an.[1232]

6.17.1.5. Unterhaltsansprüche und Nettoeinkommen (§ 294)

Unterhaltsansprüche des Pensionsberechtigten **gegen die Eltern** sind, sofern sie mit dem Pensionsberechtigten im gemeinsamen Haushalt leben, dadurch zu berücksichtigen, dass dem Nettoeinkommen des Pensionsberechtigten 12,5 % des monatlichen Nettoeinkommens der Eltern zuzurechnen sind (Abs 1 lit c).

1227 RS0084847.
1228 RS0084844.
1229 RS0109341.
1230 RS0106543.
1231 10 ObS 50/18b.
1232 10 ObS 7/19f.

Unter den die Berechnung der Ausgleichszulage zu berücksichtigenden Unterhaltsansprüchen gegen die Eltern, sofern sie mit dem Pensionsberechtigten im gemeinsamen Haushalt leben, sind sowohl Unterhaltsansprüche gegen beide Eltern als **auch** solche **gegen nur einen Elternteil** zu verstehen.[1233]

Die möglicherweise **unterschiedliche Höhe der Anrechnung** von Unterhaltsleistungen (einerseits nach § 292 Abs 1–3, andererseits nach § 294 Abs 1) kann **sachlich** damit **gerechtfertigt** werden, dass die Höhe des im Falle eines gemeinsamen Haushalts großteils in Naturalien geleisteten Unterhalts nur äußerst schwierig zu bewerten ist und bei gemeinsamem Wohnen Synergieeffekte auftreten; verfassungsrechtliche Bedenken gegen § 294 Abs 1 lit c bestehen daher nicht.[1234]

Da Unterhaltsansprüche eines Pensionsberechtigten gegenüber seinen **Großeltern** (oder einem einzelnen Großelternteil) in der Aufzählung des § 294 Abs 1 nicht erwähnt sind, ist eine Pauschalanrechnung von Unterhaltsleistungen solcher Personen nach dieser Gesetzesstelle jedenfalls nicht möglich.[1235]

Wenn und solange das **Nettoeinkommen des** (der) im gemeinsamen Haushalt lebenden **Ehegatten** (Ehegattin) oder eingetragenen Partners (eingetragenen Partnerin) (§ 292 Abs 2) **nicht nachgewiesen** wird, ist es in der Höhe des Dreißigfachen der Höchstbeitragsgrundlage in der PV (§ 45 Abs 1) anzunehmen (Abs 4).

6.17.1.6. Höhe und Feststellung der Ausgleichszulage (§ 296)

Die Ausgleichszulage gebührt in der Höhe der **Differenz** der Summe aus Bruttopension, Nettoeinkommen (§ 292) und den zu berücksichtigenden Unterhaltsansprüchen (§ 294) einerseits und dem Richtsatz (§ 293) andererseits (Abs 1).

Die Ausgleichszulage ist **erstmalig auf Grund des Pensionsantrages** festzustellen. Sie **gebührt ab dem Tag**, an dem die Voraussetzungen für den Anspruch erfüllt sind. Wird die Ausgleichszulage erst nach dem Zeitpunkt der Erfüllung der Voraussetzungen beantragt, so gebührt sie frühestens ab dem Beginn des vor dem Tag der Antragstellung liegenden vollen Kalendermonates. Der Anspruch auf Ausgleichszulage **endet** mit dem Ende des Monates, in dem die Voraussetzungen für den Anspruch wegfallen (Abs 2).

Da die **erstmalige Feststellung** der Ausgleichszulage **von Amts wegen** erfolgt, ist neben dem Pensionsantrag kein gesonderter Antrag auf Ausgleichszulage erforderlich. Werden hingegen die Voraussetzungen für die Ausgleichszulage **erst nach** der Entscheidung aufgrund des Pensionsantrages oder nach einem Wegfall der Ausgleichszulage (wieder) erfüllt, dann ist ein **Antrag** auf Ausgleichszulage erforderlich.[1236]

1233 RS0084870.
1234 RS0116963.
1235 RS0107524.
1236 RS0104907.

Bei einer **Änderung** der für die Zuerkennung der Ausgleichszulage maßgebenden Sach- und Rechtslage hat der Träger der PV die Ausgleichszulage auf Antrag des Berechtigten oder von Amts wegen **neu festzustellen** (Abs 3).

Während es sich bei **Abs 2** Satz 2 und 3 um **materiellrechtliche Bestimmungen** handelt, die den Anfall der Ausgleichszulage regeln, ist **Abs 3** eine **formalrechtliche** Norm, der die Neufeststellung anordnet, wenn sich die für die Zuerkennung der Ausgleichszulage maßgebende Sach- und Rechtslage ändert. Die im Abs 3 angeordnete amtswegige Neufeststellung bezieht sich nur auf bereits zuerkannte (laufende) Ausgleichszulagen.[1237]

Bei der Neufeststellung der Ausgleichszulage besteht **keine Bindung** an die Grundlagen früherer Entscheidungen.[1238]

Entsteht durch eine rückwirkende Zuerkennung oder Erhöhung einer Leistung aus einer PV ein **Überbezug** an Ausgleichszulage, so **ist** dieser Überbezug gegen die Pensionsnachzahlung **aufzurechnen.** Dies gilt auch dann, wenn Anspruchsberechtigter auf die Pensionsnachzahlung der (die) im gemeinsamen Haushalt lebende Ehegatte (Ehegattin) oder eingetragene Partner:in ist (Abs 4).

Abs 4 enthält als Sondernorm für den Überbezug an Ausgleichszulage eine neben § 107 (sowie § 103) bestehende Aufrechnungsmöglichkeit. Abs 4 verdrängt als **lex specialis** die allgemeine Aufrechnungsnorm des § 103.[1239]

Abs 4 lässt nicht nur die Aufrechnung gegen Pensionsnachzahlungen nach dem ASVG, sondern gegen Nachzahlungen **aus jedem** – auch ausländischen – **Pensionssystem** zu.[1240]

Zur Aufrechnung mit dem Überbezug an Ausgleichszulage kann die **gesamte Pensionsnachzahlung** herangezogen werden.[1241]

Hat der Pensionsberechtigte in einem Kalenderjahr sonstige monatliche Nettoeinkünfte weniger als 14-mal jährlich oder in unterschiedlicher Höhe bezogen, kann er beim leistungszuständigen Versicherungsträger bis 31. März des folgenden Kalenderjahres die Durchführung eines **Jahresausgleiches** beantragen. Der Jahresausgleich kann im Verlauf des folgenden Kalenderjahres auch von Amts wegen erfolgen (Abs 5).

Über den Antrag der pensionsberechtigten Person auf eine (nachträgliche) Leistung an Ausgleichszulage infolge eines (über Antrag oder amtswegig durchgeführten) Jahresausgleichs gemäß Abs 5 bis 7 hat der PV-Träger gemäß § 295 iVm § 222 Abs 1 und 2 sowie § 367 Abs 1 einen **Bescheid** zu erlassen.[1242]

1237 RS0104908.
1238 RS0041270.
1239 10 ObS 60/11p.
1240 10 ObS 60/11p.
1241 RS0084887.
1242 RS0133262.

6.17.1.7. Meldepflicht (§ 298)

Der Pensionsberechtigte, der eine Ausgleichszulage bezieht, ist **verpflichtet, jede Änderung** des Nettoeinkommens oder der Umstände, die eine Änderung des Richtsatzes bedingen, dem Träger der PV gemäß § 40 **anzuzeigen** (Abs 1).

Der Träger der PV hat jeden Pensionsberechtigten, der eine Ausgleichszulage bezieht, **innerhalb von jeweils drei Jahren mindestens einmal** zu einer **Meldung** seines Nettoeinkommens und seiner Unterhaltsansprüche sowie aller Umstände, die für die Höhe des Richtsatzes maßgebend sind, zu verhalten; bestehen **begründete Zweifel am gewöhnlichen Aufenthalt** der pensionsberechtigten Person **im Inland**, so hat dies mindestens **einmal jährlich** zu geschehen. Kommt der Pensionsberechtigte der Aufforderung des Versicherungsträgers innerhalb von **zwei Monaten** nach ihrer Zustellung nicht nach, so hat der PV-Träger die Ausgleichszulage mit dem dem Ablauf von **weiteren zwei Monaten** folgenden Monatsersten **zurückzuhalten.** Die Ausgleichszulage ist, sofern sie nicht wegzufallen hat, unter Bedachtnahme auf die Bestimmungen des § 296 nachzuzahlen, wenn der Pensionsberechtigte seine Meldepflicht erfüllt oder der PV-Träger **auf andere Weise** von der maßgebenden Sachlage **Kenntnis** erhalten hat (Abs 2).

Die **Träger der Sozialhilfe haben** bezüglich aller Bezieher einer Ausgleichszulage, die sich gewöhnlich in ihrem Zuständigkeitsbereich aufhalten, ihnen bekannt gewordene Änderungen des Nettoeinkommens oder der Umstände, die eine Änderung des Richtsatzes bedingen, dem Träger der PV **mitzuteilen** (Abs 3).

Grundsätzlich kann sich der Meldepflichtige nicht darauf berufen, der zu meldende Sachverhalt sei ihm unbekannt gewesen. Vielmehr ist er, da die Meldepflicht sein persönliches Tätigwerden voraussetzt, unter Zugrundelegung der bei einem Leistungsempfänger vorauszusetzenden gewöhnlichen Fähigkeiten und Kenntnisse **verpflichtet,** entsprechende **Nachforschungen anzustellen, wenn** nach den Umständen des Falles für das mögliche Vorliegen meldepflichtiger Tatsachen gewisse **Anhaltspunkte gegeben** sind.[1243]

Sind nach den Umständen des Falles für das mögliche Vorliegen meldepflichtiger Tatsachen gewisse Anhaltspunkte gegeben, verletzt der Meldepflichtige seine Meldepflicht, wenn er es unterlässt, sich mit der gebotenen Sorgfalt vom Vorhandensein maßgeblicher Tatsachen zu unterrichten. Die **Sorgfaltspflicht darf** dabei allerdings **nicht überspannt werden, wenn** es um an sich meldepflichtige Tatsachen geht, die **in der Sphäre eines Dritten** liegen, mit dem der Leistungsempfänger keinen oder nur wenig Kontakt hat.[1244]

Die **bloße Mitteilung, dass** meldepflichtige Umstände **nicht bekannt** seien, ergibt noch keinen Aufschluss darüber, dass dem Meldepflichtigen die von ihm

1243 RS0083688.
1244 RS0083695.

gewünschten Auskünfte verweigert worden wären oder sonst aus triftigen Gründen nicht erlangt werden konnten; durch eine solche Mitteilung allein ist für den Versicherungsträger nämlich nicht erkennbar, ob sich der Leistungsempfänger nur einer Meldepflicht entziehen wollte oder dieser Pflicht wegen bestehender Hindernisse nicht nachkommen konnte, in welchem Fall dem Versicherungsträger vorgeworfen werden könnte, nicht rechtzeitig von sich aus Erhebungen über die meldepflichtigen Tatsachen angestellt zu haben.[1245]

Aus den den Leistungsempfängern periodisch übermittelten **Überprüfungsbögen** für die Ausgleichszulage ist für jedermann eindeutig erkennbar, dass **auch** die **den Ehepartner betreffenden** Auskünfte maßgeblich sind.[1246]

„Aufgriffsobliegenheit" ist die Verpflichtung des Versicherungsträgers, jeden Pensionsberechtigten, der eine Ausgleichszulage bezieht, innerhalb von jeweils drei Jahren mindestens einmal zu einer Meldung seines Nettoeinkommens und seiner Unterhaltsansprüche sowie aller Umstände, die für die Höhe des Richtsatzes maßgebend sind, zu verhalten (Abs 2).[1247]

6.17.1.8. Ausgleichszulagenbonus/Pensionsbonus (§ 299a)

Mit dem Bundesgesetz BGBl I 2019/84 wurde mit Wirksamkeit **ab 1.1.2020** (§ 726 Abs 1) in § 299a ein neuer Ausgleichszulagenbonus/Pensionsbonus **für langzeitversicherte** Personen eingeführt. Damit sollte zum einen der mit dem SRÄG 2016, BGBl I 2017/29, geschaffene besondere Ausgleichszulagenrichtsatz bei Vorliegen von **360 Beitragsmonaten der Pflichtversicherung aufgrund einer Erwerbstätigkeit** durch einen Bonus zur Ausgleichszulage bzw zu kleinen Pensionen ersetzt werden und zum anderen – als weitere Verbesserung für Personen mit langen Versicherungszeiten und kleinen Pensionen – ein **höherer Bonus** (auch an Ehepaare oder eingetragene Partner) gewährt werden, wenn **mindestens 480 solcher Beitragsmonate** vorliegen. Der Ausgleichszulagenbonus/Pensionsbonus tritt somit zum Teil an die Stelle des früheren erhöhten Richtsatzes nach § 293 Abs 1 lit a sublit cc idF vor Inkrafttreten des Bundesgesetzes BGBl I 2019/84, entwickelt diesen aber durch die Einführung einer zweiten Stufe und deren Ausweitung auf Paare weiter. Da die neuen Obergrenzen über den Ausgleichszulagenrichtsätzen nach § 293 Abs 1 liegen, **gebührt** der Bonus **nicht nur bei Bezug einer Ausgleichszulage** (also bei einer entsprechend niedrigen Pension, die die Richtsätze nach § 293 Abs 1 nicht erreicht), sondern auch bei Bezug von Pensionen, die diese Richtsätze überschreiten, soweit diese zusammen mit den anderen Einkünften als „Gesamteinkommen" nach § 299a Abs 8 den jeweiligen **Grenzbetrag** in § 299a Abs 1 Z 2 bzw Abs 3 Z 2 bzw Abs 5 Z 2 nicht übersteigen. Für Personen,

1245 RS0083703.
1246 RS0083712.
1247 RS0084889.

die bereits eine Ausgleichszulage beanspruchen konnten, wird diese nun nach Maßgabe der neuen Bestimmungen durch einen **„Ausgleichszulagenbonus"** erhöht. Für jene, deren Gesamteinkommen über dem bisher maßgebenden Ausgleichszulagenrichtsatz, aber noch unter den neuen Höchstgrenzen liegt, stellt sich die Leistung als „Pensionsbonus" dar. Der Bonus soll also entweder eine gebührende **Ausgleichszulage ergänzen oder** eine **geringe Pensionsleistung verbessern.**[1248]

Nach dem **Übergangsrecht** (§ 726 Abs 3) kann einem Versicherten aufgrund eines Günstigkeitsvergleichs ein die Ausgleichszulage ergänzender Ausgleichszulagenbonus oder ein eine geringe Pensionsleistung verbessernder Pensionsbonus zustehen, selbst wenn die Berechnung nach § 299a keinen Bonusanspruch ergäbe.[1249]

6.17.2. Kinderzuschuss (§ 262)

Zu den Leistungen aus den Versicherungsfällen des Alters und zur Invaliditätspension gebührt **für jedes Kind** ein Kinderzuschuss. Für die Dauer des Anspruches auf Kinderzuschuss gebührt für ein und dasselbe Kind kein weiterer Kinderzuschuss. Über das vollendete 18. Lebensjahr wird der Kinderzuschuss nur auf besonderen Antrag gewährt (Abs 1). Der Kinderzuschuss beträgt 29,07 € monatlich (Abs 2).

Der Kinderzuschuss ist **Pensionsbestandteil** im weiteren Sinn, für den das Antragsprinzip gilt. Für Kinder unter 18 Jahren genügt ein formloser Antrag (§ 262 Abs 1). Dem Charakter nach stellen Kinderzuschüsse eine öffentlich-rechtliche (Hilfs-)Leistung dar, deren Zweckbestimmung in der finanziellen Hilfe zur Erfüllung der Unterhaltspflichten liegt. Bei der Bemessung des Unterhalts sind Kinderzuschüsse daher auch als **Einkommensbestandteile des Unterhaltspflichtigen** zu berücksichtigen.[1250]

Zu normieren, dass der Kinderzuschuss **für ein und dasselbe Kind nur einmal gewährt** wird, liegt im Rahmen des rechtspolitischen Gestaltungsspielraums des Gesetzgebers. Folgerichtig hat er auch normiert, wem der Anspruch zusteht, wenn das Kind gleichzeitig als Kind mehrerer Pensionsbezieher gilt. Es ist **nicht unsachlich**, dem Pensionisten, dem zu seiner Pension der Kindeszuschuss bereits gewährt wird, den Anspruch darauf zu belassen, solange dessen Voraussetzungen bestehen, und einem später hinzutretenden Pensionisten nicht zu gewähren, mag dieser mit dem Kind auch gemeinsam leben.[1251]

Die Kindeseigenschaft des Sohnes bleibt **während des Zivildienstes** (oder **Präsenzdienstes**[1252]) nicht aufrecht; ein Pensionist hat während dieser Zeit keinen An-

1248 10 ObS 83/21k mwN.
1249 RS0133765.
1250 10 ObS 161/19b.
1251 RS0119856.
1252 10 ObS 287/99z.

spruch auf Kinderzuschuss. Mit Beendigung des Zivildienstes (Präsenzdienstes) lebt der Kinderzuschuss nicht wieder auf, sondern muss wegen (Fortsetzung der) Ausbildung neuerlich beantragt werden.[1253]

Wird eine **Teilpension gemäß** Art 52 Abs 1 lit b **VO (EG) 883/2004** gewährt, so ist auch der Kinderzuschuss lediglich anteilig zu zahlen.[1254]

6.18. Rehabilitation nach pflichtgemäßem Ermessen

6.18.1. Allgemeines

Für die Dauer der Gewährung von Maßnahmen der Rehabilitation besteht kein Anspruch auf eine Leistung aus einem Versicherungsfall der geminderten Arbeitsfähigkeit (ausgenommen Knappschaftspension). Der Anspruch auf eine solche vor der Gewährung von Maßnahmen der Rehabilitation angefallene Leistung wird hiedurch nicht berührt (§ 307).

Die zu rehabilitierende Person ist vom Versicherungsträger unter Berücksichtigung der Ergebnisse eines **Berufsfindungsverfahrens** über das Ziel und die Möglichkeiten der Rehabilitation nachweislich in geeigneter Weise zu informieren und zu beraten. Sie **hat** bei der Durchführung der Maßnahmen der Rehabilitation entsprechend **mitzuwirken** (§ 305).

Ziel dieser **Beratung** ist es, dem Versicherten durch Vermittlung von Sachinformationen verantwortliche Entscheidungen über **individuelle** Rehabilitationsmöglichkeiten zu erleichtern.[1255]

6.18.2. Aufgaben der Rehabilitation (§ 300)

Die PV-Träger treffen Vorsorge für die Rehabilitation von Versicherten, Beziehern von Rehabilitationsgeld sowie Beziehern einer Pension aus einem Versicherungsfall der geminderten Arbeitsfähigkeit (ausgenommen eine Knappschaftspension), deren **Arbeitskraft** infolge einer körperlichen, geistigen oder psychischen Beeinträchtigung **herabgesunken** ist (Abs 1).

Die Rehabilitation umfasst **medizinische** und **berufliche** Maßnahmen **und**, soweit dies zu ihrer Ergänzung erforderlich ist, **soziale Maßnahmen** mit dem **Ziel**, die zu rehabilitierenden Personen bis zu einem solchen Grad ihrer Leistungsfähigkeit herzustellen oder wiederherzustellen, der sie in die Lage versetzt, im beruflichen und wirtschaftlichen Leben und in der Gemeinschaft einen ihnen angemessenen Platz möglichst dauernd einnehmen zu können. Diese Maßnahmen dienen nach Möglichkeit dem Ziel, die Erwerbsfähigkeit in Bezug auf die bisher ausgeübte Tätigkeit wiederherzustellen (Abs 3).

1253 RS0111128.
1254 10 ObS 161/19b.
1255 RS0113668.

Die Gewährung von Maßnahmen zur **Festigung der Gesundheit** bzw von Maßnahmen der **Gesundheitsvorsorge** (§§ 155 und 307d) zählt nicht zu den Aufgaben der Rehabilitation (Abs 4).

Rehabilitation ist die Summe der aufeinander abgestimmten Maßnahmen, durch die körperlich, geistig oder seelisch behinderte Menschen bis zum höchsten, individuell erreichbaren Grad physischer, geistiger, seelischer, beruflicher und wirtschaftlicher Leistungsfähigkeit hergestellt oder wiederhergestellt werden, damit sie einen angemessenen Platz in der Gemeinschaft möglichst dauernd einnehmen können.[1256]

Je nach der angestrebten Zielrichtung und den eingesetzten Mitteln werden drei Bereiche der Rehabilitation unterschieden: Die **medizinische** Rehabilitation will den Gesundheitszustand, die **berufliche** Rehabilitation die Erwerbsfähigkeit **und** die **soziale Rehabilitation** die Gemeinschaftsfähigkeit (wieder) herstellen. An der Rehabilitation wirken alle drei Zweige der SV mit.[1257]

Die Rehabilitation ist eine **einheitliche Aufgabenstellung**, an der entsprechend der Gliederung des österreichischen SV-Systems **verschiedene Versicherungsträger** im Rahmen der ihnen durch die organisatorische Trennung zugewiesenen Risikodeckung **mitwirken**. Die organisatorische Gliederung in drei Risikozweige kann allerdings nicht dazu führen, dass jeder Risikozweig für sich allein gesehen wird. Die in einem Zweig erbrachten Leistungen können vielmehr bei Beurteilung von Leistungsansprüchen in einem anderen Zweig der Versicherung **nicht** grundsätzlich **außer Betracht** gelassen werden, zumal alle Zweige letztlich in das einheitliche System der SV eingegliedert sind.[1258]

Sofern im Bereich der **UV** gewährte Rehabilitationsmaßnahmen auf Leistungsansprüche der **PV** von Einfluss sind, ist bei Beurteilung der pv-rechtlichen Ansprüche hierauf **Bedacht zu nehmen**.[1259]

6.18.3. Maßnahmen der Rehabilitation (§ 301)

Zur Erreichung des im § 300 Abs 3 angestrebten Zieles dienen die Maßnahmen nach den §§ 302 bis 304. Die PV-Träger gewähren diese Maßnahmen – unbeschadet der §§ 253e, 253f, 270a, 270b, 276e und 276f – **nach pflichtgemäßem Ermessen** (Abs 1).

Unter Berücksichtigung der Auslastung der eigenen Einrichtungen **können** die PV-Träger **auch Angehörigen** eines Versicherten oder eines Pensionisten oder Beziehern von Waisenpensionen, die an einer körperlichen, geistigen oder psychischen Behinderung leiden, Maßnahmen der Rehabilitation gemäß § 302 Abs 1

1256 RS0084272.
1257 RS0084278.
1258 RS0084293.
1259 RS0084267.

Z 1 (Unterbringung in Rehabilitationsanstalten) und § 304 (soziale Maßnahmen) **gewähren**; ihre Gewährung ist an die Voraussetzung geknüpft, dass ohne diese Maßnahmen dem Versicherten (Pensionisten) Auslagen erwachsen würden, die seine wirtschaftlichen Verhältnisse übersteigen (Abs 2).

Der Versicherungsträger ist verpflichtet, die Leistungen der Rehabilitation **nach pflichtgemäßem Ermessen** zu erbringen, er **hat** jedoch **keinen Bescheid zu erlassen.** Mangels eines klagbaren Bescheides hat daher der Leistungswerber keine Möglichkeit, die Erbringung von Leistungen der Rehabilitation im Leistungsstreitverfahren durchzusetzen.[1260] Für die Entscheidung des SV-Trägers über einen – jedenfalls unabhängig von einem Pensionsantrag gestellten – Antrag auf Gewährung von Leistungen der Rehabilitation in der PV besteht keine Bescheidpflicht. Dies gilt auch unverändert nach der Rechtslage nach dem SRÄG 2012.[1261]

6.18.4. Medizinische Maßnahmen (§ 302)

Die medizinischen Maßnahmen der Rehabilitation umfassen:

- die **Unterbringung in Krankenanstalten,** die vorwiegend der Rehabilitation dienen (Z 1);
- Maßnahmen der **ambulanten** Rehabilitation einschließlich der Telerehabilitation (Z 1a);
- Maßnahmen der **medizinisch-berufsorientierten** Rehabilitation (Z 1b);
- die Gewährung von **Hilfsmitteln** einschließlich der notwendigen Änderung, Instandsetzung und Ersatzbeschaffung sowie der Ausbildung im Gebrauch der Hilfsmittel (Z 2);
- die Gewährung **ärztlicher Hilfe** sowie die Versorgung mit **Heilmitteln** und **Heilbehelfen,** wenn diese Leistungen unmittelbar im Anschluss an eine oder iZm einer der in Z 1 bis 2 genannten Maßnahmen erforderlich sind (Z 3).

In den Fällen der Z 1 bis 3 sowie iZm der körpergerechten Anpassung von Hilfsmitteln können **Reise- und Transportkosten** nach Maßgabe der Bestimmungen der **Satzung** unter Bedachtnahme auf die wirtschaftlichen Verhältnisse des Versicherten bzw Angehörigen übernommen werden (Abs 1).

Die Maßnahmen werden vom PV-Träger gewährt, **wenn und soweit** sie **nicht aus** einer gesetzlichen **KV gewährt** werden. Der **PV-Träger kann** die Gewährung der von einem KV-Träger nach Maßgabe des § 154a zu erbringenden medizinischen Maßnahmen der Rehabilitation **jederzeit an sich ziehen.** Er tritt hinsichtlich dieser Maßnahmen dem Versicherten gegenüber in alle Pflichten und Rechte des KV-Trägers ein, soweit die zu gewährenden Leistungen mit den medizinischen Maßnahmen der Rehabilitation in Zusammenhang stehen. Der PV-Träger

1260 RS0084894.
1261 10 ObS 119/15w.

hat in diesen Fällen dem KV-Träger anzuzeigen, dass er von einem bestimmten Tag an die Gewährung übernimmt; von diesem Zeitpunkt an hat der Versicherte gegen den KV-Träger keinen Anspruch auf die entsprechenden Leistungen der KV (Abs 2).

Werden Versicherte (Pensionsbezieher) für Rechnung des PV-Trägers in einer Rehabilitationsanstalt untergebracht, so haben diese eine **Zuzahlung** zu leisten, deren Höhe sich nach § 154a Abs 7 zweiter bis vierter Satz[1262] richtet. Sie ist sogleich bei Antritt des Aufenthaltes im Voraus an den PV-Träger zu leisten und darf für jede versicherte (pensionsbeziehende) Person für höchstens 28 Tage pro Kalenderjahr eingehoben werden (Abs 4).

Bei medizinischen Rehabilitationsmaßnahmen handelt es sich um medizinische Leistungen, die in der Verantwortung von Ärzten, praktisch jedoch schwerpunktmäßig von anderen Berufsgruppen erbracht werden. Im Gegensatz zur kurativ medizinischen Akutversorgung, deren Schwerpunkt auf der Heilung und Beseitigung von Krankheiten liegt, definiert medizinische Rehabilitation den Menschen als aktiven Teil der Gesellschaft und will ihm die Möglichkeit eröffnen, an seinem bisherigen Leben wieder **aktiv teilzunehmen.** Sie setzt auf Patienten, die sich aktiv an einer Verbesserung ihres Gesundheitszustands beteiligen und bereit sind, auf Zielvereinbarungen einzugehen und beim Rehabilitationsprozess aktiv mitzuwirken.[1263]

Bei einem **Arbeitstraining** bzw einer **Beschäftigungstherapie** handelt es sich nicht um eine medizinische Rehabilitationsmaßnahme.[1264]

6.18.5. Berufliche Maßnahmen (§ 303)

Berufliche Maßnahmen der Rehabilitation werden versicherten Personen und Beziehern von Rehabilitationsgeld **auf** deren **Antrag nach pflichtgemäßem Ermessen** erbracht. § 198 ist anzuwenden. Die beruflichen Maßnahmen umfassen insb auch Berufsfindungs- und Berufsorientierungsmaßnahmen sowie Arbeitstrainings.

Bei der jeweils unter Berücksichtigung der Umstände des Einzelfalles zu beurteilenden Frage der **Zumutbarkeit** einer (beruflichen) Rehabilitationsmaßnahme spielen die Ausbildung und die bisherige Tätigkeit des Versicherten, ein bestehender Berufsschutz sowie Inhalt und Dauer der ins Auge gefassten Rehabilitationsmaßnahme eine wesentliche Rolle. Die Frage, auf welchen Beruf eine **Umschulung** erfolgen soll, hängt auch wesentlich von den dem Versicherungsträger zur Disposition stehenden Einrichtungen ab. Es besteht **kein Anspruch** des Versicher-

1262 Siehe oben 4.17.
1263 10 ObS 4/16k.
1264 10 ObS 97/15k.

ten auf eine bestimmte Rehabilitationsmaßnahme, sondern der Versicherungsträger muss eine angemessene Rehabilitationsmaßnahme gewähren. Auch Arbeitsmarktprognosen sind bei der Zumutbarkeitsfrage mitzuberücksichtigen.[1265]

Für die Entscheidung über die Gewährung von Maßnahmen der beruflichen Rehabilitation in der PV nach § 303 besteht nach § 367 Abs 1 idF SRÄG 2012 **keine Bescheidpflicht**.[1266]

Als berufliche **Maßnahmen** der Rehabilitation kommen insb Berufsfindungsmaßnahmen, Arbeitstrainingsmaßnahmen, Ein-, Um- und Nachschulungen, Lehr- oder Schulausbildungen udgl in Betracht.[1267]

6.18.6. Soziale Maßnahmen (§ 304)

Die sozialen Maßnahmen der Rehabilitation umfassen solche Leistungen, die **über** die medizinischen und beruflichen Maßnahmen der Rehabilitation **hinaus geeignet** sind, zur Erreichung des im § 300 Abs 3 angestrebten Zieles beizutragen (Abs 1).

Für die Gewährung von Maßnahmen des PV-Trägers gilt § 201 Abs 2 bis 4 entsprechend mit der Maßgabe, dass **Zuschüsse** iSd § 201 Abs 2 Z 1 (Adaptierung der Wohnung) und Z 2 lit b (Ankauf bzw Adaptierung eines Pkw) nicht gewährt werden (Abs 2).

Die **UV-Träger** können sowohl im Rahmen der beruflichen Rehabilitation (§ 198 Abs 2), wie auch als soziale Maßnahme der Rehabilitation (§ 201 Abs 2 Z 2 lit b) **Zuschüsse zum Ankauf eines Pkw** gewähren. Diese Möglichkeit besteht für den **PV-Träger** im Rahmen der Rehabilitationsmaßnahmen der Bestimmungen der §§ 300 ff nicht; § 303 schließt solche Maßnahmen für die berufliche Rehabilitation und § 304 Abs 2 für die soziale Rehabilitation durch die PV-Träger aus.[1268]

6.18.7. Übergangsgeld (§ 306)

Der PV-Träger hat dem Versicherten für die Dauer der Gewährung von medizinischen Maßnahmen der Rehabilitation oder einer beruflichen Ausbildung (§ 198 Abs 2 Z 1) ein Übergangsgeld zu leisten, **wenn kein Anspruch auf Rehabilitationsgeld** (§ 143a) oder Umschulungsgeld (§ 39b AlVG) **besteht**. Übergangsgeld für die Dauer der Gewährung von medizinischen Maßnahmen der Rehabilitation gebührt ab Beginn der 27. Woche nach dem letztmaligen Eintritt des Versicherungsfalles der Arbeitsunfähigkeit infolge Krankheit, der mit der Gewährung dieser Maßnahmen der Rehabilitation in Zusammenhang steht (Abs 1).

1265 RS0113667.
1266 RS0130958.
1267 RS0130565.
1268 RS0084299.

Das Übergangsgeld **gebührt** monatlich **im Ausmaß der Berechnungsgrundlage**; Berechnungsgrundlage ist die **Pension** aus dem Versicherungsfall der geminderten Arbeitsfähigkeit, die zu diesem Zeitpunkt gebührt hätte. Die Berechnungsgrundlage ist für die Angehörigen des Versicherten zu erhöhen, und zwar für den Ehegatten oder den eingetragenen Partner um 10 % und für jeden sonstigen Angehörigen um 5 % (Abs 2).

Das Übergangsgeld gebührt **mindestens im Ausmaß des** jeweils in Betracht kommenden **Richtsatzes** für die Ausgleichszulage; ist das sonst gebührende **Krankengeld** höher, gebührt das Übergangsgeld mindestens im Ausmaß dieses Betrages (Abs 3).

Auf das Übergangsgeld **sind** ein dem Versicherten gebührendes Erwerbseinkommen, ein Wiedereingliederungsgeld bzw Geldleistungen nach dem AlVG oder eine Beihilfe zur Deckung des Lebensunterhaltes durch das AMS **anzurechnen** (Abs 4).

Während der Dauer einer beruflichen Ausbildung (§ 198 Abs 2 Z 1) **kann** der PV-Träger dem Versicherten **einen Beitrag zu den Kosten des Unterhaltes** für ihn und seine Angehörigen **leisten**, soweit billigerweise anzunehmen ist, dass der Versicherte die Kosten der bisherigen Lebensführung aus einem anderen Einkommen nicht decken kann (Abs 5).

Der PV-Träger **kann** für die Dauer der Gewährung der im § 301 Abs 2 bezeichneten medizinischen Maßnahmen der Rehabilitation an Angehörige dem Versicherten **einen Beitrag zu den Kosten des Unterhaltes** für ihn und seine Angehörigen **gewähren**, wenn der Versicherte iZm mit der Inanspruchnahme der Rehabilitation durch den Angehörigen in dieser Zeit eine erhebliche finanzielle Mehrbelastung zu tragen hat (Abs 6).

Bei der Leistung von Übergangsgeld durch den SV-Träger handelt es sich nicht um eine freiwillige Leistung, sondern um eine **Pflichtleistung.**[1269]

Das Übergangsgeld wurde mit der **32. ASVG-Novelle** (BGBl 1976/704) per 1.1.1977 eingeführt. Mit Ausnahme der nunmehrigen Einschränkung im letzten Halbsatz, wonach Übergangsgeld nur geleistet wird, „wenn kein Anspruch auf Rehabilitationsgeld (§ 143a) oder Umschulungsgeld (§ 39b AlVG) besteht“, ist § 306 Abs 1 Satz 1 ASVG seither unverändert. Die Gesetzesmaterialien zur 32. ASVG-Novelle führen dazu aus, dass ein Anspruch auf Übergangsgeld (lediglich) für die Dauer einer im Rahmen von beruflichen Rehabilitationsmaßnahmen gewährten beruflichen Ausbildung, aber auch bei Gewährung medizinischer Maßnahmen besteht.[1270]

1269 RS0084908.
1270 10 ObS 125/22p.

Trotz der Versorgungslücke, die dadurch entsteht, dass **Umschulungsgeld** frühestens ab der Feststellung des PV-Trägers iSd § 367 Abs 4 Z 1 ASVG gebührt (§ 39b Abs 1 Satz 2 AlVG), liegt keine planwidrige Lücke des § 306 Abs 1 ASVG vor.[1271]

Besteht im Zeitpunkt der Gewährung der Rehabilitationsmaßnahmen bereits ein aufrechter Anspruch auf eine Pension aus dem Versicherungsfall der geminderten Arbeitsfähigkeit, wird dieser Anspruch durch die Gewährung der Rehabilitation nicht berührt. Die Pension soll den Lebensunterhalt in gleicher Weise garantieren, wie dies vor Einleitung der Rehabilitationsmaßnahmen der Fall war. Dementsprechend **besteht für Pensionisten** auch **kein Anspruch auf Übergangsgeld.**[1272]

Das Übergangsgeld stellt einen Anreiz zur Rehabilitation dar und soll als Ausgleich für den Mangel eines Erwerbseinkommens für den Unterhalt des Rehabilitanden und seiner Angehörigen dienen. Eine **zeitliche Limitierung** für diese Leistung **ist** gesetzlich **nicht vorgesehen**, sodass insb bei der Gewährung von beruflichen Maßnahmen der Rehabilitation auch ein Bezug von Übergangsgeld für mehrere Jahre möglich ist.[1273]

Übergangsgeld, das für die Dauer einer beruflichen Ausbildung gewährt wird, ist **auf die Notstandshilfe** nach § 36a Abs 3 Z 1 AlVG **nicht anzurechnen** (§ 306a).

Entzieht sich der Behinderte den Maßnahmen der Rehabilitation oder vereitelt oder gefährdet er durch sein Verhalten ihren Zweck, so sind, wenn ihm diese Maßnahmen unter Berücksichtigung der Dauer und des Umfanges seiner Ausbildung sowie der von ihm bisher ausgeübten Tätigkeit zumutbar sind, das **Übergangsgeld** und allfällige Zuschüsse und Zulagen **zu versagen** (§ 307b).

Die **Vereitelung der Rehabilitation** ist zwar nach dem Gesetz (§ 307b) ausdrücklich nur mit dem **Verlust des Übergangsgeldes** sanktioniert, wenn die Rehabilitationsmaßnahmen dem Versicherten unter billiger Berücksichtigung der Dauer und des Umfanges seiner Ausbildung sowie der von ihm bisher ausgeübten Tätigkeit zumutbar sind. Eine besondere Versagung der Pension – iSd früheren Bestimmung des § 307b idF 32. ASVG-Novelle (BGBl 1976/704) – ist nicht mehr vorgesehen. Dies bedeutet allerdings nicht, dass der Versicherte trotz einer Vereitelung der Rehabilitation Anspruch auf Pension hat. Könnte nämlich die Arbeitsfähigkeit des Versicherten bspw durch eine zumutbare Heilbehandlung so verbessert werden, dass ihm die Ausübung einer Erwerbstätigkeit möglich wird, trifft den Versicherten nach stRsp eine entsprechende **Mitwirkungspflicht**. Auch die Verweigerung einer möglichen und zumutbaren medizinischen oder beruflichen Rehabilitation, die dem Versicherten wieder eine Berufsausübung ermöglichen und damit zu einem Wegfall des Risikos der geminderten Arbeitsfähigkeit

1271 10 ObS 125/22p.
1272 RS0116252.
1273 10 ObS 45/00s.

führen würde, hat zur Folge, dass der Pensionsantrag des Versicherten abschlägig beschieden wird. Der **Versicherte hat es** daher **nicht in der Hand**, durch Vereitelung der Rehabilitation seine Wiedereingliederung in das Berufsleben auszuschließen und damit den Anfall der Pension zu erreichen.[1274]

6.18.8. Kompetenzzentrum Begutachtung (§ 307g)

Für die Erstellung von medizinischen, berufskundlichen und arbeitsmarktbezogenen **Gutachten** wird **bei der PVA** ein „Kompetenzzentrum Begutachtung" **eingerichtet**. Zur Klärung arbeitsmarktbezogener Fragen ist bei Bedarf ein sachkundiger Vertreter des AMS beizuziehen (Abs 1).

Bei der Erstellung von Gutachten in Angelegenheiten der Versicherungsfälle der geminderten Arbeitsfähigkeit und des Pflegegeldes iSd BPGG sind die Standards der Fachgesellschaften betreffend die medizinische Begutachtung zu beachten (Abs 2).

Die Gutachten in Angelegenheiten der **beruflichen Rehabilitation** sind unter Beachtung der Grundsätze nach den Richtlinien des Dachverbandes (§ 30a Abs 1 Z 35) zu erstellen (Abs 3).

Für die Ausbildung von Personen, die zur Erstellung von Gutachten in Angelegenheiten der Versicherungsfälle der geminderten Arbeitsfähigkeit und des Pflegegeldes iSd BPGG herangezogen werden dürfen, haben die PV-Träger nach dem ASVG – gemeinsam mit den Trägern der PV nach dem GSVG und dem BSVG und der BVAEB – im Rahmen eines gemeinnützigen Vereines eine **Akademie für ärztliche und pflegerische Begutachtung** aufzubauen und zu betreiben (Abs 4).

Die **Versicherungsträger** und das AMS **können die Erstellung von Gutachten** nach Abs 1 dem Kompetenzzentrum Begutachtung **übertragen**. Sie haben der PVA die ausgewiesenen tatsächlichen Kosten für die übertragenen Begutachtungen zu ersetzen. § 307a Abs 3 (Zahlung jährlicher Pauschalbeträge) ist sinngemäß anzuwenden. Die Durchführung des Rehabilitationsverfahrens obliegt in den Fällen der Übertragung der Gutachtenserstellung weiterhin den zuständigen Versicherungsträgern und dem AMS (Abs 5).

6.19. Gesundheitsvorsorge (§ 307d)

Die PV-Träger **können** unter Berücksichtigung des Fortschrittes der medizinischen Wissenschaft, unter Bedachtnahme auf ihre finanzielle Leistungsfähigkeit und auf die Auslastung der zur Verfügung stehenden Einrichtungen Versicherten und Pensionisten geeignete Maßnahmen der Gesundheitsvorsorge **gewähren** (Abs 1).

1274 10 ObS 49/00d mwN.

Als Maßnahmen kommen insb in Frage:

- Aufenthalt in Kurorten bzw **Kuranstalten** oder Zuschüsse zu einem solchen;
- Unterbringung in **Krankenanstalten**, die vorwiegend der Rehabilitation dienen;
- die Übernahme der **Reise- und Transportkosten** nach Maßgabe der Bestimmungen der Satzung unter Bedachtnahme auf die wirtschaftlichen Verhältnisse des Versicherten bzw Angehörigen (Abs 2).

Die PV-Träger können Maßnahmen der Gesundheitsvorsorge **auch Angehörigen** eines Versicherten gewähren, sofern die Gefahr einer tuberkulösen Erkrankung besteht (Abs 4).

Der PV-Träger **kann** die Durchführung von Maßnahmen der Gesundheitsvorsorge **einem KV-Träger übertragen**. Er hat dem KV-Träger die ausgewiesenen tatsächlichen Kosten zu ersetzen (Abs 5).

Werden Versicherte (Pensionsbezieher) für Rechnung des PV-Trägers in einer der in Abs 2 angeführten Einrichtungen (ausgenommen die Fälle der Zuschussgewährung durch den PV-Träger) untergebracht, so haben diese eine **Zuzahlung** zu leisten, deren Höhe sich nach § 154a Abs 7 zweiter bis vierter Satz[1275] richtet. Sie ist sogleich bei Antritt des Aufenthaltes im Voraus an den PV-Träger zu leisten (Abs 6).

Bei der Gewährung von Kuraufenthalten **handelt es sich** in allen Fällen (auch in denen des § 155) **nicht um Pflichtleistungen** der Versicherungsträger, vielmehr liegt die Entscheidung über die Gewährung dieser Maßnahme in deren pflichtgebundenem Ermessen.[1276]

6.20. Wechsel zwischen Pensionsversicherungs- und Versorgungssystemen

6.20.1. Allgemeines

Die §§ 308 ff dienen dem **Zweck**, die gesetzliche PV mit den Versorgungssystemen der öffentlich-rechtlichen Dienstgeber **zu koordinieren**. Das System des ASVG sieht für den Wechsel in ein anders strukturiertes System (zB vom ASVG in den öffentlichen Dienst „pensionsversicherungsfreies Dienstverhältnis“) grundsätzlich vor, dass ein Überweisungsbetrag an den neuen Pensionsträger geleistet wird, der im Gegenzug dafür die im früheren System erworbenen Anwartschaften anerkennt.[1277]

Unter Überweisungsbetrag ist eine Geldentschädigung zu verstehen, die der Träger des alten Sicherungssystems dem Träger des neuen Sicherungssystems für die Anerkennung der Anwartschaften, welche im alten System erworben worden sind,

1275 Siehe oben 4.17.
1276 RS0108711.
1277 10 ObS 69/16v mwN.

bezahlen muss, wenn ein **Versicherter in ein anderes Versicherungssystem übertritt**. Die mit den §§ 308 ff begründete Durchlässigkeit von PV und Versorgung schützt vor Leistungsnachteilen durch einen Systemwechsel. Mit der Leistung des Überweisungsbetrags wird praktisch eine Versicherung liquidiert.[1278]

6.20.2. Aufnahme in ein pensionsversicherungsfreies Dienstverhältnis (§§ 308 bis 310)

Wird ein Versicherter in ein pensionsversicherungsfreies Dienstverhältnis aufgenommen und rechnet der Dienstgeber nach den für ihn geltenden dienstrechtlichen Vorschriften Versicherungsmonate (Beitragsmonate und Ersatzmonate) für die Begründung des Anspruches auf einen Ruhe-(Versorgungs-)genuss an, **hat der** zuständige **Versicherungsträger** auf Antrag dem Dienstgeber **einen Überweisungsbetrag zu leisten**. Zur Stellung des Antrages ist sowohl der Dienstgeber als auch der Dienstnehmer berechtigt (§ 308 Abs 1).

Gegen die Regelung des § 308 Abs 1 bestehen keine verfassungsrechtlichen Bedenken.[1279]

Der Überweisungsbetrag ist **binnen 18 Monaten** nach Einlangen des Anrechnungsbescheides beim zuständigen Versicherungsträger zu leisten (§ 309).

Mit der Leistung des Überweisungsbetrages **erlöschen** alle Ansprüche und Berechtigungen aus der PV, die aus den Versicherungsmonaten erfließen, für die der Überweisungsbetrag geleistet wurde (§ 310).

Der Ausspruch über das Erlöschen von Versicherungszeiten aufgrund des § 310 zufolge Leistung des Überweisungsbetrages ist eine **unverbindliche Mitteilung**, der keine Rechtskraftwirkung zukommt. Das **Gericht hat** daher die Entscheidung über die Feststellung der Versicherungszeiten ohne Bindung an den im Verwaltungsverfahren ergangenen Bescheid **selbständig zu treffen**. Wird jemand in ein pensionsversicherungsfreies Dienstverhältnis übernommen, so erlöschen durch die Zahlung des Überweisungsbetrages nicht nur die durch die Beschäftigung bei diesem Dienstgeber erworbenen Versicherungszeiten, sondern auch solche aufgrund einer gleichzeitig daneben ausgeübten weiteren Beschäftigung.[1280]

6.20.3. Ausscheiden aus einem pensionsversicherungsfreien Dienstverhältnis (§§ 311 bis 313)

Ist ein Dienstnehmer aus einem pensionsversicherungsfreien Dienstverhältnis ausgeschieden oder scheidet er aus einem solchen Dienstverhältnis aus, ohne dass aus diesem ein Anspruch auf einen laufenden Ruhe-(Versorgungs-)genuss erwachsen

1278 10 ObS 14/23s mwN.
1279 RS0125937.
1280 10 ObS 283/97h.

ist, **hat der Dienstgeber** dem PV-Träger, der aus dem Dienstverhältnis zuletzt zuständig gewesen wäre, **einen Überweisungsbetrag zu leisten** (§ 311 Abs 1).

Die Frage, ob der Dienstgeber einen Überweisungsbetrag an den PV-Träger zu zahlen hat, ist kraft ausdrücklicher Anordnung in § 355 Z 4 eine **Verwaltungssache** und gehört nicht auf den Rechtsweg.[1281]

Die Überweisungsbeträge sind **binnen 18 Monaten** nach dem Ausscheiden aus dem pensionsversicherungsfreien Dienstverhältnis zu leisten (§ 312 Abs 1).

Versicherungsmonate nach § 313 Abs 1 werden **erst ab dem 61. Kalendermonat nach dem Austritt** aus dem pensionsversicherungsfreien Dienstverhältnis **leistungswirksam**, spätestens aber ab dem Monatsersten nach Vollendung des 62. Lebensjahres (§ 313 Abs 2).

Dem Gesetzgeber ist nicht entgegenzutreten, wenn er mit dem **Ziel der Vermeidung der Leistungsoptimierung** eine **Wartefrist** vorsieht. Wie aus den Gesetzesmaterialien hervorgeht, soll durch die in § 313 Abs 2 idF BGBl I 2010/62 festgelegte Wartezeit verhindert werden, dass Personen allein zum Zweck der Leistungsoptimierung zwischen den Versorgungssystemen wechseln. Bei Ausscheiden aus dem pensionsversicherungsfreien Dienstverhältnis wird die versicherte Person einer Versichertengemeinschaft zugeordnet, deren Angehörige Versicherungszeiten unter rechtlich anderen Bedingungen erworben haben als Personen, die in einem pensionsversicherungsfreien Dienstverhältnis gestanden sind. Die Leistung eines Überweisungsbetrages durch den Dienstgeber kann diese Unterschiede zwischen den Dienstnehmern nicht ex post beseitigen. Die Wartezeit bewirkt, dass Personen, die bisher der Versichertengemeinschaft nicht angehört haben, erst dann Versicherungsleistungen beziehen können, wenn sie der Risikogruppe eine gewisse Zeit angehört haben. Dem Gesetzgeber ist im Hinblick auf eine derartige Wartefrist selbst dann nicht entgegenzutreten, wenn die Überweisungsbeträge mittlerweile die gleiche Höhe haben wie der PV-Beitrag des Dienstgebers nach dem ASVG. Eine solche Regelung ist zudem **nicht unsachlich**, da die Frist keine absolute ist, sondern in sachlich begründeten – dringlichen – Fällen die Möglichkeit von Ausnahmen vorsieht. Die angefochtene Regelung des § 313 Abs 2, der zufolge Versicherungsmonate erst ab dem 61. Kalendermonat nach dem Austritt aus dem pensionsversicherungsfreien Dienstverhältnis leistungswirksam werden, ist daher nicht unsachlich.[1282]

Die Leistung der Überweisungsbeträge führt zwar zur Anerkennung der Anwartschaften, die in einem pensionsversicherungsfreien Dienstverhältnis erworben wurden. Die Leistung der Überweisungsbeträge kann aber nicht die **Unterschiede zwischen verschiedenen PV-Systemen** – hier das unterschiedliche Regelpensionsalter – ex post beseitigen.[1283]

1281 RS0119923.
1282 VfGH 28.2.2023, G192/2022.
1283 RS0134327.

7. Schadenersatz und Haftung (Regress)

7.1. Allgemeines

Bei den Bestimmungen des Abschnittes IV „Schadenersatz und Haftung" des ASVG handelt es sich nach der Absicht des Gesetzgebers um **Zivilrecht**. Diese Bestimmungen treten ergänzend und teilweise auch abändernd zu den zivilrechtlichen Schadenersatzbestimmungen hinzu.[1284]

Versicherter iSd § 332 bis 334 ist **jeder, dem Ansprüche auf Leistungen** nach dem ASVG **zustehen**. Ob diese Ansprüche wegen des Bestehens eines versicherungspflichtigen Verhältnisses oder wegen einer davon losgelösten Gleichstellung mit einem Arbeitsunfall begründet sind, ist nicht entscheidend.[1285]

Zur Entscheidung von Streitigkeiten betreffend Schadenersatz und Haftung nach §§ 332 bis 337 sind die **ordentlichen Gerichte** berufen (§ 356).

7.2. Legalzession (§ 332)

7.2.1. Grundsätze

Können Personen, denen nach den Bestimmungen des ASVG Leistungen zustehen oder für die als Angehörige Leistungen zu gewähren sind, den Ersatz des Schadens, der ihnen durch den Versicherungsfall erwachsen ist, auf Grund anderer gesetzlicher Vorschriften beanspruchen, **geht der Anspruch auf den Versicherungsträger insoweit über, als dieser Leistungen zu erbringen hat**. Der Anspruch umfasst auch die Aufwendungen des Landesgesundheitsfonds, die nach § 148 Z 2 von der Krankenanstalt in Rechnung gestellt werden. Der Versicherungsträger hat dem Landesgesundheitsfonds jenen Teil der Regresseinnahmen, der nicht durch Mittel der SV gemäß § 447f Abs 1 gedeckt ist, abzüglich eines anteilsmäßigen Verwaltungskostenersatzes für die Geltendmachung zu überweisen. Ansprüche auf **Schmerzengeld** gehen auf den Versicherungsträger nicht über (§ 332 Abs 1).

Dem SV-Träger steht ein **derivativer**, kein originärer **Anspruch** zu.[1286] Der Anspruch gegen den Schädiger entsteht nicht unmittelbar in der Person des Versicherungsträgers, vielmehr in der Person des Verletzten und geht von diesem auf den Sozialversicherer sofort über. Gegen den also bloß abgeleiteten Anspruch des Sozialversicherers stehen dem Schädiger **alle Einwendungen** zu, die ihm gegen den Verletzten zugestanden wären.[1287]

Der **Hauptzweck** der Regelung des Rechtsüberganges nach § 332 besteht darin, zu verhindern, dass der Geschädigte seinen Schaden zweimal ersetzt bekäme,

1284 RS0085242.
1285 RS0084144.
1286 2 Ob 213/74.
1287 6 Ob 155/01i.

wenn nämlich der Schädiger dem Geschädigten gegenüber die Leistungen des SV-Trägers an den Geschädigten nicht einwenden könnte, ferner darin, zu verhindern, dass der Ersatzpflichtige infolge der bestehenden SV weniger zu leisten hätte als in sonstigen Fällen.[1288]

Die Legalzession soll eine **Vorteilsanrechnung verhindern**. Der Schädiger soll durch Leistungen der öffentlichen Hand nicht entlastet werden.[1289]

Der Anspruch des Verletzten gegen den Schädiger nach bürgerlichem Recht geht nach dem Grundsatz der kongruenten und zeitlichen Deckung insoweit auf den SV-Träger über, als dieser an den Verletzten Leistungen zu erbringen hat, wobei es **nicht darauf ankommt, nach welchen Vorschriften** sich diese Leistungen bestimmen.[1290] Der **Umfang** des Forderungsübergangs und damit der Regressanspruch des SV-Trägers **ist** in zwei Dimensionen **begrenzt**, nämlich einerseits mit der Höhe des Schadenersatzanspruchs des Geschädigten und andererseits mit dem Anspruch des Geschädigten auf Leistungen gegenüber dem SV-Träger.[1291]

Die **Höhe des Anspruchsüberganges** hängt von der weiteren Entwicklung ab. Die Grenze zwischen dem auf den SV-Träger übergegangenen Forderungsteil und dem Restanspruch des Verletzten kann sich dauernd verschieben.[1292]

Die Legalzession **erfolgt** schon **mit dem Eintritt des schädigenden Ereignisses** (in der „juristischen Sekunde"), auch wenn in diesem Zeitpunkt regelmäßig noch ungewiss ist, in welcher Höhe der Schädiger zur Leistung von Schadenersatz verpflichtet ist und die Voraussetzungen für die Zahlungspflicht des SV-Trägers im Einzelnen noch nicht feststehen.[1293] Damit tritt eine vollkommene **Trennung der** Schicksale der dem Geschädigten zu seiner eigenen Geltendmachung verbliebenen **Direktansprüche und der** auf den SV-Träger übergegangenen **Regressansprüche** ein. Zeitpunkt und Umfang der Legalzession hängen nicht davon ab, ob und wann der Geschädigte beim SV-Träger einen Antrag auf Gewährung von SV-Leistungen stellt.[1294]

Durch die nachfolgende Legalzession wird der ursprünglich einheitliche **Schadenersatzanspruch in zwei Teile aufgespaltet**, nämlich in den von der Legalzession nicht erfassten Teil (der zB Schmerzengeld, Sachschäden etc umfasst) und in jenen, der nach Wirksamkeit der Legalzession den Deckungsfonds für die kongruenten Leistungen des SV-Trägers an den Geschädigten bildet.[1295]

1288 RS0085212.
1289 2 Ob 163/08x.
1290 RS0030708.
1291 2 Ob 95/11a.
1292 RS0085310.
1293 2 Ob 268/06k.
1294 2 Ob 256/06w.
1295 RS0085002.

Der Regressanspruch des SV-Trägers wird durch die Ergebnisse des Schadenersatzprozesses des Geschädigten **nicht berührt.**[1296]

Der Rechtsübergang setzt lediglich voraus, dass der **Versicherungsfall eintritt,** auf Grund dessen der Schadenersatzberechtigte Leistungen des SV-Trägers beanspruchen kann. Dabei ist es unerheblich, ob und wann die Leistungspflicht des SV-Trägers festgestellt wird und wann der Versicherte einen dahin gehenden Antrag stellt.[1297]

Entscheidend für die Legalzession ist die **gesetzliche Leistungspflicht** des SV-Trägers; die Anerkennung eines Anspruchs durch den SV-Träger oder die tatsächliche Leistung sind hingegen nach § 332 keine Voraussetzung für den Forderungsübergang.[1298]

Bei **„typisierten freiwilligen" Leistungen**, die im pflichtgemäßen Ermessen der SV-Träger liegen (Pflichtaufgaben), tritt die Legalzession erst mit tatsächlicher Leistungserbringung ein.[1299]

Auch Leistungen des SV-Trägers auf Grund **freiwilliger Weiterversicherung** werden von der Legalzession erfasst.[1300]

Löst ein Unfall **sowohl** für den **KV-Träger als auch** für den **UV-Träger** eine Leistungspflicht aus, so geht der Anspruch gegen den Ersatzpflichtigen aus der Legalzession nach § 332 unabhängig von den Bestimmungen über den internen Ausgleich unter den SV-Trägern auf jenen Versicherungsträger über, der nach den Bestimmungen des ASVG dem Verletzten gegenüber unmittelbar und in erster Linie leistungspflichtig ist.[1301]

Es gibt keinen solidarischen Forderungsübergang auf alle möglichen SV-Träger, sondern nur einen **geteilten Forderungsübergang** auf jeden einzelnen leistungspflichtigen SV-Träger nach Zeitdauer und Umfang seiner Leistungspflicht.[1302]

7.2.2. Schmerzengeld

Ansprüche auf Schmerzengeld **gehen** auf den Versicherungsträger **nicht über** (§ 332 Abs 1 letzter Satz).

§ 332 Abs 1 letzter Satz, wonach Ansprüche auf Schmerzengeld auf den Versicherungsträger nicht übergehen, ist **teleologisch** dahin **zu reduzieren**, dass der Schmerzengeldanspruch doch übergeht, sofern der SV-Träger kongruente Leis-

1296 RS0084901.
1297 RS0085326.
1298 RS0124196.
1299 2 Ob 163/08x.
1300 RS0083749.
1301 RS0075698.
1302 RS0085308.

tungen zu erbringen hat, weil es andernfalls zu einer Doppelliquidation an den Geschädigten kommen würde. Sollte ein Anspruch auf **Integritätsabgeltung** bestehen, kommt es zu einer Legalzession hinsichtlich des Schmerzengeldes und der Verunstaltungsentschädigung in Höhe der Integritätsabgeltung. Der Geschädigte ist in diesem Umfang nicht aktiv legitimiert.[1303]

7.2.3. Deckungsfonds

Der Deckungsfonds – als die Summe der Schadenersatzansprüche des Geschädigten – wird nicht durch Bestimmungen des SV-Rechtes begrenzt, sondern **bestimmt sich nach bürgerlichem Recht.**[1304]

Die **Haftung ist** immer **durch den Deckungsfonds begrenzt.** Gegenüber weiteren Versicherungsträgern, die sich auf eine zu ihren Gunsten eingetretene Legalzession berufen, kann daher der Haftpflichtige einwenden, dass der Deckungsfonds infolge seiner Leistungen an den klagenden SV-Träger gemindert oder weggefallen ist. Ob der konkurrierende Legalzessionar ein österreichischer oder ein deutscher ist, macht dabei keinen Unterschied.[1305]

Der SV-Träger kann vom Schädiger den Ersatz seines gesamten Aufwandes für den Sozialversicherten verlangen, wenn dieser Aufwand in den **um den Mitverschuldensanteil gekürzten** kongruenten Ansprüchen des Sozialversicherten gegen den Schädiger für den gleichen Zeitraum Deckung findet.[1306]

Die **Leistungen der SV-Träger** an den Verletzten vermindern den Deckungsfonds nicht, sie haben für die rechtliche Stellung des ersatzpflichtigen Beklagten nur insofern Bedeutung, als nicht der Verletzte selbst Ansprüche gegenüber dem Schädiger erheben kann, soweit der SV-Träger nach § 332 aktiv legitimiert ist.[1307]

Die Höhe des Deckungsfonds betrifft **nicht den Grund, sondern** nur **die Höhe** des Anspruches.[1308]

Die von den **Landesgesundheitsfonds** aufzuwendenden Gesamtkosten für die Behandlung und Pflege des Unfallopfers in den Fondskrankenanstalten bilden den Deckungsfonds. Maßgeblich sind die LKF-Gebührenersätze, denen die von den Landesgesundheitsfonds im Einklang mit den bundes- und landesgesetzlichen Vorgaben ermittelten Eurowerte pro LKF-Punkt zugrunde liegen. In diesem Umfang besteht auch der Anspruch des Geschädigten auf die Sachleistung der Gewährung von Heilbehandlung und Pflege in einer Krankenanstalt gegenüber dem SV-Träger.[1309]

1303 RS0114739.
1304 2 Ob 109/76.
1305 RS0076106.
1306 RS0085393.
1307 RS0085379.
1308 RS0040820.
1309 RS0127846.

Dem SV-Träger stehen gemäß § 332 nur abgeleitete Ansprüche gegen den Schädiger seines Versicherten zu. Hat nun dieser als Angestellter oder Arbeiter (unselbständig) in der Regel Anspruch auf **Ersatz des Verdienstentganges** nur bis zu jenem Lebensalter, ab dem ihm die **Alterspension** aus der SV geleistet wird (das ist 65 Jahre bei Männern und 60 Jahre bei Frauen), weil im Allgemeinen – eine Ausnahme muss dargetan werden – mit einer Fortsetzung der Erwerbstätigkeit über dieses Lebensalter hinaus nicht zu rechnen ist, dann ergibt sich auch die **Begrenzung des** dem SV-Träger nach § 332 gebührenden **Ersatzanspruches** gegen den Schädiger mit dem erwähnten Lebensalter des Versicherten, weil der Deckungsfonds nur so lange reicht. Gleichgültig ist dabei, auf welche Dauer der SV-Träger seine Pflichtleistungen aus der **UV** an den Geschädigten (Pflichtversicherten) zu erbringen hat.[1310]

7.2.4. Kongruenz

7.2.4.1. Allgemeines

Die Legalzession **erfasst nur** solche Ersatzansprüche, die im SV-Recht und im Schadenersatzrecht sachlich, persönlich und zeitlich **übereinstimmen**.

In Lehre und Rsp wird einheitlich die Auffassung vertreten, dass der Schadenersatzanspruch des Verletzten insoweit auf den Träger der SV übergeht, als ihm der Art und Zeit nach **kongruente Leistungsverpflichtungen** des Letzteren gegenüberstehen.[1311]

Es gibt keinen einheitlichen Deckungsfonds, sondern es gilt der Grundsatz der sachlichen und zeitlichen Deckungskongruenz. Die **Ansprüche**, die dem Verletzten einerseits gegen den Versicherungsträger, andererseits gegen den Haftpflichtigen zustehen, **müssen ihrer Art nach gleich sein**.[1312]

Leistungen, die der SV-Träger auch **unabhängig vom schädigenden Ereignis** zu erbringen hätte, mangelt es von vornherein an Kongruenz mit dem Schadenersatzanspruch des Geschädigten.[1313]

7.2.4.2. Persönliche Kongruenz

Persönliche Kongruenz bedeutet die **Identität** des Schadenersatzgläubigers mit dem Anspruchsberechtigten nach SV-Recht. Auf den SV-Träger gehen daher nur diejenigen Schadenersatzansprüche über, die dem Versicherten (Anspruchsberechtigten aus der SV) aus eigenem Recht gegen den Haftpflichtigen zustehen.[1314]

1310 RS0030973.
1311 RS0085365.
1312 RS0085405.
1313 2 Ob 125/23f.
1314 RS0124199.

7.2.4.3. Sachliche Kongruenz

Die sachliche Kongruenz ist zu bejahen, wenn der **Ausgleichszweck** des SV-Anspruches und des Schadenersatzanspruches **identisch** ist, wenn also beide Ansprüche darauf abzielen, denselben Schaden zu decken.[1315]

7.2.4.3.1. Sachleistungen

Grob skizziert, entsprechen die sv-rechtlichen Sachleistungen im Rahmen der Krankenbehandlung (ärztliche Hilfe, Heilmittel, Heilbehelfe), der Hauskrankenpflege und Anstaltspflege, der Zahnbehandlung und des Zahnersatzes, der Unfallheilbehandlung, der uv-rechtlichen Beistellung von Körperersatzstücken und orthopädischen Behelfen dem haftpflichtrechtlichen **Ersatz der Heilungskosten,** uU teilweise auch jenem der **vermehrten Bedürfnisse.**[1316]

Die vom SV-Träger dem sozialversicherten Geschädigten zu gewährende Sachleistung der Gewährung von **Heilbehandlung und Pflege in einer Krankenanstalt** verfolgt denselben Ausgleichszweck wie der Schadenersatzanspruch des Geschädigten und ist mit diesem daher sachlich kongruent.[1317]

§ 332 Abs 1 Satz 2 stellt klar, dass der Regress des SV-Trägers nicht auf seine (anteiligen) Beiträge an den jeweiligen **Landesgesundheitsfonds** beschränkt ist. Vielmehr sind die Leistungen des Fonds an die Krankenanstalt als **Kosten der Anstaltspflege** anzusehen, was im Anwendungsbereich des § 332 Abs 1 zur Annahme sachlicher Kongruenz mit dem Schadenersatzanspruch des Geschädigten und damit zum Übergang von dessen Schadenersatzanspruch auf den SV-Träger führt. § 332 Abs 1 Satz 3 ergänzt dies dahin, dass im Regressweg hereingebrachte Beträge abzüglich eines Verwaltungskostenersatzes an den jeweiligen Landesgesundheitsfonds weiterzuleiten sind. Der Schädiger soll daher auch dann nicht entlastet werden, wenn eine von ihm zu vertretende Heilbehandlung nicht (unmittelbar) vom SV-Träger, sondern vom zuständigen Landesgesundheitsfonds finanziert wird.[1318]

Der Verletzte ist im Rahmen seiner Rettungspflicht verbunden, sich einer ihm zumutbaren und zweckmäßigen **beruflichen Umschulung** zu unterziehen, deren Kosten ihm allerdings vom Schädiger zu ersetzen sind. Es bildet somit der auf Ersatz der Kosten beruflicher Umschulung gerichtete Ersatzanspruch des Verletzten gegen den Schädiger den sachlich kongruenten Deckungsfonds für die Refundierung der Aufwendungen des SV-Trägers aus dem Titel der Gewährung **beruflicher Maßnahmen der Rehabilitation.**[1319]

1315 RS0084987.
1316 *Böhler* in SV-System 3.2.3.3.5.
1317 RS0127847.
1318 2 Ob 121/16g.
1319 RS0030978.

7.2.4.3.2. Geldleistungen

Der Schadenersatzanspruch auf Ersatz von Verdienstentgang dient dem gleichen Zweck wie der Anspruch gegen den SV-Träger auf Leistung einer **Versehrtenrente**, nämlich dem Ausgleich des durch die Schadenszufügung verminderten oder nur unter erschwerten Voraussetzungen erzielbaren Erwerbseinkommens.[1320]

Invaliditäts-(Berufsunfähigkeits-)Pension und **Krankengeld** sind sachlich kongruent zum Verdienstentgangsanspruch eines Geschädigten.[1321]

Der **Kinderzuschuss** (§ 262 Abs 1) ist mit dem Ersatzanspruch auf Leistung von Verdienstentgang kongruent.[1322]

Auch bei der sogenannten **abstrakten Rente** (Rente mit Sicherungsfunktion, ohne dass zunächst der Verdienst des Verletzten gemindert ist) muss ihr innerer Zusammenhang mit einem effektiven Verdienstentgang gewahrt bleiben; ob ein solcher Verdienstentgang anzunehmen sei, erfordert die **Feststellung der konkreten Verhältnisse** des Verletzten; es kommt also nicht auf die MdE auf dem allgemeinen Arbeitsmarkt und auch nicht auf die schematischen Annahmen für die Zuerkennung einer Rente in der SV an.[1323] Es genügt daher für den Anspruch auf eine abstrakte Rente nicht eine MdE schlechthin oder eine bloße Erschwernis der Arbeit. Es muss vielmehr eine **Einkommensminderung** wegen der unfallbedingten Verletzungen nach den konkreten Umständen des Einzelfalles zu erwarten oder doch wahrscheinlich sein.[1324]

Die dem Dienstgeber als Versicherungsleistung gewährten **Zuschüsse nach § 53b** sind Pflichtleistungen aus der UV und zu dem auf ihn überwälzten Anspruch des geschädigten Dienstnehmers auf Ersatz des Verdienstentgangs sachlich kongruent. Auch die persönliche Kongruenz ist zu bejahen. Es liegen somit die Voraussetzungen für die Legalzession vor.[1325]

Zwischen der von der hinterbliebenen Ehegattin bezogenen **Witwenpension** und ihren Schadenersatzansprüchen auf Ersatz ihres Unterhaltsentgangs nach § 1327 ABGB besteht sachliche Kongruenz.[1326]

Deckungsfonds für **Waisenrenten** und **Waisenpensionen** der SV-Träger sind Ansprüche der Kinder nach § 1327 ABGB wegen entgangenen Barunterhalts, aber auch wegen entgangener Pflegeleistungen der Eltern.[1327]

1320 RS0031026.
1321 10 Ob 53/19w.
1322 RS0120067.
1323 RS0030709.
1324 1 Ob 575/87.
1325 RS0124865.
1326 RS0031633.
1327 RS0031466.

Es besteht sachliche Kongruenz zwischen einer **wegen Erwerbsunfähigkeit gewährten** unbefristeten **Waisenpension** und dem Anspruch auf Verdienstentgang infolge Erwerbsunfähigkeit.[1328]

Das **Pflegegeld** ist sachlich kongruent zum Anspruch auf Ersatz der Pflegekosten.[1329]

Keine sachliche **Kongruenz** besteht hinsichtlich der Invaliditätspension bzw des Krankengeldes zum Anspruch auf Ersatz von Pflegekosten.[1330]

Zwischen **Kinderbetreuungsgeld**, das an den Bezug der Familienbeihilfe anknüpft und in erster Linie die Betreuungsleistung der Eltern bzw die mit einer außerhäuslichen Betreuung von Kindern verbundene finanzielle Belastung teilweise abgelten soll, und Verdienstentgang fehlt die für eine Legalzession erforderliche sachliche Kongruenz.[1331]

Arbeitslosengeld und **Notstandshilfe** sind keine Leistungen der SV-Träger. Sie werden auf Grund der Bestimmungen des AlVG vom AMS gewährt. Die Legalzession des § 332 greift daher hinsichtlich dieser Leistungen nicht Platz. Mangels einer Legalzession hinsichtlich Arbeitslosengeldes und Notstandshilfe kommt daher ein Quotenvorrecht nicht zur Anwendung.[1332]

Mangels sachlicher Kongruenz scheidet bei Vorliegen einer **Alterspension** ein Übergang des Schadenersatzanspruchs des Geschädigten gemäß § 332 Abs 1 in Höhe der geleisteten Pension (inklusive „Taschengeld") jedenfalls aus.[1333]

7.2.4.4. Zeitliche Kongruenz

Der Grundsatz der zeitlichen Kongruenz besagt, dass die sachlich kongruenten SV-Ansprüche und Schadenersatzansprüche **für denselben Zeitraum** zustehen müssen. Der Versicherungsträger, der eine Geldleistung für einen bestimmten Zeitraum erbringt, darf sich den Rückersatz seines Leistungsaufwandes nicht mittels eines an sich sachlich kongruenten Haftpflichtanspruches verschaffen, der für einen anderen Zeitraum besteht.[1334]

Wird vom Geschädigten ein **Verdienstentgang nur für bestimmte Zeiträume** geltend gemacht, so sind auch nur die auf diese Zeiträume entfallenden Leistungen des SV-Trägers zu berücksichtigen.[1335]

Der Grundsatz der zeitlich kongruenten Deckung gilt auch für Abfindungsbeträge, die der **Haftpflichtversicherer** dem SV-Träger auf Grund eines **Regressteilungsabkommens** zur Abfindung von Rentenleistungen bezahlt hat.[1336]

1328 RS0085565.
1329 RS0122867.
1330 RS0122866.
1331 RS0122114.
1332 RS0031326.
1333 2 Ob 228/21z.
1334 RS0085331; RS0085297.
1335 RS0031446.
1336 RS0075694.

7.2.5. Quotenvorrecht des Sozialversicherungsträgers

Der Ersatzanspruch des Verletzten geht stets im Ausmaß einer kongruenten Versicherungsleistungsverpflichtung auf den SV-Träger über. Bei der Ermittlung des Betrages, auf den der Geschädigte dem Schädiger gegenüber Anspruch hat, ist der Schaden zunächst ohne Bedachtnahme auf die Leistungen des Legalzessionars zu ermitteln und um die Mitverschuldensquote zu kürzen. Von dem so errechneten Betrag **sind die Leistungen des Legalzessionars in voller Höhe abzuziehen** (Quotenvorrecht des SV-Trägers).[1337]

Der Regress beschränkt sich daher auf denjenigen Schadensteil, der dem Geschädigten vom Schädiger ohne Legalzession zu vergüten wäre. Dabei kann der SV-Träger vom Schädiger **vollen Ersatz** für seine Leistungen **verlangen**, soweit diese in dem durch den Mitverschuldensanteil gekürzten Schadenersatzanspruch Deckung finden. Dem **Geschädigten verbleibt nur** ein allfälliger durch die Leistungspflicht des SV-Trägers nicht gedeckter **Rest** seines (um die Mitverschuldensquote gekürzten) Ersatzanspruchs.[1338]

Die Bejahung der Frage, ob **Leistungen eines Dritten** auf Grund eines Lückenschlusses eine Legalzession bewirken, führt nicht automatisch auch zur Annahme eines Quotenvorrechts des Dritten analog einem SV-Träger. Zu beachten ist die unterschiedliche Interessenlage: Während es in der Legalzessionsfrage im Anschluss an die sich auf § 1358 ABGB, § 67 VersVG stützende Lohnfortzahlungsjudikatur va um die Vermeidung einer Entlastung des Schädigers geht, steht in der Quotenvorrechtsfrage das Verhältnis zwischen dem Geschädigten und dem SV-Träger im Vordergrund.[1339]

7.2.6. Familienhaftungsprivileg

Ein **Rückgriff** des SV-Trägers gegen einen Familienangehörigen des selbst sozialversicherten Geschädigten **ist zulässig, wenn** dadurch der **Familienunterhalt nicht geschmälert** wird, weil der Ersatzanspruch nur aus dem Deckungsanspruch des Schädigers gegen seinen **Haftpflichtversicherer** befriedigt werden soll. Die Frage, **ob ein Deckungsanspruch besteht**, ist hier nur so weit zu prüfen, als es zur Klärung des Bestehens eines Rechtsschutzinteresses notwendig ist.[1340] Dies wird durch eine aus dem Sinn des Gesetzes abgeleitete **einschränkende Auslegung** der Bestimmungen über die Legalzession begründet, da ein Rückgriff des Sozialversicherers, der die wirtschaftliche Gemeinschaft, der der Sozialversicherte angehört, unmittelbar belasten würde, den Sinn und Zweck der SV-Leistung praktisch aufhebe und daher unzulässig sei.[1341]

1337 RS0027370.
1338 2 Ob 178/04x.
1339 RS0122954.
1340 RS0081296.
1341 2 Ob 107/80.

Auch wenn der **beim Verkehrsunfall verletzte** Familienangehörige des Schädigers nicht selbst sozialversichert, sondern **nur mitversichert** ist, kann das Familieneinkommen und damit der Familienunterhalt durch den Regress des Sozialversicherers nicht beeinträchtigt werden, wenn die Deckung des Regressanspruchs lediglich aus der **Kfz-Haftpflichtversicherung** erfolgt, der Regressanspruch also nur gegen den Haftpflichtversicherer des Schädigers verfolgt wird und der Schädiger die Rückgriffsumme nicht selbst bestreiten muss. **Bei Kfz-Unfällen** soll die Inanspruchnahme einer Deckung durch die Kfz-Haftpflichtversicherung der Tragung des wirtschaftlichen Nachteils durch den SV-Träger vorgehen.[1342]

Es sind jedenfalls jene Schädiger und Geschädigten vom Familienhaftungsprivileg erfasst, die zueinander im **Verhältnis von Unterhaltsberechtigung und Verpflichtung** stehen.[1343]

Das Rückgriffsrecht des öffentlichen Versicherungsträgers ist gegen die in häuslicher Gemeinschaft mit dem Versicherten lebenden Familienangehörigen unabhängig davon ausgeschlossen, ob der fahrlässige Schädiger im Einzelfall durch eine **private Haftpflichtversicherung** geschützt ist.[1344]

7.2.7. Teilungsabkommen

Das Teilungsabkommen ist ein **Generalvergleich mit einer pauschalierten Haftungsquote**, die der Haftpflichtversicherer auf jeden Fall zu zahlen hat, auch wenn den Versicherungsnehmer (= Schädiger) kein Verschulden und daher keine Haftung trifft.[1345]

Ist in einem zwischen einem SV-Träger und einem Kfz-Haftpflichtversicherer geschlossenen Teilungsabkommen ein **Verzicht auf die Prüfung der Haftungsfrage** vereinbart, so kann der Haftpflichtversicherer grundsätzlich seiner Erstattungspflicht nicht durch den Einwand begegnen, der Schadenfall sei für die Haftpflichtversicherten offenbar ein **unabwendbares Ereignis** iSd § 9 Abs 1 EKHG gewesen.[1346]

Der Haftpflichtversicherer hat dem SV-Träger die Quote **schon bei** zumindest **möglicher Kausalität** zu ersetzen.[1347]

7.2.8. Rehabilitationsgeld (Abs 1a)

Bei Leistung von Rehabilitationsgeld gilt der für die leistungsbeziehende Person sachlich zuständige **Träger der PV** als leistungserbringender Versicherungsträger (Abs 1a).

1342 2 Ob 397/97i.
1343 2 Ob 242/03g.
1344 BGH RS0104086 [T1].
1345 RS0075673.
1346 RS0103272.
1347 LG Klagenfurt RKL0000115.

Da das Rehabilitationsgeld als Leistung der KV vom zuständigen KV-Träger auszuzahlen ist, die Kosten für diese Leistungen jedoch von der PV zu tragen sind (vgl § 143c), soll die Regressmöglichkeit in diesen Fällen auf den jeweils sachlich zuständigen **PV-Träger** übertragen werden. Zu diesem Zweck wird für Regressangelegenheiten betreffend das Rehabilitationsgeld normiert, dass der sachlich zuständige PV-Träger als leistungserbringender Versicherungsträger gilt.[1348]

7.2.9. Anrechnung von Zahlungen des Schädigers (Abs 2)

Der Versicherungsträger kann **Ersatzbeträge**, die der Ersatzpflichtige dem Versicherten (Angehörigen) oder seinen Hinterbliebenen **in Unkenntnis des Überganges des Anspruches geleistet** hat, auf die nach dem ASVG zustehenden Leistungsansprüche ganz oder zum Teil anrechnen. Soweit hienach Ersatzbeträge angerechnet werden, erlischt der auf den Versicherungsträger übergegangene Ersatzanspruch gegen den Ersatzpflichtigen (Abs 2).

Abs 2 soll es dem SV-Träger ermöglichen, in Unkenntnis der Legalzession geleistete Ersatzbeträge auf einfache Weise hereinzubringen.[1349]

Der SV-Träger kann Ersatzbeträge, die der Ersatzpflichtige dem Geschädigten in Unkenntnis der Legalzession – also **gutgläubig** – **geleistet** hat, auf die SV-Ansprüche ganz oder zum Teil anrechnen; insoweit erlischt der übergegangene Ersatzanspruch. Die Anrechnung kann auch auf später in dem gleichen Versicherungsfall zu erbringende Leistungen des SV-Trägers erfolgen; ist dies nicht mehr möglich, steht dem SV-Träger ein **Bereicherungsanspruch** zu. Findet aber eine Anrechnung durch den SV-Träger nicht statt, dann steht dem Haftpflichtigen, der allenfalls doppelt leisten muss, gegen den Leistungsempfänger, an den er rechtsgrundlos geleistet hat, ein bereicherungsrechtlicher Rückersatzanspruch zu.[1350]

Der Ersatzpflichtige kann sich auf eine an den Verletzten geleistete Zahlung oder auf einen mit diesem abgeschlossenen **Vergleich** gegenüber dem Sozialversicherer als Legalzessionar nicht berufen, wenn er bei Zahlung oder Vergleichsabschluss vom Anspruchsübergang **gewusst hat, wozu genügt**, dass er gewusst hat, dass der Verletzte der SV unterliegt. Der Vergleich zwischen Schädiger und Geschädigten kann die Legalzession weder hindern noch auf diese Einfluss nehmen.[1351]

7.2.10. Keine Legalzession bei Schadenersatzansprüchen nach § 333 (Abs 3)

Ein Schadenersatzanspruch nach **§ 333 geht** auf den Versicherungsträger **nicht über** (Abs 3).

1348 RV 321 BlgNR 25. GP 7 zum SVAG, BGBl I 2015/2.
1349 RS0122032.
1350 2 Ob 16/05z.
1351 8 Ob 145/82.

In den **Kfz-Haftungsfällen** nach **§ 333 Abs 3** findet (aber) eine Legalzession iSd § 332 statt.[1352]

7.2.11. Regresspauschalierung (Abs 4)

§ 328 ist auf Ersatzansprüche für Krankenbehandlung (§§ 133 bis 137) oder für Unfallheilbehandlung (§§ 135 bis 137 iVm § 189) entsprechend anzuwenden (Abs 4).[1353]

Die gemäß Abs 4 gebotene entsprechende Anwendung des § 328 bedeutet, dass ein Regressanspruch nur nach Maßgabe des Umfanges des auf Grund der Legalzession auf den SV-Träger übergegangenen Anspruches besteht und dass § 332 Abs 4 nur als **Spezialvorschrift zu** § 332 **Abs 1** angesehen werden kann. Daher ist auch bei derartigen Regressansprüchen die Lehre vom Deckungsfonds anzuwenden, und es handelt sich somit nicht um originäre, sondern um abgeleitete Ansprüche.[1354]

Dem SV-Träger ist es nicht verwehrt, in einer Unfallsache für einen Teil der Behandlung die **konkrete Kostenberechnung und** für den anderen Teil die **Pauschbeträge** zu verlangen.[1355]

Abs 4 enthält eine **widerlegliche Vermutung** und hat bloß die Funktion der **Verschiebung der Beweislast**. Verlangt also der Versicherungsträger das Pauschale, so liegt es am Schädiger, den tatsächlichen Aufwand des Versicherungsträgers einzuwenden und nachzuweisen.[1356]

Gegen die Geltendmachung des Pauschalbetrages kann der **Einwand der missbräuchlichen Rechtsausübung** erhoben werden, wenn der Pauschalbetrag den hypothetischen Aufwand für eine privatärztliche Behandlung wesentlich übersteigt.[1357]

7.2.12. Arbeitskollegenhaftung (Abs 5)

Der Versicherungsträger kann einen auf ihn übergegangenen Schadenersatzanspruch **gegen einen Dienstnehmer**, der im Zeitpunkt des schädigenden Ereignisses in demselben Betrieb wie der Verletzte oder Getötete beschäftigt war, **nur geltend machen, wenn**

- der Dienstnehmer den Versicherungsfall vorsätzlich oder **grob fahrlässig verursacht** hat (lit a) **oder**

1352 RS0085209.
1353 Kosten einer mit Arbeitsunfähigkeit verbundenen Krankenbehandlung sind mit einem Betrag abzugelten, der für jeden Tag der Dauer einer solchen Behandlung im Ausmaß des halben Krankengeldes zu leisten ist (§ 328).
1354 RS0084964.
1355 RS0084973.
1356 RS0084952.
1357 RS0084942.

- der Versicherungsfall **durch ein Verkehrsmittel** verursacht wurde, für dessen Betrieb auf Grund **gesetzlicher** Vorschrift eine **erhöhte Haftpflicht** besteht (lit b).

In den Fällen der lit b kann der Versicherungsträger den Schadenersatzanspruch unbeschadet der Bestimmungen des § 336 über das Zusammentreffen von Schadenersatzansprüchen verschiedener Versicherungsträger und den Vorrang eines gerichtlich festgestellten Schmerzengeldanspruches **nur bis zur Höhe der** aus einer bestehenden Haftpflichtversicherung zur Verfügung stehenden **Versicherungssumme** geltend machen, es sei denn, dass der Versicherungsfall durch den Dienstnehmer vorsätzlich oder grob fahrlässig verursacht worden ist (Abs 5).

Abs 5 legt nicht einen eigenen Anspruch des SV-Trägers fest, sondern **schränkt die Legalzession** nach Abs 1 **ein.**[1358]

Das **Zessionsprivileg** des Arbeitskollegen **(bei bloß leichter Fahrlässigkeit)** beschränkt sich nach seinem Wortlaut – über die Materialien hinausgehend und etwa im Gegensatz zu § 333 – nicht auf den „Arbeitsunfall" (bzw die Berufskrankheit), sondern bezieht sich auf den „Versicherungsfall". Es kann jedoch nicht völlig vom **Erfordernis eines Konnexes** des Versicherungsfalles **zur betrieblichen Tätigkeit** abgesehen und die Haftungsbefreiung für Arbeitskollegen immer schon dann für gegeben erachtet werden, wenn sich im Zuge irgendeines betriebsfernen, privaten Schadensfalles herausstellen sollte, dass die Beteiligten zufällig beim selben Arbeitgeber beschäftigt sind. Ist aber der Konnex zur betrieblichen Tätigkeit gegeben, dann kommen **auch andere Versicherungsfälle** als Arbeitsunfälle (und Berufskrankheiten), auf Grund deren von einem SV-Träger Leistungen erbracht werden, also etwa aus der **KV,** als Grundlage einer Legalzession in Betracht.[1359]

Arbeitskameraden müssen nicht notwendigerweise Dienstnehmer desselben Dienstgebers sein; die Sonderregel, die den Regress des SV-Trägers ausschließt, greift auch dann ein, wenn die am Haftpflichtfall Beteiligten nur **im selben Betrieb eingegliedert** sind.[1360]

Der OGH hält auch weiterhin daran fest, dass die Ersatzpflicht nach bürgerlichem Recht bei einer Verletzung am Körper durch einen **Arbeitsunfall** nur für den Arbeitgeber (§ 333 Abs 1) und die ihm gleichgestellten Personen (§ 333 Abs 4) auf vorsätzliche Schadenszufügung beschränkt ist; **Mitbedienstete** des Verletzten, die diesem Personenkreis nicht angehören, **haften** für die Folgen der von ihnen zugefügten Verletzungen auch dann **nach allgemeinen Grundsätzen,** wenn es sich um einen Arbeitsunfall handelt.[1361]

1358 RS0084909.
1359 RS0119540.
1360 2 Ob 186/00t.
1361 RS0054850.

7.2.13. Schüler (Abs 6)

Abs 5 gilt entsprechend für Schadenersatzansprüche gegen einen Schüler, sofern dieser im Zeitpunkt des Eintrittes des schädigenden Ereignisses **dieselbe Schule besucht hat** wie der Verletzte oder Getötete (Abs 6).

Die Regressbeschränkung des Abs 5 gilt entsprechend für Schadenersatzansprüche gegen einen Schüler, der mit dem geschädigten Mitschüler dieselbe Schule besucht; **Studierende** werden dagegen nicht erfasst. Die Schädigung muss in einem inneren Konnex mit dem Schulbesuch erfolgt sein; dieser Konnex ist weit zu sehen.[1362]

7.2.14. Auslandsberührung

Von dem für die Beurteilung der Schadenersatzansprüche des Versicherten maßgeblichen **Deliktsstatut** ist das für den Eintritt der Legalzession maßgebliche **Zessionsstatut** zu unterscheiden. Voraussetzungen und Inhalt der Legalzession hinsichtlich der Schadenersatzansprüche des verletzten Versicherten an einen ausländischen SV-Träger sind **nach dem Recht** zu beurteilen, **dem** dieses **Versicherungsverhältnis unterworfen** ist.[1363]

Die Legalzession auf SV-Träger unterliegt dem Sachrecht jener Rechtsordnung, die die **Leistungspflicht des SV-Trägers verfügt** und damit den Zessionsgrund geliefert hat **(Zessionsgrundstatut)**.[1364]

Bezüglich der Möglichkeit, der Voraussetzungen, des Zeitpunkts, des Inhalts und der Wirkungen der Legalzession auf den SV-Träger ist jenes Sachrecht anzuwenden, dem das SV-Verhältnis unterworfen ist, das heißt österreichisches Recht, falls der Geschädigte – sei er Inländer oder Ausländer, im Inland oder Ausland wohnhaft – **Ansprüche auf Leistungen österreichischer SV-Träger** hat, bzw – unabhängig vom Unfallort – ausländisches Recht, falls er einer ausländischen SV unterliegt, selbst wenn er Österreicher ist (vgl Art 19 Rom II-VO; vorrangig allerdings Art 85 Abs 1 lit a der Koordinierungs-VO 883/2004).[1365]

7.2.15. Verjährung

Für die Verjährung der Ersatzansprüche gelten die Bestimmungen des **§ 1489 ABGB** (§ 337 Abs 2).

Jede Entschädigungsklage ist in **drei Jahren** von der Zeit an verjährt, zu welcher der **Schaden und** die **Person des Schädigers** dem Geschädigten **bekannt** wurde. Ist dem

1362 *Neumayr* in *Schwimann/Neumayr*, ABGB Taschenkommentar[5] § 332 ASVG Rz 33.
1363 RS0045287.
1364 2 Ob 16/05z.
1365 2 Ob 9/19s mwN.

Geschädigten der Schaden oder die Person des Schädigers **nicht bekannt** geworden **oder** ist der Schaden aus einer gerichtlich strafbaren Handlung, die nur **vorsätzlich** begangen werden kann und mit mehr als einjähriger Freiheitsstrafe bedroht ist, entstanden, so erlischt das Klagerecht nach **dreißig Jahren** (§ 1489 ABGB).

Für den SV-Träger, der gemäß § 332 eine Schadenersatzforderung des Verletzten (Sozialversicherten) schon im Zeitpunkt des Entstehens der Schadenersatzforderung erwirbt, **beginnt** die Verjährungsfrist des § 1489 ABGB **erst dann zu laufen, wenn er selbst** die **Kenntnis** von Schaden und Schädiger **erlangt** hat oder erlangen hätte können.[1366] Anders als etwa in Fällen einer Legalzession nach § 1358 ABGB und § 67 VersVG kommt es für den Verjährungsbeginn darauf an, wann der SV-Träger selbst bzw sein zuständiger **Ressortleiter** Kenntnis vom Schaden und der Person des Ersatzpflichtigen erlangt hat oder hätte erlangen können.[1367]

Jede **Klage unterbricht** die laufende Verjährung **nur so weit**, als der Anspruch der Höhe nach geltend gemacht wurde.[1368]

Die auf Grund der Legalzession an den SV-Träger übergegangenen und die etwa beim Geschädigten verbliebenen Anspruchsteile stehen sich vom Beginn des Überganges an als selbständige Forderungen gegenüber. Daher wird durch die **vom Geschädigten** selbst **erhobene Klage** die Verjährung des auf den Legalzessionar bereits im Zeitpunkt der Entstehung des Schadenersatzanspruches **übergegangenen Teiles** der Forderung **nicht unterbrochen.**[1369]

Das einem Feststellungsbegehren des Geschädigten stattgebende **Feststellungsurteil** erstreckt sich - auch für die Zukunft - nur auf den dem Geschädigten verbleibenden Teil des Anspruches und **hat keine Wirkung** auf den vorher auf den Legalzessionar übergegangenen Anspruch. Der **SV-Träger muss** vielmehr **selbst klagen**, wenn er die Unterbrechung der Verjährung seines Anspruches herbeiführen will.[1370]

7.2.16. Verfahren

Der SV-Träger hat ein **direktes Klagerecht** gegen den Haftpflichtversicherer des Schädigers (§ 26 KHVG).

Soweit eine Leistungspflicht des SV-Trägers dem **Geschädigten** gegenüber besteht, **ist** dieser zur Geltendmachung der Ersatzansprüche gegen den Schädiger **nicht aktiv legitimiert.**[1371]

1366 RS0116986.
1367 7 Ob 77/17z.
1368 1 Ob 1724/95.
1369 RS0034634.
1370 RS0034360.
1371 RS0035237.

Während der Legalzessionar im Rahmen des Deckungsfonds Regressansprüche gegen den Schädiger erwirbt, **verliert der Geschädigte** in demselben Ausmaß, in dem sein Schaden durch die Leistungspflicht des Legalzessionars gedeckt ist, **die Aktivlegitimation** gegenüber dem Schädiger.[1372]

Die Geltendmachung des **Quotenvorrechtes** des SV-Trägers erst im Revisionsverfahren ist unzulässig.[1373]

Die Legalzession zugunsten des SV-Trägers und dessen Quotenvorrecht (nach der nunmehr einheitlichen Berechnungsmethode) können **im Direktprozess des Geschädigten** gegen den Ersatzpflichtigen **nur dann berücksichtigt** werden, **wenn** in dieser Hinsicht eine **Einwendung** des Beklagten im erstinstanzlichen Verfahren erhoben worden ist.[1374]

Bei Prüfung des erhobenen **Einwandes der Legalzession** ist als **Vorfrage** zu klären, ob und in welchem Umfang dem Kläger Ansprüche aufgrund des erlittenen Unfalles gegenüber einem SV-Träger zustehen, da er nur für darüber hinausgehende Beträge einen **Direktanspruch** gegen den Schädiger und dessen Versicherer besitzt. Erst wenn rechtskräftig ein **Leistungsanspruch** des Geschädigten gegenüber dem SV-Träger **verneint** wurde und dieser auch keine Leistungen ausgezahlt hat, ist es dem Schädiger verwehrt, einem Schadenersatzanspruch des Geschädigten die Einrede entgegenzuhalten, es bestünde doch eine Leistungspflicht des SV-Trägers.[1375]

Im Direktprozess des Geschädigten kann **vom Schädiger nur die allgemeine Einwendung erwartet** werden, durch Leistungen des SV-Trägers an den Geschädigten sei im Umfang der dadurch bewirkten Legalzession dessen Schaden verringert worden. Da Auskunft über die Höhe der Leistungen des SV-Trägers nur dieser selbst geben kann, wird man in derartigen Fällen **ausnahmsweise** einen **Erkundigungsbeweis** durch Einholung einer Auskunft des SV-Trägers zulassen müssen, wobei zu berücksichtigen ist, dass der Leistungsumfang gesetzlich geregelt ist.[1376]

Ein **strafgerichtlich rechtskräftig Verurteilter** kann sich im nachfolgenden Rechtsstreit einer anderen Partei gegenüber nicht darauf berufen, dass er die Tat, derentwegen er strafgerichtlich verurteilt wurde, nicht begangen habe. Dabei erstreckt sich die Bindung auf die den Schuldspruch notwendigerweise begründenden Tatsachen. Von der Bindungswirkung ist die Feststellung umfasst, dass der Verurteilte die bestimmte strafbare Handlung begangen hat. Der **Zivilrichter** darf daher keine vom Strafurteil abweichenden Feststellungen über den Nachweis der strafbaren Handlung, ihre Zurechnung und den Kausalzusammenhang zwi-

1372 RS0035295.
1373 RS0041725.
1374 2 Ob 234/70.
1375 2 Ob 56/98v.
1376 RS0040242.

schen der strafbaren Handlung und ihren Folgen treffen. Es besteht jedenfalls insoweit **Bindung an das strafgerichtliche Erkenntnis,** als davon auszugehen ist, dass die im Strafurteil festgestellte Tat tatsächlich vom Verurteilten begangen wurde und dass dessen tatsächliche Handlungen für den Schadenserfolg kausal waren. Es besteht aber keine Bindung an jede einzelne Tatsachenfeststellung des Strafurteils.[1377]

Die Bindungswirkung des Strafurteils erstreckt sich (aber) nicht auf den **Haftpflichtversicherer**, der im Strafprozess kein rechtliches Gehör hatte.[1378]

Die **diversionelle Erledigung** des Strafverfahrens hat für einen nachfolgenden Zivilprozess keine Bindungswirkung.[1379]

Keine Bindung des Zivilrichters besteht an ein **freisprechendes** Strafurteil.[1380]

7.2.17. Konkurrenz von Ersatzansprüchen mehrerer Versicherungsträger (§ 336)

Treffen Ersatzansprüche verschiedener Versicherungsträger gemäß § 332 aus demselben Ereignis **zusammen**, welche die aus einer bestehenden Haftpflichtversicherung zur Verfügung stehende Versicherungssumme übersteigen, so sind sie aus dieser unbeschadet der weiteren Haftung des Ersatzpflichtigen im Verhältnis ihrer Ersatzforderungen zu befriedigen. Ein gerichtlich festgestellter **Schmerzengeldanspruch geht** hiebei den Ersatzansprüchen der Versicherungsträger im Range **vor** (§ 336).

Sind mehrere Dritte vorhanden und übersteigen ihre Forderungen aus der die Verantwortlichkeit des Versicherungsnehmers begründenden Tatsache die Versicherungssumme (**„Deckungskonkurs“**), so hat der Versicherer nach **§ 156 Abs 3 VersVG** die Forderungen nach dem Verhältnis ihrer Beträge zu berichtigen. Hiebei sind mehrere Gläubiger nicht nur mehrere verletzte Personen, sondern auch, sofern nur ein Verletzter vorhanden ist, die beteiligten SV-Träger (als Legalzessionare) untereinander und im Verhältnis zum Verletzten. **Mit Ausnahme des** bevorzugt zu befriedigenden **Schmerzengelds** (§ 336 ASVG) sind die Ansprüche des Geschädigten und der SV-Träger (Legalzessionare) bei der Verteilung **gleichrangig zu behandeln und** aus der vorhandenen Deckungssumme **verhältnismäßig** zu befriedigen.[1381]

Bei nicht ausreichender Deckung ist der vorhandene Betrag auf mehrere Rückgriffsberechtigte nur dann im Verhältnis ihrer Leistungen aufzuteilen, wenn die

1377 8 ObA 78/23p [38] mwN.
1378 2 Ob 2070/96t.
1379 2 Ob 186/04y.
1380 RS0106015.
1381 Vgl 2 Ob 79/17g mwN.

Ansprüche gleichzeitig geltend gemacht werden. Wenn nur ein Rückgriffsberechtigter seinen Anspruch geltend macht, sind im Rahmen der kongruenten Deckung seine Ansprüche ohne Rücksicht auf andere Rückgriffsberechtigte, die ihre Ansprüche noch nicht geltend gemacht haben, zu befriedigen.[1382]

Gemäß § 336 geht **nur ein rechtskräftig gerichtlich festgestellter** Schmerzengeldanspruch bei der Befriedigung den Ersatzansprüchen der Versicherungsträger im Rang vor.[1383]

Zweck der Bestimmung des § 336 letzter Satz ist, die Höhe des Schmerzengeldes der Vereinbarung zwischen dem Haftpflichtversicherer und dem Geschädigten zu entziehen.[1384]

Mangels einer gesetzlichen Regelung bei **Konkurrenz** zwischen Regressansprüchen **von SV-Trägern und Sozialhilfeträgern** Dritten gegenüber hat es in solchen Fällen bei den allgemeinen Grundsätzen nach § 155 Abs 1, § 156 Abs 3 VersVG zu bleiben.[1385]

7.3. Haftungsprivileg des Dienstgebers (§ 333)

7.3.1. Grundsätze

§ 333 **schränkt** den zivilrechtlichen **Schadenersatzanspruch des Versicherten gegenüber dem Dienstgeber** bei einem durch einen **Arbeitsunfall** oder durch eine Berufskrankheit hervorgerufenen Schaden auf die Fälle der **vorsätzlichen** Herbeiführung des Arbeitsunfalles oder der Berufskrankheit durch den Dienstgeber **ein** (Abs 1; Dienstgeberhaftungsprivileg). Auch in diesem Fall **vermindert sich** der Schadenersatzanspruch um die Leistungen aus der gesetzlichen UV (Abs 2). Die gleiche Einschränkung gilt gegenüber den Hinterbliebenen des Versicherten, wenn der Tod des Versicherten auf den Arbeitsunfall oder auf die Berufskrankheit zurückzuführen ist. Bei der Anwendung des § 333 Abs 1 und 2 sind dem Dienstgeber der gesetzliche oder bevollmächtigte **Vertreter** des Unternehmers **sowie** der **Aufseher im Betrieb gleichgestellt** (Abs 4).[1386]

Gegen die **Verfassungsmäßigkeit** des § 333 bestehen keine Bedenken.[1387]

§ 333 **bezieht sich nur auf** Ersatzansprüche wegen **Personenschäden** (insb auf Schmerzengeld und Verdienstentgang) und lässt Ersatzansprüche wegen Sachschadens (als außerhalb der SV liegend) unberührt.[1388]

1382 RS0085416.
1383 RS0031162.
1384 RS0085444.
1385 RS0126283.
1386 RV 599 BlgNR 7. GP 100.
1387 RS0053224.
1388 2 Ob 353/97v.

Der Grund für die sachlich berechtigte Differenzierung der Haftung liegt vornehmlich im **sozialen Gesamtsystem**, das einem gesetzlich Unfallversicherten unabhängig von den Fragen des eigenen Verschuldens oder Mitverschuldens und eines konkreten Verdienstentganges einen meist rasch durchsetzbaren Anspruch zuerkennt, weniger aber in der **Ablöse der Unternehmerhaftung** durch Bezahlung von Beiträgen zur gesetzlichen UV.[1389]

Durch die Schaffung und Ausweitung der gesetzlichen UV sollte dem versicherten Arbeitnehmer anstelle des Schadenersatzanspruches gegen den vielleicht nicht immer leistungsfähigen Schädiger ein **Anspruch gegen die leistungsfähige Gesamtheit der Unternehmer** gegeben werden; wenn ein Anspruch auf Ersatz von Personenschäden gegen Unternehmer und Gleichgestellte gar nicht zum Entstehen kommt, ist dies konsequent und iSd **sozialen Schutzgedankens.**[1390]

Die von den Dienstgebern finanzierte UV ist als **Ablöse der Haftpflicht** des einzelnen Unternehmers konstruiert. Die Ablösefunktion kommt nicht nur in dem Bereich zum Tragen, in dem UV-Beiträge eingezahlt werden, sondern auch in den Fällen des erweiterten gesetzlichen UV-Schutzes. Das Haftungsprivileg **gilt auch bei Unfällen, die** den Arbeitsunfällen **gleichgestellt werden**, also auch dann, wenn dem Geschädigten ein Dienstgeber im weitesten Sinn gegenübersteht.[1391]

Der Haftungsausschluss des § 333 betrifft den Schaden, der durch eine **Verletzung am Körper infolge eines Arbeitsunfalles** oder durch eine Berufskrankheit entstanden ist, ohne Rücksicht darauf, in welcher Form er sich auswirkt und wodurch er ausgeglichen, behoben oder gemindert werden kann. Der Haftungsausschluss umfasst Schäden **unabhängig davon, ob** und in welcher Form das ASVG **Leistungen** zur Abgeltung der Beeinträchtigungen vorsieht.[1392]

Die vom Gesetzgeber so gewollte Haftungsbefreiung des Dienstgebers gemäß § 333 kann auch durch **vertragliche Vereinbarungen** wie etwa die Verpflichtung zur Schad- und Klagloshaltung nicht unterlaufen werden.[1393]

Die Bestimmung des § 333 will offensichtlich nur die **Haftung des Dienstgebers und der ihm Gleichgestellten**, nicht aber die Haftung des Dienstnehmers gegenüber dem Dienstgeber und den ihm Gleichgestellten regeln.[1394]

Nicht anzuwenden ist der Haftungsausschluss im Anwendungsbereich des **B-KUVG.**[1395]

1389 RS0085259.
1390 RS0085675.
1391 6 Ob 88/01m.
1392 8 ObA 107/04z.
1393 2 Ob 131/11w.
1394 RS0085223.
1395 *Neumayr* in *Schwimann/Neumayr*, ABGB Taschenkommentar[5] § 333 ASVG Rz 4 mwN.

7.3.2. Anwendungsbereich (Abs 1)

7.3.2.1. Allgemeines

Der **Dienstgeber ist** dem Versicherten zum Ersatz des Schadens, der diesem durch eine Verletzung am Körper infolge eines Arbeitsunfalles oder durch eine Berufskrankheit entstanden ist, **nur verpflichtet, wenn** er den Arbeitsunfall (die Berufskrankheit) **vorsätzlich verursacht hat.** Diese Einschränkung gilt auch gegenüber den Hinterbliebenen des Versicherten, wenn dessen Tod auf die körperliche Verletzung infolge des Arbeitsunfalles oder auf die Berufskrankheit zurückzuführen ist (Abs 1).

Die **Einschränkung** der zivilrechtlichen Haftung nach § 333 **bezieht sich auf alle Schadenersatzansprüche**, auch auf Schmerzengeld. Der OGH hat keine Bedenken gegen die Verfassungsmäßigkeit des § 333 (keine Verletzung des Gleichheitsgrundsatzes).[1396]

Durch § 333 Abs 1 werden alle sich aus einem Arbeitsunfall ergebenden Schadenersatzansprüche, soweit sie Personenschäden betreffen und sich gegen den Dienstgeber oder die ihm Gleichgestellten richten, **abschließend geregelt und** damit **alle anderen Haftungsgründe**, insb auch die Bestimmungen des ABGB, des EKHG oder anderer Haftpflichtvorschriften, **ausgeschlossen.** § 333 Abs 1 schließt dem versicherten Dienstnehmer gegenüber eine Haftung des Dienstgebers für fremdes Verschulden iSd §§ 1313a, 1315 ABGB oder des § 19 Abs 2 EKHG ebenso aus wie seine Halterhaftung nach den Bestimmungen des EKHG.[1397]

Einem (nicht vorsätzlich schädigenden) Dienstgeber kommt die Haftungsbefreiung des § 333 Abs 1 auch bei einer **Verletzung der Streupflicht**, die zu einem Arbeitsunfall des Dienstnehmers geführt hat, zugute. Dies gilt auch im Fall einer **Wegehalterhaftung** nach § 1319a ABGB.[1398]

Wenn einander **zwei Betriebsunternehmer als Vertragskontrahenten gegenüberstehen**, ist die Haftung des einen Unternehmers bei Verletzung eines Betriebsangehörigen des anderen Unternehmers nicht durch § 333 ausgeschlossen, solange jeder Unternehmer innerhalb der Sphäre seines eigenen Betriebes tätig bleibt. Zum **Haftungsausschluss** nach § 333 kann es aber kommen, wenn der dann Verletzte die **Sphäre** seines eigenen Lebensbereiches **verlässt und sich** in den Aufgabenbereich des anderen Unternehmers **einordnet.**[1399] Der **Lkw-Lenker** eines Speditionsunternehmens ist bei seiner Hilfstätigkeit beim Abladen von Paletten in den Betrieb des belieferten Unternehmens eingegliedert.[1400] Ein Bediensteter eines **Eisenbahnverkehrsunternehmens** ist nicht in den Betrieb eines Eisenbahninfrastrukturunternehmens eingegliedert.[1401]

1396 RS0031306.
1397 RS0085236.
1398 RS0122877.
1399 RS0021534.
1400 2 Ob 216/10v.
1401 2 Ob 209/17z.

Wenn sich Generalunternehmer und Subunternehmer bei Ausführung eines Baues als Besteller und Unternehmer gegenüberstehen, erfolgt kein Haftungsausschluss nach § 333. Der **Generalunternehmer haftet** vielmehr **dem Subunternehmer** und dessen Leuten **aus dem Werkvertrag** für die schuldhafte Verletzung der Fürsorgepflicht nach §§ 1157, 1169 ABGB durch seine Leute nach § 1313a ABGB.[1402]

Das zwischen dem **Überlasser** und **Beschäftiger** nach dem **AÜG** bestehende Vertragsverhältnis hindert nicht die Anwendung des § 333, wenn der Beschäftiger vom Überlasser auf Schadenersatz aufgrund der dem verletzten Arbeitnehmer geleisteten Lohnfortzahlung in Anspruch genommen wird.[1403]

Das Wesen eines **Arbeiterleihverhältnisses** besteht darin, dass eine organisatorische Unterstellung und Eingliederung eines Dienstnehmers in den Betrieb eines fremden Dienstgebers stattfindet.[1404]

Weder die Beteiligung an einem anderen Unternehmen mit eigener Rechtspersönlichkeit noch die reine Konzernverbundenheit mit einem solchen Unternehmen führen für sich allein dazu, dass unter dem Aspekt des § 333 die Dienstnehmer des einen Unternehmens auch solche des (bzw aller) anderen Unternehmen wären. **Entscheidend ist die rechtliche Selbständigkeit** des Arbeitgebers des Geschädigten. Seine allfällige wirtschaftliche Abhängigkeit von anderen Gesellschaften im **Konzern** ist bedeutungslos.[1405]

Die Ersatzpflicht nach bürgerlichem Recht bei Verletzung am Körper wird bei Arbeitsunfällen nur für den Dienstgeber oder diesem Gleichgestellte auf eine vorsätzliche Zufügung beschränkt. Ein **Mitbediensteter** des Verletzten, dem diese Stellung nicht zukommt, **haftet** auch dann **nach den allgemeinen Vorschriften** für die Folgen einer von ihm zugefügten Verletzung, wenn sie als Arbeitsunfall zu beurteilen ist.[1406]

Ein Arbeitnehmer, der durch einen von ihm leicht fahrlässig verschuldeten Arbeitsunfall **einen gleichrangigen Arbeitskollegen schädigt**, haftet ihm gegenüber nach den Bestimmungen des bürgerlichen Rechtes.[1407]

Bei Dienstunfällen der **Wehrpflichtigen** des Präsenzdienstes sind die Vorschriften des **AHG** anzuwenden. Die Haftungsbeschränkung des § 333 findet keine Anwendung. Der verletzte Wehrpflichtige hat gegen den Bund auch einen Schmerzengeldanspruch.[1408]

1402 RS0021515.
1403 RS0129757.
1404 RS0085194.
1405 2 Ob 209/17z.
1406 RS0084217; vgl RS0054850.
1407 RS0054612.
1408 RS0031603.

7.3.2.2. Arbeitsunfall (Berufskrankheit)

Arbeitsunfälle sind Unfälle, die sich im örtlichen, zeitlichen und ursächlichen Zusammenhang mit der die Versicherung begründenden Beschäftigung ereignen (§ 175 Abs 1).

Wenn der **Arbeitnehmer vom Hund des Dienstgebers gebissen** wird, liegt ein Arbeitsunfall vor, daher kein Schadenersatz (RS0030139).

Als **Berufskrankheiten** gelten die in der Anlage 1 zum ASVG bezeichneten Krankheiten unter den dort angeführten Voraussetzungen, wenn sie durch Ausübung der die Versicherung begründenden Beschäftigung in einem in Spalte 3 der Anlage bezeichneten Unternehmen verursacht sind (§ 177 Abs 1). Eine Krankheit, die ihrer Art nach nicht in Anlage 1 zum ASVG enthalten ist, **gilt im Einzelfall als Berufskrankheit**, wenn der Träger der UV auf Grund gesicherter wissenschaftlicher Erkenntnisse feststellt, dass diese Krankheit ausschließlich oder überwiegend durch die Verwendung schädigender Stoffe oder Strahlen bei einer vom Versicherten ausgeübten Beschäftigung entstanden ist; diese Feststellung bedarf zu ihrer Wirksamkeit der Zustimmung des Bundesministers für soziale Verwaltung (§ 177 Abs 2).

Siehe zum Arbeitsunfall oben 5.3. und zur Berufskrankheit 5.5.

7.3.2.3. Den Arbeitsunfällen gleichgestellte Unfälle (betriebliche Eingliederung)

Die Haftungsbegünstigung, bei der es entscheidend auf die **Einordnung in den Betrieb** ankommt, gilt auch dann, wenn den Unfall nicht ein auf Grund eines Arbeits-, Dienst- oder Lehrverhältnisses Beschäftigter, sondern eine Person erlitten hat, die wie ein solcher Beschäftigter, wenn auch nur vorübergehend, tätig geworden ist.[1409] Das Haftungsprivileg nach § 333 Abs 1 gilt auch für Unfälle, die durch § 176 Abs 1 Z 6 **Arbeitsunfällen gleichgestellt** sind.[1410]

Die Einordnung in den Betrieb ist nur insoweit erforderlich, als der **Helfende im** ausdrücklichen oder stillschweigend zum Ausdruck kommenden oder nach der Sachlage zu vermutenden **Einverständnis des Unternehmers handelt** und zumindest bereit sein muss, nach den den Arbeitsvorgang bestimmenden **Weisungen** des Unternehmers, in dessen Interessen die Tätigkeit ausgeübt wird, oder dessen Vertreters zu handeln.[1411]

Für das Vorliegen einer **betrieblichen Tätigkeit** (§ 176 Abs 1 Z 6) ist wesentlich, dass es sich um eine, wenn auch nur kurzfristige, Arbeit handelt, die hiefür erbrachte Arbeitsleistung dem ausdrücklichen oder mutmaßlichen Willen des Unternehmers entspricht und von wirtschaftlicher Bedeutung ist. Auf die Beweg-

1409 RS0085264.
1410 3 Ob 24/06k.
1411 RS0084209.

gründe des Tätigwerdens (zB familienrechtliche Beziehungen oder sittliche Verpflichtungen) kommt es nicht an.[1412]

Eine betriebliche Tätigkeit setzt kein „tatsächliches Arbeitsverhältnis" voraus. Eine betriebliche Tätigkeit kann daher **auch bei bloß freiwilliger Mitarbeit** vorliegen (hier: **Nachbarschaftshilfe**).[1413]

Ein Verhältnis persönlicher oder wirtschaftlicher **Abhängigkeit ist keine Voraussetzung** für die Qualifizierung als betriebliche Tätigkeit. Erforderlich ist allerdings, dass der Unfallbetroffene in dem fraglichen Betrieb wie ein Arbeitnehmer eingegliedert war.[1414]

Wer als Unternehmer auf Grund eines **Werkvertrages** für den Besteller des Werkes tätig ist, ist so lange nicht Versicherter im Betrieb des Bestellers, als er im Rahmen seines eigenen Betriebes tätig wird.[1415]

Bei Werkverträgen ist im Verhältnis zwischen dem Besteller und den Arbeitern des Unternehmers eine Eingliederung dieser Arbeiter in den Betrieb des Bestellers nach Art eines Leiharbeitsverhältnisses grundsätzlich nicht anzunehmen; die **Fürsorgepflicht des Bestellers** besteht als Nebenverpflichtung aus dem Werkvertrag nicht nur gegenüber dem Unternehmer, sofern dieser selbst an der Arbeit mitwirkt, sondern auch zugunsten aller Personen, welche die Arbeit ausführen.[1416]

Das Bestehen eines Werkvertrages schließt das Haftungsprivileg nicht aus, wenn eine **Eingliederung des** mittätigen **Werkbestellers in den Betrieb des Werkunternehmers** stattgefunden hat.[1417]

Wenn zwei Unternehmen zur Erzielung eines gemeinsamen Arbeitserfolges **zusammenwirken** (zB **Arbeitsgemeinschaft)** oder wenn ein Unternehmen dem anderen Arbeitskräfte zur Erreichung eines gemeinsam angestrebten Erfolges zur Verfügung stellt, **ist** eine **Eingliederung** der fremden Arbeitskräfte in den Betrieb wie bei eigenen Arbeitskräften und die Unterstellung unter die Weisungsbefugnis des Fremdunternehmers, wie sie diesem gegenüber den eigenen Arbeitskräften zukommt, **erforderlich.**[1418]

Das Haftungsprivileg des Abs 4 kommt einem im Rahmen einer ARGE bestellten **gemeinsamen Aufseher** bezüglich der Arbeitnehmer der anderen an der ARGE beteiligten Unternehmen zu.[1419]

1412 RS0083555.
1413 RS0084231.
1414 RS0084172.
1415 2 Ob 215/80.
1416 RS0021827.
1417 2 Ob 280/98k.
1418 10 ObS 42/97t.
1419 RS0085304.

Entscheidend ist, ob dem fremden Unternehmer bei der Ausführung der Gemeinschaftsarbeit eine **Weisungsbefugnis** gegenüber den Bediensteten des anderen Unternehmens wie zwischen Arbeitgeber und Arbeitnehmer zusteht oder ob der Arbeitnehmer des anderen Betriebes nur eine Arbeit leistet, die grundsätzlich in den Tätigkeitskreis seines eigenen Betriebes fällt.[1420]

Für die Eingliederung eines **aus Gefälligkeit helfenden Betriebsangehörigen** in das Unternehmen des anderen ist va wesentlich, dass die Tätigkeit ihrer Art nach einer abhängigen Beschäftigung entspricht und dass sie nicht zum betrieblichen Aufgabenbereich des Verletzten gehört.[1421]

Wesentlich für die Haftungsbefreiung sowohl von Haupt- als auch Nebenunternehmer gegenüber einem Dienstnehmer eines der beteiligten Unternehmen ist nicht nur eine organisatorisch koordinierte Zusammenarbeit zur Erzielung eines gemeinsamen Erfolgs, sondern immer auch die **Eingliederung des** (fremden Weisungen unterliegenden) **Dienstnehmers in den fremden Betrieb** (RS0128707). Keinesfalls kann gesagt werden, dass bei Ausführung eines gemeinsamen Arbeitsziels durch mehrere unabhängige Unternehmen und deren Arbeiter grundsätzlich sämtliche Arbeitnehmer bei sämtlichen Unternehmen „eingegliedert" wären.[1422]

7.3.3. Anrechnung der Sozialversicherungsleistungen (Abs 2)

Hat der Dienstgeber den Arbeitsunfall (die Berufskrankheit) vorsätzlich verursacht, so **vermindert sich der Schadenersatzanspruch** des Versicherten oder seiner Hinterbliebenen um die Leistungen aus der gesetzlichen UV.

Im Fall **vorsätzlicher Schädigung** haftet der Schädiger dem Geschädigten nach allgemeinem Schadenersatz. Der Geschädigte hat sich auf seinen Schadenersatzanspruch die kongruenten Leistungen der (KV und) UV **anrechnen** zu lassen (Abs 2), sodass es zu keinem Forderungsübergang auf den SV-Träger kommt (§ 332 Abs 3). In Bezug auf die von ihm erbrachten Leistungen steht dem SV-Träger ein eigener Aufwandersatzanspruch nach § 334 gegen den Dienstgeber (bzw die ihm gleichgestellte Person) zu.[1423]

7.3.4. Haftungsbefreite Personen

Das Haftungsprivileg **gilt auch für** Ersatzansprüche Versicherter und ihrer Hinterbliebenen gegen gesetzliche oder bevollmächtigte **Vertreter** des Unternehmers **und** gegen **Aufseher** im Betrieb (Abs 4).

1420 RS0085043.
1421 RS0123965.
1422 2 Ob 26/12f.
1423 *Neumayr* in *Schwimann/Neumayr*, ABGB Taschenkommentar[5] § 333 ASVG Rz 8.

7.3.4.1. Dienstgeber

Als **Dienstgeber** gilt derjenige, für dessen Rechnung der Betrieb geführt wird, in dem der Dienstnehmer (Lehrling) in einem Beschäftigungs-(Lehr-)verhältnis steht, auch wenn der Dienstgeber den Dienstnehmer durch Mittelspersonen in Dienst genommen hat oder ihn ganz oder teilweise auf Leistungen Dritter an Stelle des Entgeltes verweist (§ 35 Abs 1).

Der von der Bestimmung des § 333 erfasste Dienstgeber ist grundsätzlich derjenige, der mit dem Verletzten durch ein **Beschäftigungsverhältnis** verbunden ist **oder** in dessen Betrieb der Verletzte **eingegliedert** ist.[1424]

7.3.4.2. Vertreter des Unternehmers

Unter dem Begriff des gesetzlichen Vertreters ist jener **nach bürgerlichem Recht** zu verstehen. Auch der Begriff des bevollmächtigten Vertreters bezieht sich auf die Bevollmächtigung nach bürgerlichem Recht. Das Haftungsprivileg setzt voraus, dass eine Vollmacht zur Ausübung von Dienstgeberfunktionen oder eine Weisungsbefugnis besteht. Unter einem bevollmächtigten Vertreter iSd Abs 4 ist die **umfassende Vertretung des Unternehmers im betrieblichen Bereich** zu verstehen.[1425]

Einem **GmbH-Geschäftsführer** als „gesetzlichen Vertreter" iSd Abs 4 stehen schon typischerweise Anordnungs- und Leitungsbefugnisse zu.[1426]

Die Haftungsbefreiung des § 333 kann auch dann eingreifen, wenn **mehrere Unternehmer** zur Erzielung eines Arbeitserfolges **zusammenwirken** und dem schädigenden Unternehmer ein Weisungsrecht zukommt. Die Begünstigung des Schädigers ergibt sich daraus, dass er in derartigen Fällen **Bevollmächtigter** des anderen Arbeitgebers ist und daher die Haftungsausschlussbestimmung des Abs 4 anzuwenden ist.[1427]

Kein Haftungsprivileg mangels Vollmacht zur Ausübung von Dienstgeberfunktionen oder Weisungsbefugnis, sondern Erfüllung von **werkvertraglicher Leistungspflicht** (hier: Winterdienst).[1428]

7.3.4.3. Aufseher im Betrieb

Der Aufseher im Betrieb muss eine mit einem gewissen **Pflichtenkreis und Selbständigkeit** verbundene Stellung innehaben. Er muss die **Verantwortung** für das Zusammenspiel persönlicher und technischer Kräfte tragen.[1429] Es kommt nicht

1424 RS0119378.
1425 Vgl 2 Ob 33/13m.
1426 RS0128519.
1427 RS0085019.
1428 RS0128995.
1429 RS0088337.

auf die Stellung im Unternehmen im Allgemeinen oder die Ausübung der Aufseherfunktion auf Dauer an, sondern darauf, ob jemand bezüglich einer bestimmten, ihm aufgetragenen Arbeit **entscheidungsbefugt** ist.[1430]

Für die Qualifikation des Betriebsaufsehers und Arbeitsaufsehers ist eine mit einem gewissen Pflichtenkreis und Selbständigkeit verbundene **Stellung zur Zeit des Unfalls** erforderlich. Nicht entscheidend ist, ob die Aufsicht ganz unbeschränkt oder mit Unterordnung unter einem Vorgesetzten ausgeübt wird. Eine Dauerfunktion im Betrieb ist nicht erforderlich.[1431]

Aufseher im Betrieb kann nur der sein, der andere Betriebsangehörige oder wenigstens einen Teil des Betriebes zu **überwachen** hat.[1432]

Aufseher im Betrieb ist nur eine Person, die über die Durchführung von Betriebsvorgängen **bestimmen kann**, nicht aber schon jemand, der bloß mitfahrenden Personen in seiner Funktion als **Kfz-Lenker** Anweisungen über das Verhalten in Kraftfahrzeugen geben kann.[1433]

Ob der Lenker eines Kfz Aufseher im Betrieb ist, wenn bei einem von ihm verschuldeten Verkehrsunfall eine im Kfz mitbeförderte Person eine Verletzung am Körper erleidet, ist nach den **Umständen des Einzelfalles** zu entscheiden. Es kommt darauf an, ob dem betreffenden Lenker ein gewisser Pflichtenkreis und eine mit Selbständigkeit verbundene Stellung zukommt, ob er für das Zusammenspiel persönlicher und technischer Kräfte verantwortlich ist, oder ob er lediglich den Wagen zu bedienen und zu pflegen und die Beladung zu verantworten hat. Bei der Beförderung von Personen ist zu unterscheiden, ob der Lenker für deren Sicherheit nur nach den Vorschriften über den Straßenverkehr verantwortlich ist (§ 106 KFG, § 4 StVO) oder ob noch darüberhinausgehende Pflichten und Befugnisse bestehen.[1434]

Ein Kraftwagenlenker ist nur dann Betriebsaufseher, wenn ihm eine **Weisungsbefugnis** zukommt, die über die Verantwortlichkeit **hinausgeht**, die jeder Kraftfahrer gegenüber seinem Mitfahrer hat.[1435]

Für die Aufseherqualifikation bei **Beförderung** anderer Betriebsangehöriger ist maßgeblich, dass die Beförderung des Arbeitskollegen nicht aus persönlicher Gefälligkeit, sondern **im Interesse des Betriebes** und im Rahmen der Abwicklung übertragener Aufgaben erfolgte.[1436]

1430 3 Ob 154/04z.
1431 RS0085519.
1432 RS0085510.
1433 RS0085418.
1434 RS0085491.
1435 RS0085576.
1436 14 Ob 53/86.

Ein Arbeitnehmer, der im eigenen Kraftwagen **einen Arbeitskollegen** desselben Betriebes zur Arbeitsstätte **befördert, ohne** dass ihm diese Beförderung vom gemeinsamen Arbeitgeber **aufgetragen** worden wäre, führt die Fahrt nicht im Rahmen des Betriebes und nicht in Erfüllung seiner Dienstpflicht aus. Er ist daher nicht als Aufseher im Betrieb zu werten.[1437]

Von einer Aufsehereigenschaft kann nur gesprochen werden, wenn der **Geschädigte in einen Betrieb** wie ein Dienstnehmer **eingegliedert** ist, wenn also eine entsprechende **Unterordnung** unter den Aufseher im Betrieb wie unter einen Dienstvorgesetzten, dem Weisungsrechte zustehen, vorliegt.[1438]

Der Aufseher im Betrieb bei einer **Zwei-Mann-Partie** ist derjenige, der auch nur bezüglich einer bestimmten, ihm aufgetragenen Arbeit entscheidungsbefugt ist.[1439]

Damit § 333 überhaupt zugunsten einer **Sicherheitsvertrauensperson** zur Anwendung kommen könnte, muss der Arbeitsunfall bzw das Entstehen einer Berufskrankheit jedenfalls im ursächlichen Zusammenhang mit einer Verletzung von Pflichten der Sicherheitsvertrauensperson bei Ausübung ihrer Pflichten stehen. Dies ergibt sich insb daraus, dass Pflichtverstöße der Sicherheitsvertrauenspersonen nur iZm den sich aus § 11 ASchG ergebenden Pflichten gesehen werden, wobei diese Bestimmung als Schutznorm iSd § 1311 ABGB bewertet wird. Selbst wenn man daher Sicherheitsvertrauenspersonen nach dem ASchG die Stellung eines Aufsehers im Betrieb zumessen wollte, kommt es – wie allgemein beim Aufseher im Betrieb – darauf an, dass der Schädiger im Zeitpunkt der Schadenszufügung nicht nur formell die Funktion bekleidete, sondern **in Ausübung seiner Funktion tätig** war.[1440]

Einer (externen) **Sicherheitsfachkraft** kommt das Haftungsprivileg gemäß Abs 1 und 4 zugute.[1441]

Unter bestimmten Voraussetzungen kann auch einem **Lehrling** die Qualifikation als Aufseher im Betrieb zukommen. Dafür ist maßgeblich, dass der betreffende Mitarbeiter eine mit einer gewissen Selbständigkeit verbundene Stellung oder wenigstens eine Leitungsbefugnis hinsichtlich eines bestimmten Arbeitsgangs einer bestimmten Arbeitspartie zur Zeit des Unfalls innehat. Nicht entscheidend ist jedoch die Rangordnung, die diesem Mitarbeiter im Betrieb zukommt. Auch auf eine allfällige größere Fachkenntnis des untergeordneten Mitarbeiters kommt es nicht an.[1442]

1437 RS0085280.
1438 RS0085661.
1439 RS0085612.
1440 RS0124791.
1441 RS0127676.
1442 8 ObA 3/10i.

Ein **Rundfunkredakteur**, der die Aufnahme einer Reportage verantwortlich leitet, ist gegenüber einem ihm hiefür beigegebenen Tonmeister, der bei der Aufnahme seinen Weisungen in Fachfragen unterliegt, Aufseher im Betrieb, und zwar auch schon während der gemeinsamen Dienstfahrt zum Einsatzort.[1443]

Der für einen Krankentransport verantwortliche **Lenker eines Krankentransportwagens** des Roten Kreuzes ist auch auf der Rückfahrt nach Ablieferung des Kranken Aufseher im Betrieb. Maßgeblich ist das Merkmal eines Handelns im Rahmen des betrieblichen Wirkungskreises.[1444]

Bei einer Beförderung mit einem **Skidoo** über ausdrücklichen Auftrag des Arbeitgebers zur Arbeitsstätte wird die Aufsehereigenschaft bejaht.[1445]

7.3.5. Ausnahmen vom Haftungsprivileg

7.3.5.1. Vorsätzliche Verursachung

Vorsatz iSd § 333 ASVG ist **gleichbedeutend mit** „böser Absicht", die nach § 1294 **ABGB** nur gegeben ist, wenn der Schaden widerrechtlich mit Wissen und Willen des Schädigers verursacht worden ist. Der Vorsatz muss Eintritt und Umfang des Schadens umfassen, wobei **bedingter Vorsatz genügt**. Es reicht jedoch nicht aus, wenn zB vorsätzlich **Arbeitnehmerschutzvorschriften** nicht eingehalten werden, solange nicht auch der Schadenseintritt vom Vorsatz umfasst ist. Selbst gröblichste Fahrlässigkeit ist dem Vorsatz nicht gleichzuhalten.[1446]

Überbeanspruchung bei der Arbeit **oder Verweigerung zweckentsprechender Arbeitskleidung** trägt für sich allein noch nicht die Annahme vorsätzlicher Schädigung.[1447]

Der Arbeitgeber haftet nicht für **fremdes**, wenn auch grobes **Verschulden**.[1448]

7.3.5.2. Verkehrsmittel mit erhöhter gesetzlicher Haftpflicht (Abs 3)

Das Haftungsprivileg ist nicht anzuwenden, wenn der Arbeitsunfall durch ein **Verkehrsmittel** eingetreten ist, für dessen Betrieb auf Grund **gesetzlicher** Vorschrift eine **erhöhte Haftpflicht** besteht. Der Dienstgeber haftet nur bis zur Höhe der aus einer bestehenden Haftpflichtversicherung zur Verfügung stehenden **Versicherungssumme**, außer der Versicherungsfall ist durch den Dienstgeber vorsätzlich verursacht worden (Abs 3).

Die **Ausnahmebestimmung** des Abs 3 schafft keinen neuen Haftungsgrund, sondern schließt die Anwendung des Haftungsprivilegs nur für einen gewissen haft-

1443 RS0085824.
1444 RS0083768.
1445 9 ObA 118/22a.
1446 9 ObA 4/14z mwN.
1447 9 ObA 16/05a.
1448 RS0085245.

pflichtversicherungsrechtlich orientierten Bereich aus.[1449] Dies führt dazu, dass der Dienstgeber entsprechend den allgemeinen Regeln für Verschuldens- und Gefährdungshaftung einzustehen hat.[1450]

Die Ausnahmeregelung **umfasst sämtliche** durch einen Kfz-Haftpflichtversicherer gedeckten **Personenschäden.** Im Rahmen der Versicherungssumme trifft den (nicht vorsätzlich handelnden) Arbeitgeber einerseits die **Gefährdungshaftung** als Kfz-Halter und andererseits die **Verschuldenshaftung**, die auch die Haftung für schuldhaftes Verhalten eines **Gehilfen** einschließt.[1451]

Die Neuregelung des Abs 3 (48. ASVG-Novelle) greift auch bei Unfällen, die durch den **Aufseher im Betrieb** verursacht worden sind.[1452]

Abs 3 ist dahin erweiternd auszulegen, dass von dieser Bestimmung **auch** die dem Dienstgeber **gleichgestellten Personen erfasst** werden.[1453]

Die Ausnahmeregelung **setzt voraus**, dass der zu ersetzende Schaden von einer **Haftpflichtversicherung** gedeckt ist.[1454]

In den Kfz-Haftungsfällen nach § 333 Abs 3 findet eine **Legalzession** iSd § 332 statt.[1455] Ansprüche nach Abs 3 gehen gemäß § 332 Abs 1 auf den SV-Träger über. § 332 Abs 3 steht dem nicht entgegen. § 333 Abs 3 erfasst auch Fälle, in denen der Arbeitgeber zwar nicht nach dem EKHG, aber nach den Vorschriften des bürgerlichen Rechts haftet, soweit der Versicherer leistungspflichtig ist.[1456]

Im Hinblick auf die haftpflichtversicherungsrechtliche Komponente der Neuregelung und der Absicht des Gesetzgebers, durch diese Regelung den bisherigen Haftungsausschluss der Kfz-haftpflichtversicherten Arbeitgeber bei Arbeitsunfällen gemäß § 175, insb Verkehrsunfällen, die ein Arbeitnehmer in einem der Allgemeinheit nicht zugänglichen **Fahrzeug des Arbeitgebers** erleidet, zu beseitigen, umfasst die Ausnahmeregelung des § 333 Abs 3 sämtliche durch einen Kfz-Haftpflichtversicherer gedeckten Personenschäden.[1457]

Der Entfall des Haftungsprivilegs stellt **ausschließlich** auf die **obligatorische Kfz-Haftpflichtversicherung** ab. Eine **Betriebshaftpflichtversicherung** ist von vornherein ungeeignet, die in der zitierten Bestimmung normierte Ausnahme vom Haftungsprivileg des Dienstgebers zu begründen.[1458]

1449 RS0108192.
1450 9 ObA 143/07f.
1451 RS0085182.
1452 RS0085137.
1453 RS0119377.
1454 RS0085140.
1455 RS0085209.
1456 RS0084425.
1457 RS0109871.
1458 8 ObA 179/98a.

Wurde vom Arbeitgeber trotz Bestehens einer Versicherungspflicht gemäß § 59 Abs 1 KFG **keine Kfz-Haftpflichtversicherung abgeschlossen**, so kommt bei vorsätzlicher Verletzung der Versicherungspflicht eine Haftung aus dem Titel der Fürsorgepflichtverletzung für jenen Betrag in Betracht, der bei ordnungsgemäßer Erfüllung der Versicherungspflicht zur Verfügung gestanden wäre.[1459]

Für **Eisenbahnverkehrsunternehmen** besteht Versicherungspflicht, sodass Abs 3 insofern anwendbar ist; für **Eisenbahninfrastrukturunternehmen** besteht jedoch keine Pflichthaftpflichtversicherung.[1460]

Zum Verkehr zugelassene **Anhänger**, für die eine Pflicht zur Haftpflichtversicherung besteht, fallen unter den Begriff des „Verkehrsmittels" iSd Abs 3.[1461]

Dass der Unfall **„beim Betrieb"** vorgefallen sein muss, ergibt sich aus der Bestimmung des Abs 3 nicht.[1462]

Auf ein nicht als Kfz-haftpflichtversichertes **Skidoo**, das beim Unfall bestimmungsgemäß auf einer Schipiste benutzt wurde, ist die Ausnahmebestimmung des Abs 3 auch dann nicht anzuwenden, wenn es fallweise auch auf einer von Fußgängern benutzten Hotelzufahrt eingesetzt wurde, da auf die Verwendung des Fahrzeuges im Unfallzeitpunkt und unmittelbar davor abzustellen ist.[1463]

Auch **Luftfahrzeuge** sind zu den Verkehrsmitteln iSd Abs 3 zu zählen.[1464]

Hat der Fachverband der Versicherungsunternehmungen als nationaler Garantiefonds für **Verkehrsopfer** für Schäden aus einem Unfall einzustehen, besteht ebenfalls „auf Grund gesetzlicher Vorschrift eine erhöhte Haftpflicht".[1465]

7.3.6. Unionsrecht

Die Haftungsbeschränkung des § 333 ASVG wurde bisher als im öffentlichen Interesse erlassene Eingriffsnorm (vgl nunmehr Art 16 Rom II-VO) angesehen, die der Sonderanknüpfung nach dem eigenen räumlichen Anwendungswillen des rechtssetzenden Staats – also Österreichs – unterliegt und daher unabhängig vom Haftungsstatut nach österreichischem Recht zu beurteilen ist. Diese Rechtsansicht kann nicht mehr aufrechterhalten werden. Nach nunmehr herrschender und zutreffender Ansicht käme es zu einer offenen Normenkollision mit Art 85 Abs 2 VO 883/2004. Zur Vermeidung einer solchen **ist** daher **§ 333** ASVG im Anwendungsbereich dieser Verordnung **nicht (mehr) als Eingriffsnorm anzusehen**. Art 85 Abs 2 Satz 1 VO 883/2004 ordnet an, dass die im Recht des Mitgliedstaats, aufgrund

1459 RS0127018.
1460 2 Ob 238/17i.
1461 RS0127605.
1462 RS0127607.
1463 RS0119669.
1464 2 Ob 58/15s.
1465 2 Ob 20/16d.

dessen Rechtsvorschriften Leistungen gewährt werden, jeweils vorgesehenen Haftungsbefreiungen für Dienstgeber oder Dienstnehmer auch dann gelten, wenn der zur Leistungspflicht führende Schaden in einem anderen Mitgliedstaat eingetreten ist. Diese Regelung bezieht sich ua auf Dienstgeberhaftungsprivilegien, wie sie innerstaatlich in § 333 ASVG vorgesehen sind. Die besondere Kollisionsnorm des Art 85 VO 883/2004 verdrängt gemäß Art 27 Rom II-VO auch die Bestimmungen der Rom II-VO. Das HStVÜ wäre schon zufolge seines in Art 2 Abs 1 Z 6 geregelten Ausschlusstatbestands nicht anwendbar. **Ist** daher **der Geschädigte in Österreich sozialversichert und** der **österreichische Träger** deshalb **leistungspflichtig**, kommt § 333 ASVG unabhängig davon zur Anwendung, ob auch der schädigende Dienstgeber oder Gleichgestellte in Österreich pflichtversichert sind. Im Falle einer Versicherung des Geschädigten nach dem Recht eines anderen Mitgliedstaats und damit einer Leistungspflicht des dortigen SV-Trägers sind hingegen diesbezüglich (nur) die nach dem Recht dieses Mitgliedstaats vorgesehenen Haftungsbefreiungen maßgeblich.[1466]

7.3.7. Verjährung

Für die Verjährung der Ersatzansprüche gelten die Bestimmungen des **§ 1489 ABGB** (§ 337 Abs 2).

Siehe oben 7.2.15.

7.3.8. Verfahren

Die Behauptungs- und **Beweislast** für die tatsächlichen Voraussetzungen des Haftungsausschlusses trifft den dadurch Begünstigten.[1467]

Auf die Haftungsbeschränkung des § 333 ist **nicht von Amts wegen** Bedacht zu nehmen. Das bedeutet aber lediglich, dass vom Gericht die tatsächlichen Voraussetzungen des Haftungsausschlusses nicht von Amts wegen zu erforschen sind. So wie der Einwand des Mitverschuldens muss auch dieser Einwand nicht ausdrücklich erhoben werden, sondern es genügt, wenn sich dem Vorbringen eine entsprechende Behauptung entnehmen lässt.[1468]

Die **Feststellungen** des SV-Trägers darüber, ob ein Arbeitsunfall vorliegt oder nicht, **binden** die Gerichte **nicht**; sie haben vielmehr diese Frage selbständig zu prüfen und zu entscheiden.[1469]

Ob von der **Eingliederung in einen fremden Betrieb** auszugehen ist, richtet sich nach den jeweiligen Umständen des konkreten Einzelfalles und begründet daher keine erhebliche Rechtsfrage iSd § 502 Abs 1 ZPO.[1470]

1466 2 Ob 9/19s mwN.
1467 2 Ob 9/19s.
1468 1 Ob 90/08d mwN.
1469 RS0084212.
1470 2 Ob 48/07h.

Die Beurteilung, **ob** eine bestimmte Person bei einem konkreten Arbeitseinsatz als **Aufseher im Betrieb** anzusehen ist, ist **stets einzelfallbezogen** vorzunehmen, sodass sich in diesem Zusammenhang – von einer auffallenden Fehlbeurteilung durch die zweite Instanz abgesehen – keine erheblichen Rechtsfragen stellen.[1471]

Das **Strafgericht** hat dann, wenn es sich um einen Arbeitsunfall handelt, bei der sachlichen Beurteilung der Privatrechtsansprüche des verletzten Dienstnehmers gegen den verurteilten Dienstgeber zu prüfen, ob die Voraussetzungen des § 333 Abs 1 vorliegen (vorsätzliche Verursachung des Arbeitsunfalles).[1472]

7.4. Ersatzanspruch des Sozialversicherungsträgers (§ 334)

7.4.1. Grundsätze

Hat der **Dienstgeber** oder ein ihm Gleichgestellter (§ 333 Abs 4) den **Arbeitsunfall** oder die Berufskrankheit vorsätzlich oder **durch grobe Fahrlässigkeit verursacht**, so hat er den Trägern der SV alle nach dem ASVG zu gewährenden Leistungen (mit Ausnahme der Integritätsabgeltung gemäß § 213a) zu ersetzen (Abs 1).

Während § 333 den Schadenersatzanspruch des Versicherten bei Arbeitsunfällen (Berufskrankheiten) gegenüber dem Dienstgeber regelt, sieht der folgende § 334 bei Arbeitsunfällen (Berufskrankheiten) **Ersatzansprüche der** in Betracht kommenden **Träger der SV gegenüber dem Dienstgeber** vor. Bei **leichter Fahrlässigkeit** des Dienstgebers sind solche Ersatzansprüche ausgeschlossen. Der Dienstgeber wird also bei von ihm durch leichte Fahrlässigkeit herbeigeführten Arbeitsunfällen (Berufskrankheiten) hier durch die SV nicht nur von seiner zivilrechtlichen Schadenersatzpflicht gegenüber dem Versicherten, sondern auch von jeder Ersatzpflicht gegenüber dem Versicherungsträger befreit. Es wird hiedurch darauf Rücksicht genommen, dass die Dienstgeber für die Versicherungslast der hauptsächlich hier leistungspflichtigen UV allein aufzukommen haben und die von ihnen zu erhaltende UV die zivilrechtliche Schadenersatzpflicht des Unternehmers zum Teil ablösen soll. Bei einem **grob fahrlässig** durch den Dienstgeber herbeigeführten Arbeitsunfall wird der Dienstgeber zwar von seiner Schadenersatzpflicht gegenüber dem Versicherten befreit, er muss jedoch den in Betracht kommenden Trägern der SV (KV, UV und PV) für die von diesen gewährten Leistungen Ersatz leisten. Bei **vorsätzlicher** Herbeiführung des Arbeitsunfalles durch den Dienstgeber trifft diesen die Schadenersatzpflicht gegenüber dem Versicherten, soweit der nach Zivilrecht gebührende Schadenersatz über die Leistungen des SV-Trägers hinausgeht. Der Dienstgeber hat aber auch den SV-Trägern die von diesen gewährten Leistungen zu ersetzen, sodass in diesem Fall eine Entlastung des Dienstgebers durch die UV überhaupt nicht Platz greift.[1473]

1471 2 Ob 53/11z.

1472 RS0085499.

1473 RV 599 BlgNR 7. GP 100.

Der Rückgriffsanspruch des SV-Trägers nach § 334 ist **originärer Natur.** Er steht dem SV-Träger kraft eigenen Rechtes zu und geht nicht wie der Anspruch nach § 332 erst im Wege der Legalzession auf ihn über. Er ist daher **unabhängig** davon, ob dem Verletzten ein privatrechtlicher Schadenersatzanspruch gegen den Schädiger zusteht oder nicht.[1474] Der Ersatzanspruch ist **nicht** durch den Schaden des Geschädigten bzw Hinterbliebenen **begrenzt.**[1475]

Gegen die **Verfassungsmäßigkeit** der Bestimmung des § 334 bestehen keine Bedenken.[1476]

§ 334 ist auch dann anwendbar, wenn der Unfall, der sich bei einer betrieblichen Tätigkeit (§ 176 Abs 1 Z 6) ereignete, einem **Arbeitsunfall gleichgestellt** wurde, ohne dass die Tätigkeit an sich uv-pflichtig war.[1477]

Um dem SV-Träger nach § 334 ersatzpflichtig zu werden, **muss der Dienstgeber** (der ihm gemäß § 333 Abs 4 Gleichgestellte) **selbst** vorsätzlich oder grob fahrlässig gehandelt haben; eine Haftung des Dienstgebers für fremdes, wenn auch grobes Verschulden ist nicht nur nach dem Wortlaut des § 334, sondern auch nach dem Zusammenhang dieser Vorschrift mit der Regelung des § 333 ausgeschlossen.[1478]

Der SV-Träger, der den Schädiger nach § 334 in Anspruch nimmt und damit einen eigenständigen Rückgriffsanspruch geltend macht, ist **in Bezug auf die Haftpflichtversicherung geschädigter Dritter** iSd §§ 156, 157 VersVG.[1479]

7.4.2. Grobe Fahrlässigkeit

Grobe Fahrlässigkeit nach ASVG ist der auffallenden Sorglosigkeit nach **bürgerlichem Recht** (§ 1324 ABGB) **gleichzusetzen.**[1480]

Grobe Fahrlässigkeit entspricht einer **„auffallenden Sorglosigkeit"** oder einem **„schweren Verschulden"**.[1481]

Grobe Fahrlässigkeit ist anzunehmen, wenn eine **außergewöhnliche und auffallende Vernachlässigung einer Sorgfaltspflicht** (Pflicht zur Unfallverhütung) vorliegt **und** der **Eintritt des Schadens** als **wahrscheinlich** und nicht bloß als möglich voraussehbar ist;[1482] wenn ganz einfache und naheliegende Überlegungen nicht angestellt wurden, oder unbeachtet geblieben ist, was im gegebenen Fall jedermann hätte einleuchten müssen.[1483]

1474 RS0085367.
1475 2 Ob 118/89.
1476 RS0053797.
1477 RS0084139.
1478 RS0085276.
1479 RS0132325.
1480 RS0030510.
1481 RS0030385.
1482 RS0030644.
1483 7 Ob 14/87.

Grobe Fahrlässigkeit ist eine Außerachtlassung der im Verkehr erforderlichen Sorgfalt, die sich über die alltäglich vorkommenden Fahrlässigkeitshandlungen **erheblich und ungewöhnlich heraushebt,** wobei der Schaden als wahrscheinlich vorhersehbar ist. Grobe Fahrlässigkeit erfordert, dass der Verstoß gegen das normale Handeln auffallend und der Vorwurf im höheren Maß gerechtfertigt ist. Grobe Fahrlässigkeit ist dann gegeben, wenn ein **objektiv** besonders schwerer Sorgfaltsverstoß bei Würdigung aller Umstände des konkreten Falles **auch subjektiv** schwerstens vorzuwerfen ist.[1484]

Die Übertretung von Dienstnehmerschutzbestimmungen und Unfallverhütungsvorschriften muss an sich noch kein grobes Verschulden begründen; wohl aber deren Nichtbeachtung trotz **wiederholter Beanstandung.**[1485]

Grobe Fahrlässigkeit wird von der Rsp im Wesentlichen dann bejaht, wenn der Arbeitgeber als Adressat der **Arbeitnehmerschutzvorschriften** nach objektiver Betrachtungsweise **ex ante** ganz einfache und naheliegende Überlegungen nicht angestellt hat. Aus dem Umstand, dass in der bisherigen Jud die **mehrfache** reaktionslos gebliebene **Beanstandung** einer Gefahrensituation **durch das Arbeitsinspektorat** als grob schuldhaft qualifiziert wurde, kann nicht der Umkehrschluss gezogen werden, dass das Fehlen einer Beanstandung die grobe Fahrlässigkeit des Arbeitgebers ausschließe.[1486]

Bei der Beurteilung der Schwere des Sorgfaltsverstoßes kommt es insb auch auf die **Gefährlichkeit der Situation** an, die zu einer Sorgfaltsanpassung führen sollte.[1487] Bei der Bestimmung des jeweils nach Auffassung des Verkehrs als erforderlich zu erachtenden Maßes der Sorgfalt ist also die konkrete Situation zu berücksichtigen, sodass **erhöhte Gefahr auch erhöhte Aufmerksamkeit erfordert.**[1488]

Der **Unterschied zwischen leichter und grober Fahrlässigkeit** ist rein maßlich und nur aus den Umständen des Einzelfalles ableitbar. Nicht jede Übertretung einer Unfallverhütungsvorschrift bedeutet grobe Fahrlässigkeit. Für die Beurteilung des Verschuldens ist ein **objektiver**, jedoch nach Betriebshierarchie typisierender **Maßstab** anzulegen; für die Beurteilung des primären Schutznormadressaten ist auf die Pflichten eines Unternehmers abzustellen, wobei auf die **Sachverständigenhaftung** abzustellen und ein **erhöhter Diligenzmaßstab** anzulegen ist.[1489]

Eine **Reihe** jeweils für sich allein nicht grob fahrlässiger **Fehlhandlungen** kann in ihrer **Gesamtheit** grobe Fahrlässigkeit begründen. Voraussetzung hierfür ist aber,

1484 RS0031127.
1485 2 Ob 104/67.
1486 10 ObS 145/07g.
1487 RS0022698.
1488 6 Ob 813/80.
1489 RS0026555.

dass sie in ihrer Gesamtheit als den Regelfall weit übersteigende Sorglosigkeit anzusehen sind.[1490]

Grobe Fahrlässigkeit kann bei Gleichgültigkeit gegenüber Arbeitnehmerschutzvorschriften iVm der besonderen Gefährlichkeit von **Abbrucharbeiten** angenommen werden.[1491]

Bei einem Arbeitsunfall beim Hantieren mit unzureichend und gefährlich gelagerten Schalungsträgern wurde grobe Fahrlässigkeit des beklagten Arbeitgebers, welcher **keinerlei Kontrolle** ausübte, **keinen Verantwortlichen** beauftragt hatte, **keine** sachbezogene **Sicherheitsunterweisung** durchführte und auch niemanden dazu anhielt, geeignete Anweisungen zu erteilen, bejaht; grobe Fahrlässigkeit des beklagten Hilfspoliers wurde verneint.[1492]

Bei Arbeiten unter den **Hochspannungsleitungen** einer elektrifizierten Bahnanlage mit großen Baumaschinen und ähnlichen Geräten ist höchste Vorsicht geboten.[1493]

Grobes Verschulden liegt bei Aufstellung eines mangelhaften **Baugerüstes** vor.[1494]

Beim **Abrollen eines Kfz** mit „Hill-Holdsystem" auf abschüssigem Gelände ohne Betätigung der Handbremse oder Einlegen eines Gangs wurde grobe Fahrlässigkeit bejaht.[1495]

Eine **strafgerichtliche Verurteilung** reicht für sich allein nicht zur Annahme grober Fahrlässigkeit aus.[1496]

Siehe oben 5.13.2.

7.4.3. Mitverschulden des Versicherten (Abs 3)

Durch ein Mitverschulden des Versicherten wird die Haftung weder aufgehoben noch gemindert.

Abs 3 schließt (aber) nicht aus, dass bei der Beurteilung der Frage, ob der auf Ersatz in Anspruch Genommene grob fahrlässig gehandelt habe, das **Verhalten des Versicherten mitberücksichtigt** wird.[1497]

7.4.4. Verzicht (Abs 5)

Hat der Dienstgeber oder ein ihm Gleichgestellter (§ 333 Abs 4) den Arbeitsunfall **nicht vorsätzlich** herbeigeführt, kann der SV-Träger auf den Ersatz ganz oder teilweise verzichten, wenn die wirtschaftlichen Verhältnisse des Verpflichteten dies begründen.

1490 RS0030372.
1491 8 ObA 34/22s.
1492 8 ObA 80/06g.
1493 2 Ob 11/87.
1494 RS0085498.
1495 7 Ob 127/23m.
1496 9 ObA 403/97y.
1497 RS0085538.

7.4.5. Verjährung (§ 337 Abs 1)

Der Ersatzanspruch des Versicherungsträgers gemäß § 334 verjährt in **drei Jahren nach der ersten rechtskräftigen Feststellung** der Entschädigungspflicht.

Bezüglich der Verjährung der Ersatzansprüche war nur eine **Sonderregelung** hinsichtlich des Ersatzanspruches des Versicherungsträgers gegenüber dem Dienstgeber nach § 334 erforderlich. Die Verjährungsfrist wird in Anlehnung an die dreijährige Frist für die Geltendmachung von Beitragsforderungen allgemein mit drei Jahren nach der ersten rechtskräftigen Feststellung der Entschädigungspflicht festgesetzt.[1498]

Kommt es zu **keiner Bescheiderlassung**, etwa, weil der SV-Träger ausschließlich Heilbehandlung gewährt, so ist auf den Zeitpunkt der Leistungserbringung abzustellen.[1499]

Ein Ersatzanspruch des Versicherungsträgers gemäß § 334 verjährt gemäß § 337 Abs 1 in drei Jahren nach der ersten rechtskräftigen Feststellung der Entschädigungspflicht. Maßgebend für den Beginn des Laufes der Verjährungsfrist ist in diesem Fall der Zeitpunkt, in dem über die Feststellung der Leistung des Versicherungsträgers eine Entscheidung vorliegt, die keinem weiteren Rechtszug (Klage, Berufung) unterliegt.[1500] Auch nach den Gesetzesmaterialien zu § 337 (RV 599 BlgNR 7. GP 100) und der einhelligen Lehre stellt § 337 Abs 1 für den Verjährungsbeginn gegenüber § 1478 Satz 2 und § 1489 ABGB die **lex specialis** dar. Es **kommt** also gerade **nicht auf** eine bestimmte **Kenntnis** des Versicherungsträgers iSd § 1489 ABGB **an.**[1501]

Die Verjährungsfrist läuft dabei jeweils **ab** Eintritt der **Rechtskraft.**[1502]

Die Verjährungsfrist **beginnt** – von Ausnahmebestimmungen wie etwa § 1489 ABGB abgesehen – **im Zeitpunkt der objektiven Möglichkeit** der Rechtsausübung, weil die Möglichkeit zu klagen im objektiven Sinn zu verstehen ist; **subjektive**, in der Person des Berechtigten liegende **Hindernisse**, wie ein Irrtum des Berechtigten oder überhaupt Unkenntnis des Anspruchs, haben in der Regel auf den Beginn der Verjährungsfrist keinen Einfluss.[1503]

7.4.6. Verfahren

Für Ersatzansprüche nach § 334 ist das **Arbeits- und Sozialgericht** sachlich zuständig (Arbeitsrechtssache nach § 52 Z 4 ASGG).

1498 RV 599 BlgNR 7. GP 100.
1499 *Neumayr* in *Schwimann/Neumayr*, ABGB Taschenkommentar[5] § 334 ASVG Rz 12.
1500 RS0085010.
1501 9 ObA 113/18k mwN.
1502 9 ObA 74/23g.
1503 5 Ob 115/23g.

Nicht anders als im Fall des § 332 kann auch hinsichtlich des originären Ersatzanspruches des SV-Trägers nach § 334 zu **erst in Zukunft fälligen** Rentenleistungen verurteilt werden.[1504]

Im Regressverfahren nach § 334 besteht auch im Hinblick auf den Umfang des Aufwandersatzanspruchs des SV-Trägers **keine Bindung an den Bescheid** über die Gewährung der Leistung. Da der Bescheid jedoch die Verpflichtung des SV-Trägers zur Erbringung von Leistungen und damit den zu tragenden Aufwand für den SV-Träger gegenüber dem Geschädigten bindend regelt, entspricht die dort festgelegte Höhe grundsätzlich dem tatsächlichen Aufwand des SV-Trägers im Hinblick auf die nach dem ASVG zu gewährenden Leistungen iSd § 334. Der **Schädiger kann** jedoch **einwenden**, dass dem SV-Träger eine vorwerfbare Obliegenheitsverletzung bei Prüfung dieser Ansprüche zur Last zu legen ist, bei deren Einhaltung der Aufwand geringer gewesen wäre.[1505]

Die Beurteilung des Verschuldensgrades stellt in der Regel **keine erhebliche Rechtsfrage** dar.[1506]

Eine **strafgerichtliche Verurteilung** enthält nicht notwendig einen bindenden Spruch über das Vorhandensein eines groben Verschuldens. Es ist vielmehr in jedem Einzelfall mit Bedachtnahme auf die persönlichen Verhältnisse und die allgemeinen Lebensverhältnisse zu prüfen, ob eine auffällige Sorglosigkeit vorliegt.[1507]

Eine strafgerichtliche Verurteilung etwa wegen **fahrlässiger Tötung** (§ 80 StGB) oder wegen **fahrlässiger Körperverletzung** (§ 88 StGB) reicht für die Annahme groben Verschuldens für sich allein jedenfalls nicht aus.[1508]

7.5. Haftung bei juristischen Personen (§ 335)

§ 335 trifft Regelungen für Fallkonstellationen, in denen der (potenziell) **Haftpflichtige keine natürliche Person** ist. Abs 3 dehnt die Anwendbarkeit der §§ 333, 334 sowie von § 335 Abs 1 und 2 auf bestimmte schulische und therapeutische Verhältnisse aus.[1509]

7.5.1. Juristische Personen und Personengesellschaften (Abs 1)

Die Bestimmungen der **§§ 333 und 334 sind** auch **anzuwenden**, wenn der Dienstgeber eine juristische Person, eine OG oder eine KG ist und der Arbeitsunfall oder die Berufskrankheit vorsätzlich – bei der Anwendung des § 334 auch grob fahrlässig – durch ein Mitglied des geschäftsführenden Organes der juristischen Person

1504 RS0041152.
1505 RS0133086; abweichend von RS0037265.
1506 6 Ob 70/06x.
1507 9 ObA 78/05v.
1508 10 ObS 104/14p.
1509 *Neumayr* in *Schwimann/Neumayr*, ABGB Taschenkommentar^5 § 335 ASVG Rz 1.

oder durch einen unbeschränkt haftenden Gesellschafter einer OG oder einer KG verursacht worden ist (Abs 1).

Ist der Dienstgeber eine juristische Person, so ist Abs 1 auch dann anzuwenden, wenn ein Arbeitsunfall zwar nicht durch das vorsätzliche oder grob fahrlässige Verhalten eines Mitglieds des geschäftsführenden Organs, wohl aber durch ein solches Verhalten eines **Repräsentanten** der juristischen Person verursacht wurde.[1510]

7.5.2. Haftung der Geschäftsführer (Abs 2)

Im Fall des Abs 1 **haften** mit der juristischen Person als Dienstgeber die Mitglieder des geschäftsführenden Organes oder die zur Geschäftsführung berechtigten Personen **zur ungeteilten Hand**, sofern die betreffenden Mitglieder des geschäftsführenden Organes bzw die zur Geschäftsführung berechtigten Personen den Arbeitsunfall vorsätzlich oder im Fall des § 334 auch grob fahrlässig verursacht haben (Abs 2).

7.5.3. Träger der Einrichtung (Abs 3)

Bei den in einem Ausbildungsverhältnis stehenden Pflichtversicherten sowie bei bestimmten in der UV Teilversicherten **steht** für die Anwendung der Abs 1 und 2 sowie der §§ 333 und 334 der **Träger der Einrichtung**, in der die Ausbildung, die institutionelle Kinderbetreuung oder Beschäftigungstherapie bzw die Rehabilitation oder Gesundheitsvorsorge erfolgt, **dem Dienstgeber gleich** (Abs 3).

Durch die Neufassung des § 335 Abs 3 sollte festgehalten werden, dass die Haftungsbeschränkung für das **Verhältnis Schüler und Studierende zu den gesetzlichen Schulerhaltern**, bzw bei den Universitäten, die Anstalten des Bundes sind, gegenüber dem Bund, entsprechend dem § 333 Abs 1 gilt. Die Beschränkung der Haftpflicht soll auch im Verhältnis zwischen gesetzlichen oder bevollmächtigten **Vertretern des Unternehmers (Lehrer, Schulwarte) und dem Lernenden** gelten. Diese in den Erläuternden Bemerkungen zum Ausdruck gebrachte Absicht des Gesetzgebers steht einer ausdehnenden Auslegung des Begriffes „Träger der Einrichtung, in der die Ausbildung erfolgt“, im § 335 Abs 3 auf Einrichtungen, die im Rahmen von **Schulveranstaltungen** aufgesucht werden, entgegen.[1511]

Das Dienstgeberhaftungsprivileg des § 333 Abs 1 iVm § 335 Abs 3 liegt nur vor, wenn sich der Unfall im Rahmen des deren Schädiger oder seiner gesetzlichen oder bevollmächtigten Vertreter als **Schulerhalter** obliegenden Aufgabenbereiches ereignete (im vorliegenden Fall war die Republik Österreich Schulerhalter; der Unfall ereignete sich in einem Bundesmuseum, das im Rahmen einer Schulveranstaltung besucht wurde, daher kein Dienstgeberhaftungsprivileg).[1512]

1510 RS0131898.
1511 RS0085409.
1512 RS0085403.

Die Haftungsbeschränkung kommt stets dann zum Tragen, wenn eine mit Aufgaben des gesetzlichen Schulerhalters betraute Person für die Folgen eines Unfalles haften soll, für den – weil sich der **Geschädigte im organisatorischen Verantwortungsbereich der Schule** befand – Versicherungsschutz nach § 175 Abs 4 besteht.[1513]

Hat ein **Lehrer** einen Arbeitsunfall (Schülerunfall gemäß § 175 Abs 4) bei der Unterrichtsgestaltung (Vollziehung des Schulunterrichtsgesetzes, SchUG) grob fahrlässig verursacht, sodass er, läge kein Amtshaftungsfall vor, gemäß § 334 Abs 1 den Trägern der SV als Aufseher im Betrieb unmittelbar haften müsste, so hat für den Schaden der Bund nach den Grundsätzen des **Amtshaftungsrechtes** unabhängig davon zu haften, ob er gleichzeitig als ein dem Dienstgeber iSd §§ 333, 334 gleichstehender „Träger der Einrichtung, in der die Ausbildung erfolgt" (§ 335 Abs 3) dh als Schulerhalter, anzusehen ist oder nicht.[1514]

Höhere technische Bundeslehranstalten sind gemäß § 78 Abs 1 und 2 SchulorganisationsG „berufsbildende höhere Bundesschulen", woraus bereits ersichtlich ist, dass der **Bund gesetzlicher Schulerhalter**, gleichzeitig aber auch Träger der Ausbildung, in dessen Vollzugsbereich Ausbildungsleistungen erbracht werden, ist. Er steht demnach, soweit es um die Anwendung der §§ 333, 334 und 335 Abs 1 und 2 geht, dem Dienstgeber gleich (§ 335 Abs 3). Ihm kommen daher auch die Haftungsprivilegien der §§ 333 ff zugute. Auch der **Bundesimmobiliengesellschaft** mbH, die zur Bereitstellung und Instandhaltung des Schulgebäudes und dessen Einrichtungen verpflichtet ist, gebührt dieses Haftungsprivileg. Sie tritt von Gesetzes wegen in alle die Liegenschaften betreffenden (privatrechtlichen) Rechtsverhältnisse des Bundes mit Dritten ein, ohne dass es hiezu deren Zustimmung bedurfte.[1515]

Der **Träger der Hochschule**, in dessen Bereich ein **ordentlicher Hörer** einen Unfall erleidet, genießt gegenüber Ansprüchen des Verunfallten aus § 1325 ABGB das Dienstgeberhaftungsprivileg ungeachtet des Umstands, ob der Hörer auch im Rahmen eines sonstigen Beschäftigungsverhältnisses UV-Schutz nach dem ASVG oder dem B-KUVG genießt.[1516]

Einer **Studentenorganisation**, die eine **Veranstaltung** im Bereich der Universität durchführt und rechtsgeschäftlich gegenüber dieser die Verantwortung für Sicherheit und Ordnung übernommen hat, kommt gegenüber einer Studentin nicht das Haftungsprivileg des Aufsehers im Betrieb (§ 333 Abs 4) zu. Sie haftet daher für Schäden, die eine Studentin durch einen Sturz infolge Verletzung ihrer allgemeinen Verkehrssicherungspflicht erlitten hat, ohne dass sie das Haftungsprivileg des § 333 Abs 4 iVm § 335 Abs 3 in Anspruch nehmen könnte.[1517]

1513 2 Ob 75/06b.
1514 RS0050028.
1515 RS0121425.
1516 RS0114736.
1517 RS0108009.

Wird ein **Schüler** bei einer Pausenstreitigkeit **von einem Mitschüler** durch einen Messerstich **getötet**, liegt in der Regel ein Arbeitsunfall iSd § 175 Abs 4 vor, was gemäß § 335 Abs 3 eine Haftung des Schulerhalters – auch nach dem AHG – ausschließt.[1518]

Steht ein therapeutischer Fehler, der den Unfall verursachte, in ursächlichem Zusammenhang mit einer **Maßnahme der Rehabilitation oder Gesundheitsvorsorge** in einer therapeutischen Einrichtung, kann sich der Träger der Einrichtung auf das Dienstgeberhaftungsprivileg berufen.[1519]

1518 RS0124561.
1519 Vgl RS0131833.

8. Vertragspartnerrecht

8.1. Gemeinsame Bestimmungen (§ 338)

8.1.1. Privatrechtliche Verträge (Abs 1)

Die Beziehungen der Träger der SV (des Dachverbandes) zu den

- freiberuflich tätigen Ärzten und Zahnärzten,
- Dentisten,
- Primärversorgungseinheiten,
- Gruppenpraxen,
- Hebammen,
- Apothekern,
- Erbringern von nach § 135 der ärztlichen Hilfe gleichgestellten Leistungen,
- Pflegepersonen, die medizinische Hauskrankenpflege nach § 151 erbringen, und
- anderen Vertragspartnern

werden durch privatrechtliche Verträge geregelt. Diese Verträge bedürfen zu ihrer Rechtsgültigkeit der **schriftlichen Form**. Die Verträge sowie allfällige Änderungen und Zusatzvereinbarungen sind vom Dachverband im Internet zu veröffentlichen (Abs 1).

Gemäß §§ 338 ff ASVG sind Gesamtverträge **privatrechtliche Verträge**, die nicht als Rechtsverordnungen iSd Art 139 B-VG qualifiziert werden können.[1520]

Die Beziehungen der Träger der SV zu freiberuflich tätigen Ärzten werden gemäß § 338 Abs 1 durch privatrechtliche Verträge geregelt. Hierbei handelt es sich um dem Kernbereich der **„civil rights"** zuzurechnende zivilrechtliche Ansprüche und Verpflichtungen.[1521]

Der OGH hat als Kartellobergericht im Lichte des Urteils des EuGH vom 16.3.2004, Rs C-264/01, C-306/01, C-354/01 und C-355/01 – AOK Bundesverband/Ichthyol, mit ausführlicher Begründung ausgesprochen, dass **SV-Träger**, wenn sie zur Sicherstellung des gesetzlich vorgegebenen Sachleistungssystems mit den Leistungserbringern privatrechtliche Verträge abschließen, eine **Tätigkeit ohne Gewinnerzielungsabsicht** entfalten, mit der sie zur Verwaltung des gesetzlichen KV-Systems nach dem ASVG betraut sind und die auf dem Grundsatz der **Solidarität** beruht, der durch die Gestaltung der Finanzierung (risikounabhängige Beitragsbemessung nach wirtschaftlicher Leistungsfähigkeit) und die im Wesentlichen gesetzliche Bestimmung des Leistungsumfangs verwirklicht wird. Sie kommen damit einer **gesetzlichen Pflicht** nach, die vollständig zur Tätigkeit der Krankenkassen im Rahmen der gesetzlichen KV gehört. Insoweit verfolgen sie nach den Kriterien des

1520 VfGH 24.2.1997, V49/96; V50/96.
1521 VfGH 30.9.1993, B1136/92.

EuGH einen **rein sozialen Zweck** und üben **keine wirtschaftliche Tätigkeit** aus. Dieser Auffassung hat sich der Senat auch unter lauterkeitsrechtlichen Gesichtspunkten angeschlossen.[1522]

8.1.2. Versorgungsauftrag (Abs 2)

Durch die Verträge ist die **ausreichende Versorgung** der Versicherten und ihrer anspruchsberechtigten Angehörigen mit den gesetzlich und satzungsmäßig vorgesehenen Leistungen **sicherzustellen.** Maßgeblich für die ausreichende Versorgung sind die verbindlichen Inhalte der ÖSG- und der RSG-Verordnungen nach § 23 G-ZG. In Ermangelung einer RSG-Verordnung gilt die an deren Stelle erlassene Verordnung zum Versorgungsplan für den niedergelassenen Bereich. Für die Versorgung mit diesen Leistungen können auch **eigene Einrichtungen** der Versicherungsträger herangezogen werden. Beim Abschluss von Verträgen durch die KV-Träger ist sicherzustellen, dass durch den Vertragsabschluss die Vielfalt der Anbieter gewahrt bleibt und keine die Versorgungssituation beherrschenden Eigentümerstrukturen entstehen (Abs 2).

§ 338 Abs 2 legt fest, dass durch die Verträge nach Abs 1 die ausreichende Versorgung der Versicherten und ihrer anspruchsberechtigten Angehörigen mit den gesetzlich und satzungsmäßig vorgesehenen Leistungen sicherzustellen ist. Nunmehr wird iSd Verbindlichkeit der Planung festgehalten, dass Maßstab für die ausreichende Versorgung die verbindlichen Inhalte der ÖSG- und der RSG-Verordnungen nach § 23 G-ZG sind. In Ermangelung einer RSG-Verordnung gilt die zuvor dargelegte Verordnung zum Versorgungsplan als maßgeblich. § 338 Abs 2 wird auch dahingehend neugestaltet, dass für die Sicherstellung der ausreichenden Versorgung der Versicherten und ihrer anspruchsberechtigten Angehörigen der **Betrieb eigener Einrichtungen** der SV-Träger **erleichtert** wird. Diese dürfen künftig uneingeschränkt zur Versorgung herangezogen werden, wobei § 18 Abs 7 Z 8 G-ZG sinngemäß gilt. Das bisherige Erfordernis, bei Errichtung, Erwerbung oder Erweiterung von **Ambulatorien** durch die Träger der KV das **Einvernehmen mit** der örtlich zuständigen **Ärztekammer** bzw der Österreichischen Zahnärztekammer herzustellen, **soll** folglich mit 1.1.2024 im Hinblick auf die ausreichende und zeitgerechte Versorgung **entfallen.** Die KV-Träger haben beim Abschluss von Verträgen sicherzustellen, dass im Bereich der Anbieter eine gewisse **Vielfalt** bestehen bleibt, womit Eigentümerstrukturen vermieden werden sollen, die die Versorgungssituation beherrschen. Diese Regelung soll sicherstellen, dass monopolartige oder -ähnliche Anbieterstrukturen eine versorgungspolitisch unerwünschte bestimmende Einflussnahme erlangen oder bei entsprechenden kaufmännischen Entscheidungen einer Reduzierung des Leistungsangebots die Versorgung nachhaltig gefährden können.[1523]

1522 4 Ob 93/09v.

1523 RV 2310 BlgNR 27. GP 8 f zum VUG 2024.

8.1.3. Großgeräteplan (Abs 2a)

Die Versicherungsträger haben sich beim Abschluss von Verträgen an den von der Bundes-Zielsteuerungskommission im Rahmen des ÖSG beschlossenen **Großgeräteplan** zu halten. Dieser Großgeräteplan ist nach Abstimmung mit der SV, bezüglich der nicht landesfondsfinanzierten Krankenanstalten sowie des extramuralen Bereiches auch nach Abstimmung mit der für diese Krankenanstalten in Betracht kommenden gesetzlichen Interessenvertretung im Einvernehmen mit den Ländern festzulegen. **Verträge**, die dem **widersprechen**, sind **ungültig** (Abs 2a).

Gehört eine ärztliche Leistung, die allerdings nicht von jedem allenfalls berufsrechtlich in Betracht kommenden Vertragsarzt verrechnet werden darf, zum Inhalt des Krankenbehandlungsanspruches, ist eine **gesamtvertragliche Einschränkung der Verrechenbarkeit** grundsätzlich **zulässig**, weil sie in der Regel berechtigten Interessen beider Vertragsparteien entspricht. Handelt es sich um ärztliche Leistungen, deren Refundierung aus sachlich gerechtfertigten Gründen nach dem Gesamtvertrag und der Honorarordnung auf ein ärztliches Fachgebiet beschränkt worden sind, kann ein Versicherter bei Erbringung der Leistung durch einen Arzt aus einem anderen Fachgebiet keinen Kostenerstattungsanspruch nach § 131 Abs 1 haben. Eine Beschränkung der Verrechnungsmöglichkeit auf bestimmte Fachärzte **wirkt** auf andere Vertragsfachärzte, aber **auch auf Wahlärzte.**[1524]

Darf ein Vertragsfacharzt für Radiologie aufgrund gesamtvertraglicher Verrechnungsbeschränkungen eine **Computertomographie** mit dem KV-Träger nicht verrechnen, besteht auch für einen Versicherten, der eine Computertomographie bei einem Wahlfacharzt für Radiologie in Anspruch nimmt, kein Anspruch auf eine Kostenerstattung gemäß § 131 Abs 1.[1525]

8.1.4. Kontrolle der Vertragspartner (Abs 5)

Weder durch Vertrag (iSd Sechsten Teiles des ASVG) noch durch Nebenabrede kann die Kontrolle der Vertragspartner durch die Versicherungsträger und der Einsatz einzelner Kontrollinstrumente durch die Versicherungsträger ausgeschlossen werden (Abs 5).

8.2. Krankenanstalten

Die Beziehungen der Träger der SV zu den Krankenanstalten werden durch **privatrechtliche Verträge** geregelt. Diese Verträge bedürfen zu ihrer Rechtsgültigkeit der schriftlichen Form (§ 338 Abs 3).

1524 RS0111711.
1525 10 ObS 79/10f.

8.2.1. Landesgesundheitsfondsfinanzierte Krankenanstalten (§ 148 Z 10)

Die Beziehungen der Versicherungsträger zu den Krankenanstalten werden durch privatrechtliche Verträge geregelt. **Ansprüche auf Zahlungen können** durch diese Verträge **nicht** rechtsgültig **begründet werden**, sofern es sich nicht um bestimmte Leistungen[1526] handelt. Die Verträge sind zwischen dem Dachverband im Einvernehmen mit den in Betracht kommenden Versicherungsträgern einerseits und dem Rechtsträger der Krankenanstalt andererseits im Einvernehmen mit dem zuständigen Landesgesundheitsfonds abzuschließen. Diese Verträge sind nur dann gültig, wenn sie **schriftlich** abgeschlossen wurden.

Ambulanzverträge sind vom Anwendungsbereich des § 148 Z 10 nicht ausgenommen. Das im ASVG und im Krankenanstaltenrecht geregelte Finanzierungs- und Streitschlichtungssystem gilt allerdings nur für jene Verträge, die vom Dachverband im Einvernehmen mit dem jeweiligen Träger der KV (hier: UV) abgeschlossen werden. Privatrechtliche Verträge, die ein SV-Träger direkt mit einem Krankenanstaltenträger schließt, mögen ihre gesetzliche Deckung allenfalls in § 338 finden und privatrechtlich verbindlich sein; sie sind aber jedenfalls keine Verträge iSd § 148 Z 10 (hier: iVm § 189 Abs 3).[1527]

8.2.2. PRIKRAF-Anstalten (§ 349 Abs 2a)

Die Beziehungen zwischen den Trägern der KV und den in § 149 Abs 3 genannten Krankenanstalten werden durch **Gesamtverträge** geregelt, die für diese Krankenanstalten von der in Betracht kommenden gesetzlichen Interessenvertretung abzuschließen sind.

Es soll eindeutig klargestellt werden, dass die vertraglichen Beziehungen zwischen den Trägern der KV und den **Privatspitälern** durch Gesamtverträge zu regeln sind. Gleiches gilt in Bezug auf ambulante Untersuchungen mit Großgeräten (iSd Großgeräteplanes des Bundes): Auch diese Leistungen sind gesamtvertraglich zu regeln. Mehrkosten für die SV sind durch die Etablierung der Gesamtvertragsfähigkeit für Privatkrankenanstalten nicht zu erwarten, da das Institut des Gesamtvertrages wesentlich zu einer umfassenden und systematischen Regelung der Zahl der Vertragspartner und der Tarifhöhen beiträgt.[1528]

8.2.3. Ambulante Untersuchungen mit Großgeräten (§ 349 Abs 2b)

Die Beziehungen zwischen den Trägern der KV und jenen Krankenanstalten, die ambulante Untersuchungen mit Großgeräten iSd von der Bundes-Zielsteuerungs-

1526 ZB Leistungen im Rahmen der Mutter-Kind-Pass-Untersuchungen und im Einvernehmen zwischen dem Dachverband und den betroffenen Ländern ausgenommene Leistungen.

1527 VfGH 28.9.2000, B1536/98.

1528 RV 624 BlgNR 21. GP 23 zur 58. ASVG-Novelle, BGBl I 2001/99.

kommission im Rahmen des ÖSG beschlossenen Großgeräteplanes durchführen, werden hinsichtlich dieser Leistungen durch **Gesamtverträge** geregelt. Diese Gesamtverträge, welche die in § 342 Abs 1 aufgezählten Gegenstände in sinngemäßer Anwendung zu regeln haben, werden für die genannten Krankenanstalten von der in Betracht kommenden gesetzlichen Interessenvertretung abgeschlossen.

8.2.4. Ambulatorien (§ 349 Abs 2c)

Die Beziehungen zwischen den Trägern der KV und selbständigen Ambulatorien (§ 2 Abs 1 Z 5 KAKuG) können hinsichtlich bestimmter **medizinischer Sonderfächer** oder Teile dieser durch Gesamtverträge geregelt werden.

Selbständige Ambulatorien sind organisatorisch selbständige Einrichtungen, die der Untersuchung oder Behandlung von Personen dienen, die einer Aufnahme in **Anstaltspflege nicht bedürfen**. Der Verwendungszweck eines selbständigen Ambulatoriums erfährt dann keine Änderung, wenn dieses Ambulatorium über eine angemessene Zahl von Betten verfügt, die für eine kurzfristige Unterbringung zur Durchführung ambulanter diagnostischer und therapeutischer Maßnahmen unentbehrlich ist. Die Durchführung von Hausbesuchen im jeweiligen Einzugsgebiet ist zulässig (§ 2 Abs 1 Z 5 KAKuG).

Es soll künftig möglich sein, die Vertragspartnerbeziehungen im Bereich der Krankenanstalten nach § 2 Abs 1 Z 5 KAKuG (selbständige Ambulatorien) hinsichtlich bestimmter medizinischer Sonderfächer oder Teile dieser durch Gesamtverträge zu regeln (**„Spartenverträge"**). Hinsichtlich der übrigen Krankenanstalten und der bereits bestehenden Sonderregelung für ambulante Untersuchungen mit Großgeräten (§ 349 Abs 2b) tritt dadurch keine Änderung ein.[1529]

8.3. Ärzte

8.3.1. Gesamtverträge

8.3.1.1. Grundsätze (§ 341)

Die Beziehungen zwischen den Trägern der KV nach dem ASVG oder einem anderen Bundesgesetz und den freiberuflich tätigen Ärzten sowie den Gruppenpraxen werden jeweils durch Gesamtverträge geregelt. Diese sind von den Trägern der KV mit der Österreichischen Ärztekammer jeweils **bundeseinheitlich** abzuschließen. Die Konferenz des Dachverbandes kann beschließen, dass ein für alle Träger der KV nach dem ASVG oder einem anderen Bundesgesetz verbindlicher bundeseinheitlicher Gesamtvertrag durch den Dachverband abzuschließen ist (Abs 1).

Beim Gesamtvertrag handelt es sich – ähnlich dem arbeitsrechtlichen Kollektivvertrag – um einen zwischen dem Hauptverband der österreichischen SV-Träger

1529 RV 779 BlgNR 24. GP 35 zur 72. ASVG-Novelle, BGBl I 2010/61.

und der jeweils örtlich zuständigen Ärztekammer abgeschlossenen **privatrechtlichen Normenvertrag**, der, soweit er Rechte und Pflichten der Ärzte und der SV-Träger als Partner des Einzelvertrags regelt, auf Letzteren unmittelbar einwirkt (§ 341 Abs 3). Der Gesamtvertrag beruht daher nicht auf der Privatautonomie der vertragschließenden Parteien, sondern auf **gesetzlicher Ermächtigung**; er kann daher nur in Angelegenheiten, die das Gesetz bestimmt, abgeschlossen werden, und er ist insoweit, als sein zulässiger Regelungsgegenstand durch Gesetz und Verordnung inhaltlich determiniert ist, an diese Vorgaben gebunden. Eine Gesetz oder Verordnung widersprechende Bestimmung eines Gesamtvertrages wäre nach § 879 ABGB nichtig.[1530]

Bei den Regelungen eines Gesamtvertrages ist zwischen den **schuldrechtlichen** Vereinbarungen zwischen den Parteien des Gesamtvertrages und den **normativen**, die Vertragsärzte bzw Gruppenpraxen bindenden Regelungen zu unterscheiden.[1531]

Ein Gesamtvertrag gemäß § 341 ASVG ist in seinem schuldrechtlichen Teil wie ein Vertrag, also nach den §§ 914 f ABGB **auszulegen,** während sein normativer Teil nach den Grundsätzen der §§ 6 f ABGB ausgelegt werden muss.[1532]

Der **Inhalt des Gesamtvertrages ist** auch **Inhalt des** zwischen dem Träger der KV und dem Arzt oder der Gruppenpraxis abzuschließenden **Einzelvertrages**. Die Einzelvertragsparteien können **ergänzende oder abweichende Regelungen** hinsichtlich Art, Umfang und Honorierung der vertragsärztlichen Tätigkeit, insb Regelungen betreffend die Festlegung der Öffnungszeiten, betreffend Spitalsambulanzen entlastende Leistungen oder betreffend dislozierte Standorte, treffen (Abs 2).

Wird eine **Planstelle** des Stellenplans (§ 342 Abs 1 Z 1) mindestens **zwei Mal erfolglos ausgeschrieben**, so können die Träger der KV **Verträge** mit zur freiberuflichen Berufsausübung berechtigten Ärzten zur vorübergehenden Versorgung bis zum Abschluss eines Einzelvertrages (§ 343 Abs 1) abschließen. Der Inhalt des Gesamtvertrages ist auch Inhalt dieser Verträge. Die Vertragsparteien können ergänzende oder abweichende Regelungen hinsichtlich Öffnungszeiten und Berufssitz treffen. Wird der Arzt im Rahmen eines Ärztebereitstellungsdienstes tätig, so können auch ergänzende oder abweichende Regelungen hinsichtlich der Honorierung getroffen werden (Abs 3).

Im § 341 Abs 3 soll eine zusätzliche Möglichkeit geschaffen werden, um längere Zeit unbesetzte ärztliche Planstellen zu besetzen. Wird eine solche Planstelle mindestens zwei Mal erfolglos ausgeschrieben, so können die Träger der KV **flexible Verträge** mit zur freiberuflichen Berufsausübung berechtigten Ärzten zur vorübergehenden Versorgung bis zum Abschluss eines Einzelvertrages nach § 343

1530 VfGH 11.3.2014, B 390/2012.
1531 VwGH 8.5.2018, Ro 2018/08/0007.
1532 RS0124647.

Abs 1 abschließen. Diese Verträge haben sich am Gesamtvertrag zu orientieren. Es können **ergänzende oder abweichende Vereinbarungen** hinsichtlich Öffnungszeiten und Berufssitz getroffen werden. Dadurch soll die Möglichkeit geschaffen werden, dass etwa ein Arzt, der bereits in der Nähe tätig ist, vorübergehend einige Stunden in der Woche als Vertragsarzt tätig wird. Wird zur Versorgung der Stelle ein Ärztebereitstellungsdienst eingerichtet, so können auch ergänzende oder abweichende Vereinbarungen hinsichtlich der Honorierung getroffen werden.[1533]

8.3.1.2. Inhalt (§ 342)

Die Gesamtverträge haben insb folgende Gegenstände zu regeln (Abs 1):

- die Konkretisierung der **örtlichen Verteilung (Stellenplan) der Vertragsärzte**, Vertrags-Gruppenpraxen und Primärversorgungseinheiten entsprechend den Verordnungen nach § 23 G-ZG zur Verbindlicherklärung von Teilen der RSG (Z 1);
- allfällige Regelungen für **Investitionsabgeltungen an den bisherigen Stelleninhaber** unter anteiliger Anrechnung auf das Honorarvolumen für den Fall, dass eine im Stellenplan enthaltene Planstelle gestrichen und somit nicht nachbesetzt wird, und weder vom bisherigen Stelleninhaber noch von einem anderen Arzt in dessen bisherigen Räumlichkeiten oder mit dessen bisherigen Einrichtungen eine vertrags- oder wahlärztliche Tätigkeit ausgeübt wird; Veräußerungserlöse sind auf die Investitionsabgeltung anzurechnen (Z 1a);
- die **Auswahl der Vertragsärzte** und Vertrags-Gruppenpraxen, Abschluss und Lösung der mit diesen zu treffenden **Einzelverträge** (Z 2);
- die **Rechte und Pflichten der Vertragsärzte** und Vertrags-Gruppenpraxen, insb die Erfüllung der in den Verordnungen nach § 23 G-ZG festgelegten verbindlichen Versorgungsaufträge, auch ihre Ansprüche auf **Vergütung** der ärztlichen Leistung (Abs 2 und 2a) sowie die Überprüfung der Identität des Patienten und die rechtmäßige Verwendung der **e-card**; die Überprüfung ist für Patienten bis zum vollendeten 14. Lebensjahr nur im Zweifelsfall vorzunehmen; weiters sind Regelungen über die Vorgehensweise bei Nichtvorlage der e-card, bei negativer Anspruchsprüfung und bei Undurchführbarkeit der Überprüfung der Identität zu treffen (Z 3);
- die Vorsorge zur Sicherstellung einer **wirtschaftlichen Behandlung und Verschreibweise** einschließlich Steuerungsmaßnahmen bei Heilmitteln sowie hinsichtlich der ärztlich veranlassten Kosten, zB in den Bereichen Zuweisung und Überweisung zu niedergelassenen Ärzten (Gruppenpraxen), Heilbehelfe, Hilfsmittel und Transporte (**Ökonomieprinzip**; Z 4);
- die Ausstellung von Bescheinigungen, die für die Durchführung der KV erforderlich sind (Z 5);

1533 RV 2310 BlgNR 27. GP 10 zum VUG 2024.

- die Zusammenarbeit der Vertragsärzte, Vertragszahnärzte und Vertrags-Gruppenpraxen mit dem chef- und kontrollärztlichen Dienst der SV-Träger unter Zugrundelegung des Erstattungskodex (§ 30b Abs 1 Z 4) und der Richtlinien nach § 30a Abs 1 Z 9 und 12 (Z 6);
- die **Kündigung und Auflösung des Gesamtvertrages** (Z 7);
- die Verlautbarung des Gesamtvertrages und seiner Abänderungen (Z 8);
- Regelungen über Barrierefreiheit (Z 9);
- die Festlegung einer **Altersgrenze** (längstens bis zur **Vollendung des 70. Lebensjahres**) für die Beendigung der Einzelverträge von Vertragsärzten (persönlich haftenden Gesellschaftern einer Vertrags-Gruppenpraxis) sowie möglicher Ausnahmen davon bei drohender ärztlicher Unterversorgung. Kommt keine Einigung über eine Altersgrenze zustande, so gilt das vollendete 70. Lebensjahr als Altersgrenze (Z 10).

Der **Stellenplan** (Abs 1 Z 1) kann im Einvernehmen mit der Österreichischen Ärztekammer **auf regionaler Ebene** zwischen der ÖGK und der örtlich zuständigen Ärztekammer festgelegt werden. Diese Festlegungen sind Anlagen zum Gesamtvertrag (Abs 1a).

Sofern **innerhalb von sechs Monaten** nach Inkrafttreten der jeweiligen Verordnung nach § 23 G-ZG zur Verbindlicherklärung von Teilen der RSG **keine Einigung über** einen **Stellenplan** (Abs 1 Z 1) erfolgt, ist die konkrete örtliche Verteilung der Vertragsärzte, Vertrags-Gruppenpraxen und Primärversorgungseinheiten **vom KV-Träger** nach den verbindlichen Planungsvorgaben der Verordnungen nach § 23 G-ZG **festzulegen**. Dies gilt auch für den Fall, dass hinsichtlich der Verlegung bestehender Planstellen kein Einvernehmen zwischen dem KV-Träger und der zuständigen Ärztekammer erzielt werden kann (Abs 1c).

Die **Vergütung** der Tätigkeit von Vertragsärzten ist **nach Einzelleistungen oder** nach **Pauschalmodellen** zu vereinbaren. Die Vereinbarungen über die Vergütung der ärztlichen Leistungen sind jeweils in den **Honorarordnungen** für Einzelordinationen und für Gruppenpraxen zusammenzufassen; diese **bilden** einen **Bestandteil der jeweiligen Gesamtverträge**. Die Gesamtverträge sollen eine Begrenzung der Ausgaben der Träger der KV für die vertragsärztliche Tätigkeit (einschließlich der Rückvergütungen bei Inanspruchnahme der wahlärztlichen Hilfe [§ 131]) bzw für die Tätigkeit von Vertrags-Gruppenpraxen einschließlich der Rückvergütungen bei Inanspruchnahme von Wahl-Gruppenpraxen enthalten (Abs 2).

Nach § 342 Abs 2 letzter Satz sollen die Gesamtverträge eine **Begrenzung der Ausgaben** der Träger der KV enthalten. Den Gesamtvertragsparteien kommt insofern ein **weiter Gestaltungsspielraum** zu, mit welchen Mitteln eine derartige angemessene Begrenzung erreicht werden soll (vgl VfGH 24.9.2002, B 1658/01 = VfSlg 16.607). Die genannte Bestimmung erfordert daher keineswegs, dass für verschiedene ärztliche Fachgebiete – selbst bei zum Teil übereinstimmenden Leistungen und einvernehmlicher Honorierung nach demselben Tarifkatalog – zwingend identische Honorarbegrenzungen vorzusehen wären.[1534]

Die Honorarordnung – als Teil des Gesamtvertrags – ist das Ergebnis von Verhandlungen zwischen Interessenvertretungen; sie bringt den zwischen den gegenbeteiligten Interessen erzielten **Interessenausgleich** zum Ausdruck, sodass im Allgemeinen davon auszugehen ist, dass die gesamtvertraglich vereinbarten ärztlichen Leistungen sowie die je geschuldeten Entgelte (Honorare) angemessen sind.[1535]

Gesamtvertragliche Regelungen, die **über die gesetzlichen Vorgaben hinausgehende Erfordernisse des Einvernehmens** der Gesamtvertragspartner vorsehen, sind **unzulässig** (Abs 4).

8.3.2. Einzelvertrag (§ 343)

Die Entscheidung über die **Ausschreibung** einer Stelle und die **Einleitung** des Verfahrens zur Auswahl der Vertragsärzte und der Vertrags-Gruppenpraxen obliegt den Trägern der KV. Die **Auswahl** der Vertragsärzte und der Vertrags-Gruppenpraxen **und** der **Abschluss der Einzelverträge** zwischen dem zuständigen Träger der KV und dem Arzt oder der Gruppenpraxis erfolgt nach den Bestimmungen des Gesamtvertrages und **im Einvernehmen mit der** zuständigen **Ärztekammer** (Abs 1).

ISd Sicherstellung einer ausreichenden Versorgung der Versicherten und ihrer anspruchsberechtigten Angehörigen soll das **Auswahlverfahren** über die Aufnahme von Ärzten bzw Gruppenpraxen in einen Einzelvertrag insgesamt **beschleunigt** werden. Zu diesem Zweck soll nunmehr die Entscheidung über die Ausschreibung einer Planstelle sowie die Einleitung des Auswahlverfahrens ausschließlich durch die jeweiligen KV-Träger erfolgen. Das Einvernehmen mit der zuständigen Ärztekammer ist künftig dafür nicht mehr erforderlich (siehe § 343 Abs 1 erster Satz neu). Ein solches Einvernehmen ist auch gesamtvertraglich nicht (mehr) rechtswirksam begründbar, bestehende und künftige vertragliche Regelungen sind als unzulässig und folglich nichtig anzusehen (§ 342 Abs 4). Nach der Einleitung des Auswahlverfahrens sind die **Durchführung des Verfahrens** einschließlich die konkrete **Reihung** sowie die **Auswahl** weiterhin **im Einvernehmen** durchzuführen. Dazu sind auch die nach § 343 Abs 1a erlassene Reihungskriterien-Verordnung sowie die jeweiligen Reihungsrichtlinien heranzuziehen. Dieses Einvernehmen bewirkt allerdings nicht, dass ein einmal eingeleitetes Auswahlverfahren im Nachhinein dadurch unter- bzw gar abgebrochen werden könnte, sondern beinhaltet lediglich die Mitwirkung im Rahmen der konkreten Auswahl.[1536]

1534 VwGH 20.12.2022, Ro 2018/08/0001.
1535 VfGH 24.9.2002, B1658/01.
1536 RV 2310 BlgNR 27. GP 11 zum VUG 2024.

Zur Auswahl sind auf Vorschlag der Österreichischen Ärztekammer **durch Verordnung** des Bundesministers für Arbeit, Soziales, Gesundheit und Konsumentenschutz **bundeseinheitlich verbindliche Kriterien für die Reihung** der Bewerber um Einzelverträge **festzulegen (Reihungskriterien)**. Dabei sind auch die fachliche Eignung der Bewerber und die zeitliche Reihenfolge der Bewerbungen um Einzelverträge zu berücksichtigen. Für den Fall der Vergabe eines Gruppenpraxen-Einzelvertrages ist die Bewertung der sich jeweils gemeinsam bewerbenden Ärzte als Gesamtes vorzusehen. Die Reihungskriterien haben jedenfalls dem Gleichheitsgebot, der Erwerbsausübungs- und Niederlassungsfreiheit sowie den Bestimmungen der EMRK zu entsprechen (Abs 1a).

Das Vertragsverhältnis zwischen dem Vertragsarzt oder der Vertrags-Gruppenpraxis und dem Träger der KV **erlischt** aus bestimmten Gründen **ohne Kündigung** (Abs 2).

In der Vergangenheit konnte immer wieder festgestellt werden, dass eine von allen KV-Trägern ausgeschriebene Vertragsarztstelle zwar besetzt werden konnte, in weiterer Folge allerdings der **Einzelvertrag mit der ÖGK von ärztlicher Seite** aus wieder **gekündigt** wurde. Behalten wurden lediglich die Verträge mit den Sonderversicherungsträgern. Dies kann einerseits eine Mangelversorgung für die Versicherten der ÖGK mit sich bringen, andererseits entsteht Druck auf die Sonderversicherungsträger, entgegen deren Stellenpläne zusätzliche Verträge zu vergeben; dies jedenfalls dann, wenn der Vertrag von der ÖGK neuerlich ausgeschrieben und vergeben wird. Es soll folglich vorgesehen werden, dass das **Vertragsverhältnis** zwischen Vertragsarzt bzw Vertrags-Gruppenpraxis und dem Träger der KV ohne Kündigung **im Falle der Kündigung des Einzelvertrages mit einem KV-Träger** oder mehreren KV-Trägern **automatisch erlischt**. Um zusätzliche Versorgungslücken zu verhindern, soll das Vertragsverhältnis mit den von der Kündigung nicht betroffenen KV-Trägern erst zu jenem Zeitpunkt erlöschen, zu dem die Nachbesetzung der gekündigten Planstelle erfolgt (Abs 2 Z 9).[1537]

Das Vertragsverhältnis kann von beiden Teilen unter Einhaltung einer **dreimonatigen Kündigungsfrist** zum Ende eines Kalendervierteljahres **gekündigt** werden. Der KV-Träger kann nur wegen wiederholter nicht unerheblicher oder wegen schwerwiegender Vertrags- oder Berufspflichtverletzungen unter Angabe der Gründe schriftlich kündigen. Der gekündigte Arzt oder die gekündigte Vertrags-Gruppenpraxis kann **innerhalb von zwei Wochen** die Kündigung **bei der Landesschiedskommission** mit **Einspruch** anfechten. Die Landesschiedskommission hat innerhalb von sechs Monaten nach Einlangen des Einspruches über diesen zu entscheiden. Der Einspruch hat bis zum Tag der Entscheidung der Landesschiedskommission **aufschiebende Wirkung**. Eine vom gekündigten Arzt (von der gekündigten Gruppenpraxis) eingebrachte **Beschwerde an das BVwG** hat ohne Zustimmung des KV-Trägers keine aufschiebende Wirkung (Abs 4).

1537 RV 2310 BlgNR 27. GP 11 zum VUG 2024.

8.3.3. Gesamtverträge für Vertrags-Gruppenpraxen (§ 342a)

Ergänzend zu den §§ 341 und 342 sind in den Gesamtverträgen für Vertrags-Gruppenpraxen **spezielle Regelungen** im Hinblick auf deren spezifische Versorgungsaufgaben (insb hinsichtlich Öffnungszeiten und Leistungsspektren) und Honorierung vorzusehen (Abs 1).

Art und Umfang der **Abrechnung** der Tätigkeit von Gruppenpraxen sind unbeschadet des § 342 Abs 2 **auf Grundlage einer einheitlichen elektronischen Diagnosen- und Leistungsdokumentation** zu vereinbaren. Leistungen von Gruppenpraxen, in denen mehrere Fachrichtungen vertreten sind, sind jedenfalls **nach Pauschalmodellen** (zB Fallpauschalen) zu honorieren. Dabei sind das Leistungsspektrum und die durch die Organisation als Gesellschaft allenfalls möglichen Wirtschaftlichkeitspotentiale (Synergieeffekte) zu berücksichtigen (Abs 2).

Ist für eine Gruppenpraxis **kein Gruppenpraxis-Gesamtvertrag** anwendbar, so können zur Sicherstellung oder Verbesserung des Sachleistungsangebotes vom Dachverband unter Zugrundelegung der verbindlichen Planungsvorgaben der Verordnungen nach § 23 G-ZG zur Verbindlicherklärung von Teilen der RSG für die Träger der KV **Sonder-Einzelverträge** mit Gruppenpraxen **nach einheitlichen Grundsätzen** abgeschlossen werden. Ein solcher Sonder-Einzelvertrag bedarf der Zustimmung des KV-Trägers, für den er abgeschlossen wird. Der Sonder-Einzelvertrag hat insb die Öffnungszeiten unter Berücksichtigung von Tagesrand- und Nachtzeiten, Sams-, Sonn- und Feiertagen sowie erforderlichenfalls Bereitschaftszeiten sowie das Leistungsspektrum und die Honorierung der erbrachten Leistungen festzulegen. Im Falle des Abschlusses eines Gesamtvertrages **erlöschen** die Sonder-Einzelverträge. Die Gruppenpraxis hat jedoch **Anspruch auf Abschluss eines Einzelvertrages** (Abs 5).

Schon nach bisheriger Rechtslage ist es den Trägern der KV im Falle eines **gesamtvertragslosen Zustandes** erlaubt, mit Gruppenpraxen und Primärversorgungseinheiten Sonder-Einzelverträge abzuschließen (vgl §§ 342a Abs 5 sowie 342c Abs 13). Diese Sonder-Einzelverträge bedürfen allerdings der Zustimmung der örtlich zuständigen Ärztekammer. Da den KV-Trägern ein gesetzlicher Versorgungsauftrag der Versicherten und ihrer anspruchsberechtigten Angehörigen bei der Umsetzung der verbindlichen Planung übertragen ist, sollen die gesetzlichen Möglichkeiten zur Sicherstellung der Sachleistungsversorgung dahingehend erweitert werden, dass das Erfordernis der **Zustimmung der Ärztekammer** in diesen Fällen **entfällt**. Ebenso sollen Regelungen getroffen werden, die den rechtlichen Fortbestand dieser Sonder-Einzelverträge beim nachträglichen Abschluss eines Gesamtvertrages zum Gegenstand haben. Es kommt zum Erlöschen dieser Sonder-Einzelverträge, wobei aber ein Rechtsanspruch auf Abschluss eines Einzelvertrages ohne weiteres Auswahlverfahren besteht.[1538]

1538 RV 2310 BlgNR 27. GP 11 zum VUG 2024.

8.3.4. Primärversorgungs-Gesamtvertrag (§ 342b)

Die Beziehungen der Träger der KV nach dem ASVG oder einem anderen Bundesgesetz zu **Primärversorgungseinheiten** iSd Primärversorgungsgesetzes, sofern diese nicht in der Organisationsform von selbständigen Ambulatorien (§ 2 Abs 1 Z 5 KAKuG) betrieben werden, werden, betreffend die **ärztliche Hilfe**, durch einen **bundesweit einheitlichen Gesamtvertrag** geregelt. Dieser Gesamtvertrag ist für die Träger der KV durch den Dachverband mit der Österreichischen Ärztekammer für die Landesärztekammern auf unbestimmte Zeit abzuschließen. Er kann vom Dachverband und der Österreichischen Ärztekammer zum Ende eines jeden Kalenderhalbjahres unter Einhaltung einer **dreimonatigen Kündigungsfrist** schriftlich **gekündigt** werden (Abs 1).

Das **Honorierungssystem** bezüglich der Leistungen der Primärversorgungseinheit hat dazu beizutragen, dass die dem Primärversorgungsgesetz zu Grunde liegenden Ziele erreicht und die an diese Versorgungsform gestellten Anforderungen sicher erfüllt werden. Die Honorierung hat sich aus Grund- und Fallpauschalen, Einzelleistungsvergütungen sowie gegebenenfalls aus Bonuszahlungen für die Erreichung definierter Ziele zusammenzusetzen und ist **in Grundzügen im Gesamtvertrag** zu vereinbaren. Art und Umfang der Abrechnung der Tätigkeit sind auf Grundlage einer **einheitlichen elektronischen Diagnosen- und Leistungsdokumentation** zu vereinbaren. Die sich aus einzelnen Elementen zusammensetzende **Grundpauschale** dient, unabhängig vom Patientenkontakt zur Abgeltung der zur Verfügung gestellten Infrastruktur, der personellen, technischen und apparativen Ausstattung sowie der mit dieser erbrachten Leistungen. Mit **Fallpauschalen** soll der Behandlungsaufwand pro Patient abgebildet werden, wobei nach Indikations- oder Anspruchsgruppen differenziert werden kann. Für Leistungen mit besonderem Betreuungs- und Behandlungsaufwand sind **Einzelleistungsvergütungen** zu vereinbaren. **Bonuszahlungen** können für spezielle vereinbarte Versorgungsziele, insb in Umsetzung der im Versorgungskonzept festgelegten Versorgungsziele, vereinbart werden (Abs 3).

Ergänzend zu Abs 1 werden bezüglich der Honorierung die Beziehungen **auf regionaler Ebene** durch **gesamtvertragliche Honorarvereinbarungen** geregelt. Diese sind für die Träger der KV nach dem ASVG oder einem anderen Bundesgesetz durch den Dachverband mit der örtlich zuständigen Ärztekammer innerhalb der nach Abs 3 vorgesehenen Bestimmungen **für das jeweilige Bundesland** abzuschließen, wobei **Sonderregelungen** in Bezug auf eine jeweilige Region **zulässig** sind. Diese gesamtvertraglichen Honorarvereinbarungen bedürfen der Zustimmung des KV-Trägers, für den sie abgeschlossen werden. Die gesamtvertraglichen Honorarvereinbarungen sind **Teil des Gesamtvertrags** nach Abs 1. Die **Kündigung** einer gesamtvertraglichen Honorarvereinbarung **für ein Bundesland** ist nur durch die ÖGK bzw die jeweilige Landesärztekammer möglich. Eine solche Kündigung bewirkt die Kündigung der gesamtvertraglichen Honorarvereinbarung lediglich für dieses Bundesland. Die Kündigung des bundesweiten Gesamtvertrags wird hierdurch nicht bewirkt, dieser ist jedoch für die Vertragspartner dieses Bundeslandes nicht anwendbar. Die Kündigung der gesamtvertraglichen Honorarvereinbarung eines Sonderversicherungsträgers (bundesweiter KV-Träger und Betriebskrankenkassen) bewirkt nur die Kündigung dessen gesamtvertraglicher Honorarvereinbarung, sodass der bundesweite Gesamtvertrag im jeweiligen Bundesland lediglich für die Vertragspartner des jeweiligen Sonderversicherungsträgers nicht anwendbar ist (Abs 4).

8.3.5. Primärversorgungsvertrag und Primärversorgungs-Einzelvertrag (§ 342c)

Der **Vertragsinhalt** des Primärversorgungsvertrags und des Primärversorgungs-Einzelvertrags bestimmt sich nach § 8 des Primärversorgungsgesetzes (Abs 1).

Die **Auswahl** einer Primärversorgungseinheit erfolgt nach § 14 des Primärversorgungsgesetzes. Der **Abschluss** des Primärversorgungsvertrags und der Primärversorgungs-Einzelverträge obliegt der ÖGK (Abs 3).

Mit dem **Erlöschen** des Primärversorgungsvertrags erlöschen auch die Primärversorgungs-Einzelverträge (Abs 5).

Der **Primärversorgungsvertrag** kann von beiden Teilen unter Einhaltung einer **dreimonatigen Kündigungsfrist** zum Ende eines Kalendervierteljahres unter Angabe der Gründe **schriftlich gekündigt** werden. Steht eine Primärversorgungseinheit in einem Vertragsverhältnis zu mehreren KV-Trägern, so bewirkt die Kündigung des Vertrags mit der ÖGK auch die Vertragsauflösung mit den übrigen KV-Trägern nach dem ASVG oder einem anderen Bundesgesetz. Der Kündigung hat ein **Schlichtungsversuch** unter Beiziehung der zuständigen Ärztekammer voranzugehen. Dasselbe gilt bezüglich eines **Primärversorgungs-Einzelvertrags** eines an einer Primärversorgungseinheit teilnehmenden freiberuflich tätigen Arztes, ohne dass der Primärversorgungsvertrag als gekündigt gilt (Abs 7).

Die gekündigte Primärversorgungseinheit kann **innerhalb von zwei Wochen** die Kündigung **bei der Landesschiedskommission** mit **Einspruch** anfechten. Die Landesschiedskommission hat innerhalb von sechs Monaten nach Einlangen des Einspruches über diesen zu entscheiden. Der Einspruch hat bis zum Tag der Entscheidung der Landesschiedskommission **aufschiebende Wirkung**. Eine von der gekündigten Primärversorgungseinheit (oder der ausgeschlossenen Person) eingebrachte **Beschwerde an das BVwG** hat ohne Zustimmung des KV-Trägers keine aufschiebende Wirkung (Abs 8).

Der KV-Träger kann den **Primärversorgungs-Einzelvertrag** aus bestimmten Gründen (Abs 8 Z 1, 2 und 4) **kündigen** (Abs 9).

Ist für Primärversorgungseinheiten **kein Gesamtvertrag** anwendbar, so können zur Sicherstellung oder Verbesserung des Sachleistungsangebotes vom Dachverband unter Zugrundelegung der verbindlichen Planungsvorgaben der Verordnungen nach § 23 G-ZG zur Verbindlicherklärung von Teilen der RSG für die Träger der KV nach dem ASVG oder einem anderen Bundesgesetz **Primärversorgungs-Sonderverträge** mit Primärversorgungseinheiten nach § 8 Abs 3 und 5 des Primärversorgungsgesetzes **nach einheitlichen Grundsätzen** abgeschlossen werden. Ein solcher Primärversorgungs-Sondervertrag bedarf der Zustimmung des KV-Trägers, für den er abgeschlossen wird. Im Falle des Abschlusses eines Gesamtvertrages **erlöschen** die Primärversorgungs-Sonderverträge. Die Primärversorgungseinheit hat jedoch **Anspruch auf Abschluss eines Primärversorgungsvertrages** (Abs 13).

8.4. Zahnärzte

8.4.1. Gesamtvertrag (§ 343d)

Die Beziehungen zwischen den KV-Trägern und den Zahnärzten sowie den Gruppenpraxen sind durch jeweils einen **bundesweit einheitlichen** Gesamtvertrag, der vom Dachverband abzuschließen ist, zu regeln (Abs 1 Z 3).

8.4.2. Gesamtvertrag über Richttarife für den festsitzenden Zahnersatz (§ 343c)

Zwischen dem Dachverband und der Österreichischen Zahnärztekammer ist ein Gesamtvertrag abzuschließen, der **Richttarife** festsetzt, die dem Versicherten von Vertragszahnärzten (Vertragsdentisten, Vertrags-Gruppenpraxen) **für Kieferregulierungen** für Kinder und Jugendliche (§ 153a) **sowie** Leistungen des **festsitzenden Zahnersatzes** in Rechnung gestellt werden dürfen (Abs 1).

Die festgesetzten Richttarife **sind** für alle in einem Vertragsverhältnis stehenden freiberuflich tätigen Zahnärzte und Dentisten oder Vertrags-Gruppenpraxen **verbindlich** (Abs 2).

Ein Gesamtvertrag über Richttarife für den festsitzenden Zahnersatz wurde bisher **nicht abgeschlossen** und wird von der ÖZÄK strikt abgelehnt.[1539]

8.4.3. Vertragliche Regelung für die Durchführung von Kieferregulierungen für Kinder und Jugendliche (§ 343e)

Zwischen dem Dachverband und der Österreichischen Zahnärztekammer ist ein **Gesamtvertrag** abzuschließen,[1540] der die Erbringung der Leistung nach § 153a regelt. Dieser Gesamtvertrag wird **nur dann wirksam, wenn** eine in ihm unter Bedachtnahme auf eine regional ausgewogene Versorgung festzusetzende Anzahl

1539 *Kletter/Seyfried* in *Sonntag*, ASVG[15] § 343c Rz 1.
1540 Erfolgte im Dezember 2014.

von Zahnärzten **Einzelverträge** nach diesem Gesamtvertrag **abgeschlossen** hat und damit eine **flächendeckende Sachleistungsversorgung** nach § 153a gewährleistet werden kann (Abs 1).

Tritt nach Abschluss des Gesamtvertrages ein vertragsloser Zustand ein, so haben – unter Zugrundelegung eines vom Dachverband zu erstellenden **Versorgungsplanes** – die KV-Träger die Leistung nach § 153a durch **Sonder-Einzelverträge** gleichen Leistungsinhalts mit Leistungsanbietern, insb Zahnärzten, Gruppenpraxen und selbständigen Ambulatorien sowie in eigenen Einrichtungen der KV-Träger zu erbringen. Auf Grund von bestehenden Sonder-Einzelverträgen besteht **kein Anspruch auf Kostenerstattung** nach § 131 und § 60 B-KUVG (Abs 2).

Abweichend von Abs 1 kann der **Gesamtvertrag** auch dann wirksam abgeschlossen werden, wenn **durch Einzelverträge** auf Grund dieses Gesamtvertrages maßgeblich **mehr als zwei Drittel des Leistungsbedarfes** der Kinder und Jugendlichen nach § 153a **sichergestellt** sind **und** eine **regional ausgewogene Versorgung gegeben** ist. In diesem Fall haben die KV-Träger im Sinn einer flächendeckenden Sachleistungsversorgung die Leistung nach § 153a ergänzend durch **Sonder-Einzelverträge** gleichen Leistungsinhalts mit Leistungsanbietern, insb Zahnärzten, Gruppenpraxen und selbständigen Ambulatorien sowie in eigenen Einrichtungen der KV-Träger iSd Versorgungsplanes nach Abs 2 zu erbringen (Abs 3).

Ist die **flächendeckende** ausgewogene **Sachleistungsversorgung** (Abs 1 oder 3) insb auf Grund der Auflösung von Vertragsverhältnissen **nicht mehr gegeben**, so **gilt der Gesamtvertrag als gekündigt**. Dies ist dann anzunehmen, wenn die Sachleistungsversorgung durch Einzelverträge auf Grund des Gesamtvertrages **weniger als zwei Drittel des Leistungsbedarfes** der Kinder und Jugendlichen **abdeckt**. Der Dachverband hat diese Tatsache im Internet kundzumachen (Abs 4).

8.5. Verfahren bei Streitigkeiten mit Ärzten und Zahnärzten

8.5.1. Allgemeines

Die Gerichte, Verwaltungsbehörden, Versicherungsträger (der Dachverband), wie auch die Österreichische Ärztekammer und die Ärztekammern in den Bundesländern **sind** an die innerhalb der Grenzen der Zuständigkeit gefällten Entscheidungen und Beschlüsse der Kommissionen (§§ 344 bis 346) **gebunden** (§ 347 Abs 3).

Die Kommissionen fassen ihre **Beschlüsse** mit Stimmenmehrheit; eine Stimmenthaltung ist nicht zulässig (§ 347 Abs 4).

Die **Kosten** der Verfahren vor den Kommissionen tragen je zur Hälfte die in Betracht kommende gesetzliche Interessenvertretung und der beteiligte Versicherungsträger (Dachverband; § 347 Abs 7).

8.5.2. Paritätische Schiedskommission (§ 344)

Zur Schlichtung und Entscheidung von **Streitigkeiten,** die **in** rechtlichem oder tatsächlichem **Zusammenhang mit dem Einzelvertrag** stehen, ist **im Einzelfall** in jedem Land eine paritätische Schiedskommission zu errichten. Antragsberechtigt im Verfahren vor dieser Behörde sind die Parteien des Einzelvertrages (Abs 1).

Die paritätische Schiedskommission **besteht aus** einem Richter des Ruhestandes als Vorsitzenden und vier Beisitzern. Der Vorsitzende soll durch längere Zeit hindurch in Arbeits- und Sozialrechtssachen tätig gewesen sein. Er ist vom Bundesminister für Justiz jeweils auf fünf Jahre zu bestellen. Je zwei Beisitzer – von denen jeweils ein Arzt sein muss – werden von der zuständigen Ärztekammer und vom KV-Träger, der Partei des Einzelvertrages ist, bestellt (Abs 2).

8.5.3. Landesschiedskommission (§ 345)

Für jedes Land ist **auf Dauer** eine Landesschiedskommission zu errichten. Diese **besteht aus** einem Richter des Ruhestandes als Vorsitzenden und vier Beisitzern. Der Vorsitzende soll durch längere Zeit hindurch in Arbeits- und Sozialrechtssachen tätig gewesen sein. Er ist vom Bundesminister für Justiz jeweils auf fünf Jahre zu bestellen. Je zwei Beisitzer werden im Einzelfall von der zuständigen Ärztekammer und dem Dachverband entsendet (Abs 1).

Die Landesschiedskommission ist **zuständig** (Abs 2):

1. zur Schlichtung und Entscheidung von **Streitigkeiten** zwischen den Parteien eines Gesamtvertrages **über** die **Auslegung oder** die **Anwendung eines** bestehenden **Gesamtvertrages;**
2. zur Entscheidung über die Wirksamkeit der **Kündigung eines Einzelvertrages** (§ 343 Abs 4) oder Primärversorgungsvertrages (§ 342c Abs 8 und 11).

8.5.4. Bundesschiedskommission

8.5.4.1. Zusammensetzung (§ 346)

Zur Entscheidung über Angelegenheiten nach § 348 Abs 1 (Festsetzung des Inhaltes eines Gesamtvertrages) ist eine Bundesschiedskommission zu errichten (Abs 1).

Die Bundesschiedskommission **besteht aus** einem aktiven Richter des OGH als Vorsitzenden und aus vier Beisitzern. Der Vorsitzende wird vom Bundesminister für Justiz bestellt. Je zwei Beisitzer werden von der Österreichischen Ärztekammer und dem Dachverband entsendet (Abs 2).

Die Mitglieder der Bundesschiedskommission und ihre Stellvertreter werden vom Bundesminister für Justiz für eine **Amtsdauer von fünf Jahren** berufen. Sie haben bei Ablauf dieser Amtsdauer ihr Amt bis zu dessen Wiederbesetzung auszuüben. Neuerliche Berufungen sind zulässig (Abs 3).

Die Mitglieder der Bundesschiedskommission sind in Ausübung ihres Amtes **unabhängig** und an **keine Weisungen** gebunden (Abs 6).

8.5.4.2. Zuständigkeit (§ 348)

Auf Antrag der Österreichischen Ärztekammer, des Dachverbandes oder des zuständigen Trägers der KV **setzt** die Bundesschiedskommission den **Inhalt eines aufgekündigten Gesamtvertrags** oder einer gesamtvertraglichen Honorarvereinbarung (§ 342b Abs 4) **für höchstens drei Monate** – gerechnet vom Tag der Entscheidung – **fest.** Dieser Antrag kann gestellt werden, wenn sechs Wochen vor Ablauf der Geltungsdauer des Gesamtvertrags oder der gesamtvertraglichen Honorarvereinbarung ein neuer Gesamtvertrag oder eine neue gesamtvertragliche Honorarvereinbarung nicht geschlossen wurde und wenn die Geltungsdauer des aufgekündigten Gesamtvertrags oder der gesamtvertraglichen Honorarvereinbarung noch nicht abgelaufen ist. Der Inhalt des festgesetzten Gesamtvertrags oder der gesamtvertraglichen Honorarvereinbarung ist vom Dachverband im Internet zu veröffentlichen (Abs 1).

Wenn ein **Antrag** nach Abs 1 **fristgerecht** gestellt wird, dann **bleibt** der **aufgekündigte Gesamtvertrag** oder die gesamtvertragliche Honorarvereinbarung bis zur Entscheidung der Bundesschiedskommission **vorläufig in Kraft.** Im Fall einer **Beschwerde** gegen die Entscheidung der Bundesschiedskommission, die von der Österreichischen Ärztekammer, vom Dachverband oder vom zuständigen Träger der KV erhoben werden kann, bleibt der Gesamtvertrag oder die gesamtvertragliche Honorarvereinbarung für die allenfalls nach Abs 1 festgesetzte Dauer, jedenfalls aber bis zum Ablauf des letzten Tages des zweiten Kalendermonats, das dem Kalendermonat folgt, in dem die Zustellung der Entscheidung des **BVwG** an die antragstellende Partei erfolgte, in Kraft (Abs 2).

Mit Ablauf der Geltungsdauer des festgesetzten (Abs 1) oder verlängerten Gesamtvertrags (Abs 2) oder der gesamtvertraglichen Honorarvereinbarung **erlöschen** die von seinem Geltungsbereich erfassten **Einzelverträge** (Abs 3).

Die Österreichische Ärztekammer, der Dachverband und der jeweils zuständige Träger der KV sind **Parteien des Verfahrens** vor dem BVwG. Ihnen kommt auch die Berechtigung zu, gegen das Erkenntnis des BVwG **Revision** an den VwGH zu erheben (Abs 4).

8.5.5. Beschwerde an das Bundesverwaltungsgericht (§ 347a)

Gegen einen Bescheid der Paritätischen Schiedskommissionen, der Landesschiedskommissionen und der Bundesschiedskommission und wegen Verletzung ihrer Entscheidungspflicht kann Beschwerde an das BVwG erhoben werden.

Die **Kosten** des Verfahrens tragen je zur Hälfte die in Betracht kommende gesetzliche Interessenvertretung und der beteiligte Versicherungsträger (Dachverband; § 347b Abs 3).

8.6. Apotheker (§§ 348a ff)

Die Beziehungen zwischen den KV-Trägern und den Apothekern sind durch einen **Gesamtvertrag** zu regeln. Dieser Gesamtvertrag ist für die KV-Träger durch den Dachverband und für die Apotheker durch die Österreichische Apothekerkammer abzuschließen; er bedarf der Zustimmung der KV-Träger und ist für die Apotheker **ohne** den **Abschluss von Einzelverträgen** und ohne gesonderte Zustimmungs- oder Beitrittserklärung **wirksam** (§ 348a Abs 1).

Der zwischen dem Dachverband und der Österreichischen Apothekerkammer abzuschließende Gesamtvertrag hat insb folgende **Gegenstände** zu regeln (Abs 3):

- die Expedition (Abgabe) von Heilmitteln (§ 136), Heilbehelfen (§ 137) usw auf Rechnung der KV-Träger (§ 350),
- die Einhebung von Rezeptgebühren und Kostenanteilen,
- die Verrechnung der Kosten von Heilmitteln, Heilbehelfen usw,
- die Kontrolle von Rezepten und Heilmittelabgaben,
- die Entscheidung von Streitigkeiten durch einen vertraglichen Schlichtungsausschuss.

Der Gesamtvertrag kann vom Dachverband mit Zustimmung der KV-Träger oder von der Österreichischen Apothekerkammer namens der Apotheker unter Einhaltung einer **dreimonatigen Kündigungsfrist** zum Ende jedes Kalendervierteljahres schriftlich **gekündigt** werden (§ 348b Abs 1).

Der Gesamtvertrag kann durch den Dachverband namens der KV-Träger **gegenüber einem Apotheker** zum Ende jedes Kalendervierteljahres unter Einhaltung einer einmonatigen Kündigungsfrist **teilgekündigt** werden, wenn eine so beharrliche oder eine so schwerwiegende Verletzung des Gesamtvertrages vorliegt, dass die Aufrechterhaltung vertraglicher Beziehungen für die hauptsächlich betroffenen KV-Träger nicht mehr zumutbar ist. Die Kündigung ist schriftlich auszusprechen und zu begründen (§ 348c Abs 1).

Der gekündigte Apotheker kann die Teilkündigung **innerhalb von zwei Wochen beim Schlichtungsausschuss** mit **Einspruch** anfechten. Der Schlichtungsausschuss hat die Kündigung für unwirksam zu erklären, wenn die Kündigungsgründe (Abs 1) nicht vorliegen. Der Einspruch hat bis zur Entscheidung des Schlichtungsausschusses **aufschiebende Wirkung**. Die **Bundesschiedskommission** kann in solchen Fällen erst nach Entscheidung des Schlichtungsausschusses und nur durch den Dachverband oder die Österreichische Apothekerkammer innerhalb von sechs Wochen angerufen werden. Trifft der Schlichtungsausschuss innerhalb von sechs Monaten keine Entscheidung, so kann die Bundesschiedskommission auch von den Verfahrensparteien angerufen werden (§ 348c Abs 3).

Zur Schlichtung und Entscheidung von **Streitigkeiten über** die **Auslegung oder** über die **Anwendung des** bestehenden **Gesamtvertrages** zwischen dem Dachverband oder einem KV-Träger einerseits, der Österreichischen Apothekerkammer oder der Pharmazeutischen Gehaltskasse andererseits, ist der **Schlichtungsausschuss zuständig**. Die **Bundesschiedskommission** kann in solchen Fällen erst nach Entscheidung des Schlichtungsausschusses oder wenn dieser innerhalb von sechs Monaten keine Entscheidung trifft und nur durch den Dachverband oder die Österreichische Apothekerkammer innerhalb von sechs Wochen angerufen werden (§ 348e Abs 1).

Über **Streitigkeiten**, die sich aus den Vertragsbeziehungen **zwischen einzelnen Apothekern und** den **KV-Trägern** ergeben, hat der **Schlichtungsausschuss** zu entscheiden. Die **Bundesschiedskommission** kann in solchen Fällen erst nach Entscheidung des Schlichtungsausschusses und nur durch den Dachverband oder die Österreichische Apothekerkammer innerhalb von sechs Wochen angerufen werden. Trifft der Schlichtungsausschuss innerhalb von sechs Monaten keine Entscheidung, so kann die Bundesschiedskommission auch von den Verfahrensparteien angerufen werden (§ 348e Abs 2).

Gegen Entscheidungen der Bundesschiedskommission und im Falle der Verletzung ihrer Entscheidungspflicht ist **Beschwerde an das BVwG** zulässig (§ 348f Abs 2).

8.7. Andere Vertragspartner (§§ 349 ff)

Die Beziehungen zwischen den Trägern der KV und den freiberuflich tätigen **Dentisten** werden durch Gesamtverträge geregelt (§ 349 Abs 1).

Die Beziehungen zwischen den Trägern der KV und den zur selbständigen Berufsausübung berechtigten **klinischen Psychologen** bzw den zur selbständigen Ausübung berechtigten **Psychotherapeuten** können durch je einen Gesamtvertrag mit beruflichen Interessenvertretungen der klinischen Psychologen bzw der Psychotherapeuten geregelt werden (§ 349 Abs 2).

Die Beziehungen zwischen den SV-Trägern und anderen Vertragspartnern als Ärzten, Zahnärzten, Gruppenpraxen, Dentisten, Apothekern und Krankenanstalten können durch **Gesamtverträge** geregelt werden. Hiebei finden die Bestimmungen des § 341 mit der Maßgabe sinngemäß Anwendung, dass an die Stelle der Ärztekammer die zuständige **gesetzliche berufliche Vertretung** tritt (§ 349 Abs 3).

Sieht ein gemäß Abs 3 abgeschlossener Gesamtvertrag vor, dass **ohne Abschluss von Einzelverträgen** die im Gesamtvertrag angeführten Verbandsangehörigen die Sachleistungen für Rechnung der Träger der KV zu erbringen haben, dann regelt der Gesamtvertrag selbst mit verbindlicher Wirkung die Beziehungen zwischen den Verbandsangehörigen und den Versicherungsträgern (§ 349 Abs 4).

Die Bestimmungen der §§ 344 bis 348 gelten sinngemäß für das Vertragsverhältnis zwischen den KV-Trägern einerseits und den **Hebammen** und deren gesetzlicher Interessenvertretung andererseits (§ 351).

8.8. Erstattungskodex (§ 30b Abs 1 Z 4; §§ 351c ff)

Dem **Dachverband** obliegt die Herausgabe eines Erstattungskodex (EKO) der SV für die Abgabe von Arzneispezialitäten auf Rechnung eines SV-Trägers **im niedergelassenen Bereich**; in dieses Verzeichnis sind jene für Österreich zugelassenen, erstattungsfähigen und gesichert lieferbaren Arzneispezialitäten aufzunehmen, die nach den Erfahrungen im In- und Ausland und nach dem aktuellen Stand der Wissenschaft eine **therapeutische Wirkung und** einen **Nutzen für Patienten** iSd Ziele der **Krankenbehandlung** (§ 133 Abs 2) annehmen lassen. Die Arzneispezialitäten sind nach dem anatomisch-therapeutisch-chemischen Klassifikationssystem der Weltgesundheitsorganisation (ATC-Code) zu ordnen. Sie sind im Erstattungskodex jeweils einem der folgenden Bereiche zuzuordnen (§ 30b Abs 1 Z 4):

- **Roter Bereich (red box):** Dieser Bereich beinhaltet **zeitlich befristet** jene Arzneispezialitäten, die erstmalig am österreichischen Markt lieferbar sind und für deren Aufnahme in den Erstattungskodex ein Antrag gestellt wurde. Sie unterliegen der **ärztlichen Bewilligung** des chef- und kontrollärztlichen Dienstes der SV-Träger nach Maßgabe der Richtlinien nach § 30a Abs 1 Z 12. Zur Wahrung des finanziellen Gleichgewichts des Systems der sozialen Sicherheit darf einem SV-Träger für eine Arzneispezialität dieses Bereiches der ermittelte EU-Durchschnittspreis verrechnet werden (lit a).
- **Gelber Bereich (yellow box):** Dieser Bereich beinhaltet jene Arzneispezialitäten, die einen **wesentlichen zusätzlichen therapeutischen Nutzen** für Patienten aufweisen und die aus medizinischen oder gesundheitsökonomischen Gründen nicht in den grünen Bereich aufgenommen werden. Arzneispezialitäten dieses Bereiches unterliegen der **ärztlichen Bewilligung** des chef- und kontrollärztlichen Dienstes der SV-Träger nach Maßgabe der Richtlinien nach § 30a Abs 1 Z 12. Bezieht sich die Aufnahme von Arzneispezialitäten in diesen Bereich auch auf bestimmte Verwendungen (zB Gruppen von Krankheiten, ärztliche Fachgruppen, Altersstufen von Patienten, Mengenbegrenzung oder Darreichungsform), kann die ärztliche Bewilligung des chef- und kontrollärztlichen Dienstes **durch** eine **nachfolgende Kontrolle** der Einhaltung der bestimmten Verwendung **ersetzt** werden. Zur Wahrung des finanziellen Gleichgewichts des Systems der sozialen Sicherheit darf einem SV-Träger für eine Arzneispezialität dieses Bereiches höchstens der ermittelte EU-Durchschnittspreis verrechnet werden (lit b).
- **Grüner Bereich (green box):** Dieser Bereich beinhaltet jene Arzneispezialitäten, deren Abgabe **ohne ärztliche Bewilligung** des chef- und kontrollärztlichen Dienstes der SV-Träger auf Grund ärztlicher Verschreibung medizinisch und gesundheitsökonomisch sinnvoll und vertretbar ist. Die Aufnahme von Arzneispezialitäten in diesem Bereich kann sich auch auf bestimmte Verwendungen (zB Gruppen von Krankheiten, ärztliche Fachgruppen, Altersstufen von Patienten oder Darreichungsform) beziehen (lit c).

- Die **Stoffe für magistrale Zubereitungen** gelten als Teil des **grünen Bereiches**, es sei denn, sie werden auf Grund einer Empfehlung der Heilmittel-Evaluierungs-Kommission ausdrücklich im gelben Bereich angeführt (lit d).

Arzneispezialitäten und Stoffe für magistrale Zubereitungen können nur dann als Leistung der **Krankenbehandlung** auf Rechnung eines SV-Trägers abgegeben werden, wenn sie im Erstattungskodex angeführt sind (§ 350). **In begründeten Einzelfällen** ist die **Erstattungsfähigkeit auch dann** gegeben, **wenn** die Arzneispezialität **nicht im Erstattungskodex angeführt** ist, aber die Behandlung aus zwingenden therapeutischen Gründen notwendig ist und damit die Verschreibung in diesen Einzelfällen nicht mit Arzneispezialitäten aus dem Erstattungskodex durchgeführt werden kann. Diese unterliegen der **ärztlichen Bewilligung** des chef- und kontrollärztlichen Dienstes. Die nähere Organisation und das Verfahren zur Herausgabe des Erstattungskodex regelt der Dachverband in der **Verordnung** nach § 351g.[1541] Er hat dazu als beratendes Gremium eine Heilmittel-Evaluierungs-Kommission einzurichten.

Das **Verfahren** zur Aufnahme von Arzneispezialitäten in den EKO regeln die §§ 351c ff.

1541 Siehe die Verfahrensordnung zur Herausgabe des Erstattungskodex (VO-EKO), avsv Nr 47/2004.

9. Organisation

9.1. Grundsätze

Die Versicherungsträger und der Dachverband sind **Körperschaften** des **öffentlichen Rechtes** und haben **Rechtspersönlichkeit**. Sie sind berechtigt, das Wappen der Republik Österreich in Siegeln, Drucksorten und Aufschriften zu führen (§ 32 Abs 1).

Die Lehre teilt die juristischen Personen des öffentlichen Rechts ua in Körperschaften öffentlichen Rechts und in Anstalten ein, wobei die **Körperschaft** die zur juristischen Person erhobene Personenmehrheit und die **Anstalt** die zur juristischen Person erhobene Einrichtung mit einem Bestand an sachlichen und persönlichen Mitteln, die dauerhaft bestimmten Zwecken der öffentlichen Verwaltung gewidmet sind, bildet. Die in der Lehre vorgenommene Unterscheidung in Körperschaften öffentlichen Rechts und Anstalten zieht keine unterschiedlichen Rechtsfolgen nach sich.[1542]

Die SV-Träger sind **Selbstverwaltungskörper**. Für diese ist wesentlich, dass ihnen ein eigener Wirkungsbereich zukommt, in dem sie – wohl der **Aufsicht** von Bund oder Ländern unterliegend – im Einzelfall **weisungsfrei** tätig werdend die Gesetze vollziehen.[1543]

Der **Dachverband** der SV-Träger ist als Selbstverwaltungskörper in der Rechtsform einer Körperschaft des öffentlichen Rechts eingerichtet. Er unterliegt lediglich der Aufsicht des Bundesministers für soziale Sicherheit und Generationen. Die Verfahrensvorschriften des ASVG finden auf den Hauptverband – da es ihm an der Eigenschaft als „Versicherungsträger" mangelt – keine Anwendung.[1544]

Bei den SV-Trägern handelt es sich funktionell um **Bundesbehörden**.[1545]

9.2. Versicherungsträger

9.2.1. Allgemeines

Durch eine umfassende **Organisationsreform** (Sozialversicherungs-Organisationsgesetz, SV-OG, BGBl I 2018/100) wurde die Zahl der SV-Träger mit 1.1.2020 von 21 auf 5 verringert:

1542 VwGH 19.9.2007, 2007/13/0080.
1543 RS0083757.
1544 Vgl VwGH 21.2.2001, 2000/08/0033.
1545 VfGH 22.12.2005, B3609/05.

SV-Träger	KV	UV	PV
Österreichische Gesundheitskasse (ÖGK)	✓		
Allgemeine Unfallversicherungsanstalt (AUVA)		✓	
Pensionsversicherungsanstalt (PVA)			✓
Sozialversicherungsanstalt der Selbständigen (SVS)	✓	✓	✓
Versicherungsanstalt öffentlich Bediensteter, Eisenbahnen und Bergbau (BVAEB)	✓	✓	✓

Der **VfGH** hat die im Rahmen der SV-Organisationsreform erlassenen Bestimmungen über die Fusion der Gebietskrankenkassen zur ÖGK als verfassungskonform bestätigt. Auch die paritätische (je zur Hälfte) Zusammensetzung der Organe der ÖGK, der AUVA und der PVA aus Vertretern der Dienstnehmer und der Dienstgeber sowie die Auflösung der Betriebskrankenkassen wurden vom VfGH als nicht verfassungswidrig erkannt. In einigen Teilbereichen der Reform stellte der VfGH Verfassungswidrigkeiten fest. Verfassungswidrig waren ua die Bestimmungen über die Übertragung der Sozialversicherungsprüfung (§ 41a Abs 1 ASVG) an die Abgabenbehörden des Bundes sowie die Bestimmungen über den Eignungstest für die in die Organe der SV-Träger zu entsendenden Vertreter der Dienstnehmer und der Dienstgeber.[1546]

9.2.2. Verwaltungsstellen (§ 418)

Die Verwaltung der Versicherungsträger ist durch

- Hauptstellen,
- Landesstellen und, soweit dies nach Abs 5 vorgesehen ist, durch
- Außenstellen

zu führen (Abs 1).

Die **Hauptstelle** ist am Sitz des Versicherungsträgers zu errichten. Die Hauptstelle hat die Verwaltung des Versicherungsträgers zu führen, soweit nicht einzelne Aufgaben durch Gesetz den Landesstellen zugewiesen sind (Abs 2).

Die ÖGK und die PVA haben in jedem Bundesland jeweils eine **Landesstelle** für das betreffende Bundesland einzurichten. Die AUVA hat Landesstellen in Wien für die Länder Wien, Niederösterreich und Burgenland, in Linz für das Land Oberösterreich, in Salzburg für die Länder Salzburg, Tirol und Vorarlberg sowie in Graz für die Länder Steiermark und Kärnten zu errichten (Abs 3).

Die Landesstellen haben die Hauptstelle in Angelegenheiten des allgemeinen Versicherten- und Dienstgeberservice zu unterstützen und bestimmte Aufgaben

1546 VfGH 13.12.2019, G 78/2019, G 67/2019 ua.

(§ 434 Abs 2 bis 4) zu besorgen. Verantwortlicher iSd Art 4 Z 7 DSGVO ist hinsichtlich dieser Aufgaben stets die Hauptstelle des Versicherungsträgers (Abs 4).

Die Landesstellen besitzen **keine Rechtspersönlichkeit.**[1547]

Partei im Verfahren vor dem Arbeits- und Sozialgericht ist ausschließlich der jeweilige Versicherungsträger, nicht aber dessen Hauptstellen oder Landesstellen.[1548]

Die Versicherungsträger können, soweit eine im Verhältnis zu den Versicherten und den Dienstgebern örtlich nahe Verwaltung zweckmäßig ist, **Außenstellen** einrichten (Abs 5).

9.2.3. Verwaltungskörper

9.2.3.1. Arten der Verwaltungskörper (§ 419)

Die Verwaltungskörper der Versicherungsträger sind

- der Verwaltungsrat,
- die Hauptversammlung und
- die Landesstellenausschüsse am Sitz der Landesstellen.

Anstelle der bisherigen Selbstverwaltungsgremien Vorstand, Kontrollversammlung und Generalversammlung liegt künftig der Schwerpunkt der Tätigkeit der Selbstverwaltung bei einem einzigen Organ, nämlich dem **Verwaltungsrat.**[1549]

Den Bedenken betreffend die **Beseitigung der Kontrollversammlung** (§ 419 Abs 1 Z 3, § 429 und § 436 f ASVG idF vor dem SV-OG) ist entgegenzuhalten, dass die Art 120a ff B-VG – im Gegensatz zu Art 117 Abs 1 B-VG über die territoriale Selbstverwaltung – keinen Mindeststandard an Organen von sonstigen Selbstverwaltungskörpern festsetzen, sodass dem Gesetzgeber ein weiter **Gestaltungsspielraum** bleibt. Vor dem Hintergrund dieses systematischen Befundes zum B-VG sowie des Umstandes, dass auch die Gesetzesmaterialien keine anderen Hinweise enthalten, kann der VfGH auch nicht finden, dass mit der B-VG-Novelle BGBl I 2008/2 der damals einfachgesetzlich vorgefundene Bestand an Organen von sozialen Selbstverwaltungskörpern gleichsam „kodifiziert“ worden wäre.[1550]

9.2.3.2. Versicherungsvertreter

Die Verwaltungskörper bestehen aus **Vertretern der Dienstnehmer und** der **Dienstgeber** (Versicherungsvertreter; § 420 Abs 1).

Die Tätigkeit als Mitglied eines Verwaltungskörpers erfolgt auf Grund einer **öffentlichen Verpflichtung** und begründet kein Dienstverhältnis zum Versicherungs-

1547 RS0085619.
1548 RS0083753.
1549 RV 329 BlgNR 26. GP 15 zum SV-OG, BGBl I 2018/100.
1550 VfGH 13.12.2019, G78/2019 ua.

träger. Hiefür gebühren Entschädigungen (Ersatz der Reise- und Aufenthaltskosten, Funktionsgebühren, Sitzungsgeld; § 420 Abs 5).

Die Funktion der Versicherungsvertreter und ihre Entschädigung sind **öffentlich-rechtlicher** Natur, ebenso auch ein diesbezüglicher Rückforderungsanspruch.[1551]

Die Versicherungsvertreter sind **von** den geschäftsführenden Organen der örtlich und sachlich zuständigen öffentlich-rechtlichen **Interessenvertretungen** der Dienstnehmer und der Dienstgeber unter Bedachtnahme auf ihre fachliche Eignung und auf die einzelnen von den entsendeberechtigten Stellen jeweils zu vertretenden Berufsgruppen in die Verwaltungskörper der Versicherungsträger **zu entsenden**. Dabei ist die Geschlechterparität durch ein ausgewogenes Verhältnis an Versicherungsvertreterinnen und Versicherungsvertretern in den Verwaltungskörpern zu beachten (§ 421 Abs 1).

Das Amt eines Versicherungsvertreters darf nur aus wichtigen Gründen **abgelehnt** werden. Nach mindestens zweijähriger Amtsführung kann eine Wiederbestellung für die nächste Amtsdauer abgelehnt werden (§ 422 Abs 1).

Ein Versicherungsvertreter ist aus bestimmten Gründen (zB Pflichtverletzung, wichtiger persönlicher Grund, Ausschließungsgrund) seines Amtes zu **entheben** (§ 423 Abs 1).

Die **Mitglieder der Verwaltungskörper** der Versicherungsträger und des Dachverbandes haben bei der Ausübung ihres Amtes die Rechtsvorschriften zu beachten. Sie sind zur Amtsverschwiegenheit und zur gewissenhaften und unparteiischen Ausübung ihres Amtes verpflichtet. Sie **haften** unbeschadet des Amtshaftungs- und des Organhaftpflichtgesetzes **für** jeden **Schaden**, der dem Versicherungsträger (dem Dachverband) aus der Vernachlässigung ihrer Pflichten erwächst. Die Versicherungsträger (der Dachverband) können auf Ansprüche aus der Haftung nur mit Genehmigung der Aufsichtsbehörde verzichten (§ 424).

Eine **Versicherung** (Rechtsschutz, Haftpflicht, „D&O-Versicherung“) gegen die nach § 424 entstehenden Risken ist zulässig.[1552]

9.2.3.3. Amtsdauer der Verwaltungskörper

Die Amtsdauer der Verwaltungskörper währt jeweils **fünf Jahre**. Nach Ablauf der Amtsdauer hat der alte Verwaltungskörper die Geschäfte so lange weiterzuführen, bis der neue Verwaltungskörper zusammentritt. Die Zeit der Weiterführung der Geschäfte durch den alten Verwaltungskörper zählt auf die fünfjährige Amtsdauer des neuen Verwaltungskörpers (§ 425).

1551 RS0033726.
1552 *Schörghofer* in *Sonntag*, ASVG[14] § 424 Rz 6a mwN.

9.2.3.4. Zusammensetzung der Verwaltungskörper

Der Verwaltungsrat und die Landesstellenausschüsse bei der ÖGK, bei der AUVA und bei der PVA setzen sich je zur **Hälfte** aus Vertretern der **Dienstnehmer und** Vertretern der **Dienstgeber** zusammen (§ 426 Abs 1).

Die Hauptversammlung bei der ÖGK, bei der AUVA und bei der PVA setzt sich zusammen aus

- zwölf Versicherungsvertretern aus der Gruppe der Dienstnehmer und zwölf Versicherungsvertretern aus der Gruppe der Dienstgeber, wobei die ersten sechs Mitglieder der jeweiligen Gruppe die Mitglieder des jeweiligen Verwaltungsrates sind,
- den Vorsitzenden der jeweiligen Landesstellenausschüsse samt ihren Stellvertretern,
- jeweils drei Seniorenvertretern, die vom Österreichischen Seniorenrat zu entsenden sind,
- jeweils drei Behindertenvertretern, von denen je einer vom ÖZIV Bundesverband, vom Österreichischen Behindertenrat und vom Kriegsopfer- und Behindertenverband Österreich zu entsenden ist (§ 426 Abs 2).

Zur **„Dienstgeber-Parität"** in den Selbstverwaltungsorganen hat der VfGH erkannt:[1553]

> Keine Bedenken gegen § 426 und § 538v Abs 3 vierter Satz ASVG sowie wegen untrennbaren Zusammenhanges auch gegen § 430 leg cit wegen Verstoßes gegen die Art 120a ff B-VG (Verstoß der Parität von Dienstgeber- und Dienstnehmervertretern gegen die für Selbstverwaltungseinrichtungen vorgegebenen demokratischen Grundsätze) und das Sachlichkeitsgebot:
>
> Gemäß Art 120c Abs 1 B-VG sind die Organe der Selbstverwaltungskörper „aus dem Kreis ihrer Mitglieder" zu bilden. Demnach können (grundsätzlich) nur „Mitglieder" Organfunktionen in Selbstverwaltungskörpern wahrnehmen. Nun bestimmt das ASVG nicht explizit, wer „Mitglied" des Selbstverwaltungskörpers **ÖGK** ist. Aus § 420 Abs 3 ASVG idF des SV-OG ist aber abzuleiten, dass einem Versicherungsträger iSd ASVG „pflichtversicherte Dienstnehmer", „Dienstgeber von solchen" sowie „freiwillig Versicherte" „angehören" (vgl bereits § 420 Abs 3 ASVG in der Stammfassung BGBl 189/1955), also – in der Begrifflichkeit des Art 120c Abs 1 B-VG – deren „Mitglieder" sind. „Mitversicherte" Personen (im Besonderen Familienangehörige) sind demnach zwar Begünstigte, aber ausweislich § 420 Abs 3 ASVG nicht Mitglieder des KV-Trägers.
>
> Nach dem Konzept des ASVG begründet also die Dienstnehmer- bzw Dienstgebereigenschaft die Zugehörigkeit zum Versicherungsträger. Die SV in der ÖGK ist gesetzlich somit als **Selbstverwaltung** des Personenkreises **der Dienstgeber und** der (aktiven) **Dienstnehmer** gestaltet. Dies entspricht den **historischen Wurzeln** dieser Versi-

1553 VfGH 13.12.2019, G78/2019 ua.

cherung, hat sich doch die KV insb auf Betriebsebene entwickelt. Dies wurde in der Folge auch in jenen Fällen beibehalten, in denen die KV schon historisch früh auf eine überbetriebliche Ebene gehoben wurde, um den Versicherungsschutz von der wirtschaftlichen Leistungsfähigkeit kleinerer Betriebe abzukoppeln.

Diese Ausgestaltung der (gebietsbezogenen) sozialen KV nach dem ASVG hat der Verfassungsgesetzgeber der Art 120a ff B-VG vorgefunden. Es ist nicht anzunehmen, dass der Verfassungsgesetzgeber diese vorgefundene traditionelle Form der sozialen Selbstverwaltung als **gemeinsame Selbstverwaltung von Dienstnehmern und Dienstgebern** grundsätzlich in Frage stellen wollte.

Aus der historischen Entwicklung der allgemeinen KV als Selbstverwaltung der Krankenbehandlung der Versicherten durch den Personenkreis der Dienstgeber und Dienstnehmer erklärt sich auch, dass die Organe des Selbstverwaltungskörpers ÖGK iSd Art 120c Abs 1 B-VG in der sozialen Selbstverwaltung indirekt oder „abgeleitet" in dem Sinn bestellt werden, dass Versicherungsvertreter (nicht aus der Mitte der, der ÖGK angehörenden Dienstnehmer und Dienstgeber unmittelbar, sondern) aus dem Kreis dort gewählter Funktionsträger der zuständigen öffentlich-rechtlichen Interessenvertretungen der Dienstnehmer und Dienstgeber entsendet werden.

An der prinzipiellen verfassungsrechtlichen **Zulässigkeit der Repräsentation der Dienstgeber in den SV-Trägern** nach ASVG besteht sohin kein Zweifel.

Art 120c Abs 1 B-VG räumt dem Gesetzgeber bei der konkreten Ausgestaltung der demokratischen Repräsentation in den Organen des Versicherungsträgers einen erheblichen rechtspolitischen **Gestaltungsspielraum** ein. Diesen hat der Gesetzgeber mit der Anordnung der **Parität von Dienstgebern und Dienstnehmern** in § 426 ASVG **nicht überschritten**: Die Aufgabe des Versicherungsträgers ÖGK liegt darin, „für die Krankenbehandlung der Versicherten und ihrer Familienangehörigen ausreichend Vorsorge zu treffen". Für die Beurteilung der die „Intensität der Mitwirkung" bestimmenden „potenziellen Auswirkungen" dieser Tätigkeit auf die Rechtssphäre der Dienstnehmer einer- und der Dienstgeber andererseits ist **sowohl** die **Beitrags- als auch Leistungsseite** der Tätigkeit des Versicherungsträgers in den Blick zu nehmen. Zwar betrifft nur die Dienstnehmer als „Versicherte" der KV die **Leistungsseite** elementar im Hinblick auf ihre Interessen an der Vorsorge für ihre Krankenbehandlung, doch kommt auch hier den Dienstgebern ein gewisses Kontroll- und Effizienzsicherungsinteresse zu. Auf der **Beitragsseite** sind demgegenüber sowohl Dienstgeber als auch Dienstnehmer durch ihre Beitragsleistung betroffen, hier leisten die Dienstgeber ebenso wie die Dienstnehmer einen Beitrag aus dem gemeinsamen Interesse an der Aufrechterhaltung der Gesundheitsversorgung für die nach dem ASVG Versicherten heraus. Angesichts dieser Beitragsleistung und der besonderen Aufgabenkonstellation der Allgemeinen SV hat der Gesetzgeber den ihm eingeräumten Gestaltungsspielraum nicht überschritten, wenn er angesichts der spezifisch **sozialpartnerschaftlichen Anknüpfung** bei der abgeleiteten Repräsentation in den Organen des Versicherungsträgers ÖGK eine **Parität von Dienstgebern und Dienstnehmern** vorsieht. Als Fortschreibung dieser Parität auf Vorsitzebene bestehen dann aber unter den genannten Voraussetzungen auch **keine** verfassungsrechtlichen **Bedenken** gegen die abwechselnde Vorsitzführung in den verschiedenen Verwaltungskörpern.

Auch aus dem gezogenen Vergleich mit dem **B-KUVG** und der dort geregelten BVAEB lässt sich für die Antragsteller nichts gewinnen, handelt es sich dabei doch um ein eigenständiges Regelungssystem, dessen Ausgestaltung im rechtspolitischen Gestaltungsspielraum des Gesetzgebers liegt.

9.2.3.5. Vorsitz in den Verwaltungskörpern

Den Vorsitz im Verwaltungsrat führt der vom Verwaltungsrat gewählte Obmann. Den Vorsitz in der Hauptversammlung führt der von der Hauptversammlung gewählte Vorsitzende (§ 430 Abs 1).

Als besondere Ableitung aus der paritätischen Besetzung der Gremien erfolgt die Vorsitzführung in den Gremien der ÖGK und der PVA nach dem **„Rotationsprinzip“** (vgl § 430 Abs 2, 3a und 4). Bei der AUVA wird der Obmann hingegen wie bisher für die Dauer der Amtsperiode gewählt (§ 430 Abs 3). Das Gleiche gilt für die Vorsitzenden der Landesstellenausschüsse und den Vorsitzenden der Hauptversammlung der AUVA. Der Obmann muss – wie bisher – der Kurie der Dienstgeber angehören.[1554]

Angesichts der Beitragsleistung der Dienstgeber und der besonderen Aufgabenkonstellation der Allgemeinen SV hat der Gesetzgeber den ihm eingeräumten Gestaltungsspielraum nicht überschritten, wenn er angesichts der spezifisch sozialpartnerschaftlichen Anknüpfung bei der abgeleiteten Repräsentation in den Organen des Versicherungsträgers ÖGK eine Parität von Dienstgebern und Dienstnehmern vorsieht. Als Fortschreibung dieser Parität auf Vorsitzebene bestehen dann aber unter den genannten Voraussetzungen auch **keine** verfassungsrechtlichen **Bedenken gegen** die **abwechselnde Vorsitzführung** in den verschiedenen Verwaltungskörpern.[1555]

9.2.3.6. Aufgaben der Verwaltungskörper

9.2.3.6.1. Verwaltungsrat (§ 432)

Dem Verwaltungsrat obliegt die **Geschäftsführung**, soweit diese nicht gesetzlich der Hauptversammlung oder einem Landesstellenausschuss zugewiesen ist, die **Vertretung** des Versicherungsträgers sowie die Vorbereitung der in der Hauptversammlung zu treffenden Beschlüsse. Er kann einzelne seiner Obliegenheiten dem Obmann und die Besorgung bestimmter laufender Angelegenheiten dem Büro des Versicherungsträgers übertragen (Abs 1).

Dem Verwaltungsrat obliegt nach § 432 die gesamte Geschäftsführung, soweit einzelne Angelegenheiten nicht durch Gesetz einem anderen Gremium zugewiesen sind, sowie die Vertretung des Versicherungsträgers. Neben der Delegation einzelner Aufgaben an den Obmann **kann** der Verwaltungsrat bestimmte laufende Angelegenheiten **dem Büro übertragen**. Diese Delegationen sind im Anhang zur Geschäftsordnung festzuschreiben. Nach der demonstrativen Aufzählung des § 432 Abs 1 sind dem Büro **tunlichst** laufende Verwaltungsgeschäfte mit einem Volumen von weniger als dem Eineinhalbfachen des Schwellenwertes für Dienstleistungen nach dem Bundesvergabegesetz (das sind nach der Kundmachung

1554 RV 329 BlgNR 26. GP 17 f zum SV-OG.
1555 Vgl VfGH 13.12.2019, G78/2019 ua.

BGBl II 2017/411 im Jahr 2018 144.000 €), Personalangelegenheiten, die nicht den (bereichs-)leitenden und höheren Dienst betreffen, weiters Leistungsangelegenheiten (nach Richtlinien des Verwaltungsrates) sowie die Vertretung des Trägers nach außen in den genannten Angelegenheiten zu **übertragen**. Das Büro hat dem Verwaltungsrat mindestens halbjährlich im Nachhinein über die laufenden Verwaltungsgeschäfte zu berichten; dies ist auch in der Geschäftsordnung vorzusehen. Grundsätzlich fasst der Verwaltungsrat seine **Beschlüsse** mit einfacher Mehrheit. In bestimmten Angelegenheiten ist künftig nach § 432 Abs 3 eine doppelte Mehrheit für die Beschlussfassung im Verwaltungsrat erforderlich.[1556]

9.2.3.6.2. Hauptversammlung (§ 433)

Dieser Selbstverwaltungskörper hat die Aufgabe, das Budget und den Jahresabschluss, die Satzung und die Krankenordnung zu beschließen sowie die Entlastung des Verwaltungsrates vorzunehmen. Mit der Prüfung des Rechnungsabschlusses, der einen Teil des Jahresabschlusses bildet, hat die Hauptversammlung einen beeideten Wirtschaftsprüfer zu beauftragen (vgl § 433 Abs 2). Die Hauptversammlung muss mindestens zweimal im Jahr zusammentreten.[1557]

9.2.3.6.3. Landesstellenausschüsse (§ 434)

Den Landesstellenausschüssen obliegt die **Geschäftsführung** hinsichtlich der ihnen zugewiesenen Aufgaben. Der Landesstellenausschuss kann unbeschadet seiner eigenen Verantwortlichkeit einzelne seiner Obliegenheiten dem Vorsitzenden und die Besorgung bestimmter laufender Angelegenheiten dem Büro übertragen (Abs 1).

Die Landesstellenausschüsse sind bei ihrer Geschäftsführung **an** die **Weisungen** des Verwaltungsrates **gebunden**; der Verwaltungsrat kann **Beschlüsse** der Landesstellenausschüsse **aufheben oder ändern** (Abs 5).

Den Landesstellenausschüssen sind für die einzelnen Träger spezifische Aufgaben übertragen (vgl § 434 Abs 2 bis 4).

Die Landesstellenausschüsse der **ÖGK** und der **AUVA** haben eine Reihe von Aufgaben, die den Gesundheits- bzw den Vertragspartnerbereich betreffen, wahrzunehmen. Die Landesstellenausschüsse der **PVA** haben weiterhin ua Aufgaben iZm dem Widerspruchs-Ausschuss wahrzunehmen. Es ist geplant, das Widerspruchssystem nach § 367a Abs 3 bis zum Jahr 2020 auf allgemeine Leistungsangelegenheiten auszubauen. Dadurch wird sichergestellt, dass die Selbstverwaltung durch nachprüfende Bescheidkontrolle die endgültige Entscheidung über Leistungsansprüche ausübt. Bei der Mitwirkung an der Durchführung der **Rehabilitation** haben die Landesstellen der AUVA mit der PVA (als bundesweitem Träger) zusammenzuwirken.

1556 RV 329 BlgNR 26. GP 16 f zum SV-OG.
1557 RV 329 BlgNR 26. GP 17 zum SV-OG.

Die Landesstellenausschüsse der ÖGK wirken bezüglich der **Zielsteuerung-Gesundheit** namens der ÖGK mit. Den Landesstellenausschüssen kommt die Verhandlung und Entscheidung über die Verwendung der am 31.12.2018 vorhandenen **allgemeinen Rücklage** nach § 434 Abs 2 Z 5 nur insoweit zu, als diese Rücklage zu diesem Zeitpunkt auch tatsächlich durch verfügbare Finanzmittel bedeckt ist.[1558]

9.2.3.6.4. Beschlüsse (§ 435)

Der ordnungsmäßig einberufene Verwaltungskörper ist bei **Anwesenheit** des Vorsitzenden und von mindestens der Hälfte der Versicherungsvertreter beschlussfähig. Der Vorsitzende ist auf die erforderliche Mindestzahl von anwesenden Versicherungsvertretern anzurechnen. Ein gültiger Beschluss bedarf – wenn gesetzlich nichts anderes bestimmt ist – der Zustimmung der **Mehrheit der** gültig abgegebenen **Stimmen** (Abs 2).

Verstoßen Beschlüsse eines Verwaltungskörpers gegen eine Rechtsvorschrift oder in einer wichtigen Frage gegen den Grundsatz der Zweckmäßigkeit der Gebarung des Versicherungsträgers, so hat der Obmann oder der Vorsitzende des Landesstellenausschusses ihre Durchführung vorläufig aufzuschieben und unter gleichzeitiger Angabe der Gründe für seine Vorgangsweise die **Entscheidung der Aufsichtsbehörde** einzuholen (Abs 5).

Die Beschlüsse des Verwaltungsrates sind im Internet zu veröffentlichen (§ 437).

9.2.4. Unterstützungsfonds (§ 84)

Die Versicherungsträger können einen Unterstützungsfonds anlegen (Abs 1).

Die Mittel des Unterstützungsfonds **können** in besonders berücksichtigungswürdigen Fällen, insb in Berücksichtigung der Familien-, Einkommens- und Vermögensverhältnisse des zu Unterstützenden, für Unterstützungen nach Maßgabe der hiefür vom Verwaltungsrat zu erlassenden bundesweit einheitlichen **Richtlinien** verwendet werden (Abs 6).

Auf Leistungen aus dem Unterstützungsfonds besteht **kein Rechtsanspruch**.

9.3. Dachverband

9.3.1. Allgemeines

Die Verwaltungskörper des Dachverbandes sind (§ 441)

- die Konferenz der SV-Träger (im Folgenden kurz Konferenz genannt) und
- die Hauptversammlung der SV-Träger (im Folgenden kurz Hauptversammlung genannt).

1558 RV 329 BlgNR 26. GP 17 zum SV-OG.

Zur Organisation des Dachverbandes hat der **VfGH** erkannt:[1559]

Zu den § 441a und § 441b ASVG idF des SV-OG: Die Verwaltungskörper des Dachverbandes sind die Konferenz der SV-Träger und die Hauptversammlung der SV-Träger. Die **Konferenz** besteht aus den Obmännern und deren Stellvertretern der ÖGK, der AUVA, der PVA, der SVS und der BVAEB, sohin aus zehn Personen.

Die antragstellenden Mitglieder des Bundesrates rügen in diesem Zusammenhang die mangelnde demokratische Legitimation der Konferenz der SV-Träger, da § 441a ASVG idF des SV-OG nicht darauf Rücksicht nehme, dass die genannten **Versicherungsträger höchst unterschiedliche Versichertenzahlen repräsentieren** würden, weshalb kleine Versicherungsträger dasselbe Gewicht hätten wie große; die Art der Entsendung sei daher auch nicht „abgeleitet" wie die Entsendung in die Organe der Versicherungsträger.

Zur vorgebrachten mangelnden demokratischen Legitimation der Konferenz der SV-Träger wird von der **unzutreffenden Vorstellung** ausgegangen, dass der Dachverband der SV-Träger die Versicherten der einzelnen Versicherungsträger repräsentiere. Vielmehr gehören dem Dachverband die in § 30 Abs 1 genannten **Versicherungsträger als Mitglieder** an. Der **Dachverband** der SV-Träger **ist der Selbstverwaltungskörper der SV-Träger**. Der Vorwurf geht daher insofern an der Rechtslage vorbei. Sinngemäß Entsprechendes gilt für das – lediglich angedeutete – entsprechende Vorbringen zur Zusammensetzung der **Hauptversammlung** des Dachverbandes nach § 441b Abs 1 ASVG idF des SV-OG.

Der VfGH hat bereits darauf hingewiesen, dass der Dachverband der SV-Träger der Selbstverwaltungskörper dieser Körperschaften öffentlichen Rechts und nicht jener der Versicherten ist, weshalb Hinweise auf die Zahl der Versicherten, die eine Versicherungsanstalt repräsentiere, nicht entscheidend sind. Zwar könnte der Gesetzgeber im Rahmen seines rechtspolitischen **Gestaltungsspielraumes** auch eine Stimmgewichtung bei der Beschlussfassung in der Konferenz des Dachverbandes nach Maßgabe der Versichertenzahlen vorsehen; der VfGH vermag dem Gesetzgeber aber auch nicht entgegenzutreten, wenn er jedem Pflichtmitglied des Dachverbandes der SV-Träger – ohne Ansehen des jeweiligen Versicherungsträgers – gleichermaßen zwei Sitze und damit zwei Stimmen in der Konferenz einräumt. Es liegt nun im Wesen „demokratischer Grundsätze", dass die Repräsentanten einzelner Pflichtmitglieder eines Selbstverwaltungskörpers in dessen Organen überstimmt werden können. § 441a Abs 2 ASVG, der ohnehin **hohe Konsens-Anforderungen** stellt (grundsätzlich Einstimmigkeit, in einer Folgesitzung immerhin mindestens 70 % Konsensquorum), **widerspricht** daher **weder den Art 120a ff B-VG noch dem Sachlichkeitsgebot**. Soweit die antragstellenden Mitglieder des Bundesrates aber meinen sollten, es seien dem Dachverband Aufgaben zugewiesen, die lediglich einen Versicherungsträger beträfen (und daher keine „gemeinsamen" Aufgaben iSd Art 120a Abs 1 B-VG wären), wären diese Bedenken gegen die jeweiligen Aufgabenzuweisungen und nicht gegen die – für sich genommen nicht zu beanstandende – Regelung der Willensbildung in der Konferenz des Dachverbandes zu richten.

1559 VfGH 13.12.2019, G78/2019 ua.

9.3.2. Konferenz

9.3.2.1. Zusammensetzung (§ 441a)

Die Konferenz besteht aus den Obmännern und ihren Stellvertretern

- der ÖGK,
- der AUVA,
- der PVA,
- der SVS und
- der BVAEB (Abs 1).

Die Konferenz ist beschlussfähig, wenn mindestens sieben Mitglieder anwesend sind. Ein gültiger **Beschluss** erfordert Einstimmigkeit, wobei jedem Mitglied eine Stimme zukommt. Kommt kein gültiger Beschluss zustande und wird die Angelegenheit auf Antrag eines Mitgliedes der Konferenz in einer weiteren Sitzung behandelt, so bedarf ein gültiger Beschluss der Zustimmung von mindestens sieben Mitgliedern (Abs 2).

9.3.2.2. Aufgaben (§ 441c)

Der Konferenz obliegt die Besorgung aller Aufgaben des Dachverbandes (Geschäftsführung), die nicht ausdrücklich der Hauptversammlung zugewiesen sind. Sie vertritt den Dachverband nach außen (Abs 1).

Dem **Büro** des Dachverbandes können nach Abs 2 bestimmte laufende Angelegenheiten zur selbständigen Erledigung durch die Konferenz delegiert werden; jedenfalls zu delegieren sind laufende Verwaltungsgeschäfte, sofern im Einzelfall das Eineinhalbfache des für das jeweilige Jahr festgesetzten Schwellenwertes für Dienstleistungen nach dem BVergG nicht überschritten wird, sowie Personalangelegenheiten, die nicht die Führungsebene betreffen.[1560]

Die Konferenz hat nach Anhörung der Versicherungsträger zur Koordinierung des Verwaltungshandelns der Versicherungsträger im Rahmen ihrer Zuständigkeit **Ziele** zu beschließen. Sie hat sich dabei eines Zielsteuerungssystems zu bedienen (§ 441f Abs 1).

Die bisher von der Trägerkonferenz wahrgenommene Aufgabe der **Zielsteuerung** wird von der Konferenz wahrgenommen. Abweichend zum früheren § 441e hat bereits vor Beschlussfassung die Abstimmung der Ziele mit der Bundesministerin für Arbeit, Soziales, Gesundheit und Konsumentenschutz und dem Bundesminister für Finanzen zu erfolgen und der Vorsitzende der Konferenz hat laufend über die Erarbeitung der Ziele zu berichten. Für die ÖGK ist auch zwischen der Hauptstelle und den Landesstellen ein Zielsteuerungssystem für das Verwaltungshandeln einzurichten.[1561]

1560 Vgl RV 329 BlgNR 26. GP 9 f zum SV-OG.
1561 RV 329 BlgNR 26. GP 10 zum SV-OG.

9.3.3. Hauptversammlung

9.3.3.1. Zusammensetzung (§ 441b)

Der Dachverband wird (neben der Konferenz) einen zweiten Verwaltungskörper aufweisen, der wie bei den Versicherungsträgern als Hauptversammlung bezeichnet wird: Diese setzt sich aus den vorsitzführenden Obleuten der Verwaltungsräte der Versicherungsträger und deren Stellvertretern, den Vorsitzenden der Hauptversammlungen der Versicherungsträger und deren Stellvertretern, drei Seniorenvertretern sowie drei Behindertenvertretern zusammen, umfasst also **21 Mitglieder**. Den Senioren- und Behindertenvertretern kommt beratende Stimme zu, sodass die Hauptversammlung des Dachverbandes aus **15 stimmberechtigten** Mitgliedern besteht. Den **Vorsitz** in der Hauptversammlung führt der jeweilige Vorsitzende der Hauptversammlung jenes Trägers, der auch den Vorsitz in der Konferenz führt; das Gleiche gilt für seinen Stellvertreter.[1562]

9.3.3.2. Aufgaben (§ 441d)

Aufgabe der Hauptversammlung ist die Beschlussfassung des Budgets und des Jahresabschlusses samt Entlastung der Konferenz (nach Prüfung des Rechnungsabschlusses durch einen beeideten Wirtschaftsprüfer).[1563]

9.3.4. Büro (§ 441e)

Das Büro des Dachverbandes wird nach § 441e durch einen an die **Weisungen** der Konferenz gebundenen Büroleiter geleitet. Die Funktion des Büroleiters ist von der Konferenz öffentlich auszuschreiben, und zwar für eine vierjährige Funktionsperiode (Wiederbestellungen sind zulässig). Die Bestellung eines Stellvertreters des Büroleiters kann, muss aber nicht erfolgen.[1564]

9.4. Aufsicht des Bundes

9.4.1. Aufsichtsbehörde (§ 448)

Die Versicherungsträger und der Dachverband samt ihren Anstalten und Einrichtungen unterliegen der Aufsicht des Bundes. Die Aufsicht ist vom Bundesminister für Soziales, Gesundheit, Pflege und Konsumentenschutz auszuüben (Abs 1).

Der Vertreter des Bundesministers für Soziales, Gesundheit, Pflege und Konsumentenschutz kann **gegen Beschlüsse eines Verwaltungskörpers,** die gegen eine Rechtsvorschrift oder in wichtigen Fragen (§ 449 Abs 2) gegen den Grundsatz der Zweckmäßigkeit, Wirtschaftlichkeit und Sparsamkeit verstoßen oder die die

1562 RV 329 BlgNR 26. GP 10 zum SV-OG.
1563 RV 329 BlgNR 26. GP 10 zum SV-OG.
1564 RV 329 BlgNR 26. GP 10 zum SV-OG.

finanziellen Interessen des Bundes berühren, **Einspruch** mit aufschiebender Wirkung erheben. Der Vertreter des Bundesministers für Finanzen kann Einspruch mit aufschiebender Wirkung gegen Beschlüsse erheben, die die finanziellen Interessen des Bundes berühren oder in wichtigen Fragen (§ 449 Abs 2) gegen den Grundsatz der Zweckmäßigkeit, Wirtschaftlichkeit und Sparsamkeit verstoßen. Der Vorsitzende hat die **Durchführung** des Beschlusses, gegen den Einspruch erhoben wurde, **vorläufig aufzuschieben** und die **Entscheidung der Aufsichtsbehörde einzuholen**. Bei einem Einspruch des Vertreters des Bundesministers für Finanzen hat die Aufsichtsbehörde die Entscheidung im Einvernehmen mit dem Bundesminister für Finanzen zu treffen (Abs 4).

Der Bundesminister für Soziales, Gesundheit, Pflege und Konsumentenschutz übt nach § 448 Abs 1 die Aufsicht des Bundes über die Versicherungsträger aus. Sie kann Bedienstete ihres Ministeriums mit der Aufsicht über die Versicherungsträger betrauen, aber auch der **Bundesminister für Finanzen** kann einen Vertreter zu den Sitzungen der Verwaltungskörper entsenden. § 448 Abs 4 erster Satz ermächtigt sowohl den Vertreter der Bundesministerin für Arbeit, Soziales, Gesundheit und Konsumentenschutz als auch den Vertreter des Bundesministers für Finanzen, gegen Beschlüsse eines Verwaltungskörpers einen **Einspruch** mit aufschiebender Wirkung zu **erheben**. Beide Vertreter können einen Einspruch mit finanziellen Interessen des Bundes oder (beschränkt auf die Fälle des § 449 Abs 2) mit einem Verstoß gegen den Grundsatz der Zweckmäßigkeit, Wirtschaftlichkeit und Sparsamkeit, (nur) der Vertreter der Bundesministerin für Arbeit, Soziales, Gesundheit und Konsumentenschutz auch mit Rechtswidrigkeit des Beschlusses begründen. In allen Fällen entscheidet letztlich die Aufsichtsbehörde (Bundesministerin für Arbeit, Soziales, Gesundheit und Konsumentenschutz) über den Einspruch endgültig. Bei Einsprüchen von Behördenvertretern nach § 448 Abs 4 handelt es sich demnach nicht um Bescheide, sondern um vorläufige, unselbständige Anordnungen, die letztlich in Bescheide der Aufsichtsbehörde münden. Art 120b Abs 1 B-VG lässt dem Gesetzgeber einen rechtspolitischen **Gestaltungsspielraum**, auch den Bundesminister für Finanzen bzw seine Vertreter in die Führung der Aufsicht über die Versicherungsträger nach ASVG miteinzubeziehen. Der VfGH hält es vor dem Hintergrund der spezifischen rechtlichen und fachlichen Expertise des Bundesministeriums für Finanzen auch **nicht** für **unsachlich**, wenn Vertreter dieses Bundesministeriums ermächtigt werden, Einsprüche nicht nur bei einer Gefährdung der finanziellen Interessen des Bundes, sondern (im Anwendungsbereich von § 449 Abs 2) darüber hinaus auch bei Verstößen gegen die Grundsätze der Sparsamkeit, Wirtschaftlichkeit und Zweckmäßigkeit zu erheben. Die Bedenken gegen § 448 Abs 4 zweiter Satz treffen nicht zu.[1565]

1565 VfGH 13.12.2019, G78/2019 ua.

9.4.2. Aufgaben der Aufsicht (§ 449)

Die Aufsichtsbehörde hat die **Gebarung** der Versicherungsträger und des Dachverbandes zu **überwachen** und darauf hinzuwirken, dass im Zuge dieser Gebarung nicht gegen Rechtsvorschriften verstoßen wird. Sie kann ihre Aufsicht auf Fragen der **Zweckmäßigkeit, Wirtschaftlichkeit und Sparsamkeit** erstrecken. Sie soll sich in diesen Fällen auf **wichtige Fragen** beschränken und in das Eigenleben und die Selbstverantwortung der Versicherungsträger und des Dachverbandes nicht unnötig eingreifen. Die Aufsichtsbehörde **kann** in Ausübung des Aufsichtsrechtes **Beschlüsse** der Verwaltungskörper **aufheben** (Abs 1).

Wichtige Fragen iSd Abs 1 sind insb die Einhaltung der im Rahmen der Zielsteuerung nach § 441f abgestimmten Ziele sowie die Sicherstellung einer nachhaltig ausgeglichenen Gebarung. Auch alle Angelegenheiten nach § 432 Abs 3 sind wichtige Fragen iSd Abs 1 (Abs 2).

Die Aufsichtsbehörde ist berechtigt, die Versicherungsträger (den Dachverband) amtlichen **Untersuchungen** zu unterziehen, wobei sie sich bei Untersuchungen der Versicherungsträger der Mitwirkung des Dachverbandes sowie geeigneter Sachverständiger bedienen kann. Bei Untersuchungen der PVA kann der Bundesminister für Finanzen durch einen Vertreter mitwirken. Die Aufsichtsbehörde hat eine solche amtliche Untersuchung anzuordnen, wenn der Bundesminister für Finanzen dies zur Wahrung der finanziellen Interessen des Bundes verlangt (Abs 5).

9.4.3. Entscheidungsbefugnis (§ 450)

Die Aufsichtsbehörde hat vorbehaltlich der gesetzlichen Bestimmungen über die Zuständigkeit anderer Stellen und unbeschadet der Rechte Dritter bei **Streit** über Rechte und Pflichten **der Verwaltungskörper und deren Mitglieder** sowie über die **Auslegung der Satzung** zu entscheiden (Abs 1).

§ 449 Abs 1 letzter Satz sieht nur eine amtswegige Befugnis der Aufsichtsbehörde vor, während aus § 450 Abs 1 auch ein **Rechtsanspruch** der Mitglieder der Verwaltungskörper bzw der Verwaltungskörper selbst auf ein Tätigwerden der Aufsichtsbehörde abzuleiten ist (wenngleich in aller Regel auf die Ausübung der Aufsicht kein Rechtsanspruch besteht, kann ein solcher gesetzlich vorgesehen werden). Dieses Tätigwerden beinhaltet aber – wie aus dem Wortlaut des § 450 Abs 1 hervorgeht – nur die Entscheidung über die Rechte und Pflichten der Mitglieder bzw der Verwaltungskörper sowie die Auslegung der Satzung und **nicht** auch eine **allgemeine Rechtmäßigkeitskontrolle** in Bezug auf die Aufgabenerfüllung der Verwaltungskörper. Auch über den Umweg des § 450 Abs 1 kann somit **kein** Recht der Mitglieder auf Überprüfung der Beschlüsse des Verwaltungskörpers in der Art eines **Rechtsmittelverfahrens** abgeleitet werden. Sollte es in einem Verfahren nach § 450 Abs 1 um aus Beschlüssen des Verwaltungskörpers abzuleitende Rechte oder Pflichten der Mitglieder gehen, wäre allenfalls inzident zu prüfen, ob diese Beschlüsse absolut nichtig sind. Selbstverständlich kann ein solches Verfahren der Aufsichtsbehörde auch Anlass geben, derartige Beschlüsse nach § 449 Abs 1 aufzuheben, allerdings **ohne** dass darauf ein **Rechtsanspruch** bestünde. Im Übrigen bezieht sich die Entscheidungsbefugnis der Aufsichtsbehörde nach § 450 Abs 1 – soweit es nicht um die Auslegung der Satzung geht – auf „Streit über die Rechte und Pflichten der Verwaltungskörper und deren Mitglieder". Sie dient demnach der Klärung des Umfangs von (sich aus dieser Funktion ergebenden – also **organisationsrechtlichen) Rechten und Pflichten** der Mitglieder der Verwaltungskörper und der Verwaltungskörper selbst. Sie bietet hingegen keine Grundlage für die Feststellung objektiver Rechtsverletzungen ohne Bezug auf die Rechte und Pflichten der (Mitglieder der) Verwaltungskörper. Ausgeschlossen ist auch die Entscheidung über rein theoretische Auslegungsfragen: Anlass für ein Tätigwerden der Aufsichtsbehörde nach § 450 muss stets ein **konkreter Streit** über Rechte und Pflichten bzw über die Auslegung der Satzung sein. Soweit es um Rechte und Pflichten der Mitglieder bzw des Verwaltungskörpers geht, ist (nur) dieser konkrete Streit zu entscheiden. Weder kommt es auf ein allfälliges Verschulden der Beteiligten an, noch sind darüber hinausgehende generelle Feststellungen zu treffen.[1566]

9.4.4. Vorläufige Geschäftsführung und Vertretung (§ 451)

Die Aufsichtsbehörde ist berechtigt, die **Verwaltungskörper**, wenn sie ungeachtet zweimaliger schriftlicher Verwarnung gesetzliche oder satzungsmäßige Bestimmungen außer Acht lassen, **aufzulösen** und die vorläufige Geschäftsführung und Vertretung vorübergehend einem **vorläufigen Verwalter** zu übertragen (Abs 1).

Die Bestimmungen des Abs 1 über die Auflösung eines Verwaltungskörpers und die Übertragung der vorläufigen Geschäftsführung und Vertretung auf einen vorläufigen Verwalter sind entsprechend anzuwenden, solange und soweit ein Verwaltungskörper die ihm obliegenden **Geschäfte nicht ausführt** (Abs 2).

9.4.5. Kosten der Aufsicht (§ 452)

Die Kosten der von der Aufsichtsbehörde angeordneten Maßnahmen belasten den Versicherungsträger (Dachverband). Zur Deckung der durch die Aufsicht erwachsenden sonstigen Kosten haben die Versicherungsträger und der Dachverband durch Entrichtung einer **Aufsichtsgebühr** beizutragen. Deren Höhe hat die Bundesministerin für Arbeit, Soziales, Gesundheit und Konsumentenschutz nach Anhörung des betreffenden Versicherungsträgers (des Dachverbandes) zu bestimmen.

Die Festsetzung der periodisch anfallenden pauschalen Aufsichtsgebühr hat in einem an den Versicherungsträger (Dachverband) ergehenden **Bescheid** zu erfolgen.[1567]

1566 VwGH 22.6.2022, Ro 2021/08/0006.
1567 *Frank* in SV-Komm § 452 Rz 3.

9.4.6. Beschwerde an das Bundesverwaltungsgericht (§ 452a)

Gegen Bescheide der Aufsichtsbehörde und wegen Verletzung ihrer Entscheidungspflicht kann Beschwerde an das BVwG erhoben werden.

Es wird ausdrücklich normiert, dass die Anrufung des BVwG künftig auch in allen Angelegenheiten der Aufsicht, in denen die Aufsichtsbehörde bescheidmäßig entscheidet (oder zu entscheiden hätte), den betroffenen Versicherungsträgern und dem Hauptverband offen steht.[1568]

9.5. Satzung, Krankenordnung und Geschäftsordnungen

Die **Aufsichtsbehörde kann** die Satzungen und Krankenordnungen **jederzeit überprüfen und Änderungen** solcher Bestimmungen **verlangen**, die mit dem Gesetz in Widerspruch stehen oder dem Zweck der Versicherung zuwiderlaufen. Wird diesem Verlangen nicht binnen drei Monaten entsprochen, so kann sie die erforderlichen Verfügungen von Amts wegen treffen (§ 449 Abs 3).

9.5.1. Satzung

Die Satzungen der Träger der SV sind generelle Akte der Selbstverwaltung, die verfassungsrechtlich als **Verordnung** zu qualifizieren sind.[1569]

9.5.1.1. Regelungsgegenstände (§ 453)

Die Satzung hat, soweit dies gesetzlich vorgesehen und nicht der Regelung durch die Krankenordnung überlassen ist, die Tätigkeit der Versicherungsträger zu regeln und insb Bestimmungen zu enthalten (Abs 1):

- über **Rechte und Pflichten der Versicherten** (Anspruchsberechtigten) sowie der Beitragsschuldner;
- über die Form der Kundmachungen und rechtsverbindlichen Akte;
- über die in regelmäßigen Abständen abzuhaltenden Informationsveranstaltungen, zu der Versicherte und Dienstgeber einzuladen sind.

Durch die Satzung des Versicherungsträgers (des Dachverbandes) kann vorgesehen werden, dass Angelegenheiten, die in den Wirkungsbereich der Hauptversammlung oder des Verwaltungsrates (der Konferenz) fallen, **bei Gefahr im Verzug** zur Abwendung eines dem Versicherungsträger (dem Dachverband) drohenden Schadens bzw zur Sicherung eines dem Versicherungsträger (dem Dachverband) entgehenden Vorteiles **vorläufig durch Verfügung des Vorsitzenden** des Verwaltungsrates (der Konferenz) **zu regeln** sind, wenn der in

1568 RV 2195 BlgNR 24. GP 8 zum Verwaltungsgerichtsbarkeits-Anpassungsgesetz – Sozialversicherung, BGBl I 2013/87.

1569 RS0053701; vgl VwGH 21.9.1993, 93/08/0032; VfGH 10.12.1966, V11/66.

Betracht kommende Verwaltungskörper nicht rechtzeitig zusammentreten kann. Die Verfügungen sind nur dann gültig, wenn sie im Einvernehmen mit dem Stellvertreter des Vorsitzenden des Verwaltungsrates (der Konferenz) getroffen werden, bei dessen Abwesenheit oder Verhinderung auch ohne deren Mitwirkung. Der Vorsitzende des Verwaltungsrates (der Konferenz) hat in derartigen Fällen vom zuständigen Verwaltungskörper die **nachträgliche Genehmigung** einzuholen (Abs 2).

§ 453 Abs 1 verweist ausdrücklich darauf, dass Regelungen in der Satzung einer – neben § 453 weiteren – **gesetzlichen Grundlage** bedürfen, stellt aber keine eigenständige Verordnungsermächtigung zur Festsetzung von Meldefristen für die gemäß § 33 Abs 1 vor Arbeitsantritt zu erstattenden Meldungen dar.[1570]

Die Satzung des **Dachverbandes** hat auch Bestimmungen über die Aufbringung der Mittel für die Verbandszwecke zu enthalten (§ 454).

9.5.1.2. Genehmigungspflicht (§ 455)

Die Satzung und jede ihrer Änderungen bedürfen zu ihrer Wirksamkeit der **Genehmigung durch** den jeweils zuständigen **Bundesminister**, der das Einvernehmen mit dem jeweils anderen Bundesminister herzustellen hat, und sind unverzüglich nach der Genehmigung im Internet zu verlautbaren. Nach jeder fünften Änderung der Satzung, frühestens am Beginn der Amtsdauer, ist diese unverzüglich neu zu beschließen (Abs 1).

Die Genehmigung hat in **Bescheidform** zu ergehen.[1571]

Die Konferenz des Dachverbandes hat für den Bereich der KV eine **Mustersatzung** zu beschließen und kann **Bestimmungen** dieser Mustersatzung für alle Versicherungsträger für **verbindlich erklären**. Er hat dabei auch auf das Interesse der Versicherten und der Dienstgeber an einer **bundeseinheitlichen** Vorgangsweise der Versicherungsträger Bedacht zu nehmen. In der Mustersatzung ist unter Bedachtnahme auf die finanzielle Leistungsfähigkeit der KV nach dem ASVG eine für alle KV-Träger verbindliche **Bandbreite für** die über die gesetzlichen Mindestleistungen hinausgehenden **Mehrleistungen** (§ 121 Abs 3) festzulegen. Die Erklärung der Verbindlichkeit von Bestimmungen der Mustersatzung und die Mustersatzung selbst bedürfen zu ihrer Wirksamkeit der **Genehmigung** durch den Bundesminister für Soziales, Gesundheit, Pflege und Konsumentenschutz und sind unverzüglich nach der Genehmigung im Internet zu verlautbaren (Abs 2).

Die in der Mustersatzung für die Versicherungsträger verbindlich erklärten Bestimmungen sind eine an die KV-Träger gerichtete **Verordnung**. § 455 Abs 2 stellt auf das Interesse der Versicherten und der Dienstgeber an einer **bundes-**

1570 VwGH 27.4.2011, 2008/08/0231.
1571 VwGH 17.10.1995, 94/08/0110.

einheitlichen Vorgangsweise der Versicherungsträger, nicht aber auf sonstige Interessen der Versicherten (etwa auf einen möglichst hohen Standard der gewährten Leistungen) ab.[1572]

Wird eine verbindliche Bestimmung der Mustersatzung **nicht** durch eine ihr entsprechende Änderung der Satzung eines KV-Trägers in der der Verlautbarung dieser verbindlichen Bestimmung nächstfolgenden Hauptversammlung dieses KV-Trägers **übernommen**, so **geht** die **Zuständigkeit** zur Änderung der Satzung, die die Übernahme der verbindlichen Bestimmung der Mustersatzung zum Gegenstand hat, auf die Konferenz **über**. Sobald die Hauptversammlung des KV-Trägers die Übernahme der verbindlichen Bestimmung der Mustersatzung durch eine ihr entsprechende Satzungsänderung beschlossen hat, tritt der Beschluss der Konferenz mit Wirksamkeitsbeginn der Satzungsänderung außer Kraft (Abs 3).

9.5.2. Krankenordnung (§ 456)

Der Träger der KV hat eine Krankenordnung aufzustellen, die insb

- die **Pflichten** der Versicherten und der Leistungsempfänger **im Leistungsfall**,
- das **Verfahren bei** Inanspruchnahme von **Leistungen** der KV und
- die **Kontrolle der Kranken**

zu regeln hat.

Für die **Genehmigung** der Krankenordnung und jeder ihrer Änderungen ist der Bundesminister für Soziales, Gesundheit, Pflege und Konsumentenschutz zuständig (Abs 1).

Der Dachverband hat eine **Musterkrankenordnung** aufzustellen (Abs 2).

Die Krankenordnung, die im Rang einer **Verordnung** steht, gestaltet das gesetzliche und satzungsmäßige Leistungsverhältnis detaillierter aus, indem sie nähere Bedingungen für die Leistungsgewährung festlegt. Wenn ein Versicherter gegen Bestimmungen der für ihn geltenden Krankenordnung verstößt, kann dies zum Verlust seines Krankenbehandlungsanspruchs führen.[1573]

9.5.3. Geschäftsordnungen der Verwaltungskörper (§ 456a)

Die einzelnen Verwaltungskörper der Versicherungsträger und des Dachverbandes haben zur Regelung der Vorgangsweise bei der Wahrnehmung der ihnen obliegenden Geschäfte für ihre jeweiligen Zuständigkeitsbereiche **Geschäftsordnungen** zu beschließen, die insb nähere Bestimmungen über die ordnungsgemäße Einberufung und Abwicklung der Sitzungen (Verhandlungsleitung, Berichterstattung, Antragsrechte, Protokollführung usw) zu enthalten haben (Abs 1).

1572 VfGH 25.9.1996, V 54-56/96.
1573 RS0129819.

Die Geschäftsordnungen (samt Anhang) der Verwaltungskörper und jede ihrer Änderungen sind innerhalb von vier Wochen nach der Beschlussfassung dem Bundesminister für Soziales, Gesundheit, Pflege und Konsumentenschutz zur **Genehmigung** vorzulegen (Abs 2).

Die Geschäftsordnungen der Verwaltungsräte haben **Anhänge** zu enthalten, in denen der Zeitpunkt und der Wortlaut ihrer Beschlüsse anzuführen sind, mit denen sie einzelne ihrer Obliegenheiten dem Obmann oder die Besorgung bestimmter laufender Angelegenheiten dem Büro des Versicherungsträgers übertragen haben (Abs 3).

10. Verfahren

Der **allgemeine Gerichtsstand** der Versicherungsträger und des Dachverbandes ist das sachlich und örtlich zuständige Gericht ihres Sitzes (§ 32 Abs 2).

10.1. Verfahren vor den Versicherungsträgern (Verwaltungsverfahren)

10.1.1. Allgemeine Bestimmungen

10.1.1.1. Verfahrensarten (§ 353)

Das im 7. Teil des ASVG geregelte Verfahren gliedert sich in das Verfahren

- in Leistungssachen (§ 354) und
- in Verwaltungssachen (§ 355).

Ob eine mit Bescheid des SV-Trägers erledigte Angelegenheit eine Verwaltungssache oder eine Leistungssache darstellt, hängt nach den Bestimmungen des § 354 und § 355 iVm den §§ 65 ff ASGG **ausschließlich** davon ab, worüber der SV-Träger **im Spruch seines Bescheides** als Hauptfrage entschieden hat, nicht aber von den Gründen, mit denen die Partei die Entscheidung bekämpft.[1574]

10.1.1.2. Kosten des Verfahrens (§ 359)

Die Kosten des Verfahrens vor dem Versicherungsträger trägt dieser (Abs 1).

Kosten, die von einer Partei durch **Mutwillen**, Verschleppung oder Irreführung veranlasst worden sind, hat ihr der Versicherungsträger zum Ersatz aufzuerlegen (Abs 4). Ein Kostenersatz ist auf jeden Fall **bescheidmäßig** aufzuerlegen. Gegen Bescheide über Kostenersatz im Verfahren in Verwaltungssachen ist Beschwerde an das BVwG und Revision an den VwGH zulässig (Abs 5).

10.1.1.3. Rechts- und Verwaltungshilfe (§ 360)

Die **Verwaltungsbehörden und** die **Gerichte sind verpflichtet**, den im Vollzug des ASVG an sie ergehenden Ersuchen der Versicherungsträger und des Dachverbandes im Rahmen ihrer sachlichen und örtlichen Zuständigkeit zu entsprechen. In gleicher Weise haben die Versicherungsträger (der Dachverband) den Verwaltungsbehörden und den Gerichten **Verwaltungshilfe zu leisten** (Abs 1).

Alle Organe des Bundes, der Länder, der Gemeinden und der Gemeindeverbände sowie der sonstigen Selbstverwaltungskörper (zB SV-Träger) sind im Rahmen ihres gesetzmäßigen Wirkungsbereiches zur wechselseitigen Hilfeleistung verpflichtet (**Amtshilfe**; Art 22 B-VG).

1574 Vgl VwGH 17.11.1992, 91/08/0040.

Barauslagen, die der ersuchten Stelle aus der Hilfeleistung erwachsen, mit Ausnahme von Portokosten, sind von der ersuchenden Stelle zu erstatten (Abs 2).

Die SV-Träger und der Dachverband sind berechtigt, auf automationsunterstütztem Weg **Einsicht in** das **Grundbuch**, das Adressregister, das zentrale **Gewerberegister und** das **Firmenbuch** zu nehmen, soweit dies zur Erfüllung der ihnen übertragenen Aufgaben, insb zur Erbringung von Leistungen und zur Durchführung des Versicherungs-, Melde- und Beitragswesens, notwendig ist. Die Berechtigung zur Einsicht in das Grundbuch umfasst auch die Einsichtnahme in das Personenverzeichnis. Die Berechtigung zur Einsicht in das Firmenbuch umfasst auch die bundesweite Suche nach iZm den Rechtsträgern gespeicherten Personen (Abs 3).

Abfragen der SV-Träger und des Dachverbandes aus dem **Zentralen Melderegister** sind auch nach dem Auswahlkriterium der Anschrift (Wohnadresse) zulässig, und zwar zur Überprüfung von Angaben über das Vorliegen eines **gemeinsamen Haushaltes**, soweit dies für die Feststellung eines Leistungsanspruches notwendig ist. Die Ergebnisse solcher Abfragen stellen lediglich einen Anhaltspunkt bei der Ermittlung des Tatbestandes des gemeinsamen Haushaltes dar (Abs 6).

Die Versicherungsträger und der Dachverband haben dem **BVwG und** den **Verwaltungsgerichten** der Länder auf Ersuchen **Auskünfte** über verfahrenserhebliche Umstände zu **erteilen**; die Ersuchen und die Auskünfte haben möglichst automationsunterstützt zu erfolgen. Im Ersuchen ist der genaue Auskunftszweck samt Aktenzahl anzugeben; dieser ist vom jeweiligen Versicherungsträger (vom Dachverband) zu vermerken (§ 360a).

10.1.1.4. Anwendung des AVG (§ 360b)

Auf das Verfahren der Versicherungsträger **in Leistungssachen sind** folgende Bestimmungen des AVG **nicht anzuwenden** (Abs 1):

- die §§ 1 bis 5 über die Zuständigkeit,
- § 18 Abs 5 über Bescheiderledigungen,
- die §§ 19 und 20 über Ladungen,
- die §§ 34 bis 36 über Ordnungs- und Mutwillensstrafen,
- § 36a über Angehörige,
- die §§ 37, 38a, 39 und 40 bis 44g über Zweck und Gang des Ermittlungsverfahrens,
- die §§ 45 bis 53a sowie 54 und 55 über Beweise,
- die §§ 56 und 57 über die Erlassung von Bescheiden,
- die § 58a und 62 Abs 1 bis 3 über Inhalt und Form der Bescheide,
- die §§ 63 bis 68 über den Rechtsschutz,
- § 73 über die Entscheidungspflicht und
- die §§ 74 bis 79 über die Kosten.

§ 6 AVG über die Wahrnehmung der Zuständigkeit ist so anzuwenden, dass § 361 Abs 4 ASVG (Einbringen von Anträgen) unberührt bleibt (Abs 2).

Da nunmehr iZm der Einführung der zweistufigen Verwaltungsgerichtsbarkeit neue Standards für die Überprüfung von Entscheidungen der Versicherungsträger **in Verwaltungssachen** geschaffen wurden, soll für diese Verfahren künftig das **AVG in vollem Umfang** zur **Anwendung** kommen. Die SV-Träger sind nach der Jud des VwGH zur Anwendung der Grundsätze des Verfahrensrechtes auch nach der derzeitigen selektiven Anwendung von Bestimmungen des AVG verpflichtet; insofern entspricht die vorgeschlagene Gesamtanwendung des AVG der Jud. Ferner gilt es zu verhindern, dass durch die Nichtberücksichtigung von Parteienrechten bzw der Verletzung von Verfahrensvorschriften bei der Ermittlung des maßgeblichen Sachverhaltes die Verfahren durch das Verwaltungsgericht nach § 28 VwGVG zurückverwiesen werden. Es soll daher nunmehr anstelle des § 357, der eine taxative Aufzählung der im Verfahren vor den Versicherungsträgern anzuwendenden Bestimmungen des AVG enthält und aufgehoben wird, eine auf das Verfahren **in Leistungssachen** eingeschränkte Regelung über die **partielle Anwendung des AVG** geschaffen werden (als neuer § 360b), in dem jedoch – in Umkehrung der bisherigen Systematik – jene Bestimmungen des AVG aufgezählt werden, die auf das Verfahren in Leistungssachen nicht anzuwenden sind. Dieser neue Paragraf entspricht vollinhaltlich dem bisherigen § 357 – mit Ausnahme der Anwendbarkeit auf das Verfahren in Verwaltungssachen.[1575]

§ 357 ASVG idF BGBl I 2010/62 zählte jene Bestimmungen des AVG auf, die auf das Verfahren der Versicherungsträger in Leistungssachen und Verwaltungssachen anzuwenden waren. § 68 AVG fand sich in dieser Aufzählung nicht. § 357 ASVG wurde durch den mit BGBl I 2013/87 eingeführten § 360b ASVG ersetzt. Dieser nennt die Bestimmungen des AVG, die auf das Verfahren der Versicherungsträger in Leistungssachen nicht anzuwenden sind, darunter die §§ 63 bis 68 über den Rechtsschutz. Mit Ausnahme der Anwendbarkeit über das Verfahren in Verwaltungssachen unterscheiden sich diese Regelungen ausschließlich durch die Wahl einer positiven oder negativen Aufzählung von anwendbaren Bestimmungen des AVG. Der OGH hat zu § 357 ASVG ausgesprochen, dass der Gedanke der **Rechtskraft von Bescheiden** trotz Nichtanführung des § 68 AVG im sv-rechtlichen Verfahren **als allgemeiner Grundsatz** anzuwenden ist und Parteien sowie Behörden an die in Bescheidform ergangene, daher verbindliche Regelung gebunden sind. Dies gilt auch im Anwendungsbereich des § 360b ASVG. Eine Durchbrechung der Rechtskraft von Bescheiden des SV-Trägers ist somit nicht mit § 360b ASVG zu rechtfertigen.[1576]

1575 RV 2195 BlgNR 24. GP 5 zum Verwaltungsgerichtsbarkeits-Anpassungsgesetz – Sozialversicherung, BGBl I 2013/87.

1576 10 ObS 103/17w.

10.1.2. Verfahren in Leistungssachen

10.1.2.1. Leistungssachen (§ 354)

Leistungssachen sind die Angelegenheiten, in denen es sich handelt um

- die Feststellung des Bestandes, des Umfanges oder des Ruhens eines **Anspruches auf eine Versicherungsleistung** einschließlich einer Feststellung nach § 367 Abs 1, soweit nicht hiebei die Versicherungszugehörigkeit (§§ 13 bis 15), die Versicherungszuständigkeit (§§ 26 bis 29a), die Leistungszugehörigkeit (§ 245) oder die Leistungszuständigkeit (§ 246) in Frage steht (Z 1);
- Feststellung der Verpflichtung zum **Rückersatz** einer zu Unrecht empfangenen Versicherungsleistung (Z 2);
- Streitigkeiten über **Ersatzansprüche der Sozialhilfeträger** (Z 3);
- **Feststellung von Versicherungs- und Schwerarbeitszeiten** außerhalb des Leistungsfeststellungsverfahrens auf Antrag des Versicherten (Z 4);
- die **Feststellung der Invalidität** oder der Berufsunfähigkeit (Z 4a);
- die Feststellung der **Kontoerstgutschrift** sowie einer Ergänzungsgutschrift oder eines Nachtragsabzuges (Z 5);
- die Feststellung des **Rechtsanspruches auf berufliche** Maßnahmen der **Rehabilitation** nach § 253e (§ 270a, § 276e; Z 6).

In § 354 werden **taxativ** die Angelegenheiten aufgezählt, die als Leistungssachen gelten.[1577]

§ 354 **Z 2** zählt die „Feststellung der Verpflichtung zum **Rückersatz** einer zu Unrecht empfangenen Versicherungsleistung" zu den Leistungssachen, ohne den **Verzicht** auf die Rückforderung hievon auszunehmen. Angesichts der inneren Verbundenheit dieser Angelegenheiten kann dem Gesetzgeber daher nicht unterstellt werden, dass der Verzicht auf die Rückforderung zu Unrecht empfangener Leistungen nicht unter § 354 Z 2 fällt, sondern den „Verwaltungssachen" (§ 355) zuzurechnen ist. Im Hinblick auf diese Grundsatzentscheidung des ASVG, die für sich genommen keinen verfassungsrechtlichen Bedenken begegnet, setzt die Verfassungsmäßigkeit der Ausgestaltung der sukzessiven Kompetenz der ordentlichen Gerichte in Rückforderungsangelegenheiten voraus, dass den **ordentlichen Gerichten** im Rahmen ihrer Entscheidung über Rückforderungsansprüche auch die **Kognition über** den gänzlichen oder teilweisen **Verzicht** offensteht.[1578]

10.1.2.2. Einleitung des Verfahrens (§ 361)

10.1.2.2.1. Antragsprinzip, Amtswegigkeit (Abs 1)

Die Leistungsansprüche sind von den Versicherungsträgern im Rahmen ihrer örtlichen und sachlichen Zuständigkeit festzustellen

1577 RV 599 BlgNR 7. GP 106.
1578 VfGH 11.12.2020, G 264/2019.

- in der KV und in der PV **auf Antrag**,
- in der UV **von Amts wegen oder**, sofern das Verfahren nicht auf diese Weise eingeleitet wurde, **auf Antrag** (Abs 1).

Für die Feststellung von Leistungsansprüchen gilt in der **PV** das **Antragsprinzip**, eine Leistungsgewährung ist daher nur auf Grund eines Antrages zulässig.[1579] Die Einleitung eines Verfahrens in Leistungssachen, das nicht im Interesse einer Partei gelegen ist (zB Entziehung eines Leistungsanspruches) erfolgt dagegen stets von Amts wegen.[1580]

Bestehen Zweifel über die mit einem Antrag erfolgte Parteienabsicht, ist der SV-Träger verpflichtet, den Parteiwillen – etwa durch Vernehmung der Partei – klarzustellen. Bei der Beurteilung von Anträgen durch die SV-Träger muss der **Antrag im Zweifel zugunsten des Versicherten ausgelegt** werden. Die Fiktion eines tatsächlich nicht gestellten Antrages lässt sich freilich auch aus den Grundsätzen **sozialer Rechtsanwendung** nicht ableiten.[1581]

Der SV-Träger (oder eine zur Weiterleitung gemäß § 361 Abs 4 verpflichtete Behörde) ist **nicht verpflichtet**, jedes Anbringen, dem erkennbare Hinweise auf ein bestimmtes Begehren fehlen, **nach allen Richtungen** dahin **„auszuloten"**, „wer mit der Eingabe allenfalls sonst noch befasst werden kann", um eine mögliche „versteckte" Antragstellung aufzuspüren.[1582]

Für die Entstehung des Anspruchs auf die Leistungen aus der **UV** ist die Antragstellung auf die Leistung nicht Voraussetzung.[1583]

Nach § 13 Abs 2 AVG sind Rechtsmittel und Anbringen, die an eine **Frist** gebunden sind oder durch die der Lauf einer Frist bestimmt wird, **schriftlich** einzubringen. Das gilt auch für Leistungsanträge in SV-Sachen betreffend Pensionsleistungen.[1584]

10.1.2.2.2. Grundsatz „Rehabilitation vor Pension" (Abs 1 letzter Satz)

Ein **Antrag auf** eine **Pension** aus den Versicherungsfällen der geminderten Arbeitsfähigkeit **gilt vorrangig als Antrag auf** Leistung von medizinischen Maßnahmen der **Rehabilitation** und von Rehabilitationsgeld sowie auf Feststellung, ob berufliche Maßnahmen der Rehabilitation zweckmäßig und zumutbar sind, einschließlich der Feststellung des Berufsfeldes (Abs 1).

Dem Grundsatz „Rehabilitation vor Pension" liegt der Gedanke zugrunde, bevor dem in seiner Arbeitsfähigkeit geminderten Versicherten als Ausgleich der Folgen der Herabsetzung der Arbeitsfähigkeit die Pension gewährt wird, soll **versucht**

1579 RS0085092.
1580 10 ObS 252/90.
1581 10 ObS 82/91.
1582 10 ObS 110/07k.
1583 RS0085252.
1584 10 ObS 15/03h.

werden, die **Arbeitsfähigkeit wiederherzustellen**. Nur wenn Rehabilitationsmaßnahmen keine Aussicht auf Erfolg haben, soll als **ultima ratio** die **Pension** in Betracht kommen.[1585]

Danach ist ein Antrag auf eine Pension aus einem Versicherungsfall der geminderten Arbeitsfähigkeit gleichzeitig als Antrag auf Rehabilitation zu werten und die Einholung der **Zustimmung des Versicherten** zur Einleitung von Maßnahmen der Rehabilitation ist **nicht** mehr **erforderlich**.[1586]

Der Grundsatz „Rehabilitation vor Pension" gilt **auch für** Versicherte, denen ein **Berufsschutz** zukommt. Eine Einschränkung dahingehend, dass dem Versicherten im Rahmen der **beruflichen Rehabilitation** nur eine Berufsausübung im Rahmen des (bisherigen) Verweisungsfeldes ermöglicht werden soll, ist dem Gesetz nicht zu entnehmen. Die Rehabilitation knüpft somit nicht notwendigerweise am bisherigen Beruf an.[1587] Im Rahmen der beruflichen Rehabilitation kann es somit grundsätzlich auch zu einer **Umschulung** eines überwiegend in erlernten Berufen tätig gewesenen Versicherten kommen. An die Stelle des Berufsschutzes tritt daher eine Art **Qualifikationsschutz**.[1588]

Die Antragsfiktion des Abs 1 letzter Satz erfasst nicht das **Übergangsgeld**.[1589]

10.1.2.2.3. Antragsberechtigung (Abs 2)

Zur Stellung eines Antrages ist der **Anspruchswerber** selbst oder sein gesetzlicher Vertreter berechtigt. **Minderjährige**, die das 14. Lebensjahr vollendet haben, können auch selbst den Antrag stellen. Der Anspruch auf die Leistungen der KV für **Angehörige** kann in den Fällen des § 89 Abs 4 oder wenn der Versicherte die Antragstellung ohne triftigen Grund verweigert, auch vom Angehörigen selbst oder von dessen gesetzlichem Vertreter unmittelbar geltend gemacht werden. Der Kostenersatz (§ 131 Abs 1 und 3) sowie der Pflegekostenzuschuss (§ 150) kann, wenn der Anspruchsberechtigte vor der Antragstellung verstorben ist, auch von den nach § 107a bezugsberechtigten Personen beantragt werden. Hinsichtlich eines Leistungsanspruches, aus dem ein vom **Träger der Sozialhilfe** geltend gemachter Ersatzanspruch zu befriedigen ist, ist auch der Träger der Sozialhilfe antragsberechtigt (Abs 2).

Durch Abs 2 wird **mündigen Minderjährigen** kein Recht zur selbständigen Verfolgung von Ansprüchen eingeräumt. Bei Abs 2 handelt es sich um eine **Ausnahmeregelung**, welche einer ausdehnenden Auslegung nicht zugänglich ist. Aus dem bloßen (Mit-)Antragsrecht eines mündigen Minderjährigen allein kann eine prozessuale Handlungsfähigkeit zur Verfolgung sozialrechtlicher Ansprüche nicht abgeleitet

1585 RS0113173.
1586 10 ObS 45/00s.
1587 RS0113672.
1588 10 ObS 52/16v.
1589 RS0131697.

werden. Die in Abs 2 mündigen Minderjährigen eingeräumte Antragsbefugnis (und damit eingeschränkte verfahrensrechtliche Handlungsfähigkeit) beschränkt sich ausschließlich auf den das Leistungsverfahren auslösenden Rechtsakt.[1590]

Ein mündiger Minderjähriger ist im Leistungsverfahren betreffend die Rentenleistung einer Versehrtenrente nach dem ASVG **nicht prozessfähig.**[1591]

Bei Legalzession kann der in die Rechte des Versicherten eingetretene **Sozialhilfeträger** die Zuerkennung (Erhöhung) der Leistungen im Verfahren in Leistungssachen beantragen, **soweit** die **Leistungen** dem Versicherten **nicht** bereits **zuerkannt** sind; dasselbe gilt kraft gesetzlicher Anordnung für Leistungsansprüche, aus denen ein sonstiger Ersatzanspruch des Sozialhilfeträgers zu befriedigen ist (§ 361 Abs 2 letzter Satz ASVG). Die Klagsführung beim Arbeits- und Sozialgericht setzt – weil ein Fall des § 65 Abs 1 Z 1 ASGG vorliegt – einen Bescheid des SV-Trägers oder dessen Säumnis voraus. Ist hingegen die Leistung dem Versicherten bereits **zuerkannt** und zwischen dem SV-Träger und dem Sozialhilfeträger nur der Grund oder die Höhe des Ersatzanspruches – sei es mit oder ohne Legalzession – strittig, so fällt diese Streitigkeit unter § 65 Abs 1 Z 3 ASGG.[1592]

10.1.2.2.4. Beibringung von Urkunden und Unterlagen (Abs 3)

Der Antragsteller hat die zur Feststellung des geltend gemachten Anspruches erforderlichen Urkunden und in seinen Händen befindlichen Unterlagen über den Versicherungsverlauf beizubringen. Bei einem Antrag auf eine Leistung der KV, die von der Höhe einer Bemessungsgrundlage abhängig ist, hat der Antragsteller eine **Bestätigung des Dienstgebers** über die Höhe des Entgeltes beizubringen. Das Nähere über Form und Inhalt der Bestätigung bestimmt die Satzung (Abs 3).

§ 361 Abs 1 Z 1 und Abs 3 erster Satz ASVG regelt die den Antragsteller treffende **Mitwirkungspflicht** und nicht die Form des jeweiligen Ansuchens. Die nicht erfolgte Vorlage der vom Antragsteller durch den Versicherungsträger geforderten Unterlagen kann daher nicht als Formgebrechen gemäß § 13 Abs 3 AVG angesehen werden.[1593]

10.1.2.2.5. Weiterleitung von Anträgen (Abs 4)

Anträge auf Leistungen sind **bei** dem örtlich und sachlich **zuständigen Versicherungsträger einzubringen.** Wird der Antrag

- bei einem **anderen Versicherungsträger** oder
- bei einer **Behörde der allgemeinen staatlichen Verwaltung** eingebracht, so ist er ohne unnötigen Aufschub an den zuständigen Versicherungsträger **weiter-**

1590 10 ObS 202/98y.
1591 RS0111333.
1592 RS0109545.
1593 VwGH 4.7.1995, 92/08/0015.

zuleiten. Er gilt mit dem Tag des Einlangens bei der anderen Stelle als bei dem zuständigen Versicherungsträger rechtswirksam eingebracht. Wird der Antrag bei einer **Gemeinde** eingebracht, ist er je nach dem Begehren ohne unnötigen Aufschub an einen Versicherungsträger weiterzuleiten und gilt, wenn zwischen der Einbringung bei der Gemeinde und dem Einlangen bei einem Versicherungsträger nicht mehr als zwei Monate verstrichen sind, mit dem Tag des Einlangens bei der Gemeinde als beim zuständigen Versicherungsträger eingebracht (Abs 4).

Anträge auf Leistungen sind gemäß Abs 4 Satz 1 beim örtlich und sachlich zuständigen Versicherungsträger einzubringen. Langt ein Antrag jedoch bei einem anderen Versicherungsträger oder bei einer Behörde der allgemeinen staatlichen Verwaltung ein, so ist der Antrag gemäß Satz 2 dieser Bestimmung ohne unnötigen Aufschub an den zuständigen Versicherungsträger weiterzuleiten. Diese **Weiterleitungspflicht** besteht auch dann, wenn ein Antrag an einen zuständigen Versicherungsträger erkennbar zusätzlich ein Begehren beinhaltet, zu dessen Entscheidung ein **anderer SV-Träger** zuständig ist.[1594]

10.1.2.3. Zurückweisung von Leistungsanträgen in der UV und PV (§ 362)

Eine innerhalb der Sperrfrist ohne bescheinigte wesentliche Änderung des Gesundheitszustandes eingebrachte **Klage ist zurückzuweisen**, auch wenn die beklagte Partei in ihrer Klagebeantwortung auf die Rechtswegunzulässigkeit nicht hinweist, sondern die Abweisung der Klage in der Sache beantragt.[1595]

Bei mangelndem Glaubhaftmachen der wesentlichen Änderung des Gesundheitszustandes ist der **Rechtsweg unzulässig.**[1596]

10.1.2.3.1. Sperrfrist für einen neuerlichen Antrag auf Versehrtenrente (Abs 1)

Ist die Zuerkennung des Anspruches auf eine Versehrtenrente oder der Antrag auf eine Erhöhung der Versehrtenrente mangels einer entsprechenden Einbuße an Erwerbsfähigkeit abgewiesen oder eine solche Rente aus dem gleichen Grunde entzogen worden und wird **vor Ablauf eines Jahres** nach Rechtskraft der Entscheidung der **Antrag** auf Zuerkennung (Erhöhung) der Versehrtenrente **neuerlich eingebracht, ohne** dass eine **wesentliche Änderung** (§ 183 Abs 1 zweiter Satz) der zuletzt festgestellten Unfallfolgen glaubhaft **bescheinigt** ist oder innerhalb einer vom Versicherungsträger gesetzten angemessenen Frist bescheinigt wird, so ist der Antrag **zurückzuweisen** (Abs 1).

1594 10 ObS 110/07k.
1595 OLG Wien RW0000722.
1596 OLG Wien RW0000191.

Gegen einen den neuerlichen Antrag auf Zuerkennung einer Versehrtenrente iSd § 362 Abs 1 ASVG zurückweisenden Bescheid eröffnet **§ 68 ASGG** die **Klagsmöglichkeit** an das ASG, wenn der Versicherte dem Gericht eine wesentliche Änderung des zuletzt festgestellten Gesundheitszustandes glaubhaft macht. Eine Sachentscheidung des Versicherungsträgers ist im Geltungsbereich des § 68 ASGG nicht Voraussetzung für die Zulässigkeit des Klagsweges.[1597]

Hat der **Versicherungsträger** einen innerhalb der Sperrfrist des Abs 1 gestellten Antrag nicht zurückgewiesen, sondern darüber **sachlich entschieden**, steht den Gerichten eine Überprüfung, ob eine wesentliche Änderung bescheinigt wurde, nicht zu. Die Klage darf daher nicht mit der Begründung zurückgewiesen werden, die wesentliche Änderung sei nicht bescheinigt.[1598]

Fehlt einer Bescheinigung ein **Befund** (über eine Leidensverschlimmerung oder ein neues Leiden), so ist der Versicherungsträger nach Abs 1 verpflichtet, dem Anspruchswerber eine **angemessene Frist** zur Vorlage einer tauglichen Bescheinigung zu **setzen**. Erst dann ist zu prüfen, ob durch diese eine wesentliche Änderung des zuletzt festgestellten Gesundheitszustandes glaubhaft gemacht wird.[1599]

10.1.2.3.2. Sperrfrist für einen neuerlichen Antrag auf Invaliditätspension (Abs 2)

Abs 1 ist bei Ablehnung eines Antrages auf Zuerkennung von medizinischen Maßnahmen der Rehabilitation (§§ 253f, 270b und 276f) oder einer **Pension aus einem Versicherungsfall der geminderten Arbeitsfähigkeit** mangels entsprechender Minderung der Arbeitsfähigkeit oder bei Entziehung einer solchen Pension aus demselben Grund so anzuwenden, dass an die Stelle des Ablaufes eines Jahres der Ablauf von **18 Monaten** und an die Stelle der Unfallfolgen die Minderung der Arbeitsfähigkeit tritt. Das Gleiche gilt im Fall der Feststellung nach § 255a (§ 273a, § 280a), dass Invalidität (Berufsunfähigkeit) nicht vorliegt (Abs 2).

Die Bestimmungen des § 362 Abs 2 ASVG und des § 68 Abs 1 ASGG können nicht so verstanden werden, dass sie auch dann eine Bescheinigung einer wesentlichen Änderung des Zustandes fordern, wenn innerhalb der Jahresfrist ein **neuerlicher Antrag** auf eine Pensionsleistung gestellt wird, die gegenüber der zuvor begehrten (wegen einer mittlerweile in Kraft getretenen Gesetzesänderung) **erleichterte Zugangsvoraussetzungen** aufweist. Vielmehr ist der Wortlaut teleologisch dahin zu reduzieren, dass die Sperrfrist nur einen erneuten Antrag auf diejenige Leistung verhindern soll, bezüglich derer das Fehlen der Voraussetzungen bereits kurze Zeit zuvor rechtskräftig festgestellt wurde.[1600]

1597 VfGH 25.6.2001, B938/01.
1598 RS0085504.
1599 VwGH 23.10.1986, 85/08/0170.
1600 RS0116711.

Die Bestimmung des § 68 ASGG iVm § 362 ASVG ist schon nach ihrem klaren Wortlaut nicht auf Ansprüche auf **Waisenpension** anzuwenden.[1601]

10.1.2.3.3. Sperrfrist nach Zurückziehung einer Klage auf Invaliditätspension (Abs 3)

Ist eine Klage auf Zuerkennung einer Pension wegen geminderter Arbeitsfähigkeit zurückgezogen worden und wird **vor Ablauf von zwölf Monaten** nach dem Zeitpunkt der Klagszurückziehung der **Antrag** auf Zuerkennung einer Pension nach Abs 2 **neuerlich eingebracht**, ohne dass eine wesentliche Änderung der zuletzt festgestellten Minderung der Arbeitsfähigkeit glaubhaft bescheinigt oder innerhalb einer vom Versicherungsträger gesetzten angemessenen Frist bescheinigt wird, so ist der Antrag **zurückzuweisen** (Abs 3).

Mit der Einführung einer Sperrfrist nach Zurückziehung einer Klage auf Pension aus dem Versicherungsfall der geminderten Arbeitsfähigkeit soll eine kurzfristige neuerliche Antragstellung ohne eine wesentliche Änderung der zuletzt festgestellten Minderung der Arbeitsfähigkeit verhindert werden.[1602]

10.1.2.4. Feststellung des Sachverhaltes (§ 362a)

Die Versicherungsträger können **Parteien**, sonstige Beteiligte und Auskunftspersonen zur Feststellung des Sachverhaltes **vernehmen**. Leistet die einzuvernehmende Person der Ladung keine Folge oder **verweigert** sie die Aussage, so kann der Versicherungsträger das für ihren Wohnort örtlich zuständige **Bezirksgericht** um ihre Vernehmung ersuchen (Abs 1).

Die Bezirksgerichte **haben** einem Ersuchen **zu entsprechen**; sie haben dabei die sonst für sie geltenden Verfahrensvorschriften anzuwenden (Abs 2).

Ebenso wie im Fall des § 357 soll die bisher im § 358 Abs 1 und 2 vorgesehene Möglichkeit für die Versicherungsträger, die Parteien, sonstige Auskunftspersonen und Beteiligte zur Feststellung des Sachverhaltes zu vernehmen bzw erforderlichenfalls das örtlich zuständige Bezirksgericht um Vernehmung zu ersuchen, für das **Leistungsverfahren** aufrechterhalten werden (als neuer § 362a). Da in **Verwaltungssachen** künftig die entsprechenden Regelungen des AVG (siehe die §§ 45 ff AVG) Platz greifen, erscheint die parallele Regelung im § 358 Abs 1 und 2 für das Verfahren in Verwaltungssachen (allfälliges Ersuchen an die Bezirksverwaltungsbehörde um Vernehmung) nicht mehr erforderlich.[1603]

Siehe auch § 539a: Für die Beurteilung von Sachverhalten nach dem ASVG ist in wirtschaftlicher Betrachtungsweise der **wahre wirtschaftliche Gehalt** und nicht die äußere Erscheinungsform des Sachverhaltes (zB Werkvertrag, Dienstvertrag)

1601 RS0125814.
1602 RS0130560.
1603 RV 2195 BlgNR 24. GP 6 zum Verwaltungsgerichtsbarkeits-Anpassungsgesetz – SV, BGBl I 2013/87.

maßgebend (Abs 1). Ein Sachverhalt ist so zu beurteilen, wie er bei einer den wirtschaftlichen Vorgängen, Tatsachen und Verhältnissen angemessenen rechtlichen Gestaltung zu beurteilen gewesen wäre (Abs 3).

10.1.2.5. Unfallmeldung (§ 363)

Die **Dienstgeber** und die sonstigen meldepflichtigen Personen oder Stellen (§§ 33 bis 37, 39) **haben** jeden **Arbeitsunfall**, durch den eine unfallversicherte Person getötet oder mehr als drei Tage völlig oder teilweise arbeitsunfähig geworden ist, längstens **binnen fünf Tagen** dem zuständigen Träger der UV **zu melden**. Auf die gleiche Weise haben die meldepflichtigen Personen (Stellen) die **Berufskrankheit** eines Unfallversicherten binnen fünf Tagen nach dem Beginn der Krankheit dem zuständigen Träger der UV zu melden (Abs 1).

Der **Arzt**, der bei einer versicherten Person Krankheitserscheinungen feststellt, die den **begründeten Verdacht einer Berufskrankheit** rechtfertigen, hat diese Feststellung dem zuständigen Träger der UV binnen fünf Tagen zu melden. Der Versicherungsträger hat dem Arzt hiefür eine Vergütung von 5,81 € zu leisten. Ein Arzt, welcher der ihm obliegenden Verpflichtung zur Erstattung der Meldung nicht oder nicht rechtzeitig nachkommt, begeht eine **Verwaltungsübertretung** und ist, wenn er nicht nach anderen Vorschriften einer strengeren Strafe unterliegt, von der Bezirksverwaltungsbehörde mit Geldstrafe bis zu 440 €, im Falle der Uneinbringlichkeit mit Freiheitsstrafe bis zu zwei Wochen zu bestrafen (Abs 2).

Die Meldungen sind vorrangig mittels elektronischer Datenfernübertragung, jedenfalls aber **schriftlich**, zu erstatten (Abs 5).

Grundsätzlich ist in Lehre und Rsp unstrittig, dass die Verletzung der **Unfallanzeigepflicht** des § 363 **Abs 1** ASVG eine **Schutzgesetzverletzung** iSd § 1311 ABGB darstellt, woraus die **Haftpflicht des Dienstgebers** für nicht erhaltene Sozialleistungen folgt. § 363 Abs 1 ASVG statuiert eine besondere **Fürsorgepflicht** des Arbeitgebers mit dem Zweck, (jedenfalls auch) die amtswegige Einleitung des Verfahrens beim Träger der UV und somit die dem Arbeitnehmer erwachsenden Ansprüche aus einem Arbeitsunfall zu sichern. Wenn auch der Verstoß gegen die SV-Meldepflicht keine im Austauschverhältnis des Arbeitsvertrags stehende Pflicht des Arbeitgebers ist und auch nicht rechtsgeschäftlich (sondern **ex lege**) begründet wird, konkretisiert die öffentlich-rechtliche Vorschrift des § 363 Abs 1 ASVG die in § 1157 ABGB formulierte Fürsorgepflicht des Arbeitgebers. Die schuldhafte Verletzung dieser Fürsorgepflicht stellt eine **Verletzung vertraglicher Nebenpflichten**, sohin eine „positive Vertragsverletzung“ dar. **Gleiches gilt** auch **für** das Schutzgesetz des § 363 **Abs 2** ASVG. So wie Abs 1 dieser Bestimmung die Fürsorgepflichten des Arbeitgebers statuiert, statuiert Abs 2 des § 363 ASVG **Nebenpflichten aus dem Behandlungsvertrag**. Es finden sich in § 363 ASVG keine Anhaltspunkte, die eine verschiedene Behandlung der Rechtsfolgen nach Abs 1 und 2 rechtfertigten.[1604]

1604 2 Ob 95/03i mwN.

10.1.2.6. Erhebung von Arbeitsunfällen

Der **UV-Träger lässt** nach Einlangen einer Unfallmeldung unverzüglich die **Tatsachen feststellen**, welche für die Ermittlung, ob und in welcher Höhe eine Entschädigung in Betracht kommt, erforderlich sind (§ 364).

Ein **Arbeitsunfall ist behördlich zu erheben**, wenn es der Träger der UV bei der nach dem Unfallort zuständigen Bezirksverwaltungsbehörde, sofern es sich aber um Betriebe handelt, die der Aufsicht der Bergbehörde unterstehen, beim Bundesministerium für Wirtschaft und Arbeit beantragt (§ 365 Abs 1).

Unfallerhebungen sind nach Einlangen des Antrages ohne Verzug und in der Regel **an Ort und Stelle** vorzunehmen. Der Erhebung ist nach Möglichkeit der Versehrte beizuziehen. Außerdem sind von der Vornahme der Erhebung der Träger der UV, das zuständige Arbeitsinspektorat (Land- und Forstwirtschaftsinspektion) sowie, wenn der Unfall einen Dienstnehmer betroffen hat, der Dienstgeber und der Betriebsrat (die Vertrauensmänner) des Betriebes zu verständigen. Diese Stellen können sich durch Vertreter an der Erhebung beteiligen. Das Ergebnis der Erhebungen ist dem UV-Träger sobald wie möglich mitzuteilen.

Für den Bereich der Arbeitsunfälle trifft den Versicherungsträger auf Grund der §§ 364, 365 eine über das im ASVG allgemein geforderte Maß hinausgehende **Ermittlungspflicht**.[1605]

10.1.2.7. Mitwirkungspflicht (§ 366)

Anspruchswerber und Anspruchsberechtigte sind **verpflichtet**, sich einer **ärztlichen Untersuchung** oder einer Beobachtung in einer Krankenanstalt **zu unterziehen**, die der zuständige Versicherungsträger **anordnet**, um das Vorliegen und den Grad von gesundheitlichen Schädigungen festzustellen, die Voraussetzung für den Anspruch auf eine Leistung sind (Abs 1).

Wird einer Anordnung des Versicherungsträgers **nicht entsprochen**, so kann er der Entscheidung über den Leistungsanspruch den **Sachverhalt, soweit er festgestellt ist, zugrunde legen**. Dies darf jedoch nur geschehen, wenn die Anordnung unter **Androhung der Säumnisfolgen und** mit **Setzung einer angemessenen Frist** vorgenommen wird. Die Anordnung ist aufzuheben, wenn die aufgeforderte Person glaubhaft macht, dass sie durch ein unvorhergesehenes oder unabwendbares Ereignis ohne ihr Verschulden verhindert war, der Anordnung fristgerecht nachzukommen (Abs 2).

Zur Klärung der Frage, ob ein Krankheitszustand ganz oder teilweise als **Berufskrankheit** anzusehen ist, kann der Träger der UV eine gutächtliche **Äußerung des Arbeitsinspektionsarztes** beim Zentralarbeitsinspektorat einholen. Einem Antrag des Arbeitsinspektionsarztes auf Vornahme von Ermittlungen, erforder-

1605 Vgl VwGH 22.5.1981, 3177/79.

lichenfalls von weiteren ärztlichen Untersuchungen hat der Versicherungsträger zu entsprechen (Abs 3).

Zur Klärung der Frage, **ob berufliche** Maßnahmen der **Rehabilitation** nach § 253e Abs 4 **zumutbar** sind, hat der Träger der PV unter persönlicher Mitwirkung der antragstellenden Person eine **berufskundliche Beurteilung** durchzuführen und sie zu den Feststellungen anzuhören, soweit sich diese Frage nicht bereits auf Grund der ärztlichen Untersuchung nach Abs 1 beantworten lässt. Können wegen mangelnder Mitwirkung der antragstellenden Person die Feststellungen nach § 367 Abs 4 Z 1 nicht getroffen werden, so gilt der Antrag auf eine Pension aus den Versicherungsfällen der geminderten Arbeitsfähigkeit als Antrag auf Feststellung der Invalidität nach § 255a (§ 280a) oder der Berufsunfähigkeit nach § 273a (Abs 4).

§ 366 legt eine **Nebenpflicht** des Anspruchswerbers oder Anspruchsberechtigten im Sinne einer **Duldungspflicht** fest, deren Erfüllung nicht unmittelbar erzwungen werden kann, deren Verletzung jedoch Auswirkungen auf die Leistungsgewährung nach sich ziehen kann.[1606]

Der OGH hat sich in der Entscheidung 10 ObS 188/04a ausführlich mit der Frage einer **Pflicht** des Versicherten **zur Heilbehandlung** auseinandergesetzt und ist zur Auffassung gelangt, dass eine solche Pflicht generell (und nicht nur im Fall des Entzugs einer Leistung) **von** einem entsprechenden **„Verlangen" des Versicherungsträgers abhängt**. Die Entscheidung wurde zuletzt zu 10 ObS 88/07z und 10 ObS 134/07i bestätigt; erneut wurde auch ausgesprochen, dass bei den Mitwirkungspflichten kein grundsätzlicher Unterschied zwischen Gewährung und Entziehung einer Leistung besteht.[1607]

10.1.2.8. Bescheide der Versicherungsträger (§ 367)

Über den Antrag auf Zuerkennung einer **Leistung aus der KV** oder auf Gewährung von **Unfallheilbehandlung**, von Familien-, Tag-, Versehrten- und Übergangsgeld oder von **Hilfsmitteln** aus der UV, ferner bei amtswegiger Feststellung der angeführten Leistungen der UV sowie über den Antrag auf Gewährung von Übergangsgeld oder **medizinische Maßnahmen der Rehabilitation** aus der PV ist ein Bescheid zu erlassen, wenn

1. der Versicherungsträger von sich aus ohne Einwilligung des Erkrankten (Versehrten) Anstaltspflege oder Wiederaufnahme der Heilbehandlung verfügt,
2. die beantragte **Leistung** ganz oder teilweise **abgelehnt** wird **und** der **Anspruchswerber ausdrücklich** einen **Bescheid verlangt** oder
3. es sich bei der beantragten Leistung aus der KV um eine **Leistung der grenzüberschreitenden Gesundheitsversorgung** handelt, die einer Vorabgenehmigungspflicht (§ 7b Abs 4 und 5 SV-EG) unterliegt.

1606 RS0085511.
1607 10 ObS 136/07h.

Über den Antrag auf Zuerkennung oder über die amtswegige Feststellung einer sonstigen Leistung aus der UV, ausgenommen berufliche und soziale Maßnahmen der Rehabilitation sowie die Feststellung, dass eine **Gesundheitsstörung Folge eines Arbeitsunfalls** bzw einer Berufskrankheit ist, auch wenn nach Eintritt einer Gesundheitsstörung eine Leistung aus der UV nicht anfällt, ferner über den Antrag auf eine Leistung gemäß § 222 Abs 1 und 2 aus der PV, ausgenommen medizinische Maßnahmen der Rehabilitation, sowie auf Feststellung von Versicherungs- und Schwerarbeitszeiten außerhalb des Leistungsfeststellungsverfahrens ist **jedenfalls ein Bescheid zu erlassen**. Über einen Antrag auf Leistung aus einem Versicherungsfall der geminderten Arbeitsfähigkeit ist, sofern die Wartezeit erfüllt ist, über das Vorliegen der Invalidität, Berufsunfähigkeit oder Dienstunfähigkeit im Bescheid gesondert zu entscheiden (Abs 1).

10.1.2.8.1. Bescheidbegriff

Ein nach dem **Inhalt** erkennbarer eindeutiger **Bescheidwille** einer Erledigung (hier: auch mit Rechtsmittelbelehrung versehen) des Versicherungsträgers ist auch dann ein Bescheid, wenn er entgegen § 58 Abs 1 AVG nicht als solcher bezeichnet ist.[1608] Auch eine bloße **Verständigung** des Versicherten durch den SV-Träger oder dessen **Mitteilung** ist als Bescheid anzusehen, wenn der Bescheidwille dem Schreiben entnommen werden kann. Gibt der Versicherungsträger in einem an den Versicherten gerichteten Schreiben seinen Willen zu erkennen, einem Antrag des Versicherten nicht zu entsprechen, ist dieses Schreiben als Bescheid zu werten.[1609] Ein **Informationsschreiben** über die voraussichtliche Höhe der Pension stellt keinen verbindlichen Bescheid dar.[1610]

Rückstandsausweise sind keine anfechtbaren Bescheide, sondern öffentliche Urkunden über den Stand der offenen Zahlungsverbindlichkeiten eines Beitragsschuldners.[1611]

Ein Bescheid des Versicherungsträgers ist nur dann iSd Gesetzes **erlassen**, wenn die schriftliche Ausfertigung der Partei **zugestellt** wurde.[1612]

10.1.2.8.2. Bescheidpflicht (Abs 1)

Die **Mitteilung** des Versicherers, die beantragten Leistungen für laufende Ansprüche aus der **KV** werden abgelehnt (hier: da keine Arbeitsunfähigkeit vorliege) und die Belehrung, über Antrag würde ein anfechtbarer Bescheid erlassen, ist eine dem Gesetz entsprechende Vorgangsweise und **kein Bescheid**.[1613] Eine bloße Mitteilung des Versicherungsträgers kann einen zu erlassenden Bescheid nicht substituieren.[1614]

1608 RS0049708.
1609 10 ObS 2/01v.
1610 10 ObS 146/15s.
1611 RS0084049.
1612 RS0085520.
1613 RS0083922.
1614 3 Ob 248/05z.

Nach § 367 Abs 1 ist vom Versicherungsträger über den Antrag auf Zuerkennung einer Leistung aus der **KV** ein **Bescheid nur** dann **zu erlassen**, wenn die beantragte Leistung ganz oder teilweise abgelehnt wird und der **Anspruchswerber ausdrücklich** einen **Bescheid verlangt**, wobei auch über die Nichtgewährung freiwilliger Leistungen aus der KV mit Bescheid zu erkennen ist.[1615] Ein Verlangen auf Bescheiderlassung muss ausdrücklich gestellt werden, doch ist bei der Auslegung der betreffenden Erklärung des Anspruchswerbers kein strenger Maßstab anzulegen.[1616]

Die bescheidmäßige Erledigung des Antrages gemäß § 367 Abs 1 Z 2 kann schon in diesem oder auch nachträglich, etwa nach Zugang einer Mitteilung über die gänzliche oder teilweise Ablehnung der Leistung, verlangt werden. Der darauf abzielende Antrag ist an **keine Frist** gebunden. Im Fehlen einer Befristung ist keine planwidrige Lücke zu erkennen, die durch Gesetzesanalogie oder Rechtsanalogie eine bestimmte Frist mit der erforderlichen Eindeutigkeit ermitteln ließe.[1617]

Ein Antrag auf **Anerkennung eines Arbeitsunfalles** oder, dass ein Arbeitsunfall iSd § 175 ASVG vorliegt, ist nur iSd nach § 65 Abs 2 ASGG (im Verwaltungsverfahren: § 367 Abs 1 ASVG) zulässigen Feststellung zu verstehen und in diesem Sinne zu modifizieren.[1618]

Als **unwiderruflich anerkannt** iSd § 71 Abs 2 Satz 2 ASGG gilt **(nur)** die im **Spruch eines Bescheids** des zuständigen UV-Trägers gemäß § 367 Abs 1 Satz 2 ASVG enthaltene Feststellung, dass eine bestimmte **Gesundheitsstörung** Folge eines Arbeitsunfalls oder einer Berufskrankheit ist.[1619]

Der gemäß § 367 Abs 1 unabhängig von einem darauf gerichteten Antrag zu erlassende **Feststellungsbescheid stellt** den **Kausalzusammenhang zwischen** einem **Arbeitsunfall und** einer **Gesundheitsstörung** im Hinblick auf ein späteres Verfahren (auf Zuerkennung von Leistungen aus der UV) **bindend fest**. Er bezieht sich nur auf die Gesundheitsstörung, die zur Zeit der Entscheidung bereits bekannt war, und bewirkt für ein späteres, aus dieser Gesundheitsstörung abgeleitetes Leistungsbegehren eine **Umkehr der Beweislast**. Der Versicherungsträger kann auch die negative Feststellung treffen, dass eine für den vom Versicherten geltend gemachten Anspruch präjudizielle Kausalität zwischen einem bestimmten Leidenszustand und dem Arbeitsunfall nicht besteht.[1620]

Eine Bescheidpflicht über die Gewährung von Maßnahmen der **medizinischen Rehabilitation** aus der **PV** besteht nur iZm einem Pensionsverfahren nach den §§ 253f, 270b.[1621]

1615 10 ObS 258/02t.
1616 10 ObS 96/00s.
1617 VwGH 21.9.1999, 99/08/0012.
1618 RS0108304.
1619 RS0132708.
1620 VwGH 7.9.2005, 2003/08/0093 mwN.
1621 RS0130606.

Für die Entscheidung über die Gewährung von Maßnahmen der **beruflichen Rehabilitation** in der **PV** nach § 303 besteht nach § 367 Abs 1 idF SRÄG 2012 keine Bescheidpflicht.[1622]

10.1.2.8.3. Entsprechende Anwendung des Abs 1 (Abs 2)

Abs 1 ist entsprechend anzuwenden bei **Entziehung**, Versagung, Neufeststellung, Widerruf, Abfindung, Abfertigung oder Feststellung des **Ruhens** eines Leistungsanspruches, ferner bei Geltendmachung des Anspruches auf **Rückersatz** einer unrechtmäßig bezogenen Leistung, bei **Aufrechnung** auf eine Geldleistung oder Zurückhaltung der Ausgleichszulage (Abs 2).

Abs 2 verpflichtet die SV-Träger zur Bescheiderlassung über die Feststellung des **Ruhens** in jenem Umfang, in dem sie eine Bescheidpflicht über die Zuerkennung der Leistung trifft. Im Umfang dieser Bescheiderlassungspflicht wird das Ruhen daher nicht ex lege, sondern erst mit der Erlassung des Bescheides wirksam.[1623]

Dem Klagebegehren ist eine präzisere, dem § 367 Abs 2 („Feststellung des Ruhens eines Leistungsanspruches") und auch dem § 65 Abs 2 ASGG entsprechende Fassung zu geben, wenn es sich nur nach dem Wortlaut des Begehrens um eine Leistungsklage, ihrem Wesen nach jedoch um eine gegen die bescheidmäßige Feststellung des teilweisen Ruhens der Alterspension gerichtete **Feststellungsklage** handelt.[1624]

Kommt der SV-Träger nach Erbringung der Leistung (hier: nach Durchführung einer Beitragsprüfung) zur Auffassung, dass er die **Leistung zu Unrecht erbracht** hat, kann er die Leistung unter den Voraussetzungen des § 107 **zurückfordern**. Dazu bedarf es gemäß § 367 Abs 2 iVm § 354 Z 2 der Erlassung eines Bescheides in Leistungssachen, gegen den gemäß § 65 Abs 1 Z 2 ASGG Klage bei den ordentlichen Gerichten eingebracht werden kann.[1625]

Der über die **Aufrechnung** zu erlassende Bescheid kann gemäß § 2 ASGG durch Klage bei Gericht angefochten werden.[1626]

10.1.2.8.4. Anpassungen und Vervielfachungen (Abs 3)

Bescheide über die Auswirkung

- von Renten- oder Pensionsanpassungen,
- von Vervielfachungen fester Beträge mit der jeweiligen Aufwertungszahl bzw mit dem jeweiligen Anpassungsfaktor

sind **nur** zu erlassen, **wenn** der **Berechtigte** dies bis zum Ablauf des Kalenderjahres **verlangt**, für das die Anpassung (Vervielfachung) vorgenommen wurde (Abs 3).

1622 RS0130958.
1623 RS0085523.
1624 RS0085531.
1625 VwGH 13.8.2003, 2002/11/0222.
1626 RS0084114.

10.1.2.8.5. Amtswegige Feststellungen (Abs 4)

Wird eine beantragte **Leistung aus** dem **Versicherungsfall der geminderten Arbeitsfähigkeit abgelehnt**, weil dauernde Invalidität (§ 254) oder dauernde Berufsunfähigkeit (§ 271) auf Grund des körperlichen oder geistigen Zustandes nicht anzunehmen ist, so **hat** der Versicherungsträger **von Amts wegen festzustellen,**

- ob und seit wann Invalidität (Berufsunfähigkeit) iSd § 255 Abs 1 und 2 (§ 273 Abs 1) oder iSd § 255 Abs 3 (§ 273 Abs 2) vorliegt und ob ein Rechtsanspruch auf berufliche Maßnahmen der Rehabilitation nach § 253e (§ 270a, § 276e) besteht und für welches Berufsfeld die versicherte Person durch diese Maßnahmen qualifiziert werden kann (Z 1);
- ob die Invalidität (Berufsunfähigkeit) **voraussichtlich mindestens sechs Monate** andauern wird (Z 2);
- ob **Anspruch auf Rehabilitationsgeld** (§ 255b, § 273b, § 280b) besteht oder nicht (Z 4).

Die unter den Z 1 und 2 genannten Feststellungen hat der Versicherungsträger von Amts wegen zu treffen, wenn nach § 255a (§ 273a, § 280a) festgestellt wird, dass die Invalidität (Berufsunfähigkeit) voraussichtlich nicht dauerhaft vorliegt. Bei Anspruch auf Rehabilitationsgeld können die Feststellungen nach Z 1 auch erst im Bescheid zur Entziehung des Rehabilitationsgeldes (§ 99 Abs 3 Z 1 lit b) erfolgen (Abs 4).

Die Sozialgerichte können nach dem Grundsatz der sukzessiven Kompetenz über ein **Feststellungsbegehren** (§ 65 Abs 2 ASGG) nur dann entscheiden, wenn die Bestimmungen über das Verfahren vor dem Versicherungsträger eine entsprechende Feststellungsentscheidung in Leistungssachen vorsehen (§ 367 Abs 1 und 2). § 367 Abs 4 **Z 1** sieht die von der Klägerin erkennbar begehrte Feststellung, dass Invalidität (Berufsunfähigkeit) iSd § 255 Abs 1 oder 2 (§ 273 Abs 1) vorliegt, nur dann vor, wenn eine beantragte Leistung aus dem Versicherungsfall der geminderten Arbeitsfähigkeit abgelehnt wird, weil dauernde Invalidität (§ 254) oder dauernde Berufsunfähigkeit (§ 271) aufgrund des körperlichen oder geistigen Zustands nicht anzunehmen ist. Diese **Feststellung** hat der Versicherungsträger **von Amts wegen zu treffen**, wenn nach § 255a (§§ 273a, 280a) festgestellt wird, dass die Invalidität (Berufsunfähigkeit) voraussichtlich nicht dauerhaft vorliegt (§ 367 Abs 4 Satz 2). Eine derartige Feststellung kann bei Anspruch auf **Rehabilitationsgeld** auch erst im Bescheid zur **Entziehung** von Rehabilitationsgeld (§ 99 Abs 3 Z 1 lit b) erfolgen (§ 367 Abs 4 Satz 3). Keiner dieser Fälle ist hier verwirklicht, weil der Klägerin die Berufsunfähigkeitspension zuerkannt wurde, was ua das Vorliegen voraussichtlich dauerhafter Berufsunfähigkeit voraussetzt und weiters, dass kein Rechtsanspruch auf zumutbare und zweckmäßige berufliche Maßnahmen der Rehabilitation iSd § 270a besteht (§ 271 Abs 1 Z 1 und Z 2). Dem Argument der Klägerin, dass sich aus der Gesamtsystematik der mit dem SRÄG 2012 geänderten „Berufsunfähigkeits- und Rehabilitationsgeldthematik des ASVG“ ergeben müsse, dass der Versicherte auch bei Gewährung einer Berufsunfähigkeitspension einen **Anspruch auf Feststellung des Berufsschutzes** haben müsse, **fehlt** es an einer **gesetzlichen Grundlage**: Die Frage des Berufsschutzes ist, worauf die Beklagte bereits im Verfahren erster Instanz hingewiesen hat, lediglich eine **Vorfrage** zur Beurteilung des Vorliegens von Berufsunfähigkeit, die im Fall der Klägerin ohnedies bejaht wurde. Daher ist auch aus dem Hinweis der Klägerin auf (gemeint offenbar:) § 354 Z 4a nichts für ihren Standpunkt zu gewinnen.[1627]

10.1.2.8.6. Frist für die Bescheiderteilung (§ 368 Abs 1)

Bescheide über Anträge auf Zuerkennung von **Leistungen aus der KV** sind **binnen zwei Wochen** nach der Einbringung des Antrages, Bescheide über die Feststellung von Leistungen **aus der UV binnen sechs Monaten** nach dem Einlangen der Unfallmeldung (nach dem Einlangen des Antrages), Bescheide über Anträge auf Zuerkennung von Leistungen **aus der PV** sowie über die Feststellung von Versicherungs- und Schwerarbeitszeiten außerhalb des Leistungsfeststellungsverfahrens **binnen sechs Monaten** nach dem Einlangen des Antrages an den Anspruchswerber zu erlassen (Abs 1).

10.1.2.8.7. Vorschüsse (§ 368 Abs 2)

Hat der Versicherungsträger einen Bescheid zu erlassen, kann er dies aber innerhalb der nach § 368 Abs 1 in Betracht kommenden Frist nicht, weil der **Sachverhalt noch nicht genügend geklärt** ist, so hat er, wenn seine **Leistungspflicht dem Grunde nach feststeht**, die Leistung zu bevorschussen. Solche Vorschüsse kann er auch, sobald seine Leistungspflicht dem Grunde nach feststeht, schon vor Ablauf der Frist nach Abs 1 gewähren (Abs 2).

Abs 2 trägt dem Versicherungsträger **nur** die (tatsächliche) **Zahlung** eines Vorschusses, nicht aber die Erlassung eines diesbezüglichen Bescheides auf. Die Erlassung eines solchen Bescheids wird im § 367, der die Bescheidpflicht der Versicherungsträger in Leistungssachen regelt, auch nicht angeordnet. Die **Verständigung** des Pensionswerbers über die Gewährung eines Vorschusses ist **kein Bescheid** und eröffnet daher auch kein Klagerecht.[1628]

Der Leistungs- oder Zahlungsempfänger **muss** dem Versicherungsträger schon den **Beginn einer Erwerbstätigkeit anzeigen**, auch wenn zu dieser Zeit noch nicht feststeht, in welcher Höhe ihm ein Einkommen zufließen wird. Der Versicherungsträger muss nämlich in die Lage versetzt werden, über die Gewährung der Leistung als Vorschuss zu entscheiden.[1629]

1627 10 ObS 115/22t.
1628 RS0085514.
1629 RS0083665.

Hat der Versicherte den Beginn seiner Erwerbstätigkeit angezeigt – wozu er verpflichtet ist –, ist der Versicherungsträger berechtigt, aber auch **verpflichtet**, die Leistung **zunächst als Vorschuss** zu erbringen. Sofern nicht auf Grund der zur Verfügung stehenden Unterlagen ein anderer Betrag wahrscheinlicher ist, wird für die **Höhe** des Vorschusses der Betrag der zuletzt gebührenden Leistung maßgebend sein. Eine **Aufrechnung** mit den als Vorschuss bezahlten Beträgen ist hingegen nur möglich, wenn der Versicherungsträger festgestellt hat, dass die Leistung als Vorschuss gewährt wird. Dies hat gemäß § 367 Abs 2 in Form eines **Bescheides** zu geschehen.[1630]

Zahlt der Versicherungsträger Vorschüsse nach § 368 Abs 2 Satz 2 ASVG nicht in der Höhe aus, in der sie nach der dem Antragsteller übermittelten Verständigung gewährt werden sollen, sondern **behält** er zB wegen ihm vom Anspruchsberechtigten geschuldeter fälliger Beiträge oder vom Versicherten zu entrichtender Kostenanteile **Teile der** an sich vorgesehenen **Vorschüsse ein**, dann nimmt er damit noch keine Aufrechnung iSd § 71 GSVG vor, weil es dadurch noch nicht zu einer gänzlichen oder teilweisen Aufhebung eines Anspruches des Leistungswerbers auf eine vom Versicherungsträger zu erbringende Versicherungsleistung kommt.[1631]

Die Zahlung eines Vorschusses ist **vom Gericht** auch dann, wenn sie nicht beantragt wurde, **aufzutragen**, wenn der Versicherungsträger hiezu verpflichtet ist und sie gegenüber der – mit der Klage begehrten – Erbringung der Leistung selbst ein Minus bedeutet.[1632]

10.1.2.9. Verfahren über Ersatzansprüche der Sozialhilfeträger (§ 369)

Im Verfahren über Ersatzansprüche der Träger der Sozialhilfe steht den Versicherungsträgern **kein Bescheidrecht** zu.

Die **Stellungnahme** des Versicherungsträgers zu einem solchen Ersatzanspruch ist eine vor dem Gericht zu vertretende Parteierklärung.[1633]

Bei **Legalzession** kann der in die Rechte des Versicherten eingetretene Sozialhilfeträger die Zuerkennung (Erhöhung) der Leistungen im Verfahren in Leistungssachen beantragen, **soweit** die **Leistungen** dem Versicherten **nicht bereits zuerkannt** sind; dasselbe gilt kraft gesetzlicher Anordnung für Leistungsansprüche, aus denen ein sonstiger Ersatzanspruch des Sozialhilfeträgers zu befriedigen ist (§ 361 Abs 2 letzter Satz ASVG). Die Klagsführung beim ASG setzt – weil ein Fall des § 65 Abs 1 **Z 1** ASGG vorliegt – einen **Bescheid** des SV-Trägers oder dessen Säumnis voraus. Ist hingegen die **Leistung** dem Versicherten bereits **zuerkannt** und zwischen dem SV-Träger und dem Sozialhilfeträger nur der Grund oder die

1630 RS0083612.
1631 RS0085535.
1632 RS0085539.
1633 Vgl VwGH 13.12.1962, 2051/61.

Höhe des Ersatzanspruches – sei es mit oder ohne Legalzession – strittig, so fällt diese Streitigkeit unter § 65 Abs 1 **Z 3** ASGG.[1634]

10.1.2.10. Fortsetzung des Verfahrens durch die Angehörigen (§ 408)

Ist beim Tod des Anspruchswerbers oder Anspruchsberechtigten das **Verfahren** zur Feststellung eines Leistungsanspruches durch den Versicherungsträger **noch nicht abgeschlossen**, so sind zur Fortsetzung des Verfahrens **nacheinander** der Ehegatte oder der eingetragene Partner, die leiblichen Kinder, die Wahlkinder, die Stiefkinder, die Eltern, die Geschwister **berechtigt**, alle diese Personen jedoch **nur, wenn** sie mit dem Anspruchsberechtigten zur Zeit seines Todes **in häuslicher Gemeinschaft gelebt** haben. Steht die Berechtigung mehreren Kindern, den Eltern oder mehreren Geschwistern des Anspruchsberechtigten zu, so sind sie nur bezüglich ihres Teiles zur Fortsetzung des Verfahrens berechtigt. Letztlich sind hiezu die Verlassenschaft nach dem Versicherten bzw dessen Erben berechtigt.

§ 408 **enthält** nicht nur eine verfahrensrechtliche Bestimmung über die Fortsetzung des Verfahrens, sondern **auch** eine **materiellrechtliche Bestimmung** über die Bezugsberechtigung.[1635]

§ 108 und die korrespondierende Verfahrensnorm des § 408 enthalten **keine abschließende sondererbfolgerechtliche Regelung**. Sind bevorrechtete Personen im Sinne dieser Bestimmungen nicht vorhanden, fällt die Forderung in den Nachlass (gilt auch für das Heimfallsrecht der Republik Österreich).[1636]

Wird die **Fortsetzungsberechtigung** nach § 408 **verneint**, so wird damit (zumindest als Vorfrage) über den materiellrechtlichen Leistungsanspruch entschieden. Es handelt sich hiebei um eine **Sozialrechtssache** iSd § 65 Abs 1 Z 1 ASGG.[1637]

Eine **häusliche Gemeinschaft** mit dem Versicherten liegt dann vor, wenn eine wirtschaftliche und finanzielle Interessengemeinschaft mit dem Ziel besteht, die Kosten der Lebenshaltung durch Zusammenwirtschaften zu vermindern, wobei ein gewisses Maß an Zusammenwohnen notwendig ist. Eine zur Zeit des Todes des Klägers gegebene häusliche Gemeinschaft iSd § 76 Abs 2 ASGG ist bei **vorübergehender Abwesenheit** (Urlaub, Krankenhaus oder Kuraufenthalt) weiter anzunehmen, nicht aber bei **dauernder Unterbringung** in einem Seniorenheim. Bei § 408 ASVG und der Parallelbestimmung des § 76 Abs 2 ASGG handelt es sich nach dem Willen des Gesetzgebers um – den besonderen Belangen des SV-Rechts Rechnung tragende – **Schutzbestimmungen** für diejenigen mit dem Versicherten in Hausgemeinschaft lebenden Verwandten, die sich zur Zeit dessen Todes um ihn gekümmert und möglicherweise Auslagen für ihn getragen haben.[1638]

1634 RS0109545.
1635 RS0085595.
1636 RS0084436.
1637 RS0085602.
1638 10 ObS 71/13h.

Stirbt der **Leistungswerber vor Zustellung des Bescheides**, ist die Klage gegen den gegen ihn erlassenen Bescheid vorerst unzulässig. Die Fortsetzungsberechtigten müssten im Verwaltungsverfahren die Erklärung abgeben, das Verfahren fortzusetzen. Eine Klage ist nur gegen den dann an sie zugestellten Bescheid zulässig.[1639]

§ 69 GSVG bringt im SV-Bereich eine wesentliche Begünstigung des Anspruchswerbers mit der Möglichkeit, zu seinen Gunsten den **gesetzlichen Zustand** unabhängig von den Voraussetzungen der Wiederaufnahme des Verfahrens nach § 69 AVG **wiederherzustellen**. Wie die Bestimmungen des § 77 Abs 1 GSVG bzw § 408 ASVG zeigen, sind den Hinterbliebenen eines Versicherten oder Leistungsbeziehers zwar bestimmte Nachfolgerechte eingeräumt, nicht aber das Recht auf rückwirkende Herstellung des gesetzlichen Zustandes in der PV des Verstorbenen, sofern dieser einen solchen Antrag zu Lebzeiten nicht gestellt hat. Nur wenn ein solcher Antrag vom Verstorbenen zu Lebzeiten gestellt wurde und das Verfahren im Zeitpunkt seines Todes nicht abgeschlossen ist, kommt ein Eintrittsrecht nach § 408 ASVG, wurde das Verfahren zwar abgeschlossen, eine gebührende Nachzahlung aber noch nicht geleistet, die Bezugsberechtigung nach § 77 Abs 1 GSVG in Betracht.[1640]

10.1.3. Verfahren in Verwaltungssachen

10.1.3.1. Verwaltungssachen (§ 355)

Alle nicht gemäß § 354 als Leistungssachen geltenden Angelegenheiten sind Verwaltungssachen. Insb gehören zu den Verwaltungssachen die

1. Feststellung der **Versicherungspflicht**, der Versicherungsberechtigung sowie des Beginnes und Endes der Versicherung,
2. Feststellung der **Versicherungszugehörigkeit** und -zuständigkeit, in der PV auch der Leistungszugehörigkeit und – zuständigkeit,
3. Angelegenheiten der **Beiträge** der Versicherten und ihrer Dienstgeber, einschließlich der Beitragszuschläge (§ 113),
4. Angelegenheiten der **Überweisungen** in der PV bei der Aufnahme in ein pv-freies Dienstverhältnis oder beim Ausscheiden aus einem solchen,
5. **Streitigkeiten zwischen den Versicherungsträgern** bzw den Versicherungsträgern und dem Dachverband aus der Durchführung des ASVG.

Gemäß § 355 sind alle nicht gemäß § 354 als Leistungssachen geltenden Angelegenheiten, für die nach § 352 die Bestimmungen dieses Teiles gelten, Verwaltungssachen. Zu diesen zählt nach der Rsp des VwGH auch die **Wiederaufnahme** eines Leistungsverfahrens sowie die **Zurückweisung** eines Leistungsantrages **wegen entschiedener Sache**. Ebenso wurde die **Berichtigung** eines Leistungsbescheides den Verwaltungssachen zugeordnet.[1641]

1639 RS0085593.
1640 VwGH 21.2.2001, 95/08/0185.
1641 VwGH 21.11.2001, 98/08/0419.

Bei der **Zurückweisung** eines Leistungsantrags (hier: Pensionsantrags) **wegen entschiedener Sache** gemäß § 68 Abs 1 AVG handelt es sich um einen verfahrensrechtlichen Bescheid in Leistungssachen, der als Verwaltungssache iSd § 355 ASVG zu beurteilen ist und durch Beschwerde an das BVwG zu bekämpfen ist.[1642]

Angelegenheiten der **Beiträge** der Versicherten und ihrer Dienstgeber sind keine Leistungssachen, sondern Verwaltungssachen nach § 355 Z 3, sodass hiefür der Rechtsweg unzulässig ist. Aus diesem Grund kann vom Arbeits- und Sozialgericht auch über die **Aufrechnung** von geschuldeten Beiträgen auf die vom Versicherungsträger zu erbringenden Leistungen gemäß § 103 Abs 1 Z 1 nur dann entschieden werden, wenn die Beitragsschuld entweder unbestritten ist oder rechtskräftig festgestellt wurde.[1643]

Die Entscheidung, **ob** der **gesetzliche Zustand** wegen eines wesentlichen Irrtums über den Sachverhalt oder eines offenkundigen Versehens **herzustellen ist**, ist eine Verwaltungssache, die Herstellung dieses Zustandes selbst hingegen eine Leistungssache.[1644]

Die Entscheidung des SV-Trägers über die **Wiederaufnahme** des Verfahrens ist auch dann eine Verwaltungssache, wenn es sich bei dem hievon betroffenen Verfahren um eine Leistungssache handelt. Diese Entscheidung kann daher bei den Gerichten nicht bekämpft werden.[1645]

Zur Frage, ob es sich bei der **Befreiung von der Rezeptgebühr** um eine Leistungssache iSd § 354 oder um eine Verwaltungssache iSd § 355 handelt: Hat der Versicherte ohne Geltendmachung des Eintritts eines Versicherungsfalles und ohne jede Bezugnahme auf eine konkrete, vom Versicherungsträger erbrachte oder verweigerte Versicherungsleistung eine Befreiung von der Rezeptgebühr beantragt – also einen **„abstrakten" Anspruch** auf Befreiung von der Rezeptgebühr erhoben –, handelt es sich noch nicht um eine Streitigkeit über den Umfang eines Anspruchs auf eine Versicherungsleistung iSd § 354 Z 1 ASVG und § 65 Abs 1 Z 1 ASGG.[1646]

Die Festsetzung von **Beitragsgrundlagen** ist gemäß § 355 Verwaltungssache.[1647]

Ein Rechtsstreit über die Rückerstattung eines vom Versicherungsträger zu Unrecht eingehobenen **Behandlungskostenbeitrages** ist keine Sozialrechtssache iSd § 65 ASGG. Es handelt sich um eine Verwaltungssache iSd § 355 Z 3 ASVG.[1648]

1642 RS0130078.
1643 10 ObS 164/06z.
1644 VwGH 12.9.2012, 2009/08/0090; vgl RS0084076.
1645 RS0085471.
1646 RS0113662.
1647 VwGH 29.1.2020, Ra 2019/08/0148.
1648 RS0085844.

Besondere verfahrensrechtliche Regelungen über die **Vorschreibung des Behandlungsbeitrages** und die dagegen zur Verfügung stehenden Rechtsmittel enthält das **B-KUVG** nicht. Da durch die Vorschreibung eines Behandlungsbeitrages Rechte und Pflichten des Versicherten gestaltet werden, besteht aber kein Zweifel, dass im Streitfall gemäß § 129 B-KUVG iVm § 410 ASVG die Erlassung eines – mit Beschwerde bekämpfbaren – **Bescheides** verlangt werden kann. Es handelt sich auch um keine vor die ordentlichen Gerichte gehörige Leistungssache iSd § 354 ASVG iVm § 65 Abs 1 Z 1 ASGG, sondern um eine **Verwaltungssache** iSd § 355 ASVG. Die Vorschreibung des Behandlungsbeitrages setzt zwar die Erbringung einer Versicherungsleistung voraus und knüpft tatbestandsmäßig an diese an, im Verfahren über die Rechtmäßigkeit der Vorschreibung wird aber nicht iSd (hier allein in Betracht kommenden) § 354 Z 1 ASVG (iVm § 129 B-KUVG) über den Bestand, den Umfang oder das Ruhen eines Anspruchs auf eine Versicherungsleistung abgesprochen.[1649]

Die Frage, ob der Dienstgeber einen **Überweisungsbetrag** an den PV-Träger zu zahlen hat, ist kraft ausdrücklicher Anordnung in § 355 Z 4 eine Verwaltungssache und gehört nicht auf den Rechtsweg.[1650]

Entscheidungen des Versicherungsträgers iZm der Gewährung von Leistungen aus einem **Unterstützungsfonds** sind im Verwaltungsweg zu bekämpfen.[1651]

10.1.3.2. Zuständigkeit der Versicherungsträger (§ 409)

Die Versicherungsträger sind im Rahmen ihrer örtlichen und sachlichen Zuständigkeit zur Behandlung der Verwaltungssachen berufen. Zur Behandlung der Verwaltungssachen, welche die **Versicherungspflicht** sowie den **Beginn und** das **Ende der Versicherung** von Vollversicherten, von in der KV und UV Teilversicherten und von in der UV und PV Teilversicherten und von in der UV Teilversicherten und die **Beiträge** für solche Versicherte betreffen, soweit deren Einhebung den Trägern der KV obliegt, sind, unbeschadet der Bestimmung des § 411, die **Träger der KV** berufen. Das Gleiche gilt für die Zuständigkeit zur Behandlung von Verwaltungssachen, welche die Versicherungsberechtigung sowie den Beginn und das Ende der Versicherung von in der KV und PV Selbstversicherten (§ 19a) betreffen.

Der **zur** ausschließlichen **Geltendmachung der Beitragsforderung berufene KV-Träger** ist nach den §§ 355, 409, 410 Abs 1 immer (also unabhängig von der Ausfertigung eines Rückstandsausweises) berechtigt, ua in Beitragsangelegenheiten die sich aus dem Gesetz in solchen Angelegenheiten ergebenden Rechte und Pflichten mit **Bescheid** festzustellen; verpflichtet ist er zur Bescheiderlassung in diesen (in § 410 Abs 1 Z 1 bis 6 nicht genannten) Angelegenheiten dann, wenn

1649 Vgl VwGH 12.9.2012, 2010/08/0072.
1650 RS0119923.
1651 10 ObS 25/20d.

der Versicherte oder der Dienstgeber nach § 410 Abs 1 Z 7 die Bescheiderteilung verlangt.[1652]

Der **KV-Träger** ist auch **zur Feststellung der Höhe der** für die Leistungsbemessungsgrundlage entscheidenden **Beitragsgrundlage zuständig**. Liegt ein rechtskräftiger Beitragsgrundlagenbescheid nicht vor, hat der **PV-Träger** diese Frage anlässlich der Feststellung der (Leistungs-)Bemessungsgrundlage als **Vorfrage** iSd § 38 AVG zu beurteilen. ÖGK und der PV-Träger stehen daher hier im Verhältnis selbstständiger behördlicher Verwaltungseinheiten zueinander, die ÖGK ist nicht „verlängerter Arm" des PV-Trägers.[1653]

Gemäß § 26 Abs 1 sind für die Durchführung der KV die Träger der KV zuständig. Darüber hinaus sind sie gemäß § 58 Abs 6 für die Einhebung der (in §§ 44 ff geregelten) Beiträge zuständig. Eine Zuständigkeit für die **Festsetzung von Überweisungsbeträgen** in der PV ist den gesetzlichen Bestimmungen nicht zu entnehmen. Da die Einhebung des gegenständlichen Überweisungsbetrages nicht den Trägern der KV oblag, war nach den allgemeinen Zuständigkeitsvorschriften (§ 29 iVm § 355 und § 409 erster Satz) für die Feststellung der Beitragsgrundlagen in jenen Zeiträumen, für die ein Überweisungsbetrag geleistet wurde, die **PVA zuständig**.[1654]

„Streitigkeiten über die **Arbeitslosenversicherungspflicht**" sind nach dem Wortlaut des § 45 AlVG „in dem für die gesetzliche Krankenversicherung geltenden Verfahren zu entscheiden". Dies gilt – wie § 409 ASVG für Streitigkeiten über die Versicherungspflicht nach diesem Gesetz – nicht nur unter der Voraussetzung, dass (zumindest) die KV-Pflicht besteht. In Bezug auf die Beurteilung der Arbeitslosenversicherungspflicht kann es vor diesem Hintergrund auch keine Ausnahme von der gesetzlichen Anordnung des § 45 AlVG bedeuten, wenn die Versicherungspflicht nach dem ASVG weder eindeutig gegeben noch strittig, sondern eindeutig nicht gegeben ist.[1655]

Sehen **andere Vorschriften** vor, dass der **KV-Träger** zur Einhebung (Geltendmachung) von Beiträgen, Umlagen, Zuschlägen usw nach den Vorschriften des ASVG über die KV berufen ist (hier: Arbeiterkammerumlage und Wohnungsbeihilfen), so ist derselbe auch **zur Erlassung von Bescheiden** über diese Angelegenheiten nach den Vorschriften des ASVG **zuständig**, wenn das betreffende Gesetz dies nicht ausdrücklich anordnet, aber auch keine eigene Regelung über die Bescheiderlassung enthält, weil er nach den §§ 355, 409 und 410 Abs 1 immer – also unabhängig von der Ausfertigung eines Rückstandsausweises – berechtigt ist, die sich aus dem Gesetz in den jeweiligen Angelegenheiten ergebenden Rechte und Pflichten mit Bescheid festzustellen.[1656]

1652 VwGH 5.3.1991, 89/08/0147.
1653 Vgl VwGH 25.5.1987, 83/08/0066.
1654 VwGH 29.1.2020, Ra 2019/08/0148.
1655 VwGH 17.12.1996, 96/08/0282.
1656 VwGH 5.3.1991, 89/08/0147.

10.1.3.3. Bescheide der Versicherungsträger (§ 410 Abs 1)

Der **Versicherungsträger hat** in Verwaltungssachen **einen Bescheid zu erlassen**, wenn er die sich aus dem ASVG in solchen Angelegenheiten ergebenden Rechte und Pflichten von Versicherten und von deren Dienstgebern oder die gesetzliche Haftung Dritter für SV-Beiträge feststellt und nicht das Bescheidrecht der Versicherungsträger im ASVG ausgeschlossen ist. Hienach hat der Versicherungsträger in Verwaltungssachen insb Bescheide zu erlassen:

- wenn er die **Anmeldung** zur Versicherung wegen Nichtbestandes der Versicherungspflicht oder der Versicherungsberechtigung **oder** die **Abmeldung** wegen Weiterbestandes der Versicherungspflicht **ablehnt** oder den Versicherungspflichtigen (Versicherungsberechtigten) mit einem anderen Tag in die Versicherung aufnimmt oder aus ihr ausscheidet, als in der Meldung angegeben ist (Z 1),
- wenn er einen nicht oder nicht ordnungsgemäß Angemeldeten **in die Versicherung aufnimmt oder** einen nicht oder nicht ordnungsgemäß Abgemeldeten aus der Versicherung **ausscheidet** (Z 2),
- wenn er die Entgegennahme von Beiträgen ablehnt (Z 3),
- wenn er die **Haftung für Beitragsschulden** (§ 67) ausspricht (Z 4),
- wenn er einen **Beitragszuschlag** (§ 113) vorschreibt (Z 5),
- wenn er einen Antrag auf Zustimmung zur Übertragung eines Leistungsanspruches ganz oder teilweise ablehnt (Z 6),
- wenn der **Versicherte oder** der **Dienstgeber** die **Bescheiderteilung** zur Feststellung der sich für ihn aus dem ASVG ergebenden Rechte und Pflichten **verlangt** (Z 7),
- wenn er entgegen einer bereits bestehenden Pflichtversicherung gemäß **§ 2 Abs 1 Z 4 GSVG** auf Grund ein und derselben Tätigkeit die Versicherungspflicht gemäß **§ 4 Abs 4 ASVG** als gegeben erachtet (Z 8),
- wenn er eine Teilgutschrift nach § 14 APG überträgt (Z 9).

Im gegenständlichen Feststellungsverfahren nach § 410 war es Aufgabe der GKK, die **Beitragsgrundlagen** nach den §§ 44 ff auf Grund der Beschäftigungsverhältnisse, die zu einer Pflichtversicherung nach dem ASVG in ihrem örtlichen Zuständigkeitsbereich geführt hatten, festzustellen. Hingegen war sie nicht dafür zuständig, auch die Ersatzzeiten und/oder monatlichen **Gesamtbeitragsgrundlagen** festzustellen. Die monatlichen Gesamtbeitragsgrundlagen nach § 242 dienen (nur) der Bildung der Bemessungsgrundlage für die Pension nach § 238. Ihre **Ermittlung**, bei der im Übrigen Beitragsgrundlagen aus dem Zuständigkeitsbereich verschiedener KV-Träger maßgeblich sein können, ist daher Teil des Leistungsfeststellungsverfahrens, was auch der systematischen Stellung des § 242 im Vierten Teil betreffend die PV entspricht. Sie hat demgemäß **durch den PV-Träger** zu erfolgen.[1657]

1657 VwGH 30.1.2018, Ra 2017/08/0042.

Insb dann, wenn es um die **Abgrenzung** zwischen einer **Pflichtversicherung nach** dem **GSVG und** einer solchen nach dem **ASVG** geht, ist der Versicherungsträger berufen, über das Bestehen einer Pflichtversicherung nach § 4 Abs 2 oder 4 ASVG abzusprechen (vgl auch § 194a GSVG). Die Frage der Pflichtversicherung nach § 4 Abs 2 bzw Abs 4 ASVG bildet dabei einen einheitlichen Streitgegenstand.[1658]

Ein feststellender Abspruch in einer **Beitragssache** ist jedenfalls dann unzulässig, wenn der Streit um geschuldete und fällige Beiträge geht: in diesen Fällen ist jedenfalls ein Leistungsbefehl zu erlassen.[1659]

Mangels Anführung eines **Endzeitpunktes** im Spruch des Bescheides ist dieser so zu verstehen, dass damit einerseits für die Zeit von einem – im Bescheid näher bestimmten – (Anfangs-)Zeitpunkt bis zur Erlassung des angefochtenen Bescheides die **Pflichtversicherung** des Versicherten **festgestellt** wurde und andererseits auch über das Vorliegen der Voraussetzungen der Pflichtversicherung des Versicherten **für die Zukunft**, und zwar solange, als die rechtlichen und tatsächlichen Verhältnisse keine Änderung erfahren, abgesprochen wurde.[1660]

Die rechtskräftige **Feststellung der Versicherungspflicht** einer Person wirkt über den Zeitpunkt der Erlassung des Bescheides bis zu einer Änderung der Sach- oder Rechtslage auch für die Zukunft und dementsprechend **entfaltet** sie **Bindungswirkung** für die aus der Versicherungspflicht resultierenden beitragsrechtlichen Konsequenzen.[1661]

Aus dem Regelungszusammenhang des § 58 Abs 2 und § 410 Abs 1 erster Satz ASVG ergibt sich, dass der Versicherungsträger nicht über die **Dienstgebereigenschaft** iSd § 35 Abs 1 ASVG an sich einen Feststellungsbescheid erlassen darf, weil damit weder Rechte und Pflichten iSd Formulierung des § 410 Abs 1 erster Satz ASVG, noch die Verpflichtung zur Beitragsentrichtung festgestellt wird; die Dienstgebereigenschaft ist vielmehr wesentliches Sachverhaltselement (nicht Vorfrage iSd § 38 AVG) sowohl für die Feststellung der Versicherungspflicht, als auch für die Verpflichtung zur Entrichtung von Beiträgen, während die Feststellung der Versicherungspflicht zu jener über die Beitragspflicht im Verhältnis der Vorfrage iSd § 38 AVG steht.[1662]

10.1.3.4. Entscheidungen über die Versicherungs-(Leistungs-)zugehörigkeit und -zuständigkeit (§ 412)

Der **Bundesminister** für Soziales, Gesundheit, Pflege und Konsumentenschutz **entscheidet** über die Versicherungszugehörigkeit oder Versicherungszuständigkeit, in der PV auch über die Leistungszugehörigkeit oder Leistungszuständigkeit, **auf Antrag** eines beteiligten Versicherungsträgers, einer anderen Partei oder

1658 VwGH 24.11.2016, Ra 2016/08/0123.
1659 VwGH 19.10.2011, 2009/08/0043.
1660 VwGH 22.11.2006, 2004/08/0275.
1661 VwGH 28.6.2006, 2003/08/0202.
1662 VwGH 3.7.2002, 99/08/0173.

eines Gerichtes, wenn Zweifel oder Streit darüber bestehen, welcher Versicherung eine Person versicherungs- oder leistungszugehörig ist oder welcher Versicherungsträger für sie versicherungs- oder leistungszuständig ist (Abs 1).

Im Verfahren über Leistungssachen darf über die Fragen der Versicherungs-(Leistungs-)zugehörigkeit oder Versicherungs-(Leistungs-)zuständigkeit **nicht als Vorfragen entschieden werden.** Der Versicherungsträger oder das Gericht hat vielmehr die Einleitung des Verfahrens beim Bundesminister für Arbeit, Soziales und Konsumentenschutz anzuregen und das eigene **Verfahren** bis zur Rechtskraft der Entscheidung auszusetzen (zu **unterbrechen**). Einem Rekurs gegen den Unterbrechungsbeschluss kann aufschiebende Wirkung nicht zuerkannt werden (Abs 3).

In den Fällen des Abs 1 hat der Bundesminister für Soziales, Gesundheit, Pflege und Konsumentenschutz die **vorläufige Durchführung** und, wenn ein gerichtliches Verfahren nicht anhängig ist, die Erbringung der in Betracht kommenden Leistungen bis zur Rechtskraft der Entscheidung **einem Versicherungsträger** nach freiem Ermessen zu **übertragen.** Der mit der vorläufigen Durchführung der Versicherung betraute Versicherungsträger hat darauf Bedacht zu nehmen, dass das Ausmaß der ihm zur Erbringung übertragenen vorläufigen Leistung die voraussichtliche endgültige Leistung nicht übersteigt (Abs 4).

10.1.3.5. Verfahren zur Klärung der Versicherungszuordnung (§§ 412a bis 412e)

Zur Klärung der Versicherungszuordnung ist ein Verfahren mit wechselseitigen Verständigungspflichten des KV-Trägers und der SVS durchzuführen. Die **Einleitung** dieses Verfahrens erfolgt (§ 412a)

1. auf Grund einer **amtswegigen Sachverhaltsfeststellung** (§§ 412b und 412c) oder
2. auf Grund der **Anmeldung** zur Pflichtversicherung (§ 412d)
   a) nach § 2 Abs 1 Z 1 GSVG, soweit es sich um Berechtigte zur Ausübung eines freien Gewerbes handelt, die von den Trägern der KV und der SVS einvernehmlich bestimmt wurden, oder
   b) nach § 2 Abs 1 Z 4 GSVG oder
   c) nach § 2 Abs 1 Z 1 letzter Satz BSVG iVm Punkt 6 oder 7 der Anlage 2 zum BSVG oder
3. **auf Antrag** der versicherten Person oder ihres Auftraggebers (§ 412e).

Mit dem **SV-ZG,** BGBl I 2017/125, wurde zur Klärung der Versicherungszuordnung ein Verfahren mit wechselseitigen Verständigungspflichten des KV-Trägers und der SVS – bis zum Inkrafttreten des SV-OG, BGBl I 2018/100, mit 1.1.2020 des KV-Trägers und der SVA bzw der SVB – eingeführt. Die Einleitung des Verfahrens erfolgt ua nach § 412a Z 1 ASVG aufgrund einer amtswegigen Sachverhaltsfeststellung (§§ 412b und 412c ASVG). Gemäß § 707 Abs 1 ASVG traten ua § 412a bis § 412e mit 1.7.2017 in Kraft.[1663]

1663 VwGH 7.8.2023, Ro 2022/08/0015.

10.1.3.6. Entscheidungen über Streitigkeiten zwischen Versicherungsträgern (und dem Dachverband; § 413)

Über Streitigkeiten zwischen Versicherungsträgern in Verwaltungssachen, ausgenommen Streitigkeiten nach § 412 Abs 1, sowie Streitigkeiten zwischen dem Dachverband und den Versicherungsträgern **entscheidet der Bundesminister** für Soziales, Gesundheit, Pflege und Konsumentenschutz (Abs 1).

Der neu gestaltete § 413 gibt den ersten Satz des § 416 über die Entscheidungsbefugnis des zuständigen Bundesministers bei Streitigkeiten zwischen Versicherungsträgern oder Versicherungsträgern und dem Dachverband (soweit es sich nicht um Streitigkeiten über die Versicherungs- und Leistungszugehörigkeit bzw die Versicherungs- und Leistungszuständigkeit handelt) wieder; wie beim neuen § 412 Abs 1 wird dabei die Ausnahme von der Bescheidpflicht gegenüber den Versicherungsträgern nicht übernommen.[1664]

10.1.3.7. Beschwerde an das Bundesverwaltungsgericht (§ 414)

Gegen Bescheide der Versicherungsträger oder des Bundesministers für Soziales, Gesundheit, Pflege und Konsumentenschutz in Verwaltungssachen und wegen Verletzung ihrer (seiner) Entscheidungspflicht in Verwaltungssachen kann Beschwerde an das BVwG erhoben werden (Abs 1).

Im Hinblick auf die in § 34 BPGG ausdrücklich normierte Bindung unmittelbar an Weisungen eines Bundesministers handelt es sich bei den in § 22 BPGG genannten SV-Trägern nicht nur um „bundesnahe“ Einrichtungen, sondern es liegt – mangels Einbindung des Landeshauptmannes – auch eine Besorgung unmittelbar durch Bundesorgane vor. Daraus folgt gemäß Art 131 Abs 2 B-VG die **Zuständigkeit des BVwG** für Entscheidungen **über Beschwerden** gegen Bescheide **in Verwaltungssachen nach dem BPGG**. Daran vermögen die Ausführungen in den ErläutRV 2193 BlgNR 24. GP 11, wonach gegen verfahrensrechtliche Bescheide künftig im Bereich des BPGG eine Beschwerde an die Verwaltungsgerichte der Länder möglich sein soll, nichts zu ändern.[1665]

10.1.3.8. Revision an den Verwaltungsgerichtshof (§ 415)

Der **Bundesminister** für Soziales, Gesundheit, Pflege und Konsumentenschutz **kann gegen Entscheidungen des BVwG** über die Versicherungspflicht oder über die Berechtigung zur Weiter- oder Selbstversicherung **beim VwGH** wegen Rechtswidrigkeit **Revision erheben**. Handelt es sich dabei um eine Angelegenheit der KV oder UV, so steht das Revisionsrecht in diesen Fällen dem Bundesminister für Gesundheit zu. In Angelegenheiten, die in den Wirkungsbereich beider Bundes-

1664 Vgl RV 2195 BlgNR 24. GP 7 zum Verwaltungsgerichtsbarkeits-Anpassungsgesetz – SV, BGBl I 2013/87.

1665 VwGH 6.3.2018, Ra 2017/08/0071.

minister fallen, hat der Bundesminister für Arbeit, Soziales und Konsumentenschutz vor der Revisionserhebung das Einvernehmen mit dem Bundesminister für Gesundheit herzustellen.

Anstelle der bisherigen Kompetenz des Bundesministers für Soziales, Gesundheit, Pflege und Konsumentenschutz in dritter Instanz (mit Berichtspflicht gegenüber dem Bundesminister für Gesundheit in Angelegenheiten, die in dessen Zuständigkeitsbereich fallen, bzw der Möglichkeit einer Amtsbeschwerde des Bundesministers für Gesundheit an den VwGH in diesen Angelegenheiten) soll die Möglichkeit der Erhebung einer **Amtsrevision an den VwGH** gegen Entscheidungen des BVwG geschaffen werden, die ebenfalls – wie bislang die Anrufung der dritten Instanz – auf Fragen der **Versicherungspflicht** (ausgenommen die Fälle des § 11 Abs 2, in denen sich die Pflichtversicherung auf Grund eines Vergleiches über den Arbeitslohn verlängert) und der Weiter- und Selbstversicherung beschränkt ist. Auch die Revision soll somit nur in essentiellen Fragen der Erlangung des Versicherungsschutzes möglich sein. Soweit diese Angelegenheiten die KV und UV betreffen, steht dem Bundesminister für Gesundheit die Ergreifung dieser Revision zu. In gemeinsamen Angelegenheiten ist vom Bundesminister für Arbeit, Soziales und Konsumentenschutz im Fall der Revisionserhebung das vorherige Einvernehmen mit dem Bundesminister für Gesundheit herzustellen.[1666]

10.1.3.9. Nichtigerklärung von Bescheiden (§ 416)

Der **Bundesminister** für Soziales, Gesundheit, Pflege und Konsumentenschutz **kann Bescheide der Versicherungsträger** in Verwaltungssachen, die den Bestimmungen über die Versicherungspflicht, über die Berechtigung zur Weiter- und Selbstversicherung, über die Versicherungs-(Leistungs-)zugehörigkeit oder die Versicherungs-(Leistungs-)zuständigkeit widersprechen, als **nichtig erklären und** diesfalls in der Sache **selbst entscheiden**. Handelt es sich dabei um eine Angelegenheit der KV oder UV, so steht dieses Recht dem Bundesminister für Gesundheit zu. In Angelegenheiten, die in den Wirkungsbereich beider Bundesminister fallen, hat der Bundesminister für Arbeit, Soziales und Konsumentenschutz vor der Nichtigerklärung und der Entscheidung in der Sache selbst das Einvernehmen mit dem Bundesminister für Gesundheit herzustellen (Abs 1).

Bei Nichtigerklärung findet **keine Nachzahlung und kein Rückersatz** von Versicherungsbeiträgen oder Versicherungsleistungen statt. Zeiten, für die bis zur Zustellung des Bescheides über die Nichtigerklärung **Beiträge zur PV geleistet** worden sind, **gelten als Beitragszeiten** dieser Versicherung (Abs 2).

Wie schon bisher sollen die zuständigen Bundesminister in Verwaltungssachen die Möglichkeit haben, Bescheide der Versicherungsträger in bestimmten Angelegenheiten (Versicherungspflicht, Weiter- und Selbstversicherung, Versicherungs-

1666 RV 2195 BlgNR 24. GP 7 zum Verwaltungsgerichtsbarkeits-Anpassungsgesetz – SV, BGBl I 2013/87.

und Leistungszugehörigkeit bzw Versicherungs- und Leistungszuständigkeit) für nichtig zu erklären, wenn sie den einschlägigen Bestimmungen des SV-Rechtes widersprechen. In gemeinsamen Angelegenheiten ist dabei einvernehmlich vorzugehen. Die Bezugnahme auf Entscheidungen des Landeshauptmannes wird gestrichen und die Zuständigkeiten der Bundesminister werden konkreter gefasst, sonst entspricht der neue § 416 dem bisherigen § 417. Auch die Rechtsfolgen der Nichtigerklärung (Abs 2 des neuen § 416 – entspricht § 417 Abs 4 in der bisherigen Fassung) bleiben unverändert.[1667]

10.2. Sozialgerichtsverfahren (ASGG)

Die besondere Eigenart dieses Verfahrens ist Folge der sukzessiven Zuständigkeit, des besonderen Schutzcharakters zugunsten des Versicherten und des verstärkten Untersuchungsgrundsatzes. Im Gegensatz zum Verfahren in Arbeitsrechtssachen ist hier die Verfahrensform des Gerichtshofverfahrens deutlicher gewahrt geblieben. Es gibt zwar keine erste Tagsatzung, aber eine schriftliche Klagebeantwortung.[1668]

10.2.1. Sozialrechtssachen (§ 65 ASGG)

10.2.1.1. Aufzählung der Sozialrechtssachen (Abs 1)

Sozialrechtssachen sind Rechtsstreitigkeiten über

1. den Bestand, den Umfang oder das Ruhen eines Anspruchs auf **Versicherungs- oder Pflegegeldleistungen** oder den Bestand oder den Umfang eines Anspruchs auf Angehörigenbonus, soweit hiebei nicht die Versicherungszugehörigkeit, die Versicherungszuständigkeit, die Leistungszugehörigkeit oder die Leistungszuständigkeit in Frage stehen;
2. die Pflicht zum **Rückersatz** einer zu Unrecht empfangenen Versicherungsleistung oder eines zu Unrecht empfangenen Pflegegeldes oder eines zu Unrecht empfangenen Angehörigenbonus;
3. **Ersatzansprüche der Träger der Sozialhilfe**;
4. den Bestand von **Versicherungszeiten der PV**, soweit diese Rechtsstreitigkeiten nicht Teil einer Rechtsstreitigkeit nach Z 1 sind, sowie über Bestand und Umfang einer **Kontoerstgutschrift** sowie einer Ergänzungsgutschrift;
5. die Kostenersatzpflicht eines Versicherungsträgers bzw eines Versicherten in einem Verfahren in Leistungssachen;
6. Ansprüche auf Sonderunterstützung nach dem Sonderunterstützungsgesetz;
7. Ansprüche auf **Insolvenz-Entgelt** oder einen Vorschuss auf dieses nach dem Insolvenz-Entgeltsicherungsgesetz;

1667 RV 2195 BlgNR 24. GP 7 zum Verwaltungsgerichtsbarkeits-Anpassungsgesetz – SV, BGBl I 2013/87.
1668 *Fasching*, Zivilprozeßrecht² Rz 2296.

8. Ansprüche auf Sonderruhegeld nach dem Nachtschwerarbeitsgesetz (NSchG), auf **Kinderbetreuungsgeld** und auf Beihilfe zum pauschalen Kinderbetreuungsgeld nach dem Kinderbetreuungsgeldgesetz (KBGG) sowie auf Familienzeitbonus nach dem Familienzeitbonusgesetz (FamZeitbG).

Auch wenn die **Aufzählung** der Sozialrechtssachen in § 65 Abs 1 ASGG – im Hinblick auf § 100 ASGG – **nicht erschöpfend** ist, bedarf es zur Qualifikation einer Angelegenheit als Sozialrechtssache einer in anderen Rechtsvorschriften enthaltenen Verweisung.[1669]

Eine die Zulässigkeit des Rechtswegs eröffnende Sozialrechtssache nach § 65 Abs 1 Z 1 ASGG setzt voraus, dass zwischen dem Versicherten und dem SV-Träger entweder der **Grund oder** die **Höhe** (der Umfang) des Anspruchs auf Versicherungsleistungen oder das Ruhen eines solchen Anspruchs **streitig** ist.[1670]

Unter Z 1 fallen insb Streitigkeiten über die **Zuerkennung, Entziehung**, Versagung, Neufeststellung, den Widerruf, die Abfindung oder die Abfertigung eines Leistungsanspruchs.[1671]

Die Überprüfung der **Auszahlung** einer zuerkannten, dem Grund und der Höhe nach unbestrittenen Leistung ist weder eine Sozialrechtssache iSd § 65 ASGG noch eine bürgerliche Rechtssache iSd § 1 JN und daher den ordentlichen Gerichten entzogen.[1672]

Bei der **Aufrechnung** auf die von den Versicherungsträgern zu erbringenden Geldleistungen handelt es sich um die Feststellung des Bestandes oder des Umfanges eines Anspruches auf eine Versicherungsleistung (Z 1) betreffende Angelegenheiten und damit um Leistungssachen und Sozialrechtssachen.[1673]

Über einen **Rückforderungsanspruch** (Z 2) hat eine feststellende Entscheidung und kein Leistungsurteil zu ergehen.[1674]

10.2.1.2. Feststellungsklagen (Abs 2)

Unter § 65 Abs 1 fallen auch Klagen auf Feststellung. Als Feststellung eines Rechtsverhältnisses oder Rechts gilt auch diejenige, dass eine **Gesundheitsstörung** Folge eines Arbeits-(Dienst-)unfalls oder einer Berufskrankheit ist (Abs 2).

Gemäß § 65 Abs 2 ASGG fallen unter die Sozialrechtssachen auch Klagen auf Feststellung. Dies gilt mangels einer Beschränkung für **alle** in § 65 Abs 1 ASGG erfassten Rechtssachen.[1675]

1669 RS0085836.
1670 10 ObS 29/21v.
1671 *Sonntag* in *Köck/Sonntag*, ASGG § 65 Rz 2 mwN.
1672 10 ObS 108/00f.
1673 RS0084111.
1674 RS0109892.
1675 RS0114923.

Auch für Feststellungsklagen hinsichtlich der dem ASGG unterliegenden Sozialrechtssachen (§§ 65 Abs 1, 100 ASGG) gilt das Prinzip der **sukzessiven Kompetenz.**[1676] Eine Feststellungsklage nach § 65 Abs 2 ASGG **setzt** auf Grund der sukzessiven Kompetenz jedenfalls auch einen **Bescheid voraus**, der über das gestellte Feststellungsbegehren des Versicherten abgesprochen hat. Das **rechtliche Interesse** des Betroffenen resultiert im Allgemeinen schon daraus, dass der SV-Träger die gegenteilige Feststellung getroffen hat und dieser Bescheid bei mangelnder Bekämpfbarkeit im Klagsweg bindende Wirkung entfalten würde.[1677]

Aus dem Grundsatz der sukzessiven Kompetenz ergibt sich, dass die Sozialgerichte nur dann über ein Feststellungsbegehren entscheiden können, wenn die Bestimmungen über das Verfahren vor den Versicherungsträgern eine entsprechende (feststellende) **Entscheidung in Leistungssachen vorsehen.**[1678]

Das **Klagebegehren**, es werde festgestellt, dass es sich bei dem Unfall um einen Arbeitsunfall iSd § 175 ASVG handle, entspricht nicht dem § 65 Abs 2 ASGG; vielmehr ist ein auf **Feststellung**, dass eine **Gesundheitsstörung** Folge eines Arbeitsunfalles oder einer Berufskrankheit ist, gerichtetes Klagebegehren erforderlich.[1679] Ein Anspruch darauf, dass die Beklagte einen Unfall als Arbeitsunfall „anerkenne", besteht nicht; der Zuspruch von „gesetzlichen Leistungen aus der Unfallversicherung" ist völlig unbestimmt.[1680] In einem Feststellungsbegehren nach § 65 Abs 2 ASGG sind die beim Versicherten eingetretenen Gesundheitsstörungen zu nennen.[1681] Die Stattgebung eines Feststellungsbegehrens nach § 65 Abs 2 ASGG setzt voraus, dass als Folge eines Arbeitsunfalles oder einer Berufskrankheit eine **bestimmte Gesundheitsstörung** (zumindest **bei Schluss der Verhandlung erster Instanz)** besteht.[1682]

Ein auf Anerkennung des Ereignisses als Arbeitsunfall gerichtetes Klagebegehren ist als (unrichtig formuliertes) **Eventualfeststellungsbegehren** aufzufassen, über das erst nach Entscheidung über das auf Leistung der Versehrtenrente gerichtete Hauptbegehren abgesprochen werden kann.[1683]

In der Regel ist eine Feststellungsklage dann **unzulässig, wenn** der Kläger seinen Anspruch **bereits** zur Gänze mit **Leistungsklage** geltend machen kann;[1684] sofern durch den Leistungsanspruch auch der Feststellungsanspruch erschöpft wird.[1685]

1676 RS0085875.
1677 10 ObS 2/01v.
1678 RS0085830.
1679 RS0084069.
1680 10 ObS 2437/96x.
1681 10 ObS 109/02f.
1682 10 ObS 221/01z.
1683 10 ObS 105/02t.
1684 RS0038817.
1685 10 ObS 109/02f.

Eine auf **Kostenerstattung** gerichtete Leistungsklage kommt (noch) nicht in Betracht, wenn der Kläger das ihm von einem Facharzt verordnete Heilmittel nicht bezogen (und bezahlt) hat. Auch in diesem Fall ist aber eine Feststellungsklage des Versicherten darüber, dass eine Leistungspflicht des KV-Trägers (über den Gesamtvertrag und den Erstattungskodex hinaus) besteht, zulässig.[1686]

Ansprüche, die **erst in Zukunft möglicherweise entstehen** werden, können idR nicht zum Gegenstand einer Feststellungsklage gemacht werden.[1687] Es kann aber eine Feststellungsklage über die Leistungsverpflichtungen (dem Grunde nach) möglich sein.[1688]

10.2.2. Zuständigkeit

10.2.2.1. Sachliche Zuständigkeit (§ 3 ASGG)

In **erster Instanz** sind die Landesgerichte, für den Sprengel des Landesgerichts für Zivilrechtssachen Wien das Arbeits- und Sozialgericht Wien zur Entscheidung in Arbeits- und Sozialrechtssachen zuständig.

Der Instanzenzug ergibt sich aus dem Verweis in § 2 Abs 1 ASGG iVm § 4 JN. Gegen in Sozialrechtssachen erstinstanzlich gefällte Urteile und Beschlüsse geht der Rechtsgang in **zweiter** Instanz (Berufung, Rekurs) an die jeweiligen OLG, und in **dritter Instanz** (Revision, Revisionsrekurs) an den OGH.[1689]

10.2.2.2. Örtliche Zuständigkeit (§ 7 ASGG)

Für die im § 65 Abs 1 Z 1, 2, 4 bis 6 und 8 genannten Rechtsstreitigkeiten ist **nur** das Gericht örtlich zuständig, in dessen Sprengel der **Wohnsitz oder gewöhnliche Aufenthalt** des Versicherten liegt (Abs 1).

Hat der Versicherte **keinen Wohnsitz oder gewöhnlichen Aufenthalt im Inland**, so sind in nachstehender Reihenfolge nur folgende Gerichte örtlich zuständig (Abs 2):

Bei einem Wohnsitz oder gewöhnlichen Aufenthalt des Versicherten

1. in der Bundesrepublik **Deutschland** das Landesgericht Innsbruck sowie nach Wahl des Versicherten auch die Landesgerichte Feldkirch, Linz und Salzburg,
2. in **Liechtenstein** oder der **Schweiz** das Landesgericht Feldkirch,
3. in **Italien** das Landesgericht Innsbruck sowie nach Wahl des Versicherten auch das Landesgericht Klagenfurt,

1686 10 ObS 21/10a.
1687 RS0105147.
1688 10 ObS 68/04d.
1689 *Winter* in *Köck/Sonntag*, ASGG § 3 Rz 2.

4. in Bosnien-Herzegowina, der Ehemaligen jugoslawischen Republik Mazedonien, **Kroatien** oder **Slowenien** das Landesgericht für Zivilrechtssachen Graz oder
5. in einem **anderen Land oder** bei **Fehlen eines Wohnsitzes oder gewöhnlichen Aufenthalts** das Gericht, in dessen Sprengel der **Sitz des Beklagten** liegt.

Verlegt der Versicherte während des Verfahrens, jedoch vor Schluss der mündlichen Streitverhandlung erster Instanz, **seinen Wohnsitz** (gewöhnlichen Aufenthalt), sodass ein anderes als das angerufene Gericht zuständig wäre, so geht, wenn der Versicherte dies beantragt (§ 38 Abs 3), die Zuständigkeit auf das Gericht des neuen Wohnsitzes (gewöhnlichen Aufenthalts) über (Abs 3).

Für die im § 65 Abs 1 Z 3 (Ersatzansprüche der Sozialhilfeträger) genannten Rechtsstreitigkeiten ist nur das Gericht örtlich zuständig, in dessen Sprengel der **Sitz des Klägers** liegt. Für die im § 65 Abs 1 Z 7 (Insolvenz-Entgelt) genannten Rechtsstreitigkeiten ist nur das Gericht zuständig, in dessen Sprengel sich der **Sitz des Gerichtes erster Instanz** befindet, das über die Eröffnung des Insolvenzverfahrens oder in einer Angelegenheit nach dem § 1 Abs 1 Z 1 bis 6 des IESG einen Beschluss gefasst oder ein Urteil nach dem § 1a Abs 1 IESG erlassen hat; hat ein **ausländisches Gericht** eine dieser Entscheidungen getroffen, die auf Grund von völkerrechtlichen Verträgen im Inland anerkannt wird, ist nur das Arbeits- und Sozialgericht Wien zuständig (Abs 4).

In Sozialrechtssachen bestehen ausschließlich **Zwangsgerichtsstände.**[1690] Zuständigkeitsvereinbarungen sind ausgeschlossen (§ 9 Abs 1 ASGG).

Zur Begründung eines **Wohnsitzes** ist einerseits das körperliche Moment des tatsächlichen Aufenthaltes an einem bestimmten Ort (objektives Moment) notwendig und andererseits das (subjektive) Willensmoment der erweislichen nach außen erkennbaren Absicht, dort einen bleibenden Aufenthalt zu nehmen (§ 66 Abs 1 JN).[1691]

Der **gewöhnliche Aufenthalt** wird durch die körperliche Anwesenheit bestimmt und setzt eine dauerhafte, nicht nur vorübergehende Beziehung zwischen einer Person und einem Aufenthalt voraus, die sich in einer bestimmten längeren Dauer und Beständigkeit des Aufenthaltes äußert und auch auf objektiv überprüfbare Umstände persönlicher oder beruflicher Art gründet.[1692] Der gewöhnliche Aufenthalt im Inland ist dann **nicht erfüllt**, wenn sich der Versicherte, der seinen Wohnsitz im Ausland hat, jährlich nur einmal durch **ein bis drei Monate** an einem bestimmten Ort **im Inland** aufhält, die übrige Zeit (somit neun bis elf Monate) ausschließlich im Ausland befindet.[1693]

1690 *Rechberger/Simotta,* Zivilprozessrecht[9] Rz 1252.
1691 *Kodek/Mayr,* Zivilprozessrecht[5] Rz 232.
1692 RS0085478.
1693 10 ObS 401/97m.

10.2.2.3. Internationale Zuständigkeit (§ 9 Abs 1a ASGG)

Eine Parteienvereinbarung über die internationale Zuständigkeit ist in Sozialrechtssachen unwirksam.

Maßgeblich für die internationale Zuständigkeit bei Bescheidklagen ist, ob der mit dem Verfahren bekämpfte **Bescheid von** einem **inländischen Versicherungsträger erlassen** wurde. Bei Säumnisklagen ist entscheidend, ob ein Antrag des Klägers an einen inländischen Versicherungsträger gestellt wurde.[1694]

10.2.3. Besetzung (§§ 10 und 11 ASGG)

Soweit nichts anderes angeordnet ist, wird die Sozialgerichtsbarkeit in **Senaten** ausgeübt (§ 10 Abs 1 ASGG). Die Senate sind aus Richtern und fachkundigen Laienrichtern zusammenzusetzen; ein Richter hat den Vorsitz zu führen (§ 10 Abs 2 ASGG).

Die Senate der Landesgerichte haben sich aus einem Richter und zwei fachkundigen Laienrichtern, die Senate der Oberlandesgerichte und die einfachen Senate des Obersten Gerichtshofs aus drei Richtern und zwei fachkundigen Laienrichtern zusammenzusetzen (§ 11 Abs 1 ASGG).

Über die **Ablehnung eines Richters** oder fachkundigen Laienrichters haben die Landesgerichte, die Oberlandesgerichte und der Oberste Gerichtshof durch Senate zu entscheiden, die sich aus drei Richtern zusammensetzen (§ 11 Abs 4 ASGG).

10.2.4. Vertretung (§ 40 ASGG)

Vor den Gerichten **erster Instanz** müssen sich die Parteien nicht vertreten lassen (§ 39 Abs 3 ASGG).

Zur Vertretung vor den Gerichten erster und zweiter Instanz **qualifizierte Personen** sind (§ 40 Abs 1 ASGG):

- **Rechtsanwälte** (Z 1);
- Funktionäre und Arbeitnehmer einer **gesetzlichen Interessenvertretung oder freiwilligen** kollektivvertragsfähigen **Berufsvereinigung**, die nach ihrem Wirkungsbereich für die Partei in Betracht kommt oder in Betracht käme, wenn diese noch berufstätig wäre oder ihren Aufenthalt im Inland hätte (Z 2);
- wenn die Partei **Versicherungsträger** ist, ihre **Arbeitnehmer** sowie ihre Prokuristen, auch wenn diese keine Arbeitnehmer sind, die Mitglieder ihrer jeweils geschäftsführenden Organe, die Arbeitnehmer oder ein Mitglied eines geschäftsführenden Organs eines anderen Versicherungsträgers oder des Dachverbandes der SV-Träger (Z 3);

1694 *Frauenberger-Pfeiler* in SV-System, 6.4.1.3.4.

- wenn es sich um eine Rechtsstreitigkeit nach § 65 Abs 1 Z 7 (Insolvenz-Entgelt) handelt, die Dienstnehmer, Prokuristen oder Geschäftsführer der Insolvenz-Entgelt-Fonds-Service GmbH hinsichtlich der beklagten Parteien (Z 4);
- wenn es sich um Rechtsstreitigkeiten handelt, die Ansprüche nach dem **BPGG** zum Inhalt haben, die Bediensteten der sonstigen Entscheidungsträger (§ 22 Abs 1 Z 3 bis 8 BPGG) hinsichtlich der beklagten Parteien (Z 5).

Vor den Gerichten **erster Instanz** dürfen sich die Parteien außer durch qualifizierte Personen noch vertreten lassen (§ 40 Abs 2 ASGG):

- Arbeitgeber durch einen ihrer Arbeitnehmer oder einen ihrer Prokuristen, auch wenn dieser kein Arbeitnehmer ist, oder durch ein Mitglied ihrer geschäftsführenden Organe (Z 1);
- Arbeitnehmer durch ein Mitglied des zuständigen Betriebsrats (Z 2);
- parteifähige Organe der Arbeitnehmerschaft (§ 53 Abs 1) durch eines ihrer Mitglieder (Z 3);
- Mitglieder der im Bundesbehindertenbeirat unmittelbar oder mittelbar vertretenen Verbände durch die jeweiligen Funktionäre oder Arbeitnehmer der Verbände, denen die Mitglieder angehören (Z 3a);
- durch **jede** andere **geeignete Person**; über die Eignung hat der Vorsitzende durch unanfechtbaren Beschluss zu entscheiden (Z 4).

Sind beide Parteien durch qualifizierte Personen (Abs 1) vertreten, so sind die Bestimmungen über die **direkte Zustellung** (§ 112 ZPO) sinngemäß anzuwenden (§ 40 Abs 4 ASGG).

Schreitet eine qualifizierte Person (Abs 1 Z 2 bis 4) als Bevollmächtigter ein, so ersetzt ihre **Berufung auf** die ihr schriftlich erteilte **Bevollmächtigung** deren urkundlichen Nachweis. Hegt jedoch der Vorsitzende auf Grund besonderer Umstände Zweifel an der Erteilung der Bevollmächtigung, so kann er mit unanfechtbarem Beschluss deren urkundlichen Nachweis anordnen (§ 40 Abs 5 ASGG).

§ 40 ASGG enthält Sonderbestimmungen über die Vertretung vor den Gerichten erster und zweiter Instanz. Für die Vertretung vor dem **OGH** gelten mangels solcher Sonderbestimmungen die allgemeinen Bestimmungen der ZPO. Für das Verfahren vor dem OGH herrscht **absoluter Anwaltszwang.**[1695]

10.2.5. Bescheid- und Säumnisklage; Klagefrist (§ 67 ASGG)

10.2.5.1. Sukzessive Zuständigkeit des Gerichts

Nach dem in Sozialrechtssachen geltenden Grundsatz der sukzessiven Kompetenz kann in einer Leistungssache (abgesehen vom Fall des § 65 Abs 1 Z 3 ASGG und vorbehaltlich des § 68 ASGG) das Gericht nur angerufen werden, wenn vom

1695 RS0108295.

Versicherungsträger entweder „darüber", das heißt über den der betreffenden Leistungssache zugrundeliegenden Anspruch des Versicherten, **bereits** ein **Bescheid erlassen** wurde oder der Versicherungsträger mit der Bescheiderlassung säumig geworden ist (§ 67 Abs 1 ASGG). Insofern ist der mögliche Gegenstand des gerichtlichen Verfahrens durch Antrag, Bescheid und Klagebegehren in dreifacher Weise eingegrenzt.[1696]

Im Rahmen seiner sukzessiven Zuständigkeit kann das Gericht den mit der Klagserhebung außer Kraft getretenen **Bescheid weder „abändern" noch „bestätigen" oder „aufheben"**, wie das einem Rechtsmittelverfahren entsprechen würde; es kann auch dem Entscheidungsträger keine Aufträge in Bezug auf die weitere Verfahrensführung erteilen. Vielmehr geht die volle Verfahrens- und Entscheidungskompetenz auf das Gericht über.[1697]

Das durch die Klage des Versicherten eingeleitete gerichtliche Verfahren ist **kein Rechtsmittelverfahren** und hat daher keine kontrollierende Funktion. Das Gericht prüft vielmehr selbständig den durch die Klage geltend gemachten sv-rechtlichen Leistungsanspruch.[1698]

Das Verfahren vor dem Arbeits- und Sozialgericht ist kein (kontrollierendes) Rechtsmittelverfahren, sondern das Gericht hat den durch die Klage geltend gemachten Anspruch selbständig und unabhängig vom Verfahren vor dem Versicherungsträger auf Basis der **Sach- und Rechtslage bei Schluss der mündlichen Verhandlung erster Instanz** zu prüfen.[1699]

Dem Grundsatz der sukzessiven Kompetenz entsprechend haben die Arbeits- und Sozialgerichte **nicht** die Aufgabe, die von den Trägern der SV erlassenen, von den Versicherten bekämpften Bescheide zu **überprüfen**; sie haben vielmehr über die mit einer Klage vom Versicherten geltend gemachten sv-rechtlichen Ansprüche nach Abschluss des mit einem über die sv-rechtlichen Ansprüche des Versicherten absprechenden Bescheid des Versicherungsträgers beendeten Verwaltungsverfahrens in einem eigenen, **selbständigen Verfahren** zu entscheiden. Dabei kann es durchaus zu vom Verwaltungsverfahren **abweichenden Ergebnissen** kommen. Lediglich die **reformatio in peius** ist seit der ASVG-Novelle 1994 **ausgeschlossen**; dies aber zufolge der ausdrücklich angeordneten **Anerkenntniswirkung** des bescheidmäßigen Zuspruches. Das Gericht hat die Sache nach allen Richtungen selbständig zu beurteilen, wobei alle Änderungen (auch Gesetzesänderungen) jedenfalls bis zum Schluss der Verhandlung in erster Instanz zu berücksichtigen sind.[1700]

1696 10 ObS 116/16f.
1697 RS0112044.
1698 RS0085839.
1699 10 ObS 119/08k.
1700 RS0106394.

Seit dem 1.1.2014 wäre es aber auch verfassungsrechtlich möglich, durch (einfaches) Gesetz einen (echten) **Instanzenzug** von der Verwaltungsbehörde zum ordentlichen Gericht zu eröffnen (Art 94 Abs 2 B-VG).[1701]

Die Missachtung sukzessiver Kompetenz ist eine Frage der **Rechtswegzulässigkeit.** In einem solchen Fall ist die **Klage** – unter Nichtigerklärung eines dennoch geführten Verfahrens – **zurückzuweisen.**[1702]

10.2.5.2. Bescheidklage (Abs 1 Z 1)

In einer Leistungssache nach § 65 Abs 1 Z 1, 4 und 6 bis 8 sowie über die Kostenersatzpflicht eines Versicherungsträgers nach § 65 Abs 1 Z 5 darf – vorbehaltlich des § 68 – vom Versicherten eine **Klage nur erhoben** werden, **wenn** der Versicherungsträger darüber **bereits mit Bescheid entschieden** hat (§ 67 Abs 1 Z 1 ASGG). Welche Angelegenheiten in Bescheidform zu erledigen sind, regelt § 367 ASVG (Bescheidpflicht).

10.2.5.2.1. Bescheidbegriff und Streitgegenstand

Ein **Bescheid** ist anzunehmen, wenn der zu beurteilende Akt von einer Behörde stammt, die Bescheide erlassen darf, und wenn sich aus seinem Inhalt der Wille der Behörde ergibt, eine Verwaltungsangelegenheit gegenüber einer bestimmten Person normativ zu regeln, dh bindende Rechtsverhältnisse zu gestalten oder festzustellen.[1703]

Auch eine bloße **Verständigung** des Versicherten durch den SV-Träger oder dessen **Mitteilung** ist als Bescheid anzusehen, wenn der Bescheidwille dem Schreiben entnommen werden kann. Gibt der Versicherungsträger in einem an den Versicherten gerichteten Schreiben seinen Willen zu erkennen, einem Antrag des Versicherten nicht zu entsprechen, ist dieses Schreiben als Bescheid zu werten. Für die Interpretation des Bescheidbegriffs iSd §§ 67 ff ASGG gelten die zum **AVG** entwickelten Kriterien.[1704]

Bloße Mitteilungen oder Verständigungen des Versicherungsträgers **ohne** einen erkennbaren **Willen**, damit eine **bindende Regelung** für den Versicherten zu erlassen, stellen keinen Bescheid dar.[1705]

Ein **Informationsschreiben** über die voraussichtliche Höhe der Pension stellt keinen verbindlichen Bescheid dar.[1706]

Rückstandsausweise sind keine anfechtbaren Bescheide, sondern öffentliche Urkunden über den Stand der offenen Zahlungsverbindlichkeiten eines Beitragsschuldners.[1707] Sie sind aber Exekutionstitel (§ 1 Z 13 EO).

1701 *Kodek/Mayr,* Zivilprozessrecht[5] Rz 1250.
1702 4 Ob 287/04s.
1703 RS0085681.
1704 10 ObS 2/01v.
1705 10 ObS 124/07v.
1706 10 ObS 146/15s.
1707 RS0084049.

Die Verständigung des Pensionswerbers über die Gewährung eines **Vorschusses** ist kein Bescheid und eröffnet daher auch kein Klagerecht.[1708]

Jede Klage setzt einen **Bescheid** des SV-Trägers voraus (mit Ausnahme der Säumnisfälle), der **„darüber"**, dh **über den** der betreffenden Leistungssache zugrundeliegenden **Anspruch** des Versicherten ergangen sein muss; dies gilt auch für Feststellungsbegehren nach § 65 Abs 2 ASGG.[1709]

Der mögliche **Streitgegenstand** eines gerichtlichen Verfahrens in Sozialrechtssachen **ist** – außer in den Säumnisfällen (§ 67 Abs 1 Z 2 ASGG) – **dreifach eingegrenzt** durch Antrag, Bescheid und Klagebegehren. Ist der Rechtsweg für ein Klagebegehren auf Zuerkennung von **Pflegegeld** unter Beachtung des Antrags, des Bescheids des Versicherungsträgers und des Klagebegehrens zulässig, so hat innerhalb der dadurch gezogenen Grenzen der Rechtswegzulässigkeit die Prüfung der Anspruchsvoraussetzungen im gerichtlichen Verfahren auch dann unter allfälliger Berücksichtigung einer diagnosebezogenen Einstufung zu erfolgen, wenn eine solche nicht Gegenstand des Verfahrens vor dem Versicherungsträger war.[1710]

Der Streitgegenstand des sozialgerichtlichen Verfahrens **muss** mit jenem des vorgeschalteten Verwaltungsverfahrens **identisch sein**, da ansonsten eine „darüber" ergangene Entscheidung des Versicherungsträgers fehlt. Wird hiergegen verstoßen, so ist nach § 73 ASGG (Klagezurückweisung) und gegebenenfalls auch § 477 Abs 1 Z 6 ZPO (Nichtigerklärung) vorzugehen.[1711]

Der (zulässige) Gegenstand der Bescheidklage **beschränkt sich** auf jene Ansprüche, über die der Versicherungsträger entschieden hat.[1712]

Gegen den Bescheid über die **Entziehung des Rehabilitationsgeldes** kann nicht Klage auf Zuerkennung der Invaliditätspension erhoben werden.[1713]

Bei Entziehung oder Herabsetzung von **Pflegegeld** kann sich die Klage nur dagegen, nicht aber auf die Gewährung einer höheren Leistung richten.[1714]

Die **Klage** darf im Vergleich zum vorangegangenen Antrag weder die rechtserzeugenden Tatsachen auswechseln noch auf Leistungen (Feststellungen, Gestaltungen) gerichtet sein, über die der Versicherungsträger im bekämpften Bescheid gar nicht erkannt hat. Ein **„Austausch"** des Versicherungsfalls oder der Art der begehrten Leistungen im gerichtlichen Verfahren ist jedenfalls unzulässig. Diesfalls ist auch eine **Klagsänderung** iSd § 86 ASGG **nicht zulässig**, sondern als ein-

1708 10 ObS 264/97i.
1709 RS0085867.
1710 10 ObS 53/19w.
1711 8 ObS 8/22t.
1712 10 ObS 98/07w.
1713 10 ObS 116/16f.
1714 OLG Graz RG0000157.

ziger Weg der Anspruchsverfolgung bleibt die Stellung eines **neuen Antrags** im vorgeschalteten Verwaltungsverfahren.[1715]

Für die Auslegung der Tragweite des **Spruches** sind die **Gründe** des Bescheides heranzuziehen. Auch wenn der Wortlaut des Spruchs des bekämpften Bescheids zunächst nur andere Erkrankungen iZm der Feststellung von Folgen einer **Berufskrankheit** erwähnte, ist die im Klagebegehren nunmehr enthaltene Erkrankung vom Bescheidgegenstand erfasst, zumal diese Gesundheitsstörung bereits im Verlauf des Verwaltungsverfahrens durch weitere Meldungen des Leistungsempfängers hervorkam, Leistungsansprüche in der UV auch von Amts wegen festzustellen sind, der Bescheid außerdem allgemein über das Nichtbestehen eines Anspruchs auf Leistungen aus der UV abspricht und in seiner Begründung – ebenfalls allgemein – auf „bestehende Beschwerden" abstellt.[1716]

10.2.5.2.2. Klagefrist (Abs 2)

Die Klage muss bei sonstigem Verlust der Möglichkeit der gerichtlichen Geltendmachung des Anspruchs innerhalb der **unerstreckbaren Frist von vier Wochen** – handelt es sich um Leistungen der PV oder nach dem BPGG von **drei Monaten** – ab Zustellung des Bescheides erhoben werden. Die Tage des Postlaufs werden in die Frist nicht eingerechnet. Es **genügt, wenn** die Klage **am letzten Tag der Frist zur Post gegeben** wurde (Poststempel dieses Tages).[1717]

Bei der gesetzlichen Frist für die Klage gegen einen Bescheid des Versicherungsträgers handelt es sich um eine **prozessuale Frist**, gegen deren Versäumung die **Wiedereinsetzung** in den vorigen Stand **zulässig** ist.[1718]

Verspätete Klagen in Sozialrechtssachen **sind** in jeder Lage des Verfahrens wegen Unzulässigkeit des Rechtsweges **zurückzuweisen**. Ein allenfalls vorangegangenes Verfahren ist als **nichtig** aufzuheben.[1719] Die Versäumung der Klagefrist ist **von Amts wegen** wahrzunehmen.[1720] Dabei handelt es sich um einen Nichtigkeitsgrund.[1721]

10.2.5.3. Säumnisklage (Abs 1 Z 2)

In einer Leistungssache nach § 65 Abs 1 Z 1, 4 und 6 bis 8 sowie über die Kostenersatzpflicht eines Versicherungsträgers nach § 65 Abs 1 Z 5 darf – vorbehaltlich des § 68 – vom Versicherten eine Klage nur erhoben werden, wenn der Versiche-

1715 RS0107802.
1716 10 ObS 141/22s.
1717 *Frauenberger-Pfeiler* in SV-System, 6.4.2.2.1.1.
1718 RS0036524.
1719 RS0085778.
1720 RS0085643.
1721 RS0110616.

rungsträger den **Bescheid nicht innerhalb von sechs Monaten** – handelt es sich um Leistungen aus der KV nicht innerhalb von **drei Monaten** – **erlassen** hat

a) nach dem Eingang des Antrags auf Erlassung eines Bescheides, wenn ein solcher nur auf ausdrückliches Verlangen zu erlassen ist (§ 367 Abs 1 Z 2 ASVG);
b) sonst nach dem Eingang des Antrags auf Zuerkennung der Leistung bzw auf Feststellung von Versicherungszeiten der PV (§ 67 Abs 1 Z 2 ASGG).

Mit der zulässigen Erhebung einer Säumnisklage (bzw bei verfrühter Klage mit Ablauf der Sechsmonatefrist) **geht** die **Entscheidungsbefugnis** vom Versicherungsträger auf das Gericht **über**, weshalb – außer nach Sachverhaltsänderungen (§ 71 Abs 3) bzw in Rechtsstreitigkeiten nach § 71 Abs 4 – kein Bescheid mehr „nachgeschoben" werden kann. Ein **dennoch erlassener Bescheid** ist nach mittlerweile hM jedoch nicht unbeachtlich und wirkungslos, sondern wie jeder andere während eines gerichtlichen Verfahrens ergehende Bescheid zu behandeln, der entweder rechtskräftig oder durch Klageerhebung außer Kraft gesetzt wird.[1722]

Die **Unzulässigkeit** der Säumnisklage **(mangels Säumnis)** kann bis zum Schluss der Verhandlung erster Instanz (und auch noch darüber hinaus im Rechtsmittelverfahren) wahrgenommen werden, falls in diesem Zeitpunkt die Säumnis noch immer fehlt, weil die sechsmonatige Frist des § 67 Abs 1 Z 2 ASGG auch dann noch nicht abgelaufen ist. Die Entscheidungskompetenz geht nur nach rechtzeitiger und zulässiger Klage auf das Gericht über; dann ist dem Versicherungsträger die Erlassung eines Bescheides verwehrt. Bis zum Ablauf der Frist für die Säumnisklage kann der Versicherungsträger aber jedenfalls bescheidmäßig entscheiden, auch wenn zuvor bereits Säumnisklage erhoben und diese noch nicht zurückgewiesen wurde.[1723]

Wurde eine Säumnisklage **verfrüht erhoben**, dann braucht das Sozialgericht nicht bis zum Ablauf der Frist und damit Wegfall der Unzulässigkeit der Klage zuzuwarten.[1724]

Gemäß § 27 Abs 4 **KBGG** liegt, abweichend von § 67 Abs 1 Z 2 ASGG, eine Säumnis des KV-Trägers nur dann vor, wenn die Sache entscheidungsreif ist, also insb wesentliche Vorfragen rechtskräftig geklärt sind und Mitwirkungspflichten erfüllt wurden.

10.2.6. Klage gegen verfahrensrechtliche Bescheide (§ 68 ASGG)

Hat der Versicherungsträger in den Fällen des § 362 ASVG den **Antrag zurückgewiesen** und vermag der Versicherte dem Gericht eine **wesentliche Änderung** des zuletzt festgestellten Gesundheitszustandes **glaubhaft** zu **machen**, so hat es

1722 10 ObS 3/17i.
1723 RS0085636.
1724 10 ObS 307/00w.

das gerichtliche Verfahren ohne Rücksicht auf den § 67 Abs 1 Z 1 durchzuführen und in der Sache selbst zu entscheiden. Der § 67 Abs 2 (Klagefrist) ist sinngemäß anzuwenden (Abs 1).

Hat ein Versicherungsträger in den Fällen des § 25 Abs 2 **BPGG** den Antrag zurückgewiesen und vermag der Versicherte dem Gericht eine wesentliche Änderung der Anspruchsvoraussetzungen glaubhaft zu machen, so ist der Abs 1 sinngemäß anzuwenden (Abs 2).

Verfahrensrechtliche Bescheide der Versicherungsträger unterliegen grundsätzlich nicht der Überprüfung durch das Gericht im Rahmen der sukzessiven Kompetenz. Nur in § 68 ASGG hat der Gesetzgeber eine **Ausnahme** statuiert und für den dort geregelten Fall ausnahmsweise bei Vorliegen einer formellen Entscheidung des Versicherungsträgers die Geltendmachung eines Leistungsanspruches im Rahmen der sukzessiven Kompetenz zugelassen.[1725]

Die **Bescheinigungsmittel** für eine wesentliche Änderung des zuletzt festgestellten Gesundheitszustandes oder für das Hinzutreten eines neuen Leidens müssen geeignet sein, dem Richter die Überzeugung von der **Wahrscheinlichkeit** dieser Tatsache zu verschaffen (eine Diagnose ohne Befund genügt nicht).[1726]

Die **Glaubhaftmachung** in § 68 ASGG ist nicht etwa eine sachliche Voraussetzung für das Bestehen des Leistungsanspruches; sie ist vielmehr eine Voraussetzung der **Rechtswegzulässigkeit**: Gelingt dem Versicherten die Glaubhaftmachung nämlich nicht, ist seine Klage gemäß § 73 ASGG wegen Unzulässigkeit des Rechtswegs zurückzuweisen. Es fehlt dann an der Voraussetzung eines über den Leistungsantrag des Versicherten materiell absprechenden Bescheides des Versicherungsträgers und an der weiteren Voraussetzung der Glaubhaftmachung einer wesentlichen Änderung (Verschlechterung) des Gesundheitszustandes.[1727]

Hat der **Versicherungsträger** einen innerhalb der Sperrfrist des § 362 Abs 1 ASVG gestellten Antrag nicht zurückgewiesen, sondern darüber **sachlich entschieden**, steht den Gerichten eine Überprüfung, ob eine wesentliche Änderung bescheinigt wurde, nicht zu. Die Klage darf daher nicht mit der Begründung zurückgewiesen werden, die wesentliche Änderung sei nicht bescheinigt.[1728]

Die dem Versicherten zur Pflicht gemachte Glaubhaftmachung bezieht sich nur auf den **Tatsachenbereich**. Die Lösung der Frage, **ob** die Änderung des Gesundheitszustandes **wesentlich** ist, fällt in den Bereich der **rechtlichen Beurteilung**.[1729] Der Versicherte hat die Änderung des Gesundheitszustandes, nicht aber auch deren wesentliche Auswirkung auf das Leistungskalkül, zu bescheinigen.[1730] Die

1725 10 ObS 173/01s.
1726 RS0085657.
1727 RS0085668.
1728 RS0085504.
1729 RS0043519.
1730 10 ObS 77/03a.

Glaubhaftmachung, also die Bescheinigung der behaupteten Tatsachen, ist immer eine Frage der vom OGH nicht überprüfbaren **Beweiswürdigung.**[1731]

10.2.7. Wirkungen der Klage (§ 71 ASGG)

10.2.7.1. Außerkrafttreten des Bescheides (Abs 1)

Wird in einer Leistungssache nach § 65 Abs 1 Z 1, 2 oder 4 bis 8 die Klage rechtzeitig erhoben, so **tritt** der **Bescheid** des Versicherungsträgers im Umfang des Klagebegehrens **außer Kraft**; Bescheide, die durch den außer Kraft getretenen Bescheid abgeändert worden sind, werden insoweit aber nicht wieder wirksam (Abs 1).

Durch die Klageerhebung tritt der Bescheid hinsichtlich des von der Klage betroffenen Anspruches zur Gänze außer Kraft. Wurde durch den Bescheid eine **Leistung** zuerkannt, so ist diese **im Urteil zuzusprechen.**[1732]

Durch die Erhebung einer Bescheidklage tritt der angefochtene Bescheid im Umfang des Klagebegehrens außer Kraft. Das sozialgerichtliche Verfahren stellt sich als ein eigenes, selbständiges Verfahren dar, in dem über den vom Kläger geltend gemachten Anspruch zu entscheiden ist. Dabei kann es durchaus zu vom Verwaltungsverfahren **abweichenden Ergebnissen** kommen.[1733]

Soweit der Inhalt des Bescheides eine **Einheit** bildet, wird er vom Klagebegehren erfasst und tritt außer Kraft. Nur jener Teil des Bescheides wird rechtskräftig, der sich inhaltlich vom angefochtenen **trennen** lässt.[1734] Im Interesse der Rechtssicherheit ist ein möglichst weitgehendes Betroffensein (Außerkrafttreten) des Bescheides durch das Klagebegehren anzunehmen.[1735]

Die Erhebung der Klage beseitigt gemäß Abs 1 den „angefochtenen" Bescheid des Versicherungsträgers und setzt ein vollkommen **neues** erstinstanzliches **Verfahren** in Gang. Das Gericht kann den – durch die Klage außer Kraft getretenen – Bescheid weder „abändern" noch „bestätigen" oder „aufheben", wie dies einem Rechtsmittelverfahren entsprechen würde.[1736]

Infolge der inhaltlichen **Verknüpfung** des Anspruchs auf **Invaliditätspension** mit dem Anspruch auf **berufliche Rehabilitation** lässt sich der Teil des Bescheids, der einen Anspruch auf die Pensionsleistung verneint, nicht von jenem trennen, der die Gewährung von Maßnahmen der beruflichen Rehabilitation ablehnt. Es tritt daher der gesamte Bescheid außer Kraft, auch wenn die Klage nur den Ausspruch über die Invaliditätspension bekämpft.[1737]

1731 10 ObS 1/99s.
1732 RS0085721.
1733 10 ObS 251/03i.
1734 10 ObS 55/87.
1735 10 ObS 177/90.
1736 10 ObS 2349/96f.
1737 10 ObS 107/12a.

10.2.7.2. Anerkenntnisfiktion (Abs 2)

Nach der Einbringung der Klage in einer Sozialrechtssache nach § 65 Abs 1 Z 1, 6 oder 8 ist die **Leistungsverpflichtung**, die dem außer Kraft getretenen Bescheid entspricht, als vom Versicherungsträger **unwiderruflich anerkannt** anzusehen; der Versicherungsträger hat gegenüber dem Kläger – trotz des Außerkrafttretens des Bescheides – seine als unwiderruflich anerkannt anzusehende Leistungsverpflichtung bis zur rechtskräftigen Beendigung des Verfahrens vorläufig weiter zu erfüllen. Als unwiderruflich anerkannt sind **auch das Vorliegen eines Arbeits-(Dienst-)unfalls** oder einer Berufskrankheit anzusehen, soweit dies dem durch die Klage außer Kraft getretenen Bescheid entspricht (Abs 2).

Das **Verschlechterungsverbot** umfasst auch die bescheidmäßige Feststellung des Vorliegens vorübergehender Invalidität und des Anspruchs auf **Rehabilitationsgeld.**[1738]

Die als unwiderruflich anerkannt anzusehende Leistungsverpflichtung ist (auch vom Rechtsmittelgericht) von Amts wegen in den **Urteilsspruch** aufzunehmen.[1739]

Als unwiderruflich anerkannt gilt (nur) die im Spruch eines Bescheids des zuständigen UV-Trägers enthaltene Feststellung, dass eine bestimmte **Gesundheitsstörung** Folge eines Arbeitsunfalls oder einer Berufskrankheit ist.[1740]

Der bloß in der **Begründung** eines ablehnenden Bescheides vom Versicherungsträger geäußerten Ansicht, dass beim Versicherten eine **MdE** im (nicht rentenbegründenden) Ausmaß von 10 % vorliege, kommt keine Bindungswirkung für das gerichtliche Verfahren zu.[1741]

Dass in dem im Verwaltungsverfahren eingeholten Gutachten ein **Pflegebedarf für** eine **bestimmte Verrichtung** angenommen wurde, bindet das Sozialgericht nicht. Die Anerkenntnisfiktion bezieht sich auf die im Bescheid enthaltene Leistungsverpflichtung, nicht auf einzelne Beweisergebnisse des Verwaltungsverfahrens.[1742]

10.2.8. Zurücknahme der Klage (§ 72 ASGG)

Für die Zurücknahme der Klage gelten folgende Besonderheiten:

1. Der durch die Klage außer Kraft getretene **Bescheid** tritt durch die Zurücknahme der Klage **nicht wieder in Kraft**;
2. nimmt ein Versicherter seine Klage zurück, so
   a) bedarf er hiezu in **keinem** Fall der **Zustimmung** des Versicherungsträgers;
   b) **gilt** sein **Antrag** soweit **als zurückgezogen**, als der darüber ergangene Bescheid durch die Klage außer Kraft getreten ist;

1738 10 ObS 50/15y.
1739 10 ObS 111/15v.
1740 RS0132708.
1741 10 ObS 319/01m.
1742 10 ObS 57/14a.

c) hat der Versicherungsträger **binnen vier Wochen** ab Kenntnis von der Klagsrücknahme mit Bescheid jene **Leistung festzustellen**, die er dem Versicherten auch nach dem Zeitpunkt der Zurücknahme der Klage nach dem § 71 Abs 2 zu gewähren hätte, wenn die Klage nicht zurückgenommen worden wäre; auch sonst hat der Versicherungsträger in Rechtsstreitigkeiten, in denen das Vorliegen eines **Arbeits-(Dienst-)unfalls** strittig ist, einen Bescheid zu erlassen, der dem durch die Klage außer Kraft getretenen Bescheid entspricht;
d) darf er in einer Leistungssache nach § 65 Abs 1 Z 1, 6 oder 8 eine **Klage** auf Leistung bzw Feststellung erheben, wenn der Versicherungsträger seiner Verpflichtung nach lit c nicht nachkommt;

3. in einer Rechtsstreitigkeit nach § 65 Abs 1 Z 2 (Rückforderung) oder über die Kostenersatzpflicht des Versicherten nach § 65 Abs 1 Z 5 oder über die Pflicht zum Rückersatz einer zu Unrecht empfangenen Leistung nach § 65 Abs 1 Z 8 2. und 3. Fall **kann die Klage nicht zurückgenommen werden** (§ 72 ASGG).

Die Klagsrücknahme durch den Versicherten in Sozialrechtsverfahren bedarf in keinem Fall der Zustimmung des Versicherungsträgers. Durch die Zurücknahme der Klage tritt der durch die Klage außer Kraft getretene Bescheid nicht wieder in Kraft und gilt der Antrag des Versicherten so weit als zurückgezogen, als der darüber ergangene Bescheid durch die Klage außer Kraft getreten ist. Für die neuerliche Einbringung einer Klage oder für eine Fortsetzung des anhängig gewesenen Verfahrens **fehlt** es an der Voraussetzung des § 67 Abs 1 Z 1 ASGG, dass ein **Bescheid** des Versicherungsträgers über den Anspruch vorliegt.[1743]

Die Klagsrücknahme führt bei Verfahren über Versehrtenrenten und Pflegegeld zum **Entfall der Sperrfrist** für Neuanträge, bei Leistungen der geminderten Arbeitsfähigkeit zu deren **Verkürzung** auf 12 Monate.[1744]

Zieht der Versicherte seine Klage zurück, so hat der Versicherungsträger binnen vier Wochen ab Kenntnis der Klagsrücknahme mit Bescheid jene Leistung festzustellen, die dem durch die Klage außer Kraft getretenen Bescheid entspricht. Der Versicherungsträger darf in diesem **Wiederholungsbescheid** die Leistung auch dann nicht in geringerer Höhe festsetzen, wenn ihm im seinerzeitigen Bescheid bei Zuerkennung der Leistung ein Irrtum unterlaufen ist.[1745]

Die **(irrtümliche) Zurücknahme** einer Klage im Sozialrechtsverfahren bildet keinen Wiedereinsetzungsgrund. Eine dennoch erfolgte Bewilligung wäre unbeachtlich.[1746]

1743 RS0117423.
1744 Vgl *Sonntag* in *Köck/Sonntag*, ASGG § 72 Rz 14.
1745 RS0085736.
1746 OLG Graz RG0000162.

Die Bestimmung des § 483 Abs 3 ZPO, wonach ua bis zur Entscheidung des Berufungsgerichtes die Klage, soweit sie Gegenstand des Berufungsverfahrens ist, zurückgenommen werden kann, wenn gleichzeitig auf den Anspruch verzichtet wird, ist gemäß § 513 ZPO **auch im Revisionsverfahren** anzuwenden.[1747]

10.2.9. Zurückweisung der Klage (§ 73 ASGG)

Wird eine Klage erhoben, obwohl die in den §§ 67 bis 70 und § 72 Z 2 lit d genannten Voraussetzungen nicht vorliegen, so ist die Klage **in jeder Lage des Verfahrens** zurückzuweisen.

Die **Unzulässigkeit des Rechtswegs** ist in jeder Lage des Verfahrens - auch noch im Rechtsmittelverfahren - **von Amts wegen** wahrzunehmen.[1748]

Sind die Vorinstanzen nicht gemäß § 73 ASGG vorgegangen, sind ihre Entscheidungen gemäß § 477 Abs 1 Z 6 ZPO als **nichtig** aufzuheben und ist die Klage zurückzuweisen.[1749]

Die **Missachtung sukzessiver Kompetenz** ist eine Frage der Rechtswegzulässigkeit. In einem solchen Fall ist die Klage - unter Nichtigerklärung eines dennoch geführten Verfahrens - zurückzuweisen.[1750]

Anlass für eine Klagszurückweisung besteht auch dann, wenn sich Bescheid und Klage auf **verschiedene Ansprüche** beziehen.[1751]

10.2.10. Vorfragen (§ 74 ASGG)

10.2.10.1. Verwaltungsrechtliche Vorfragen (Abs 1)

Ist in einer Rechtsstreitigkeit (nach § 65 Abs 1 Z 1, 4 oder 6 bis 8)

- die Versicherungspflicht,
- die Versicherungsberechtigung,
- der Beginn oder das Ende der Versicherung,
- die maßgebende Beitragsgrundlage oder
- die Angehörigeneigenschaft

als **Vorfrage strittig**, so **ist das Verfahren zu unterbrechen**, bis über diese Vorfrage als **Hauptfrage** im Verfahren **in Verwaltungssachen** rechtskräftig entschieden worden ist, dies einschließlich eines allenfalls anhängig gewordenen Verwaltungsgerichtshofsverfahrens. Ist im Zeitpunkt der Unterbrechung des Verfahrens noch kein Verfahren in Verwaltungssachen anhängig, so hat das Gericht die Einleitung des Verfahrens beim Versicherungsträger anzuregen. Einem Rekurs gegen den Unterbrechungsbeschluss kann aufschiebende Wirkung nicht zuer-

1747 RS0081567.
1748 5 Ob 130/09t.
1749 RS0042080.
1750 4 Ob 287/04s.
1751 10 ObS 98/07w.

kannt werden. Der Versicherungsträger hat dem Gericht die über die Vorfrage in der Verwaltungssache als Hauptfrage ergangene, in Rechtskraft erwachsene Entscheidung unverzüglich zu übermitteln (Abs 1).

Wenn eine der aufgezählten Fragen als Vorfrage strittig ist und die Entscheidung über die Klage von der Beurteilung einer solchen Vorfrage abhängt, **muss** das gerichtliche Verfahren **unterbrochen** werden;[1752] auch noch im Rechtsmittelverfahren.[1753] Die Gerichte sind an die Entscheidung der Verwaltungsbehörde **gebunden.**[1754] Ist über die strittig gewesene Vorfrage als Hauptfrage im Verwaltungsverfahren rechtskräftig entschieden worden, ist das unterbrochene Verfahren **von Amts wegen aufzunehmen.**[1755] Die Aufnahme eines unterbrochenen Verfahrens geschieht durch Gerichtsbeschluss.[1756]

§ 74 Abs 1 ASGG sieht nur die Unterbrechung des Verfahrens bei Auftreten der dort bezeichneten Vorfragen vor. Die **Aufzählung** der eine Unterbrechung des Verfahrens bedingenden Vorfragenfälle ist zwar grundsätzlich **taxativ**, jedoch jedenfalls **analogiefähig.**[1757]

10.2.10.2. Vorläufige Leistung (Abs 2)

Im Fall einer Unterbrechung nach Abs 1 hat das Gericht **auf Antrag** des Klägers dem Beklagten eine **vorläufige Leistung** bis zur rechtskräftigen Beendigung des gerichtlichen Verfahrens durch Beschluss aufzuerlegen, soweit der Kläger seinen **Anspruch** dem Grunde und der Höhe nach **glaubhaft macht**. Dem Rekurs gegen den dem Antrag des Klägers zur Gänze oder teilweise stattgebenden Beschluss kann aufschiebende Wirkung nicht zuerkannt werden (Abs 2).

Eine vorläufige Leistung nach Abs 2 ist **nur** im Fall einer Unterbrechung **nach Abs 1** aufzuerlegen.[1758]

Der **Antrag** des Klägers, dem beklagten Versicherungsträger eine vorläufige Leistung aufzuerlegen, ist dann **abzuweisen**, wenn die beschränkten Mittel des Bescheinigungsverfahrens – auch bei Anlegung eines gebotenen strengen Maßstabes – im konkreten Fall nicht ausreichen, um die für die Auferlegung einer vorläufigen Leistung erforderlichen Tatsachen als bescheinigt annehmen zu können.[1759]

Die Frage, **ob** die Glaubhaftmachung, also Bescheinigung der behaupteten Tatsachen, **gelungen** ist oder nicht, stellt das Ergebnis richterlicher **Beweiswürdigung** und keine rechtliche Beurteilung dar.[1760]

1752 10 ObS 150/03m.
1753 RS0085609.
1754 RS0037048.
1755 RS0036835.
1756 10 ObS 261/91.
1757 10 ObS 2142/96i.
1758 10 ObS 169/21g.
1759 RS0085802.
1760 RS0040286.

10.2.11. Weitere Verfahrensbesonderheiten (§§ 39 und 75 ASGG)

Das Verfahren ist besonders **rasch** durchzuführen; Ladungen und Entscheidungen sind unverzüglich auszufertigen (Verfahrensbeschleunigung). Der § 439 ZPO (Gerichtstage) ist anzuwenden (§ 39 Abs 1 ASGG). Es findet **keine erste Tagsatzung** statt und es gibt keine Gerichtsferien.

Ist eine Partei nicht Versicherungsträger und wird sie auch **nicht** durch eine **qualifizierte** Person (§ 40 Abs 1) **vertreten**, so sind darüber hinaus anzuwenden (§ 39 Abs 2 ASGG):

1. die Bestimmungen über die **richterliche Anleitungs- und Belehrungspflicht** (§§ 432, 435 ZPO); hiebei hat der Vorsitzende die Parteien über die bei derartigen Arbeits- und Sozialrechtssachen in Betracht kommenden besonderen Vorbringen und Beweisanbietungen zu belehren, die zur zweckentsprechenden Rechtsverfolgung (Rechtsverteidigung) dienen können, und sie zur Vornahme der sich anbietenden derartigen Prozesshandlungen anzuleiten;
2. die Bestimmungen über die Möglichkeit des **Anbringens zu Protokoll** (§§ 434 ZPO); liegt der Wohnsitz, der Aufenthalts- oder der Beschäftigungsort der Partei außerhalb des Bezirksgerichtssprengels (des Ortes), in dem das für das Verfahren zuständige Landesgericht seinen Sitz hat, so können die Anbringen auch **beim Bezirksgericht** des Wohnsitzes, des Aufenthalts- oder des Beschäftigungsorts der Partei zu Protokoll gegeben werden; das Bezirksgericht hat das Protokoll unverzüglich an das zuständige Landesgericht als Arbeits- und Sozialgericht weiterzuleiten;
3. die Bestimmungen über die **Ladung** des Klägers bzw des Beklagten (§§ 437, 438 ZPO).

§ 222 ZPO (Fristenhemmung) ist nicht anzuwenden (§ 39 Abs 4 ASGG).

Über einen Antrag auf Bewilligung einer **Verfahrenshilfe** ist ohne Rücksicht darauf zu entscheiden, ob der Antragsteller eine qualifizierte Person bevollmächtigen könnte oder bevollmächtigt hat (§ 39 Abs 5 ASGG).

Jeder Entscheidung eines Gerichts erster oder zweiter Instanz, die einer Partei zugestellt wird, ist eine **Rechtsmittelbelehrung** anzuschließen (§ 39 Abs 7 ASGG).

Die Bestimmungen über das **Ruhen** des Verfahrens infolge Nichterscheinens der Parteien (§ 170 ZPO) sowie über **Versäumungsurteile** sind (ausgenommen in Rechtsstreitigkeiten nach § 65 Abs 1 Z 3 und 7) nicht anzuwenden (§ 75 Abs 1 ASGG).

Der Erlag eines **Kostenvorschusses** zur Deckung der mit der Aufnahme eines Beweises verbundenen Kosten ist nicht anzuordnen (§ 75 Abs 1a ASGG).

Rechtsstreitigkeiten können durch **gerichtlichen Vergleich** ganz oder teilweise beigelegt werden (§ 75 Abs 3 ASGG).

Verzichte sind nur zulässig, soweit sie nach materiellem (SV-)Recht möglich sind.[1761]

Als **Dolmetscher** ist eine vom Bundesministerium für Justiz oder in dessen Auftrag von der Justizbetreuungsagentur zur Verfügung gestellte geeignete Person zu bestellen. Steht eine geeignete Person nicht oder nicht für die angefragte Zeit zur Verfügung, so kann das Gericht auch eine andere geeignete Person als Dolmetscher bestellen. Dabei ist vorrangig eine in die Gerichtssachverständigen-und Gerichtsdolmetscherliste eingetragene Person zu bestellen (§ 75 Abs 4 ASGG).

10.2.12. Unterbrechung und Fortsetzung des Verfahrens (§ 76 ASGG)

10.2.12.1. Unterbrechung (Abs 1)

In einer Rechtsstreitigkeit nach § 65 Abs 1 Z 1, 4, 6 oder 8 oder über die Kostenersatzpflicht des Versicherungsträgers nach § 65 Abs 1 Z 5 wird das **Verfahren durch** den **Tod** des Klägers in jeder Lage **unterbrochen.**

Die Unterbrechung erfolgt **kraft Gesetzes.** Ein vom Gericht darüber gefasster **Beschluss** hat nur deklarative Bedeutung.[1762]

Ist im Zeitpunkt des Todes des Versicherten ein **Verwaltungsverfahren** vor dem Versicherungsträger **anhängig** und ist die Berechtigung des Fortsetzungswerbers vor dem Hintergrund seiner Behauptungen zumindest möglich, kommt aber der Versicherungsträger nach inhaltlicher Prüfung zum Ergebnis, dass jener die Voraussetzungen für die Sonderrechtsnachfolge nicht erfüllt, ist sein **Antrag** nicht (mangels Eintrittslegitimation) zurückzuweisen, sondern wegen Unbegründetheit des materiellen Anspruchs **abzuweisen**; ein solcher „negativer Leistungsbescheid" ist mit **Klage** beim ASG mit Leistungsklage bekämpfbar.[1763]

Stirbt der Leistungswerber **vor Zustellung des Bescheides,** ist die Klage gegen den gegen ihn erlassenen Bescheid vorerst unzulässig. Die Fortsetzungsberechtigten müssten **im Verwaltungsverfahren** die Erklärung abgeben, das Verfahren fortzusetzen. Eine Klage ist nur gegen den dann an sie zugestellten Bescheid zulässig.[1764]

Stirbt der Versicherte oder Anspruchswerber **nach** der **Zustellung des Bescheides** an ihn während des Laufes der für die Klage hierfür vorgesehenen Frist (§ 67 Abs 2 ASGG), so treten die Unterbrechungswirkungen ebenfalls ein; diesfalls ist die **Klage** mit der Wirkung einer Aufnahme des Verfahrens durch einen Fortsetzungsberechtigten zu erheben.[1765]

1761 *Fasching,* Zivilprozeßrecht² Rz 2315/1.
1762 *Sonntag* in *Köck/Sonntag,* ASGG § 76 Rz 2 mwN.
1763 Vgl RS0112042.
1764 RS0085593.
1765 10 ObS 41/95.

In den in § 76 Abs 1 angeführten Rechtsstreitigkeiten wird das Verfahren durch den Tod des Klägers in jeder Lage des Verfahrens auch dann unterbrochen, wenn der Verstorbene **durch** einen **Rechtsanwalt** oder eine andere mit Prozessvollmacht ausgestattete Person **vertreten** war.[1766]

10.2.12.2. Fortsetzung (Abs 2)

Zur **Aufnahme** eines nach Abs 1 unterbrochenen Verfahrens sind **nacheinander** der Ehegatte, die leiblichen Kinder, die Wahlkinder, die Stiefkinder, die Eltern und die Geschwister berechtigt, alle diese Personen jedoch nur, wenn sie mit dem Kläger zur Zeit seines Todes **in häuslicher Gemeinschaft gelebt** haben; steht der Anspruch mehreren Kindern oder Geschwistern des Klägers zu, so sind sie nur bezüglich ihres Teiles zur Aufnahme des unterbrochenen Verfahrens berechtigt. Letztlich sind hiezu die Verlassenschaft nach dem Versicherten bzw dessen Erben berechtigt.

Bei (§ 408 ASVG und der Parallelbestimmung des) § 76 Abs 2 ASGG handelt es sich nach dem Willen des Gesetzgebers um – den besonderen Belangen des SV-Rechts Rechnung tragende – **Schutzbestimmungen** für diejenigen mit dem Versicherten in Hausgemeinschaft lebenden Verwandten, die sich zur Zeit dessen Todes um ihn gekümmert und möglicherweise Auslagen für ihn getragen haben.[1767]

Eine **häusliche Gemeinschaft** mit dem Versicherten liegt dann vor, wenn eine wirtschaftliche und finanzielle Interessengemeinschaft mit dem Ziel besteht, die Kosten der Lebenshaltung durch Zusammenwirtschaften zu vermindern, wobei ein gewisses Maß an Zusammenwohnen notwendig ist.[1768] Eine zur Zeit des Todes des Klägers gegebene häusliche Gemeinschaft ist bei vorübergehender Abwesenheit (Urlaub, Krankenhaus oder Kuraufenthalt) weiter anzunehmen, nicht aber bei dauernder Unterbringung in einem Seniorenheim.[1769]

Die **Verlassenschaft** ist nur dann zur Fortsetzung des Verfahrens berechtigt, wenn keine primär Fortsetzungsberechtigten iSd Abs 2 vorhanden sind.[1770]

Über das Vorliegen der Voraussetzungen der Fortsetzungsberechtigung ist – sofern der Versicherungsträger die Fortsetzungsberechtigung nicht explizit zugesteht – ein **Bescheinigungsverfahren** durchzuführen, im Zweifelsfall gemäß § 165 Abs 2 ZPO im Rahmen einer Streitverhandlung.[1771]

10.2.12.3. Pflegegeld (Abs 4)

Bei Ansprüchen nach dem BPGG (ausgenommen Ansprüche auf Angehörigenbonus nach §§ 21g und 21h BPGG) sind die Bestimmungen über die Unterbrechung und Fortsetzung mit der Maßgabe des § 19 Abs 3 BPGG sinngemäß anzuwenden.

1766 RS0116063.
1767 10 ObS 71/13h.
1768 RS0128857.
1769 10 ObS 71/13h.
1770 RS0085598.
1771 *Sonntag* in *Köck/Sonntag*, ASGG § 76 Rz 21.

Bei der Regelung des **§ 19 BPGG** handelt es sich um eine **Sondernorm** zu den erbrechtlichen Vorschriften des bürgerlichen Rechts (10 ObS 187/00y). § 19 Abs 3 BPGG regelt nur die Fortsetzung des Verfahrens **vor dem Entscheidungsträger**. Die Fortsetzung des bereits anhängig gemachten **gerichtlichen** Verfahrens ist in § 76 Abs 4 ASGG geregelt. Nur über diese Bestimmung (mit ihrem Verweis auf § 19 Abs 3 BPGG) ist die Regelung des BPGG (sinngemäß) anwendbar, wobei verfassungsrechtliche Bedenken hiergegen nicht bestehen.[1772]

10.2.13. Kostenersatz (§§ 77, 79, 80 und 93 ASGG)

10.2.13.1. Allgemeines

Bei einer **Klage** in einer Sozialrechtssache nach § 65 Abs 1 Z 1 und 2 ASGG handelt es sich nicht um einen Fall des § 23 Abs 6 RATG, sodass der **Einheitssatz nicht doppelt** zuzusprechen ist.[1773]

Auch in Sozialrechtssachen gilt der Grundsatz, dass Prozesskosten **so niedrig wie möglich** zu halten sind.[1774]

Kostenbeschlüsse der **zweiten Instanz** sind **unanfechtbar** (kein Revisionsrekurs; § 528 Abs 2 Z 3 ZPO).

Das **Aufwandersatzgesetz** sieht einen pauschalierten Aufwandersatz nur in Rechtsstreitigkeiten nach § 50 Abs 1 vor, nicht aber in Sozialrechtssachen nach § 65.[1775]

10.2.13.2. Kostentragungspflicht des Versicherungsträgers (§ 77 Abs 1 Z 1 ASGG)

Der Versicherungsträger hat die Kosten, die ihm durch das Verfahren erwachsen sind, ohne Rücksicht auf dessen Ausgang selbst zu tragen; das gilt auch für den Ersatz der **Gebühren der** Zeugen und **Sachverständigen** sowie den mit Augenscheinen verbundenen Aufwand.

10.2.13.3. Kostenersatzanspruch des Versicherten (§ 77 Abs 1 Z 2 ASGG)

Der Versicherte hat schon bei teilweisem Obsiegen einen Kostenersatzanspruch. Wenn er zur Gänze unterliegt, kann ihm der Ersatz der Kosten nach Billigkeit zugesprochen werden, wobei auf die tatsächlichen oder rechtlichen Schwierigkeiten des Verfahrens sowie auf die Einkommens- und Vermögensverhältnisse des Versicherten Bedacht zu nehmen ist. Nur ausnahmsweise (zB bei mutwilliger Prozessführung) trifft ihn eine Kostenersatzpflicht.[1776]

1772 10 ObS 29/97f.
1773 RS0072316.
1774 OLG Graz RG0000178.
1775 RS0106551.
1776 Vgl *Roth*, Zivilprozessrecht³ 150.

10.2.13.3.1. Bei (teilweisem) Obsiegen

Der Versicherte hat gegenüber dem Versicherungsträger **Anspruch auf Ersatz** aller seiner sonstigen durch die Prozessführung verursachten, zur zweckentsprechenden Rechtsverfolgung oder Rechtsverteidigung **notwendigen Verfahrenskosten** (§ 77 Abs 1 Z 2 lit a ASGG), auch wenn er nur teilweise obsiegt (§ 77 Abs 2 ASGG).

Die Bestimmung des § 77 Abs 1 Z 2 lit a ASGG stellt nur auf den **Prozesserfolg als solchen** ab; unerheblich ist das Ausmaß dieses Erfolges bzw die Relation des Prozesserfolges zum angefochtenen Bescheid der Versicherungsanstalt. Maßgeblich für die Frage des Obsiegens ist die Sachlage zum **Zeitpunkt des Schlusses der mündlichen Streitverhandlung**. Ist in diesem Zeitpunkt das Klagebegehren oder ein Teil davon berechtigt, ist es unerheblich, ob der angefochtene Bescheid zum Zeitpunkt seiner Erlassung rechtmäßig war.[1777]

Der Versicherte erhält die Kosten für die Beiziehung eines **Rechtsanwalts** als Vertreter im Prozess auch in Sozialrechtssachen nach den Vorschriften des RATG zur Gänze (im Falle des § 77 Abs 1 Z 2 lit b nach Billigkeit) ersetzt.[1778]

Sozialrechtliche **Klagen** sind nach **TP 3A** RATG zu honorieren.[1779] Für die Klage gebührt im sozialgerichtlichen Verfahren **kein doppelter Einheitssatz**, weil kein Zahlungsbefehl zu erlassen ist.[1780]

Tagsatzungen, die, ehe es zur Erörterung des Sachverhaltes gekommen ist, zum Abschluss eines **Vergleiches** führen, sind nach **TP 2** RATG zu entlohnen. Das Kriterium schlechthin für die Abgrenzung zwischen TP 2 und 3A ist das **kontradiktorische Verhandeln** über widerstreitende Anträge. Für idR kurze, einfache Tagsatzungen ohne echt kontradiktorischen Charakter gebührt TP 2, für alle anderen TP 3A. Das höhere Honorar nach TP 3A gebührt auch dann, wenn die zunächst kontradiktorische Verhandlung mit Vergleich endet.[1781]

Ein für den Kläger **als Erwachsenenvertreter einschreitender Rechtsanwalt** hat im Sozialrechtsverfahren gegen den gegnerischen SV-Träger unmittelbar Kostenersatzanspruch und ist nicht auf die sachwalterlichen Honoraransprüche zu verweisen.[1782]

Die Mehrkosten (doppelter Einheitssatz), die sich aus der Bestellung eines **auswärtigen Rechtsanwalts** ergeben, sind dann nicht zu ersetzen, wenn die Partei ihren Wohnsitz (oder Sitz) am Gerichtsort hat und keine besonderen Gründe für die Bestellung des auswärtigen Rechtsanwalts vorliegen.[1783] Nach der höchstgerichtlichen

1777 OLG Linz RL0000041.
1778 *Frauenberger-Pfeiler* in SV-System, 6.4.2.1.9.3. mwN.
1779 SV-Slg 34.166.
1780 OLG Wien RW0000301.
1781 *Obermaier*, Kostenhandbuch³ Rz 687 mwN.
1782 OLG Wien RW0000232.
1783 RS0036203.

Rsp sollen die Mehrkosten eines auswärtigen Anwalts nur ersatzfähig sein, wenn **besondere Gründe** für seine Bestellung vorliegen. Über das bloße besondere Vertrauen hinaus müssen objektive Gründe aufseiten des Klägers vorliegen, die Vorteile im Prozess erwarten lassen. Bspw liegen solche Umstände vor, wenn dieser Anwalt bereits im Vorfeld des Prozesses eingehend befasst wurde oder er sonstige interne Kenntnisse des Sachverhaltskomplexes besitzt, der mehreren Prozessen an unterschiedlichen Gerichtsorten zugrunde liegt. Die **Notwendigkeit** ist schon im Verfahren erster Instanz konkret zu **bescheinigen.**[1784]

Qualifizierte, nicht anwaltliche **Vertreter** haben in Sozialrechtssachen Anspruch auf Ersatz der Barauslagen (Fahrtkosten zu Tagsatzungen) gegenüber dem unterlegenen Prozessgegner.[1785]

Der Kläger gilt auch dann als obsiegend, wenn er mit dem in der Leistungsklage enthaltenen **Feststellungsbegehren** durchdringt. Dasselbe gilt, wenn der Kläger die Stattgebung des **Eventualbegehrens** gemäß § 82 Abs 5 ASGG erreicht, wenn im Bescheid des Versicherungsträgers die Unfallkausalität der vom Kläger erlittenen Verletzung verneint wurde.[1786]

Dem Versicherten steht **voller Kostenersatz auch dann** zu, wenn die begehrte wiederkehrende Leistung nicht für den gesamten ursprünglich begehrten Zeitraum, sondern lediglich für einen – **später beginnenden** – Teilzeitraum zugesprochen werden kann, wobei es unerheblich ist, ob der angefochtene Bescheid zum Zeitpunkt seiner Erlassung rechtmäßig war.[1787]

In Fällen eines „zustandsverschlechterungsbedingten Obsiegens" einer **Stichtagsverlegung** hat der Kläger Anspruch auf Ersatz aller zur zweckentsprechenden Rechtsverfolgung notwendigen Kosten, auch wenn er nur teilweise obsiegt.[1788]

10.2.13.3.2. Nach Billigkeit (lit b)

Der Versicherte hat gegenüber dem Versicherungsträger **Anspruch** auf Ersatz aller seiner sonstigen durch die Prozessführung verursachten, zur zweckentsprechenden Rechtsverfolgung oder Rechtsverteidigung notwendigen Verfahrenskosten dem Grunde und der Höhe nach nur **nach Billigkeit, wenn** er **zur Gänze unterliegt**; dabei ist besonders auf die tatsächlichen oder rechtlichen Schwierigkeiten des Verfahrens sowie auf die Einkommens- und Vermögensverhältnisse des Versicherten Bedacht zu nehmen.

Unter dem Begriff der **Billigkeit** ist die dem Einzelfall entsprechende sachgerechte Lösung einer Rechtsfrage zu verstehen.[1789]

1784 OLG Wien SV-Slg 68.344.
1785 OLG Graz RG0000051.
1786 *Sonntag* in *Köck/Sonntag*, ASGG § 77 Rz 7 mwN.
1787 OLG Wien 13.11.2008, 7 Rs 154/08f.
1788 OLG Graz RG0000141.
1789 7 Ob 256/01z.

Nach dem **Wortlaut** dieser Bestimmung setzt ein Kostenersatz nach Billigkeit voraus, dass sowohl tatsächliche oder rechtliche Schwierigkeiten des Verfahrens vorliegen als auch die Einkommens- und Vermögensverhältnisse des Versicherten einen Kostenersatz nahelegen. Beide Kriterien müssen **kumulativ** vorliegen. **Rechtliche Schwierigkeiten** sind jedenfalls nicht gegeben, wenn sich das betroffene Verfahren nicht deutlich aus der Masse der üblichen Sozialrechtsverfahren hervorhebt. Die hier in der Berufung behaupteten Aspekte der Notwendigkeit der Ausführung der Berufung durch einen Rechtsvertreter, der Auseinandersetzung mit bereits vorliegenden höchstgerichtlichen Entscheidungen und der behaupteten Verfassungswidrigkeit der Bestimmung des § 236 Abs 4b ASVG vermögen im konkreten Verfahren solche rechtlichen Schwierigkeiten nicht darzutun: Im sozialgerichtlichen Verfahren besteht **in zweiter Instanz qualifizierte Vertretungspflicht**. Die Rsp des OGH und des VfGH war in diesem Verfahren **eindeutig**. Auf die parallel ausgeführte Gesetzesbeschwerde war nicht Rücksicht zu nehmen, weil der VfGH deren Behandlung unter Hinweis auf zahlreiche Vorerkenntnisse abgelehnt hatte.[1790]

Es ist **Sache des Versicherten**, Umstände, die einen Kostenzuspruch nach Billigkeit rechtfertigen können, vor Schluss der der Entscheidung über den Kostenersatz unmittelbar vorangehenden Verhandlung **geltend zu machen**, es sei denn, sie ergeben sich aus dem **Akteninhalt**. Findet keine mündliche Berufungsverhandlung statt, müssen diese Umstände spätestens im Rechtsmittel dargelegt werden.[1791]

Ein Kostenzuspruch kommt nicht in Betracht, wenn aus der Aktenlage **keine Angaben zu den Einkommens- und Vermögensverhältnissen** des Klägers ersichtlich sind, die einen Kostenzuspruch rechtfertigen könnten.[1792]

Kostenersatz nach Billigkeit ist auch im Fall der **Klagsrücknahme** möglich.[1793]

Die Einholung und Erörterung **mehrerer Gutachten** aus verschiedenen Fachgebieten und die Vorlage medizinischer Unterlagen gehört zum Kernbereich der sozialrechtlichen Verfahren über Pensionsleistungen. Für sich allein rechtfertigen sie nicht Anspruch auf Kostenersatz nach Billigkeit; auch nicht im Fall mehrerer Rechtsgänge.[1794]

Hängt die Entscheidung von der Lösung einer **erheblichen Rechtsfrage** ab, so entspricht es der Billigkeit, dem unterlegenen Versicherten die Hälfte der Kosten seines Vertreters zuzusprechen.[1795]

Tatsächliche Schwierigkeiten scheiden im Revisionsverfahren aus, weil der Tatsachenbereich in diesem Verfahrensstadium nicht überprüft werden kann.[1796]

1790 OLG Innsbruck RI0100107.
1791 OLG Innsbruck RI0100210.
1792 10 ObS 68/23g.
1793 OLG Graz RG0000149; RG0000060.
1794 OLG Graz SV-Slg 68.347.
1795 RS0085871.
1796 RS0114847.

10.2.13.4. Fixe Bemessungsgrundlage (§ 77 Abs 2 ASGG)

Hat die Rechtsstreitigkeit eine **Feststellung oder** einen Anspruch des Versicherten auf eine **wiederkehrende Leistung** zum Gegenstand, so ist – auch wenn er nur teilweise obsiegt – bei der Festsetzung seines Kostenersatzanspruchs von einem Betrag von 3.600 € (Streitwert) auszugehen.

Wiederkehrende Leistungen sind zB

- Wochengeld[1797],
- Krankengeld[1798],
- Familienzeitbonus[1799],
- Heimopferrente nach dem HOG[1800],
- Pensionen,
- Versehrtenrenten,
- Ausgleichszulagen,
- Kinderbetreuungsgeld und
- Pflegegeld.

Kein Anspruch auf wiederkehrende Leistungen besteht zB bei Rückersatz einer zu Unrecht empfangenen Versicherungsleistung sowie einer Integritätsabgeltung.

Bei zwei **verbundenen Verfahren** über wiederkehrende Leistungen gebührt Kostenersatz auf Basis des doppelten Streitwerts nach Abs 2.[1801]

10.2.13.5. Kostenersatzpflicht des Versicherten (§ 77 Abs 3 ASGG)

Hat der Versicherte dem Versicherungsträger durch Mutwillen, Verschleppung oder Irreführung Verfahrenskosten verursacht, so hat er diese Kosten dem Versicherungsträger **nach Billigkeit** zu ersetzen.

Ein Kostenersatzanspruch gegen den Versicherten kommt nur zum Tragen, wenn er durch Mutwillen, Verschleppung oder Irreführung Verfahrenskosten verursacht hat, wobei selbst eine **unzulässige oder** offenbar **unbegründete Klage nicht ausreicht**. Hierfür ist es notwendig, dass der Versicherte erkennbar **schlechtgläubig** in dem Sinn ist, dass er die Unzulässigkeit oder den völligen Mangel jeder ernst zu nehmenden Begründung erkannt und trotzdem die Klage eingebracht und das Verfahren ungeachtet einer ihm erteilten richterlichen Belehrung fortgesetzt oder das Rechtsmittel erhoben hat.[1802]

1797 RS0085788.
1798 10 ObS 281/94.
1799 10 ObS 16/21g.
1800 10 ObS 103/21a.
1801 10 ObS 6/09v.
1802 10 ObS 183/95 mwN.

Das **Nichterscheinen zu** mehreren **Untersuchungsterminen beim Sachverständigen** trotz entsprechender und wiederholter Belehrungen ohne Entschuldigung verwirklicht den Tatbestand des Abs 3. In diesem Fall kann dem Kläger grundsätzlich der Ersatz der Kosten jener versäumten Termine, die er trotz Belehrung nicht wahrgenommen hat, nach Billigkeit auferlegt werden. Jede Kostenentscheidung, die zu einem Zuspruch führt, setzt eine Verzeichnung der Kosten durch die Partei, die Kosten begehrt, voraus. Dieser tragende Grundsatz gilt auch für einen Kostenzuspruch nach Billigkeit nach Abs 3. Im sozialgerichtlichen Verfahren ist wegen der spezielleren Norm des § 77 ASGG eine **Kostenseparation** zulasten des Versicherten gemäß § 48 ZPO (die auch bei schuldloser Veranlassung von Kosten [Zufälle etc] erfolgen kann) **nicht zulässig.** Denn selbst bei Verschulden des Versicherten iSd § 48 ZPO wird durch § 77 Abs 3 ASGG ein Kostenersatz auf krasse Fälle nach Billigkeit reduziert.[1803]

10.2.13.6. Gebührenansprüche von Versicherten (§ 79 ASGG)

Der Anspruch auf Ersatz der **Anreise- und Abreisekosten** des Klägers ist nach § 79 ASGG in sinngemäßer Anwendung der für Zeugen geltenden Bestimmungen des GebAG und daher – abgesehen vom Vorliegen der Anspruchsvoraussetzung nach § 79 Abs 1 Z 2 ASGG – gemäß § 20 GebAG 1975 im **Justizverwaltungsweg** zu entscheiden.[1804]

10.2.13.7. Gebührenfreiheit (§ 80 ASGG)

Schriften, Amtshandlungen und Vollmachten sind von den Gerichts-, Justizverwaltungs- und Stempelgebühren befreit. Wird außerhalb des Verfahrens über Sozialrechtssachen von den Schriften oder Vollmachten Gebrauch gemacht, so sind die Stempelgebühren zu entrichten.

Die Befreiung von den gerichtlichen **Pauschalgebühren** gilt auch für das Rechtsmittelverfahren, nicht aber für das dem Sozialrechtsstreit nachfolgende Exekutionsverfahren.[1805]

10.2.13.8. Ersatz des Aufwandes für Verfahren in Sozialrechtssachen (§ 93 ASGG)

Die bei den ordentlichen Gerichten im Rahmen ihrer Tätigkeit in Verfahren in Sozialrechtssachen erwachsenden Kosten, in denen ein Träger der SV Partei ist, sind **von den Trägern der SV zu tragen**; diese Kosten umfassen die den Zeugen, **Sachverständigen** und Parteien sowie den fachkundigen Laienrichtern zu leistenden Gebühren bzw Entschädigungen (Abs 1).

1803 OLG Wien RW0000984.
1804 RS0059074.
1805 *Sonntag* in *Köck/Sonntag*, ASGG § 80 Rz 1 mwN.

10.2.14. Klage (§§ 82 bis 84 ASGG)

10.2.14.1. Form

Für die Form der Klage gelten die Vorschriften der §§ 74 ff ZPO über **Schriftsätze.** Jeder Schriftsatz hat die **Unterschrift** der Partei selbst, ihres gesetzlichen Vertreters oder Bevollmächtigten zu enthalten (§ 75 Z 3 ZPO). Das Gericht hat die Beseitigung von Formgebrechen (zB Fehlen der Unterschrift oder der Vollmacht), welche die ordnungsgemäße geschäftliche Behandlung eines überreichten Schriftsatzes zu hindern geeignet sind, **von Amts wegen** anzuordnen (§ 84 Abs 1 ZPO). War für die Klage eine Frist einzuhalten (siehe § 67 Abs 2 ASGG), so hat das Gericht eine (nicht erstreckbare) **Frist zur Verbesserung** zu setzen. Wird diese Frist gewahrt, so gilt die Klage als im ursprünglichen Zeitpunkt eingebracht (§ 85 Abs 2 ZPO). Führt der Verbesserungsauftrag zu keinem Erfolg, dann hat das Gericht die Klage mit Beschluss zurückzuweisen.[1806]

Eine Eingabe per **E-Mail** muss durch Nachbringen der Originalunterschrift verbessert werden.[1807]

10.2.14.2. Klagebegehren (§ 82 ASGG)

10.2.14.2.1. Grundsätze

Die Klage hat ein unter Bedachtnahme auf die Art des erhobenen Anspruchs **hinreichend bestimmtes Begehren** zu enthalten (Abs 1).

Das von einem Versicherten erhobene Klagebegehren ist auch dann hinreichend bestimmt, wenn es

1. auf **Leistungen** bzw die Feststellung von Versicherungszeiten der PV (§§ 247, 247a ASVG) **„im gesetzlichen Ausmaß“** gerichtet ist und
2. in den angegebenen **Tatsachen,** auf die es sich stützt, die für die Bestimmung der Leistung dem Grunde und der Höhe nach bzw die für die Feststellung von Versicherungszeiten der PV dem Grunde nach **erforderlichen Angaben** enthält (Abs 2).

Es ist insb **nicht erforderlich,** dass das von einem Versicherten erhobene Klagebegehren anführt (Abs 3):

1. einen bestimmten **Geldbetrag**, wenn es auf eine Leistung gerichtet ist;
2. einen bestimmten **Grad der Gesundheitsstörung**, wenn es sich darauf stützt, dass sie Folge eines Arbeits-(Dienst-)unfalls oder einer Berufskrankheit (§ 367 Abs 1 ASVG) ist (§ 65 Abs 2);
3. eine bestimmte **Anzahl von Versicherungsmonaten**, wenn es auf die Feststellung von Versicherungszeiten der PV gerichtet ist.

1806 Vgl *Ballon/Nunner-Krautgasser/Schneider*, Einführung in das Zivilprozessrecht[13] Rz 296.
1807 RS0112018 [T3].

Ein Begehren **„im gesetzlichen Ausmaß"** ist so zu verstehen, dass es auf das für den Versicherten **Günstigste** gerichtet ist (Abs 4).

Grundsätzlich bedarf es nicht der Anführung eines **Rechtsgrundes**, auf den sich ein Begehren stützt. Wenn ein Versicherter dennoch sein Begehren ausdrücklich auf einen bestimmten Rechtsgrund gestützt hat, ist dies für den Versicherungsträger oder für das Gericht **nicht bindend**, soweit sich nur aus dem Vorbringen des Klägers eine andere, wenn auch nicht ausdrücklich genannte Anspruchsgrundlage ergibt.[1808]

Kommen in einem Versicherungszweig in einem konkreten Fall **mehrere Leistungsansprüche** infrage, so hat die Klage – selbst unter den geminderten Anforderungen an die Bestimmtheit des Begehrens – die **konkrete Leistung** zu **bezeichnen**, auf die das Begehren gerichtet ist.[1809] Ein Begehren auf Zuspruch von **gesetzlichen Leistungen aus der UV genügt nicht**.[1810]

10.2.14.2.2. Eventualbegehren auf Feststellung in der Unfallversicherung (Abs 5)

Ein auf einen Arbeits-(Dienst-)unfall oder eine Berufskrankheit gestütztes **Leistungsbegehren schließt ex lege** das **Eventualbegehren auf Feststellung ein**, dass die geltend gemachte **Gesundheitsstörung** Folge eines Arbeits-(Dienst-)unfalls oder einer Berufskrankheit ist, sofern darüber nicht schon abgesprochen worden ist (Abs 5).

Voraussetzung für eine Entscheidung über das (gesetzlich fingierte) Eventualbegehren des Abs 5 in Sozialrechtssachen ist die **Abweisung des Hauptbegehrens** (Leistungsbegehrens) mangels ausreichender Gesundheitsstörung. Es ist dann festzustellen, ob die (wenn auch für eine Leistung nicht ausreichende) Gesundheitsstörung die Folge eines Arbeitsunfalls oder einer Berufskrankheit ist.[1811]

Abs 5 bezieht sich nicht auf Tatsachenfeststellungen in den Entscheidungsgründen, sondern auf die Möglichkeit, bei Abweisung des Hauptbegehrens eine Feststellung in den **Urteilsspruch** aufzunehmen, dass die geltend gemachte **Gesundheitsstörung** Folge eines Arbeitsunfalls oder einer Berufskrankheit ist.[1812] Die (durch Bescheid oder Gerichtsurteil) ausgesprochene Feststellung darüber, ob eine Gesundheitsstörung Folge eines Arbeitsunfalls oder einer Berufskrankheit ist, erwächst in **Rechtskraft**. Damit ist dieser Kausalzusammenhang im Hinblick auf ein späteres Verfahren (auf Zuerkennung von Leistungen aus der UV) bindend festgestellt.[1813]

1808 RS0085910.
1809 RS0085917.
1810 10 ObS 67/99x.
1811 10 ObS 86/02y.
1812 RS0114852.
1813 10 ObS 327/02i.

Voraussetzung für eine Feststellung iSd §§ 65 Abs 2, 82 Abs 5 ASGG ist, dass beim Versicherten – zumindest **bei Schluss der Verhandlung erster Instanz** – eine **bestimmte Gesundheitsstörung** als Folge eines Arbeitsunfalls oder einer Berufskrankheit **besteht**. Fehlt es zum Zeitpunkt des Schlusses der Verhandlung erster Instanz überhaupt an einer auf einen Arbeitsunfall oder eine Berufskrankheit zurückgehenden Gesundheitsstörung, kann eine Feststellung iSd § 82 Abs 5 ASGG nicht getroffen werden.[1814]

Die Feststellung bewirkt bloß eine **Umkehr der Beweislast**: Begehrt der Versicherte später Leistungen wegen einer gleichartigen Gesundheitsstörung, so ist er vom Beweis des anspruchsbegründenden Kausalzusammenhangs befreit. Der Versicherungsträger hat aber die Möglichkeit, zu beweisen, dass die geltend gemachte Gesundheitsstörung von jener verschieden ist, für die der Kausalzusammenhang mit dem Arbeitsunfall oder der Berufskrankheit festgestellt wurde.[1815]

Ein Unfall verliert seine Eigenschaft als **Arbeitsunfall** nicht, auch wenn letztlich **keine Folgen** zurückgeblieben sind. In diesem Fall ist zwar das Feststellungsbegehren abzuweisen, ein Anspruch auf Ersatz der Kosten der **Unfallheilbehandlung** bleibt aber bestehen.[1816]

Unterlässt das Erstgericht (im Fall der Abweisung des auf eine Versehrtenrente gerichteten Begehrens) die Entscheidung über das Eventualbegehren und wird dieser **Verfahrensmangel** im Berufungsverfahren **nicht gerügt**, so scheidet das Eventualbegehren aus dem Verfahren aus.[1817]

10.2.14.3. Klagseinbringung (§§ 83 und 84 ASGG)

Jeder Klage (ausgenommen Ersatzansprüche der Sozialhilfeträger) ist eine Ausfertigung des **Bescheides** des Versicherungsträgers **in Abschrift** anzuschließen (§ 83 ASGG).

Der Versicherte kann die Klage **auch bei** dem **Versicherungsträger einbringen**, der den Bescheid erlassen hat (§ 84 ASGG). In diesem Fall tritt mit der Einbringung der Klage beim beklagten Versicherungsträger **Gerichtsanhängigkeit** der Klage ein, hat doch der Versicherungsträger dabei die Funktion einer Posteinlaufstelle und gilt die Klage als beim zuständigen Gericht eingebracht.[1818]

Wird die Klage beim Versicherungsträger eingebracht, so hat dieser binnen **zwei Wochen** nach deren Erhalt die Klage an das zuständige Gericht weiterzuleiten und die Klagebeantwortung ohne gerichtlichen Auftrag zu überreichen (§ 85 Abs 2 ASGG).

1814 10 ObS 146/07d ua.
1815 10 ObS 327/02i.
1816 OLG Linz RL0000228.
1817 RS0042374.
1818 RS0117783.

Der **Antrag auf** Bewilligung der **Wiedereinsetzung** in den vorigen Stand gegen die Versäumung der Klagefrist kann auch beim Versicherungsträger eingebracht werden. Zur Entscheidung ist jedoch das ASG zuständig.[1819] Für eine analoge Anwendung des § 84 ASGG auf **Rechtsmittel** besteht keine Grundlage.[1820]

10.2.15. Klagebeantwortung (§ 85 ASGG)

Der Vorsitzende hat dem geklagten Versicherungsträger die Klagebeantwortung mit schriftlichem Beschluss unter Setzung einer Frist von **zwei Wochen** aufzutragen (Abs 1).

Bei Unterlassung oder Verspätung der Klagebeantwortung darf **kein Versäumungsurteil** gefällt werden.[1821]

Der notwendige **Inhalt** der Klagebeantwortung ergibt sich aus § 239 ZPO: Hervorzuheben sind ein Bestreitungsvorbringen, Beweisanbote und Prozesseinreden, insb die Einrede der örtlichen Unzuständigkeit.[1822]

10.2.16. Änderung der Klage (§ 86 ASGG)

In Rechtsstreitigkeiten nach § 65 Abs 1 Z 1, 2, 4 und 6 bis 8 sowie über die Kostenersatzpflicht des Versicherungsträgers nach § 65 Abs 1 Z 5 ist eine **Änderung** der Klage hinsichtlich

- des Gesundheitszustandes,
- des Ausmaßes der vom Versicherten eingeklagten Versicherungsleistung (des Teils der Versicherungsleistung) sowie
- der Anzahl der festzustellenden Versicherungszeiten der PV

ohne Zustimmung des Beklagten bis zum Schluss der mündlichen Verhandlung **zulässig** (§ 86 ASGG).

Die **Klage** darf im Vergleich zum vorangegangenen **Antrag** weder die rechtserzeugenden Tatsachen auswechseln noch auf Leistungen (Feststellungen, Gestaltungen) gerichtet sein, über die der Versicherungsträger im bekämpften **Bescheid** gar nicht erkannt hat. Ein **„Austausch"** des Versicherungsfalls oder der Art der begehrten Leistungen im gerichtlichen Verfahren ist jedenfalls **unzulässig.** Diesfalls ist auch eine Klagsänderung iSd § 86 ASGG nicht zulässig, sondern als einziger Weg der Anspruchsverfolgung bleibt die Stellung eines **neuen Antrags** im vorgeschalteten Verwaltungsverfahren.[1823]

1819 RS0036579.
1820 RS0085940.
1821 *Frauenberger-Pfeiler* in SV-System, 6.4.2.3.1.
1822 *Sonntag* in *Köck/Sonntag,* ASGG § 85 Rz 3.
1823 RS0107802.

Es liegt eine **zulässige** Klagsänderung vor, wenn der Kläger, der zunächst Versehrtenrenten aus **zwei Arbeitsunfällen** begehrte, im Laufe des erstinstanzlichen Verfahrens sein Begehren auf die Gewährung einer (Gesamtrente) Dauerrente für die Folgen dieser beiden Arbeitsunfälle und eines **weiteren Arbeitsunfalles** ändert, wobei dieser weitere Arbeitsunfall zeitlich gesehen der mittlere der drei Arbeitsunfälle gewesen war und der **Beklagten** bereits **bekannt** war. Auch das geänderte Klagebegehren stützt sich noch auf den Versicherungsfall des letzten Arbeitsunfalles und begehrt daraus eine Versehrtenrente. Diese ist allerdings nach § 210 ASVG aus mehreren der Beklagten bereits während der mit den durch die Klagen außer Kraft getretenen Bescheiden beendeten Verfahren in Leistungssachen bekannten Versicherungsfällen als Gesamtrente festzustellen.[1824]

Die Einbeziehung eines **neuen Versicherungsfalles**, der bislang **nicht Gegenstand** des vor dem Versicherungsträger durchgeführten Verfahrens war, in das gerichtliche Verfahren ist (aber) unzulässig.[1825]

Wenn eine **Änderung** des Gesundheitszustandes, eine Gesetzesänderung oder eine sonstige Änderung **der Anspruchsvoraussetzungen** (etwa auch die Erreichung eines bestimmten Lebensjahres, wenn dies zur Anwendung geänderter Voraussetzungen für den Anspruch auf die begehrte Leistung führt) **während des Verfahrens** eintritt, ist die sich daraus ergebende Änderung bei der Entscheidung **zu berücksichtigen.** Es wird durch diese Änderungen, sofern sie für den erhobenen Anspruch von Bedeutung sind, ein **neuer Stichtag** ausgelöst und die Anspruchsvoraussetzungen sind zu diesem Stichtag zu prüfen.[1826] Auch eine **mehrfache Stichtagsverschiebung** ist möglich.[1827] Voraussetzung ist allerdings, dass die Anspruchsvoraussetzungen zu einem **vor Schluss der Verhandlung** erster Instanz liegendem Stichtag erfüllt sind.[1828]

Wurde eine **Invaliditätspension** (Berufsunfähigkeitspension) zunächst **zu Recht entzogen**, tritt aber während des Gerichtsverfahrens wegen einer **Verschlechterung** des Gesundheitszustandes von neuem der Versicherungsunfall der geminderten Arbeitsfähigkeit ein, so löst dies einen **neuen Stichtag** aus, womit das Gericht über die **Neugewährung** der Leistung zu entscheiden hat. Dass der Versicherungsträger über die Gewährung der Leistung zu diesem neuen Stichtag nicht entschieden hat, hindert die Sacherledigung durch das Gericht nicht.[1829]

Liegen die Voraussetzungen des § 86 ASGG nicht vor, so steht dem geänderten Klagebegehren gemäß § 73 ASGG die **Unzulässigkeit des Rechtswegs** entgegen.[1830]

1824 RS0084349.
1825 10 ObS 130/98k.
1826 10 ObS 328/00h.
1827 10 ObS 97/16m.
1828 10 ObS 199/02s.
1829 RS0083914.
1830 *Sonntag* in *Köck/Sonntag*, ASGG § 86 Rz 4.

10.2.17. Beweisverfahren (§ 87 ASGG)

10.2.17.1. Untersuchungsgrundsatz (Abs 1)

Das Gericht hat sämtliche notwendig erscheinenden Beweise von Amts wegen aufzunehmen (Abs 1).

In Sozialrechtssachen (ausgenommen § 65 Abs 1 Z 3) gilt der Untersuchungsgrundsatz. Gemäß § 87 Abs 1 ASGG hat das Gericht sämtliche notwendig erscheinenden Beweise von Amts wegen aufzunehmen. Die **Verpflichtung zur amtswegigen Beweisaufnahme** besteht jedoch nur hinsichtlich der Umstände, für deren Vorliegen sich aus den Ergebnissen des Verfahrens **Anhaltspunkte** ergeben. Nur dann, wenn sich aus dem Vorbringen der Parteien, aus Beweisergebnissen oder dem Inhalt des Aktes Hinweise auf das Vorliegen bestimmter entscheidungswesentlicher Tatumstände ergeben, ist das Gericht verpflichtet, diese in seine Überprüfung einzubeziehen.[1831]

Gegenüber **qualifiziert vertretenen** Parteien hat sich die amtswegige Beweisaufnahme gemäß Abs 1 innerhalb der – allerdings weit zu steckenden – Grenzen des Parteivorbringens zu bewegen.[1832]

Die Verpflichtung der Sozialgerichte zur amtswegigen Beweisaufnahme **bezieht sich nicht auf anspruchsvernichtende Umstände**, für die der SV-Träger behauptungspflichtig ist, wenn er solche Behauptungen nicht aufgestellt hat.[1833]

Abs 1 ordnet nur die amtswegige Beweisaufnahme an, das Verfahren ist aber im Übrigen **nicht** durch den **Amtswegigkeitsgrundsatz** beherrscht. Der Grundsatz der materiellen Wahrheitsforschung ist im Sozialrechtsverfahren nicht anzuwenden.[1834]

Das **medizinische Leistungskalkül** ist von Amts wegen vollständig zu erheben.[1835]

Die Frage, ob ein Versicherter **Berufsschutz** genießt, ist in allen Fällen, in denen bei Bestehen eines solchen die Verweisbarkeit fraglich wäre, von Amts wegen zu prüfen, insb dann, wenn nach dem Inhalt des Prozessvorbringens hierüber keine Klarheit besteht.[1836]

Bei Vorliegen entsprechender Anhaltspunkte ist auch das Fehlen der für den **Leistungsanfall** notwendigen Voraussetzungen von Amts wegen wahrzunehmen.[1837]

Der Richter ist von Amts wegen zur **Beiziehung eines Dolmetschers** verpflichtet, wenn er erkennt, dass er infolge sprachlicher Schwierigkeiten nicht in der Lage ist,

1831 RS0086455.
1832 10 ObS 46/08z.
1833 10 ObS 233/00p.
1834 RS0103347.
1835 10 ObS 197/92.
1836 RS0084428.
1837 10 ObS 314/02b.

sich mit der zu vernehmenden Person zweifelsfrei zu verständigen. Erkennt der Richter dies nicht, so ist es Sache der zu vernehmenden Person, die Beiziehung eines Dolmetschers zu beantragen, wenn sie aus sprachlichen Gründen nicht imstande ist, ihrer Aussagepflicht korrekt und in zweifelsfreier Weise nachzukommen. Beantragt der Kläger bereits in der Klage, zu den Untersuchungen und zu den Verhandlungen einen Dolmetscher beizuziehen, und erklärt er in der mündlichen Verhandlung, die Gutachten nicht verstanden zu haben, so begründet es eine **Mangelhaftigkeit des Verfahrens**, wenn sich aufgrund widersprüchlicher Aussagen des Klägers ergibt, dass dieser sich mit dem beigezogenen Sachverständigen und dem Gericht nicht ausreichend verständigen konnte, sodass die eingeholten Gutachten unrichtig und unvollständig waren.[1838]

Ein Verstoß gegen § 87 Abs 1 ASGG kann, wenn nach dem Inhalt der Prozessakten erheblich erscheinende, also **entscheidungswesentliche Tatsachen nicht festgestellt** wurden, zu einer im Rahmen der **Rechtsrüge** geltend zu machenden und in deren Erledigung wahrzunehmenden Unvollständigkeit der Sachgrundlage führen.[1839]

10.2.17.1.1. Beweislast

Fragen der Beweislastverteilung stellen sich nur dann, wenn das Gericht die für die Entscheidung **wesentlichen Fragen nicht oder nicht vollständig feststellen kann.** In einem solchen Fall ist nach den Regeln über die Verteilung der Beweislast zu beurteilen, welcher der Parteien es zum Nachteil gereicht, dass ein für den gesetzlichen Tatbestand wesentliches Sachverhaltselement nicht erwiesen werden konnte.[1840]

Dass in den vom Untersuchungsgrundsatz beherrschten Verfahren die **subjektive Beweislast nicht gilt,** bedeutet nur, dass der Beweis (und damit auch der Anscheinsbeweis) nicht schon dann als misslungen anzusehen ist, wenn die von der (objektiv) beweispflichtigen Partei beantragten Beweise nicht ausreichen, sondern dass es auch darauf ankommt, ob der Beweis allenfalls durch andere von Amts wegen aufzunehmende Beweise hätte erbracht werden können.[1841]

Auch im Verfahren vor dem Sozialgericht **gelten** die **Regeln der objektiven Beweislast.** Ein Anspruch kann nur bejaht werden, wenn die anspruchsbegründenden Tatsachen erwiesen sind. Um Härten eines unzumutbaren Beweisnotstandes für den Versicherten zu vermeiden, genügt es bei Ansprüchen aus Arbeitsunfällen und Berufskrankheiten, dass die Krankheit (der Tod) typischerweise eine Folge der konkreten Berufsausübung sein kann (Anscheinsbeweis).[1842]

1838 OLG Wien RW0000226.
1839 10 ObS 302/89.
1840 10 ObS 247/92.
1841 RS0086045.
1842 10 ObS 21/01p.

Den **Kläger** trifft die objektive Beweislast für den rechtserzeugenden Sachverhalt. Wenn der für die Entscheidung über das Klagebegehren notwendige rechtserzeugende Sachverhalt nicht erwiesen ist, ist das Klagebegehren abzuweisen.[1843]

10.2.17.1.2. Anscheinsbeweis

Der Anscheinsbeweis beruht darauf, dass **bestimmte Geschehensabläufe typisch** sind und es daher **wahrscheinlich** ist, dass auch im konkreten Fall ein derartiger gewöhnlicher Ablauf und nicht ein atypischer gegeben ist.[1844]

Im Verfahren über einen sv-rechtlichen Anspruch aus **Arbeitsunfällen** (Berufskrankheiten) sind die Regeln des Anscheinsbeweises modifiziert anzuwenden. Auch dann, wenn noch andere Ursachen in Betracht kommen, muss nur feststehen, dass die **Körperschädigung** eine **typische Folge** eines als Unfall zu wertenden Ereignisses ist, das im örtlichen, zeitlichen und ursächlichen Zusammenhang mit der die Versicherung begründenden Beschäftigung stand (§ 175 Abs 1 ASVG) und daher ein Arbeitsunfall war.[1845]

Die **Entkräftung** des Anscheinsbeweises geschieht durch den Beweis, dass der typisch formelhafte Geschehensablauf im konkreten Fall nicht zwingend ist, sondern, dass die ernstliche Möglichkeit eines anderen Geschehensablaufs besteht. In Sozialrechtssachen ist der Anscheinsbeweis nur dann entkräftet, wenn dem **atypischen Geschehensablauf** zumindest die **gleiche Wahrscheinlichkeit** zukommt.[1846]

Ereignet sich der Unfall auf eine Art, die **geradezu typisch** für Unfälle ist, die die Folge der Alkoholbeeinträchtigung des Lenkers sind, so ist dem SV-Träger vorerst der Beweis des ersten Anscheins gelungen, dass der Unfall seine Ursache nicht in den üblichen Gefahren des Arbeitsweges hatte, sondern **Folge der Alkoholisierung** des Versicherten war. Die objektive Beweislast dafür, dass nicht die Alkoholisierung, sondern andere Ursachen den Unfall auslösten, trifft unter diesen Umständen den Versicherten.[1847]

Der OGH darf im Rahmen der **rechtlichen Beurteilung** nur prüfen, ob in einem bestimmten Fall ein Anscheinsbeweis zulässig ist. Ob er erbracht oder erschüttert worden ist, ist hingegen eine vom Revisionsgericht nicht mehr überprüfbare **Beweisfrage**.[1848]

10.2.17.2. Geständnisse (Abs 3)

Nur gegenüber Versicherungsträgern und **qualifiziert vertretenen** Versicherten sind die Vorschriften der ZPO über zugestandene Tatsachen (Geständnisse, Außerstreitstellungen) anzuwenden.

1843 10 ObS 2172/96a.
1844 RS0040266.
1845 RS0110571.
1846 10 ObS 146/07d.
1847 RS0109888.
1848 10 ObS 402/90.

Ausdrücklich zugestandene Tatsachen sind grundsätzlich als **wahr** anzunehmen und der Entscheidung **ungeprüft** zugrunde zu legen.[1849] **Keine Bindung** an das Geständnis besteht nur dann, wenn das Gegenteil der zugestandenen Tatsache allgemein bekannt ist, wenn das Geständnis allgemein anerkannten Erfahrungssätzen widerspricht oder das Gegenteil dem Gericht im Zuge seiner amtlichen Tätigkeit bekannt geworden ist.[1850]

10.2.17.3. Sonderbestimmungen für Rückersatz und Pflegegeld (Abs 4)

In Rechtsstreitigkeiten nach § 65 Abs 1 Z 2 ASGG und über die Kostenersatzpflicht des Versicherten nach § 65 Abs 1 Z 5 ASGG darf eine **Klage** wegen des Bestehens einer Rück- oder Kostenersatzpflicht des Klägers **nur abgewiesen** werden, **wenn** der **Beklagte** das Vorliegen der Voraussetzungen dieser Pflicht **beweist**. Eine Klage auf Gewährung einer Geldleistung anstelle einer Sachleistung nach dem § 20 BPGG darf nur abgewiesen werden, wenn der Beklagte das Vorliegen der Voraussetzungen für den Ersatz der Geldleistung durch die Sachleistung beweist.

Diese **Sonderbestimmung** regelt die Beweislastverteilung nur in den dort genannten Fällen. In anderen Fällen ist auch in Sozialrechtssachen von der Geltung der allgemeinen Grundsätze für die Beweislastverteilung auszugehen.[1851]

Obwohl der **Rückzahlungspflichtige** im Prozess vor dem Sozialgericht **formell als Kläger** aufzutreten und ein negatives Feststellungsbegehren zu stellen hat, dass die von der beklagten Partei behauptete Rückersatzpflicht nicht zu Recht bestehe, kommt in einem solchen Verfahren die **materielle Klägerrolle** dem **beklagten Versicherungsträger** zu, der bereits erbrachte Versicherungsleistungen zurückfordert. Wird dieses Rückforderungsbegehren ausdrücklich auf einen **bestimmten Rechtsgrund** gestützt, so ist das Gericht daran **gebunden** und darf dem Begehren nicht aus einem anderen Rechtsgrund stattgeben.[1852]

§ 87 Abs 4 ASGG kann aber nicht entnommen werden, dass der beklagte Versicherungsträger für alle rechtserheblichen Tatsachen iZm dem Bestehen des materiellen Anspruchs beweisbelastet ist. Stützt der **Kläger** seine Bestreitung zB auf rechtshemmende oder rechtsvernichtende Tatsachen, so **trifft** ihn die objektive **Beweislast** für deren Vorliegen.[1853]

10.2.17.4. Sachverständige

Zum Sachverständigen darf **nicht bestellt** werden, wer zum Beklagten in einem Arbeitsverhältnis steht oder von ihm in Leistungssachen häufig als Sachverstän-

1849 10 ObS 319/01m.
1850 9 Ob 174/97x.
1851 RS0086050.
1852 RS0086067.
1853 10 ObS 19/17t.

diger beschäftigt wird (§ 87 Abs 5 ASGG). Ein Verstoß gegen dieses Gebot begründet keine Nichtigkeit, sondern einen (erheblichen) Verfahrensmangel.[1854]

Von einem schriftlichen Befund oder **Gutachten** ist den Parteien ehestens je eine **Ausfertigung zuzustellen** (§ 39 Abs 6 ASGG).

Auch im Falle einer schriftlichen Begutachtung ist der Sachverständige **von Amts wegen** zur Erörterung des Gutachtens (§ 357 ZPO) zur mündlichen Streitverhandlung zu **laden**, es sei denn, dass es offenkundig der Erörterung nicht bedarf (§ 75 Abs 2 ASGG). Die Unterlassung der Ladung kann einen erheblichen **Verfahrensmangel** gemäß § 496 Abs 1 Z 2 ZPO bilden.[1855]

Privatgutachten sieht die ZPO nicht als Sachverständigengutachten an. Dabei handelt es sich nur um Privaturkunden, die nach der Rsp lediglich beweisen, welche Ansicht der Verfasser vertritt.[1856] Private Befunde und Gutachten, die die klagende Partei dem Gericht vorlegt, dürfen aber **nicht übergangen** werden, sondern müssen dem Sachverständigen zur **Stellungnahme** vorgelegt werden.[1857]

Legt der Versicherte dem Sozialgericht private Befunde oder Gutachten von **Ärzten**, die ihn **behandeln**, vor, dürfen diese nicht übergangen werden, sondern sind dem gerichtlich bestellten Sachverständigen, in dessen Fachgebiet sie fallen, zur Einsicht (und Berücksichtigung) vorzulegen, der sie nachvollziehbar in seine Ausführungen **einbeziehen** muss. In der gerichtlichen Praxis geschieht dies bis zum Vorliegen des schriftlichen Gutachtens durch Übermittlung zur Einbeziehung in die gutachterlichen Ausführungen, danach etwa durch Übersendung oder insb in einer mündlichen Verhandlung durch Vorlage an den Sachverständigen zur Stellungnahme.[1858]

Die **Aussage einer Partei** ist zur Klärung von Fragen, die einer besonderen Sachkunde eines Sachverständigen bedürfen und daher der Beurteilung von Sachverständigen vorbehalten sind, wie etwa die Fragen des Gesundheitszustands des Klägers oder der Verursachung seiner beschriebenen Leiden durch ein bestimmtes Ereignis in medizinischer Hinsicht, grundsätzlich **ungeeignet**. Zu solchen fachspezifischen medizinischen Fragen kann nämlich ein medizinischer Laie wie etwa der betroffene Versicherte nichts beitragen, weil er nur seine subjektive Befindlichkeit darlegen kann.[1859]

Im **Pflegegeldverfahren** ist grundsätzlich **nur ein Sachverständiger** zu bestellen, wobei idR die Heranziehung eines Sachverständigen aus dem Fachbereich der Allgemeinmedizin oder der Gesundheits- und Krankenpflege zur gesamtheitlichen Beur-

1854 10 ObS 379/01k.
1855 *Fasching*, Zivilprozeßrecht[2] Rz 2315/3.
1856 *Kodek/Mayr*, Zivilprozessrecht[5] Rz 843.
1857 SV-Slg 64.757.
1858 OLG Innsbruck 27.2.2024, 23 Rs 4/24w.
1859 OLG Innsbruck RI0100212.

teilung des Pflegebedarfs genügt.[1860] Nur in ganz besonderen Fällen ist die Ergänzung durch **fachärztliche** Gutachten erforderlich.[1861] Die Beiziehung eines Sachverständigen aus dem **Pflegebereich** neben einem allgemeinmedizinischen Sachverständigen kommt in der Regel nur bei unüblichen Pflegeleistungen in Betracht.[1862]

Eine **weitere Begutachtung kann unterbleiben**, wenn ein vom Gericht beigezogener Sachverständiger ausdrücklich ausführt, dass eine weitere Begutachtung aus einem anderen medizinischen Fachgebiet nicht erforderlich ist. Grundsätzlich kann nämlich davon ausgegangen werden, dass medizinische Sachverständige die Notwendigkeit allfälliger weiterer Untersuchungen oder weiterer Gutachten aus anderen medizinischen Fachgebieten beurteilen können. Das Gericht kann sich darauf verlassen, dass keine notwendige oder zweckdienliche Erweiterung der Untersuchung unterbleibt, wenn sie vom Sachverständigen nicht angeregt oder vorgenommen wird, und kann davon ausgehen, dass ein Sachverständiger über so weitreichende Kenntnisse verfügt, um beurteilen zu können, ob diese im Einzelfall zur endgültigen Einschätzung ausreichen oder die Beiziehung von weiteren Sachverständigen erforderlich ist.[1863]

Ein Sachverständigengutachten kann **durch Zeugen nicht entkräftet** werden;[1864] auch nicht durch sachverständige Zeugen.[1865]

Die **Einvernahme des behandelnden Arztes** ist im Regelfall nicht erforderlich, bzw nur dann, wenn dies der vom Gericht beigezogene Sachverständige anregt oder auf Grund eines unschlüssigen Gutachtens zur Verbreiterung der Entscheidungsgrundlage notwendig ist. Entsprechend bedingt auch das Unterlassen der Einvernahme von **Zeugen** in der mündlichen Verhandlung keine Mangelhaftigkeit des Verfahrens.[1866]

Einem Sachverständigen steht auch dann eine **höhere** als die im GebAG 1975 vorgesehene **Gebühr** zu, wenn der Versicherungsträger der Bestimmung in dieser Höhe zugestimmt hat (§ 42 Abs 1 Z 2 ASGG).

10.2.18. Urteile (§ 89 ASGG)

Urteile in Rechtsstreitigkeiten nach § 65 Abs 1 Z 1 und 6 bis 8 können auch Leistungen auferlegen, die erst **nach** Erlassung des Urteils **fällig** werden (Abs 1).

Wird in einer Rechtsstreitigkeit nach § 65 Abs 1 Z 1 ASGG der Klage stattgegeben, so hat das Gericht für die vom Beklagten zu erbringenden Leistungen aus der **KV**

1860 OLG Linz SV-Slg 68.022.
1861 OLG Wien SV-Slg 59.177.
1862 OLG Innsbruck RI0100182.
1863 OLG Innsbruck RI0100128.
1864 RS0040598.
1865 5 Ob 598/82.
1866 *Greifeneder/Liebhart*, Pflegegeld[4] Rz 8.117 mwN.

eine **kürzere** als die im § 409 ZPO angeordnete **Leistungsfrist** nach Billigkeit zu bestimmen (Abs 3). Die ausschließliche Anfechtung des Ausspruchs über die Leistungsfrist ist nicht zulässig (§ 90 Abs 1 Z 1 ASGG).

10.2.18.1. Grundurteil und vorläufige Zahlung (Abs 2)

Ergibt sich in einer Rechtsstreitigkeit nach § 65 Abs 1 Z 1, 6 oder 8, in der das Klagebegehren auf eine Geldleistung gerichtet und dem **Grunde und** der **Höhe nach bestritten** ist, dass das Klagebegehren in einer zahlenmäßig noch nicht bestimmten Höhe gerechtfertigt ist, so kann das Gericht die Rechtsstreitigkeit dadurch erledigen, dass es das Klagebegehren als dem Grunde nach zu Recht bestehend erkennt **(Grundurteil)** und dem Versicherungsträger aufträgt, dem Kläger bis zur Erlassung des die Höhe der Leistung festsetzenden Bescheides eine **vorläufige Zahlung** zu erbringen; deren Ausmaß hat das Gericht unter sinngemäßer Anwendung des § 273 Abs 1 ZPO festzusetzen; bei Fehlen eines solchen Auftrags ist das Urteil jederzeit auf Antrag oder von Amts wegen zu ergänzen (Abs 2).

Beim Grundurteil handelt es sich nicht um ein Zwischenurteil, sondern bereits um das **Endurteil**, weil die Sache auf diese Weise bereits endgültig erledigt wird.[1867]

Die Anwendung des § 89 Abs 2 ASGG setzt voraus, dass die **Tatsachen**, von denen der **Grund des** strittigen **Anspruchs** abhängt, von jenen **verschieden** sind, nach denen sich die **Höhe** dieses Anspruchs richtet. Besteht hingegen zwischen diesen Tatsachen kein Unterschied, hängt also der Grund des Anspruchs unmittelbar und untrennbar mit der Höhe des Anspruchs zusammen, so kann § 89 Abs 2 ASGG nicht herangezogen werden. Ohne Feststellung der Höhe des Anspruchs kann nämlich in einem solchen Fall nicht gesagt werden, ob der Anspruch dem Grund nach besteht. Dies trifft im Allgemeinen gerade auf den Anspruch auf **Ausgleichszulage** zu.[1868]

Ein **Antrag** des Versicherten auf vorläufige Leistung ist im § 89 Abs 2 ASGG **nicht vorgesehen**; die vorläufige Zahlung ist vielmehr **von Amts wegen** aufzuerlegen.[1869]

Fehlt im Urteil ein gemäß § 89 Abs 2 ASGG entsprechender **Auftrag** einer vorläufigen Zahlung, ist das Urteil jederzeit auf Antrag oder von Amts wegen zu ergänzen. Dieser Auftrag ist in das Urteil des Rechtsmittelgerichtes von Amts wegen aufzunehmen, wenn er im angefochtenen Urteil fehlt und selbst wenn der Versicherte gar kein Rechtsmittel erhoben hat (§ 90 Abs 1 Z 3 ASGG).[1870]

Die Regelung, dass die Entscheidung durch das Gericht auf den Anspruchsgrund beschränkt bleiben kann, trägt nur den mit der **Ermittlung der Höhe** der Leistung

1867 Vgl *Neumayr*, Zivilprozessrecht – Erkenntnisverfahren III[10] 50.
1868 RS0085739.
1869 RS0085929.
1870 RS0085734.

durch das Gericht verbundenen **Schwierigkeiten** Rechnung. Die Anwendung des § 89 Abs 2 ASGG ist nur für jene Fälle vorgesehen, in denen die Leistung aufgrund gesetzlicher Bestimmungen zwar errechenbar wäre, dem Gericht dieser Berechnungsaufwand aber nicht zugemutet werden soll.[1871]

Die gesetzliche Regelung über die Form der Entscheidung in Verfahren, in denen Grund und Höhe des Anspruches strittig sind, verfolgt nur das **Ziel**, das **Gericht** von der genauen Ermittlung der Leistungshöhe zu **entlasten**; dem Kläger soll bis zur Festsetzung der genauen Höhe der Leistung eine **provisorische Leistung** in Form eines **schätzungsweise** ermittelten Betrages zufließen, wobei aber der Rechtsgrund der Leistung durch diese Regelung keine Änderung erfährt. Es handelt sich um die dem Grund nach zuerkannte Leistung, die bloß der Höhe nach vorerst nur annäherungsweise zu ermitteln ist. Damit ist aber die vorläufige Zahlung **in allen Punkten** (Leistungsbeginn, Auszahlung der Leistung usw) **gleich** zu behandeln wie eine der Höhe nach endgültig zuerkannte Leistung; sie unterscheidet sich von dieser nur der Höhe nach.[1872] Daher sind im Urteil der Leistungsbeginn und im Fall der Befristung der Leistung das Leistungsende der vorläufigen Zahlung auszusprechen.[1873]

Bei Zuerkennung einer **Versehrtenrente** ist der Leistungsbeginn mit einem bestimmten Datum festzustellen.[1874]

Hat das Sozialgericht eine Rechtsstreitigkeit dadurch erledigt, dass es das Klagebegehren als dem Grund nach zu Recht bestehend erkennt und dem Versicherungsträger aufträgt, dem Kläger bis zur Erlassung des die Höhe festzusetzenden Bescheides eine vorläufige Zahlung zu erbringen, dann ist der **Versicherungsträger** kraft Gesetzes **verpflichtet**, die endgültige Höhe der Leistung mit **Bescheid** festzusetzen. Gegen diesen (neuen) Bescheid kann der Versicherte, wenn er mit der festgesetzten Höhe nicht einverstanden ist, neuerlich mit **Klage** vorgehen.[1875] Wird der Bescheid über die Leistungshöhe nicht fristgerecht erlassen, kann Säumnisklage erhoben werden.[1876]

Ist eine Geldleistung **nur** der **Höhe**, nicht jedoch dem Grunde nach **strittig**, liegt kein Anwendungsfall des § 89 Abs 2 ASGG vor. Die Leistung ist im Fall ihres Zurechtbestehens vielmehr in ziffernmäßig bestimmter Höhe zuzusprechen.[1877] Ein Grundurteil ist auch dann unzulässig, wenn das Leistungsbegehren der Höhe nach **unbestritten** bleibt.[1878]

1871 10 ObS 315/00x.
1872 RS0050735.
1873 10 ObS 117/03h.
1874 RS0112315.
1875 RS0085701.
1876 10 ObS 41/23m.
1877 RS0111070.
1878 10 ObS 178/01a.

Der Kläger, dem vom Gericht eine **zu hohe vorläufige Zahlung** gemäß § 89 Abs 2 ASGG zugesprochen wurde, ist gemäß § 89 Abs 2 letzter Satz iVm § 91 Abs 2 bis 5 ASGG nur im Falle des **Erschleichens** dieser Leistung zur **Rückzahlung** des Überbezuges verpflichtet.[1879]

Erfüllt der auf Gewährung einer **Invaliditätspension** gegen den ablehnenden Bescheid des PV-Trägers klagende Versicherte die materiellen und formellen Leistungsvoraussetzungen der begehrten Leistung und ist deren **Anfall** deshalb **gehemmt**, weil er spätestens im Zeitpunkt des Schlusses der mündlichen Verhandlung die Tätigkeit, aufgrund derer er als invalid gilt, noch nicht aufgegeben hat, so ist die Sozialrechtssache mit Grundurteil nach § 89 Abs 2 ASGG, nämlich mit der Feststellung des Bestehens des Anspruchs auf Invaliditätspension zum maßgeblichen Stichtag dem Grunde nach unter gleichzeitigem Ausspruch, dass die **Leistung erst anfällt**, wenn der Kläger diese – konkret zu bezeichnende – **Tätigkeit aufgibt**, zu erledigen.[1880]

Ein Rechtsstreit wegen Zuerkennung einer **Integritätsabgeltung** kann dadurch erledigt werden, dass das Klagebegehren als dem Grund nach zu Recht bestehend erkannt und dem Versicherungsträger die Erbringung einer vorläufigen Zahlung aufgetragen wird, deren Ausmaß unter sinngemäßer Anwendung des § 273 Abs 1 ZPO festzusetzen ist.[1881] Es ist jedoch notwendig, im Grundurteil den Prozentsatz der in Betracht kommenden Bemessungsgrundlage festzusetzen.[1882]

Auch Urteile mit Formulierungen wie „Der Sozialversicherungsträger ist schuldig, die (begehrte) **Leistung im gesetzlichen Ausmaß** zu erbringen", sind als feststellende Grundurteile iSd § 89 Abs 2 ASGG zu deuten.[1883]

Da der zahlenmäßige Anspruch für eine bestimmte **Pflegegeldstufe** durch das Gesetz als **Fixbetrag** bestimmt ist, liegen die Voraussetzungen für eine Entscheidung dem Grunde nach iSd § 89 Abs 2 ASGG nicht vor, es ist der klagenden Partei vielmehr im Urteil der Betrag zuzusprechen, der der Pflegegeldstufe entspricht, in der die Einstufung erfolgt.[1884]

Bei der Betragsfestsetzung nach § 89 Abs 2 ASGG unter sinngemäßer Anwendung des § 273 Abs 1 ZPO handelt es sich um revisible **rechtliche Beurteilung**, wobei eine genaue Berechnung der Höhe der vorläufigen Zahlung nicht erforderlich ist; der Rückgriff auf die in derartigen Fällen erfahrungsgemäß übliche Höhe der Leistung genügt.[1885]

1879 RS0120722.
1880 Vgl RS0116851.
1881 RS0115845.
1882 10 ObS 304/02g.
1883 RS0115846.
1884 RS0107801.
1885 RS0040472.

10.2.18.2. Rückersatzstreitigkeiten (Abs 4)

Wird in einer Rechtsstreitigkeit nach § 65 Abs 1 Z 2 ASGG (Rückersatz einer zu Unrecht empfangenen Leistung) die **Klage abgewiesen**, weil eine Rückersatzpflicht des Klägers besteht, so ist ihm unter einem der Rückersatz an den Beklagten (Versicherungsträger) aufzuerlegen. Das Gericht kann jedoch bei Vorliegen berücksichtigungswürdiger Umstände, insb unter Berücksichtigung der Familien-, Einkommens- und Vermögensverhältnisse des Klägers, die Erstattung des zu Unrecht gezahlten Betrages in **Teilbeträgen** anordnen **oder** die Rückersatzpflicht zum Teil oder zur Gänze **entfallen** lassen (Abs 4).

Nach § 31 Abs 4 **KBGG** obliegt den Gerichten, abweichend von § 89 Abs 4 ASGG, in Angelegenheiten der Leistungen nach dem KBGG nicht das Recht, die Erstattung des zu Unrecht gezahlten Betrages in Teilbeträgen anzuordnen, und auch nicht das Recht, die Rückersatzpflicht zum Teil oder zur Gänze entfallen zu lassen, sondern ist dies ausschließlich dem KV-Träger im nachgeschalteten Verwaltungsverfahren vorbehalten. Die Gewährung von Stundungen durch die Arbeits- und Sozialgerichte, die über die gesetzliche Leistungsfrist nach § 409 ZPO hinausgehen, wird aber nicht eingeschränkt.[1886]

Wird ein **Rückzahlungsauftrag** nach § 89 Abs 4 ASGG **unterlassen**, besteht keine Möglichkeit eines Instanzengerichts, diesen Fehler ohne entsprechendes Rechtsmittel zu korrigieren.[1887]

10.2.19. Rechtsmittelverfahren

10.2.19.1. Berufung

10.2.19.1.1. Allgemeines

Die Zulässigkeitsbeschränkung des § 501 ZPO gilt nicht (§ 44 Abs 1 ASGG). Die **Berufungsfrist** beträgt **vier Wochen** und beginnt erst mit Zustellung der schriftlichen Urteilsausfertigung zu laufen.[1888]

Bei **Urteilen**, die in Anwesenheit beider Parteien **mündlich verkündet** wurden, setzt die Zulässigkeit der Berufung zusätzlich die rechtzeitige **Anmeldung** voraus (§ 461 Abs 2 ZPO). Die Berufung muss sofort nach Verkündung in der mündlichen Verhandlung oder spätestens binnen 14 Tagen ab der Zustellung der Protokollsabschrift angemeldet werden.[1889] Im Fall der gleichzeitigen Zustellung des (mündlich verkündeten und bereits ausgefertigten) Urteils und der Protokollsabschrift bedarf es jedoch nicht der Berufungsanmeldung.[1890]

1886 RS0132474.
1887 RS0128675.
1888 Vgl *Frauenberger-Pfeiler* in SV-System, 6.4.3.1.1.
1889 *Kodek/Mayr*, Zivilprozessrecht[5] Rz 1015.
1890 RS0117659.

Soweit kein Zurückweisungsgrund vorliegt, ist eine Ausfertigung der Berufung dem Gegner zuzustellen, der nun innerhalb einer vierwöchigen Frist iSd § 468 ZPO eine **Berufungsbeantwortung** einbringen kann.[1891]

Die Parteien müssen sich durch eine **qualifizierte** Person **vertreten** lassen (§ 40 Abs 1 ASGG).

Die Entscheidung, ob eine **Berufungsverhandlung** im Einzelfall erforderlich ist, steht seit dem BudgetbegleitG 2009 generell im Ermessen des Berufungsgerichts.[1892]

10.2.19.1.2. Leistungsanspruch auf Grund eines Berufungsurteils (§ 91 ASGG)

Soweit ein Berufungsurteil in einer Rechtsstreitigkeit nach § 65 Abs 1 Z 1, 6 oder 8 dem Leistungsbegehren eines Versicherten stattgibt, hat ihm der Versicherungsträger diese Leistung bis zur rechtskräftigen Beendigung der Rechtsstreitigkeit zu gewähren (Abs 1).

Hat der Versicherte die vom Berufungsgericht zugesprochene **Leistung erschlichen**, so hat er sie rückzuerstatten (Abs 2).

Das Recht auf **Rückforderung** nach Abs 2 **verjährt binnen drei Jahren** ab dem Zeitpunkt, in dem die zugesprochene Leistung dem Versicherten rechtskräftig aberkannt worden ist (Abs 4).

Über den Rückforderungsanspruch des Versicherungsträgers ist nach den für **Leistungssachen** nach § 354 Z 2 ASVG geltenden Verfahrensvorschriften mit **Bescheid** zu entscheiden (Abs 5).

10.2.19.1.3. Neuerungsverbot

Im Rechtsmittelverfahren sind **alle Neuerungen**, das sind nach § 482 ZPO sowohl die Erhebung neuer Ansprüche oder neuer Einreden (gemeint sind Sacheinreden) als auch das Vorbringen neuer Tatsachen und Beweismittel, die in erster Instanz nicht vorgekommen sind, **ausgeschlossen.**[1893]

Im Rechtsmittelverfahren in Sozialrechtssachen gilt ausnahmslos das Neuerungsverbot des § 482 Abs 2 ZPO.[1894] Allerdings bewirkt der Grundsatz der **Amtswegigkeit der Beweisaufnahme**, dass schon das Gericht erster Instanz verpflichtet ist, von sich aus alle maßgeblichen Umstände zu berücksichtigen, für die sich aus den Akten Anhaltspunkte ergeben. Wird diese Pflicht verletzt, liegt eine **Mangelhaftigkeit des Verfahrens** vor.[1895]

1891 *Frauenberger-Pfeiler* in SV-System, 6.4.3.1.3.
1892 4 Ob 21/13m.
1893 Vgl *Rechberger/Simotta*, Zivilprozessrecht[9] Rz 1078.
1894 RS0042049.
1895 *Neumayr*, Zivilprozessrecht – Erkenntnisverfahren III[10] 49.

Die Vorlage **neuer Befunde** über den Gesundheitszustand des Klägers nach Schluss der Verhandlung erster Instanz verstößt gegen das Neuerungsverbot.[1896]

Tritt in den gesetzlichen Voraussetzungen für die Erfüllung der allgemeinen Anspruchsvoraussetzungen während des Rechtsmittelverfahrens eine **Änderung** ein, so kann diese Änderung schon deshalb **nicht berücksichtigt** werden, weil das im Rechtsmittelverfahren herrschende Neuerungsverbot einer Prüfung der weiteren Anspruchsvoraussetzungen zu einem nach Schluss der Verhandlung liegenden Stichtag entgegensteht. In einem solchen Fall steht dem Leistungswerber die Möglichkeit offen, zu dem Stichtag, zu dem nunmehr die Anspruchsvoraussetzungen erfüllt sind, einen **neuen Antrag** zu **stellen**, womit auch ein Leistungsverlust nicht verbunden ist.[1897]

10.2.19.1.4. Berufungsgründe

Nichtigkeitsgründe (§ 477 ZPO)

Es handelt sich dabei um **besonders schwere Verfahrensfehler** (zB Verletzung des rechtlichen Gehörs, Unzulässigkeit des Rechtswegs, Verletzung der Rechtskraft), die zur Aufhebung des Urteils führen, unabhängig davon, ob sie die Entscheidung beeinflusst haben oder nicht („absolute Wirkung"). Nichtigkeitsgründe sind **auch von Amts wegen** ohne deren Geltendmachung durch den Rechtsmittelwerber **zu beachten**, wenn nur (aus anderen Gründen) ein zulässiges Rechtsmittel eingebracht wurde (§ 471 Z 7 ZPO).[1898]

Nichtigkeitsgründe sind immer mit einem **Aufhebungsantrag** zu verbinden; sie sind vor allen anderen Berufungsgründen zu prüfen.[1899]

Mangelhaftigkeit des Verfahrens (Verfahrensmangel)

Dieser Rechtsmittelgrund liegt vor, wenn das Verfahren an wesentlichen Mängeln leidet, welche eine erschöpfende Erörterung und gründliche Beurteilung der Streitsache verhinderten (§ 496 Abs 1 Z 2 ZPO). Ein Verfahrensmangel kann immer nur in einem **„Zuwenig"**, niemals in einem „Zuviel" an Beweisverfahrensergebnissen liegen.[1900]

Der Anfechtungsgrund der Mangelhaftigkeit des Verfahrens ist nur dann gegeben, wenn der Verstoß gegen ein Verfahrensgesetz **abstrakt geeignet** war, eine erschöpfende Erörterung und gründliche Beurteilung der Streitsache zu hindern.[1901] Die sonstigen Verfahrensmängel sind **nicht von Amts wegen** wahrzu-

1896 10 ObS 235/02k.
1897 RS0085944.
1898 Vgl *Ballon/Nunner-Krautgasser/Schneider,* Einführung in das Zivilprozessrecht[13] Rz 565.
1899 *Ballon/Nunner-Krautgasser/Schneider,* Einführung in das Zivilprozessrecht[13] Rz 565.
1900 RS0125622.
1901 RS0043049.

nehmen, sondern müssen in der Berufung ausdrücklich geltend gemacht werden.[1902] Sie wirken auch nicht absolut, sodass das Berufungsgericht nicht nur zu prüfen hat, ob der Mangel überhaupt vorgelegen ist, sondern auch, ob er einen (negativen) Einfluss auf die Sachentscheidung haben konnte (die **Relevanz** des Mangels).[1903]

Der Rechtsmittelwerber **muss** in seiner Verfahrensrüge nachvollziehbar **ausführen**, welche für ihn günstigen Verfahrensergebnisse zu erwarten gewesen wären, wenn der Verfahrensfehler nicht unterlaufen wäre. Andernfalls ist der Rechtsmittelgrund nicht gesetzmäßig ausgeführt.[1904]

Um die abstrakte Erheblichkeit eines im sozialgerichtlichen Verfahren **nicht aufgenommenen weiteren medizinischen Gutachtens** in der Mängelrüge rechtsprechungskonform darzulegen, müsste der berufungswerbende Kläger insb ausführen, in welchen Bereichen seines bisher belegten gesamtmedizinischen Leistungskalküls es durch die Aufnahme des begehrten Gutachtens zu welchen konkreten Veränderungen (zB im körperlichen Leistungsvermögen, in der Krankenstandsprognose oder bei der Arbeitsplatzmobilität) gekommen wäre und/oder welche vom Erstgericht angenommenen Verweisungsberufe durch diese zu umschreibenden Veränderungen aus welchen Überlegungen ausgeschlossen gewesen wären.[1905]

Verfahrensmängel können sowohl mit einem **Abänderungsantrag** (da das Berufungsgericht den Verfahrensmangel selbst beheben und eine neue Sachentscheidung treffen kann) als auch mit einem Antrag auf **Aufhebung** der Entscheidung und Zurückverweisung zur neuerlichen Verhandlung an die erste Instanz geltend gemacht werden.[1906]

Auch in Sozialrechtssachen kann ein **Mangel** des Verfahrens erster Instanz, dessen Vorliegen **vom Berufungsgericht verneint** wurde, mit Revision nicht mehr geltend gemacht werden.[1907]

Aktenwidrigkeit

Aktenwidrigkeit liegt vor, wenn die im Urteil vorgenommene Sachverhaltsfeststellung in Widerspruch zu den Prozessakten steht, weil diese **falsch übernommen** wurden; sie muss von wesentlicher Bedeutung für das Urteil sein. Die Aktenwidrigkeit kommt in der Praxis selten vor; sie ist mit einem **Abänderungsantrag** zu verbinden.[1908]

1902 *Kodek/Mayr*, Zivilprozessrecht[5] Rz 1048.
1903 *Rechberger/Simotta*, Zivilprozessrecht[9] Rz 1090.
1904 2 Ob 174/12w.
1905 OLG Innsbruck RI0100129.
1906 *Ballon/Nunner-Krautgasser/Schneider*, Einführung in das Zivilprozessrecht[13] Rz 566 mwN.
1907 RS0043061.
1908 Vgl *Ballon/Nunner-Krautgasser/Schneider*, Einführung in das Zivilprozessrecht[13] Rz 568.

Unrichtige Tatsachenfeststellung

Unrichtige Tatsachenfeststellungen liegen vor, wenn das Gericht aus den Beweisaufnahmen falsche Schlüsse in Bezug auf den Sachverhalt zieht, insb durch **unrichtige Beweiswürdigung** und unrichtige Anwendung von Erfahrungssätzen. Es handelt sich um Fehler bei der Lösung der Tatfrage.[1909]

Die **gesetzmäßige Ausführung** einer Beweisrüge **erfordert** die Angabe,

- welche konkrete Feststellung bekämpft wird,
- infolge welcher unrichtigen Beweiswürdigung sie getroffen wurde,
- welche Ersatzfeststellung begehrt wird und
- aufgrund welcher Beweisergebnisse und Erwägungen die begehrte Feststellung zu treffen gewesen wäre.[1910]

Die unrichtige Beweiswürdigung ist mit einem **Abänderungsantrag** zu verbinden.[1911]

Die Feststellung oder Nichtfeststellung von bestimmten Tatsachen resultiert aus der freien Beweiswürdigung der Vorinstanzen, die **vom OGH nicht überprüft** werden kann.[1912]

Unrichtige rechtliche Beurteilung (Rechtsrüge)

Hier geht es um die **unrichtige Lösung der Rechtsfrage**, va aufgrund Anwendung einer falschen Norm, irriger Interpretation einer Norm oder unrichtiger Subsumption.[1913] Die Rechtsrüge ist nur dann gesetzmäßig ausgeführt, wenn sie **vom festgestellten Sachverhalt ausgeht**.[1914]

Die **gesetzmäßige Ausführung** des Rechtsmittelgrundes der unrichtigen rechtlichen Beurteilung **erfordert** die Darlegung, aus welchen Gründen die rechtliche Beurteilung der Sache unrichtig erscheint; die bloße, in verschiedenen Formulierungen ausgedrückte, aber begründungslos bleibende Behauptung, es liege eine unrichtige rechtliche Beurteilung vor, genügt nicht.[1915]

Der Rechtsmittelgrund der unrichtigen rechtlichen Beurteilung ist mit einem **Abänderungsantrag** zu verbinden.[1916]

Sekundäre Feststellungsmängel liegen nur dann vor, wenn entscheidungserhebliche Tatsachen nicht festgestellt wurden.[1917] Die Feststellungsgrundlage ist nur dann mangelhaft, wenn **Tatsachen fehlen**, die für die rechtliche Beurteilung

1909 *Neumayr*, Zivilprozessrecht – Erkenntnisverfahren III[10] 12.
1910 Vgl 10 ObS 129/02x; OLG Wien 7 Rs 84/21f.
1911 *Ballon/Nunner-Krautgasser/Schneider*, Einführung in das Zivilprozessrecht[13] Rz 569.
1912 10 ObS 325/98m.
1913 *Neumayr*, Zivilprozessrecht – Erkenntnisverfahren III[10] 13.
1914 10 ObS 59/13v.
1915 9 ObA 92/00w.
1916 *Ballon/Nunner-Krautgasser/Schneider*, Einführung in das Zivilprozessrecht[13] Rz 567.
1917 1 Ob 120/18f.

wesentlich sind und dies Umstände betrifft, die nach dem Vorbringen der Parteien und den Ergebnissen des Verfahrens zu prüfen waren.[1918]

10.2.19.2. Revision

Die Revision ist in Form der **ordentlichen** (vom Berufungsgericht zugelassenen) oder **außerordentlichen** Revision unabhängig vom Streitwert immer zulässig, wenn eine Rechtsfrage von erheblicher Bedeutung vorliegt[1919] (Grundsatzrevision); etwa weil das Berufungsgericht von der Rsp des OGH abweicht oder eine solche Rsp fehlt oder uneinheitlich ist (§ 502 Abs 1 ZPO).

Über die **Zulässigkeit** einer außerordentlichen Revision hat der OGH zu entscheiden.[1920]

Im Revisionsverfahren besteht **absolute Anwaltspflicht.**

In Rechtsstreitigkeiten nach § 65 Abs 1 Z 1, Z 4, Z 6 und Z 8 ASGG hemmt die Revision des Versicherungsträgers die Vollstreckbarkeit nicht (**vorläufige Vollstreckbarkeit** nach § 90 Abs 1 Z 2 ASGG).

Hat die unterlegene Partei ihre Berufung nicht auch auf den Berufungsgrund der unrichtigen rechtlichen Beurteilung gestützt und ihn gesetzmäßig ausgeführt, so kann die **versäumte Rechtsrüge** in der Revision **nicht mehr nachgetragen** werden. Dieser Grundsatz gilt ungeachtet § 87 Abs 1 ASGG auch im Verfahren in Sozialrechtssachen, zumal diese für das Verfahren in erster Instanz getroffene Bestimmung den Amtswegigkeitsgrundsatz ausschließlich für die Beweisaufnahme in diesem Verfahren normiert.[1921]

10.2.19.3. Rekurs

Die Rechtsmittelbeschränkung des § 517 ZPO ist nicht anzuwenden (§ 44 Abs 1 ASGG).

Eine **Anfechtung** der Entscheidung des Gerichts zweiter Instanz **im Kostenpunkt** ist ausgeschlossen; dies gilt auch in Sozialrechtssachen. Der unzulässig erhobene Kostenrekurs ist daher zurückzuweisen.[1922]

1918 RS0053317.
1919 *Ballon/Nunner-Krautgasser/Schneider*, Einführung in das Zivilprozessrecht[13] Rz 718.
1920 RS0110080.
1921 RS0043480.
1922 10 ObS 207/02t.

11. Internationales Sozialversicherungsrecht

11.1. Territorialitätsprinzip

Die §§ 1, 3 Abs 1 und 3 Abs 3 erster Satz erster Fall ASVG normieren für die Anwendbarkeit des ASVG grundsätzlich das Territorialitätsprinzip, wobei an den Ort der **Beschäftigung im Inland** angeknüpft wird. Dabei verweist § 3 Abs 1 ASVG zunächst auf § 30 Abs 2 leg cit, der eine nähere Bestimmung des Begriffes des Beschäftigungsortes enthält. **§ 3 Abs 2** ASVG sieht sodann **Ausnahmen** vom Territorialitätsgrundsatz vor und regelt eine Reihe von Tatbeständen, denen zufolge Dienstnehmer auch dann, wenn die Voraussetzungen nach § 3 Abs 1 ASVG nicht erfüllt sind, als **im Inland beschäftigt gelten**; hiezu zählen gemäß § 3 Abs 2 lit d ASVG die **ins Ausland entsendeten Dienstnehmer** bis zur Dauer von zwei Jahren. Im **§ 3 Abs 3** erster Satz erster Fall ASVG wird sodann korrespondierend zu dieser zuletzt genannten Ausnahmebestimmung klargestellt, dass insb Dienstnehmer inländischer Betriebe für die Zeit ihrer **dauernden Beschäftigung im Ausland nicht** als **im Inland beschäftigt** gelten, dies ungeachtet und unvorgreiflich einer anderen zwischenstaatlichen Regelung.[1923]

Bspw können folgende **nationale** Sach- und Kollisionsnormen angeführt werden, die als Teil des internationalen SV-Rechts angesehen werden:

- Versicherungspflicht von vorübergehend im Ausland tätigen (entsendeten) Dienstnehmern (§ 3 Abs 2 – **Ausstrahlung**),
- Versicherungsfreiheit für vorübergehend in Österreich tätige Dienstnehmer ausländischer Dienstgeber (§ 3 Abs 3 zweiter und letzter Satz – **Einstrahlung**).[1924]

11.2. Europäisches Sozialversicherungsrecht

Normzweck der **VO 883/2004/EG** ist nur die **Koordinierung**, nicht jedoch die Harmonisierung der verschiedenen sozialrechtlichen Systeme der Mitgliedstaaten für Personen mit grenzüberschreitendem Berufsverlauf; es soll nicht ein einheitliches, gemeinschaftsweit gültiges SV-System geschaffen, sondern durch Koordinierung nationaler Regeln bloß die Freizügigkeit sichergestellt werden.[1925]

Art 48 AEUV bildet als Ermächtigungsnorm die Rechtsgrundlage für die Schaffung der VO 883/2004. Mit der VO 883/2004 wird jedoch kein gemeinsames System der sozialen Sicherheit geschaffen. Sie **lässt** vielmehr **unterschiedliche nationale Systeme bestehen** und soll diese nur koordinieren, um die wirksame Aus-

1923 VwGH 15.3.2005, 2001/08/0096.
1924 Vgl *Pöltl* in SV-System, 7.1.
1925 Vgl RS0117828.

übung der Freizügigkeit (Art 45 ff AEUV) sicherzustellen. Die Mitgliedstaaten sind daher nach stRsp des EuGH weiterhin für die Ausgestaltung ihrer Systeme der sozialen Sicherheit zuständig.[1926]

Die VO (EG) 883/2004 ist **auch für EWR-Mitgliedstaaten** (zB Fürstentum Liechtenstein) maßgeblich. Die VO (EG) 883/2004 verpflichtet im Allgemeinen nicht zur Gewährung von Sozialleistungen, sondern koordiniert lediglich bestehende Sozialrechtssysteme zwischen den Mitgliedstaaten.[1927]

Der **Anwendungsbereich** der Koordinierungs-VO erstreckt sich auf die 27 Mitgliedstaaten der EU, seit 1.4.2012 auf die Schweiz und seit 1.6.2012 auch auf die drei EWR-Staaten Island, Liechtenstein und Norwegen.[1928]

Art 2 regelt den **persönlichen Geltungsbereich** der VO. Sie gilt für Staatsangehörige eines Mitgliedstaats, Staatenlose und Flüchtlinge mit Wohnort in einem Mitgliedstaat sowie für ihre Familienangehörigen und Hinterbliebenen.

Art 3 bestimmt den **sachlichen Geltungsbereich**. Die VO gilt für alle Rechtsvorschriften, die folgende Zweige der sozialen Sicherheit betreffen:

- Leistungen bei Krankheit;
- Leistungen bei Mutterschaft (Vaterschaft);
- Leistungen bei Invalidität;
- Leistungen bei Alter;
- Leistungen an Hinterbliebene;
- Leistungen bei Arbeitsunfällen und Berufskrankheiten;
- Sterbegeld (einmalige Zahlung im Todesfall);
- Leistungen bei Arbeitslosigkeit;
- Vorruhestandsleistungen;
- Familienleistungen.

Die VO **gilt nicht für** Sozialhilfe- und Versorgungsleistungen (Art 3 Abs 5 VO).

Personen, für die die VO gilt, haben die **gleichen Rechte und Pflichten** aufgrund der Rechtsvorschriften eines Mitgliedstaats wie die Staatsangehörigen dieses Staates **(Art 4; Gleichbehandlung)**.

Art 5 regelt die **Gleichstellung** von Leistungen, Einkünften, Sachverhalten oder Ereignissen:

- Hat nach den Rechtsvorschriften des zuständigen Mitgliedstaats der Bezug von **Leistungen** der sozialen Sicherheit **oder** sonstiger **Einkünfte** bestimmte Rechtswirkungen, so sind die entsprechenden Rechtsvorschriften auch bei Bezug von nach den Rechtsvorschriften eines anderen Mitgliedstaats gewährten

1926 10 ObS 21/20s mwN.
1927 VfGH 20.9.2023, G328/2021.
1928 Vgl *Burger/Mair/Wachter*, Sozialrecht Basics⁷ 25.

gleichartigen Leistungen oder bei Bezug von in einem anderen Mitgliedstaat erzielten Einkünften anwendbar (lit a).

- Hat nach den Rechtsvorschriften des zuständigen Mitgliedstaats der Eintritt bestimmter **Sachverhalte oder Ereignisse** Rechtswirkungen, so berücksichtigt dieser Mitgliedstaat die in einem anderen Mitgliedstaat eingetretenen entsprechenden Sachverhalte oder Ereignisse, als ob sie im eigenen Hoheitsgebiet eingetreten wären (lit b).

Art 6 normiert die **Zusammenrechnung der Zeiten**:

Der **zuständige Träger** eines Mitgliedstaats, dessen Rechtsvorschriften

- den Erwerb, die Aufrechterhaltung, die Dauer oder das Wiederaufleben des Leistungsanspruchs,
- die Anwendung bestimmter Rechtsvorschriften, oder
- den Zugang zu bzw die Befreiung von der Pflichtversicherung, der freiwilligen Versicherung oder der freiwilligen Weiterversicherung,

von der Zurücklegung von Versicherungszeiten, Beschäftigungszeiten, Zeiten einer selbstständigen Erwerbstätigkeit oder Wohnzeiten abhängig machen, **berücksichtigt** soweit erforderlich die **nach den Rechtsvorschriften eines anderen Mitgliedstaats zurückgelegten Versicherungszeiten**, Beschäftigungszeiten, Zeiten einer selbstständigen Erwerbstätigkeit oder Wohnzeiten, als ob es sich um Zeiten handeln würde, die nach den für diesen Träger geltenden Rechtsvorschriften zurückgelegt worden sind.

Geldleistungen dürfen nicht deshalb gekürzt, geändert, zum Ruhen gebracht, entzogen oder beschlagnahmt werden, weil der Berechtigte oder seine Familienangehörigen in einem anderen als dem Mitgliedstaat wohnt bzw wohnen, in dem der zur Zahlung verpflichtete Träger seinen Sitz hat **(Art 7; Grundsatz des Leistungsexports)**.

Ausgenommen vom Leistungsexport sind zB

- die Ausgleichszulage (Art 70 und Anhang X der VO),[1929]
- das Arbeitslosengeld (Art 64 VO),
- die Sozialhilfe (Art 3 Abs 5 VO)[1930] und
- das Rehabilitationsgeld.[1931]

Gemäß der sogenannten **„Exportpflicht“** nach Art 7 der VO (EG) 883/2004 („Aufhebung der Wohnortklauseln“) dürfen Geldleistungen, die nach den Rechtsvorschriften eines Mitgliedstaates oder nach dieser Verordnung zu zahlen sind, nicht auf Grund der Tatsache gekürzt werden, dass der Berechtigte oder seine Familienangehö-

1929 EuGH C-160/02, *Skalka*.
1930 EuGH C-140/12, *Brey*.
1931 EuGH C-135/19, *Pensionsversicherungsanstalt;* 10 ObS 131/21v ua.

rigen in einem anderen als dem Mitgliedstaat wohnt bzw wohnen, in dem der zur Zahlung verpflichtete Träger seinen Sitz hat. Von dieser „Exportpflicht“ sind „besondere beitragsunabhängige Geldleistungen“ iSv Art 70 der VO (EG) 883/2004 **ausgenommen**, wenn sie in Anhang X zur Verordnung angeführt sind.[1932]

Aus Art 7 VO (EG) 883/2004 („Aufhebung der Wohnortklauseln“) folgt, dass ein Anspruch auf Leistungen weder dem Grunde noch der Höhe nach von einem Wohnsitz im Inland abhängig gemacht werden darf. Die Voraussetzung des § 2 Abs 1 Z 4 iVm § 24 Abs 1 Z 1 **KBGG** wird im Anwendungsbereich der VO (EG) 883/2004 (zur Anwendung im Verhältnis zu **Liechtenstein** vgl 10 ObS 160/19f [ErwGr 1.]) insoweit überlagert. Aus diesem Grund hat der OGH zu 10 ObS 26/24g in einer vergleichbaren Konstellation (Wohnsitz in der **Schweiz**) die außerordentliche Revision der (auch dort) Beklagten mit Beschluss vom 16.4.2024 zurückgewiesen. Dabei wurde betont, dass aus der jüngeren Rsp nicht abgeleitet werden kann, die VO (EG) 883/2004 sei nicht anzuwenden, wenn einander (wie im Verhältnis zu Liechtenstein keine gleichartigen Leistungen gegenüberstehen. Entgegen dem Verständnis der Beklagten ist lediglich die Anwendung der Prioritätsregeln des Art 68 VO (EG) 883/2004, nicht aber die Anwendung der VO (EG) 883/2004 an sich und va nicht der Regelung über die Exportpflicht nach ihrem Art 67 vom Zusammentreffen gleichartiger Leistungen abhängig. Ebenso wenig ist eine Inländerdiskriminierung ersichtlich.[1933]

Personen, für die die VO gilt, **unterliegen** den Rechtsvorschriften **nur eines** Mitgliedstaats (**Art 11** Abs 1 VO). Eine Person, die in einem Mitgliedstaat eine **Beschäftigung** oder selbständige Erwerbstätigkeit ausübt, unterliegt den Rechtsvorschriften dieses Mitgliedstaats (Art 11 Abs 3 lit a VO; **Beschäftigungslandprinzip**). Eine nicht erwerbstätige Person unterliegt den Rechtsvorschriften des Wohnmitgliedstaats (Art 11 Abs 3 lit e VO).

Nach Art 11 Abs 1 VO 883/2004 sind auf eine Person, für die die Verordnung gilt, stets nur die Rechtsvorschriften eines einzigen Mitgliedstaats anwendbar, wobei dies – vorbehaltlich der vorgesehenen Ausnahmen – grundsätzlich jener Staat ist, in dem die Person eine Beschäftigung oder selbständige Erwerbstätigkeit ausübt (vgl Art 11 Abs 3 lit a VO 883/2004; Beschäftigungsstaatprinzip). Es kommt dabei auf den Ort an, wo die betreffende Person die mit der Tätigkeit verbundenen **Handlungen** tatsächlich **konkret ausführt**; indes ist unerheblich, in welchem Staat sich der Wohnsitz des Arbeitnehmers bzw des Selbständigen oder der Sitz des Arbeitgebers befindet.[1934]

Ein Arbeitnehmer, der von seinem Arbeitgeber in einen **anderen Mitgliedstaat entsandt** wird, unterliegt weiterhin den Rechtsvorschriften des ersten Mitglied-

1932 VfGH 20.9.2023, G328/2021.
1933 10 ObS 27/24d mwN.
1934 VwGH 26.4.2022, Ra 2021/08/0006.

staats (Entsendestaat), sofern die voraussichtliche Dauer dieser Arbeit **24 Monate** nicht überschreitet und diese Person nicht eine andere entsandte Person ablöst (**Art 12** Abs 1 VO).

Ein Versicherter, der in einem **anderen** als dem zuständigen **Mitgliedstaat wohnt, erhält** in dem Wohnmitgliedstaat **bei Krankheit Sachleistungen**, die vom Träger des Wohnorts nach den für ihn geltenden Rechtsvorschriften für Rechnung des zuständigen Trägers erbracht werden, als ob sie nach diesen Rechtsvorschriften versichert wären (**Art 17** VO).

Ein Versicherter, der sich in einem **anderen** als dem zuständigen **Mitgliedstaat aufhält** (zB Urlaub), **hat Anspruch auf** die **Sachleistungen**, die sich während seines Aufenthalts als **medizinisch notwendig** erweisen, wobei die Art der Leistungen und die voraussichtliche Dauer des Aufenthalts zu berücksichtigen sind. Diese Leistungen werden vom Träger des Aufenthaltsorts nach den für ihn geltenden Rechtsvorschriften für Rechnung des zuständigen Trägers erbracht, als ob die betreffenden Personen nach diesen Rechtsvorschriften versichert wären (**Art 19** Abs 1 VO).

Ein Versicherter, der **zur Inanspruchnahme von Sachleistungen in** einen **anderen Mitgliedstaat reist**, muss die **vorherige Genehmigung** des zuständigen Trägers einholen (Art 20 Abs 1 VO). Die Genehmigung wird erteilt, wenn die betreffende Behandlung Teil der Leistungen ist, die nach den Rechtsvorschriften des Wohnmitgliedstaats der betreffenden Person vorgesehen sind, und ihr diese Behandlung nicht innerhalb eines in Anbetracht ihres derzeitigen Gesundheitszustands und des voraussichtlichen Verlaufs ihrer Krankheit medizinisch vertretbaren Zeitraums gewährt werden kann (**Art 20** Abs 2 VO).

Die Richtlinie 2011/24/EU des Europäischen Parlaments und des Rates vom 9.3.2011 über die Ausübung der Patientenrechte in der grenzüberschreitenden Gesundheitsversorgung (im Folgenden **„Patientenmobilitäts-RL"**) basiert auf der Dienstleistungsfreiheit (Art 56 AEUV) und kodifiziert im Wesentlichen die davor ergangene Rsp des EuGH zur Finanzierung von geplanten medizinischen Leistungen in anderen Mitgliedstaaten. Der vor Erlassung der Patientenmobilitäts-RL ergangenen Rsp kommt daher maßgebliche Bedeutung für die Auslegung des Inhalts der Richtlinie zu. Die Patientenmobilitäts-RL beschränkt sich nicht nur auf grenzüberschreitende Fälle elektiver Behandlungen, sondern erfasst auch Fälle, in denen sich die Behandlungsnotwendigkeit erst während eines vorübergehenden bzw kurzfristigen Aufenthalts in einem anderen Mitgliedstaat ergibt. In Österreich wurde die Patientenmobilitäts-RL innerstaatlich mit dem **EU-Patientenmobilitätsgesetz** BGBl I 2014/32 (EU-PMG) umgesetzt, das seit 24.4.2014 in Kraft ist. Ein Regelungsschwerpunkt liegt in den Vorabgenehmigungsregelungen und der damit zusammenhängenden Kostenerstattung in § 7b SV-EG.[1935]

1935 10 ObS 43/20a mwN.

Die Inanspruchnahme folgender Behandlungen im Ausland eröffnet einen Anspruch auf besondere Kostenerstattung im Ausmaß des Abs 6, sofern der zuständige österreichische KV-Träger der anspruchsberechtigten Person eine **Vorabgenehmigung** erteilt hat:

1. **stationäre** Behandlungen;
2. **ambulante** Behandlungen (spitalsambulanter und niedergelassener Bereich), die den Einsatz **hoch spezialisierter und kostenintensiver** medizinischer Infrastruktur oder medizinischer Ausrüstung erfordern;
3. Behandlungen, die mit einem besonderen Risiko für den Patienten oder die Bevölkerung verbunden sind;
4. Behandlungen, die von Gesundheitsdienstleistern erbracht werden, die im Einzelfall zu ernsthaften und spezifischen Bedenken hinsichtlich der Qualität oder Sicherheit der Versorgung Anlass geben könnten, mit Ausnahme der Gesundheitsversorgung, die dem Unionsrecht über die Gewährleistung eines Mindestsicherungsniveaus und einer Mindestqualität in der ganzen Union unterliegt.

Die Verpflichtung zur Einholung der Vorabgenehmigung für diese Behandlungen **entfällt** in medizinischen Notfällen, in denen diese nachweislich nicht oder nicht rechtzeitig eingeholt werden kann (§ 7b Abs 4 SV-EG).

Eine Richtlinienwidrigkeit des § 7b SV-EG ist zu verneinen, da das mit dieser Bestimmung eingeführte System der Vorabgenehmigung bei stationären Behandlungen **gerechtfertigt** ist, um der Gefahr einer Unter- oder Überversorgung im nationalen Gesundheitssystem und der damit verbundenen Gefahr einer unverhältnismäßigen Beeinträchtigung der Gesundheitsversorgung entgegenzuwirken.[1936]

11.3. Abkommen über soziale Sicherheit

Österreich hat mit zahlreichen Staaten bilaterale Abkommen über soziale Sicherheit geschlossen (zB Australien, Indien, Kanada, Serbien, Türkei, USA), welche auf der Stufe von einfachen Gesetzen stehen.

Diese Abkommen sehen folgende Grundsätze vor:

- die Gleichbehandlung der Staatsangehörigen der Vertragsstaaten;
- die Festlegung jenes nationalen Rechts, nach dem die Pflichtversicherung eintreten soll;
- die Zusammenrechnung der in den beiden Vertragsstaaten zurückgelegten Versicherungszeiten für die Erfüllung der Wartezeit (va in der PV);
- die Erbringung von Sachleistungen bei vorübergehendem Aufenthalt im anderen Vertragsstaat (aushilfsweise Sachleistungsgewährung);

1936 RS0133229.

- die anteilsmäßige Berechnung von Pensionen im Verhältnis zu der jeweils im Vertragsstaat zurückgelegten Versicherungszeit (Pro-rata-temporis-Methode);
- die Gewährung der Geldleistungen auch bei Wohnort im anderen Vertragsstaat (Leistungsexport).[1937]

1937 *Tomandl,* Sozialrecht[7] Rz 335; *Pöltl* in SV-System, 7.2.1.

Anlage 1 zum ASVG: Liste der Berufskrankheiten (§ 177)

Inhaltsverzeichnis

Lfd. Nr.	Berufskrankheiten	Unternehmen
1.	**Erkrankungen der Atemwege und der Lunge**	
1.1.	Staublungenerkrankungen (Silikose oder Silikatose) mit objektiv feststellbarer Leistungsminderung von Atmung oder Kreislauf	Alle Unternehmen
1.2.	Staublungenerkrankung in Verbindung mit aktivfortschreitender Lungentuberkulose (Siliko-Tuberkulose)	Alle Unternehmen
1.3.	Asbeststaublungenerkrankung (Asbestose) mit objektiver feststellbarer Leistungsminderung von Atmung oder Kreislauf	Alle Unternehmen

Lfd. Nr.	Berufskrankheiten	Unternehmen
1.4.	Erkrankungen der tieferen Luftwege und der Lunge durch Aluminium oder seine Verbindungen	Alle Unternehmen
1.5.	Erkrankungen an Lungenfibrose durch Hartmetallstaub	Herstellung und Bearbeitung von Hartmetallen
1.6.	Durch allergisierende Stoffe verursachte Erkrankungen an Asthma bronchiale (einschließlich Rhinopathie), wenn und solange sie zur Aufgabe schädigender Tätigkeiten zwingen	Alle Unternehmen
1.7.	Durch chemisch-irritativ oder toxisch wirkende Stoffe verursachte Erkrankungen der tieferen Atemwege und der Lunge mit objektivem Nachweis einer Leistungsminderung von Atmung und Kreislauf	Alle Unternehmen
1.8.	Exogen-allergische Alveolitis mit objektiv nachweisbarem Funktionsverlust der Lunge, sofern das als ursächlich festgestellte Antigen bei der Erwerbsarbeit von einem objektiv feststellbar bestimmenden Einfluss gewesen ist	Alle Unternehmen
1.9.	Erkrankungen der tieferen Atemwege und der Lungen durch Rohbaumwoll- oder Flachsstaub	Alle Unternehmen
2.	**Erkrankungen der Haut**	
2.1.	Hauterkrankungen, wenn und solange sie zur Aufgabe schädigender Tätigkeiten zwingen (eine Aufgabe der schädigenden Tätigkeit ist nicht erforderlich, wenn die Hautkrankheit eine Erscheinungsform einer Allgemeinerkrankung ist, die durch Aufnahme einer oder mehrerer in dieser Anlage angeführten schädigenden Stoffe in den Körper verursacht wurde; siehe 6. und 7.4.)	Alle Unternehmen
3.	**Infektionskrankheiten, Erkrankungen durch Parasiten, Tropenkrankheiten**	

Lfd. Nr.	Berufskrankheiten	Unternehmen
3.1.	Infektionskrankheiten	Krankenhäuser, Heil- und Pflegeanstalten, Entbindungsheime und sonstige Anstalten, die Personen zur Kur und Pflege aufnehmen, öffentliche Apotheken, ferner Einrichtungen und Beschäftigungen in der öffentlichen und privaten Fürsorge, in Schulen, Kindergärten und Säuglingskrippen und im Gesundheitsdienst sowie in Laboratorien für wissenschaftliche und medizinische Untersuchungen und Versuche sowie in Justizanstalten und Hafträumen der Verwaltungsbehörden bzw. in Unternehmen, in denen eine vergleichbare Gefährdung besteht
3.2.	Von Tieren auf Menschen übertragbare Krankheiten	Tätigkeiten, die durch Umgang oder Berührung mit Tieren, tierischen Teilen, Erzeugnissen, Abgängen und mit kontaminiertem Material zur Erkrankung Anlass geben bzw. Tätigkeiten, bei denen eine vergleichbare Gefährdung besteht
3.3.	Durch Zeckenbiss übertragbare Krankheiten (z.B. Frühsommermeningoencephalitis oder Borreliose)	Unternehmen der Land- und Forstwirtschaft sowie Tätigkeiten in Unternehmen, in denen eine vergleichbare Gefährdung besteht
3.4.	Tropenkrankheiten, Fleckfieber	Alle Unternehmen
3.5.	Wurmkrankheit der Bergleute, verursacht durch Ankylostoma duodenale oder Strongyloides stercoralis	Unternehmen des Bergbaus, Stollen- oder Tunnelbaus
4.	**Erkrankungen des Bewegungs- und Stützapparats**	
4.1.	Chronische Erkrankungen der Schleimbeutel, der Sehnenscheiden und des Sehnengleitgewebes sowie der Sehnen- und Muskelansätze durch ständigen Druck oder ständige Erschütterung	Alle Unternehmen
4.2.	Abrissbrüche der Wirbeldornfortsätze	Alle Unternehmen

Lfd. Nr.	Berufskrankheiten	Unternehmen
4.3.	Meniskusschäden bei Bergleuten nach mindestens dreijähriger regelmäßiger Tätigkeit unter Tag und bei anderen Personen nach mindestens dreijähriger regelmäßiger Tätigkeit in kniender oder hockender Stellung	Alle Unternehmen
5.	**Durch physikalische Einwirkungen verursachte Krankheiten**	
5.1.	Lärm	
5.1.1.	Durch Lärm verursachte Schwerhörigkeit	Alle Unternehmen
5.2.	Mechanische Einwirkungen	
5.2.1.	Vibrationsbedingte Durchblutungsstörungen an den Händen sowie andere Erkrankungen durch Erschütterung bei der Arbeit mit Pressluftwerkzeugen und gleichartig wirkenden Werkzeugen und Maschinen (wie z.B. Motorsägen) sowie durch Arbeit an Anklopfmaschinen	Alle Unternehmen
5.2.2.	Hypothenar-/Thenar-Hammersyndrom	Alle Unternehmen
5.2.3.	Fokale Dystonie bei Instrumentalmusikerinnen und Instrumentalmusikern	Alle Unternehmen
5.2.4.	Erkrankungen durch Arbeit in Druckluft	Alle Unternehmen
5.2.5.	Druckschädigung der Nerven	Alle Unternehmen
5.3.	Strahlen	
5.3.1.	Erkrankungen durch ionisierende Strahlen	Alle Unternehmen
5.3.2.	Grauer Star	Herstellung, Bearbeitung und Verarbeitung von Glas, Eisenhütten, Metallschmelzereien
6.	**Durch chemische Einwirkungen verursachte Krankheiten**	
	(nicht anwendbar, sofern die Krankheit und der verursachende Stoff unter „7. Maligne Erkrankungen" angeführt sind)	
6.1.	Metalle und Metalloide	
6.1.1.	Erkrankungen durch Blei, seine Legierungen oder Verbindungen	Alle Unternehmen

Lfd. Nr.	Berufskrankheiten	Unternehmen
6.1.2.	Erkrankungen durch Phosphor oder seine Verbindungen	Alle Unternehmen
6.1.3.	Erkrankungen durch Quecksilber, seine Legierungen oder Verbindungen	Alle Unternehmen
6.1.4.	Erkrankungen durch Arsen oder seine Verbindungen	Alle Unternehmen
6.1.5.	Erkrankungen durch Mangan oder seine Verbindungen	Alle Unternehmen
6.1.6.	Erkrankungen durch Cadmium oder seine Verbindungen	Alle Unternehmen
6.1.7.	Erkrankungen durch Beryllium oder seine Verbindungen	Alle Unternehmen
6.1.8.	Erkrankungen durch Chrom oder seine Verbindungen	Alle Unternehmen
6.1.9.	Erkrankungen durch Vanadium oder seine Verbindungen	Alle Unternehmen
6.1.10.	Erkrankungen durch Nickel oder seine Verbindungen	Alle Unternehmen
6.2.	Lösemittel, Schädlingsbekämpfungsmittel (Pestizide) und sonstige chemische Stoffe	
6.2.1.	Erkrankungen durch Benzol oder seine Homologe oder durch Styrol	Alle Unternehmen
6.2.2.	Erkrankungen durch Nitro- und Aminoverbindungen des Benzols oder seiner Homologe und deren Abkömmlinge	Alle Unternehmen
6.2.3.	Erkrankungen durch Halogen-Kohlenwasserstoffe	Alle Unternehmen
6.2.4.	Erkrankungen durch Salpetersäureester	Alle Unternehmen
6.2.5.	Erkrankungen durch Schwefelkohlenstoff	Alle Unternehmen
6.2.6.	Erkrankungen durch Schwefelwasserstoff	Alle Unternehmen
6.2.7.	Erkrankungen durch Kohlenmonoxid	Alle Unternehmen
6.2.8.	Erkrankungen der Knochen, Gelenke und Bänder durch Fluorverbindungen (Fluorose)	Alle Unternehmen
6.2.9.	Erkrankungen der Zähne durch Säuren	Alle Unternehmen
6.2.10.	Hornhautschädigungen des Auges durch Benzochinon	Chemische Industrie

Lfd. Nr.	Berufskrankheiten	Unternehmen
6.2.11.	Erkrankungen durch Dimethylformamid	Alle Unternehmen
6.2.12.	Erkrankungen durch Butyl-, Methyl- und Isopropylalkohol	Alle Unternehmen
6.2.13.	Erkrankungen durch Phenole und Katechole	Alle Unternehmen
6.2.14.	Erkrankungen durch halogenierte Alkyl-, Aryl- oder Alkylaryloxide	Alle Unternehmen
6.2.15.	Polyneuropathie oder Enzephalopathie durch organische Lösungsmittel oder deren Gemische, wenn eine regelmäßige Exposition bestanden hat, die im Hinblick auf Dauer und Ausmaß erheblich war	Alle Unternehmen
7.	**Maligne Erkrankungen**	
	(nicht anwendbar, sofern bereits zu einer Krankheit nach „6. Durch chemische Einwirkungen verursachte Krankheiten" betreffend den selben verursachenden Stoff ein Antrag gestellt oder ein Verfahren von Amts wegen eingeleitet wurde)	
7.1.	Maligne Erkrankungen der Lunge und/oder des Rippenfells/Herzbeutels/Bauchfells	
7.1.1.	Bösartige Neubildungen des Rippenfells, des Herzbeutels und des Bauchfells durch Asbest	Alle Unternehmen
7.1.2.	Bösartige Neubildungen der Lunge durch Asbest	Alle Unternehmen
7.1.3.	Bösartige Neubildungen der Lunge durch die Einwirkung von kristallinem Siliziumdioxid bei Silikose	Alle Unternehmen
7.1.4.	Bösartige Neubildungen der Lunge durch Chrom VI	Alle Unternehmen
7.1.5.	Bösartige Neubildungen der Atemwege und der Lungen durch Nickel oder seine Verbindungen	Alle Unternehmen
7.1.6.	Bösartige Neubildungen der Lunge durch Arsen	Alle Unternehmen

Lfd. Nr.	Berufskrankheiten	Unternehmen
7.1.7.	Bösartige Neubildungen der Lunge durch Cadmium	Alle Unternehmen
7.1.8.	Bösartige Neubildungen der Lunge durch Beryllium	Alle Unternehmen
7.1.9.	Bösartige Neubildungen der Lunge durch ionisierende Strahlen	Alle Unternehmen
7.2.	Maligne Erkrankungen des Bluts und der blutbildenden Organe	
7.2.1.	Bösartige Erkrankungen des Blutes, des blutbildenden und des lymphatischen Systems durch Benzol	Alle Unternehmen
7.2.2.	Bösartige Neubildungen des Blutes und der blutbildenden Organe durch ionisierende Strahlen (sofern die vorliegende Krankheit nicht bereits nach „5.3.1. Erkrankungen durch ionisierende Strahlen" gemeldet oder ein solches Verfahren von Amts wegen eingeleitet wurde)	Alle Unternehmen
7.3.	Maligne Erkrankungen der Niere und der ableitenden Harnwege	
7.3.1.	Krebs oder andere Neubildungen sowie Schleimhautveränderungen der Harnwege durch aromatische Amine	Alle Unternehmen
7.3.2.	Bösartige Neubildungen der Niere durch Cadmium	Alle Unternehmen
7.3.3.	Bösartige Neubildungen der Niere durch Trichlorethen	Alle Unternehmen
7.4.	Maligne Erkrankungen der Haut	
7.4.1.	Hautkrebs oder zur Krebsbildung neigende Hautveränderungen durch Ruß, Rohparaffin, Dunkelöle, Teer, Anthrazen, Pech, Mineralöle, Erdpech und ähnliche Stoffe	Alle Unternehmen
7.4.2.	Plattenepithelkarzinom, aktinische Keratosen der Haut durch UV-Exposition	Alle Unternehmen
7.5.	Maligne Erkrankungen im HNO-Bereich	
7.5.1.	Adenokarzinome der Nasenhaupt- und Nasennebenhöhlen durch Staub von Hartholz	Holzbearbeitende und holzverarbeitende Betriebe

Lfd. Nr.	Berufskrankheiten	Unternehmen
7.5.2.	Bösartige Neubildungen des Kehlkopfs durch Asbest	Alle Unternehmen
7.6.	Maligne Erkrankungen des hepatobiliären Systems	
7.6.1.	Hepatozelluläres Karzinom bei Hepatitis B, C (sofern Hepatitis B, C nicht bereits nach „3.1. Infektionskrankheiten" gemeldet oder ein solches Verfahren von Amts wegen eingeleitet wurde)	Krankenhäuser, Heil- und Pflegeanstalten, Entbindungsheime und sonstige Anstalten, die Personen zur Kur und Pflege aufnehmen, öffentliche Apotheken, ferner Einrichtungen und Beschäftigungen in der öffentlichen und privaten Fürsorge, in Schulen, Kindergärten und Säuglingskrippen und im Gesundheitsdienst sowie in Laboratorien für wissenschaftliche und medizinische Untersuchungen und Versuche sowie in Justizanstalten und Hafträumen der Verwaltungsbehörden bzw. in Unternehmen, in denen eine vergleichbare Gefährdung besteht
7.6.2.	Bösartige Erkrankungen der Leber durch Vinylchlorid	Alle Unternehmen
7.7.	Maligne Erkrankungen der Geschlechtsorgane	
7.7.1.	Ovarialkarzinom nach Asbestexposition	Alle Unternehmen
8.	**Sonstige**	
8.1.	Anaphylaktische Reaktionen nach Latex-Exposition	Alle Unternehmen

Schwerarbeitsverordnung

Verordnung der Bundesministerin für soziale Sicherheit, Generationen und Konsumentenschutz über besonders belastende Berufstätigkeiten

BGBl II 2006/104, zuletzt geändert durch BGBl II 2019/413

Besonders belastende Berufstätigkeiten

§ 1. (1) Als Tätigkeiten, die unter körperlich oder psychisch besonders belastenden Bedingungen erbracht werden, gelten alle Tätigkeiten, die geleistet werden

1. in Schicht- oder Wechseldienst auch während der Nacht (unregelmäßige Nachtarbeit), das heißt zwischen 22 Uhr und 6 Uhr, jeweils im Ausmaß von mindestens sechs Stunden und zumindest an sechs Arbeitstagen im Kalendermonat, sofern nicht in diese Arbeitszeit überwiegend Arbeitsbereitschaft fällt, oder
2. regelmäßig unter Hitze oder Kälte im Sinne des Art. VII Abs. 2 Z 2 und 3 des Nachtschwerarbeitsgesetzes (NSchG), BGBl. Nr. 354/1981, oder
3. unter chemischen oder physikalischen Einflüssen im Sinne des Art. VII Abs. 2 Z 5, 6 und 8 NSchG oder
4. als schwere körperliche Arbeit, die dann vorliegt, wenn bei einer achtstündigen Arbeitszeit von Männern mindestens 8 374 Arbeitskilojoule (2 000 Arbeitskilokalorien) und von Frauen mindestens 5 862 Arbeitskilojoule (1 400 Arbeitskilokalorien) verbraucht werden, oder
5. zur berufsbedingten Pflege von erkrankten oder behinderten Menschen mit besonderem Behandlungs- oder Pflegebedarf, wie beispielsweise in der Hospiz- oder Palliativmedizin, oder
6. trotz Vorliegens einer Minderung der Erwerbsfähigkeit (§ 14 des Behinderteneinstellungsgesetzes, BGBl. Nr. 22/1970) von mindestens 80%, sofern für die Zeit nach dem 30. Juni 1993 Anspruch auf Pflegegeld zumindest in Höhe der Stufe 3 nach § 5 des Bundespflegegeldgesetzes, BGBl. Nr. 110/1993, oder nach den Bestimmungen der Landespflegegeldgesetze bestanden hat.

(2) Als besonders belastende Berufstätigkeiten gelten jedenfalls auch alle Tätigkeiten, für die ein Nachtschwerarbeits-Beitrag nach Art. XI Abs. 3 NSchG geleistet wurde, ohne dass daraus ein Anspruch auf Sonderruhegeld nach Art. X NSchG entstanden ist, sowie alle Tätigkeiten, für die Zuschläge zum Sachbereich Urlaub der Bauarbeiter-Urlaubs- und Abfertigungskasse nach den §§ 21 und 21a des Bauarbeiter-Urlaubs- und Abfertigungsgesetzes, BGBl. Nr. 414/1972, zu entrichten sind.

Tätigkeiten unter chemischen oder physikalischen Einflüssen

§ 2. Eine Tätigkeit im Sinne des § 1 Abs. 1 Z 3 gilt nur dann als besonders belastend, wenn dadurch eine Minderung der Erwerbsfähigkeit im Sinne des § 203 ASVG von mindestens 10% verursacht wurde. Eine Tätigkeit im Sinne des Paragraph eins, Absatz eins, Ziffer 3, gilt nur dann als besonders belastend, wenn dadurch eine Minderung der Erwerbsfähigkeit im Sinne des Paragraph 203, ASVG von mindestens 10% verursacht wurde.

Schwere körperliche Arbeit

§ 3. Ob eine bestimmte Tätigkeit als schwere körperliche Arbeit im Sinne des § 1 Abs. 1 Z 4 gilt, ist nach den in der Anlage zu dieser Verordnung festgeschriebenen Grundsätzen festzustellen. Ob eine bestimmte Tätigkeit als schwere körperliche Arbeit im Sinne des Paragraph eins, Absatz eins, Ziffer 4, gilt, ist nach den in der Anlage zu dieser Verordnung festgeschriebenen Grundsätzen festzustellen.

Schwerarbeitsmonat

§ 4. Ein Schwerarbeitsmonat ist jeder Kalendermonat, in dem eine oder mehrere Tätigkeiten nach § 1 Abs. 1 zumindest in jenem Ausmaß ausgeübt wurden, das einen Versicherungsmonat im Sinne des § 231 Z 1 lit. a ASVG begründet. Arbeitsunterbrechungen bleiben dabei außer Betracht, solange die Pflichtversicherung in der Pensionsversicherung weiter besteht. Ein Schwerarbeitsmonat ist jeder Kalendermonat, in dem eine oder mehrere Tätigkeiten nach Paragraph eins, Absatz eins, zumindest in jenem Ausmaß ausgeübt wurden, das einen Versicherungsmonat im Sinne des Paragraph 231, Ziffer eins, Litera a, ASVG begründet. Arbeitsunterbrechungen bleiben dabei außer Betracht, solange die Pflichtversicherung in der Pensionsversicherung weiter besteht.

Meldung der Schwerarbeitszeiten

§ 5. (1) Die DienstgeberInnen haben dem Träger der Krankenversicherung ab dem 1. Jänner 2007 folgende Daten der bei ihnen beschäftigten männlichen Versicherten, die bereits das 40. Lebensjahr vollendet haben, und weiblichen Versicherten, die bereits das 35. Lebensjahr vollendet haben, gesondert zu melden:

1. alle im § 1 Abs. 1 genannten Tätigkeiten, die auf das Vorliegen von Schwerarbeit schließen lassen, alle im Paragraph eins, Absatz eins, genannten Tätigkeiten, die auf das Vorliegen von Schwerarbeit schließen lassen,
2. die Namen und Versicherungsnummern jener Personen, die Tätigkeiten nach Z 1 verrichten, und die Namen und Versicherungsnummern jener Personen, die Tätigkeiten nach Ziffer eins, verrichten, und
3. die Dauer der Tätigkeiten nach Z 1. die Dauer der Tätigkeiten nach Ziffer eins,

Die Meldung ist jeweils bis Ende Februar des Kalenderjahres, das der Verrichtung der Tätigkeiten nach Z 1 folgt, unter sinngemäßer Anwendung des § 41 ASVG zu erstatten. Personen, die nach dem GSVG oder FSVG oder BSVG versichert sind, haben die Meldung der Schwerarbeitszeiten ab dem 1. Jänner 2007 in gleicher Weise selbst zu erstatten. Die Meldung ist jeweils bis Ende Februar des

Kalenderjahres, das der Verrichtung der Tätigkeiten nach Ziffer eins, folgt, unter sinngemäßer Anwendung des Paragraph 41, ASVG zu erstatten. Personen, die nach dem GSVG oder FSVG oder BSVG versichert sind, haben die Meldung der Schwerarbeitszeiten ab dem 1. Jänner 2007 in gleicher Weise selbst zu erstatten.

(2) Die Bauarbeiter-Urlaubs- und Abfertigungskasse hat alle Tätigkeiten, für die im § 1 Abs. 2 genannte Zuschläge zu entrichten sind, unter sinngemäßer Anwendung des Abs. 1 an den Dachverband der Sozialversicherungsträger zu melden. Die Bauarbeiter-Urlaubs- und Abfertigungskasse hat alle Tätigkeiten, für die im Paragraph eins, Absatz 2, genannte Zuschläge zu entrichten sind, unter sinngemäßer Anwendung des Absatz eins, an den Dachverband der Sozialversicherungsträger zu melden.

In-Kraft-Treten

§ 6. (1) Diese Verordnung tritt mit 1. Jänner 2007 in Kraft.

(2) § 1 Abs. 2 und § 5 in der Fassung der Verordnung BGBl. II Nr. 201/2013 treten mit 1. September 2013 in Kraft. Paragraph eins, Absatz 2 und Paragraph 5, in der Fassung der Verordnung Bundesgesetzblatt Teil 2, Nr. 201 aus 2013, treten mit 1. September 2013 in Kraft.

(3) § 5 Abs. 2 in der Fassung der Verordnung BGBl. II Nr. 413/2019 tritt mit 1. Jänner 2020 in Kraft. Paragraph 5, Absatz 2, in der Fassung der Verordnung Bundesgesetzblatt Teil 2, Nr. 413 aus 2019, tritt mit 1. Jänner 2020 in Kraft.

Anlage – Grundsätze für die Feststellung des Vorliegens einer schweren körperlichen Arbeit im Sinne des § 1 Abs. 1 Z 4

1. Begriffsbestimmung und Kriterien

Schwere körperliche Arbeit setzt eine in Bezug auf die Intensität oder Dauer der Belastung über das normale Kräftepotential hinausgehende Verausgabung von Arbeitskraft voraus, bei der die gesamte Körpermuskulatur beansprucht wird.

Kriterien für die Einstufung von beruflichen Tätigkeiten als schwere körperliche Arbeit sind neben der energetischen Belastung sowie der Herz- und Kreislaufbelastung auch die Belastung des passiven und aktiven Stütz- und Bewegungsapparates, also der Knochen und Gelenke sowie der Sehnen und Muskeln.

2. Bewertung von Tätigkeiten als Schwerarbeit nach der energetischen Belastung

2.1. Arbeitsenergieumsatz-Grenzen von 8 374 Kilojoule (2 000 Kilokalorien) pro Tag bei Männern und 5 862 Kilojoule (1 400 Kilokalorien) pro Tag bei Frauen

Der Arbeitsenergieumsatz ergibt sich aus dem Gesamtenergieumsatz pro Arbeitstag abzüglich des Grundenergieumsatzes (differiert vor allem in Abhängigkeit vom Körpergewicht), dem Freizeitenergieumsatz (der je nach Freizeit-Aktivität unterschiedlich ist) und einem kleinen Anteil für Energieverluste.

Für die Festlegung der Schwerarbeits-Grenze ist die Lage der „Energetischen Dauerleistungsgrenze“, die mit dem Tages-Arbeitsenergieumsatz gleichzusetzen ist, von Bedeutung. Sie liegt für Männer bei 8 374 Kilojoule (2 000 Kilokalorien) pro Tag, für Frauen bei 5 862 Kilojoule (1 400 Kilokalorien) pro Tag (gerundete Durchschnittswerte).

2.2. Einstufung von beruflichen Tätigkeiten als schwere körperliche Arbeit

Die Einstufung von beruflichen Tätigkeiten als „energetische Schwerarbeit“ erfolgt nach folgenden Grundsätzen:

Die Arbeitsenergieumsatz-Richtwerte werden nach arbeitsmedizinischen Standards ermittelt. Auf dieser Grundlage werden Tätigkeitsbeschreibungen mit ihren Jouleverbrauchswerten erstellt und hinsichtlich ihrer Dimensionen umgerechnet.

Schließlich wird geprüft, ob durch die mit einem bestimmten Beruf verbundenen Tätigkeiten (Tätigkeitsbilder) die vorgegebene Kilojoulegrenze (8 374 bei Männern bzw. 5 862 bei Frauen) pro Tag erreicht oder überschritten wird.

Stichwortverzeichnis